GÜTERSLOHER
VERLAGSHAUS

Gütersloher Verlagshaus. Dem Leben vertrauen

JOHN ALLEN

DESMOND TUTU

DIE BIOGRAPHIE

Aus dem Amerikanischen übersetzt von Jan Herrmann

Gütersloher Verlagshaus

Originalausgabe: John Allen, Rabble-Rouser For Peace. The Authorized Biography of Desmond Tutu
First published by Free Press, a division of Simon & Schuster, Inc, in the United States of America

Bibliografische Information der Deutschen Nationalbibliothek
Die Deutsche Nationalbibliothek verzeichnet diese Publikation in der Deutschen Nationalbibliografie; detaillierte bibliografische Daten sind im Internet über http://dnb.d-nb.de abrufbar.

FSC
Mix
Produktgruppe aus vorbildlich bewirtschafteten Wäldern und anderen kontrollierten Herkünften
Zert.-Nr. GFA-COC-1278
www.fsc.org
© 1996 Forest Stewardship Council

Verlagsgruppe Random House
FSC-DEU-0100
Das für dieses Buch verwendete
FSC-zertifizierte Papier *Munken Premium*
liefert Arctic Paper Munkedals AB, Schweden.

1. Auflage

Umschlaggestaltung: Init GmbH, Bielefeld
Umschlagmotiv: © corbis GmbH, Düsseldorf
Satz: satz!zeichen, Landesbergen
Druck und Einband: CPI – Ebner & Spiegel, Ulm
Printed in Germany
ISBN 978-3-579-06988-3

www.gtvh.de

Inhalt

Gott segne Afrika
Beschütze unsere Kinder
Leite unsere Anführer
Und gebe uns Frieden

aus einer Predigt von Trevor Huddleston,
Gemeinschaft der Auferstehung

Tutus Reisen durch Afrika

ZIMBABWE
MOZAMBIQUE
LIMPOPO
Polokwane
BOTSWANA
TRANSVAAL
MPUMALANGA
GAUTENG
Nelspruit
Mafikeng
Tshwane/Pretoria
NORTH WEST
Ventersdorp/
Tshing
Johannesburg
Soweto
SWAZI-
LAND
Klerksdorp/
Makoeteng
NAMIBIA
Kuruman
Brandfort
FREE STATE
Ulundi
Kimberley
KWAZULU
NATAL
NORTHERN
CAPE
Bloemfontein
Maseru
Roma
Pietermaritzburg
LESOTHO
Edendale
Durban
CAPE PROVINCE
INDIAN OCEAN
EASTERN
CAPE
Qumbu
ATLANTIC
OCEAN
Graaff-Reinet
LEGENDE
Bisho
Alice
King William's Town
Hauptstadt
Hauptstadt der Provinz
Stadt
Robben
Island
Grahamstown
Provinzgrenzen nach 1994
WESTERN
CAPE
Provinzgrenzen vor 1994
George
CAPE Provinz nach 1994
Cape Town
CAPE Provinz vor 1994 (ursprünglich freie Staatsgrenzen bleiben unverändert)
T R Allen

Südafrika

Provinz Gauteng

Prolog

Es war am späten Nachmittag des 16. März, einem Mittwoch im Jahre 1988, als Desmond Tutu auf dem Rücksitz seines Wagens die Bischofsresidenz – seinen offiziellen Wohnsitz als anglikanischer Erzbischof von Kapstadt – verließ. Er war angespannt. Er fühlte sich, als hätte sich sein Magen zu einem engen Knoten zusammengezogen. Normalerweise fühlte er sich nur so, wenn er Konfrontationen in den schwarzen Gemeinden der Stadt entschärfen musste – und das war keine Seltenheit. Oft stand er dabei zwischen zwei rivalisierenden Gruppen, die auf Ärger aus waren. Auf der einen Seite standen meist aufsässige, mit Knüppeln und Steinen ausgerüstete Jugendliche und auf der anderen Seite schwer bewaffnete Polizisten, die den Finger schon am Abzug hatten.

An diesem Tag aber war es anders. Nachdem der Wagen die imposanten weißen Torpfosten der Residenz passiert hatte, bog Tutus Kaplan und Fahrer, Chris Ahrends, in Richtung Norden ab. Tutu hatte einen Termin im Zentrum von Kapstadt, genauer im »Tuynhuys«, dem Büro von Pieter Willem Botha, den man auch »Piet Wapen« (Waffen-Piet) oder »Groot Krokodil« (das große Krokodil) nannte. Botha war der Staatspräsident Südafrikas.

Auf dem 13 Kilometer langen Weg von der Bischofsresidenz bis zum »Tuynhuys« konnte man eine Auswahl verschiedener Eindrücke gewinnen, die, reihte man sie wie Schnappschüsse aneinander, aus der Vergangenheit, aber auch von der gegenwärtigen Unterdrückung erzählten.

So war zum Beispiel die Residenz einst Teil des Anwesens eines Siedlers gewesen, der sich im 17. Jahrhundert als erster Weißer in Südafrika niedergelassen hatte. Das große, weiße, zweistöckige Haus mit seinem weitläufigen Garten war das älteste sich in Privatbesitz befindende Haus des Landes. Man erzählte sich, dass die Schmucklilien und das Blumenrohr, die auf dem Grundstück blühten, einst von niederländischen Kolonisten dort angepflanzt worden waren. Ebenso wie die Mandelhecke am südlichen Rand des

Gartens, die dazu gedient hatte, diejenigen Menschen von dem Grundstück fernzuhalten, die so waren wie Tutu: schwarz. Die Überreste dieser Hecke waren noch immer zu erkennen. Noch 1988, im zweiten Jahr seiner Amtszeit als Erzbischof, lebte Tutu illegal in der Bischofsresidenz. Von den Verfechtern der Apartheid war das Grundstück zu einem »Weißen Gebiet« erklärt worden. Doch Tutu hatte sich geweigert, die Erlaubnis einzuholen, um seinen Amtssitz offiziell beziehen zu dürfen.

Der Weg in die Stadt führte an der östlichen Flanke des Tafelbergs vorbei, die ursprünglich von Fynbos bedeckt gewesen war, einer einzigartigen, ausschließlich an der südwestlichen Spitze Südafrikas vorkommenden Vegetation. Die Gegend zählte einst zu den kleinsten und gleichzeitig reichhaltigsten Lebensräumen für Pflanzen weltweit. Dann aber hatte man die Hänge planiert und Wohnbebauung angelegt. Nun lebten dort wohlhabende Weiße, die die Fynbos-Vegetation mit ihren großen Häusern und Gärten verdrängten, und stattdessen fremde, wenn auch schöne Pflanzen aus ihren Heimatländern mitbrachten.

Als Tutus Wagen »Devil's Peak«, die nordöstliche Kante des Berges, umrundete, konnte er die Tafelbucht überblicken, und mit ihr den Hafen, der einst niederländischen Seeleuten als Zwischenstation auf ihrer Reise in den Osten gedient hatte. Weiter hinten im Meer lag »Robben Island«, das seit den frühesten Tagen des Kolonialismus als Gefängnis genutzt wurde und all jene beherbergte, die es wagten, gegen die einfallenden Siedler Widerstand zu leisten. Ein Stück weiter den Hang hinunter zog sich, kurz vor dem Stadtzentrum, ein narbengleicher Streifen schmutzigen und vollkommen überfüllten Landes durch das Sichtfeld. Das war »District Six«, ein verwahrlostes und von Armut gezeichnetes Viertel, das bis in die 1960er noch als eine lebhafte und aufstrebende Gegend bekannt gewesen war, in der Menschen unterschiedlicher Abstammung zusammenlebten. Doch dann ließ Botha die Bewohner in das windige und sandige Ödland weit außerhalb der Stadt umsiedeln und leitete so den allmählichen Verfall des Viertels ein.

Um kurz vor sechs hielt der Wagen vor Bothas Büro. In der Fassade und den Strukturen des Gebäudes spiegelte sich die Kolonialzeit wider. Das Tuynhuys (»Gartenhaus«) war von der Niederländischen Ostindien-Kompanie gebaut worden. Es hatte als Gästehaus und Versorgungspunkt für vorübergehend ankernde Schiffe gedient. Tutu hatte schon einmal das Tuynhuys besucht, aber noch niemals zuvor waren derartige Spannungen zwischen der Kirche und dem Staat der Anlass gewesen.

Drei Jahre zuvor, im September 1984, war in den Industriegebieten um den Fluss Vaal, südlich von Johannesburg, der Widerstand gegen die Apartheid gewachsen, und hatte schließlich, mit einem dritten großen Aufstand, zum Niedergang des Systems geführt. Einigen Wochen zuvor, am 24. Februar 1988, wurden von Bothas Polizeiminister, Adriaan Vlok, 17 Organisationen, die am Widerstand beteiligt gewesen waren, gesetzlich verboten. Hierzu gehörten auch zwei Vereinigungen, die die stärksten politischen Kräfte des Landes repräsentierten. Als Reaktion hatte der Südafrikanische Kirchenrat eine Notsitzung seiner Gemeindevorsitzenden einberufen und sich entschlossen, dort weiterzumachen, wo die beiden nun verbotenen Vereinigungen gezwungen waren aufzuhören. Die Vorsitzenden waren außerdem überein gekommen, gemeinsam nach Kapstadt, dem Sitz des Südafrikanischen Parlaments, zu fliegen, um diesen Beschluss der Regierung mitzuteilen.

Am Montag, dem 29. Februar, hatten sich schließlich 25 Gemeindevorsitzende, etwa 100 andere Kleriker und freie Kirchenmitarbeiter in der St. George's Kathedrale in Kapstadt versammelt, die sich an der Rückseite des Regierungskomplexes befand.

Als kurze Stellungnahme hatte der Generalsekretär des Kirchenrats, Frank Chikane, eine Petition, die sich direkt an Botha und die Parlamentsmitglieder richtete, verlesen. Der anglikanische Aktivist Sid Luckett setzte die Menschenmenge über die Regeln des gewaltlosen Widerstands in Kenntnis. Er hatte sie vor der Polizei gewarnt, die zwar ungern Tränengas mitten im Stadtzentrum benutzte, aber nicht davor zurückschreckte, mit Hunden, Sjamboks (Lederpeitschen) oder Wasserwerfern auf die Demonstranten loszugehen.

Dann verließen die Menschen Arm in Arm die Kathedrale. Die Gemeindevorsitzenden hatten sich mit ihren offiziellen Roben bekleidet und waren bereit, dem Parlament ihr Anliegen vorzutragen. In der ersten Reihe saßen Tutu; Chikane, der katholische Erzbischof Kapstadts; Stephen Naidoo, der Präsident der Methodistenkirche; Khoza Mgojo und der Präsident der Weltallianz der Reformierten Kirchen, Allan Boesak. Um ihnen den Weg abzuschneiden, hatte sich eine Reihe blau uniformierter und bewaffneter Polizisten vor ihnen auf der Straße aufgebaut. Ein Offizier teilte den Protestierenden durch sein Megafon mit, dass ihre Versammlung illegal sei und nun aufgelöst werden müsse. Doch sie weigerten sich und hatten kniend auf dem Bürgersteig ausgeharrt. Daraufhin nahm die Polizei die Anführer in Gewahrsam und richtete einen Wasserwerfer auf die Menge. Einige hatten sich an Parkuhren geklammert, während andere von der Kraft des Wassers die Straße hinuntergestoßen worden waren. In dieser Nacht hatte ein Korrespondent der Südafrikanischen *BBC* seinen Zuschauern Folgendes berichtet: »Zweifelsohne hat nun die Kirche die Spitze der Anti-Apartheid-Bewegung eingenommen.«

Dieser Protest der Gemeindevorsitzenden war jedoch nicht der Grund für Tutus Besuch im Tuynhuys am 16. März. Er hatte eine pastorale Mission zu erledigen. Sein Anliegen bestand darin, die so genannten »Sharpeville Six«, fünf Männer und eine Frau, vor der Todesstrafe zu retten. Alle sechs kamen aus einer Region, die 1960 durch ein Massaker bekannt geworden war. Sie wurden für den Tod des stellvertretenden Bürgermeisters von Sharpeville, am ersten Tag des Vaal-Aufstands, im Jahre 1984, verantwortlich gemacht. Der Fall hatte eine internationale Kampagne für die Begnadigung der Verurteilten hervorgerufen, weil die Ermittler der Polizei nicht nur Verdächtige, sondern auch Zeugen der Tat festgenommen hatte. Die Mehrheit der Angeklagten hatte zwar nicht direkt zu dem Mord beigetragen, jedoch wurde ihnen zur Last gelegt, bei der Tat einen gemeinschaftlich agierenden Kreis um die Mörder geschlossen zu haben.

Am Montag, dem 14. März, informierte der Sheriff des Obersten Gerichts in Pretoria die sechs Verurteilten darüber, dass sie am Freitag, dem 18. März, gehängt werden würden. Die Gefängnisaufseher hatten schon den Umfang ihrer Hälse, ihre Körpergröße und ihr Gewicht gemessen, so dass der Henker die Größe der Schlinge und die Länge der Stricke berechnen konnte. Dann hatte man die Verurteilten in einen Bereich des Zentralgefängnisses von Pretoria verlegt, den man »the pot« (den Kochtopf) nannte, weil dort, so sagte man, die Emotionen der Gefangenen in Anbetracht des nahenden Todes förmlich überkochten.

Während Tutu noch auf seinen Termin bei Botha wartete, trennten die »Sharpeville Six« nur noch 37 Stunden von ihrer Hinrichtung. Schon am Abend des kommenden Tages würden die Verurteilten ihre Henkersmahlzeit bekommen – ein ganzes Hühnchen. Mit alten afrikanischen Volksliedern würden die Mitgefangenen sie durch ihre letzte Nacht begleiten. Am Morgen darauf würden Geistliche gemeinsam mit ihnen beten. Die Gefängnisaufseher würden sich weiße Kapuzen über die Köpfe ziehen und nur einen Spalt ihres Gesichtes unbedeckt lassen, damit sie die Stufen sehen können, die hinauf zum Galgen führen. Die Galgenkammer war so konstruiert, dass man sieben Verurteilte gleichzeitig hinrichten konnte. Jeder von den sechs würde von einem Aufseher zu dem Platz auf der Falltür geführt werden, auf dem zwei Füße als Markierungen aufgemalt waren. Der Henker würde dann auch ihnen je eine Kapuze über den Kopf ziehen, die Schlinge um den Hals legen und einen Hebel betätigen, der die Falltüren unter ihnen öffnete.

Als ihn die Nachricht der bevorstehenden Hinrichtung erreicht hatte, hatte Tutu die Botschafter der engsten Verbündeten Bothas – Großbritannien, die Vereinigten Staaten und Deutschland – angerufen und sie gebeten, so schnell wie möglich mit ihren Regierungsoberhäuptern zu sprechen. Margaret Thatcher meldete sich noch am selben Tag, ebenso Ronald Reagans Außenminister, George Shultz. Beide hatten ihm versichert, sie würden sich für eine Begnadigung einsetzen. Der britische Botschafter, Robin Renwick, leitete noch am Abend eine Nachricht Thatchers an die südafrikanische Regierung weiter. Reagan hatte sich persönlich an Botha gewandt und um die Wichtigkeit der Angelegenheit noch zu unterstreichen, sprach Shultz zusätzlich mit dem Außenminister Südafrikas, Roelof Frederik (Pik) Botha. Auch Helmut Kohl hatte sich, im Namen der zwölf Regierungen der Europäischen Gemeinschaft, zu den Geschehnissen geäußert. Der Außenminister der deutschen Bundesregierung rief Tutu am Mittwoch an und informierte ihn darüber.

Nun betraten Tutu und sein persönlicher Assistent, Matt Esau, Bothas Büro. Esau traf Botha zum ersten Mal und er war äußerst erstaunt von dessen Körpergröße. Neben Tutu, der nur 1,60 Meter maß, wirkte der Präsident wie ein »groot, fris Boer« (ein großer, kräftiger Afrikaander). Im gedämpften Licht in Bothas Büro kam Esau der Gedanke, dass es so gewesen sein musste, Hitler in seinem Bunker zu besuchen. Als Tutu und Esau eintraten, waren außer dem Staatspräsidenten auch noch der Generaldirektor des Präsidentenbüros und ein oder zwei Kabinettsminister anwesend.

Tutu ließ Botha wissen, dass er nicht offiziell Einspruch gegen das Urteil über die Sharpeville Six einlegen wolle. Er wäre als Mann Gottes gekommen und bitte um Gnade für die Verurteilten – doch nicht nur der Gerechtigkeit wegen. Tutu war generell gegen die Todesstrafe. Im Jahre 1982 hatte er sich erfolgreich für die Begnadigung von ein paar zum Tode verurteilten, weißen, südafrikanischen Söldnern eingesetzt, die versucht hatten, die Regierung der Seychellen zu stürzen. Die »Sharpeville Six« zu hängen, könne zu neuen Gewaltausbrüchen in der Bevölkerung führen – auch deshalb, weil sich am kommenden Montag, dem 21. März, das Massaker von Sharpeville jährte, argumentierte Tutu. Es sei also eine wichtige Aufgabe – und zwar die des Staatspräsidenten – zumindest einen Vollstreckungsaufschub zu gewähren. Südafrikas Gerichte seien unabhängig, antwortete Botha, und er wolle nicht unbefugt in die Angelegenheit eingreifen. Was Begnadigungen betrifft, sei seine Macht begrenzt. Schließlich habe auch er sich an bestimmte Richtlinien zu halten. In diesem Fall sei er machtlos. Einen Funken der Hoffnung ließ Botha dennoch aufleuchten: Der zuständige Richter denke derzeit über einen Aufschub der Hinrichtung in Pretoria nach, sagte er. Wenn das Gericht besondere Umstände geltend mache, werde er der Sache nachgehen.

Dann jedoch verschlechterte sich die Atmosphäre im Raum schlagartig. Botha sagte, er habe noch etwas anderes mit Tutu zu besprechen: die Petition der Gemeindevorsitzenden des Kirchenrats. Am Tag nach der misslungenen Demonstration hatte man dem Präsidenten das vom Strahl des Wasserwerfers vollkommen zerknitterte und durchnässte Schriftstück, zukommen lassen. Botha überreichte Tutu ein vierseitiges Antwortschreiben und erteilte ihm eine gehörige Schelte. Mit erhobenem Finger und angriffslustig, wie es seine Art war, übte er scharfe Kritik am Vorgehen des Erzbischofs. Er rügte ihn, eine illegale Demonstration organisiert und die Petition angeblich erst danach aufgesetzt zu haben. Tutu sei unter einer kommunistischen Flagge durch die Straßen gezogen. Er sei als absoluter Befürworter für Sanktionen eingetreten. Er habe eine außergesetzliche Befreiungsbewegung, den African National Congress (ANC), unterstützt und die Unverfrorenheit besessen, Thatcher, Reagan und Kohl dazu einzuladen, sich in die inneren Angelegenheiten Südafrikas einzumischen.

Tutu bemühte sich um Beherrschung. Bothas Verhalten war nicht ungewöhnlich. Man erzählte sich, er könne seine eigenen Kabinettsminister zum Weinen bringen. Als aber Tutu immer wieder vergeblich versuchte, Einspruch gegen das zu erheben, was man ihm vorwarf, während Botha in seiner Argumentation von einem Punkt zum anderen sprang, wuchs in seinem Innern eine Wut, die sich aus all den Erfahrungen der letzten Jahrzehnte speiste, in denen er die Folgen der Apartheid mit ansehen musste. Tutu sprach zu sich selbst: »Nun haben die Menschen schon so lange gelitten. Vielleicht bekomme ich nicht noch einmal so eine Chance.« Mit drohendem Finger richtete er sich gegen Botha: »Passen Sie auf! Ich bin kein kleiner Junge. Glauben Sie nicht, dass Sie mit einem kleinen Jungen reden! Sie sind nicht mein Schuldirektor … Ich dachte, ich spreche mit einem zivilisierten und höflichen Menschen.«

Darauf verwandelte sich das Gespräch in ein chaotisches Wortgefecht. Tutu beschuldigte Botha, gelogen zu haben, als dieser einer Zeitung mitgeteilt hatte, die Demonstranten hätten keine Petition gehabt. »Gut«, sagte Botha, »warum haben Sie sie mir dann nicht bis vor die Tür gebracht?« »Denkt der Präsident vielleicht«, fragte Tutu, »der Erzbischof hätte so viel Einfluss, dass er verantwortungsbewusste Gemeindeoberhäupter davon überzeugen könnte, sich ohne eine Petition an einer Demonstration zu beteiligen?« Darauf entgegnete Botha: »Haben Sie ihnen denn mitgeteilt, dass die Demonstration gegen das Gesetz verstößt?« Tutu sagte, er habe niemals unter einer roten Flagge demonstriert. Bei der Veranstaltung, mit der ihn der Präsident in Verbindung brachte, sei er nicht einmal vor Ort gewesen. Er wolle keine Sanktionen, aber er strebe mit Sicherheit nach einem neuen Südafrika. Und wie schon so oft zuvor sagte er, er unterstütze den bewaffneten Widerstand des African National Congress nicht, aber er unterstütze dessen Ziel eines demokratischen Südafrika ohne Rassentrennung. »Nein«, entgegnete Botha. Der ANC wolle eine sozialistische Diktatur errichten. Außerdem hätten Schwarze in Südafrika einen höheren Lebensstandard, als irgendwo anders auf dem Kontinent. Und hätte Tutu denn nicht gehört, was die weiße Dutch Reformed Church (Niederländische Reformierte Kirche) – zu deren Mitgliedern auch Botha zählte – verkündet hatte: »Dat jy, Aartsbiskop Tutu, is op 'n heillose pad! Dit is wat hulle sê!« (Dass Sie, Erzbischof Tutu, auf einem schlechten Weg sind! Das ist es, was sie sagen!) Botha forderte Tutu auf zu beweisen, dass Jesus je ein Gesetz gebrochen hatte. Tutu führte eine Reihe von Beispielen an. Das seien religiöse Gesetze gewesen, sagte Botha. Aber genau das seien die Gesetze gewesen, die die Gemeinschaft zusammengehalten hatten, erwiderte Tutu.

Und dann machte er eine patriotische Aussage, die einen der anwesenden Minister dazu bewegte, dem Präsidenten Feuerschutz zu bieten. »Ich liebe dieses Land«, sagte Tutu. »Ich liebe es mehr, als sie es tun. Unsere Leute« – und damit meinte er die schwarzen Südafrikaner – »haben gegen die Nazis gekämpft und das haben sie nicht getan!« Tutu beschuldigte Botha, den Ossewa Brandwag (auch die Ox Wagon Sentinels genannt), eine afrikaandische Nationalistengruppe, die sich gegen den Eintritt Südafrikas in den Zweiten Weltkrieg, seitens der Alliierten, ausgesprochen hatte, unterstützt zu haben. »Das ist nicht wahr«, protestierte der Minister. »Dieser Präsident hat den Ossewa Brandwag zerstört.«

Eine Anschuldigung jagte die nächste. Tutu ließ Botha immer wieder wissen: »Ich bin mit Ihren Äußerungen nicht einverstanden.« Als er aber merkte, dass er das Gespräch nicht voranbringen konnte, sagte Tutu »Dankeschön« und machte Anstalten, das Büro zu verlassen. Botha bellte ihn an: »Ob jetzt hier in meinem Büro oder auch sonst: Sie verhalten sich arrogant! Nehmen Sie Ihre Äußerungen doch gleich wieder mit! Auf Wiedersehen!«

Auf dem Rückweg zur Bischofsresidenz sagte Tutu seinem Kaplan und Fahrer: »Wir haben uns noch nicht einmal die Hand gegeben.« Später überkam ihn Reue, und er dachte, dass er und Botha sich wie kleine Jungen aufgeführt hatten: »Ich weiß nicht, ob Jesus auch so gehandelt hätte. In diesem Moment habe ich auch gar nicht daran gedacht, was er wohl getan hätte. Ich habe alles auf meine Art erledigt.«

Am folgenden Morgen – es war Donnerstag, der 17. März – trat im Gerichtssaal von Pretoria ein Richter vor die versammelte Menge, dessen Einstellung sich über Nacht grundlegend gewandelt zu haben schien. Er war entgegenkommend und schien zum ersten Mal sogar sympathisch. An diesem Nachmittag gewährte er den »Sharpeville Six« einen Vollstreckungsaufschub. Nach weiteren monatelangen Verhandlungen fiel der Fall Tutu zu und er ersetzte das Todesurteil durch eine lange Gefängnisstrafe.

In den Wochen nach dem 16. März focht Botha mit Chikane und Tutu ein verbissenes Briefgefecht aus. Chikane bereitete das Fundament für ein nationales Programm des zivilen Widerstands, das im Mai unter der Parole »Standing for the truth« (für die Wahrheit eintreten) startete. Im Juni wandte sich Botha, nach einer Versammlung des Staatssicherheitsrats, an Vlok, seinen Polizeiminister. Er wollte wissen, was die Polizei tun könnte, um den Kirchenrat auszubremsen. Vlok machte sich daran, sämtliche Möglichkeiten zu prüfen. Bei einer weiteren Sitzung sagte Botha zu Vlok, dass sich das Hauptquartier des Kirchenrats – das Khotso House (Haus des Friedens) in Johannesburg – zu einem »Haus der Gefahren« entwickelt habe. Die Polizei müsse es »unbrauchbar machen«. Auf welche Weise das geschehen sollte, überließ er Vlok.

Zwei Monate später begab sich eine Polizeitruppe, die von einem Offizier des Todesschwadrons angeführt wurde, und den man später Prime Evil (den großen Bösen) nennen sollte, mitten in der Nacht in das Stadtzentrum von Johannesburg. Dort brachen sie in das Khotso House ein und verstauten acht Rucksäcke, die mit jeweils sieben Kilogramm sowjetischen Militärsprengstoffs gefüllt waren, in den Fahrstuhlschächten. Sie aktivierten einen elektronischen Zeitzünder und verschwanden. Wie durch ein Wunder überlebte der Hausmeister des Gebäudes die darauffolgende Explosion nahezu unversehrt. Die Bewohner eines angrenzenden Apartmenthauses hatten allerdings weniger Glück. 28 Menschen wurden verletzt, einige davon schwer. Peter Storey, Oberhaupt einer Methodistengemeinde und ein Teilnehmer der Demonstration des Kirchenrats, wurde herbeigerufen, um den Senioren zu helfen, die das Gebäude bewohnten. Die Apartments wurden von der Methodistenkirche verwaltet, die auf der anderen Straßenseite, gegenüber vom Khotso House, lag. »Es war eine Szene wie aus der Hölle«, sollte er später sagen. »Verwirrte alte Menschen liefen in ihren Nachthemden und Schlafanzügen herum. Einige wimmerten und waren im Schockzustand. Viele hatten blutende offene Wunden. Wie durch ein Wunder war niemand ernsthaft verletzt worden.«

Als Tutu das zerstörte Gebäude wenige Tage später besichtigte, erinnerte er sich an eine Warnung Bothas, die dieser am 16. März ausgesprochen hatte: »Sie führen die Menschen in eine Konfrontation«, hatte Botha gesagt. »Wenn Sie eine Konfrontation wollen, dann werden Sie sie bekommen. Sie sollten den Menschen sagen, dass sie eine Konfrontation bekommen werden.«

Kapitel 1

Ein Kind des modernen Südafrikas

»Mein Vater war ein Xhosa und meine Mutter eine Motswana. Was macht das aus mir?«

Desmond Tutu in den 80er-Jahren, als er die Apartheid verhöhnte.

»Einen Zulu.«

Die Antwort des politischen Aktivisten Harry Belafonte aus dem Publikum.

Desmond Tutus Geburtsort Makoeteng in der südafrikanischen Provinz Nordwest ist leicht zu erreichen. Er liegt nur einen Fußmarsch entfernt von den belebten Läden und Büros der Stadt Klerksdorp, die im 19. Jahrhundert von weißen Siedlern gegründet wurde. Es ist ein friedlicher Ort, in der Nähe eines kleinen, felsigen, mit Büschen und Bäumen bewachsenen Hügels, auf dem einst die Kinder aus dem schwarzen Stadtviertel spielten. Am Fuße des Hügels sind noch die Überreste einer Eukalyptusplantage zu erkennen. In den ersten Lebensjahren Tutus kam seine ältere Schwester Sylvia regelmäßig hierher, um heruntergefallene Äste aufzusammeln. An kalten Wintermorgen entfachten sie dann ein Feuer um im »highveld« – dem südafrikanischen Hochland – nicht frieren zu müssen. Mit Hilfe eines einheimischen Fremdenführers lassen sich heute nur noch die Grundmauern des Hauses ausfindig machen, in dem Tutu geboren wurde. Ebenso der Ort, an dem – einer afrikanischen Tradition folgend – seine Nabelschnur vergraben wurde.

75 Jahre nach Tutus Geburt gibt es in der Gegend kaum noch Hinweise auf eine Besiedlung durch Schwarze. Klerkdorps »An-

hängsel«, wie das schwarze Viertel zunächst genannt wurde, lag für den Geschmack der Weißen zu nahe an der Stadt. Nachdem 1948 offiziell die Apartheid ausgerufen wurde, dauerte es nur zehn Jahre, bis man die Bewohner mit Waffengewalt vertrieben und sechs Kilometer entfernt wieder angesiedelt hatte. Zu dieser Zeit hatten die Tutus Makoeteng allerdings schon verlassen. Der Stadtrat gründete nun einen neuen weißen Vorort, den man – nach einer einheimischen Familie – Neserhof taufte.

Im Jahre 2006 war das Gebiet rund um Tutus Geburtsort nur noch ein Streifen flachen und fast ungenutzten Landes, durch das man lediglich eine Bahn grünen Grases gezogen hatte. Ein Unternehmer betrieb hier eine Übungsanlage für Golfer. Große Bungalows mit gut gepflegten Gärten auf großen Grundstücken umsäumten die freie Fläche. Direkt am Hügel lag nun ein mit Bäumen bepflanzter Golfplatz. Den Golfsport hatte man in Südafrika lange nur als ein Privileg der Weißen gekannt. Erst nach dem Einzug der Demokratie hatte man dem Ort seinen eigentlichen Namen »Makoeteng« gegeben. In der Sprache der Einheimischen steht er für die reine Zerstörung und beschreibt nichts anderes, als die zerfallenen Überreste der Schlammziegelhäuser, die vom Abriss des Viertels verschont geblieben waren.

Obwohl die Enteignung der schwarzen Südafrikaner schon mit der Ankunft der Niederländer im 17. Jahrhundert eingesetzt hatte, traf sie die Familie Tutu erst durch die Hand der Briten und erreichte in den Jahren zwischen 1955 und 1980 ihren Höhepunkt. In dieser Zeit waren viele Orte, die der Familie am Herzen lagen, entweder wegen der Beschränkungen der Rassentrennung für sie verboten oder sie wurden ganz von der Landkarte gelöscht. Das betraf Häuser, Schulen, Kirchen und sogar ganze Gemeinden.

Desmond Mpilo Tutu wurde am 7. Oktober 1931 geboren. Er war ein Kind des modernen Südafrikas, dessen Wurzeln in die zwei größten Sprach- und Kulturgruppen des Landes hineinreichten. Seine Mutter, Aletta Dorothea Mavoertsek Mathlare, die großen Einfluss auf das Leben ihres Sohnes hatte, war eine Motswana aus der Sprachgruppe der Sotho-Tswana. Seit mindestens 800 Jahren hatte es die Stammesfürstentümer dieser Gruppe im zentralen und nordwestlichen Binnenland Südafrikas schon gegeben. Eine Schätzung geht auf die Zeit um das Jahr 350 n. Chr. zurück. Besondere Bekanntheit erlangten die Sotho-Tswana durch ihre Siedlungen, die im 17. Jahrhundert Tausende von Menschen beheimateten. Tutus Großvater Mathlare hatte einmal einige Rinder in der Nähe von Fochville, zwischen Klerksdorp und Johannesburg, besessen. Seine Tochter wurde in Boksburg geboren und großgezogen: einer von Industrie geprägten Minenstadt, die direkt über den Goldadern im Osten und Westen Johannesburgs lag. Der afrikanische Name des Kindes – Mavoertsek – mag eine Anlehnung an die hohe Kindersterblichkeit in der Zeit gewesen sein, in der Tutus Mutter geboren wurde. Er bedeutet so viel wie »Geh weg!« – etwas, das man vielleicht zu einem sehr unartigen Kind oder zu einem Hund sagen würde. Sie war nämlich letlomela – die Erstgeborene – nachdem ein anderer Geschwisterteil bereits gestorben war. Nach afrikanischer Tradition musste man einem solchen Kind einen derartigen Namen geben, um seinen Wert symbolisch zu verringern. Damit wollte man die Götter daran hindern, es ebenfalls den Eltern wegzunehmen. Niemand aber nannte Tutus Mutter jemals bei ihrem vollen Namen. Man verkürzte ihn stattdessen auf Matse und ihre Familie nannte sie Ausi (große Schwester) Matse.

In Boksburg lernte Matse Mathlare den vier Jahre älteren Zachariah Zelilo Tutu kennen und heiratete ihn. Zelilo bedeutet »weinen«. Laut Desmond Tutu habe man seinem Vater diesen Namen gegeben, weil auch er letlomela gewesen sei. Zachariah war 1901 in der Stadt Gcuwa in der Provinz Ostkap geboren und im 140 Kilometer entfernten Qumbu großgezogen worden. Er war stolz darauf, ein Xhosa sprechender Mann und damit ein Angehöriger der Nguni zu sein. Laut Desmond war er außerdem »ziemlich arrogant. … Er dachte, die Xhosa seien ein Geschenk Gottes an die Erde gewesen. … Auch dachte er, die Batswana[1] seien nicht besonders klug. … Ich weiß nicht, warum er meine Mutter geheiratet hat. Schließlich dachte er, dass jeder, der kein Xhosa war, ein

1 Batswana ist der Plural von Motswana. Die Sprache nennt sich Setswana.

schlechterer Mensch sein musste.« Nachdem Matse ihn geheiratet hatte, sprach sie zu Hause nur noch in der Muttersprache ihres Ehemannes. Laut Desmonds Schwester Sylvia Morrison »sagte sie fortan nicht ein Wort in ihrer Sprache mehr, selbst dann nicht, wenn sie sehr wütend war. … Sie war mit einem Xhosa verheiratet und hatte, unserem Brauch nach, alles nach Art der Xhosa zu erledigen. Das war ein Xhosa-Haushalt.«

Zachariah entstammte einer einzelnen Linie der Xhosa, die man als amaMfengu kannte. Einige Historiker führen die Existenz dieser Gruppe auf die Invasion der Briten zurück. Die größten Gruppen, die sich mit dem Namen Xhosa identifizieren sind die amaGcaleka, die amaRharhabe, die amaMpondo und die abeThembu, zu denen auch Nelson Mandela gehört. Es handelt sich aber um geschlossene Klanverbände mit einer jeweils ganz eigenen Geschichte.[2] Die amaMfengu entstanden ihrerseits aus einem Zusammenschluss von Flüchtlingen unterschiedlicher Herkunft, die man erst seit 1820 unter dieser Definition kennt. Wie genau die Gruppe entstand, ist Teil einer hitzigen Debatte zwischen südafrikanischen Historikern, die sich mit den tumultartigen Ereignissen an der Südostküste und im Binnenland Südafrikas im frühen 19. Jahrhundert beschäftigen.

Zachariah Zelilo Tutu, der Vater von Desmond Tutu.

2 Die kleingeschriebenen Vorsilben ama- und abe- kennzeichnen den Plural des Hauptwortes in der Sprache der Xhosa. Die Vorsilbe isi- modifiziert das Hauptwort, um die Sprache zu beschreiben. Die Sprache der Xhosa ist also »isiXhosa«.

Die traditionelle Version der Entstehungsgeschichte der amaMefengu erzählt von einem unbarmherzigen und sadistischen Kriegsführer, den man unter dem Namen Shaka kannte. Er führte eine Revolution in der nördlichen Nguni-Gemeinschaft an und verwendete sein bis dato eher unbedeutendes Zulu-Stammesfürstentum als Ausgangsort und Hauptstützpunkt für die Erschaffung eines mächtigen zentralisierten Königreichs, das sich über weite Teile der heutigen Provinz KwaZulu-Natal erstreckte.[3] Dabei entfachte Shaka einen Wirbelsturm, der die von ihm besiegten gegnerischen Stammesfürsten in alle Himmelsrichtungen verstreute. Wie in einer Kettenreaktion – die man Mfecane taufte – begannen diese nun mit der Plünderung weiterer Stämme und verbreiteten im ganzen Land ein wildes Chaos. Aus denjenigen, die in Richtung Süden, in die Gebiete der Xhosa sprechenden südlichen Nguni, flüchteten, wurden die amaMfengu: Desmond Tutus väterliche Vorfahren. Anscheinend wurde ihr Name von dem isiXhosa-Verb »ukumfenguza« abgeleitet, was »umherziehend, nach Hilfe suchen« bedeutet. Er beschreibt also eher den sozialen Status, als die ethnische Zugehörigkeit der Flüchtlinge. Obwohl die amaMfengu in die Xhosa-Gemeinschaft eingegliedert wurden, galten sie als Außenseiter. Sie wurden diskriminiert und ausgebeutet. In dieser traditionellen Version der Geschichte treten die Briten als die Retter der Fingoes in Erscheinung, wie die amaMfengu von ihnen genannt wurden.

In den 1960ern kam eine weitere, nuancenreichere Theorie auf. Nach Meinung einiger Historiker hatten die schwarzen Stammesgemeinschaften die Kettenreaktion Mfecane nicht aus eigener Kraft erzeugt. Sie hing mit unterschiedlichen Faktoren, wie Trockenheit, Überbevölkerung des Landes, Plünderungen durch die Kolonisten und dem kolonialen Bedarf an Arbeitskräften zusammen. Außerdem hatten die amaMfengu, die aus den unterschiedlichsten Stammesfürstentümern im Norden kamen, Xhosa in ihre Flüchtlingsgemeinschaft integriert. Diese waren ihrerseits vor der britischen Kolonialmacht geflohen, die die östliche Kapregion von Westen her einnahm.

---

3 Die Vorsilbe kwa- kennzeichnet einen Ort. KwaZulu ist also »der Ort der Zulus«.

In dieser neuen Version der Geschichte integrierten und umfassten die amaMfengu auch tausende Frauen und Kinder der Gcaleka und der Rharhabe, die auf den weißen Farmen Zwangsarbeit leisten mussten. Aber auch jene Flüchtlinge, die keine andere Überlebensmöglichkeit sahen, als freiwillig für die kolonialen Siedler zu arbeiten. Manche schlossen sich auch den neu gegründeten christlichen Missionen oder den Söldnerverbänden an, die die Briten ins Leben gerufen hatten, um die Guerillataktik der Xhosa zu bekämpfen. Einige Historiker behaupten, dass das eigentliche Konzept eines einheitlichen »Fingo-Stammes« eine Erfindung der weißen Siedler gewesen sein musste, die die Identität der Xhosa-Frauen und Xhosa-Kinder, die man entführt und illegal versklavt hatte, vor der Kolonialbehörde in London geheim halten wollten. Jedenfalls betrachteten viele Angehörige der Xhosa-Gemeinschaft die amaMfengu bald als Kollaborateure der Briten und als Verräter des Obersten Stammesfürsten der Xhosa, dem sie eigentlich zu Treue verpflichtet gewesen waren. Phyllis Ntantala, die Mutter des südafrikanischen Kabinettsministers Pallo Jordan, erzählte einmal davon, wie sie damals in den 1930ern ihren Mann Archibald Campbell Jordan ihrer Verwandtschaft vorstellte. Anscheinend waren diese von der Tatsache beeindruckt, dass er erfolgreich Anspruch auf die Zugehörigkeit der amaMpondo erheben konnte: »Das hat ihnen bewiesen, dass er kein verräterischer Mfengu war. Solche Dinge sind in der Welt, aus der wir kommen immer noch wichtig.«

Zweifellos lässt sich sagen, dass Desmond Tutus Vorfahren väterlicherseits nahe an den Grenzen zur weißen Welt oder sogar dahinter, und damit weiter von ihren eigentlichen Wurzeln entfernt lebten, als andere Gruppen. Sie ließen sich in Missionen, in schwarzen Vierteln an den Rändern der weißen Städte oder in ländlichen Gebieten nieder, aus denen die Briten zuvor ganze Gemeinden vertrieben hatten. Sie passten sich den neuen Herrschern an und konvertierten früher und zahlreicher zum Christentum als andere Gruppen. Sie betätigten sich als Händler oder kommerzielle Farmer und Landeigner und brachen so mit den afrikanischen Traditionen. Sie nutzten die Möglichkeiten, am westlichen Bildungssystem zu partizipieren, das ihnen durch die Missionen angeboten wurde. Folglich bekleideten sie auch schon Führungspositionen, als sich die Schwarzen in der Kapkolonie im späten 19. Jahrhundert politisch zu organisieren begannen und sich für die Parlamentswahlen registrierten. John Tengo Jabavu, ein Mfengu und Lehrer, der der liberalen Strömung am Kap nahestand, gründete 1884 Südafrikas erste Zeitung, die von Schwarzen verlegt wurde: die Imvo ZabaNtsundu (»Stellungnahme der Schwarzen«). Laut Jabavu diente die Zeitung der Einheit der schwarzen Bevölkerung und sprach eine Leserschaft an, die sich quer über den gesamten Subkontinent erstreckte: von der Tafelbucht (Kapstadt) bis nach Port Natal (Durban) und von Pretoria (Tshwane) bis nach Port Elizabeth.

Im 20. Jahrhundert galten die amaMfengu als die Bildungselite der schwarzen Gesellschaft. Als sich im Jahre 1910 die zwei britischen Kolonien Natal und das Kap in einer Union mit den ehemaligen afrikaandischen Republiken Transvaal und Oranje-Freistaat zusammenschlossen und so das moderne Südafrika geschaffen wurde, reiste eine Delegation – zu der auch Jabavu gehörte – nach London. Man wollte die britische Regierung davon überzeugen, die neue südafrikanische Verfassung nicht zu ratifizieren, da sie dem Großteil der schwarzen Bevölkerung das politische Wahlrecht entzog. 15 Jahre später überredeten zwei Kirchenbrüder der Mfengu Nelson Mandelas Vater dazu, seinen Sohn in die Schule zu schicken. In seiner Autobiografie beschrieb Mandela die amaMfengu später als »unsere Geistlichen, Polizisten, Lehrer, Beamten und Übersetzer«.

Seiner Ansicht nach waren die amaMfengu weniger Verräter oder Kollaborateure, sondern im Gegenteil die Kräfte, die das demokratische Südafrika weiter vorantrieben. In den frühen 90er-Jahren besuchte Desmond Tutu Mangosuthu Buthelezi, den modernen politischen Anführer der nationalistischen Strömung der Zulu, die einst Shaka in der kwaZulu-Hauptstadt Ulundi ins Leben gerufen hatte. Stolz zeigte er Tutu eine Statue Shakas, brachte aber ebenso seine Bewunderung für die amaMfengu als die bildenden Kräfte des schwarzen Südafrikas zum Ausdruck.

Tutu besucht Mangosuthu Buthelezi in der Hauptstadt von kwaZulu Ulundi. Die Statue im Hintergrund ist Shaka, der legendäre Anführer, der den Zulu-Staat gründete.

In einem Interview kritisierte Mandela die Verräterrolle, die den amaMfengu oft zugeschrieben wurde und zitierte dazu aus der Geschichte der abeThembu: »Als uns die Gcalekas angriffen, flohen die Thembus. Es waren die amaMfengu, die das Thembuland verteidigten. … Danach teilte man ihnen ein ganzes Gebiet zu und der König sprach: ›Niemand soll jemals sagen, dass sie Fingoes sind. Jeder der das behauptet, wird bestraft werden.‹ Und noch heute darf man im Thembuland nicht sagen, ein Mfengu sei dies oder jenes.« Mandela betonte auch, dass viele seiner Mitgefangenen aus dem Jahre 1964, die eine lebenslange Haftstrafe abzusitzen hatten, politische Führer mit Wurzeln in der amaMfengu-Gemeinschaft gewesen waren. Das betraf Raymond Mhlaba, ebenso wie Govan Mbeki, den Vater seines Nachfolgers im Präsidentenamt: Thabo Mbeki.

Tutu spricht selten über seine ethnische Herkunft. Normalerweise identifizieren sich die Südafrikaner nicht gleichzeitig durch ihre eigentlichen Wurzeln und ihre Nationalität, so wie es beispielsweise bei den irischen oder den italienischen Amerikanern üblich ist. Tatsächlich vermieden es viele schwarze Südafrikaner in der zweiten Hälfte des 20. Jahrhunderts sogar, mit Fremden über ihre Herkunft zu sprechen oder das Thema auch nur anzuschneiden. Das lag darin begründet, dass die Verfechter der Apartheid die Ethnisierung dazu verwendeten, um die Herrschaft der weißen Minderheit in Südafrika zu legitimieren. Es gebe – so ihr Argument – keine einheitliche schwarze Gemeinschaft im Land und folglich auch keine schwarze Mehrheit. Es gebe lediglich 10 schwarze »Nationen«, von denen aber keine viel größer sei, als die weiße »Nation«. Jeder dieser 10 »Nationen« sollte es erlaubt sein, Herrschaft auszuüben, allerdings nur in ihrem jeweiligen »Heimatgebiet«. In den Jahren der Kampagne Tutus gegen die Apartheid nutzte er das Argument seiner Herkunft nur gegen die Politik der zwanghaften Gleichmachung der Menschen in den »Heimatgebieten« der schwarzen Südafrikaner.

Dennoch betrachtete Tutu isiXhosa stets als seine Muttersprache. Zum Beispiel vernimmt man noch heute in seinem Segensspruch nach dem Gottesdienst die für westliche Ohren befremdlichen Klicklaute. Er neckt die weißen Kirchgänger dann mit der Behauptung, dabei handele es sich um »die Sprache des Himmels«. Nach der Tradition der Xhosa schließen die Tutus über die männliche Linie auf ihren Ursprung zurück. Allerdings nicht durch Zuhilfenahme ihres Familiennamens – der übrigens »Asche« bedeutet –, sondern eher über so genannte isiduko: Lobesnamen, die den Gründern der Ursprungsklans gegeben wurden. Zwischen dem Konzept eines solchen Klans und einem Familienverband in der europäischen Kultur gibt es kaum Ähnlichkeiten. Ein Historiker nannte einmal einen Xhosa-Klan »eine Ansammlung von Verzweigungen, die nicht wissen, wie sie miteinander verbunden sind, die aber dank ihres gemeinsamen Klannamens und ihrer Lobnamen wissen, dass sie einen gemeinsamen Ursprung haben«. Nelson Mandela erlangte durch seinen Klannamen Madiba weithin Bekanntheit und Beliebtheit in Südafrika. Der Hauptklanname der Familie Tutu lautet Tshezi, aber dank weiterer isiduko – Tshibase, Dlaba und Umkhontombovu (roter Speer) – lässt sich die Linie noch weiter quer durch die Gemeinschaft der Xhosa verfolgen.

Zachariah Tutu wurde in Lovedale, einer hervorragenden Bildungseinrichtung, die im 19. Jahrhundert von schottischen Missionaren in der östlichen Kapkolonie gegründet wurde, als Grundschullehrer ausgebildet. Lovedales Absolventen verteilten sich über ganz Südafrika und versorgten die kirchlichen Schulen mit Lehrpersonal, in denen sich die absolute Mehrheit der Schüler aus schwarzen Kindern zusammensetzte. Zachariah nahm einen Posten in Boksburg an. Er war besser ausgebildet als Matse. Sie hatte nur die Grundschule besucht und dort etwas über Hauswirtschaft gelernt. Das war in Tiger Kloof gewesen, dem Batswana-Ausbildungszentrum, das von der Londoner Missionarsgesellschaft in der nördlichen Kapkolonie gegründet wurde.

In den späten 1920ern wurde Zachariah ein Lehrstuhl in Klerksdorp angeboten. Vor der Ankunft der Weißen hatte der Ort, an dem nun die Stadt lag, zum östlichen Rand eines Gebietes gehört, dass von Tau (dem Löwen) beherrscht wurde: dem Oberhaupt der Tswana sprechenden Barolong. Man erzählt sich, dass Taus Nachkommen, im Zuge der Mfecane, von den Nguni aus dem Gebiet vertrieben wurden, doch die Stabilität und der Wohlstand der Barolong-Gemeinschaft nahe Thabeng beeindruckte die Pioniere und Missionare der 1820er. Die ersten Weißen, die sich Land in diesem Gebiet aneigneten, waren die Nachkommen der niederländischen, hugenottischen und deutschen Siedler, die die Kapkolonie in den 1830ern verließen und entlang des so genannten Vaal-Flusses (aschefarbener Fluss) wanderten. Diese Voortrekkers, die man auch als Buren, Bauern und später als Afrikaander kannte, gründeten Klerksdorp an einem Nebenfluss des Vaal: dem Schoonspruit (klarer Strom). Die Stadt erhielt ihren Namen von einem Magistraten, der sich le Clerq nannte und von demselben hugenottischen Siedler abstammte, wie auch der bis dato letzte weiße Präsident Südafrikas: Frederik Willem de Klerk. Sie war die erste weiße Siedlung der späteren Südafrikanischen Republik, auch bekannt als Transvaal-Republik.

Desmond Tutus Geburtsort stand also in enger Verbindung mit dem weißen Herrschaftsgebiet nördlich des Vaal. Darüber hinaus lag er nahe einem bedeutungsträchtigen Ort des afrikaandischen Nationalismus: dem heutigen Denkmal für die 149 Erwachsenen und 968 Kinder, die in einem britischen Konzentrationslager in Klerksdorp umgekommen waren. Das Lager wurde während des zweiten afrikaandischen Unabhängigkeitskriegs im 19. Jahrhundert gegründet. Im ersten Krieg hatten die Transvaaler die Briten besiegt, die 1878 den Versuch unternommen hatten, ihr Territorium zu erweitern. Im zweiten Krieg, der von 1899 bis 1902 andauerte, erwehrten sich die Transvaal-Republik und der Oranje-Freistaat abermals der Briten, die es nun auf die neu entdeckten Goldvorkommen in Transvaal abgesehen hatten. Am Ende verloren sie den langen, zermürbenden Krieg, in dem burische Guerilla immer wieder britische Truppen angegriffen hatten. Die Briten hatten wiederum die Familien der Guerillas in Lager gesperrt, um zu verhindern, dass sie ihre Kämpfer neu versorgen konnten. Als Ergebnis erkrankten und starben 6.000 afrikaandische Frauen und 22.000 Kinder. Den Schwarzen kam in diesem Krieg eine eher untergeordnete Rolle zu. Sie waren meist unbewaffnet und sowohl auf der einen, als auch auf der anderen Seite zu finden. Doch auch sie wurden in Lager gesperrt, wo 14.000 von ihnen starben. Der Tod der Schwarzen wurde von der weißen Öffentlichkeit kaum wahrgenommen. Bis ins Jahr 2000 gab es in Klerksdorp kein Denkmal für die schwarzen Opfer. Das Sterben der afrikaandischen Zivilisten hingegen hinterließ eine Bitterkeit, die das Südafrika des 20. Jahrhunderts wie eine Narbe zeichnete. Im Jahre 1996 – fast ein Jahrhundert nach dem Zweiten der Kriege – machte Tutu, im Zuge seiner Beschäftigung mit der Postapartheid und als Leiter der Wahrheits- und Versöhnungskommission, auf das Thema aufmerksam.

Die meisten der historischen Berichte über Klerkdorp in der Zeit der Apartheid verweisen nur selten oder undurchsichtig auf die indigenen Einwohner, die dort lebten, bevor die weißen Siedler kamen. Meist beschränken sie sich auf Probleme mit der schwarzen Bevölkerung, Überfälle oder gewaltvolle Übergriffe durch Schwarze und darauf, wie diese Angriffe von einer Kommandotruppe abgewehrt wurden. Das schwarze Wohngebiet, das später unter dem Namen Makoeteng bekannt wurde, wurde 1907 für die Hausangestellten gegründet, die für die weiße Siedlergemeinschaft arbeiteten. Es lag ein kurzes Stück flussabwärts vom eigentlichen Siedlungsgebiet entfernt. Als Tutu geboren wurde, war es schlicht als Native Location (»Ort der Eingeborenen«) bekannt. Noch bis in das 20. Jahrhundert hinein grenzten sich die Weißen von der Definition »Eingeborener« oder »Native« ab und bezeichneten so lediglich die schwarzen Südafrikaner. Viele Weiße sahen sich als Europäer, selbst wenn ihre Familien seit Generationen in Südafrika gelebt hatten.

In den 1930ern lebten Klerksdorps schwarze Einwohner auf einem Gebiet, das im Vergleich zum späteren Standard der schwarzen Viertel groß war. Sie errichteten eigene Häuser und hielten Vieh, Schafe und Hühner. Da es kein Abwassersystem gab, sammelten Sanitärarbeiter die Fäkalieneimer vor den Häusern ein und schafften sie mit Karren davon, die von Maultieren oder Eseln gezogen wurden. Ausschließlich Weiße waren als Wähler für den siebenköpfigen Stadtrat zugelassen. Die Gesuche der schwarzen Einwohner wurden durch das Native Location Advisory Board (Eingeborenenberatungsbehörde) an den Rat herangetragen. Schwarze finden deshalb in den Ratsprotokollen nur selten Erwähnung. Eine Ausnahme bildet der Eintrag über einen gewissen Native L. Maloi, der eine Rückvergütung für den Verkauf seiner Kuh durch die Stadtkasse forderte. Die städtischen Gehälter für weiße Arbeiter lagen bei vier oder fünf Schilling in der Woche, wohingegen die schwarzen Arbeiter zwei Schilling und sechs Pence bekamen. Im Jahre 1933, als Tutu zwei Jahre alt war, benachrichtigte eine Delegation des Joint Council of Whites and Natives (Gemeinschaftlicher Rat der Weißen und Eingeborenen) das öffentliche Gesundheitskomitee darüber, dass die schwarze Gemeinschaft sehr unter der Erwerbslosigkeit litt. Die Delegation überzeugte das Komitee davon, einen Plan zu befürworten, der den schwarzen Einwohnern ein Stück Land mit 100 Anbauparzellen für Gemüse zusicherte – unter der Bedingung, dass sie ihre Erzeugnisse nicht auf dem örtlichen Markt verkaufen und mit den weißen Pflanzern konkurrieren würden.

Die Gemeinde war mit Menschen unterschiedlicher Herkunft bewohnt. Hauptsächlich bestand sie aus Tswana, aber auch aus Sotho- und Xhosa-sprechenden und sogar einigen indischen Händlern. Die Kinder schwammen im Fluss und pflückten Beeren an den Hängen des nahegelegenen Hügels. Es gab eine Afrikanisch-Methodistische Episkopalkirche sowie eine Niederländisch-Reformierte Kirche, doch die größte Kirche war die Anglikanische und Methodistische Kirche. Zachariah Tutu war der Direktor der methodistischen Grundschule. Wie auch in anderen schwarzen Gemeinschaften im ganzen Land meinte der Begriff »Kirchenschule« Folgendes: Der Unterricht fand im Altarraum statt und dabei saß in jeder Ecke des Raums eine andere Klasse. Die Familie Tutu wohnte im Haus des Schuldirektors, das ungefähr fünfeinhalb Meter lang und zwei Meter breit war. Es bestand aus Schlammziegeln, hatte jedoch ein Fundament aus Stein und stand auf dem Grundstück der Methodistenmission. Während seines späteren Aufenthalts in Klerksdorp gründete Zachariah Tutu eine Gemeinschaftsschule, die unter dem Namen Itereleng (»Tut es für euch«) bekannt wurde. In dieser Gemeinschaft und in anderen, in denen er arbeitete, war er als ZZ Tutu und seine Frau als Matichere (Frau des Lehrers) bekannt.

Biografische Aufzeichnungen über Desmond Tutu geben oftmals an, er sei in einer Goldminenregion aufgewachsen. Und tatsächlich neigte sich der Betrieb in den großen Minen, durch die die Gegend bekannt geworden war, erst dem Ende, nachdem die Tutus Klerksdorp verlassen hatten. Nach einem kurzweiligen Goldboom in den 80er-Jahren nahm der Bergbau ab und er wurde erst wieder ökonomisch bedeutsam, als man effizientere Mittel entwickelte, um das Gold vom Erz zu trennen bzw. als man die Kapazitäten besaß, in einigen der tiefsten Minen der Welt zu graben. In den Wochen vor und nach Tutus Geburt beschrieb die örtliche Wochenzeitung, die *Klerksdorp Record and Western Trans-*

vaal News, eine landwirtschaftliche Gemeinschaft, die auf dem Bauernhofsystem basierte, das die Voortrekkers einst eingeführt hatten. Es waren Anzeigen beigefügt, die für Lagerverkäufe warben und für »köstliche reine Milch« aus den örtlichen Molkereien. Die Weißen konnten den Kontakt mit der weiten Welt förmlich fühlen: Es gab Werbung für Rinko Talkies Film »First Talkie Western: Call of the West«, Charlie Chaplins »höchste Lach-Sensation des Jahrhunderts: City Lights« und für die Marx Brothers mit ihrem »sprechenden, singenden Musical-Comedy-Hit: The Cocoanauts«. Klerksdorp hatte gute Eisenbahnverbindungen nach Johannesburg in die eine, und in die Diamantenminenstadt Kimberley und weiter bis nach Kapstadt in die andere Richtung. Die schmutzige Straße nach Johannesburg wurde gerade ausgebessert: »Eine Straßenwalze bearbeitet gerade die Verbindungsstrecke zwischen Johannesburg und Potchefstroom und zeigt gute Auswirkungen auf die zerfurchte Fahrbahnoberfläche, die von den Autofahrern bisher regelrecht verflucht wurde.«

Selbst zwei Jahrzehnte nach der Einheit Südafrikas im Jahre 1910 gab es noch Differenzen zwischen den Briten und den Buren, die sich aus der Zeitung herauslesen lassen. Für diejenigen, die immer noch die alte Heimat ihr »zu Hause« nannten, gab es Annoncen für Weihnachts- und Neujahrsfahrten auf königlichen Postschiffen, wie der Windsor Castle, der Balmoral Castle oder der Edinburgh Castle, mit dem Ziel England. Die Nachrichtenkolumnen hatten das Problem der »Armen Weißen« in der Afrikaandergemeinschaft zum Thema, über das die Mitglieder der Carnegie-Kommission – ihre Studie wurde von der New Yorker Carnegie Corporation finanziert – diskutierten. Wie es für eine Stadt in Transvaal üblich war, gab es auch in Klerksdorp eine kleine jüdische Gemeinde: »Meister Maurice Boner möchte gerne all seinen Verwandten und Freunden für die Glückwünsche und Geschenke danken, die er auf seiner Bar Mitzwa erhalten hat.«

Klerkdorps schwarze Einwohner wurden in den Nachrichtenkolumnen nur als Unruhestifter beschrieben. Meist tauchten sie in Berichten über Gerichtsverhandlungen auf und wurden in der Regel nur bei ihren Vornamen genannt. Die Einheit zwischen Briten und Afrikaandern hatte verheerende Auswirkungen auf ihre Situation. Die Verfassung verbot den Schwarzen – zu denen immerhin 68 Prozent der Gesamtbevölkerung gehörten – das Wahlrecht in drei der vier Provinzen des Landes: in Transvaal, im Oranje-Freistaat und in Natal. In der Kapprovinz behielten die Schwarzen und Mulatten ihr Wahlrecht, doch der Richtwert für ein bestimmtes Maß an Eigentum und Einkommen senkte ihre Zahl auf nur 15 Prozent der Wählerschaft. Der Delegation, die gemeinsam mit Jabavu nach London reiste, um sich über die Verfassung zu beklagen, wurde ein Vorsprechen im Unterhaus verweigert. Als die Delegierten schließlich den Außenminister und Zuständigen für die Kolonien trafen, hatte die britische Regierung die Ratifizierung des Gesetzes bereits beschlossen und damit den Weißen zugestimmt.

Um es mit den Worten von Sol Plaatje, dem wichtigen früheren schwarzen Schriftsteller Südafrikas zu sagen, »erwachten die Eingeborenen des Landes drei Jahre nach der Einheit – genauer am Freitagmorgen, dem 20. Juni 1913 – nicht mehr als Sklaven, wohl aber als Ausgestoßene in ihrem eigenen Heimatland.« Das war das Ergebnis des neu eingeführten Native Land Acts (Eingeborenenteignungsgesetz), das den Schwarzen weniger als acht Prozent der gesamten Landesfläche als Reserve (gesonderter Lebensraum) zusprach. Dieses Gesetz war nur der erste Teil eines zusammenhängenden Gesetzes- und Verfahrenssystems, das die schwarzen Südafrikaner ihrer Fähigkeit zur Selbstbehauptung beraubte und sie in billige Arbeitskräfte verwandelte: Wenn man ihre Arbeitskraft benötigte, wurden sie durch Auflagen zur Zahlung einer Kopfsteuer veranlasst, so dass sie gezwungen waren, in den Städten und in den Minen zu arbeiten, um das Geld zur Zahlung der Steuer zu verdienen. Wenn man ihre Arbeitskraft nicht benötigte, verbannte sie ein System von Gesetzen über Durchgangsverbote räumlich in ihre Wohnquartiere. Die Auswirkungen zeigen sich in einem Gerichtsprotokoll, das in einer Ausgabe der Klerksdorp Record im Oktober 1931 veröffentlicht wurde:

> »Als nächstes kam eine Gruppe von Einheimischen an die Reihe. Sie hatten Steuerbelege gefälscht oder waren ohne Ausweispapiere unterwegs gewesen. Das erste der beiden Vergehen wurde mit fünf Schilling Geldbuße oder fünf Tagen Arrest bestraft, das zweite mit zehn Schilling oder ebenfalls fünf Tagen. Ein junger Ureinwohner, der sich bei einem gewissen Mr. C. J. Stuart aus Elandsheuvel der Arbeit entzogen hatte, wurde zu sechs Peitschenhieben verurteilt.«

Auch das geringfügigste Diebstahlvergehen an Weißen hatte Gefängnisstrafen zur Folge:

> »Ben Shabala, der in der letzten Woche des Diebstahls von fünf Hühnern – die Mr. C. A. van Wyk aus Doornplaat gehört hatten – für schuldig befunden wurde, wurde zu sechs Wochen harter Strafarbeit verurteilt.
> Zwei 20-jährige Ureinwohner mit Namen William N'Sale und George Moleti erschienen wegen Diebstahls vor dem Richter F. W. Ahrens. Angeblich hatte einer von ihnen – oder beide – einen Süßigkeitenautomaten in Mr. Dales Laden aufgebrochen und Süßigkeiten im Wert von sieben Schilling entwendet. Der bereits mehrfach vorbestrafte William wurde zu drei Monaten harter Strafarbeit verurteilt, während auf George, der im vergangenen Jahr einen Diebstahl begangen hatte, sechs Wochen harter Strafarbeit kamen.«

Auseinandersetzungen zwischen Schwarzen und Weißen endeten zumeist wie folgt: In einem Fall wurde »ein junger Bursche namens Hendrik Weyers« von »einem 15-jährigen Schwarzen namens Hezekiah« angegriffen, der angab, er habe den weißen Jungen niedergeschlagen, weil dieser zuvor Steine auf ihn geworfen hatte. Hezekiah wurde verurteilt, nicht jedoch Hendrik.

Desmond war der zweite Junge, der in der Familie Tutu geboren wurde. Der Erste, Sipho (Geschenk), starb noch während seiner Kindheit. Desmond wurde von seiner Familie als von Geburt an kränklich bezeichnet. Daher gab ihm seine Großmutter väterlicherseits den hoffnungsvollen Zweitnamen Mpilo, der »Leben« bedeutet. Man erzählte ihm niemals, warum ihm sein Vater den Namen Desmond gegeben hatte. Er vermutete nur, dass der Name mit einem Buch oder einem Musikstück zusammenhing. Seine ältere Schwester Sylvia rief ihn Mpilo, was später ebenso Nelson Mandela tat. Der Rest der Familie nannte ihn einfach Boy (Junge). Obwohl dieser Name nicht auf seinem Taufzertifikat auftaucht, verwendete er ihn von seiner Schulzeit an und bis Mitte der 70er-Jahre, als Drittnamen für offizielle Dokumente. Dann benutzte er ihn nicht mehr. Was die Tutus allerdings nicht wussten, war, dass eine Person diesen Namen weiter verwendete, die nicht zur Familie gehörte: Ein Sicherheitspolizist, der damit beauftragt worden war, Desmond Tutus Aktivitäten im Auge zu behalten und der den Namen Boy als Verunglimpfung seiner Zielperson missbrauchte.

In den ersten Jahren seines Lebens wurde Desmond Tutu schwer krank. Zunächst bemerkte die Familie nichts, jedoch wurde später offensichtlich, dass er an Polio litt. Zu der damaligen Zeit war noch kein Impfstoff gegen diese Krankheit bekannt. In den schwarzen Gemeinden wurde sie durch Fliegen von den Fäkalieneimern auf den Menschen übertragen. Die Erkrankungen häuften sich im Sommer, wenn die noch uneingesammelten Eimer in der heißen Sonne standen. In Südafrika lag die Sterblichkeitsrate der von der Krankheit Infizierten bei zehn bis 25 Prozent. Wenn ein Patient starb, dann geschah das meist in den ersten acht Tagen. Einer Familie wie den Tutus blieb nichts anderes erspart, als den Erkrankten zu pflegen und abzuwarten. Sylvia erinnerte sich, dass das Leben ihres Bruders an einem seidenen Faden hing: »Wir hatten wirklich alle Hoffnung verloren. Mein Vater bereitete sich schon auf die Beerdigung vor.« Obwohl er sich relativ gut erholte, blieben Nachwirkungen der Krankheit sichtbar. Seine rechte Hand ist verkümmert und wirkt schwach, wenn man sie zur Begrüßung ergreift. Oftmals reibt er sie, um die Blutzirkulation zu fördern und um sie warm zu halten. Während der Anhörung einer gerichtlichen Untersuchung, die in den frühen 80er-Jahren durch die Regierung durchgeführt wurde, fokussierte der staatlich kontrollierte Fernsehnachrichtendienst Tutus Hand im Bildausschnitt und porträtierte ihn als einen Schurken, der sich schuldbewusst die Hände reibt. Nach der Polio-Erkrankung hatte Tutu einen ernsthaften Unfall. Als er und Sylvia sich eines Morgens am Feuer vor ihrem Haus aufwärmen wollten, fing sein Flanellpyjama plötzlich Feuer. »Er war solch ein Dickkopf«, erinnerte sich Sylvia. »Es war so kalt und er wollte ganz nahe an die Feuerstelle heran, um sich aufzuwärmen. Als ich versuchte, ihn zurückzuhalten, wollte er nicht auf mich hören.« Er kam mit schweren Verbrennungen ins Krankenhaus und behielt einen vernarbten Oberschenkel zurück.

Tutus früheste Erinnerungen gehen auf bestimmte Szenen seiner Kindheit in Klerksdorp zurück. Bis heute erinnert er sich daran, wie ihn sein Vater auf der Lenkstange seines Fahrrads zum Fischen mitgenommen hatte, wie er in seinem mit Musikinstrumenten – Trommeln, Kesselpauken und Trompeten – gefüllten Zimmer aufwachte und, ganz vage, wie er auf den Tasten des Klaviers im Elternhaus herumklimperte. Die Instrumente gehörten einer Gruppe von Pfadfindern, die sein Vater leitete.

Als Desmond vier Jahre alt war, verließen die Tutus Klerksdorp und zogen in eine kleinere Stadt, die 70 Kilometer weiter, den Schoonspruit-Fluss hinauf, lag. Anders als Makoeteng existiert die Ortschaft, in der sie 1936 sesshaft wurden und die sich Tshing nennt, bis heute. Für eine Region, in der während der Apartheid intensive Zwangsumsiedlungen stattfanden, mag das ironisch klingen. Tshing lag nahe an der kleinen, landwirtschaftlich geprägten Stadt Ventersdorp, die in den letzten Tagen der weißen Herrschaft für ihren gewaltsamen Widerstand gegen die Abschaffung des Systems bekannt wurde. Ventersdorp ist ebenso die Heimat von Eugène Terre'blanche und seiner Afrikaner Weerstandsbeweging (Afrikaandische Widerstandsbewegung), die Neonazimetaphorik und -symbolik nach Südafrika importierte, um damit medienwirksam und kompromisslos gegen den gesellschaftlichen Wandel vorzugehen.

Tshing liegt ganz am Rand der Stadt, wo die bloße rote Erde der Hinterhöfe und der schmutzigen Straßen, rund um das alte Haus der Tutus, einen Kontrast zu den Dornenbüschen und den gelblichen Gräsern der sanft hügeligen Highveld-Savanne im Hintergrund bildet. Die Tutus lebten in einem einfachen rechteckigen Gebäude, das zu der damaligen Zeit noch ein Flachdach hatte und auf dem Grundstück der Methodistenkirche lag, in der die ersten Klassen jener Schule unterrichtet wurden, die ZZ als Direktor leitete. Das Haus hatte drei Räume: das Elternschlafzimmer, eine Küche und ein Wohnzimmer, das den Kindern nachts als Schlafraum diente. Es gab keinen elektrischen Strom, und wollte man am Abend noch lernen, so musste man dies bei Kerzenlicht tun. Als Tutu 70 Jahre später gefragt wurde, wie er sich selbst während seiner Zeit in Tshing in Erinnerung hatte, beschrieb er ein Kind in Shorts und T-Shirt, das fast immer barfuß war und sich im Winter in einen der Mäntel des Vaters einwickelte und die Ärmel hochkrempelte. Schuhe wurden nur zu besonderen Anlässen, wie dem sonntäglichen Kirchenbesuch, getragen. Voller Nostalgie dachte er an die Zeit zurück: »Unser Leben war ehrlich gesagt sehr erfüllt. Wir hatten Spaß. Zwar waren wir nicht wohlhabend, aber eben auch nicht bettelarm.«

Desmond sah sich selbst als ein durchschnittliches und kontaktfreudiges Township-Kind, das gemeinsam mit anderen aus Drahtstücken und Schuhcremedosen Spielzeugautos baute oder auf dem Streifen Land gegenüber der Kirche, mit einem Tennisball Fußball spielte. Gelegentlich drückte er sich auch vor der Hausarbeit: »Meine Schwester sagt, dass ich manchmal, wenn ich zu faul war, zu weinen angefangen und mit den Füßen auf den Boden gestampft habe. Ich sei sehr aufgebracht gewesen, wenn ich losgeschickt wurde, um Wasser zu holen.« Die Auswirkungen seiner frühen Krankheit waren während Tutus gesamter Kindheit sichtbar. Seine jüngere Schwester Gloria Radebe erinnerte sich: »Wir spielten mit ihm und plötzlich ging er ins Haus und legte sich schlafen. Er war sehr empfindlich.«

Wie es für diejenigen schwarzen Kinder üblich war, die in die Schule gehen konnten, besuchte Desmond in Tshing acht Jahre lang zuerst den Kindergarten und dann die Grundschule. In dem ersten Klassenraum gab es keine Tische. Während des Unterrichts saßen die Schüler auf den niedrigen Bänken ohne Rückenlehne, die sonntags von den Kirchgängern benutzt wurden. Wenn sie etwas aufschreiben mussten, setzten sie sich auf den Boden und benutzten die Bänke als Tische. 60 Jahre später brach Tutu während seines Besuchs einer ländlichen Schule in Tränen aus, als er sah, dass die Kinder immer noch unter denselben Umständen arbeiten mussten. Er war von Natur aus Rechtshänder, musste jedoch wegen seiner Polio-Erkrankung lernen, mit der linken Hand zu schreiben. Er lernte Afrikaans, was neben Setswana die Verkehrssprache in Ventersdorp war. Von seinem Vater angespornt entwickelte er eine Liebe für das Lesen. Wenn überhaupt, dann gab es nur wenig einheimische südafrikanische Literatur für Kinder. Während seiner Amtszeit als Bischof von Johannesburg schrieb Tutu Folgendes an einen jungen Korrespondenten:

> »Als ich noch ein Kind war, las ich gerne »Tales from Shakespeare« von Charles Lamb, die »Fabeln von Aesop« und andere bekannte Geschichten, wie »Rotkäppchen und der böse Wolf«, »Schneewittchen und die sieben Zwerge« und »Jack und die Bohnenranke.« Erzähl das bloß nicht deinem Lehrer, aber mein Vater, der ja selbst Lehrer war, erlaubte mir auch Comics zu lesen. Ich glaube, auf diesem Weg hat sich meine große Liebe für die englische Sprache entwickelt. Viele Menschen glauben aber, dass das Lesen von Comics die Sprachfähigkeit nur verschlechtert.«

Als sie in Tshing wohnten, bekamen die Tutus noch einen dritten Sohn mit Namen Tamsanqa (Segen). Wie Sipho starb auch er noch in seiner Kindheit. Zwei von fünf Kindern zu verlieren war für eine schwarze südafrikanische Familie nichts Außergewöhnliches. Zu der damaligen Zeit war die Kindersterblichkeitsrate in den schwarzen Gemeinden sehr hoch. Tutu erinnerte sich noch an den Tod Tamsanqas: Sein Vater, der anscheinend eine Auseinandersetzung mit dem örtlichen Pastor gehabt hatte, kümmerte sich selbst um die Beerdigung. Vielleicht weil sie ihre beiden anderen Söhne verloren hatte, überschüttete die Mutter Desmond mit all ihrer Liebe und Zuneigung. Sylvia wie auch Gloria sahen in ihm das Lieblingskind der Mutter. »Auch wenn er im Unrecht war, war meine Mutter stets auf seiner Seite«, sagte Gloria. Desmond erwiderte die Liebe seiner Mutter und schrieb ihr den größten Einfluss auf sein Leben zu:

»Ich bin ihr in vielerlei Hinsicht ähnlich. Sie war ein bisschen plump gebaut und hatte eine große Nase, so wie ich. Ich hoffe, dass ich ihr auch in folgenden Dingen ähnlich bin: Sie war sehr sanft, mitfühlend und fürsorglich. Immer stand sie denjenigen beiseite, die in einem Streit die Benachteiligten waren. Auch teilte sie immer gern. So kochte sie niemals nur für die Familie, sondern war stets darauf vorbereitet, dass noch eine weitere Person zum Essen kam. Auch wenn wir nicht viel hatten, wollte sie auch das kleinste bisschen noch mit anderen teilen.«

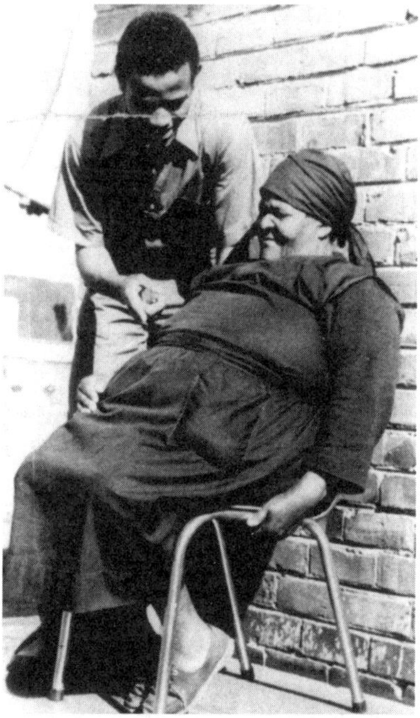

Aletta Dorothea »Matse« Tutu, geborene Mathlare, die Mutter von Desmond Tutu, hier mit Eudy Zamille Morrison, dem Sohn von Tutus Schwester Sylvia. Tutus Mutter hatte großen Einfluss auf ihn.

Wenn Matse Tutus Mitgefühl für die Armen und Schwachen ausschlaggebend für die Entwicklung ihres Sohnes hin zu einem spirituellen Führer und Verfechter der Menschenrechte gewesen ist, dann mag der tiefe Zorn, den Desmond empfand, wenn er grundloses und unverdientes Leiden erblickte, eine Eigenschaft des Vaters gewesen sein.

Desmond mochte seinen Vater. Er erfreute sich an seinem Sinn für Humor und war von seinem Engagement als Lehrer und seinen Fähigkeiten als Leiter des Schulchors beeindruckt. Während Südafrika sich auf dem Weg zur Demokratie befand, besann er sich immer wieder auf ein Sprichwort seines Vaters zurück: »Erhebe nicht deine Stimme, verbessere deine Argumente.« Also schluckte der junge Desmond seine Wut herunter, als ein weißer Supermarktangestellter ihn einen »Unfall« nannte und meinte, der Vater müsse noch sehr jung gewesen sein. Doch in einer Angelegenheit schätzte Desmond Tutu seinen Vater nicht:

> »Er trank oft. Ich würde sogar sagen, dass es exzessiv gewesen ist. Es geschah nicht jeden Tag, aber wenn es geschah, dann war es schrecklich. Er war ein brillanter Lehrer, aber er hätte vielleicht ein noch viel besserer sein können, wenn er nicht so viel getrunken hätte. Manchmal schlug er meine Mutter. Ich wurde dann sehr, sehr wütend und wollte es mit ihm aufnehmen. Aber ich konnte nicht, ich war noch zu klein. Ich weiß nicht, ob ich vielleicht schon kurz davor stand, ihn dafür zu hassen, wie er manchmal mit meiner Mutter umging.«

ZZs Trunksucht hielt ihn jedoch nicht davon ab, für seine Familie zu sorgen: »Zwar waren wir arm, mussten aber nicht hungern«, sagte Gloria. Um die Familie mit zusätzlichem Essen zu versorgen, ging ZZ an einem nahegelegenen Fluss angeln oder gab bei örtlichen Hochzeiten den Fotografen und wurde dafür mit Geld, Eiern, Hühnern oder einem Ferkel entlohnt.

60 Jahre nachdem sie von ZZ Tutu unterrichtet wurde, hat Elizabeth Machocho Kgosiemang, die noch immer in Tshing lebt, ihn als einen außergewöhnlichen Lehrer in Erinnerung, dessen Strenge legendär war: »Im Unterricht mussten wir englisch sprechen, ansonsten wurden wir von ihm getadelt oder übers Knie gelegt.« Sylvia Morrison konnte bestätigen, dass ihr Vater in der Schule die Prügelstrafe anwendete. Als sie eines Tages ihre Hausaufgaben nicht erledigt hatte, wurde sie aus der Klasse gerufen und kehrte mit Striemen auf ihren Händen zurück. Diese Demütigung brannte sich in ihr Gedächtnis ein.

Als der Sohn des Schuldirektors war Desmond Tutu das erste Kind im Ort, das ein Fahrrad besaß. Manchmal erledigte er die Einkäufe für seine Eltern. Dann fuhr er nach Ventersdorp, um

Fleisch oder die Rand Daily Mail, die Morgenzeitung von Johannesburg, zu kaufen. Dort machte er auch zum ersten Mal Bekanntschaft mit weißen Kindern:

»Einmal fuhr ich an einer Gruppe weißer Jungen vorbei. Sie riefen mich »Pik«. Ich dachte, sie meinten einen Pickel oder eine Spitzhacke, mit der man Löcher grub, und als ich weit genug entfernt war, sodass es mir sicher erschien, rief ich zurück: »Graaf« (Spaten). Erst später begriff ich, dass sie mich »Pikswart« (Pechschwarz) genannt hatten.«

Tutus Erfahrungen mit Weißen waren unterschiedlich. Rückblickend fand er es bemerkenswert, dass er als Kind auf dem Bürgersteig in Ventersdorp ungestört eine Zeitung lesen konnte, während die weißen Fußgänger einfach an ihm vorbeiliefen. Doch er machte auch die Erfahrung, wie Südafrikas Gesellschaft angeordnet war:

»Einmal sah ich schwarze Kinder die Mülltonnen einer weißen Schule nach Butterbroten durchsuchen, die die Schüler nach der Pause weggeworfen hatten. (Die Regierung hatte dafür gesorgt, dass Weiße eine Schulspeisung erhielten.) Die politischen Gründe dafür kannte ich nicht. Es erschien mir nur seltsam, dass man gute Früchte und Brote einfach wegwarf.
Ich dachte, das Leben wäre so bestimmt, dass die Weißen an den schönen Orten lebten, die Schwarzen in den Townships und dass Gott das so gewollt hätte. Ich wusste, dass man das Postgebäude durch einen separaten Eingang zu betreten hatte und dass man in der Regel wie Dreck behandelt wurde. Man hat das gar nicht hinterfragt.«

Einer der Gründe, warum ZZ eine Ausgabe der *Daily Mail* kaufte, war, um seine Schüler über den Fortgang des Zweiten Weltkrieges zu informieren. Viele schwarze Südafrikaner unterstützten den Krieg, obwohl sie drei Jahre vor Kriegsausbruch die letzten ihrer wenigen politischen Rechte verloren hatten. Im Jahre 1936 hatte das Parlament, bei einer Mehrheit von 169 zu elf Stimmen beschlossen, den schwarzen Wählern am Kap das Stimmrecht zu entziehen. Das Parlament war sich uneinig darüber, ob man Hitler bekämpfen wollte. 1939 entschied man sich mit nur 81 zu 59 Stimmen für die Kriegserklärung an Deutschland. Afrikaandische Nationalisten, wie John Vorster und Pieter Willem Botha – der spätere Premierminister, mit dem Tutu eine Auseinandersetzung haben sollte – schlossen sich dem Ossewa Brandwag an, dessen Oberhaupt die Nazis verehrte und mit den Deutschen kollaborierte.

Die schwarzen Schulkinder von Tshing unterstützten die Südafrikaner, die freiwillig gegen die Italiener und die Deutschen in Ost- und Nordafrika kämpften. Desmond und seine Freunde standen am Straßenrand und winkten den Wagenkolonnen zum Abschied hinterher, die in den Krieg zogen. Unter denen, die Rommels Panzergruppe Afrika und das Afrika Korps in Nordafrika bekämpften, war eine 15.000-köpfige schwarze Unterstützungstruppe. Das waren Fahrer, Köche, Schreiber, Hilfsarbeiter, Sanitäter und Krankenpfleger, die oftmals nur mit zeremoniellen Gegenständen bewaffnet waren. Desmond und seine Familie waren sehr stolz auf J. P. Tutu, den jüngeren Bruder des Vaters, der sich freiwillig meldete: »Es war tatsächlich eine große Ehre, jemanden in der Familie zu haben, der in der Armee dient«, sagte er einmal einem afrikaandischen Journalisten.

Etwa im Jahre 1941 kehrte Matse Tutu zum Reef – der Minenregion bei Johannesburg, aus der sie stammte – zurück und suchte nach Arbeit, um das Einkommen ihrer Familie aufzubessern. Das war der Beginn einer Zeit, in der die Familie von Ort zu Ort zog, immer auf der Suche nach einem Wohnort, der möglichst nahe bei der Mutter lag. Diese fand schließlich eine Stelle als Köchin im Ezenzeleni (»dem Ort, an dem du für dich selbst arbeitest«), einer Einrichtung für Blinde, die von dem britischen Ehepaar Arthur und Florence Blaxall gegründet worden war und in den Bergen westlich von Johannesburg lag. Bald hatte sie genug verdient, um der Familie neue Kleidung schicken zu können. Darunter war auch ein neuer Wintermantel in der passenden Größe für Desmond. Wenn er Zeit hatte, suchte er ihre Nähe und besuchte sie in der Minenregion. Sie lebte im Ezenzeleni und als er das erste Mal umzog, wohnte Desmond Tutu gemeinsam mit der Tante seines Vaters im nahegelegenen Viertel von Roodepoort West. Später zog er gemeinsam mit seiner Mutter in ein Haus für Ezenzeleni-Angestellte, das im Township lag. Dort teilte er sich mit einem ihrer Mitarbeiter ein Zimmer. Der vordere Teil des Hauses wurde von Es'kia Mphahlele, dem Buchhalter und Fahrer der Blaxalls bewohnt, der später als Schriftsteller und Dozent arbeitete. Tutu freundete sich mit Mphahlele an, der mit ihm joggen ging und ihm das Boxen beibrachte. In Roodepoort West besuchte Tutu die methodistische Grundschule. Später wechselte er auf die Swedish Boarding School, auch bekannt als die SBS, einer Schule, die der St. Ansgar Mission angehörte und von schwedischen Missionaren gegründet wurde.

Nach einigen Monaten auf der SBS ging Desmond mit seinem Vater nach Ermelo im östlichen Transvaal, wo ZZ vorübergehend eine Stelle hatte. Sechs Monate später kehrten sie in die Minenregion zurück und die Familie lebte wieder zusammen in einem gemieteten Haus in Roodepoort West. Um seine Grundschullaufbahn abzuschließen, ging Desmond wieder auf die SBS. Trotz der vielen Umzüge kam er in der Schule gut voran. Nach wenigen Monaten in der fünften Klasse, in der der Unterricht im Kirchengebäude stattfand, wurde er, als einer von wenigen, in die sechste Klasse versetzt. Am Ende des Schuljahres ereilte ihn ein Schock: Er fiel in der Rechenprüfung durch und durfte die Grundschule nicht abschließen. Jahrzehnte später erinnerte er sich:

> »Jeder glaubte, ich würde bestehen, aber das habe ich nicht. Letztlich bewiesen mir das die Testergebnisse. Ich glaube es nicht, ich glaube es noch immer nicht, aber ich habe nicht bestanden. Es war eine der schlimmsten Nächte meines Lebens.«

Rückblickend beschrieb Tutu seine Klassenkameraden und sich selbst als »recht nachgiebig, durchaus unerfahren und naiv«, wenn es um das Thema Rassismus ging. Sie waren jedoch nicht derart fügsam, sich in unkritischer Weise über ein Geschichtsbuch zu äußern, das von einem methodistischen Missionar namens Whitehead geschrieben wurde:

> »Wir finden es sehr seltsam, dass es, nach Mr. Whiteheads Beschreibung, in nahezu jedem Aufeinandertreffen der schwarzen Xhosa mit den weißen Siedlern immer die Xhosa gewesen sind, die den Siedlern das Vieh geraubt haben. Über die weißen Siedler schreibt er, dass diese das Vieh von den Xhosa zurückerobert haben. In der Diskussion haben wir diesen Punkt nur ansatzweise oder gar nicht angesprochen, aber nach der Schule haben wir uns sehr darüber amüsiert.«

Während seiner Zeit in Roodepoort West fiel Tutu eine Ausgabe des aus den Vereinigten Staaten importierten Magazins *Ebony* in die Hände: »Mir war nicht bewusst, dass es Literatur solcher Art, von einer solch staatsfeindlichen Qualität, überhaupt gibt. Bis zu diesem Zeitpunkt hatte ich schon angefangen zu glauben, was die weißen Menschen über uns erzählten.« Als Jackie Robinson – der erste schwarze Baseballspieler in der amerikanischen Profiliga – im Jahre 1947 in die Major League einstieg, erfuhr es Desmond Tutu aus dem *Ebony*: »Ich konnte Baseball nicht von Tischtennis unterscheiden, aber da war ein Kerl, der es wirklich geschafft hatte. Mein Selbstwertgefühl begann zu wachsen.«

Und als er seine Mutter wieder einmal im Ezenzeleni besuchte, hatte Desmond einen Schimmer davon, wie die südafrikanische Gesellschaft anders angeordnet werden könnte:

> »Dieser weiße Mann mit seinem großen schwarzen Hut, in seiner weißen flatternden Soutane, lief in Richtung des Blaxall-Hauses an uns vorbei. Man hätte mich mit einer Feder niederschlagen können. Er warf meiner Mutter seinen Hut zu. Wahrscheinlich war das für ihn eine ganz normale Sache. Doch mich hat es fast umgeworfen, dass ein weißer Mann meiner Mutter, einer schwarzen Frau, seinen Hut zuwerfen konnte. In Südafrika war so etwas ganz normal.«

Tutu identifizierte den weißen Mann später als einen Geistlichen namens Trevor Huddleston. Allerdings liegt der Vorfall in einer Zeit, in der Huddleston noch nicht in Südafrika gewesen sein konnte. Nimmt man den Zeitpunkt genauer unter die Lupe, könnte es sich auch um Huddlestons Vorgänger, Raymond Raynes, gehandelt haben. Wie Huddleston war auch er schlank, groß und ein wenig hager. Wer auch immer er war, ihm verdankt der junge Desmond seinen ersten Eindruck eines Mönchs der Gemeinschaft der Auferstehung, einem Orden, dessen Einfluss ausschlaggebend für seinen weiteren Lebensweg wurde.

Kapitel 2

Lobgedicht an den Herrn

Vier Mal am Tag versammelt sich eine Gruppe von etwa zehn bis 20 Männern in einer geradlinigen, hochgewölbten Kapelle mit blanken Steinsäulen und weißverputzten Wänden im Norden Englands. Einige Minuten lang sitzen sie in einer derartigen Ruhe und Geräuschlosigkeit beisammen, dass es einem Außenstehenden eigentümlich vorkommen mag. Dann setzt hoch im Turm der Kapelle das Angelusläuten ein und erzeugt einen Klang, der sanft im Chorraum widerhallt. Nach weiteren Sekunden der Stille ertönt ein Choralgesang. Die Schönheit der wechselnden Stimmen wird nur noch von ihrem Echo übertroffen, das in den wohltemperierten Pausen, auf der Hälfte und am Ende jedes Verses erklingt.

Nach einem nun mehr als 100 Jahre währenden Brauch beginnen die Mönche der Community of Resurrection (Gemeinschaft der Auferstehung) ihr Gebet. Im Laufe eines Tages singen sie bis zu sieben Psalmen. Vor dem Frühstück, um viertel vor sieben, sprechen sie das Morgengebet und nach Ablauf ihrer vormittäglichen Arbeit das Tischgebet an der Mittagstafel. Um halb sieben begeben sie sich zur Abendandacht und sprechen vor dem Zubettgehen abschließend das Nachtgebet. Durch das Verlesen von Psalmen und das Sprechen von Gebeten tun die Mönche ihren Glauben kund: »Wir beginnen ein Gespräch mit Gott. Durch die Wiederholung der Gebete können wir, gemeinsam oder alleine, offen für sein Wort sein.« Zu bestimmten Tageszeiten – wie beispielsweise zu den Essenszeiten – geloben sie zu schweigen. Den zentralen Punkt des Tagesablaufs bildet die Messe: »Die höchste aller Formen der Glaubensbekundungen ist die Heilige Messe, mit der die Kirche dem Wort unseres Schöpfers folgt und Himmel und Erde miteinander verbindet.«

Die Kapelle ist direkt an den Hauptsitz der Gemeinschaft, dem *House of Resurrection* (Haus der Auferstehung) angegliedert, das auf einem kleinen, mit Bäumen bewachsenem Rasengrundstück an einem Hang in Mirfield, im westlichen Teil von Yorkshire, liegt. Blickt man in südlicher Richtung zum Ende des Tals, bemerkt man auf dem zunächst unberührt wirkenden Hang einige Gebäude, die nur an wenigen Stellen durch das Grün der Bäume stechen. Doch dieser Anblick täuscht. Die Straße hinunter hat der Mirfield Arbeiterverein seinen Sitz und nur ein paar Meilen südlich befindet sich das Süd Yorkshire Minenmuseum. Als die Gemeinschaft der Auferstehung im Jahre 1898 nach Mirfield zog, lag die Stadt noch mitten im Zentrum eines Gebiets der Textilverarbeitung und des Kohlebergbaus. Rund 40 Frachtkähne durchquerten täglich das Tal durch einen Kanal, und die örtliche Eisenbahnstation zählte zu den geschäftigsten im ganzen Land. Der Rauch, der aus den Schornsteinen der Textilmühlen aufstieg, bewirkte, dass der Bischof nicht mal eine Blume in seiner Diözese pflücken konnte, ohne sich dabei die Finger mit Ruß zu beschmutzen.

Zu Beginn des 21. Jahrhunderts begann die Industrie allmählich zu verschwinden und die Luft wurde klarer, doch auf der anderen Seite des Kanals waren die Konturen der Vergangenheit noch immer an den unebenen, von Menschenhand zerfurchten Grasflächen zu erkennen.

Die Gemeinschaft wurde im 19. Jahrhundert in Englands industriell geprägtem Norden ins Leben gerufen. Ihr Gründer Charles Gore und seine Glaubensbrüder zeigten sich besorgt über die zunehmende Distanzierung der englischen Kirche von der Arbeiterschaft des Landes. Gore war Aristokrat und Mitglied einer Bewegung, die das klösterliche Leben in England wiederbeleben wollte, welches 300 Jahre zuvor, während der Reformation, von König Henry VIII. zerstört worden war. Er ließ sich von der *Christian Socialist Movement* (Christlich-sozialistische Bewegung) beeinflussen, lehnte eine kannibalistische Auslegung des Kapitalismus ab, verteidigte die Gewerkschaften und befürwortete radikale Schritte auf nationaler und internationaler Ebene. Im Jahr 1902 bezeichnete man ihn als einen Burenunterstützer, nachdem er in einem Schreiben an die

Times in London geäußert hatte, Großbritannien müsse reagieren und die Todesrate in den südafrikanischen Konzentrationslagern verringern, ansonsten werde »die Ehre unseres Landes derart befleckt, dass man sie nicht mehr reinwaschen kann«.

Das Bestreben der Gemeinschaft der Auferstehung, sich mit der englischen Arbeiterklasse gleichzustellen, rief unterschiedliche Reaktionen hervor. Dass eine privilegierte Gruppe von Engländern, die im Haus eines ehemaligen Textilmühlenbesitzers residierte und von den lokalen Zeitungen als reich, kultiviert, adelig und intellektuell beschrieben wurde, die Lebensumstände der Arbeiter genau kennen sollte, war unglaubwürdig. Ein ansässiger Anglikaner schrieb: »Diese Gentlemen wussten nichts über das raue und elende Leben, das die Arbeiter führten, die nur einen Steinwurf weit entfernt wohnten.« Als der Bischof von Pretoria allerdings gegen Ende des englisch-burischen Krieges die Gemeinschaft dazu einlud, die Arbeiter in den Goldminen von Transvaal zu betreuen, rief er damit eine von Südafrikas besten Missionen ins Leben. Unter den Begünstigten der auf diese Weise entstandenen Mischung aus disziplinierter spiritueller Praxis und sozialem Engagement war kein geringerer als Desmond Tutu.

Wenn man die Geschichte des christlichen Glaubens in Afrika als Ganzes betrachtet, kommt man zu dem Schluss, dass die europäischen Missionare nichts Neues mit auf den Kontinent gebracht hatten. In Nordafrika war das Christentum früher etabliert, als im Großteil Europas. Der späte Bengt Sundkler, ein schwedischer Missionar, der gemeinsam mit seinem Forschungsassistenten Christopher Steed die wahrscheinlich umfangreichste Geschichte des Christentums in Afrika geschrieben hat, stellte heraus, dass das Christentum aus dem Osten auf den Kontinent gekommen war. Die Koptische Kirche von Nordafrika führt die Verbreitung ihrer Religion auf die Flucht Jesu und seiner Eltern vor Herodes nach Ägypten zurück und bemerkt, dass sie dort schneller Bekanntheit erlangte als der Islam. Als die Oberhäupter der Äthiopisch-orthodoxen Kirche in den 80er-Jahren Gäste wie Desmond Tutu empfingen, nannten sie die Taufe des Kanzlers ihrer Königin durch den Apostel Philippus – nachzulesen in der Apostelgeschichte im Neuen Testament – den Ursprung ihrer Religion. Das Wissen um dieses Erbe verbreitet sich derzeit zunehmend unter den Christen, auch in anderen Teilen des Kontinents: Die Anglikanische Kirche in Südafrika nennt Augustinus von Hippo einen der größten aller christlichen Denker, und lobpreist den Afrikaner Simon von Cyrene, der einst Jesus geholfen hatte, das Kreuz auf den Berg Golgota zu tragen, in den höchsten Tönen.

Der 400-jährige Prozess, in dem die Europäer das Christentum nach Afrika brachten, wird heute vom Großteil der Menschen in den Gebieten südlich der Sahara zutiefst zwiespältig betrachtet. Die Missionare verhielten sich politisch ambivalent – mal waren sie ausführendes Organ des Kolonialismus und mal Kritiker. Und oft zeigten sie keinerlei Respekt vor den religiösen und kulturellen Traditionen derer, die sie evangelisieren wollten.

Die Missionare kamen auf einen Kontinent, auf dem das Spirituelle genauso tief verwurzelt war, wie in jeder anderen menschlichen Gemeinschaft – oder vielleicht sogar noch tiefer als im Europa der Aufklärung. Laut Sundkler und Steed

> »war Religion in Afrika mehr, als einfach nur Religion. Sie war eine alles durchdringende Wirklichkeit, die dabei half, die Gesellschaft zu interpretieren und das Leben des Einzelnen mit der Gemeinschaft in Einklang zu bringen. Die Welt der Menschen und die der Geister waren nicht klar voneinander getrennt. Zwischen ihnen bestand eine dauerhafte kommunikative Verbindung. Religion war ein allumfassendes Ganzes.«

Dennoch behandelten viele der Missionare, die in Afrika einfielen, die Menschen wie Wilde, denen man einfach seinen Willen aufzwingen konnte. Diese Missionare bemerkten weder, dass es auch in Afrika eine religiöse Tradition gab, noch dass sie mit ihrer Ausübung des Christentums nach westlichen Maßstäben die europäische Kulturverbreitung stärker vorantrieben als christliche Fundamentalisten. Die tragische Geschichte einer Frau namens Krotoa vom Stamm der Khoikhoi, die im Gebiet des heutigen Westkaps lebte, ist ein frühes Beispiel dessen, was passieren konnte, wenn die Eingeborenen dazu gezwungen wurden, die westliche Kultur anzunehmen.

Im Jahre 1652, 30 Jahre nachdem die Niederländische Westindien-Kompanie Neu Amsterdam (das spätere New York) an der Ostküste Nordamerikas gegründet hatte, richtete Jan van Riebeeck, ein Angehöriger der Niederländischen Ostindien-Kompanie, an der südwestlichen Spitze Afrikas einen Versorgungsposten für Schiffe ein, die auf dem Weg in den Osten waren oder von dort kamen. Er errichtete sein Haus auf einem Stück Land, das später das Grundstück der amtlichen Residenz des anglikanischen Bischofs von Kapstadt wurde – zurzeit ist es das zu Hause von Leah und Desmond Tutu. Gemeinsam mit van Riebeeck lebte hier seine Frau Maria und beide wurden als das erste weiße Siedlerpaar Südafrikas bekannt. Krotoa arbeitete für Maria und wurde unter dem Namen Eva die erste Khoikhoi, die dem Christentum beitrat. Sie war derart begeistert, dass sie ihren neuen Glauben an andere Khoikhoi weiterreichte, niederländische Sitten und Gebräuche annahm und einen Siedler heiratete. Bald gab es allerdings Gerüchte, dass sie von zu Hause weggelaufen sei und ihre westliche Kleidung zurückgelassen habe. Nachdem ihr Ehemann gestorben war, so erzählte man sich, sei ihr Leben aus der Bahn geraten. Sie sei dem Alkohol verfallen und daran gestorben. In dem offiziellen Bericht hieß es später in grausamerweise, sie sei fast zu einer Niederländerin geworden und dann doch »wie eine Hündin zu Ihresgleichen zurückgekehrt.«

»Die ersten Missionare in Südafrika kamen 1737 aus dem heute zu Tschechien (und damals zu Deutschland) gehörenden Mähren. Sie gründeten eine Mission nahe den Khoikhoi, östlich von Kapstadt, die sie Genadendal (Gnadental) – auch bekannt als Vale of Grace – tauften. (Als Nelson Mandela im Jahre 1994 Präsident wurde, gab er seinem Amtssitz in Kapstadt ebenfalls den Namen Genadendal.) Die Arbeit der Missionare begann stockend, denn sie wurde 50 Jahre lang von den Niederländern behindert. Doch als die Briten zu Beginn des 18. Jahrhunderts das Kap übernahmen, wurde Südafrika zu einem der betriebsamsten Gebiete der christlichen Missionierung weltweit. Von den frühen Glaubensgemeinschaften ist die Londoner Missionarsgesellschaft die wohl bekannteste. Das ist zum Teil darauf zurückzuführen, dass einer der Missionare der Entdecker David Livingstone war, doch ebenso darauf, dass einige seiner Vorgänger die Rechte der Khoikhoi und die der südlichen Nguni in Südafrika verteidigt hatten. Ein Mitglied der Missionarsgesellschaft mit Namen Johannes van der Kemp näherte sich den Eingeborenen ein ganzes Stück weiter an, als seine Glaubensbrüder. Er passte sich ihrer Kultur an, er eignete sich den Xhosa- und Khoikhoi-Namen für Gott (uThixo) an, wurde als Regenmacher akzeptiert, heiratete eine junge Malagasy-Sklavin, ernährte sich von Xhosa-Essen, lebte in einer Xhosa-Behausung und erlaubte den Eingeborenen ihre traditionelle Kleidung zu tragen. Einer seiner Zeitgenossen kritisierte, dass er es versäumt habe, die Menschen zu ›zivilisieren‹: »Er scheint für sich entschieden zu haben, dass es wichtiger ist, den Wilden in seiner Erscheinung zu imitieren, als diesen zu lehren, ihn zu imitieren.«

Van der Kemp verhielt sich der afrikanischen Kultur gegenüber ungewöhnlich. Diese vorherrschende Meinung teilte auch Livingstones Schwiegervater Robert Moffat, der sich gegen antikolonialistische politische Bestrebungen aussprach und die traditionelle Kleidung »abscheulich« fand. In einem seiner Schreiben heißt es, dass »ganze Familien, durch die Richtlinien des Evangeliums, in einem langsamen aber sicheren Prozess, nicht nur zu einem neuen Sinn für Kleidung, sondern auch zu einer neuen Art des Glaubens fanden.« Als Desmond Tutu am 150. Jahrestag der Gründung von Moffats Kirche in Kuruman, im Norden der Kapprovinz, den Gottesdienst hielt, widmete er sich in seiner Predigt größtenteils dem Dank an die Missionare. Jedoch erwähnte er auch ihre Schwächen:

»Oft wurden sie als imperialer, machtvoller rechter Arm des europäischen Expansionismus gesehen. Sie dachten, Europäer zu sein wäre gleichbedeutend damit, Christ zu sein. Sie lösten bei den Menschen ein Schamgefühl aus. Sie sagten, dass Gott die

Gebete eines Afrikaners nicht anhören würde, solange er keine europäische Kleidung trage. Damit zerstörten sie oftmals unsere reichhaltigen kulturellen Traditionen.«

Im frühen 19. Jahrhundert erhielt die von den Briten unterdrückte Eingeborenengemeinschaft spirituellen Beistand von zwei Xhosa-Propheten. Diese beiden waren auch noch für die nachfolgenden Generationen ein Vorbild, die dafür kämpften, sich von der weißen Herrschaft zu befreien. Einer der beiden war Nxele, auch bekannt als Makhanda. Nxele entlieh dem Christentum einzelne Bestandteile und übertrug sie in die Xhosa-Tradition, die somit ein neues religiöses Grundgerüst erhielt, das dem kolonialen Druck standhalten konnte. Während des fünften Grenzkrieges gegen die Briten führte er eine Rebellion an, wurde festgenommen und zu einem der ersten Widerständler, die man auf Robben Island, der Gefängnisinsel vor Kapstadt, inhaftierte. Betrachtet man Nxele in seiner Rolle als Friedenskämpfer als den Nelson Mandela des 19. Jahrhunderts, dann mag sein Zeitgenosse Ntsikana als der Vorreiter von Desmond Tutus Generation der schwarzen christlichen Herrschaft gesehen werden. Ntsikana war noch deutlich mehr am Christentum gelegen, als Nxele. Er legte Wert auf das Gebet, die Buße, die Freisprechung von den Sünden, das Befolgen des Wortes Gottes und auf das zentrale Element der Auferstehung Christi. Im Gegensatz zu den Konvertierten, die es zu den Missionen zog, blieb er unter seinesgleichen, bekleidete sich mit Leopardenfell und zelebrierte den Gottesdienst mit Xhosa-Gesängen und -Tänzen. Er entwickelte eine durch und durch afrikanische Glaubensauslegung, die ihre Wurzeln in der Xhosa-Symbolik behielt.

Ntsikanas dauerhafteste Errungenschaft war die »Great Hymn« (Große Hymne), die weithin als der Höhepunkt der traditionellen Xhosa-Sangeskunst gilt. Sie ist ebenso das herausstechende Symbol des einheimischen südafrikanischen Christentums. Anders als andere afrikanische Komponisten, die mit westlichen Melodien arbeiteten, orientierte sich Ntsikana an einem Xhosa-Hochzeitslied. Es ist in der Art eines traditionellen Lobgedichts und im Stil einer

Frage-Antwort-Situation gestaltet, die jedoch nicht zwischen lebenden Personen oder im Gespräch mit einem Vorfahren stattfindet, sondern sich auf den Dialog mit Ulo-Thixo Omkhulu ngosezulwini (Er, der großartige Gott, der im Himmel wohnt) bezieht. Leah und Desmond Tutu wählten die Hymne für die Eröffnung des Gottesdienstes zu ihrem 50. Hochzeitstag in der Holy Cross Church in Orlando West, in Soweto, im Juli 2005.

Mit »Ntsikana's Bell« (der Klang des Ntsikana) ertönte ein prachtvoller Chorgesang, der die Menschen auf den Gottesdienst einstimmte und bei vielen Gemeindemitgliedern regelrecht eine Gänsehaut verursachte.

Die besondere Tragweite der Geschichte um Ntsikana wird in jüngsten Studien deutlich, die belegen, dass der Großteil der Christen in Afrika nicht von den europäischen Missionaren, sondern von anderen Afrikanern konvertiert wurde. Laut dieser Studien war die Rolle der Missionare eher eine politische und kulturelle. Die Evangelisierung wurde meist von ihren afrikanischen Konvertiten betrieben. In der Zeit um 1910, als Südafrika vereinigt wurde, hatten die Missionare und die ersten wenigen Generationen der Konvertiten den Grundstein für ein stetes Wachstum im 20. Jahrhundert bereits gelegt. Im Jahre 1911 erbrachte die erste einheitliche Volkszählung 1,5 Millionen schwarze Christen. Im Jahre 2001 waren es 32 Millionen. Der Anteil der schwarzen Südafrikaner, die Christen waren, wuchs in dieser Zeitspanne von einem Drittel auf 80 Prozent an. 1911 war die Zahl der schwarzen und die der weißen Christen in etwa gleich hoch, doch am Ende des Jahrhunderts hatten die schwarzen Christen die weißen Christen in einem Verhältnis von mehr als acht zu eins übertroffen.

Die Anglikanische Kirche, deren Leitung später Desmond Tutu übernahm, war zunächst nur ein Kaplansamt der britisch kolonialen Zivil- und Militärführung. Ihr Wachstum setzte erst nach 1848 ein, als die Englische Kirche den ersten Bischof, Robert Gray, ernannte, der fünf Diözesen ins Leben rief und die Kirche der Provinz Südafrika gründete, eine autonome Institution, die mittlerweile einen festen Bestandteil des weltweiten Anglikanischen Kirchenbundes darstellt. Die ersten Bischöfe waren Briten und

Die kleine Kapelle im Garten hinter Desmond und Leah Tutus Haus in Orlando West.

hatten in der Regel ein Studium in Oxford oder Cambridge absolviert. Bei ihrer Missionsarbeit folgten die Anglikaner dem mährischen Vorbild und gründeten Missionsstationen, die Schulen, Krankenhäuser und Anbauflächen ebenso bereitstellten wie den evangelischen Gottesdienst. Wenn kein weißer Geistlicher für die Missionsleitung zur Verfügung stand, wurde ein schwarzer Evangelischer als Gemeindeoberhaupt eingesetzt. In Transvaal waren die Geschicke der Anglikaner eng an die Lage des Empire gebunden.

Die Gemeinschaft der Auferstehung kam im Jahre 1903, nach dem Anglo-Burischen Krieg in die Goldminenregion. »Gleich zu Anfang«, sagte Alban Winter in Erinnerung an seine ersten 60 Jahre dort, »haben wir verstanden, dass die Afrikaner selbst die Hauptvertreter der Evangelisierung sein mussten und sie auszubilden, war unsere Aufgabe.«

In den Aussagen der Mönche spiegeln sich die damaligen Beeinträchtigungen. Einer von ihnen schrieb: »Die Namen der Katecheten lauten Matthäus, Titus, Stephanus, Michael und Apollos. Was aber ihre Nachnamen betrifft, so müsste ich einen Fachmann fragen. Ich kann nur sagen, dass sie für gewöhnlich mit einem ›M‹ beginnen.« Ein anderer beklagte sich darüber, dass sich schwarze und weiße Christen nicht um denselben Altar versammelten, aber bemerkte ebenso, dass es »natürlich offensichtlich ist, dass die aus der Wildnis kommenden Eingeborenen nicht wie Weiße behandelt werden können. Es muss Trennlinien und Abgrenzungen unterschiedlicher Art geben.« Demnach versammelten sich die Weißen in Kirchengemeinden und die Schwarzen in Missionsdistrikten, die unter der Obhut eines Erzdiakons für Eingeborenenmissionen standen. Als 1922 die Diözese von Johannesburg gegründet wurde, gab es dort neun schwarze Priester und 15 Diakone. Als im Jahre 1950 das Erzdiakonat für Eingeborenenmissionen abgeschafft wurde und sich die schwarzen Kirchen zu nichtrassistischen Erzdiakonaten zusammenschlossen, gab es 34 schwarze Priester, zwei Diakone und 26 Katecheten. Die meisten von ihnen waren von Mönchen ausgebildet worden, die sich die »CR fathers« nannten.

In seiner frühen Kindheit gehörte Desmond Tutu weder den Anglikanern an noch fühlte er sich für das Priesteramt bestimmt. Und doch stand er dem Kirchenleben als Heranwachsender nahe. Sein Großvater väterlicherseits, Solomon Tutu, war Pfarrer einer von tausenden unabhängigen afrikanischen Kirchen gewesen, deren Gründung nicht unter der Kontrolle der Weißen erfolgt war und denen heute die Mehrheit der südafrikanischen Christen angehört. Im Alter von neun Monaten, genauer am 27. Juni des Jahres 1932 wurde Desmond in der Methodistenkirche getauft, für die sein Vater in Klerksdorp arbeitete. Die Methodisten galten in der Region als einflussreiche Missionare. So wie in der anglikanischen Kirche wurde die örtliche Verwaltung getrennt betrieben. Die schwarzen Methodisten waren im afrikanischen Bezirk von Klerksdorp organisiert, der 1932 elf Kirchen und 120 zusätzliche Orte in anderen Außenbezirken umfasste, an denen der Gottesdienst gefeiert wurde. In dem Bezirk waren drei geweihte Pfarrer und 126 Laienprediger tätig. Grundlegend begrüßte die Kirche Menschen jeglicher Abstammung. Molema J. Moshoela, der Pfarrer, der Tutu getauft hatte, war ein Fürsprecher dieser Synode. Jedoch unterschied er bei Bedarf zwischen repräsentativen »afrikanischen« und »europäischen« Angelegenheiten. Im Bezirk Klerksdorp waren 16 Lehrer tätig – einer von ihnen war ZZ Tutu – die sich auf vier Grundschulen verteilten und zusammen 929 Schüler unterrichteten. Eine Klasse bestand durchschnittlich aus 60 Schülern.

Als Desmonds Schwester Sylvia die Konfession wechselte, tat es ihr die gesamte Familie gleich. Zunächst hatten sie der Afrikanisch-Methodistischen Episkopalkirche angehört, einer Glaubensgemeinschaft, die dem Kontakt mit Afroamerikanern im 19. Jahrhundert entsprungen war. Als Sylvia dann auf der St. Peter's School angenommen wurde, einer weiterführenden Schule, die von den »CR fathers« in dem südlich von Johannesburg gelegenen Rosettenville gegründet worden war, bekannte sich die Familie zum anglikanischen Glauben. Matse wurde zu einem engagierten Mitglied der Mothers' Union (Bund der Mütter), einem einflussreichen Gebets- und Selbsthilfeverein für Frauen, der das Rückgrat der südafrikanischen Gesellschaft bildete. Der Sonntagmorgen wurde hauptsächlich in der Kirche verbracht, denn der Gottesdienst konnte bis zu drei Stunden dauern. Etwa im Alter von sieben Jahren wurde Desmond Messdiener in der St. Francis Anglican Church in Tshing. Der dortige Priester Zachariah Sekgapane wurde zu einem von Tutus Vorbildern. An manchen Sonntagen ließ sich Sekgapane von seinen Messdienern beim Gottesdienst in den abgelegenen ländlichen Kirchen helfen. Diese Ausflüge blieben Desmond wegen zweierlei Dingen in Erinnerung: Erstens weil die Beteiligten mit dem Auto anreisten – die Tutus besaßen kein Auto – und zweitens wegen der Art und Weise, wie der Priester seine Helfer behandelte:

»Wann immer wir kleinen Jungen mit ihm in die Außenbezirke gefahren sind, hat er sich niemals in der Kirche zu Tisch begeben, ohne sich vorher zu vergewissern, dass wir schon gegessen hatten. Ich habe niemals vergessen, dass ihm sogar solche eigentlich unbedeutenden Dinge wichtig waren. Ich hatte viele Vorbilder und er war eins von ihnen.«

Nachdem sich die Familie zum anglikanischen Glauben bekannt hatte, spielten Tutu und seine jüngere Schwester Gloria »Kirche«. Sehr zur Belustigung des Vaters übten sie sich in der anglikanischen Liturgie und sangen Kirchenlieder. Dabei spielte Desmond den Priester und Gloria die Kirchengemeinde. So bescherte sich Desmond die ersten Eindrücke seiner späteren Priesterschaft, auch wenn seine Gedanken während seiner Zeit als Teenager in andere Richtungen abdrifteten. In Roodepoort West gab einer von Zachariah Tutus Verwandten Desmond eine Einführung in die Funktionsweise der unabhängigen Kirche. Als Erwachsener erinnerte er sich:

»Er war ein Schuhmacher. Wenn er sich aufmachte, um die evangelischen Lehren zu verkünden, trug ich sein Spruchband. Dann sang er: ›Simon Petrus, Ndincedise‹ – ›Simon Petrus, hilf mir.‹ Bald bezeichneten mich die Kinder im Ort als das Kind von Simon Petrus.«

Im Alter von 12 Jahren erreichte Desmond die zweite Stufe des christlichen Lebens, indem er sein Taufgelübde wiederholte und sich konfirmieren ließ. Gemeinsam mit dutzenden anderen Kindern wurde er am 28. November 1943 in der St. Mary's Church in Roodepoort von Geoffrey Clayton, dem damaligen Bischof von Johannesburg, konfirmiert.

Während seiner Zeit in Roodepoort wurde Tutu auf der High School eingeschult. Fest davon überzeugt, dass er die sechste Klasse abgeschlossen hatte, weigerte er sich, zurück in die Grundschule zu gehen. Also machte sich sein Vater auf, um Harry Percy Madibane, den legendären Schuldirektor der Johannesburger Bantu High School, zu sprechen. Wie die meisten anderen schwarzen Lehrer seiner Zeit begann Madibane seine Karriere mit einem Grundschulabschluss und einem Lehrerdiplom. Er hatte in einer Reihe von kirchlichen Grundschulen auf dem Reef unterrichtet und wurde der Direktor der St. Cyprian's School in Sophiatown, am westlichen Rand von Johannesburg. Das geschah zwei Jahre, bevor die anglikanische Gemeinschaft der Auferstehung ihre Arbeit in der Region begann. Madibane entschied, nachträglich eine weiterführende Schule zu besuchen. Nebenbei lernte er für das Abitur und wurde einer der ersten schwarzen Absolventen an der University of the Witwatersrand. Mit Hilfe der Unterstützung der Priester der Gemeinschaft der Auferstehung unterrichtete er 1940 seine erste Klasse an der St. Cyprian's School. Ein Jahr später zog er mit der Schule in die benachbarte westliche Eingeborenengemeinde, wo er sie zu einem Zugpferd für die schwarze Bildung in Transvaal ausbaute. Dort erlangte die Schule als Western High und später als Madibane High Bekanntheit.

Madibane hatte den Ruf eines hartnäckigen und gefestigten Visionärs. Der Journalist Casey Motsisi, der für das *Drum* Magazine schrieb, als die Schule nach Madibane benannt wurde, berichtete, dass er von seinen Schülern »Horse Power« (Pferdestärke) oder von seinen Kollegen auch »The Shark« (der Hai) genannt wurde. Motsisi schrieb: »Wenn er gesagt hätte, ein Mikado-Stäbchen sei ein Nilpferd, dann wäre es in etwa so schwer gewesen, das Gegenteil zu beweisen, wie eine Dusche zu nehmen, ohne das Wasser aufzudrehen.« Trotzdem war Madibane gewillt, sich ZZ Tutus Beweggründe anzuhören und dessen Sohn die Möglichkeit zu geben, sich zu beweisen. »Und sich beweisen, das hat er getan«, schrieb später Tutus Klassenkamerad Stanley Motjuwadi: »In den Halbjahresexamen schnitt Des von allen 250 Neueingeschulten am besten ab.«

Tutu begann die High School im Jahre 1945. Täglich fuhr er mit der Bahn von Roodepoort West bis zum Bahnhof von Westbury und bewältigte den Rest des Schulwegs zu Fuß, gemeinsam mit anderen Schülern aus Ost und West Rand. Einer von ihnen war Motjuwadi. Als Tutu mit dem Friedensnobelpreis ausgezeichnet wurde, erinnerte sich Motjuwadi, der nun der Herausgeber des *Drum* Magazines war, an die gemeinsame Schulzeit:

> »Vielleicht gerade weil wir beide unter so vielen Benachteiligungen litten, verstanden wir uns auf Anhieb. Wir waren zwei spindeldürre Jungen mit drahtigen Beinen, trugen beide Shorts und hatten für unseren ersten Tag an der High School keine Schuhe. In den ersten sechs Monaten hatten wir in der Full Gospel Church Unterricht und mussten auf den Oberschenkeln schreiben oder auf dem Boden kniend die Bank als Schreibtisch benutzen. Im Juli wurden wir in die Stufe 1A versetzt und hatten in einem Raum Unterricht, der zur Gemeindebibliothek gehörte. Hier hatten wir Schreibtische, allerdings mussten Des, Masing Tshabadira und ich uns an einen Tisch setzen, der für zwei Personen vorgesehen war.«

Wegen seiner gelähmten rechten Hand war Desmond gezwungen, mit Links zu schreiben und bewegte sich dabei

> »wie ein Krebs, der uns mit seinem legasthenischen Gekritzel seitlich von der Tischplatte schob. Aus diesem Grund hatte ich oft Streit mit diesem egoistischen Linkshänder. Wir aßen Mittag zusammen, spielten zusammen, reisten zusammen umher, doch während des Unterrichts stritten und stritten wir uns.«

Es gab keinen Schulhof. Die Schüler waren über die Klassenräume und Kirchengebäude im ganzen westlichen Township verteilt. Während seiner Schulzeit besuchte Tutu nur ein einziges Mal ein Labor. Die Bibliothek war schlecht ausgestattet, und es gab nur sehr wenige Spiel- oder Erholungsmöglichkeiten. Als Erwachsener erzählte er, dass seine ehrliche Antwort auf die denkbare Examensfrage, was er bei der Durchführung eines wissenschaftlichen Experiments beobachtet habe, gelautet hätte: »Nichts. Wir mussten uns das vorstellen, was uns die Lehrer beschrieben.«

Was der Schule an Lehrmaterial fehlte, glich sie in der Qualität des Lehrkörpers wieder aus. Noch 60 Jahre nach seiner Einschulung konnte sich Tutu klar an viele seiner Lehrer erinnern. Nimrod Ndebele, der Vater von Njabulo Ndebele, dem Schriftsteller und Vizekanzler der University of Cape Town, brachte Tutu das Rechnen bei: »Er verband das Lernen mit jeder Menge Spaß. Er hatte immer Modelle dabei, mit denen er uns das demonstrierte, was uns bis dahin rätselhaft und dunkel erschienen war. Niemand verpasste seinen Unterricht. Kaum einen Schüler musste er rügen. Alle fraßen sie ihm aus der Hand.« Geoff Mamabolo entfachte bei seinen Schülern eine Liebe für die englische Literatur und stellte ihnen anspruchsvolle Aufgaben: »Als wir die [öffentlichen] Examen schrieben, waren wir sehr enttäuscht, denn die Prüfer gaben uns nicht die Möglichkeit, uns zu beweisen. Die Fragen, die sie uns stellten waren nichts im Vergleich zu denen, die Geoff Mamabolo für uns vorbereitet hatte.« Die Schule befand sich in einer berüchtigten Gegend, doch Madibanes Ruf war derart weit verbreitet, dass die Bandenmitglieder aus den umliegenden Vierteln seine Gegenwart mieden. Damit reagierten sie auf das, was sie von den Jungen erfuhren, die die Schule besuchten. Madibane schlug Bandenmitglieder mit dem Rohrstock, auch wenn sie nicht zu seinen Schülern gehörten. Sie sprachen nämlich die Mädchen an und wollten mit ihnen ausgehen, was Madibane aber nur »seinen« Jungen zugestand.

Tutu trat in das Rugby Team mit den jüngsten Spielern seiner Schule ein. Wegen seiner schlanken Statur spielte er auf der Position »Gedrängehalb«. Das war der Beginn einer Liebe für diesen

Sport, die Tutus ganzes weiteres Leben andauern sollte. Sonntags machte er sich mit einigen Broten im Gepäck, die ihm seine Mutter geschmiert hatte, mit der Bahn auf den Weg zum Ellis Park Rugby-Feld in Johannesburg. Dort stand er in dem kleinen, eingezäunten Bereich, der für die schwarzen Zuschauer vorgesehen war und sah den Rugby-Helden aus Transvaal, wie Jan Lotz, beim Spielen zu.

Bald empfand die Familie die Kosten, die die täglichen Zugfahrten verursachten, als zu hoch und sie gaben Desmond zu Verwandten, die näher am westlichen Township lebten. Eine Zeit lang kam er bei J. P. Tutu unter, seinem Onkel, der im Zweiten Weltkrieg gedient hatte. Er nahm ihn als Untermieter in seiner Hütte in einem Hinterhof in der Annandale Street in Sophiatown auf. Dort teilte sich Desmond ein Zimmer mit zwei bis fünf anderen Menschen gleichzeitig. Die Hütte war nur eine von vielen derartigen Mietobjekten in der Gegend. Im Sommer wie im Winter wusch er sich morgens im Freien an einem öffentlichen Wasserhahn mit kaltem Wasser. Später zog er näher an seine Schule – zu Verwandten, die in der Matsimela Street im westlichen Township lebten. Wie schon in der Grundschule hatte Tutu noch kein brennendes Empfinden für die Ungerechtigkeit entwickelt, die den Schwarzen in der südafrikanischen Gesellschaft widerfuhr. Jedoch gab es bereits Anzeichen dafür, dass er das Mitgefühl seiner Mutter geerbt hatte: Einmal, als er in der Kälte am Bahnhofsgleis auf den Zug wartete, zog er einen seiner beiden Pullover aus, gab ihn einem Jungen, der keinen hatte und ließ seine Schwester Gloria schwören, niemandem davon zu erzählen.

Wie Stanley Motjuwadi berichtete, bestand das Leben der Schüler außerhalb des Klassenraums größtenteils daraus, etwas Essbares zu beschaffen und den Lebensunterhalt aufzubessern:

> »Für das Mitttagessen bekam jeder von uns nur um die sechs Pfennig. Um unsere Situation zu verbessern, mussten wir uns etwas einfallen lassen. Bald entdeckten wir ein Getränkegeschäft, das von einem Chinesen an der Hauptstraße in Sophiatown betrieben wurde. Dort kauften wir uns für drei Pfennig eine Scheibe Brot, zu der es umsonst ein Stück Fisch gab, ein Glas Wasser und

ein Paar geröstete Erdnüsse. Die restlichen drei Pfennig legten wir uns für den Nachmittag zur Seite.«

Tutu besorgte sich einen Sack voll Orangen, die er einzeln weiterverkaufte und damit einen kleinen Profit erwirtschaftete. Motjuwadi verkaufte vor und nach der Schule Süßigkeiten im Zug. Er behauptete, dass er und Tutu dort die besten Trickkartenspieler gewesen seien:

»Wir nahmen es sogar mit den Berufspendlern auf und verloren kein einziges Mal. Ein kurzes Kratzen an der Brust war zum Beispiel ein versteckter Hinweis für Des, eine Herzkarte zu wählen. Die Hände geöffnet zu halten stand für Pik und drei ausgestreckte Finger bedeuteten Kreuz. Die Arbeiter, die wir um ihr Geld brachten, schienen nichts zu bemerken. Tatsächlich bewunderten sie Des sogar für sein Können und nannten ihn scherzhaft einen Professor.«

Tutu und Motjuwadi arbeiteten als Caddies für die weißen Golfspieler auf dem Killarney Golfplatz, der in der nördlichen Vorstadt von Johannesburg lag. »Mein erster Arbeitstag war ein absolutes Desaster«, sagte Desmond. »Mein Chef war wütend auf mich. Ich war ihm eine richtige Bürde, denn ständig verlor ich die Bälle.« 40 Jahre später wurde Stanley im selben Golfklub zu einem Champagnerfrühstück eingeladen und schrieb hinterher in seiner *Drum* Kolumne mit dem Titel »Entkaffernierter[4] Stan« über die von ihm so bezeichnete »formlose Erziehung«, die sie dort genossen:

»Das war das erste Mal, dass wir die mlungu (weiße Menschen) persönlich kennenlernten. Wir entdeckten, dass die Mlungu gut oder böse sein konnten, großzügig oder geizig, stark oder schwach. Kurz gesagt waren sie Menschen so wie wir, nur dass es unsere Aufgabe war, ihre Golftaschen zu tragen.

---

4 Der Titel der Kolumne bezog sich auf das Wort »Kaffer«, das in Südafrika als die abfälligste Bezeichnung für einen schwarzen Menschen gilt.

Da war zum Beispiel dieser Typ, den wir »Pisspott« nannten. Seine widerwärtige Art wurde nur noch von seinem miserablen Golfspiel übertroffen.

Ich kann mich nicht mehr daran erinnern, wie viele blaue Flecken ich davontrug, wenn wir darum kämpften, wer Standard Banks Golftasche tragen durfte. SB, wie er auch von uns genannt wurde, war der großzügigste Trinkgeldgeber auf Killarney. Er schrie die Caddies niemals an, sondern spendierte uns sogar Erfrischungsgetränke am neunten Loch. Aber es gab einen Haken: SB bestand darauf, dass sein Caddie keine Schuhe trug. Der Grund dafür war, dass der Caddie den Ball für den Abschlag mit seinen Füßen zurechtlegen sollte, wenn er sich in einer ungünstigen Lage befand. SB war ein Schwindler, aber wir Caddies liebten ihn alle.

Raasbekkie (kleines Plappermaul) konnte besser reden als Golf spielen.

Mahleleshushu (der immer Abgefüllte) war einer unserer Lieblinge. Er war ständig betrunken und lispelte. Weder den Golfsport noch sich selbst nahm er besonders ernst.«

Als Desmond sein zweites Jahr an der High School begann, zogen die Tutus wieder einmal um. Diesmal in das Viertel, in dem sie dauerhaft sesshaft wurden. Der Umzug war nötig, weil ZZ Tutu ein Stellenangebot als Direktor der St. Paul's Anglican School erhalten hatte, die in Munsieville lag, das heute zu Mogale City gehört und 25 Kilometer westlich von Johannesburg liegt.

Zu der Zeit, in der sich die Tutus in der Region niederließen, war die historische Entwicklung der Gegend noch nicht vollständig erfasst, geschweige denn überblickt. Ein Besucher aus dem 21. Jahrhundert, der vom Haus der Tutus aus die Straße hinunterspaziert, durchreist Jahrmillionen der Menschheitsgeschichte. An Mogale City grenzt ein Tal, das jüngst als die »Wiege der Menschheit« bezeichnet und von der UNESCO zum Weltkulturerbe erklärt wurde. Einige der weltweit wichtigsten Entdeckungen in der menschlichen Evolutionsforschung wurden hier gemacht. Im Jahre 1947 wurde ein 2,5 Millionen Jahre alter Schädel der Spezies Australopithecus africanus – einer Spezies, die sich aufrecht fortbewegen konnte – entdeckt, und im Jahre 1998 vermeldeten Paläontologen die Identifizierung eines fast vollständigen Skeletts eines Australopithecinen, der etwa 1,30 Meter groß war und vor 3,2 bis 3,6 Millionen Jahren gelebt haben musste.

In ihrer jüngeren Geschichte, genauer vor rund 200 Jahren, war die Gegend die Heimat der Menschen des Bapo-Stammesfürstentums, die sich als Händler oder Goldschürfer betätigten. In den späten 1820ern, während der Mfecane, fiel Mzilikazi ka Mashobane in der Region ein. Er war ein Nguni-Anführer aus dem Norden, der auf der Flucht vor Shaka war. Er tötete den Po-Stammesfürsten und nahm dessen Thronfolger Mogale wa Mogale gefangen. Mzilikazi wurde wiederum von den Voortrekkers vertrieben, die die Gegend zu Farmland erklärten und unter sich aufteilten. Der Begriff »Paardekraal«, der Name einer der Farmen, die nur wenige Meilen vom Haus der Tutus entfernt lagen, wurde unter der burischen Herrschaft zum Symbol für die afrikaandisch-nationalistische Bewegung. Auf genannter Farm versammelten sich 8.000 bewaffnete Siedler, um den ersten Befreiungskrieg gegen die Briten zu beginnen.

Munsieville liegt im nördlichen Außenbezirk der Stadt, die nach 1887 bei Paardekraal entstand, als die Weißen damit begannen, die umliegenden Goldvorkommen auszubeuten. Diese Stadt taufte man Krugersdorp, nach Paul Kruger, dem Präsidenten der Transvaal-Republik. Der Grund ihres Daseins lässt sich bis heute an einem weißgelben Berg aus kompaktiertem Sand ablesen – dem Nebenprodukt, das bei der Trennung von Gold und Erz erzeugt wird –, der hinter dem Stadtzentrum emporragt. Munsieville, benannt nach dem Obergesundheitsinspektor James Munsie, wurde als Siedlung für die schwarzen Arbeiter Krugersdorps gegründet. Als die Tutus am Haus Nummer 1132 ankamen – es gab weder Straßennamen noch Straßennummern – war die Straße, laut Desmond Tutu »felsig, rissig und kaum eine wirkliche Straße«. Das zugige Steinhaus, das sie von der Gemeinde gemietet hatten, bestand aus drei kleinen Räumen. Durch die Eingangstür gelangte man in den Hauptraum, in dem ein Kohleofen stand. Diesen Raum nutzten sie als Küche und als Glorias Schlafzimmer. Daneben lag das Wohn- und Esszimmer, das gleichzeitig Desmonds Schlafzimmer war. Der dritte Raum war das Elternschlafzimmer. Sylvia war bereits ausgezogen. In einer Nische gab es ein kleines Badezimmer mit einer Badewanne aus Beton und einer Toilette.

Um von Munsieville aus in die Schule im westlichen Township zu gelangen, musste Desmond pendeln. Er nahm ein Taxi bis zum Bahnhof von Krugersdorp, von dort aus den Zug nach Johannesburg und ging dann zu Fuß bis zur Schule. Es fiel der Familie schwer, die Fahrtkosten zu begleichen und eines Morgens fehlte das Geld, um Desmond in die Schule zu schicken:

> »Meine Mutter putzte und wusch die Wäsche für eine weiße Dame. Dafür bekam sie zwei Schilling am Tag. Dieses eine Mal begleitete ich sie. Sie holte sich ihre zwei Schilling und gab sie mir. Dann ging ich zum Bahnhof und nahm den Zug. Das werde ich niemals vergessen. Meine Mutter musste den ganzen Tag lang arbeiten und bekam am Ende nichts, weil sie ihren Lohn schon morgens erhalten hatte.«

Und so wandte sich die Familie Hilfe suchend an die Kirche. Sie ging zur Gemeinschaft der Auferstehung, die in ihrer Mission in Sophiatown ein Wohnheim für Jungen eingerichtet hatte.

Kapitel 3

Ein Gefühl für Werte

Der Name Sophiatown hat sich in die Kultur- und Politikgeschichte Südafrikas eingebrannt. Als eine Stadtgemeinschaft, in der Menschen unterschiedlicher Abstammung gesetzestreu und friedvoll zusammenlebten, wurde sie ein Musterbeispiel dafür, was hätte geschehen können, wenn man dem Land nicht die Apartheid aufgezwungen hätte. Als eine der wenigen städtischen Siedlungen, in denen den Schwarzen der Besitz von Land erlaubt war, bot sie diesen ein Gefühl von Zugehörigkeit und Beständigkeit, das ihnen in anderen Städten und Dörfern meist verwehrt blieb. Im Stadtgebiet wurden Bauvorhaben nicht allzu strikt von den Behörden kontrolliert und die Bewohner hatten freie Hand. In den Townships »erblickten mehr Straßengangs das Licht der Welt, als an jedem anderen Ort auf dem Reef«. Laut dem Kolumnisten des *Drum* Magazines, »Mr. Drum«, trieben dort die »Vultures«, die »Berliners«, die »Gestapo« und die »Americans« ihr Unwesen. Die Stadt galt außerdem als Urquell einer pulsierenden Jazz-Kultur, der Tanzlokale, der Gesangskünstler, der Freudenhäuser, der traditionellen Hinterhof-Brauereien, der illegalen Schnaps-Spelunken und war ein Schmelztiegel der Kulturen. Sie war die Heimat der angesagten Klevahs (gewiefte Städter), der unerfahrenen hinterwäldlerischen Moegoes (einfaches Landvolk), der Spießer, der ärmlichen rowdyhaften Tsotsis (Verbrecher aus dem Township), und vieler anderer.[5] Die Schriftstellergeneration, die durch das *Drum* Magazine unterstützt wurde und der Blütezeit Sophiatowns in den 1950ern zuzuordnen ist, beschrieb die Stadt in vielseitiger Weise als Südafrikas Kasbah, ihr Kleinchicago oder ihr Paris.

5 Die verwendeten Begriffe entstammen der Veröffentlichung *Hate No More* von Arthur Maimane (Kwela Books, Kapstadt, 2000).

Was die Glanzperiode der schwarzen südafrikanischen Schriftstellerei dieser Zeit betrifft, machte Es'kia Mphahlele, das Vorbild des jungen Desmond Tutu und ehemaliger Autor des *Drum* Magazines, folgende Beobachtungen:

> »Der literarische Stil der 1950er war rasant, aufgewühlt und impressionistisch. Seine nervöse Energie und sein bissiger Esprit brachten ihn zum erbeben. Er war deswegen impressionistisch, weil sich unsere Schriftsteller auf die Grundlagen des puren Überlebenskampfes bezogen haben. Die Schwarzen litten an körperlichen Schmerzen, an Hunger, an überfüllten öffentlichen Verkehrsmitteln, in denen die Menschen aneinandergedrückt und hin und her gestoßen wurden, an überfüllten Wohnungen, an dem immerwährenden bitteren Geruch und Geschmack der Kohlefeuer, an dem Gestank des Mülls, des Abwassers, des Straßenabfalls, der feuchten Kleidung und der schwitzenden Körper an Regentagen in den überfüllten Häusern, an Schlägen mit dem Gummiknüppel bei politischen Versammlungen, an Festnahmen und Einzelhaft, an Folter in den Gefängnissen und an der Gewalt zwischen Ihresgleichen. Die Schriftsteller nutzten die Gelegenheit, um ihre Erfahrungen genauestens wiederzugeben, anders als ihre Zeitgenossen in den ehemaligen britischen und französischen Kolonien, die genügend Zeit hatten und mobil und ungezwungen genug waren, um sich philosophisch zu vertiefen und sich in einem gemäßigten Tempo auszudrücken.«

Für Lewis Nkosi, der ebenfalls dieser Generation angehörte,

> »war es letztendlich die misstönende angeberische Welt des Elisabethanischen Englands, die unserer Lebensweise am nächsten stand. Es waren die geheimnisumwitterten Geschichten von Shakespeare und die fantastisch glänzenden und gefährlichen Zeiten des Wandels in Großbritannien, in denen sich unser eigener Zustand spiegelte. So konnte ein afrikanischer Musiker, der nachts nach Hause kam, eine ihn umzingelnde Verbrecherbande,

allein dadurch beeindrucken, indem er ihr auf Altenglisch mitteilte: »Unhand me, rogues!« [Anm. d. Übers.: »Gebt mich frei, ihr Schurken!«] Und tatsächlich gaben sie ihn frei.«

Auch gab es starke amerikanische Einflüsse. Laut *Drum* Magazine trugen die Gangster »die modernste und schrillste amerikanische Mode« und die Tsotsis imitierten die Bösewichte aus den amerikanischen Gangsterfilmen. Die gebildete Mittelschicht hörte Miles Davis, Dizzy Gillespie, Thelonious Monk und Charlie Parker und sah sich Filme mit schwarzen Schauspielern im vornehmen Odin Theater an.

Desmond Tutus Welt war nicht die der Spelunken. Doch als ein 14 Jahre alter Schuljunge – oder ein »Township-Bengel«, wie er sich später nannte – hatte er Zugang zum Großteil des kulturellen Lebens in Sophiatown. Ihn faszinierten Filme, besonders solche, in denen afroamerikanische Schauspieler mitspielten. Auch das Musical »Stormy Weather« mit Lena Horne, Cab Calloway und Fats Waller hatte eine große Wirkung auf ihn: »Ich weiß nicht, ob es ein besonders guter Film war, aber das ist mir auch egal. Für uns hatte er politische Aussagekraft.«

Das Wohnheim, in das Tutu umzog, gehörte zu einem Gebäudekomplex, der zusammen mit noch weiteren anglikanischen Einrichtungen und Abteilungen auf dem Grundstück der Church of Christ the King in Sophiatown lag. Der Biograph von Raymond Raynes, dem ersten dort ansässigen amtlichen Priester der Gemeinschaft der Auferstehung, hielt fest, dass sich Raynes im Jahre 1935 um ein neues Kirchengebäude bemühte. Der Architekt sagte ihm, dass er mit dem Geld, das Raynes ihm anbot, gerade mal eine Garage bauen könne. Und so bat Raynes ihn, eine möglichst »große und heilige Garage« zu bauen. So entstand eine Kirche mit 2.000 Sitzplätzen, die am höchsten Punkt Sophiatowns emporragte. In einer Zeitspanne von sechs Jahren errichteten Raynes und Dorothy Maud, eine aristokratische Engländerin, die mit ihm zusammen arbeitete, drei Kirchen, sieben Schulen und drei Kindertagesstätten, in denen 6.000 Kinder versorgt wurden. Außerdem bauten sie ein Krankenhaus aus, sammelten Geld für einen Swimmingpool und verbesserten die Wasserversorgung, die Versorgung mit elektrischem Strom, das Abwassersystem und die Straßen.

Einrichtungen wie die Mission von Sophiatown helfen, die Zwiespältigkeit zu verstehen, mit der viele Afrikaner die Missionen betrachteten, die sich kulturelle Überheblichkeit leisteten. Die Schulen in Sophiatown und die in Lovedale und Tiger Kloof, in denen ZZ und Matse unterrichtetet wurden, waren ein Teil dessen, was der Historiker ein »gewaltiges Wohltätigkeitsimperium« aus Kirchenschulen nennt. In den 1930ern beschäftigte dieses Imperium an die 8.000 Lehrkräfte, die mehr als 370.000 Schüler unterrichteten. Am Ostkap brachte ein Netzwerk aus renommierten Schulen und Universitäten eine intellektuelle Elite hervor, deren Absolventen Südafrika in seinem Befreiungskampf unterstützten und in den ersten südafrikanischen Kabinetten der demokratischen Ära mitwirkten. Mandela besuchte Methodistenschulen am Ostkap. Sein Nachfolger Thabo Mbeki wurde in Lovedale unterrichtet. In seiner Autobiographie schrieb Mandela, dass den Schulen oftmals eine »kolonialistische Gesinnung und Praxis« zuzuschreiben sei, »auch wenn der Nutzen die Nachteile überwog«.

Als Desmond Tutu im Jahre 1988 zum 150. Geburtstag der Moffat Church die Predigt hielt, hob er die Rolle der Missionen im Bildungssystem hervor und lobte sie:

> »Viele, viele, viele von uns können dankbar dafür sein, dass sie von jenen unbezwingbaren Männern und Frauen unterrichtet wurden, die den Afrikanern das Bildungswesen brachten, während sich die weltlichen Instanzen weniger engagiert zeigten, da diese kaum fähig waren, den wachsenden Bedürfnissen der schwarzen Bevölkerung nachzukommen.«

Im Jahre 1943 wurde Raymond Raynes zum Vorsitzenden der Gemeinschaft der Auferstehung gewählt. Ehe er aus Sophiatown nach Mirfield zurückkehrte, ernannte er Trevor Huddleston, einen 30 Jahre alten »CR father«[6] zu seinem Nachfolger. Tutus Berichte über

6 Anm. d. Übers.: Pater der *Gemeinschaft der Auferstehung.*

Huddleston gehören zu den lebhaftesten seiner frühen Jahre. Wie viele andere »CR fathers« war auch Huddleston zunächst auf eine öffentliche Schule und dann nach Oxford gegangen. Das störte Tutu allerdings wenig:

> »In vielen Belangen war er so unenglisch. Er war sehr liebevoll, nahm die Leute in den Arm und dann die Art, wie er lachte. Er lachte nicht, so wie es viele weiße Menschen tun, nur mit den Zähnen. Er lachte mit seinem ganzen Körper, mit seinem ganzen Wesen und das machte ihn bei den schwarzen Menschen sehr beliebt. Sein Büro war zum einen der Ort, an dem seine »Kinder«, wie er sie nannte, auf dem Fußboden mit Murmeln spielten und zum anderen der Empfangsraum, in dem er sich beispielsweise mit Yehudi Menuhin[7] traf, der in der Christ the King Church auftreten sollte.«

Huddleston war derart beliebt, dass sich die Kinder darum stritten, wer Zeit mit ihm verbringen durfte. Bei der Beichte gestand Tutu einmal einem anderen Priester, dass er auf die Jungen eifersüchtig sei, denen der Mönch mehr Aufmerksamkeit widmete. »Eines werde ich niemals vergessen«, sagte Tutu. »Der Priester sagte mir: ›Wenn du mit deinen Freunden an eine Mauer gelehnt stehst und ihr euch in der Sonne wärmt, dann wird das Sonnenlicht nicht gleich weniger, nur weil ihr es teilt.‹«

So begeistert, wie die Kinder von Huddleston waren, so verzaubert war er von ihnen. In seinem ersten Brief, den er nach Hause nach Mirfield schickte, schrieb er: »All die Kinder bezaubern mich einfach mit ihrer Freundlichkeit und Fröhlichkeit.« Tutu und die anderen Kinder durften in seinem Büro auf seinem Schoß sitzen. 50 Jahre später führte das zu einem wütenden Brief, den Erzbischof Tutu an einen angehenden Huddleston-Biographen schrieb. Der Biograph hatte Nachforschungen zu einer Begebenheit aus dem Jahre 1974 angestellt. Damals hatte Huddleston einen Nervenzusammenbruch erlitten, nachdem ihm vorgeworfen worden war, er

7 Anm. d. Übers.: Yehudi Menuhin (22.04.1916–12.03.1999) war ein berühmter US-amerikanischer Violinist und Dirigent.

habe zwei Schuljungen in London sexuell belästigt. Auf die Anfrage hin, ob es in Südafrika ähnliche Anschuldigungen gegeben habe, antwortete Tutu abweisend: »Ich habe mich selten derart niedergeschmettert und beklemmt gefühlt, wie beim Lesen der Andeutungen, die Sie in Ihrem Brief machen. Es ist furchtbar, das Ansehen dieses bemerkenswerten Mannes beschmutzen zu wollen, der so gottgefällig gewesen ist und so gut. Es ist schlichtweg verabscheuungswürdig und entsetzlich.«

Huddleston brachte dem jungen Desmond das Lesen nahe. Einmal lieh er ihm die Kopie eines Manuskripts von Alan Paton, das später als das erfolgreiche Buch *Cry, The Beloved Country* veröffentlicht werden sollte. Ein anderer »CR father« mit dem Namen Keith Davie versuchte erfolglos, Tutu Griechisch beizubringen: »Als er bemerkte, dass es mir schwerfiel, versuchte er es mit Latein. Das hatte jedoch auch keinen Erfolg, denke ich. Ich war nicht gerade der geeignete Schüler dafür.« Ein anderer Schützling, der »CR fathers« war zu dieser Zeit Khotso Makhulu, der spätere Erzbischof von Zentralafrika. Nachdem er in den Ruhestand getreten war, betonte er den dauerhaften Einfluss der Patres auf das Leben ihrer Schützlinge: »Sie zeigten uns, dass wir als Menschen etwas bedeuteten. Sie gaben uns ein Gefühl für Werte.«

Während seiner Zeit in Ventersdorp war Tutu Messdiener in der Christ the King Church. Besonders attraktiv war diese Tätigkeit auch deshalb, weil die Messdiener im Winter nach dem Gottesdienst von den Patres zu einer heißen Tasse Kaffee eingeladen wurden. Manchmal verbrachte Tutu seine Wochenenden in Sophiatown, wo er sonntags nach der Kirche an einem Bücherstand Rosenkränze und Gebetbücher an die Gemeindemitglieder verkaufte. Wenn er nach Munsieville zurückkehrte, nahm er sich stets Arbeit mit nach Hause. »Wenn er aus der Schule kam, fing er gleich an zu lernen«, erinnerte sich seine Schwester Gloria. »Dann ruhte er sich aus, spielte ein bisschen und lernte weiter. Wenn er ins Bett ging, nahm er eine Kerze mit. Er stand nachts auf und begann wieder mit dem Lernen.«

Etwa im Mai des Jahres 1947 – Tutus drittem Jahr auf der High School – klopfte unüblicherweise ein weißer Mann an die Tür des

Tutu-Hauses in Munsieville und überbrachte die Nachricht, dass Desmond krank geworden sei. Der Mann war einer der »CR fathers« und teilte ihnen mit, dass Desmond aus dem Wohnheim abgeholt und in das Coronation Hospital in der Nähe von Sophiatown gebracht worden war. Es bestand der Verdacht auf Brustfellentzündung. Bei Desmond wurde Tuberkulose diagnostiziert und er wurde nach Rietfontein verlegt, einem Sanatorium nahe dem Alexandra Township, am anderen Ende von Johannesburg. Die medikamentöse Behandlung von Tuberkulosefällen steckte in der damaligen Zeit noch in den Kinderschuhen. Die Hauptbehandlungsmethode bestand aus Bettruhe und dem Einnehmen von gesunder Nahrung. Tutu verbrachte mehr als 18 Monate im Sanatorium, bevor man ihn als genesen einstufte.

Desmond Tutus Tuberkuloseerkrankung erfolgte gegen Ende einer Jahrzehnte andauernden Epidemie, die mit Südafrikas schnellem Industriewachstum und dem Versäumnis zusammenhing, den schwarzen Arbeitern ein sauberes Lebensumfeld zu schaffen. Als die Wirtschaft des Landes nach der großen Depression expandierte und nicht mehr aufhörte zu wachsen und als sich die Industrie während des Zweiten Weltkriegs auf den Tausch von Importgütern spezialisierte, strömten Tausende von Arbeit suchenden schwarzen Südafrikanern in die Städte. Die Zustände in den Townships, die bereits unter Überbevölkerung, Mangelernährung und Krankheit zu leiden hatten, verschlechterten sich weiterhin rapide. Bei einem Gottesdienst, der 1946 zum 60. Geburtstag von Johannesburg abgehalten wurde, hielt Trevor Huddleston eine Predigt, in die er Elemente von Charles Dickens und aus dem Lukasevangelium einfließen ließ. Er sagte, Johannesburgs Geschichte sei »in Wahrheit die Geschichte zweier Städte«. Die »stinkenden Hinterhöfe« von Sophiatown und den anderen Townships seien das Resultat »eines kriminellen und sündenvollen Mangels an Weitblick in den vergangenen Jahren, in denen Lazarus unbemerkt und verwundet vor den Toren lag und Dives im Reichtum schwelgte, Wolkenkratzer baute und täglich neue Lustgärten anlegte«. Von 1938 bis 1945 hatte sich die Zahl der Todesfälle an Tuberkulose unter den schwarzen Südafrikanern nahezu verdoppelt. In Johannesburg war die Rate zwar niedrig, erhöhte sich aber umso schneller: um 140 Prozent in der genannten Zeitspanne.

Tutu verdankte wahrscheinlich der einflussreichen Gemeinschaft der Auferstehung sein Leben, die sich um einen Krankenhausplatz gekümmert hatte. Nach der Einschätzung der Regierung hätte es 13.000 Betten für die schwarzen Tuberkulosekranken geben müssen. Tatsächlich waren es nur 1.850 Betten. Tutus früheste Erinnerungen an eine »göttliche Erscheinung« gehen auf seine Zeit in Rietfontein zurück. Einer seiner Ärzte benachrichtigte Trevor Huddleston, dass der Patient bald sterben werde. Tutu wurde sich dessen bewusst, als er den Kreislauf des Lebens im Sanatorium beobachtete:

> »Wenn jemand damit begann Blut auszuhusten, dann wusste man, dass es bald mit ihm vorbei war. Eines Tages verlor ich viel Blut. Ich erinnere mich, wie ich in den Waschraum ging, Blut ausspie und sagte: »Gott, wenn das bedeutet, dass ich sterben muss, okay. Wenn ich leben darf, okay.« Nachdem ich das gesagt hatte, fühlte ich eine seltsame Art von Ruhe.«

Diese Erfahrung machte ihn allerdings nicht gleich religiös:

> »Da war ein Priester, der immer kam, um mit uns einen Abendmahlsgottesdienst abzuhalten. Er war ein wundervoller alter Mann, Pater Venables. Und Trevor Huddleston gab mir einen Rosenkranz und eine Ausgabe des Neuen Testaments in Hosentaschengröße. Ich begann zu realisieren, dass es im Leben Wichtigeres gab, als die materiellen Dinge, die man bekam. Möglicherweise. Aber ich glaube kaum, dass ich besonders metaphysisch wurde.«

Tutu und seinen Mitpatienten wurde während ihrer Genesung von körperlichen Aktivitäten abgeraten und so spielten sie die meiste Zeit Karten oder Dame. Tutu lernte Kricket, ohne jemals ein Spiel miterlebt zu haben: Ein erwachsener Patient – ein Xhosa-Lehrer – spielte ihm die Radioberichterstattungen des berühmten BBC-Sprechers John Arlott vor. Auch las er viel. Als Dominic Whitnall, einer von Huddlestons Glaubensbrüdern, Comics ins Krankenhaus mitbrachte, fragte er stattdessen nach Büchern. Bei seinem nächsten Besuch brachte ihm Whitnall Werke von Charles Dickens und William Thackeray[8] mit. Tutus Beziehung zu Huddleston vertiefte sich, als sich der Priester in den langen Monaten im Krankenhaus um ihn kümmerte. Bei ihm legte er seine erste »wirklich gute« Beichte ab und der Mönch besuchte ihn regelmäßig im Krankenhaus. Manchmal brachte er ganze Wagenladungen von Tutus Freunden aus Sophiatown mit. Einer von ihnen war Stanley Motjuwadi: »Sogar die Krankheit konnte Des nicht unterkriegen«, schrieb Stanley später. »Manchmal brachte ich mein Achter-Eisen mit dem Hickoryholzgriff mit und wir schlugen ein Paar Bälle. Er erzählte mir von den Patienten.«

Die Entfernung zwischen Munsieville im Westen und Rietfontein in den östlichen Außenbezirken von Johannesburg erschwerte es seiner Familie, zu ihm zu gelangen. Von seiner Mutter bekam er allerdings regelmäßig Besuch. Wenn die Familie kam, war sie stundenlang zu Fuß, mit dem Taxi, mit der Bahn und mit dem Bus unterwegs, um hin und zurück zu gelangen. Bei einem seiner Besuche verkündete Zachariah Tutu, dass Desmond es sich nun verdient hatte, als ein Mann anerkannt zu werden.

Nelson Mandela schrieb, dass es in der Xhosa-Tradition nur eine Möglichkeit gebe, ein Mann zu werden – die Beschneidung: »In meiner Tradition kann ein nichtbeschnittener Mann nicht das Erbe seines Vaters antreten, kann nicht heiraten und kann in keinen Stammesritualen mitwirken. Ein nichtbeschnittener Xhosa-Mann ist ein Widerspruch in sich. Er wird nicht als Mann anerkannt, nur als Junge.« Das galt nicht weniger für Desmond, den städtischen Township-Jungen. Seit dem 19. Jahrhundert versuchten die Missionare, die »heidnischen Riten« zu beseitigen, mit denen sie die Beschneidung in Verbindung brachten, indem sie mit Exkommunikation drohten. Sie waren in dem Maße erfolgreich, als die Beschneidung von der kirchlichen Liturgie bis heute nicht

8 Anm. d. Übers.: William Thackeray (18.07.1811–24.12.1863) war ein bekannter englischer Schriftsteller und Romancier.

vollzogen wird. Vollständig beseitigen konnten sie das Ritual jedoch nicht. Der Tradition folgend hätte Desmond an einem Einführungsritual teilnehmen müssen. Er hätte sich in die Abgeschiedenheit der Wildnis zurückziehen und ohne die heimischen Annehmlichkeiten überleben müssen. Dort hätte er etwas über die Pflichten gelernt, die das Erwachsensein mit sich brachte. Im Krankenhaus war das jedoch nicht möglich und die Beschneidung wurde chirurgisch durchgeführt.

Als Tutu 1949 in die Schule zurückkehrte, hatte er sein erstes staatliches Examen, das Junior Certificate, verpasst. Sein Schuldirektor Harry Percy Madibane erlaubte ihm trotzdem, die Reifeprüfung in Angriff zu nehmen. »Obwohl er ein Jahr verloren hatte«, so Motjuwadi, »war Des immer Klassenbester, wenn wir unsere Examen schrieben.« Tutu war für sein fotografisches Gedächtnis bekannt: »Wenn ein Klassenkamerad ihn nach etwas fragte, verschloss er neckisch seine Augen und sagte: ›Die Antwort findest du auf Seite 179 im Duggan, nach der dritten Zeile von oben.‹« Er trat dem Debattierklub bei und gewann den Schulpreis als bester Sprecher im Jahre 1949.

Auch begann er über seine Zukunft nachzudenken. Er wollte unbedingt Arzt werden und die Tuberkulose erforschen. Als er sein Senior Certificate [Anm. d. Übers.: die Abiturprüfung] schrieb, war die Rate der bestandenen Prüfungen gering und Einser eine Seltenheit. Tutu wurde für das Nationalexamen des Joint Matriculation Board zugelassen, das hauptsächlich in den elitären weißen Privatschulen geschrieben wurde und für seine hohen Anforderungen bekannt war. Er schrieb am Ende des Jahres 1950 und bekam ein B in Englisch, Zulu, Geschichte und Zoologie, ein C in Afrikaans und ein E in Mathematik.[9] Dieses Ergebnis war gut genug, um ihn für das Medizinstudium an der University of the Witwatersrand zuzulassen, doch die Familie konnte sich die Studiengebühren nicht leisten. Er war also gezwungen, sich in eine andere Richtung zu orientieren. Er entschied sich für den Lehrer-

9 Anm. d. Übers.: Die Noten A, B, C, D, E und F entsprechen den Noten Eins, Zwei, Drei, Vier, Fünf und Sechs im deutschen Schulsystem.

beruf und bewarb sich für ein staatliches Stipendium an einem von der Regierung betriebenen Lehrer-College.

Tutu ging 1951 auf das Lehrer-College, noch bevor die von der Nationalpartei gestellte Regierung, die die Apartheid einführte, das Bildungssystem vollständig durchgesetzt hatte, das für die schwarzen Südafrikaner vorgesehen war. Doch Werner M. M. Eiselen, der das System im Detail geplant hatte, hatte schon 1934 entschieden, wie er vorgehen wollte: »Zuerst werden die drei Rs,[10] die Grundlagen der Geschichte und der Geographie, Naturkunde und Religion in der jeweiligen Muttersprache unterrichtet. Als Nächstes sind die Bantu-Fächer vorgesehen: Bantu-Geschichte, Bantu-Volkskunde, Bantu-Musik und Bantu-Stammesleben.« Als der 19-jährige Desmond Tutu, Stanley Motjuwadi, Casey Motsisi und andere auf dem neuen Pretoria Bantu Normal College ankamen, konnten sie an seiner Architektur ablesen, was die afrikaandischen Nationalisten als »Bantu-Kultur« betrachteten: Die Schlafzimmer befanden sich nämlich in Rundhütten mit Strohdächern. »Sie sagten, wir müssten uns auf unsere Weise weiterentwickeln«, witzelte Tutu später. »Normale rechteckige Gebäude seien vermutlich nicht gut für unsere Bantu-Psyche.«

Einer der Kommilitonen war Mmutlanyane Stanley Mogoba, der später ein politischer Häftling auf Robben Island wurde, ein vorsitzender Bischof in Ehren der Methodistenkirche und der Vorsitzende des Pan Africanist Congress im Parlament. Mogoba kam aus einer Missionsschule mit weißen Lehrern und war von den Englischnoten der Studenten überrascht, die von schwarzen Lehrern an den staatlichen Schulen unterrichtet worden waren: »Hier lernte ich Desmond von der Madibane High kennen, der ein B in Englisch bekommen hatte. Wir waren von Englisch sprechenden Lehrern unterrichtet worden, von denen einige gerade aus England gekommen waren und wir kämpften mit unseren Cs, Ds und Es.« Unter den Dozenten am Bantu Normal gab es weiße Lehrer von

10 Anm. d. Übers.: Die grundlegenden Fächer Lesen, Schreiben und Rechnen (reading, writing, arithmetic) sind im englischsprachigen Raum auch unter der Bezeichnung »the three R's« (die drei Rs) bekannt.

der University of South Africa und der Africaans-medium University of Pretoria und zwei schwarze Lehrer, die die afrikanischen Sprachen unterrichteten. Die Afrikaander beherrschten die englische Sprache meist nicht sonderlich und Motjuwadi scherzte, dass die Queen am Ende so mancher Unterrichtsstunde »tot umgefallen wäre«, wenn sie gehört hätte, wie ihr Englisch durch den Wolf gedreht wurde. Mogoba und Tutu waren beide Mitglieder des Schülersprecherrats, wo Tutu den Posten des Schatzmeisters übernahm. Zwei Jahre lang organisierte Tutu außerdem die Literatur- und Theatergruppe und leitete die Kultur- und Debattiergruppe.

Tutu traf Nelson Mandela zum ersten Mal auf dem College, als er in der Debattiergruppe war und Mandela über eine Debatte gegen die Jan Hofmeyr School of Social Work in Johannesburg entschied. Es gab noch keinen Hinweis auf ihre zukünftige Beziehung zueinander: Mandela war ein prominenter Johannesburger Anwalt in den mittleren 30ern, auffällig, groß (fast 1,90 Meter) und zutiefst in politische Themen versunken. Tutu war in den frühen 20ern, klein und schlank, mit einem politischen Bewusstsein, jedoch nicht aktiv. In seinem späteren Leben konnte sich Mandela nicht mehr an diese erste Begegnung erinnern und die beiden sahen sich vorerst nicht wieder, bis es zu einem weiteren Treffen im Empfangszimmer des Bürgermeisters im Rathaus von Kapstadt am 11. Februar 1990 kam, dem Tag, an dem Mandela aus dem Gefängnis entlassen wurde. Während seiner Studienzeit begegnete Tutu noch einem weiteren bedeutenden südafrikanischen Politiker: Robert Sobukwe, der sich vom ANC loslöste und den Pan African Congress anführte. Es war eher Sobukwes Engagement als Lehrer und weniger seine Politik, die ihn so eindrucksvoll machte. Während der Schulferien gab er seinen Schülern in Standerton, einer Stadt in Transvaal, Extraunterricht. Dort unterhielt Tutus Schwester Sylvia einen Lebensmittelladen.

Die Lehrkräfte am College konnten ziemlich rassistisch sein. Ein Lehrinspektor verwendete während des Unterrichts ganz ungezwungen den schlimmsten rassistischen südafrikanischen Begriff. Als er einen Tintenklecks auf einem Schreibpult sah, beschrieb er ihn als »Kafferwerk«. Die Studenten reagierten in einer

Art, die ganz neu für Tutu war, der die Fürsorge der weißen Priester und Ärzte erlebt hatte: »Wenn wir im Aufenthaltsraum saßen und die Nachrichten hörten und wenn es dann einen Unfall gegeben hatte, bei dem ein Weißer das Opfer war, dann klatschten die Jungen Beifall und riefen ›Ein Unterdrücker weniger‹.« Auch zeigten sich die Studenten der Religion gegenüber abgeneigt und brachten damit Tutu zu dem Entschluss, dass sie jemanden kennenlernen mussten, den er als einen kompetenten und deutlichen Vertreter des Christentums empfand. Er lud Trevor Huddleston dazu ein, vor dem College zu sprechen. Mogoba erinnerte sich daran, wie die Studenten zusammenkamen, um mit dem »CR father« zu sprechen, als dieser sie in ihren Schlafräumen besuchte. Doch in Tutus Erinnerung wurde der Besuch von einer Begebenheit überschattet, die mit Canon John Tsebe zu tun hatte, dem Kaplan des Colleges:

> »Als sie zum Haus des Direktors gingen, der ein Afrikaander war, wurde Trevor Huddleston durch die Vordertür hineingebeten. Er ging in die Gaststube und nahm dort seinen Tee zu sich. Dieser schwarze Priester, der unser Kaplan war, musste durch die Küche hineingehen und er setzte sich dorthin und dort bekam er seinen Tee.«

Die Möglichkeiten einer Vollzeit-Universitätsausbildung für schwarze Studenten waren in den 1950ern minimal. Doch die University of South Africa (kurz: Unisa) gab einer ganzen Generation von Lehrern, Geistlichen und Staatsdienern die Gelegenheit, sich durch ein Fernstudium weiterzubilden – entweder per Briefverkehr oder durch Außenstellen. Die Unisa war eine von Weißen betriebene Institution. Wenn schwarze Studenten die Dienststellen besuchten, benutzten sie separate Eingänge und die Abschlussfeiern fanden voneinander getrennt statt. Doch der Inhalt der Kurse war für alle derselbe. Im Bantu Normal mussten die Studenten fünf Unisa-Kurse in ihrem ersten Lehrjahr belegen. Sie wurden dazu ermutigt, auch in den zwei darauffolgenden Jahren Kurse zu wählen und ihren Bachelor während ihres ersten Jahres im Lehrerberuf per Briefverkehr abzuschließen. Tutu und Mogoba waren zwei von fünf Studenten ihres Jahrgangs, die das taten.

Tutu machte seinen Hochschulabschluss, um als Lehrer mehr Geld zu verdienen und seine Motivation zeigte sich in seinem Arbeitsverhalten und in seinen Noten. Er vertraute vollkommen auf den Rat seiner Dozenten und nahm nicht an den Unisa-Winterkursen teil. In seinen besten Fächern – Biologie, Erziehungswissenschaften und Geschichte – erreichte er 57 bis 60 Prozent. Seine schlechtesten Noten hatte er in Englisch mit 49 Prozent und in Zulu mit 47 Prozent. Wenn er die Fächer als Hauptfächer studiert hätte, die ihm am meisten zusagten, hätte er Geschichte und Englisch gewählt. Doch er war nicht auf das große Lesepensum vorbereitet, das erforderlich gewesen wäre und wählte stattdessen Soziologie und Zulu.

Als er nach drei Jahren auf dem College mit einem Transvaal-Bantu-Lehrerdiplom nach Hause zurückkehrte, erhielt er 1954 seinen ersten Lehrerposten an seiner alten Schule im westlichen Township. Dort unterrichtete er Englisch in insgesamt fünf Klassen. Das waren ältere Klassen mit 30 bis 40 Schülern und jüngere Klassen mit bis zu 80 Schülern. Eine Schülerin aus einer der jüngeren Klassen, Jiyana (GG) Mbere – heute eine Gynäkologin in Johannesburg – hatte Tutu als dünn und schwächlich in Erinnerung: »Er war eine Sache für sich. Immer im Anzug und mit Krawatte.« Manche Lehrer wurden handgreiflich, um die Rangordnung zu erhalten, doch der neue Lehrer nutzte seine Überredungskunst: »Er verwickelte uns in eine Diskussion und gewann uns für seine Sichtweise.« Tutu zog zurück nach Munsieville. Er korrigierte die Aufgaben seiner Schüler vor und nach dem Unterricht im Zug und lernte nachts und am frühen Morgen bei Kerzenlicht für die Unisa-Abschlussprüfungen. In seinen letzten zwei Jahren bestand er Zulu mit 53 und 47 Prozent. Robert Sobukwe, der zu dieser Zeit in der Abteilung für afrikanische Sprachen an der University of the Witwatersrand arbeitete, half ihm mit »kritischen Ratschlägen« bei seinen Abschlussprüfungen. Soziologie schloss Tutu mit 48 und 51 Prozent ab. Ein anderer Kommilitone in seiner Abschlussklasse war Robert Gabriel Mugabe, der spätere Präsident von Simbabwe.

Nach einem Jahr der Lehrtätigkeit an Madibanes Schule wurde Tutu des Bahnfahrens überdrüssig. Mittlerweile hatte man gegenüber dem Haus seiner Eltern eine neue staatliche weiterführende Schule für schwarze Kinder eröffnet. Sie wurde die Krugersdorp High School genannt und wurde von Tutus altem Englischlehrer Geoff Mamabolo geleitet. Tutu wechselte im Jahre 1955 und unterrichtete dort Englisch und Geschichte.

Ein Mädchen, das Tutu aus der Zeit kannte, in der er als Lehrer angefangen hatte, war Glorias Freundin Nomalizo Leah Shenxane. Sie war in Krugersdorp geboren worden, lebte einige Zeit in der ländlichen Stadt Brits, wo ihr Vater James als erfolgreicher Kleinbauer arbeitete, und zog zurück nach Munsieville, da ihre Mutter Johanna als Hausmädchen bei einer weißen Familie in Geduld, im Osten von Johannesburg, anfing. Leah lebte gemeinsam mit ihrem älteren Bruder William in einem gemieteten Zimmer am Hinterhof eines Landhauses und hatte die St. Paul's Primary School besucht, wo sie eine von ZZ Tutus Lieblingsschülerinnen gewesen war.

> »Ich sah Desmond das erste Mal, als er gerade auf dem Heimweg von der Schule war«, erinnerte sie sich zu ihrem 40. Hochzeitstag. »Er war ein gutaussehender, dünner junger Mann und ich dachte: Man, ist der süß. Aber er hat mich nie beachtet, immerhin war ich noch auf der Grundschule. … Es war die übliche Verliebtheit eines jungen Mädchens in einen älteren Jungen. Für ihn war ich nur eines der vielen Mädchen, die seine Schwester besuchten.« Desmond nahm Leah erst wahr, als sie ihre Abschlussprüfungen für die Grundschule absolvierte und er sie fragte, wie die Prüfungen gelaufen wären. »Meine kindisch-freche Reaktion war, mich umzudrehen und auf mein Kleid zu schlagen [mit meiner Hand], was die angesagte Art war zu sagen: ›Lass mich in Ruhe!‹«

Leah verließ Munsieville und ging auf eine ländliche katholische High School bei Polokwane im Norden Südafrikas, wo sie sich auf ihr Junior Certificate vorbereitete. Wie die meisten angehenden Grundschullehrer dieser Zeit, ging sie direkt danach aufs College und während sie das St. Thomas's Teacher Training College in Village Main in Johannesburg besuchte, hatte sie die ersten Verabredungen mit Desmond. Wenn sie sich in Munsieville treffen konnten, verbrachten sie die Nachmittage zusammen und spazierten im Township umher. Ansonsten schrieben sie sich Briefe. »In der Zeit, da ich auf das College zurückkehrte, um mein letztes Jahr zu beenden, wurde es ziemlich ernst und spannend«, erinnerte sich Leah. »Wir sprachen schon darüber, uns zu verloben und zu heiraten. Er war sehr eifrig und wollte, nach der Tradition der Xhosa, Vermittler losschicken, sobald ich meine Prüfungen fertig geschrieben hatte. Ich bremste ihn ein wenig und sagte: »Warte kurz. Lass uns zuerst die Ergebnisse abwarten, denn weißt du, was meine Eltern sagen werden, wenn ich nicht bestehe? Sie werden sagen: Wie konntest du auch bestehen, wenn du schon die Hochzeit im Kopf hattest?«

Offiziell wurden Leah und Desmond Ende Juni 1955 miteinander verheiratet, doch das ist nicht das Datum, an das sie zurückdenken. Schwarzen Geistlichen war es nicht erlaubt, als staatliche Standesbeamte tätig zu werden. In Tutus Worten »wurde man während einer wochenendlichen Dienststunde im Amt für Eingeborenenangelegenheiten unverbindlich abgefertigt.« Sie betrachteten sich nicht als tatsächlich verheiratet, ehe nicht ein Priester eine religiöse Zeremonie in der Kirche abgehalten hatte. Sie wurden am 2. Juli 1955 in der Church of Mary Queen of Apostles in Munsieville von Jean Verot verheiratet, einem missionarischem Priester der Oblaten der Unbefleckten Maria. Verot machte einen Eintrag in das lateinische Heiratsregister, der vermerkte, dass Desmond protestantisch sei und Leah katholisch und dass es sich daher um eine »Mischehe« handele. Wie die meisten schwarzen Christen beachtete auch Desmond den wichtigen Brauch des ukulobola: die Abgabe von lobola an Leahs Familie, nach der Eheschließung. Wie auch die Beschneidung wurde lobola von den frühen Missionaren missbilligt, doch die »CR fathers« akzeptierten das Ritual in einem gewissen Rahmen. Desmond durfte eine Abgabe leisten – nicht auf die traditionelle Art, mit Vieh, sondern mit Bargeld. Im Jahre 1995, als sich Tutus Amtszeit als Erzbischof dem Ende neigte, erteilten anglikanische Theologen dem Brauch ein Gewohnheitsrecht. Sie betrachteten ihn als einen Mechanismus, mit dem zwei Clans ihren Zusammenschluss kennzeichneten und mit dem der Braut darüber hinaus eine Form von Würde zukam. Ein anderer afrikanischer Brauch, den die Tutus in ihre Hochzeitszeremonie aufnahmen, sorgte für anhaltende Diskussionen in der Kirche des 21. Jahrhunderts: Als Opfergabe für die Vorfahren schlachtete man ein Tier und vergoss etwas von seinem Blut auf dem Boden. In Tutus Augen unterschied sich die afrikanische Verehrung der Vorfahren jedoch nur wenig von der christlichen Anerkennung von Heiligen.

Desmond und Leah ließen sich in der Gemeinde nieder. Zu Beginn lebten sie noch zusammen in einem einzigen Raum im Haus von Desmonds Eltern in 1132 Munsieville, der als Ess-, Wohn-, und Schlafzimmer genutzt wurde. Leah unterrichtete in einer Grundschule in Roodepoort, die sie mit dem Taxi und mit der Bahn erreichte. Desmond verwaltete ehrenamtlich eine Fußballmannschaft. Er leitete das Auswahl- und Aufnahmekomitee der Krugersdorp Bantu Football Association. Nach sechs Monaten fanden sie ein eigenes Mietshaus. Am Ende jedes Monats hatten sie kein Geld mehr und mussten im örtlichen Laden ihre Lebensmittel auf Kredit kaufen. Es gab nur eine Kaltwasserdusche und Desmond ging einmal die Woche zu seinen Eltern, um bei ihnen ein

Desmond Mpilo Tutu und Nomalizo Leah Shenxane bei ihrer Hochzeit im Jahre 1955.

heißes Bad zu nehmen. Trotz allem fühlten sie sich, laut Leah, reich:

»Bei uns war es gemütlich. Wir hatten ein Haus mit drei Räumen. Andere Leute hatten nur einen Raum. Wir hatten Elektrizität im Haus. Die meisten Leute hatten keine Elektrizität. Zu der damaligen Zeit war es in Mode, Einzelbetten zu haben, also kauften wir Einzelbetten und schliefen nur in einem. Das erste, was man morgens tat, war aufstehen und sich vergewissern, dass die Veranda sauber war. Dann ging man wieder hinein und machte Tee oder Kaffee und bereitete das Frühstück vor. Meine Schwiegermutter kochte gerne. Sie kochte, als ob sie für zehn Personen kochen würde und sie kümmerte sich immer um die Essensbeilagen – bei uns zu Hause und auch bei Gloria, die nicht weit entfernt wohnte.«

Der stolzeste Tag in Desmonds Leben war, als sein erstes Kind im Paardekraal Hospital – das man in der demokratischen Ära in Yusuf Dadoo Hospital umbenannte – im April 1956 zur Welt kam. Er erfuhr von der Geburt, als er eine Krankenschwester anrief, um sie zu fragen, wie es Leah ging: »Sie sagte: ›Sie hat einen Jungen bekommen.‹ Ich ließ den Hörer fallen und lief den ganzen Weg, etwa eine Meile, zum Haus meiner Eltern. Ich kam völlig außer Atem an und berichtete ihnen, dass ich Vater geworden war.« Sie nannten ihren Sohn Trevor Armstrong Tamsanqa, nach Trevor Huddleston, Louis Armstrong und nach einem der Brüder, die Desmond verloren hatte. 16 Monate später wurde, an Mariä Himmelfahrt, ihre erste Tochter zu Hause in Munsieville geboren. Sie nannten sie Thandeka (»liebenswert«) Theresa Ursula. Die letzten beiden Namen gab man ihr, um, so ihr Vater, »an die römisch-katholische Herkunft ihrer Mutter zu erinnern«.

Die Tutus besuchten den Gottesdienst in der St. Paul's Church, einer Mission, die von der Gemeinschaft der Auferstehung gegründet wurde. Wie es für eine schwarze Kirchengemeinde üblich war, hatte St. Paul's mit finanziellen Problemen zu kämpfen. Aus dem Briefverkehr mit dem Diözesenbüro in Johannesburg ergibt sich, dass die Kirche ständig Schulden hatte – zunächst wegen der Anschaffung eines Fahrrads, dann eines Autos und immer wegen noch zu leistender Abgaben an die Diözese. Im November 1953 verschickte der verantwortliche Priester Canon Peter Moñala 96 Pfund an den Bischof und schrieb: »Wenn Sie nur wüssten, wie sehr ich spare. Meine Gemeinde bezahlt kaum ihre Kirchensteuern. Ich hasse es, so viele Schulden zu haben.« Tutu diente der Gemeinde auf unterschiedliche Art und Weise: Er war Sonntagsschullehrer, assistierender Chorleiter, Kirchenratsmitglied, Ersatzprediger und Subdiakon. Jedoch empfand er kein Verlangen, Priester zu werden. Hauptsächlich in der Reaktion auf die nationalpolitischen Entwicklungen und auf die darauffolgende Konfrontation zwischen Kirche und Staat, in der die Gemeinschaft der Auferstehung und die Anglikanische Kirche eine tragende Rolle spielten, fand er seine Bestimmung.

Kapitel 4

Die Gabe eines Anführers

Wenn man mit den Südafrikanern aus Desmond Tutus Generation – besonders mit denen, die dort lebten, wo er aufgewachsen war – über die Wahl der afrikaandischen nationalistischen Regierung im Jahre 1948 spricht, dann reden sie darüber, als sei dies die Vorankündigung einer Plage gewesen. Ganz gleich, welche Leiden sie vor der Apartheid ertragen mussten, alles was zuvor geschah, kann vergleichsweise nostalgisch betrachtet werden. Für die neue Generation der politischen Aktivisten, die unlängst die African National Congress Youth League (ANCYL) gegründet hatte, markierte die gewaltvolle Zerschlagung eines Minenarbeiterstreiks zwei Jahre zuvor, im Jahre 1946, den Zeitpunkt, an dem sie jedwede Illusion verloren, dass Südafrika die Demokratie einführen würde, für die noch während des Zweiten Weltkriegs im Ausland gekämpft worden war. Doch sogar für sie war die Wahl von 1948 ein Schock. Nelson Mandela erinnert sich, wie er und Oliver Tambo, ein späterer Anwaltspartner und ANC-Anführer, in der Wahlnacht ein Treffen abhielten: »Wir diskutierten kaum über die Möglichkeit einer nationalistischen Regierung, denn wir erwarteten diese nicht.« Als sich abzeichnete, dass die Nationalpartei die Wahl gewonnen hatte, »war ich verblüfft und bestürzt«.

William Beinart, Professor für Ethnische Beziehungen an der Oxford University, beobachtete, dass die Haltung der Befürworter der Rassentrennung in Südafrika bis ins Jahr 1948 zwar gefestigter war als in den Vereinigten Staaten oder den britischen Kolonien, jedoch auch, dass es nur wenige Unterschiede gab. Die neu gewählte Regierung machte sich aber daran, das zu ändern. Beginnend mit Gesetzen, die jeden Südafrikaner seiner ethnischen Herkunft zuteilten und Sex und Ehe in ethnische Schranken wiesen, wurde der Rassebegriff zum Grundstein der Gesellschaft. Zwi-

Der Anführer des African National Congress (ANC) Oliver Tambo war ein enger Freund von Trevor Huddleston, der Huddleston und Tutu für das Amt des Priesters vorschlug.

schen vier bestimmten Gruppen wurde eine klare Trennlinie gezogen: Weiße, Inder, Farbige (Menschen gemischter Herkunft) und Schwarze. Die Weißen, 21 Prozent der Gesamtbevölkerung, übernahmen die vollständige Kontrolle über die nationale Politik. Sie nahmen den Farbigen das Wahlrecht, übernahmen in einem fünf Jahre andauernden Kampf das Parlament und die Gerichte und durchdrangen die Gesetzgebung und Gesetzesausübung. Indem er die Nachkriegsterminologie der Dekolonisierung und der Selbstbestimmtheit ins Gegenteil verdrehte, leugnete Hendrik Verwoerd, der höchste Ideologe der Regierung, den tatsächlichen Standpunkt der schwarzen Südafrikaner. Die Schwarzen, zu denen 68 Prozent der Bevölkerung zählten, waren in ethnisch basierte Nationen unterteilt, in denen angeblich Autonomie herrschte. Diese Homelands[11] nahmen um die 13 Prozent der Landesfläche ein. In der Nomenklatur der Apartheid galten die Schwarzen als Bantu, was von dem Nguni-Begriff für »Menschen« abgeleitet wurde, und die Homelands galten als Bantustans. Mandela sagte dazu: »Die oftmals planlose ethnische Einteilung der vergangenen 300 Jahre wurde in einem monolithischen System gebündelt, das im Detail diabolisch war, unüberwindbar in seiner Reichweite und unermesslich in seiner Macht.«

Es sei erwähnt, dass ein Bereich der christlichen Kirche in großem Maße für die Apartheid-Politik verantwortlich war: Der Pfarrer David Botha, ein Oberhaupt der ethnisch unterteilten Niederländisch-Reformierten Kirche für Menschen, die als farbig eingestuft wurden, sorgte bei einer Konferenz des Südafrikanischen Kirchenrats im Jahre 1980 für Aufregung. Er analysierte, wie die weiße Niederländisch-Reformierte Kirche »die weltlichen Grundsätze der Apartheid konzipierte und in die Tat umsetzte«. Mit ihrer in vier ethnische Felder eingeteilten Struktur bot sie der Apartheid nicht nur eine schematische Vorlage, sondern verfasste 1935 auch ein Dokument, das zum Grundstein der Apartheid-Politik wurde.

Solch einen Plan in die Tat umzusetzen erforderte weitreichende soziale Eingriffe, bei denen die Ideologen, denen menschliches Leid gleichgültig war, ganze Gemeinden gewaltvoll entwurzelten und sie, wie Figuren auf einem Spielbrett, über die Landkarte Südafrikas verteilten. Eine Studie der Methodistenkirche in Transvaal machte deutlich, dass im ersten Jahrzehnt dieser Umsiedlungsmaßnahmen 60 bis 70 neue Kirchen errichtet werden mussten, um die zu ersetzen, die infolge der Apartheid zerstört worden waren und es wurde erwartet, dass noch weitere 46 hinzukamen. Tutus Geburtsort bei Klerksdorp wurde in den späten 1950ern, mitsamt der Kirche, in der er getauft worden war, dem Erdboden gleich gemacht. Ganz Roodepoort West – und damit auch Ezenzeleni – eine benachbarte Augenklinik, die Häuser, in denen die Tutus gelebt hatten, die Schulen und die Kirchen, die sie besucht hatten, wurden

11 Anm. d. Übers.: »Homeland« bedeutet so viel wie »Heimatland« oder »Nation«.

allesamt weggefegt und durch weiße Vorstadtviertel ersetzt. Östlich von Johannesburg, nahe Boksburg, wurde das Township Stirtonville zerstört, wo Matse Tutus Familie gelebt hatte. Am Ostkap wurden die Einrichtungen umstrukturiert, in denen ZZ und Matse Tutu ausgebildet worden waren: Lovedales weißes Lehrerkollegium wurde versetzt, die High School wurde geschlossen und die Bibliothek wurde aufgelöst. Tiger Kloof, wo die ersten beiden Präsidenten des benachbarten Botswana und beinahe das gesamte postunabhängige Kabinett des Landes ausgebildet worden waren, wurde übernommen, zu einem Schwarzen Ort in einem Weißen Gebiet erklärt und geschlossen. Der Großteil von Munsieville überlebte, doch Leahs und Williams erste Bleibe im Township und die St. Mary's Church, in der die Tutus geheiratet hatten, wurden zerstört. Das Saint Thomas's College in Village Main in Johannesburg, in dem Leah als Lehrerin ausgebildet worden war, wurde geschlossen. Doch von allen Umsiedlungsmaßnahmen, die mit Desmond Tutu in Verbindung gebracht werden können, rief die von Sophiatown das meiste Aufsehen hervor.

Das Ende von Sophiatown wurde von Journalisten dokumentiert, zu denen das Bandenmitglied und der Poet Don Mattera, Douglas Brown vom *Daily Telegraph* und Leonard Ingalls von der *New York Times* zählten. Das, was Sophiatown repräsentierte, war den neuen Machthabern in jeder Hinsicht ein Dorn im Auge. Die ansässigen weißen Autoritäten hatten die dort lebenden Menschen schon lange vertreiben lassen wollen. Westdene, eine weiße Siedlung, grenzte im Osten an Sophiatown und im Westen waren weitere Siedlungen entstanden. Allerdings erst als die Nationalpartei die Macht ergriffen hatte, kamen politische Bestrebungen auf, eine umfassende Strategie zu entwickeln, um diesen Wunsch Wahrheit werden zu lassen. Der Plan bestand darin, in einem Township namens Meadowlands, das 18 Kilometer weit außerhalb der Stadt lag, neue Häuser für die Schwarzen zu errichten, die Menschen aus ihren alten Wohnungen zu holen und sie gewaltsam in ethnisch unterteilte Behausungen umzusiedeln.

Die ersten Umsiedlungen waren für den 12. Februar 1955 geplant. »Die Aufregung war groß und man sprach auf den Plätzen, an den Straßenecken und in den Kirchen darüber«, schrieb Mattera später. »Gruppen von jungen Leuten liefen durch die Straßen. Nachrichtensprecher von außerhalb und örtliche Journalisten schienen sich förmlich in Sophiatown niedergelassen zu haben. Sie wollten alles sehen. Sie wollten die Revolution in ihrer Anfangsphase erleben. Sie würde mit Sicherheit kommen, dachten wir alle.« Die Regierung entging dem Widerstand, in dem sie drei Tage früher handelte. Ingalls und Brown begleiteten Huddleston, als er die Church of Christ the King verließ, um herauszufinden, was vor sich ging. In einem Bericht auf der Titelseite der *New York Times* und unter der Angabe »Johannesburg, 9. Februar« schrieb Ingalls:

> »Die Zwangsumsiedlungen der Eingeborenen aus ihren Häusern in Johannesburg haben heute begonnen. Der Transfer der ersten 130 schwarzen Familien aus ihren Slum-Unterkünften in ein neues Wohnprogramm der Regierung hinter der Stadtgrenze, wurde unter strenger Aufsicht von 2.000 schwer bewaffneten Polizisten durchgeführt. Um vier Uhr morgens versammelten sich Abteilungen weißer und schwarzer Polizisten in der Dunkelheit vor Sonnenaufgang in Sophiatown, in Meadowlands und auf der Strecke zwischen beiden Orten, um den Umsiedlungsplan in die Tat umzusetzen. Die weißen Polizisten waren mit Pistolen, Gewehren, Maschinenpistolen und Maschinengewehren bewaffnet. Die schwarzen Polizisten trugen Speere mit Stahlspitzen, die man als »Assegais« kennt, und Schlagstöcke bei sich.«

Noni Jabavu, John Tengo Jabavus Enkelin, hielt fest, was ihr Bruder ihr geschrieben hatte:

> »Sisi [große Schwester], du hättest hier sein sollen. Die blassblauen Augen der Buren glänzten an diesem Tag mehr als jemals zuvor. Mit ihren Fingern berührten sie die Abzüge ihrer Revolver und mit ihren Händen kneteten sie die Griffe ihrer Sjambok-Peitschen, bis ihre Fingerknöchel weiß waren.«

Brown schrieb in seinem Report auf der Titelseite des *Telegraph*, die Operation sei »die größte Demonstration der polizeilichen Stärke [gewesen], die man seit vielen Jahren in Johannesburg gesehen hat. Bei Anbruch der Nacht hatte man die Häuser von nahezu 100 Familien zerstört – in einer Stadt, in der es schon 50.000 Unterkünfte zu wenig für die Eingeborenen gab. Das alles wurde auf die Art und Weise und in dem Ausmaß einer großen militärischen Operation unternommen. Die Polizei zeigte heute keine Gewaltbereitschaft und ging kaum grob vor. Jedoch bestärkte dieses ungewöhnlich korrekte Verhalten zusätzlich den kalten Schrecken der Szenerie«.

Der Widerstand der Gemeinde war gebrochen und die Umsiedlungen dauerten an, bis Sophiatown geräumt war. Die Verantwortlichen feierten ihren Erfolg mit dem Namen, den sie dem Vorort für die afrikaandischen Arbeiter gaben, den sie auf den Ruinen von Sophiatown entstehen ließen: Triomf. Die Straßennamen behielten sie bei, »um Salz in unsere Wunden zu streuen«, sagte Tutu später, als er erklärte, warum diese Namen nach 50 Jahren für die Einwohner immer noch eine Rolle spielten. Die Church of Christ the King in der Ray Street wurde einige Jahre später verkauft und stattdessen in eine Niederländisch-Reformierte Kirche nur für Weiße, in eine afrikaandische Pfingstkirche und in einen Box-Klub umgewandelt. Nach dem Ende der Apartheid wurde die Kirche zurückgewonnen und die Asche von Trevor Huddleston dort begraben.

Doch das Wohnheim, in dem Tutu gelebt und das Priorat, in dem er seine Mahlzeiten zu sich genommen hatte, blieben spurlos verschwunden.

Die Umsiedlungen von Sophiatown stießen nicht überall auf Ablehnung. Viele der ehemaligen Bewohner von Sophiatown berichteten Ingalls, dass sie – nachdem sie nach Meadowlands gebracht worden waren – froh darüber waren, neue Wohnungen zu haben, für die sie weniger Miete zahlen mussten. Doch das legitimierte noch nicht das Verhalten der Regierung, das Huddleston und auch die *New York Times* beanstandeten. In seinem Buch »Naught for Your Comfort« schrieb Huddleston: »Sophiatown

Viele der Zwangsumsiedlungen hatten Einfluss auf das Leben von Desmond und Leah Tutu. Die Zwangsumsiedlung in Sophiatown im Jahre 1955 erregte die meiste Aufmerksamkeit.

Die Spitze der Christ the King Kirche in Sophiatown ragt über die im Zuge der Apartheid zerstörten Häuser der Stadt hinaus.

WAR ein Slum. Diejenigen von uns, die dort gelebt haben, würden das niemals abstreiten. Doch Slum-Zustände können auch ohne die Zwangsumsiedlung eines gesamten Gebiets beseitigt werden.« Im Leitartikel der *New York Times* vom 10. Februar stand, die Berichterstattung lese sich »unglücklicherweise wie eine Meldung aus einem Polizeistaat«.

Wenn die Zerstörung von Sophiatown durch die Regierung der Apartheid ihre Bereitschaft verkörpert, sich zu einer bewaffneten Streitmacht zu entwickeln, die diktieren konnte, wo die Menschen zu leben hatten, dann zeigte ihre Besitznahme des Bildungssystems – in dem ZZ und Desmond Tutu unterrichteten – das Ausmaß, in dem versucht wurde, das Denken der Kinder zu beeinflussen. Historisch gesehen waren die Machthaber wenig darum bemüht, schwarze Südafrikaner zu unterrichten. In seiner Denkschrift über die frühen Tage der Gemeinschaft der Auferstehung in Johannesburg schrieb Alban Winter:

> »Wieder und wieder hörte ich die Europäer sagen, dass sie lieber einen ungebildeten Afrikaner hatten, der für sie arbeitete, als einen, der zur Schule gegangen war. Die letzteren, erklärten sie, seien unehrlich. Sie wüssten genug, um gewiefte Diebe zu sein oder Passfälscher, aber nicht, wie man eine ehrliche Arbeit verrichte oder Befehle befolge. Auch war da die Abneigung, die aus der Überzeugung der ethnischen Überlegenheit des weißen Mannes entsprang. Es ärgerte solche Menschen sehr, zu sehen, wie schwarze Kinder mit Schulbüchern und Schiefertafeln in die Schule gingen, wie ihre eigenen Kinder.«

Im Jahre 1950 gab es Schulplätze für nur ein Drittel bis die Hälfte aller schwarzen Kinder im schulfähigen Alter. Die staatlichen Zuschüsse für die Ausbildung von Schwarzen waren insoweit begrenzt, als dass sie nur an die schwarzen Steuerzahler ausgegeben wurden, die das niedrigste Einkommen erhielten. Ein geringer Teil der schwarzen Schüler ging auf eine weiterführende Schule – drei Prozent aller Schuleinschreibungen im Jahre 1950. Die Western High, auf die Tutu 1945 kam, war eine von nur drei schwarzen

High Schools auf dem Reef. Eine solche Ausbildung wurde fast ausschließlich von den Kirchen angeboten. Das kirchliche Schulsystem war äußert unzureichend. Ein Forscher wies darauf hin, dass es in den 1950ern kurz vor dem Zusammenbruch stand. Es war zu arm und zu klein, um den Bildungsanforderungen gerecht zu werden. Allerdings war Verwoerds Lösung des Problems – wie in Sophiatown – nicht, auf das aufzubauen, was erreicht worden war, sondern das System zu zerschlagen und es durch eines zu ersetzen, das von der Form her seinen ideologischen Vorlieben entsprach. In einer berüchtigten Rede vor dem Parlament sagte er, dass das kirchliche »europäische« Ausbildungssystem, das man den schwarzen Schülern offerierte, unrealistische Erwartungen weckte:

> »Dem Bantu muss beigebracht werden, seiner eigenen Gesellschaft in allen Belangen dienlich zu sein. Es gibt keinen Platz für ihn in der europäischen Gesellschaft, der über der Stufe der körperlichen Arbeit steht. Bis heute hat man ihm ein Schulsystem zugemutet, das ihn von seiner eigenen Gesellschaft entfernt und ihn irregeführt hat, indem es ihm die grünen Weiden der europäischen Gesellschaft gezeigt hat, auf denen er nicht grasen durfte.«

Verwoerd schaffte die staatlichen Zuschüsse für unabhängige Schulen ab, zwang die Kirchen, die Kontrolle der Schulen an die Regierung zu übertragen, die Schulen zu schließen oder eigene Mittel aufzubringen – etwas, das nur wenige tun konnten. An Stelle des kirchlichen Schulsystems etablierten er und sein oberster Staatsdiener Werner M. M. Eiselen das Bantu-Bildungswesen. Obwohl Eiselen geplant hatte, die Anzahl der Schüler an den Schulen innerhalb von zehn Jahren zu verdoppeln, wurde dieses Ziel nur teilweise erreicht, indem man die Unterrichtszeit von viereinhalb Stunden täglich auf drei verkürzte und Doppelstunden für die Lehrer einführte. Sein Hauptaugenmerk lag dabei auf der grundlegenden Form der Schulausbildung: 1949 blieben drei von vier Schülern nur vier Jahre auf der Schule und er hatte nicht vor, etwas an dieser Quote zu ändern.

Die Oberhäupter der Schwarzen und die der Kirche waren erschüttert. »Das ist die böseste Tat von allen«, sagte Tambo. »Ich fürchte um die Zukunft unserer Kinder und um die Generation der Kinder, die danach kommen wird.« Geoffrey Clayton, der Bischof, der Tutu konfirmiert hatte und der nun die Anglikanische Kirche von Südafrika als der Erzbischof von Kapstadt leitete, sagte, die Regierung mache die Schulausbildung der Schwarzen zu einem Instrument, um die Ideale der Nationalpartei voranzutreiben: »Das ist das klar erkennbare Muster eines totalitären Staates. Das ist die Art von Dingen, die die meisten von uns dem deutschen Nazi-Regime vorwerfen.« Allerdings waren die Kirchen in einer, wie Trevor Huddleston es beschrieb, »gemeinen Zwangslage«: Sollten sie ihre Schulgebäude an die Regierung vermieten und die Inkraftsetzung eines bösen Systems unterstützen? Oder sollten sie die Kinder hinauswerfen und die Schulen schließen? Clayton und die meisten seiner Bischöfe entschlossen sich für das Erstere: »Selbst ein verfaultes Bildungssystem ist besser als das, was die Kinder auf der Straße lernen«, sagte Clayton. Huddleston und Ambrose Reeves, Claytons Nachfolger als Bischof von Johannesburg, waren anderer Meinung. Reeves wandte sich an die Erzbischöfe von Canterbury und York in England: »Es ist meine Überzeugung, dass, wenn ein vorgeschlagenes Bildungssystem moralisch nicht vertretbar ist, die Kirche kein Recht dazu hat, die Machthaber dabei zu unterstützen, ihre Pläne in die Tat umzusetzen, obgleich entfernt oder indirekt.« Am 1. April 1955, dem Tag, an dem die Schulen übernommen werden sollten, schloss Reeves die 47 schwarzen Schulen der Diözese von Johannesburg und hinterließ die Familien von 13.000 Kindern – noch einmal mit den Worten Huddlestons – »in derselben abscheulichen Zwangslage: ›Bantu-Bildungswesen‹ oder die Straße«.

Desmond und Leah Tutu, die gerade Anfang 20 waren und am Beginn ihrer Lehrerkarriere standen, verfolgten die Debatte von Munsieville aus. Sie unterrichteten in staatlichen Schulen und Desmond genoss seine Arbeit: »Vermutlich war ich so etwas wie ein Vorgesetzter für die Schüler. Ich versuchte, mich an den Lehrplan zu halten und die Schüler trotzdem an dem Spaß haben zu lassen, was sie taten. Und ich sagte zu ihnen: Es ist gut, Stolz zu empfinden.« Allerdings gaben Verwoerds Zukunftspläne eine andere Richtung an: »Der Bantu-Lehrer«, hatte Verwoerd vor dem Parlament gesagt, »muss als ein aktiver Vermittler für die Weiterentwicklung der Bantu-Gesellschaft eingesetzt werden. Er muss lernen, sich seiner Gesellschaft nicht übergeordnet zu fühlen und darf folglich kein Verlangen empfinden, sich in die europäischen Gesellschaft zu integrieren.« Verwoerd schlug vor, Geld zu sparen, in dem man männliche Grundschullehrer durch Frauen ersetzte, die weniger verdienten, und er unterstützte ganz unverhohlen diskriminierende Lohntarife: »Die Gehälter, die die europäischen Lehrer bekommen, sind keineswegs ein passender oder vertretbarer Maßstab für die Gehälter der Bantu-Lehrer.« Nach einem Gespräch mit Leah entschied Desmond: »Ich fühlte einfach, dass ich kein Teil davon sein konnte. Ich sagte zu mir selbst: Es tut mir leid. Ich werde dieses schändliche System nicht unterstützen.« Und ich fragte mich: »Was kann ich tun?«

Desmond und Leah setzten ihre Überlegungen in den Sommerferien gegen Ende des Schuljahres 1955 in die Tat um. Trevor Huddleston verfasste ein Empfehlungsschreiben für Desmond und schickte es am 21. Januar 1956 an Redvers Rouse, den Erzdiakon von Johannesburg:

»Lieber Redvers,
hiermit möchte ich Dir Desmond Tutu aus Krugersdorp vorstellen. Ich kenne ihn jetzt seit etwa zehn Jahren und ich habe ihn in der Zeit sehr gut kennengelernt.
Ich denke, er ist eine ausgezeichnete Persönlichkeit: intelligent, (Er hat einen Hochschulabschluss), zutiefst gewissenhaft und aufrichtig. Er glaubt, eine besondere Begabung für den Beruf des Priesters zu haben. Zwar hat er es gleich auf einen fortgeschrittenen Posten abgesehen, doch ich denke, in seinem Fall ist das gerechtfertigt.
Jedenfalls glaube ich, dass er sich als ein ungemein wertvoller Priester erweisen würde.
Mit herzlichen Grüßen
Trevor, Gemeinschaft der Auferstehung«

Später ging Tutu sehr offen damit um, wie er seine Begabung entdeckt hatte: »Ich hatte keinerlei hochtrabende Wertvorstellungen, die mich zum Priester werden ließen. Es war eher eine Ausflucht. Ich konnte nicht auf die medizinische Hochschule gehen. Die einfachste Möglichkeit war es, ein theologisches College zu besuchen.« Sein Vater zeigte sich unzufrieden über die Entscheidung. ZZ war nämlich von dem Leiter des Amts für Schulbildung im Bezirk darüber informiert worden, dass Desmond für den Posten eines Schuldirektors in Frage kam.

Später im Januar bemühte sich Tutu darum, der Innung für Priesteramtskandidaten beitreten zu dürfen, in der angehende Priester auf ihre Ausbildung vorbereitet wurden. Einige Monate später konnte er direkt mit Ambrose Reeves über seine Ziele sprechen, nachdem er die Zulassung als Subdiakon in seiner Heimatgemeinde erhalten hatte. Er führte das Gespräch in schriftlicher Form fort, was einen Eindruck davon gibt, wie das Verhältnis zwischen den anglikanischen Priestern und ihren Bischöfen zu der damaligen Zeit aussah. In der Tradition der Englischen Kirche – einer alteingeführten Kirchenform, bei der Königin Elisabeth II. die weltliche Führungsrolle einnimmt und die Bischöfe zu den offiziellen Angehörigen der staatlichen Protokolllisten zählen – wurden die anglikanischen Bischöfe von Südafrika genauso angeredet, wie die britischen Würdenträger. »Mein Lord«, schrieb Tutu, »ich wurde von Pater Shand [John Shand war Tutus geistlicher Vorgesetzter] dazu angehalten, diesen Brief zu verfassen. Er sagte, er habe Eurer Lordschaft mitgeteilt, dass ich beabsichtige, so Gott will, im Jahre 1958 dem Theologischen College beizutreten. Pater Shand hielt es für weise, mich Eure Lordschaft darum bitten zu lassen, einen Termin anzusetzen, an dem ich bei Eurer Lordschaft vorstellig werden kann.«

Bald kamen Meinungsverschiedenheiten zwischen Tutu und der Diözese auf. Er entschied sich nämlich dafür, früher auf das College zu gehen und hoffte, für das Jahr 1957 zugelassen zu werden. Die Offiziellen der Diözese hinterließen keine schriftlichen Eintragungen darüber, warum sie ihm Einhalt geboten, doch Rouses vermerkt über ein Gespräch mit Tutu am 1. September 1956, dass er vertragliche Mietschulden hatte. Er war etwas länger als ein Jahr verheiratet und musste noch 140 Pfund für Möbel – darunter fielen wahrscheinlich auch die Einzelbetten – sowie 20 Pfund für Bücher und 40 Pfund für Kleidung abbezahlen. Sein Einkommen lag bei 42 Pfund im Monat. Aus Rouses schriftlichem Vermerk ist zu ersehen, dass Tutu seine Schulden nicht vor dem Dezember 1957 begleichen konnte. In einem Antwortschreiben auf einen Brief, den er von der Diözese erhalten hatte, teilte Tutu Reeves am 12. September mit, dass er »zutiefst enttäuscht über die Entscheidung Seiner Lordschaft« sei. Dennoch hatte er den Mut nicht verloren und bat um Reeves' Unterstützung. Es gebe, verriet er, vielversprechende Anzeichen dafür, dass Südafrikas reichster Mann ihn finanziell unterstützen würde.

Noch vor seinem Treffen mit Reeves hatte Tutu Harry Oppenheimer geschrieben, dem Erben des Familienvermögens, der hinter De Beers Consolidated Mines und der Anglo American Corporation stand. Oppenheimer löste seinen Vater als Kopf eines Imperiums ab, das 80 Prozent des weltweiten Diamanten- und 40 Prozent des südafrikanischen Goldmarktes kontrollierte. Sein Wohlstand fußte auf einem Gastarbeitersystem, in dem die Arbeiter unter Gleichgeschlechtlichen in Wohnheimen lebten und die meiste Zeit des Jahres von ihren Familien getrennt waren. Bei einem Treffen mit Albert Luthuli, dem Präsidenten des ANC, bezeichnete er die kritische Haltung des ANC gegenüber dem menschlichen Leid in seinem Unternehmen als überzogen. Doch er unterstützte liberale Oppositionsparteien finanziell und übernahm teilweise die Anwaltskosten bei größeren politischen Gerichtsprozessen in der Gegend. Auch hatte er eine anglikanische Erziehung genossen. Er antwortete Tutu, dass er »durchaus gewillt [sei], wohlwollend über das Anliegen nachzudenken«. Er bat um Zeugnisunterlagen und weitere Informationen über Tutus Karriere und seine Ziele.

Tutu antwortete ihm am 14. September und Oppenheimer verschickte einen Scheck über 200 Pfund. »Ich wünsche Ihnen viel Erfolg«, teilte er Tutu mit, »und ich hoffe, es wird Ihnen möglich sein, Ihren Beitrag zu leisten und einen Geist der vermehrten Toleranz und des Verständnisses in Südafrika zu wecken.« Reeves' Reaktion auf Tutus Handeln ist nicht bekannt, doch in Anbetracht des Verhältnisses zwischen Bischöfen und Priesteramtskandidaten ist anzunehmen, dass er es als eine Unverfrorenheit betrachtet haben muss. Er gab sich offensichtlich nicht damit zufrieden, dass Tutu seine Schulden hatte begleichen können. Im November ließ er Tutu zu einem Gespräch in das Bischofshaus kommen. Später konnte Tutu nicht mehr sagen, wie das Treffen verlaufen war, doch am folgenden Tag schrieb er Oppenheimer und bat ihn darum, das Geld zurückzunehmen. Oppenheimer wollte es nicht zurück: »Es tut mir leid, von den aufgekommenen Schwierigkeiten zu hören«, schrieb er Tutu. »Ich denke, es wäre das Beste, wenn Sie die 200 Pfund, die ich Ihnen gegeben habe, für ein Jahr behalten, bis Sie wissen, ob Sie 1958 von dem Theologischen College aufgenommen werden.«

Was auch immer Reeves von Tutus Kontaktaufnahme mit Oppenheimer gehalten haben mag – die Folgen waren geringfügig. Am 23. April 1957 schrieb Tutu:

> »Mein Lord,
> bitte nehmt meinen innigsten Dank dafür an, dass Eure Lordschaft unsere Differenzen beigelegt hat und mir gnädig erlaubt, im nächsten Jahr das College zu besuchen. Ich hatte große Angst, als ich unser letztes Treffen der Innung für Priesteramtskandidaten besuchte, denn ich war besorgt über die Meinung, die Eure Lordschaft von mir haben würde. Als ich Pater Huddleston von unserem letzten Treffen erzählte, war er optimistischer und schien erleichtert.
> Nochmals danke ich Euch sehr, mein Lord.
> Mit dem größten Respekt,
> DMB Tutu«

Während Tutu darauf wartete, auf das College gehen zu können, bot ihm Dale White, ein junger Hilfspfarrer der Gemeinde von St. Peter in Krugersdorp, Griechischunterricht an. Er nahm das Angebot an, doch der Pfarrer untersagte es White, Tutu in das

Kirchengebäude zu lassen. Die Griechischstunden mussten in einem Raum in der Spitze des Kirchturms abgehalten werden.

Im September empfahl Reeves Tutu schriftlich für das College. Er bat das St. Peter's College in Rosettenville in Johannesburg darum, Tutu aufzunehmen, und veranlasste den Direktor in einem Brief außerdem, Tutus Ausgaben im Auge zu behalten:

> »Ich war ein wenig beunruhigt über die Menge an Schulden, die dieser Mann hatte, obwohl es wahr ist, dass er und seine Frau beide ein beachtliches Monatsgehalt als Lehrer verdienten. Er hätte sie zweifelsohne begleichen können, wäre er im Lehrerberuf verblieben. Doch als Priester wird er niemals ein solches Einkommen haben, wie er es in den vergangenen Jahren gewohnt war.«

Reeves' Brief, der die Schlussfolgerung zulässt, Tutu sei ein Verschwender, verlieh ihm einen zweifelhaften Ruf, der ihm seine gesamte Berufslaufbahn hindurch anhaftete.

Die Entscheidung der Tutus, das Bantu-Bildungswesen abzulehnen, trafen sie zum Nachteil ihres Einkommens und auch ihres Familienlebens. Saint Peter's war ein Wohncollege, auf dem nur Männer ausgebildet wurden. Verheiratete Männer durften dort nicht gemeinsam mit ihren Frauen wohnen. Leah beschloss, den Lehrerberuf aufzugeben und sich zu einer Krankenschwester ausbilden zu lassen. Der einzige Ort, den sie fand, lag hunderte Meilen weit entfernt: Das Jane Furse Hospital lag in einem abgeschiedenen Teil von Sekhukhuneland und war weit vom Norden Johannesburgs entfernt. Als sie im April 1958 wegging, um als Lernschwester zu arbeiten, mussten Trevor und Thandi bei Desmonds Eltern in Munsieville zurückbleiben.

Das College of the Resurrection and St. Peter war die einzige Institution in den nördlichen Provinzen Südafrikas, die schwarze anglikanische Priester ausbildete. Es wurde von der Gemeinschaft der Auferstehung betrieben, die es ursprünglich in Doornfontein, nahe dem Stadtzentrum von Johannesburg, gegründet und dort in Gebäuden aus Holz und Metall untergebracht hatte. Im Jahre

1911 war die Gemeinschaft nach Rosettenville gezogen, das zu der damaligen Zeit nur dünn besiedelt war. Über die Jahre hatte die Gemeinschaft einen kleinen Campus aufgebaut, der die elitäre St. Peter's Mittelschule umfasste, die unter anderem von Oliver Tambo, Sylvia Tutu und dem späteren Bantustan-Oberhaupt Lucas Mangope besucht worden war. Doch in den 50ern hatten die weißen Vororte den Campus bereits umringt. Als Tutus Klasse 1958 ankam, lebte der Campus, sagte Alban Winter, mit einem »Damoklesschwert, das über unseren Köpfen hing«. Die Saint Peter's School war schon vom Bantu-Bildungswesen geschlossen worden und der Campus war eine »nichtrassistische Insel« – wie auch Tiger Kloof am Nordkap – also ein »schwarzer Fleck« in einem »Gebiet für Weiße«.

St. Peter's College hatte 36 Studenten und bot eine Ausbildung über drei Jahre. Das alltägliche Collegeleben konzentrierte sich auf einer quadratischen Fläche, die eine Kapelle, eine Küche, eine Mensa, einen Saal, Leseräume und gemeinschaftliche Aufenthaltsräume umfasste. Die Studenten hatten unterschiedliche Qualifikationen und Fähigkeiten und kamen aus zehn Diözesen. Die größte Gruppe, bestehend aus 12 Studenten, kam aus Johannesburg. Fünf »CR fathers« unterrichteten sie im Alten und im Neuen Testament, in der Glaubenslehre, in Kirchengeschichte, in christlicher Ethik und in der Gottesdienstpraxis. Die talentiertesten Studenten bereiteten sich für spezielle Examen vor. In Tutus Fall war es das kirchliche Theologielizenziat und er erlernte zusätzliche Fähigkeiten wie Grundkenntnisse in Griechisch.

Tutus Ankunft auf dem College fiel mit der Einstellung eines neuen Direktors zusammen: Godfrey Pawson. Der ehemalige Direktor hatte die Meinung vertreten, die hauptsächliche Aufgabe des Colleges sei es, den Studenten das Beten beizubringen. Pawson, der zu den besten Theologen der Gemeinschaft zählte, war der Auffassung, dass die gebildeten schwarzen Südafrikaner die Kirche teilweise deshalb verließen, weil der Klerus unzureichend gebildet war. Gerade ein Student pro Jahr erlangte das Theologielizenziat, bevor er das College verließ. Pawson wollte den akademischen Standard verbessern und er wählte Tutu, als einzigen Universitätsabsolventen in seiner Klasse, für den Einzelunterricht aus. Laut Timothy Stanton, dem Vizedirektor, »wurde sich Godfrey der Tatsache bewusst, dass Desmond außergewöhnlich war. Er dachte nicht, dass er grundlegend ein Denker sein müsse, [aber] er sagte, er habe ein fotografisches Gedächtnis.«

Tutu an der theologischen Hochschule mit seinem Direktor, Godfrey Pawson, CR; Namo Ranthite, der zu Besuch war und, links von Tutu, sein Kommilitone Ernest Sobukwe, Bruder des politischen Anführers Robert Sobukwe.

Tutu warf sich mit ganzem Herzen in das Studium. Er war ein Perfektionist – wenn es darum ging, den Kirchenaltar für den Gottesdienst herzurichten, sagte sein Kommilitone Sipho Masemola: »Desmond wollte es ganz korrekt machen. Er sagte: ›Dafür bin ich hergekommen. Ich muss es wissen.‹« Als Bestandteil ihrer pastoralen Ausbildung nahmen die älteren Studenten, wie Khotso Makhulu, Desmond und andere Studenten in ihren langen, fließenden Soutanen mit nach draußen, um sie in der Praxis der pastoralen Arbeit zu unterrichten. Manchmal besuchten sie ortsansässige Hausangestellte, die in den Häusern der Weißen arbeiteten. An den Sonntagnachmittagen fuhren sie mit dem Fahrrad durch das südliche Johannesburg und besuchten die Jugendlichen in der

Diepkloof Besserungsanstalt, der Einrichtung, die einmal von dem Schriftsteller Alan Paton[12] geleitet worden war. Oder sie besuchten die Patienten des Baragwanath Hospitals, dem größten Krankenhaus der südlichen Hemisphäre. Das College hatte nur sehr geringe finanzielle Mittel und die Studenten taten alles selbst, bis auf das Kochen. Sie wuschen das Geschirr ab, säuberten das Gelände, entfachten die Feuer und arbeiteten an zwei Nachmittagen in der Woche im Garten oder auf dem Sportplatz. Tutu hatte weniger Interesse daran, die Toiletten zu putzen, als die Kirche herzurichten, doch er leistete seinen Beitrag. Von Stanton war er beeindruckt: »Ich war erstaunt darüber, dass er als der Vizedirektor und obendrein als ein weißer Mann, gemeinsam mit den schwarzen Studenten einige der niedrigsten Tätigkeiten verrichtete.« Die Studenten gaben Stanton den afrikanischen Namen Mzalwane, der seine Spiritualität und seine sanfte Freundlichkeit beschrieb.

Während Desmond auf dem St. Peter's war, schlossen die Tutus eine ihrer frühesten Freundschaften mit einer weißen Familie. Val und Norman Leslie waren Mitglieder der Bruderschaft der Auferstehung, einer anglikanischen Gruppierung, die die Gemeinschaft der Auferstehung unterstützte. Sie gehörten nicht der weißen Elite von Johannesburg an, die sich mit ihrem Wohlstand gegen das Aufbegehren der Schwarzen schützte. Auch waren sie, nach Tutus Wissen, nicht politisch aktiv und er lehnte es ab, sie als »liberal« zu bezeichnen: »Liberal ist ein Schimpfwort. Sie waren einfach Menschen – eher noch, besonders aktive Christen. Wenn überhaupt, dann hätten sie eigentlich engstirnig sein müssen, [doch] sie luden Schwarze in ihr Haus in Orange Grove zum Tee ein. Wir nannten meinen Vater Khulu (Großvater) und auch sie nannten ihn Khulu. Sie waren ganz außergewöhnliche Menschen.«

Auch nach 45 Jahren im Priesterberuf war es Tutu nicht möglich, einen bestimmten Moment in seinem Leben auszumachen, an dem sich seine sachliche Entscheidung, dic nächstbeste Möglichkeit zu nutzen und Priester zu werden, in die Überzeugung

12 Anm. d. Übers.: Alan Stewart Paton (11.01.1903–12.04.1988) war ein südafrikanischer Schriftsteller und ein Gegner der Apartheid.

umgewandelt hatte, er tue dies, weil Gott es so gewollt habe. Doch auf dem College »habe ich, denke ich, niemals in Frage gestellt, ob es tatsächlich richtig gewesen war«. Das lag hauptsächlich daran, dass er von dem spirituellen Leben auf dem College sehr angetan war, beziehungsweise von dem Leben, das die Mönche der Gemeinschaft der Auferstehung führten.

Nach Tutus Weltanschauung war Spiritualität für die Existenz eines Afrikaners wichtiger als das Atmen. Einer seiner Sinnsprüche war, dass ein »Afrikanischer Kommunist« ein Widerspruch in sich sei, denn der Kommunismus werde als atheistisch und materialistisch definiert. Deshalb könnte man sagen, dass die Studenten von St. Peter's eigentlich nicht hätten spirituell »ausgebildet« werden müssen. Pawson unterwies sie wöchentlich in spiritueller Lebensführung, doch in Tutus Augen wurden die besten Lektionen der »CR fathers« »in der Praxis und nicht nach der Theorie« erteilt. Das College folgte der strengen Disziplin des klösterlichen Gebets, wie sie in Mirfield zu beobachten war: Das Morgengebet war um halb sieben in der Früh, die Heilige Messe um sieben, die Andacht über einen Bibeltext um halb acht, die Rezitation des Engels des Herrn während einer Vorlesung am Mittag, das Mittagsgebet um ein Uhr, die Abendandacht um sechs und das Nachtgebet um neun. Bis zur Andacht am nächsten Morgen herrschte vollkommene Stille. Zusätzlich ging Tutu regelmäßig in die Prioratskapelle, vorbei an den älteren Mönchen, die kniend und über ihre Kirchenstühle gebeugt beteten, und putzte. Timothy Stanton ging um fünf Uhr morgens in die Collegekapelle um zu beten und Masemola und David Nkwe, ein Student aus Krugersdorp, der später der in Krugersdorp ansässige Bischof von Matlosane wurde, beobachteten Tutu und folgten seinem Beispiel.

In Desmond Tutus Spiritualität spiegeln sich hauptsächlich das Erbe von St. Peter's und das der Gemeinschaft der Auferstehung. Die heilende spirituelle Praxis, die die »CR fathers« anwendeten, wurde zu einem zentralen Element seines alltäglichen Lebens. Er handelte weniger nach der Formel »beweise anderen deine Religion«, wie es in der Bibel unter Matthäus 6,1 nachzulesen ist, sondern machte zeitweise deutlich, dass er es »fast körperlich [empfand] – als hätte ich meine Zähne nicht geputzt«, wenn sein alltäglicher Rhythmus des persönlichen und förmlichen Gebets unterbrochen wurde. Er bat Stanton darum, sein Beichtvater auf dem College zu werden und außerdem zwei religiöse Orden, ihm Nonnen zur Seite zu stellen, die ihm helfen sollten, durch das Gebet ein guter Priester zu werden. Eine von ihnen war Dorothy Maud, eine Mitarbeiterin von Raymond Raynes, die als Schwester Dorothy Raphael der Gemeinschaft der heiligen Jungfrau Maria in Irene im Norden von Johannesburg angehörte. Die andere war Schwester Mary Julian, ein Mitglied der Gesellschaft des Edlen Blutes in Masite im Nachbarland Lesotho. Er hielt den Kontakt zu ihr aufrecht und sie erwähnte ihn, bis zu ihrem Tod im Jahre 1999, in ihren täglichen Gebeten.

Gegen Ende des Jahres 1958 schrieb Pawson in seinem ersten Jahresbericht an Reeves, dass Tutu »unsere hohen Erwartungen mehr als erfüllt hat«. Des Weiteren schrieb er:

> »Er hat ein außergewöhnliches Fachwissen, ist intelligent und sehr fleißig. Gleichzeitig zeigt er keinerlei Arroganz, bringt sich gut ein und ist beliebt. Er hat offensichtlich die Gabe eines Anführers.«

Außerhalb von St. Peter's zeigten sich die Schattenseiten seines Karrierewechsels. Als Tutu in den Sommerferien nach Hause zurückkehrte, arbeitete sein Vater nur noch zum halben Lohn und war bettlägerig. Er hatte Herzbeschwerden und Asthma. Desmond schrieb an Pawson: »Ich bin finanziell hoffnungslos unbedacht gewesen und habe keine Geldmittel, auf die ich zurückgreifen kann und ich bin besorgt darum, was der Bischof sagen wird, nachdem ich, meiner Auffassung nach, wegen meiner Unfähigkeit, meine Finanzen zufriedenstellend zu verwalten, bei seiner Lordschaft einen schlechten Eindruck hinterlassen habe.« Pawson wandte sich an Reeves, sagte ihm, dass Tutus Verhalten »hervorragend« gewesen sei und dass andere Diözesen höhere Familienfördergelder bezahlten, »besonders an einen Mann wie Tutu, der die Fähigkeiten und Qualifikationen besitzt, um ein höheres Gehalt zu bekommen und der einen hohen Lebensstandart gewohnt war«. Er fügte hinzu: »Auf der anderen Seite scheinen sie über Tutus Unfähigkeit in finanziellen Angelegenheiten in der Vergangenheit Bescheid zu wissen, was ich von mir nicht behaupten kann.« Reeves antwortete, dass, obwohl er »in der Vergangenheit einige Schwierigkeiten mit Tutu« gehabt habe, das nicht bedeuten würde, dass er nun keine Sympathien mehr für ihn hätte. Nachdem die Diözese einen Bericht über die Familienfinanzen erstellt hatte, bewilligte sie Tutu eine Erhöhung seiner Förderungsmittel um fünf Pfund. Er bedankte sich bei Reeves und entschuldigte sich dafür, »so oft ein schrecklicher Quälgeist« gewesen zu sein.

Für Leah hatte die Kirche weniger Verständnis. In der damaligen Zeit erlaubte es sich die Kirche nicht nur, das Leben ihrer Priesteramtskandidaten, sondern auch das ihrer Frauen zu bestimmen. (Es gab keine weiblichen Priester.) Von Beginn an war Reeves, trotz seines eigenen Widerstands gegen das Bantu-Bildungswesen, darüber verärgert gewesen, dass Leah den Lehrerberuf aufgegeben hatte. Laut Pawson lag das daran, dass die Diözese nun zusätzliches Geld aufbringen musste, um die Familie zu unterstützen. Als Leah nach dem ersten Jahr ihrer Ausbildung zur Krankenschwester mit der Trennung von ihren Kindern rang, schrieb Pawson an einen Mönchsbruder im Krankenhaus, dass er hoffte, Leah würde dort bleiben. Zwar erwähnte er »ihre Kinder, von denen sie so unnatürlich getrennt« lebte, doch sagte er auch, dass er Leah dafür »inbrünstig vor dem Bischof« verteidigt habe, dass sie als Lehrerin aufgehört hatte und nun wolle er nicht enttäuscht werden. Am Ende von Desmonds zweitem Jahr empfahl Reeves, dass Leah als Krankenschwester aufhören sollte, denn nach seiner Priesterweihe sei es unmöglich für sie, in dem Beruf weiterzuarbeiten. Man beurlaubte sie, damit sie nach Johannesburg zurückkehren und die Angelegenheit mit Desmond besprechen konnte, doch sie bestand darauf, im Krankenhaus zu bleiben. In einem Brief an Reeves schrieb Pawson, er hoffe, der Bischof würde damit übereinstimmen, dass Desmond das Richtige damit tat, ihr die Entscheidung zu überlassen. Bei Fragen, die Spannungen im Familienleben betrafen, galt das Wohlwollen der unverheirateten

Mönche der Gemeinschaft der Auferstehung für gewöhnlich den Männern. In seinem zweiten Jahresbericht über Desmond äußerte sich Pawson: »Gegenüber seiner Frau ist er beispielhaft duldsam, gütig und verständnisvoll.« Es geschah, dass Leah ihre Ausbildung zur Krankenschwester aufgeben musste, weil sie wieder schwanger wurde. Im August 1960 brachte sie ein Mädchen in 1132 Munsieville zur Welt. Sie und Desmond nannten ihre Tochter Naomi Cecilia Nontombi: Naomi nach Naomi Pucher, einer Freundin, die einen Buchklub leitete, in dem Desmond Mitglied war, Cecilia nach ZZ Tutus Schwester und Nontombi (»Mutter der Mädchen«), weil Leah ein weiteres Mädchen bekommen hatte.

Tutus Ablehnung des Bantu-Bildungswesens und sein vorübergehender Aufenthalt in der ihn vollkommen ausfüllenden Welt des Priesterseminars in Rosettenville fielen in die Zeit, in der sich der politische Verfall im Land intensivierte. In dem Jahrzehnt nach der Machtergreifung durch die Nationalpartei hatte sich der ANC verändert. Die Anführer seiner Jugendorganisation – unter ihnen Nelson Mandela, sein Mentor Walter Sisulu, Oliver Tambo und Robert Sobukwe – hatten die Bewegung davon überzeugen können, 1949 ein »Aktionsprogramm« einzuleiten, das Petitionen und Delegationen durch Massenaktionen, Streiks, Boykotte und zivilen Ungehorsam ersetzte. Die Regierung hatte die kommunistische Partei verboten. Im Jahre 1952 kooperierte der ANC mit dem South African Indian Congress bei einer Widerstandskampagne gegen die Gesetze der Apartheid, die sich zeitlich mit den Feierlichkeiten zum 300. Jahrestag der Ankunft Van Riebeecks deckte. Drei Jahre später kamen der ANC, der Indian Congress, der Coloured People's Congress, der White Congress of Democrats (dem unter anderem ehemalige Mitglieder der kommunistischen Partei angehörten) und der South African Congress of Trade Unions zu einem Gipfeltreffen zusammen, das als der »Congress of the People« bekannt wurde. Die Versammlung befürwortete die Freedom Charter, ein politisches Manifest, das für ein halbes Jahrhundert zur Grundlage des ANC und seiner Verbündeten wurde. Im Jahre 1956 versammelten sich 20.000 Frauen vor den Union Buildings, dem Sitz der Regierung in Pretoria, um gegen die Ausweitung von Kontrollgesetzen gegen Frauen zu demonstrieren. In den späten 50ern kam es zu einem starken Anstieg des Widerstands auf dem Land. 1957 begann der erste politische Schauprozess der Apartheid, bei dem 156 Anführer des Kongresses wegen Landesverrats angeklagt wurden. Kurz darauf spalteten sich Sobukwe und andere »Afrikanisten« von dem ANC ab, da sie einige unterdrückte Ethnien der Congress-Allianz verdächtigten, mit den Kommunisten zu symphatisieren. Sie gründeten den rivalisierenden Pan-Africanist Congress (PAC).

Da sie in jedem Lebensbereich systematisch mit der Apartheid konfrontiert wurden, fassten die von den Missionaren gegründeten multi-ethnischen Kirchen – unter ihnen die Anglikaner, die Katholiken, die Protestanten, die Methodisten und die Presbyterianer – Beschlüsse, die die Politik der Apartheid unterlaufen sollten. Im Allgemeinen mangelte es aber an der konkreten Umsetzung ihrer Pläne. Die anglikanische Führung reagierte nur, wenn der eigene Gottesdienst oder die Institutionen der Kirche direkten Bedrohungen ausgesetzt waren. Eine Form des Widerstands, für die Clayton bekannt war, bestand darin, der Regierung zu verdeutlichen, dass die Bischöfe es ablehnten, ein Gesetz zu befolgen, das die Apartheid auf den Gottesdienst und die kirchlichen Tagungen ausweitete. Trotzdem wurden im internen kirchlichen Leben bereits die Ideale der Apartheid deutlich. Die Diözese von Johannesburg brachte weit weniger finanzielle Mittel für die schwarzen Priesteramtskandidaten des St. Peter's Colleges auf als für ihre weißen Studenten des St. Paul's Colleges in Grahamstown am Ostkap. In den späten 50er-Jahren lag die persönliche Basisförderung für schwarze Studenten bei 18 Pfund im Jahr. Bei den Weißen waren es 40 Pfund. Sipho Masemola erinnerte sich an einen Studenten im St. Peter's, der am Ende des Monats sein Fördergeld in Höhe von 30 Schilling bekam und dabei sang: »Zahltag, Zahltag, 30 Stücke Silber!« Bei verheirateten schwarzen Studenten mit großen Familien wurde die maximale Förderungsmenge zwar heraufgesetzt, doch 1959 betrug Desmond Tutus Beihilfe insgesamt 50 Pfund – inklusive einer Familienförderung von 27 Pfund und einer Buchförderung von fünf Pfund – und bekam damit immer noch 10 Pfund weniger, als die meisten der Studenten am St. Paul's.

Die Ereignisse des Jahres 1960, Tutus letztem Collegejahr, bildeten einen Wendepunkt in der Geschichte des Landes, der auch Auswirkungen auf die Situation der Diözese von Johannesburg hatte. Am Montag, dem 21. März, dem ersten Tag des PAC-Protests gegen die Kontrollgesetze, eröffnete die Polizei im Township von Sharpeville im Süden von Johannesburg das Feuer auf die demonstrierende Menschenmenge. Man benutzte .38-Pistolen, .303-Gewehre und leichte Maschinengewehre. Ohne Vorwarnung verschossen die Polizisten mehr als 1.000 Kugeln in weniger als einer Minute. Der einzige anwesende Reporter, Humphrey Tyler vom *Drum*, beobachtete: »Ein Polizist stand auf dem Dach eines Saracen (gepanzertes Polizeifahrzeug) und es sah so aus, als feuerte er mit seinem Maschinengewehr in die flüchtende Menge. Er bewegte sich langsam hin und her. Es sah so aus, als würde er, aus der Hüfte heraus, eine Filmkamera schwenken.« 69 Menschen starben bei dem Massaker in Sharpeville und 185 bis 190 Menschen wurden verletzt. 70 Prozent von ihnen hatten Schüsse in den Rücken bekommen, als sie vor der Polizei flüchteten.

Im St. Peter's wurde die Nachricht so aufgenommen, wie im Rest des Landes. »Wir befanden uns im Schockzustand«, sagte Tutu, »und ich denke, auch im Unglauben. Das konnte nicht passiert sein. Auch war da so etwas wie Wut auf Gott. Nach der Schießerei war Blut auf den Straßen. Bald darauf regnete es und das Blut wurde weggespült. Es hatte den Anschein, als würde Gott sich auf die Seite dieser Menschen stellen und sogar die Beweise für das, was geschehen war, vernichten.« Doch die Studenten dachten nicht daran, sich an den Protesten gegen die Kontrollgesetze zu beteiligen: »In einigen Belangen waren wir sehr unpolitisch.«

Ambrose Reeves dagegen reagierte prompt. Sein politischer Instinkt war damals sehr scharf ausgebildet: Neben seinem Widerstand gegen das Bantu-Bildungswesen hatte er auch die Zwangsumsiedlung von Sophiatown kritisiert und damit den Missmut von Verwoerd aus dem Parlament auf sich gezogen. Er leitete einen Ausschuss von Treuhändern, die Geldmittel für die Verteidigung der politischen Führer aufbrachten, gegen die wegen Hochverrats prozessiert wurde. Ihm war es gelungen, 14 liberale und linke

Gruppierungen, die größtenteils miteinander in Konflikt gestanden hatten, in einer beratenden Anti-Apartheid-Front zu vereinen. Der »CR father« Keith Davie, der damalige Kaplan im Baragwanath Hospital, hatte ihm von dem Massaker berichtet und Reeves besuchte die Verletzten, konsultierte Anwälte, um sich ihre Meinung anzuhören und kämpfte gegen die Versuche der Polizei, ihn davon abzuhalten. Er verursachte einen Aufschrei unter den Weißen, als er darauf hinwies, dass explosive Dumdumgeschosse verwendet wurden, die »eine kleine Wunde beim Eintritt und eine große Wunde beim Austritt aus dem Körper verursachten«. 40 Jahre später jedoch wurde sein Verdacht bestätigt, als Philip Frankel von der University of the Witwatersrand neue Forschungsergebnisse über das Massaker veröffentlichte. Es zeigte sich, dass die Anzahl der Toten weit höher gewesen war, als die gemeldeten 69 und dass darunter um die zwei Dutzend Opfer von Dumdumgeschossen gewesen waren, deren entsetzlich entstellte Körper man in der Nacht nach dem Massaker heimlich fortgeschafft hatte.

Die darauffolgende Krise entfaltete sich mit verblüffender Geschwindigkeit. Am Tag des Massakers wurden noch drei weitere Menschen bei einer PAC-Demonstration in Kapstadt getötet. Die Arbeiter in Kapstadt blieben zu Hause. Luthuli, Mandela, Sisulu und andere Oberhäupter des ANC verbrannten öffentlich ihre Pässe. Zuvor hatten sie ihre eigene Kampagne gegen Reisepässe publik gemacht, doch der PAC war ihnen noch zuvor gekommen. Der ANC rief einen Tag der Trauer für Montag, den 28. März, aus, der sich zum größten Streik in der Geschichte des Landes entwickelte, und die Regierung beschloss im Parlament, den ANC und den PAC für ungesetzlich erklären zu lassen.

Das Land schien an der Schwelle zu einer Revolution zu stehen. Der britische Journalist und ehemalige Herausgeber des *Drum Magazines* Anthony Sampson war bei einem Besuch in Soweto vom Selbstvertrauen der Menschen verblüfft: »Es war mit Sicherheit einer dieser kurzen Momente in der Geschichte einer Nation, bei dem es so scheint, als könne alles passieren.« 16 afrikanische Kolonien waren kurz davor, ihre Unabhängigkeit von den europäischen Mächten zu erlangen. Sechs Wochen vor den Geschehnissen in Sharpeville hatte der britische Premierminister Harold Macmillan das südafrikanische Parlament davor gewarnt, dass »der Wind des Wechsels über den Kontinent bläst und, ob wir es wollen oder nicht: Dieses Heranwachsen von nationalem Selbstbewusstsein ist eine politische Tatsache.« Wegen des in ganz Südafrika herrschenden Widerstands gab die Polizei die Verhaftungen wegen Missachtung der Kontrollgesetze auf. Am 30. März rief die Regierung den Ausnahmezustand aus und nahm sich das Recht, Versammlungen zu zerschlagen, Ausgangssperren zu verhängen und Menschen ohne ein vorheriges Gerichtsverfahren einzusperren. Albert Luthuli wurde in Pretoria festgenommen. Als er in der Polizeistation ankam, stellte er mit Entsetzen fest, dass auch Timothy Stantons Schwester Hannah unter den Verhafteten war. Tambo verließ das Land auf Geheiß der ANC-Führung, um die Bewegung aus dem Exil anzuführen. Wirtschaftlich gesehen erlitt das Vertrauen in Südafrika einen Kollaps: 48 Millionen Pfund wurden aus dem Land abgezogen und die Aktienkurse brachen ein. In Kapstadt marschierten am 30. März 30.000 Menschen zum Parlamentsgebäude und veranstalteten, wie es der *New York Times*-Reporter Joseph Lelyveld später beschrieb, »die eindrucksvollste Demonstration des disziplinierten schwarzen politischen Willens, den die weißen Machthaber des Landes jemals erlebt hatten«. Die Demonstration wurde aufgelöst und ein Massaker wurde gerade noch abgewendet, weil ein Polizeioberst den Befehl missachtete, Gewalt anzuwenden. Es war, schrieb Lelyveld, »ein Moment, in dem die Bastille Südafrikas hätte gestürmt werden können, was jedoch nicht geschah«. In der Nacht des 1. April wurde Reeves darüber informiert, dass er verhaftet werden würde. Innerhalb von drei Stunden floh er aus dem Bischofshaus in Johannesburg und überquerte am frühen Morgen die Grenze von Swaziland. Am 8. April wurden der ANC und der PAC verboten. Am 9. April wurde Verwoerd von einem geistig verwirrten weißen Bauern, der ihn umzubringen versuchte, angeschossen und verwundet.

Bald erlangte die Regierung wieder die Kontrolle. Sie mobilisierte die Armeereserven und zwang die Erwerbstätigen zurück an ihre Arbeitsplätze. Bis Anfang Mai wurden 18.000 Menschen festgenommen und die Kontrollgesetze wieder geltend gemacht. Sobukwe wurde wegen Anstiftung von Verbrechen zu drei Jahren Gefängnis verurteilt. Ansässige und ausländische Investoren zogen ihre Vorteile aus der Krise, indem sie gefallene Aktien aufkauften. Die britischen multinationalen Konzerne unterstützten das Land weiterhin und die Chase Manhattan Bank, die von David Rockefeller geleitet wurde, lieh Südafrika zehn Millionen Dollar in einer von mehreren Schlüsselinterventionen in der Geschichte des Landes. 1961 lösten sich die afrikaandischen Nationalisten vom britischen Commonwealth, erklärten Südafrika zur Republik und verwirklichten damit ein Bestreben, das seit der Niederlage ihrer Republiken gegen Großbritannien im Jahre 1902 bestanden hatte.

Das Massaker von Sharpeville stürzte Südafrika in eine neue Ära, in der die größten politischen Bewegungen, die die Ziele der Schwarzen vertraten, in den Untergrund gezwungen wurden. »Selbst dann«, äußerte Desmond Tutu später, »kann ich nicht von mir behaupten, besonders politisch oder wütend gewesen zu sein«. Er akzeptierte den Status quo in der Kirche. »Ich dachte ja nicht daran, dass ich unbedingt gehen und in einer weißen Gemeinde arbeiten sollte.« Dennoch waren er und seine Kommilitonen völlig außer sich, als die Anglikanische Kirche 1960 ihren ersten schwarzen Bischof, den ehemaligen St. Peter's-Studenten Alphaeus Zulu, wählte. Als Zulu das College besuchte, wurde er von Studenten umringt, die ihn »Mein Lord« nannten und vor ihm auf die Knie fielen, um seinen bischöflichen Ring zu küssen. »Ich glaube, wegen all der Ehrentitel und der Unterwürfigkeit war ihm ein bisschen unbehaglich zu Mute«, erinnerte sich Tutu. »Aber wir sagten ihm, dass wir es möglicherweise nicht für ihn tun konnten, wenn wir es für die anderen taten«, womit er die weißen Bischöfe meinte. Ein weiteres Ereignis, das die Studenten in Erregung versetzte, war der Besuch von zwei Männern, die man wegen Hochverrats angeklagt hatte: Albert Luthuli und Professor Zachariah Keodirelang Matthews. Der Letztere war einer der angesehensten schwarzen Wissenschaftler des Landes und der Initiator des »Congress of the People«. Luthuli und Matthews trafen sich mit den »CR fathers« und Desmond ging aufgeregt zu ihnen, »nur um den großen Männern die Hand zu geben«.

Tutu tat sich in seinem letzten Jahr auf dem College weiterhin hervor. Er konkurrierte mit den weißen Studenten am St. Paul's und den schwarzen Studenten an anderen Colleges um den jährlichen bischöflichen Essaypreis und gewann ihn mit einem Aufsatz über das Christentum und den Islam. Im Laufe des Jahres wurde Pawson von Aelred Stubbs als Direktor ersetzt, einem Mitglied der Gemeinschaft der Auferstehung, der in Eton und Oxford unterrichtet worden war.

Stubbs war der Ansicht, dass Tutu seine Kommilitonen »mit Kopf und Schultern« überragte. Trotzdem dachte er, dass Tutus Kommilitone Lawrence Zulu, der später Bischof von Zululand wurde und der als wahrscheinlichster Kandidat für den Posten des Erzbischofs in Kapstadt galt, ein originellerer Denker war: »Er hatte Weitblick. Ich denke, er hatte den besseren Verstand. Er war gedankenvoller. Doch er hatte nicht die Schärfe und den Ehrgeiz Desmonds.« Auch hatte Tutu »eine außergewöhnlich Aufnahmefähigkeit« und war ein guter Menschenkenner. »Desmond hatte ein wirkliches Gefühl für die Menschen und ihre Gutherzigkeit oder für das Gegenteil.«

Aelred Stubbs, CR, unterrichtete Tutu in Theologie und erkannte sein Potenzial. Er schickte ihn nach Großbritannien zum Studium.

Tutus letzter Collegebericht trug das Datum 4. Juli 1960. Aus der Kopie in den Kirchenarchiven geht nicht hervor, ob er von Pawson oder Stubbs verfasst wurde. Darin stand:

> »Noch immer ist er ein gewissenhafter und intelligenter Leser und ein sehr aufnahmebereiter Student. Als fortgeschrittener Student

ist er gründlich und zuverlässig, wenn auch manchmal ein wenig taktlos und verurteilend. Seine Gesundheit bereitet mir Sorgen. Er hat keine ernsthaften Krankheiten, doch er erkältet sich sehr rasch und ist körperlich schwach. (Er zeigt hingegen beachtliche Fähigkeiten und Kraft auf dem Fußballfeld.) Nur wenige Menschen, die ihn gekannt haben, bevor er aufs College ging, beschrieben ihn mir mit leichter Geringschätzung. Die einzigen klaren Zweifel, die ich entnehmen konnte, bezogen sich auf seine Verantwortungslosigkeit in finanziellen Angelegenheiten. Diese Schwäche hat er mittlerweile sicherlich überwunden. Beim eifrigen Erlernen der Theologie, bei der zielgerichteten Entwicklung einer frommen Lebensweise, beim Erfüllen der ihm gestellten Aufgaben und bei jeder anderen Tätigkeit, die mir einfällt, hat er sich als eine außergewöhnlich gewissenhafte Persönlichkeit erwiesen. Es ist noch nicht lange her, da schien er ein wenig unter dem »Römischen Fieber« zu leiden.[13] Vielleicht ist seinem Bischof zu empfehlen, ihn vor der Weihe darauf anzusprechen. Obwohl ihm daran liegt, es allen recht zu machen, besitzt er nur wenig natürlichen Charme und trotz all seiner Vorzüge wird er niemals besondere Bekanntheit erlangen. Doch seine außerordentlichen intellektuellen Fähigkeiten zeichnen ihn im Zusammenspiel mit seiner bewährten moralischen Integrität zu einem Mann aus, der aller Ansicht nach einen besonderen Wert für die Kirche in der Zukunft Südafrikas darstellt.«

Ein medizinischer Bericht, der im Vorfeld von Tutus Weihe erstellt wurde, sagte aus, dass ein erneutes Auftreten seiner Tuberkulose unwahrscheinlich sei: »Die jüngsten Röntgenaufnahmen zeigen Anzeichen einer alten Erkrankung, doch keine Hinweise auf eine Rückkehr«, schrieb P. Gordon Smith vom Baragwanath Hospital. »Verwachsungen des Brustfells sind vorhanden, was seine Brustschmerzen erklärt. Wenn Anzeichen einer Wiedererkrankung (Gewichtsverlust, Husten, nächtliches Schwitzen usw.) auftreten,

13 Eine Andeutung, dass er sich zu nahe an den Glaubensmustern und Praktiken der römisch-katholischen Kirche bewegte.

sollte er sich untersuchen lassen und er sollte sich in jedem Fall jährlich röntgen lassen.«

Ambrose Reeves war Ende 1960 nicht in Johannesburg, um die neuen Absolventen des St. Peter's zu weihen und sie, wie üblich, in ihr Jahr als Diakone einzuführen. Seine Entscheidung im April, Südafrika zu verlassen, galt als umstritten. Seine weißen obersten Berater in der Diözese hatten ihn dazu gedrängt, fortzugehen und Tutu erinnerte sich, dass das seiner Glaubwürdigkeit bei den schwarzen Anglikanern geschadet hatte. Als er gegangen war, hatten ihm die weißen Machthaber vorgeworfen, zu viel Zeit für die »kirchlichen Belange« zu verwenden und legten ihm nahe, sein Amt niederzulegen. Reeves hatte abgelehnt und darauf bestanden, im September zurückkehren zu dürfen. Sein Wohnsitz war das St. Benedict's House, das auf der anderen Straßenseite vom St. Peter's als ein Rückzugsort von anglikanischen Nonnen betrieben wurde. Tutu und andere Studenten amüsierten sich darüber, dass ein Polizeiauto Reeves auf Schritt und Tritt verfolgte. Zwei Tage nach seiner Rückkehr ließ ihm das Oberhaupt der Sicherheitspolizei von Johannesburg einen Abschiebungsbescheid zukommen und ließ ihn außer Landes fliegen. Reeves bat Edward Paget, den sich im Ruhestand befindenden Erzbischof von Zentralafrika, an seiner Stelle als Generalvikar der Diözese einzuspringen und so weihte Paget am 18. Dezember 1960 Tutu und drei weitere Diakone in der St. Mary's Kathedrale in Johannesburg. Tutu wurde wegen seiner Prüfungsergebnisse dazu auserwählt, während des Gottesdienstes aus dem Evangelium vorzulesen.

Tutu wurde als assistierender Kurat in der St. Alban's-Gemeinde in seiner »alten Gegend« bei Benoni östlich von Johannesburg eingestellt, wo er in den Dienst seines Rektors Canon Nathaniel Mokoatle trat. Wegen der Kontrollgesetze benötigte er eine Genehmigung, um im East Rand wohnen und arbeiten zu dürfen und Mokoatle musste ihn zum Büro des Bantu-Beauftragten begleiten, um ihn »einzuschleusen«, wie die geläufige Redensart lautete.

Die Familie Tutu, die zum ersten Mal seit drei Jahren wieder zusammenlebte, musste in einer umgebauten Garage wohnen. Desmond, Leah und ihre drei Kinder benutzten die Garage als

Schlaf- und Wohnzimmer. Ein zweiter Raum diente als Küche. Stubbs bezeichnete die Lebensumstände als »absolut schrecklich«. Zu den Unannehmlichkeiten kam noch hinzu, dass einer der Nachbarn seinen Freunden erlaubte, sein Zimmer für ihre sexuellen Aktivitäten zu nutzen. »Es war fast wie in einem Bordell«, erinnerte sich Tutu. Sie überlegten, in eine Gemeinde nach Soweto umzuziehen, doch wegen einer Vereinbarung, die Tutu an St. Alban's band, weigerte sich Mokoatle, ihn gehen zu lassen. Tutu schrieb Stubbs im Juli 1961: »Ich kann nicht nach Orlando gehen. Es ist vorteilhafter, wenn ich nicht mitten im Jahr umziehe. Es geht uns gut, ärgern sie sich nicht.«

Leah berichtete der Diözese in einem Schreiben von den Lebensumständen der Familie. Ein Bericht, der im darauffolgenden Januar von Dick Yates, dem Erzdiakon von Germiston verfasst wurde, hielt fest:

> »Das Haus der Tutus hat an der Vorderseite eine gut zu schließende doppelte Garagentür. Die Decke ist aus Eisen und um die zwei Meter 50 hoch. Sie ist unversiegelt. Es gibt eine kleine neun Quadratmeter große Küche. Das Schlafzimmer, das die ganze Garage einnimmt, misst etwa 14 Quadratmeter. Das Schlafzimmer hat einen kleinen Ofen, doch an der Stelle, an der der Schornstein durch die Decke ragt, sind kleine Löcher. Es gibt nur eine provisorische Toilette (mit Eimern) für zwei Familien mit Kindern und einen weiteren Bewohner. In ihrem Haus gibt es keinen geeigneten Raum, um die Gemeindemitglieder zu empfangen. Das Schlafzimmer hat ein Fenster (etwa 90 Zentimeter x 1,20 Meter groß), das sich zur Hälfte öffnen lässt und ein kleines Oberlicht (um die 30 x 60 Zentimeter) auf der gegenüberliegenden Seite. Die Küche hat auf nur einer Seite ein 90 x 1,20 Meter großes Fenster. Meiner Meinung nach ist diese Unterkunft für einen verheirateten Priester nicht ausreichend.«

Neben den ärmlichen Lebensverhältnissen eines schwarzen Pfarrers in der Diözese von Johannesburg verdiente Tutu auch weniger, als seine weißen Kollegen. Obwohl die Fördergelder für Verheiratete gleich bemessen waren, bekamen die Weißen um die Hälfte mehr Gehalt als die Schwarzen, und die Weißen erhielten ein zweimal so hohes Kindergeld wie die Schwarzen. Tutu verdiente als Diakon 67 Rand[14] im Monat, inklusive des Förderungsgeldes. Ein weißer Diakon bekam im Vergleich 97 Rand. Als Priester standen ihm 72,50 Rand monatlich zu, verglichen mit den 110 Rand eines Weißen.

Nachdem Ambrose Reeves ausgewiesen worden war, kündigte er seinen Posten als Bischof von Johannesburg. An seiner Stelle wählte die Diözese Leslie Stradling, einen Engländer, der in Tansania als Bischof gearbeitet hatte. Stradling distanzierte sich von den Zielen Reeves und sagte während seines ersten Konzils, dass er einen »Mittelweg« einschlagen wolle: »Ich lehne die Apartheid ab und ich weiß, dass das viele von Ihnen auch tun, doch unsere Vorlieben und Abneigungen zählen nicht viel.«

Tutus Priesterweihe fiel zeitlich mit einem historischen Wechsel in der Strategie des Kampfes gegen die Apartheid zusammen. Am Samstag, dem 16. Dezember 1961, hatten er und zwei weitere Priesteramtskandidaten ihre letzten Gespräche mit dem Bischof. Sie begleiteten Stradling zu der Church of Christ the King in Sophiatown, wo er 150 junge Leute firmte, und hatten danach ihre – wie Stradling es in seinem Tagebuch ausdrückte – »lästige« Generalproben für die Priesterweihe am folgenden Tag. »Es findet zu viel am Altar und fern von den Menschen statt«, schrieb er. Am selben Tag, sechs Tage nachdem Albert Luthuli den Friedensnobelpreis für seinen gewaltlosen Widerstand gegen die Apartheid in Oslo erhalten hatte, entzündeten der neu gegründete militärische Arm des ANC und die South African Communist Party, uMkhonto we Sizwe (»Speer der Nation«), Bomben in Regierungseinrichtungen und einem Elektrizitätswerk. Nelson Mandela und seine Mitstreiter hatten beschlossen, dass nach 50 Jahren des gewaltlosen Widerstands, der in den Untergrund gezwungene ANC keine andere Wahl hatte, als

14 Nachdem es sich zur Republik ausgerufen hatte, änderte Südafrika seine Währung. »Pfund« wurde durch »Rand« ersetzt. Der damalige Wechselkurs lag bei zwei Rand für ein Pfund und der US-Dollar war in etwa so viel wert wie ein Rand.

einen Ausweg in der Gewalt zu suchen. Am folgenden Tag wurde Tutu gemeinsam mit drei anderen in der St. Mary's Kathedrale zum Priester geweiht.

1962 wurde Tutu, ein kurzes Stück von Benoni entfernt, in die St. Philip's Church in Thokoza versetzt, einem Außenposten der Kirchengemeinde von Natalspruit. Die Familie zog in das Gemeindehaus, das gegenüber der Kirche auf der anderen Straßenseite gelegen war. Es war zwar klein, jedoch eine enorme Verbesserung gegenüber der Garage. Leah fing wieder an zu unterrichten. Desmonds Rektor Mlonyeni Voyi übertrug ihm die Verantwortung für St. Philip's und eröffnete ihm damit die Möglichkeit, seine eigene Kirchengemeinde zu leiten. Tutu erinnerte sich später daran, dass Voyi ihm eine wertvolle Lektion für sein geistliches Amt erteilte: »Wenn man etwas versuchte, was nicht funktionierte, sagte er: ›Mein Sohn, die Menschen sind nicht wie Wasserhähne. Du kannst sie nicht einfach auf und zu drehen.‹« Viele Gemeindemitglieder waren Arbeiter oder Hausangestellte in den weißen Vororten. Wenn er nach dem Gottesdienst vor der Kirchentür stand, verabschiedete Tutu sie auf die offizielle afrikanische Art, als Baba oder Ntate (»Vater«, »Herr«) und als Mama oder Mme (»Mutter«, »Dame«). »Der Priester«, sagte er, »wurde in der Gemeinschaft als jemand sehr Wichtiges angesehen. Wenn sie der Priester mit wirklichem Respekt behandelte, dann konnte er sie möglicherweise für sich gewinnen.« Er erteilte den Kranken die Kommunion und besuchte die an ihre Häuser Gefesselten in den unterschiedlichen Gegenden im wöchentlichen Takt. Er fand Erfüllung darin, als er einem Mann wenige Stunden vor seinem Tod die Kommunion erteilte, fühlte sich aber auch schuldig, als er es versäumte, eine alte Frau zu besuchen, weil er in dieser Woche nicht in ihrer Gegend unterwegs war: »Ich hätte hingehen können, um sie zu besuchen. Ich sagte mir: ›Gut, dann gehe ich nächste Woche.‹ Sie starb, bevor ihr Priester sie besuchen kam.« Er verbrachte regelmäßig einen stillen Tag des Gebets und des Nachsinnens in Rosettenville. Oft fuhr er mit Sipho Masemolas Motorroller dorthin.

In Benoni und Thokoza erfuhr Desmond Tutu das, was er später als »unglaubliches Privileg« des Priesterberufs empfand:

»Man besucht Menschen, die krank sind und im Sterbebett liegen und sie erzählen einem Dinge, die sie möglicherweise keiner anderen Person mitgeteilt haben. Man hat das Privileg, den Menschen das Heilige Sakrament erteilen zu dürfen, wenn es ihnen am schlechtesten geht. Doch man hat auch das Privileg, Menschen in einem Moment größter Freude anzutreffen, wenn sie heiraten oder wenn sie ihr Kind haben taufen lassen. Und man hat das Privileg, die Menschen mit dem Überweltlichen, mit Gott, zu verbinden.«

Diese Erfahrungen weckten eine Leidenschaft für den Priesterberuf in ihm, die den gesamten Rest seines Lebens andauern sollte. Es war allerdings einer von nur zwei kurzen Zeitabschnitten, in denen es ihm möglich war, ganztägig in einer örtlichen Kirchengemeinde zu arbeiten. Kurz nachdem er in Benoni angekommen war, schmiedete Aelred Stubbs schon andere Pläne für ihn. Die pastorale Arbeit wurde bald durch Lernen, Lesen und das Leiten weiterer Einrichtungen ergänzt oder umgewandelt.

Als Godfrey Pawson auf das St. Peter's College kam, schrieb er: »Ob sich die Politik der Apartheid nun durchsetzt oder nicht: In den nächsten 20 Jahren werden die Afrikaner für ihre Machthaber im kirchlichen Bereich und in anderen Bereichen selbst Sorge tragen müssen. Ich sehne mich nach dem Tag, an dem afrikanische Theologiestudenten afrikanische, theologische Lektüre lesen und einem afrikanischen Direktor unterstehen. Wenn dieser Tag kommt, wird das der Auftakt zu noch viel größeren Dingen sein.«

Am Ende seiner Amtszeit wandte sich Aelred Stubbs an Ambrose Reeves, nachdem Tutu das St. Peter's als Absolvent verlassen hatte und schlug vor, er solle zum Religionslehrer ausgebildet werden. Anfang April 1961 schrieb Reeves vom Vereinigten Königreich aus an Stubbs, dass er nicht länger Einfluss auf die Entscheidungen der Diözese habe, aber dass er Stubbs Idee herzlich befürworte: »Bitte arbeiten Sie weiter daran. Das ist ausgezeichnet!«

Im Juni schrieb Stubbs an Sydney Evans, den Dekan des King's College London und fragte ihn, ob er Tutu aufnehmen würde.

Stubbs tat das, da es zu der Zeit keinen Bischof gab. Er hatte lediglich die inoffizielle Zustimmung eines Erzdiakons, »doch der Bedarf nach einem afrikanischen Mitarbeiter mit akademischen Fähigkeiten ist derart hoch und Desmond ist der einzig geeignete Mann, der uns bekannt ist und so hoffe und glaube ich, dass Bischof Stradling seinen Segen geben wird.« Evans war sofort einverstanden: »Ich möchte, dass dieses College von so vielen Studenten aus Übersee genutzt wird wie nur möglich.« Timothy Stanton unterstützte die Bewerbung um Tutus Aufnahme auf dem King's und sagte über ihn, dass Tutu während seiner Amtszeit auf dem St. Peter's der beste Student dort gewesen sei. Er fügte hinzu: »Ich war sein Beichtvater und als dieser kann ich sagen, dass er mit einer beachtlichen Selbsterkenntnis regelmäßig Buße tat.« In einem langatmigen Briefwechsel zwischen Stubbs, Evans und Tutu, bei dem es meist um die Finanzierung ging, wurden Vorbereitungen für ihn getroffen, nach London zu reisen und im akademischen Jahr, das im kalten Herbst des Jahres 1962 begann, für den Bachelorabschluss der Theologie zu studieren. Allerdings musste er zunächst einen Reisepass von der südafrikanischen Regierung bekommen.

Kapitel 5

Frische Luft

Während Nelson Mandela und die meisten schwarzen südafrikanischen politischen Anführer im Gefängnis oder im Exil waren oder innerhalb des Landes unter Überwachung standen, machte Desmond Tutus Freimütigkeit als Kirchenoberhaupt in den 80ern ihn zu einem, in Mandelas Worten, »Staatsfeind Nummer eins für die höheren Mächte«. Er war jemand, über den ein ausführliches Aktenverzeichnis angelegt wurde. Als die Ermittler der Wahrheits- und Versöhnungskommission in der noch jungen demokratischen Ära allerdings damit begannen, die Vergangenheit des Landes zu durchleuchten, konnten kaum Akten gefunden werden. Die aus dem Amt scheidende Regierung hatte ihre Aufzeichnungen vernichtet. Allein der nationale Geheimdienst hatte 1993 in einem Zeitraum von acht Monaten 44 Tonnen an Dokumenten und Mikrofilmen in den Hochöfen der quasi-staatlichen Eisen- und Stahlwerken verbrannt. Eines der wenigen Dokumente, die übrig geblieben waren, fand sich beim Department of Bantu Administration and Development (BAD) und berichtet von Tutus Antrag auf die Ausstellung eines Reisepasses in den 60ern. Es offeriert einen aufschlussreichen Einblick, wie weit die Apartheid-Regierung ging, um das Leben der schwarzen Südafrikaner zu kontrollieren.

Der Besitz eines Reisepasses war in den Augen der Regierung »kein Recht, sondern ein Privileg«, und der Antrag eines schwarzen Südafrikaners, ins Ausland reisen zu dürfen, wurde sorgfältig geprüft. Als beim Innenministerium im März 1962 Desmond und Leah Tutus Antrag auf Erstellung der Reisepässe einging, wurden die Polizei und das BAD dazu aufgefordert, Berichte vorzulegen. Der befehlshabende Polizeioffizier der Sicherheitsabteilung im East Rand wurde darum gebeten, den Grund für die Reise herauszufinden, ob die Tutus die finanziellen Mittel hatten, um zu verreisen und »ob der Antragsteller verdächtigt werden kann, die Absicht zu haben, mutwillig die Sicherheit des Staates zu gefährden«. Das Polizeihauptquartier entgegnete, dass die Kirche die Kosten für die Familie tragen würde und dass »der Polizei keine Widrigkeiten aufgefallen sind, mit denen die Antragsteller in Verbindung gebracht werden können«.

Das BAD-Hauptquartier bat den Beauftragten für Bantu-Angelegenheiten in Germiston im East Rand um einen Bericht mit 17 vorgeschriebenen Fragen über die »oben erwähnten Bantu«, der beinhalten sollte, was ihre politische Einstellung sei und ob sie insoweit als »geeignete und ordnungsgemäße Persönlichkeiten« eingestuft werden konnten, um »Länder zu besuchen, in denen keine ethnische Trennung herrscht«. Sechs Wochen später, Mitte Mai, verschickte der Beauftragte ein dreiseitiges Antwortschreiben, in dem stand, dass »die politischen Neigungen der Antragsteller unbekannt sind« und dass es ihm nicht möglich sei, die zweite Frage zu beantworten. Er berichtete, dass Tutu in einem Gespräch gesagt habe, Leah sei eine kompetente Krankenschwester und plane, in einem Krankenhaus in England zu arbeiten, jedoch später gesagt habe, sie sei Lehrerin: »Als er auf diese widersprüchliche Aussage angesprochen wurde, zuckte er mit den Schultern.« Der Beauftragte fügte hinzu, dass Tutu während eines Gesprächs fälschlicherweise ausgesagt habe, dass es für »einen Bantu« keine Einrichtungen gäbe, in denen man den Bachelor in Theologie erlangen könne. In Wirklichkeit bot die University of South Africa diesen Abschluss an. Allerdings verstand der Beauftragte, dass die finanzielle Unterstützung, die man Tutu angeboten hatte, speziell einem Vollzeitstudium am King's College galt und er bewilligte die Reisepässe. Ende Mai erhielt er die Zustimmung seines Vorgesetzten, dem obersten Beauftragten für Bantu-Angelegenheiten des Witwatersrand in Johannesburg.

Der Antrag wurde an das BAD-Hauptquartier in Pretoria weitergereicht, wo ein höherer Beamter Mitte Juli bekräftigte, dass das Ministerium die Ausstellung der Reisepässe befürworten solle. Eine Ablehnung sei anzuzweifeln, sagte er, und es sei fraglich, auf welcher Grundlage sich eine Ablehnung verteidigen ließe. Entgegen dieser Ansicht schlug ein anderer höherer Beamter in einem ersten Entwurf seines Berichts an M. D. C. de Wet Nel, den Minister des Departments of Bantu Administration and Development, vor, das BAD solle sich gegen die Ausstellung der Pässe aussprechen. Als Begründung nannte er die in dem Entwurf Tutus »widersprüchliche Aussagen«, die Option eines Abschlusses an der Unisa und einen völlig neuen Gesichtspunkt: Tutu sei »persönlich vom ehrwürdigen Joost de Blank ausgewählt und empfohlen« worden.

Der ehrwürdige Joost de Blank, der Erzbischof von Kapstadt, war der großspurige und umstrittene Nachfolger von Geoffrey Clayton. Obwohl er in den Niederlanden geboren worden war, galt de Blank, wie schon Clayton, als ein Import aus England. Er wurde als »Prinz Erzbischof« bezeichnet, der die offizielle Bischofsresidenz in einen »Ort des unbedeutenden Prunks« verwandelt habe und sich so verhalte, als sei die Anglikanische Kirche – ähnlich der Englischen Kirche – die alteingeführte Kirche Südafrikas. Er verwarf die gemäßigte Redensweise, in der die Bischöfe zuvor die Apartheid kritisiert hatten. Nur wenige Monate nach seiner Ankunft befand er sich in einer verbalen Auseinandersetzung mit dem Parlament, da er die weiße Herrschaft als »unmenschlich und unchristlich« bezeichnet hatte. Als Hendrik Frensch Verwoerd, der mittlerweile Premierminister war, gegen ihn vorzugehen drohte, merkte de Blank an, dass auch Verwoerd in den Niederlanden geboren worden war und bot an, sein Amt niederzulegen und das Land zu verlassen, wenn Verwoerd dasselbe tue. Während einer Predigt in New York hatte er die weiße Niederländisch-Reformierte Kirche beschuldigt, »verzerrte und fehlerhafte calvinistische Ansichten« zu vertreten und nach dem Blutbad von Sharpeville hatte er versucht, sie aus dem Weltkirchenrat ausschließen zu lassen. Als die Tutus 1962 ihre Reisepässe beantragten, hatte sich de Blanks Meinung über die Oberhäupter der Niederländisch-Reformierten Kirche schon gebessert. Zu dieser Zeit hatten sie, in Rücksprache mit anderen südafrikanischen Mitgliedskirchen des Weltkirchenrats, einige zentrale Grundsätze der Apartheid abgelehnt und waren dann zuerst von Verwoerd und später von ihren eigenen Konzilen abgemahnt worden. De Blanks Verhältnis zur Regierung blieb allerdings so gespannt wie zuvor: Als er sich 1962 in England von einer Thrombose erholte, sagte der Verkehrsminister, er hoffe, dass der Erzbischof dort bleiben würde: »Wir haben in unserem Land genug von diesen politischen Bischöfen.«

Letztendlich schrieb der Sekretär des Department of Bantu Administration and Development am 27. Juli, vier Monate nachdem die Tutus ihre Pässe beantragt hatten, an den Minister: »Die widersprüchlichen Aussagen des Antragstellers über seine Frau lassen an seiner Glaubwürdigkeit zweifeln, doch andererseits hat er ein Stipendium erhalten. Auch entspricht es der Wahrheit, dass er sich, wenn er sich bei der University of South Afrika einschreiben würde, selbstständig fortbilden müsste.« Am darauffolgenden Tag befürwortete de Wet Nel den Antrag.

Während die Tutus auf ihre Pässe warteten, betrieb Aelred Stubbs einen Briefverkehr um Geldmittel mit Kirchenbeamten in New York. Leslie Stradling hatte zugestimmt, dass die Diözese von Johannesburg Tutus Stipendium bezahlte, während er studierte und die Gemeinschaft der Auferstehung war bereit, die Kosten für seinen Abschluss zu übernehmen. Das sollte mit Geldern geschehen, die ursprünglich für das St. Peter's beiseitegelegt worden waren. Allerdings wollte Stubbs die Finanzen der Gemeinschaft der Auferstehung schonen und wandte sich hilfesuchend an den Theologischen Ausbildungsfonds des Internationalen Missionsrats. Der Fonds, der dank einer Spende von zwei Millionen Dollar von John D. Rockefeller jr., dem Vater von David Rockefeller, ins Leben gerufen werden konnte und der Zuschüsse von neuen amerikanischen protestantischen Kirchen erhielt, war ein wichtiger Förderer der theologischen Bildung in Afrika, Asien und Lateinamerika. Am 30. Juli 1962 benachrichtigte James F. Hopewell vom Fonds Stubbs darüber, dass die finanzielle Beihilfe genehmigt worden war: »Wir sind erfreut«, sagte er, »Ihnen den Wunsch erfüllen zu können, die Mitarbeiterschaft durch einen afrikanischen Repräsentanten zu ergänzen.« Stubbs antwortete: »Dieses Stipendium ist für Desmond Tutu ungemein aufregend und ermutigend und ich wünschte, Sie hätten sein Gesicht sehen können, als ich es ihm mitteilte.« Der Theologische Ausbildungsfonds war in Südafrika ein sensibles Thema. Tutu sprach mit Sydney Evans am King's über das Zertifikat, das bestätigte, dass er ein Stipendium erhalten hatte: »Seit er mit dem Weltkirchenrat zusammenarbeitet, sollte man den Theologischen Ausbildungsfonds nicht mehr erwähnen. Unsere Regierung akzeptiert das nicht.«

Seine erste Reise, die ihn per Flugzeug aus Südafrika herausführte und die er mit der Billig-Fluggesellschaft Trek unternahm, trat Desmond allein an. Norman Leslie, der im Zweiten Weltkrieg bei der südafrikanischen Luftwaffe gedient hatte, scherzte, dass die Flugzeuge mit »Kaugummis und Stricken zusammengehalten« würden. Die Reise nach London – in diesem Fall ein Flug mit Übernachtung – dauerte zwei Tage, mit Zwischenlandungen in Simbabwe, Uganda, im Sudan und in Griechenland.

> »Der erste Flug nach Salisbury [dem heutigen Harare] war eher holprig, mit einigen tiefhängenden Wolken. Doch das alles wurde durch die charmante Freundlichkeit der Crew und der Flugbegleiterinnen aufgelockert. Zwei Sitze weiter und auf der anderen Seite des Gangs saß ein Dr. Grobbelaar, Leiter des Fachbereichs Afrikaans-Niederländisch an der University of Natal, der zu meinem Reisekameraden wurde. Wir teilten Zigaretten (seine!) und Bier (meins) und unser Afrikaans, was uns freundschaftlich miteinander verband. Wie wahr es doch ist, dass die weißen Südafrikaner außerhalb der Republik wieder zu Menschen werden. In Entebbe[15] hatten wir ein gemeinsames Abendessen, was sehr angenehm war und hier geschah es, dass eine weiße Person mich zum ersten Mal »Sir« nannte. (Wie versnobt man da doch gleich wird!)
> Unser nächster Halt war Wadi Halfa. Der Sand sah im Mondlicht wie Schnee aus. Auf dem nächsten Flug schlief ich fast die ganze Zeit. Er ging nicht nach Malta, sondern – aufregenderweise – nach Athen. Wir wurden in prächtigen Hotels untergebracht, mit Ein-

15 Anm. d. Übers.: die ehemalige Hauptstadt Ugandas.

zelzimmern, Telefon, privatem Badezimmer und was es sonst noch alles gibt. Wir besichtigten die Akropolis und sahen uns am späten Nachmittag griechische Volkstänze an. Gemeinsam mit einem anderen Südafrikaner besuchte ich ein Boulevard-Café und trank ein herrlich kühles Bier. Ich sah aus wie ein amerikanischer Tourist, mit einem Open-Neck-T-Shirt und einer Kamera über der Schulter.«

Sein erstes Wochenende in England verbrachte Tutu »ziemlich verwöhnt« – wie es der Schriftsteller Nicholas Mosley, der Biograph von Raymond Raynes ausdrückte –, bevor er in das Priorat der Gemeinschaft der Auferstehung in Holland Park umzog. An Stubbs schrieb er einige Tage später, England sei wunderschön und das Wetter sei herrlich. Er habe »Last Night of the Proms« (ein Konzert) im Fernsehen verfolgt und sich eine Flugschau angesehen: »Sie können Bruder Roger sagen, dass ich ihm nun darin zustimme, dass man, bevor man England nicht gesehen hat, nicht weiß, was grün bedeutet. Darf ich mich noch einmal bei Ihnen und bei der Gemeinschaft der Auferstehung für diese große Chance bedanken? Ich werde wirklich versuchen, in finanziellen Angelegenheiten umsichtiger zu sein. Ärgern Sie sich also nicht und machen Sie sich darum keine Sorgen.«

Das Großbritannien, das er kennenlernte, war ein Land im Umbruch. Der Journalist Anthony Sampson, der sich nach seiner Rückkehr aus Johannesburg einen Namen als Schriftsteller machte, bemerkte im zweiten Buch einer Serie über die »Anatomie Britanniens«, dass die Politik, das Wirtschaftswesen und das Gesetz, also »die geläufigen Hochburgen der ›Old Freddies‹ – der Adligen, der Soldaten und der Höflinge – allmählich zerfallen. Ehrfurcht und Langeweile sind aus der Mode und fast ein jeder mag es, sich selbst im ›Anti-Establishment‹ zu sehen«.[16] Es war die Ära der Beatles und der respektlosen satirischen Late-Night-Fernsehshow

---

16 Anm. d. Übers.: Sampson kritisiert die überkommenen viktorianischen Traditionsvorstellungen der britischen Machthaber, die er die »Old Freddies« nennt. Diese werden im öffentlichen Leben allmählich von einer neuen Generation abgelöst.

That Was The Week That Was mit dem Showmaster David Frost. Auch war es die Zeit, in der das Thema Theologie auf die Titelseiten der Zeitungen gelangte. Bischof John Robinson schockierte die Kirche, als er in seinem Buch *Honest to God* nach dem Ende der »starren physischen« Denkweise verlangte, die besagte, Gott existiere »dort draußen« am Ende des Universums und stattdessen die Meinung vertrat, Gott sei »die Grundlage unseres innersten Seins«. Robinson zitierte zustimmend aus einer Predigt des Theologen Paul Tillich, der gesagt hatte, dass, wenn der Begriff »Gott« den Menschen wenig bedeutete, sie vielleicht diesen Begriff vergessen sollten und stattdessen von »der Fülle ihres Lebens sprechen [sollten], von der Quelle des Seins, von der ultimativen Sache [und] davon, was man ohne jede Einschränkung wahrnimmt«.

Das King's College in London war 1829 als eine rein christliche Einrichtung gegründet und von König George IV. unterstützt worden. Doch in den 60er-Jahren veränderte sich das King's grundlegend. Religiöse Tests und die Anwesenheitspflicht in der Kapelle wurden abgeschafft. Zusammen mit dem University College wurde es ein Teil der University of London. Das Erbe des Colleges spiegelte sich jedoch noch immer in einem theologischen Arbeitsbereich, der von der Universität getrennt agierte und dem Dekan als gesonderte Autonomie unterstellt war.

Die meisten ausländischen Theologiestudenten empfanden das King's als zu anspruchsvoll und viele hielten den Anforderungen nicht stand. Die Erwartungen von Tutus Tutor Joseph Robinson an seinen neuen afrikanischen Studenten lassen sich aus seinem ersten Trimester-Bericht ablesen. Tutu habe sich ziemlich gut eingelebt, schrieb Robinson und habe einige gute Arbeiten eingereicht, die »in einem vortrefflichen Englisch« verfasst worden waren. Wegen einiger Reiseschwierigkeiten fiel es der Familie Tutu zunächst schwer, in England Fuß zu fassen.

Aelred Stubbs hatte anfänglich geplant, dass, sobald Desmond einen festen Wohnsitz gefunden hatte, Leah zu ihm nach London ziehen würde. Dort, so hoffte sie, könne sie ihre Ausbildung als Krankenschwester abschließen. Trevor, Thandi und Naomi sollten bei Desmonds Eltern in Munsieville bleiben, denn der Theologische Ausbildungsfonds hatte nicht genügend Mittel, um ihre Reisekosten zu übernehmen. Leah, die nicht abermals für lange Zeit von ihren Kindern getrennt sein wollte, rebellierte und schrieb an Stubbs: »Für nichts [in der Welt] würde ich meine Kinder hier [für] drei Jahre alleine lassen.«

Als er von Stubbs nach seiner Meinung gefragt wurde, sagte Desmond Tutu, ob nun Leah bei den Kindern bliebe oder alleine nach London käme und sich dann ständig Sorgen um sie machte, so würde ihn beides gleichermaßen beunruhigen. Er räumte ein, dass die Kosten ein Problem seien und dass es Leah nicht möglich sein würde, in London Geld zu verdienen, wenn die Kinder mitkämen. »Doch vielleicht wird es klüger sein, sie kommen zu lassen, denn ich vermisse sie sehr. Die ganze Angelegenheit strotzt nur so vor Schwierigkeiten und ich danke Ihnen in der Tat sehr dafür, dass Sie sich so sehr kümmern.« Stubbs gab nach und Leah, Trevor und Thandi fuhren im November mit einem Postschiff, der *Pretoria Castle*, nach Southampton, wo sie Desmond trafen und mit der Schiffsbahn weiter nach London fuhren. Wegen des Widerwillens des Theologische Ausbildungsfonds, die Kosten für die Familie zu übernehmen, genehmigte die Gemeinschaft der Auferstehung ein Förderungsgeld, das ihnen half, die Kosten für ihren Aufenthalt in Großbritannien zu decken. Die zwei Jahre alte Naomi kam sechs Monate später zu ihnen, nachdem Val Leslie, ein Freund der Familie, an die Gemeinschaft der Auferstehung appelliert hatte, auch sie gehen zu lassen.

Nach einer zweimonatigen Suche nach einer Unterkunft in London wurde Desmond die Wohnung des Kurats hinter der Church of St. Alban the Martyr in Golders Green[17] angeboten. Sie war klein und die Fußböden waren dünn. Der Kirchendiener, der im unteren Stockwerk lebte, ignorierte die Tutus demonstrativ, wenn die Kinder in der Nacht zuvor laut gewesen waren. Leah empfand die Wohnung trotzdem als »wunderschön« und als die beste, in der sie jemals gelebt hatten. In weniger als einer halben Stunde gelangte man mit der U-Bahn aus dem Norden des Stadtzentrums zum

17 Anm. d. Übers.: im nördlichen Londoner Stadtbezirk London Borough of Barnet.

King's. Die Wohnung hatte ein Wohnzimmer, eine kleine Küche, zwei Schlafzimmer und ein Arbeitszimmer, so dass Trevor ein eigenes Zimmer beziehen konnte. Sie stand ihnen mietfrei zur Verfügung, solange Desmond beim sonntäglichen Gottesdienst aushalf. Trevor und Thandi waren auf einer guten Vorschule angemeldet, die nichts mit dem Bantu-Bildungswesen gemein hatte und Trevor trat den Pfadfindern bei. »Von all dieser Freizügigkeit waren wir überwältigt«, schrieb Desmond im Dezember 1962 an Aelred Stubbs, »besonders als wir ankamen und die Wohnung fast vollständig eingerichtet vorfanden, sogar mit Bettdecken und Küchenutensilien. Ein besonderes ›Dankeschön‹ an Gott für all seine Liebe und Güte, die wir gar nicht verdient haben.«

In seinem Brief an Stubbs berichtete Tutu auch von seinem ersten Trimester. Sydney Evans habe ihm gesagt, dass das King's mit seiner Arbeit zufrieden sei und dass er sich wegen seiner Leistungen und wegen der Beendigung des Kurses keine Sorgen machen solle. Er bekam ein A in Griechisch und ein B- für Platon. Seine Philosophie-Arbeit wurde als »gut« bewertet. Doch er war noch nicht zufrieden: »Mir wurde gesagt, ich solle regelmäßig arbeiten und nicht in Panik ausbrechen, aber Sie wissen, wie aufgeregt ich bei Prüfungen bin. Ich fühle mich unzureichend vorbereitet und leide zu großen Teilen unter Minderwertigkeitsgefühlen. Ich habe einen zu großen Ehrgeiz, gut abzuschneiden und beeindruckend zu wirken, also verkrampfe ich mich und mein Gedächtnis legt mich herein. Aber danke für Ihre Gebete. Ich denke, ich sollte dankbar dafür sein, dass das Lehrpersonal mit mir zufrieden ist.« Dieser persönliche Mangel an Selbstvertrauen blieb erhalten. Am Ende des folgenden Trimesters erhielt Tutu wieder ein A in Griechisch, wurde von seinem Tutor dafür gelobt, dass er sich in seiner neuen Umgebung so gut eingelebt habe und schrieb Stubbs trotzdem, dass er »noch immer nicht meine Höchstform erreicht« habe.

Tutu hinterließ bei seinen Kommilitonen einen unmittelbaren Eindruck. Mit seinen 30 Jahren war er älter als die meisten von ihnen. Er war einer von wenigen, die schon zu Priestern geweiht worden waren und Richard Carr sagte: »Das Gesicht eines schwarzen Studenten war in den 60ern auf dem C-Korridor sehr auffallend!« In Carrs Erinnerung war er »ein ruhiger, schüchterner, zurückgezogener Mann«, doch Mervyn Terrett, der sein Schließfach auf dem Korridor neben dem von Tutu hatte, hatte einen anderen ersten Eindruck von ihm: »Es war unsere erste Woche. Er kämpfte gerade mit seinem Mantel. Ich hielt ihm den Mantel, damit er seine Arme hineinstecken konnte. Er drehte sich um und sagte: ›Weißt du was, Mervyn? Du bist der erste weiße Mann, der jemals meinen Mantel für mich gehalten hat!‹ Und dann brach er in sein typisches Lachen aus.«

Laut John Gillis war es für die Studenten ein »großer aufwändiger Kampf«, das Neue Testament auf Griechisch zu lernen. Als sich die Kursmitglieder aneinander gewöhnt hatten, waren viele von der »humorvollen« Beziehung beeindruckt, die sich zwischen Brian Oosthuysen und Tutu entwickelt hatte. Oosthuysen war ein weißer Südafrikaner mit teilweise afrikaandischen Wurzeln, der mit 15 Jahren die Schule verlassen hatte, um bei der Eisenbahn zu arbeiten, dann ein Interesse für das geistliche Amt entwickelt hatte und nach England gereist war, um dieses Ziel zu verfolgen. Er holte seinen Abschluss in der Abendschule nach, kam an das King's, fühlte sich dort wie »ein Junge vom Land« und knüpfte den Kontakt zu einem südafrikanischen Kommilitonen, der so fehl am Platz wirkte, wie Oosthuysen sich fühlte. Laut Oosthuysen stritten sie sich über Robinsons *Honest to God*: »Ich sagte: ›Der Retter der Kirche ist gekommen.‹ Desmond sagte: ›Du musst einen Schritt zurücktreten und kritischer sein. Jede neue Theorie, die aufkommt, nimmst du an und akzeptierst sie.‹« Einmal unterbrach Desmond mit einem Lachanfall den Unterricht, als der Dozent ein Problem als »einen Neger auf einem Holzhaufen« beschrieb und Oosthuysen sich vorlehnte und sagte: »Er redet von dir, Desmond.« Ein anderes Mal versank Desmond während des Unterrichts in einem Tagtraum und musste Oosthuysen fragen, was der Dozent gesagt hatte. »Ich schrieb ›Sex ist von Dauer‹ auf einen Zettel. Er nahm ihn, las ihn und sein Kichern schallte durch den Raum.« An Speakers' Corner im Hyde Park teilten Tutu und Oosthuysen eine dunkle Vorahnung, als ein Mann sein Publikum wissen ließ, Harold Macmillan sei ein Gauner und ein Dummkopf. »Wir dachten, dass es Ärger geben würde«, sagte Oosthuysen. »Er würde verhaftet werden. So etwas kann man nicht über den Premierminister sagen. Ich sah Desmond an und er sah mich an. Wir dachten: ›Gott, wenn wir das in Südafrika sagen würden, würde eine Spezialeinheit herbeikommen. Lass uns verschwinden.‹«

Später sagte Tutu über das King's, dass seine Erfahrungen mit Oosthuysen einen tiefgreifenden Eindruck bei ihm hinterlassen hatten. »In Südafrika hätten Brian und ich nicht dieselbe tertiäre Bildungseinrichtung besuchen können. Diese profane alltägliche Situation, in der die Studenten Seite an Seite beieinander sitzen, hatte in der Tat eine ganz erhebliche Bedeutung. Es war wie ein riesiges Buch, in dem geschrieben stand, dass man tatsächlich auch ein Mensch war.« Doch Tutu wuchs auch noch auf eine andere Art und Weise. Außerhalb der nur von Männern bewohnten Welt des St. Peter's war es eine demütigende Erfahrung für ihn, nun »von diesen altklugen Mädchen übertroffen zu werden«.

Er war begeistert, von Leuten unterrichtet zu werden, deren Namen in der Theologie bekannt waren. Dennis Ninehams Vorlesungen über die Synoptischen Evangelien seien »großartig« gewesen, schrieb er Stubbs in einem frühen Brief. Er schrieb über die Arbeit der Bibelhistoriker, die andeuteten, dass das Matthäus- und das Lukasevangelium nicht nur auf dem Markusevangelium basierten, sondern auf noch einer zweiten Quelle, einem »verloren gegangenen Evangelium«, das Q genannt wurde. Tutu fügte hinzu: »Die Anzahl der Abweichungen und die Theorien über Q sind fantastisch.« Die Komplexität der theologischen Wissenschaft reizte ihn.

Später beschrieb Tutu Christopher Evans anerkennend als »einen akribischen Erforscher des Neuen Testaments, [der] uns mit seinem Können förmlich umwarf, aus dem Griechischen zu lesen und es sofort fließend in ein schönes Englisch zu übersetzen«. Sydney Evans sei »höflich und mit einem guten Haarschnitt und so redegewandt, wie tadellos elegant«. Eric Mascall sei »ein hervorragender Mathematiker, aus dem ein ebenso hervorragender Theologe geworden war«. Geoffrey Parrinder, ein überaus produktiver Autor, sei »einer der bedeutendsten Vertreter der vergleichenden Religionsforschung«. Er habe einen »warmen geistigen Edelmut, half seinen Studenten, eine ökumenische Großzügigkeit zu entwickeln und die Ansichten anderer Glaubensrichtungen als der eigenen anzuerkennen«. Mit der Zeit betrachtete Tutu die blinde Prämisse seiner Lehrenden kritischer, die besagte, dass die westliche Theologie die einzige Theologie sei. Doch er behielt einen dauerhaften Respekt für die analytischen Fertigkeiten, die sie ihm beigebracht hatten. Als er bei der Gedenkfeier zum 175. Geburtstag des King's Colleges im Jahre 2004 eine Rede hielt, sagte er, dass nach der Klaustrophobie im Südafrika der Apartheid das King's wie »ein Atemzug frischer Luft« für ihn gewesen sei. Gegenstand des südafrikanischen Bildungssystems sei es gewesen, »die richtigen Antworten hervorzustoßen, die nahezu allesamt auswendig gelernt wurden – [in Südafrika] wo man Dinge tat und glaubte, weil eine Autoritätsperson es so gesagt hatte. Es wurde vorausgesetzt, sich der Parteilinie zu unterwerfen, sich vor ihr zu verbeugen und unterwürfig zu sein.« Im King's sei es hingegen anders: »Eine richtige Antwort schien es oft nicht zu geben. Wir wurden dazu ermutigt, die Fakten selbst zu überprüfen und zu der Schlussfolgerung zu gelangen, die als die beste erschien, um den vorhandenen Beweisen einen Sinn zu geben.« Er bewunderte, die Ablehnung seiner Dozenten gegenüber Dogmen. Seine liebste Veranschaulichung dessen war der Lieblingsspruch von Peter Ackroyd, einem Erforscher des Alten Testaments: »Es ist nicht unangemessen, zu mutmaßen.«

In Golders Green, einem größtenteils weißen Mittelklassevorort mit einer großen jüdischen Gemeinde, half Tutu bei dem Vikar John Halsey aus. Es war das erste Mal, dass Tutu in einer weißen Kirchengemeinde den Gottesdienst hielt: »Ich weiß nicht, was ich erwartet hatte, aber es stellte sich heraus, dass sie menschliche Wesen waren, mit den üblichen Stärken und Schwächen, den Rückschlägen und Erfolgen und den Sünden der einfachen Menschen.« Eine kirchliche Jugendgruppe und die Mothers' Union veranstalteten regelmäßige Treffen und es gab einen offiziellen Kirchenchor. Neben seiner Studienarbeit hielt Tutu regelmäßig die Predigt und besuchte die Gemeindemitglieder. Er freundete sich mit der Familie von Joy Alexander an, die gleich um die Ecke wohnte. Ihr Sohn Malcolm war von Desmonds Auftreten begeistert: »Mein Großvater, der ziemlich mürrisch war und der sich normalerweise nicht dazu aufraffen konnte, in die Kirche zu gehen und auch noch nicht dort gewesen war, freute sich sehr darüber, diesen Priester zu sehen, der gelegentlich mit ihm nach oben ging, um ein Glas Whisky mit ihm zu trinken.« St. Alban's war anders als die Kirchen, in denen Tutu ausgebildet worden war. Die schwarzen Gemeinden in Johannesburg, von denen viele von der Gemeinschaft der Auferstehung gegründet worden waren, wurden im anglikanischen Jargon als »Hochkirchen« oder als anglo-katholisch bezeichnet. Der sonntägliche Hauptgottesdienst war eine Eucharistiefeier – in der katholischen Kirche auch Heilige Messe genannt –, die mit Weihrauch und von prunkvoll gewandeten Priestern gehalten wurde. Am anderen Ende des anglikanischen Spektrums befanden sich die »reformierten« Evangelikalen, die jeglichen Prunk vermieden und bei denen die Morgenandacht das zentrale Element des sonntäglichen Gottesdienstes war. Tutu berichtete Aelred Stubbs über St. Alban's: »Der Kreis der Kirchenangestellten ist mittelgroß, es werden Gewänder getragen, es werden Gaben verteilt (aber nicht in Form von Sakramenten[18]) und die Morgenandacht ist der Hauptgottesdienst am Sonntag. Doch sie sind gute Menschen und sich ihrer missionarischen Pflicht vollkommen bewusst.«

Leah und Desmond freuten sich, in einem Land zu sein, in dem es keine Apartheid und keine Kontrollgesetze gab. Zwischen den Kursen auf dem King's konnte Desmond in einen Pub gehen, dort Schweinefleischpastete und Apfelwein zum Mittagessen zu sich nehmen. »In England gibt es Rassismus«, sagte er, »doch wir waren ihm nicht offen ausgesetzt. Vielleicht schützte uns die Tatsache, dass wir einer Kirchengemeinde angehörten.« Eine seiner am häufigsten erzählten Geschichten handelt von einer Bankangestellten

18 Zwischen den Gottesdiensten wurden gesegnetes Brot und Wein neben dem Altar aufbewahrt und später an die Kranken und Schwachen verteilt. Strenggläubige Hochkirchen-Anglikaner knien nieder, wenn sie Sakramente empfangen.

in Golders Green: »Die Midlands Bank lag in der Nähe der U-Bahn-Station. Ich ging hinein und stellte mich in die Schlange. Ich war als nächster an der Reihe, doch jemand stürzte in verzweifelter Eile hinein und wollte die Schlange überspringen. Die Dame hinter dem Schalter sagte dem Mann sehr freundlich aber direkt: ›Entschuldigen sie, zuerst ist er an der Reihe.‹ Ich wuchs um ganze Zentimeter. Ich war schon dabei, zur Seite zu treten, denn zu Hause war das so üblich. Später ging ich noch einmal in die Bank und sagte ihr: ›Vermutlich wissen sie nicht, was sie für mich getan haben. Jetzt sind sie mein Liebling.‹«

Eine andere Geschichte handelt von seinen Erfahrungen mit den Londoner Bobbys:[19]

> »Leah und ich gingen manchmal noch spät in der Nacht zum Trafalgar Square. Wir empfanden es fast schon als berauschend, wenn uns ein Polizist nicht nach unseren Ausweispapieren fragte. Man hatte die Freiheit, überall hingehen zu dürfen und manchmal fragten wir [einen Polizisten] nach dem Weg, sogar wenn wir wussten wo wir hingingen, einfach um einen weißen Polizisten sagen zu hören: ›Nein Sir, ja Ma'am.‹«

Außer den Gemeindemitgliedern, mit denen die Tutus sich in London angefreundet hatte, besaßen sie noch einen Kreis englischer Kirchenfreunde, die in Südafrika gelebt hatten. Nach sieben Jahren nahm Desmond den Kontakt zu Trevor Huddleston wieder auf. Ambrose Reeves, der in der Nähe von St. Alban's sein Büro hatte, lud sie zu gesellschaftlichen Anlässen ein und bezahlte der Familie einen zehntägigen Urlaub in Swanwick in Derbyshire, wo Desmond eine Konferenz der studentischen Christenbewegung besuchte. Als das letzte Kind der Tutus in ihrer Wohnung in Golders Green auf die Welt kam, wurden die älteren Kinder zu Margaret und Mary Comber gebracht, den Schwestern von Tom Comber, einem ehemaligen Universitätskaplan in Johannesburg. Das Kind war ein Mädchen und sie gaben ihr den Namen Mpho (»Ge-

19 Anm. d. Übers.: geläufige Bezeichnung für die englischen Polizisten.

Desmond und Leah in London mit Trevor, Thandi, Nontombi und Mpho (v. l. n. r.).

schenk«) Andrea. Andrea wurde sie genannt, da sie 1963 am Tag des Heiligen Andreas geboren wurde.

Die Kirche ebnete den Tutus auch den Weg in ein soziales Netzwerk von tiefgläubigen Anglikanern – einige von ihnen unterstützten die Gemeinschaft der Auferstehung – aus Familien, die dem englischen (Land-) Adel angehörten. Über einen Freund von Aelred Stubbs lernten sie Martin Kenyon kennen, den in Eton und Oxford ausgebildeten Sohn eines Armeeoffiziers, der eine Wohltätigkeitsorganisation für Bildung betrieb, die von britischen Ölfirmen finanziert wurde und Studenten aus dem Ausland im Vereinigten Königreich unterstützte. Kenyon war ein geselliger und redseliger Enthusiast, der sich unter afrikanischen Studenten wohler fühlte, als unter Seinesgleichen und der wusste, wo Schwarze in London willkommen waren und wo nicht. Er nahm Desmond zum Mittagessen in den Travellers Club in die

Pall Mall[20] mit. Dort lernte Tutu, Schrotkugeln auszuspucken, während er – es war gerade Jagdsaison in England – Moorhuhn aß. Kenyon wurde Mphos Patenonkel. Leah und Desmond wollten es ihren Kindern nicht erlauben, ihn bei seinem Vornamen zu nennen und er weigerte sich seinerseits, »Onkel Martin« genannt zu werden, wie es in Südafrika üblich war. Also nannten sie ihn »Bruder Martin«. Dank Kenyon wurde aus Tutus Interesse für Kricket, das er als Jugendlicher im Krankenhaus entwickelt hatte, eine lebenslange Leidenschaft. Kenyon nahm ihn mit, um sich das Spiel Englands gegen die West Indies[21] auf dem Lord's Cricket Ground[22] in London anzusehen. Es war der Sommer des Jahres 1963, in dem die Briten zum ersten Mal der Ausgelassenheit der karibischen Fans ausgesetzt waren. Desmond sah, wie Wes Hall, einer der Werfer der West Indies, dem englischen Schlagmann Colin Cowdrey mit einem schnellen Wurf den Arm brach und wie Englands schneller Werfer Freddie Trueman zur Hochform auflief: Im zweiten Innings (Runde) gewann er die letzten fünf Schlagphasen gegen die West Indies und erzielte innerhalb von 25 Minuten 15 Punkte. Tutu war für die West Indies, doch als sie 1966 wieder gegen England spielten, wechselte er die Seiten und unterstützte England. Es war nämlich das Jahr, in dem Basil D'Oliveira, der schwarze Spieler, der vor der Apartheid aus Südafrika geflohen war, sein Debüt in der englischen Mannschaft gab.

Während der Jahre, in denen Desmond in England studierte, kehrten die Tutus nicht nach Südafrika zurück, doch ihnen gelang es trotzdem, im Sommer in den Urlaub zu fahren. Das verdankten sie der Diözese des Londoner »Poor Clergy Holiday Fund« und der Großzügigkeit einiger Kirchenmitglieder, die ihnen ihre Häuser zur Verfügung stellten. Ihre ersten beiden Sommer verbrachten sie im Burnett, dem Haus einer Miss Hardy im Dorf Cranleigh in Surrey. »Es war ein Paradies«, sagte Desmond, »ein zweistöckiges

20 Anm. d. Übers.: Die Pall Mall ist eine Einkaufsstraße in London.
21 Anm. d. Übers.: Gemeint sind die Westindischen (oder Karibischen) Inseln.
22 Anm. d. Übers.: Der Lord's Cricket Ground ist ein traditionsreiches Kricketfeld, das sich im Londoner Stadtteil Westminster befindet.

Haus mit einem großen Garten.« Auf dem englischen Land waren schwarze Menschen eine Seltenheit. Einmal wurde Trevor von einem neuen Freund gefragt: »Woher weiß deine Mutter wenn du schmutzig bist?« Martin Kenyon kam sie besuchen und nahm sie einmal mit an die Küste. Dort konnte Trevor schwimmen gehen und die Mädchen konnten mit einer Miniatureisenbahn fahren. In einem späteren Sommerurlaub nutzten Desmond und Leah ein Geldgeschenk der Gemeinde dafür, mit einem Mietwagen eine Tour durch England und Schottland zu machen, wo sie nach Möglichkeit die Nächte in Klöstern verbrachten.

In seinem zweiten Jahr auf dem King's College stellte Tutu sich einer neuen Herausforderung. Als er am Ende seines ersten Jahres an Stubbs schrieb, beklagte er sich über »diesen furchtbaren Platon, [der] mich noch immer auf meiner B- sitzenlässt«. Allerdings bestand er seine Prüfung über das Neue Testament mit 84 Prozent und die über das Alte Testament mit einem B+. Das King's war der Meinung, dass er auch einen anspruchsvolleren Kurs meistern könne. Tutu habe eine aufgeweckte Intelligenz, berichtete Sydney Evans Stubbs. »Seine Ergebnisse sind wirklich ausgezeichnet und es gibt keine Zweifel, dass er es sehr gut abschneiden wird.« Tutus Dozenten entschlossen sich, dass er einen Ehrenkurs belegen sollte. Das beinhaltete, dass er Hebräisch lernen musste, teilte Evans dem Theologischen Ausbildungsfonds mit, doch das King's war überzeugt, dass er es schaffen würde. »Sie können sich kaum vorstellen, wie ermutigend es ist, eine solche Nachricht zu erhalten!«, antwortete Stubbs Evans. »Vielleicht glaube ich zu sehr an einen Mann wie Desmond, denn die Zukunft der Kirche in diesem Land hängt so sehr von ihm ab und von den Wenigen, die so sind wie er. Ich danke Ihnen also für all die Fürsorge, die sie für ihn aufgebracht haben.«

Im selben Brief schrieb Stubbs auch über die Finanzierung der kommenden zwei Jahre. Er wolle nicht, dass Tutu sich um Geld Sorgen machen müsse, schrieb er, und er wolle nicht, dass die Familie zu einer Bürde für das King's und für die St. Alban's-Gemeinde werde. Er schrieb:

»Ich bin wirklich bereit, die Tatsache zu akzeptieren, dass die Lebenshaltungskosten in Golders Green höher sind, als wir es eingeplant hatten, doch es ist ihm in der Vergangenheit mit dem Geld schwer gefallen – zweifelsohne wissen Sie, dass das der hartnäckige Fehler der Afrikaner ist und nicht nur der Afrikaner! – und wenn er in der Kirche nur die Rolle spielen solle, die ihm des Geldes wegen zusteht, dann muss er diesen Mangel beseitigen. Ich vermute, das klingt ein wenig aufgeblasen und schulmeisterlich, doch das ist wohl das Resultat meiner dreijährigen Tätigkeit als Direktor hier!«

Stubbs Kommentar ruft einige Fragen hervor: War Tutu unverantwortlich, was Geld anbelangt? Oder war Stubbs etwa ein Rassist? Oder konnte Stubbs, der ein allein lebender Mönch war und dessen Grundbedürfnisse von der Gemeinde gänzlich erfüllt wurden, die alltäglichen Bedürfnisse einfach nicht nachempfinden, die ein Mensch hatte, der eine fünfköpfige Familie ernähren musste? Und waren die Tutus in London letztlich in einer anderen Position, als tausende von anderen Afrikanern, die in London studierten?

Aus den Antworten, die Tutu 40 Jahre später auf diese Fragen gab, lässt sich erkennen, dass seine Art mit Geld umzugehen anders war, als es schien. Es wurde bereits erklärt, dass die verpflichtenden Kaufverträge, die Tutu in seiner Zeit als Lehrer unterzeichnet hatte, Ambrose Reeves beunruhigt hatten. Auf dem St. Peter's hatten die »CR fathers« die Fragen ihrer Studenten nach Krediten missbilligt. Einmal hatte Desmond Timothy Stanton um eine Erhöhung seines Förderungsgeldes gebeten und war zurückgewiesen worden. Colonel H.C. Juta, der Schriftführer der Diözese, war über die Komplexität der Familienfinanzen Tutus irritiert. Er sagte Stubbs, dass neben den Schwierigkeiten, monatliche Zuschüsse fremder Banken für Desmonds Stipendium aufzubringen, die Diözese monatliche Zahlungen an Desmonds Vater und drei weitere Begünstigte zu bewältigen habe. »Es scheint so, als hätten seine Schulden gar kein Ende!«, beschwerte er sich. Die Zugeständnisse über seine Nachlässigkeit, die Tutu 1958 im Briefwechsel mit Pawson machte, wiederholte er während seines ersten Jahres auf dem King's in Briefen an Stubbs und an Leslie Stradling. Allerdings hing die Nachlässigkeit, zu der er sich bekannte, eher mit seinen familiären Verpflichtungen zusammen und weniger mit seinem Konsumverhalten. Er musste seine Eltern in Munsieville unterstützen und für seine Familie in London sorgen. Er dankte Stradling dafür, dass er ZZ Tutu geholfen hatte und schrieb ihm Anfang des Jahres 1963:

> »Natürlich finde ich es schrecklich, dass unsere Finanzen derart versiegen. Er [Desmonds Vater] könnte immer noch Geld verdienen, wenn es die Schulbehörde in Krugersdorp nicht abgelehnt hätte, ihm die übliche fünfjährige Alterszuzahlung zu bewilligen, nachdem er in den Ruhestand gegangen war. Das ist wirklich erniedrigend, doch auch wenn das in großem Maße falsch ist, müssen wir es trotzdem mit viel Überwindung akzeptieren. Ich sollte versuchen (gerade weil ich vielleicht einen schlechten Eindruck hinterlassen habe), darin einen Zuwachs an Bescheidenheit zu sehen.«

In einem Schreiben an Stubbs fügte er hinzu: »Es ist so beschämend, wie ein Bettler zu wirken, der anderen seinen Hut hinhält.«

Als Tutu in London ankam, warnte Sydney Evans Stubbs, dass die Gelder des Theologischen Ausbildungsfonds nicht genügen würden, um Tutu zu unterstützen. Acht Monate später berichtete Tutu Stubbs: »In der Tat gelang es uns nie, mit unseren Einkünften auszukommen.« Der Gemeinderat hatte im Winter ihre Stromrechnung übernommen, Desmond konnte sich kaum ein Buch leisten und auf Reisen zu gehen stand vollkommen außer Frage. 30 Jahre später erzählte Leah einem Interviewer, dass, einmal als der Milchmann mit der wöchentlichen Rechnung über ein Pfund zu ihnen kam, Desmond einen Scheck ausgestellt habe. Den habe er ihr gegeben und sei dann sofort im Schlafzimmer verschwunden. »Desmond schämte sich so sehr, dass er sein Gesicht nicht zeigen wollte. Ich ging nach unten und überreichte dem Milchmann den Scheck und er sagte: ›Oh gut, dann hole ich das Geld nächste Woche.‹ Was für eine Verschwendung eines Scheckformulars!« Nach Tutus erfolgreichem ersten Jahr bewilligte der Fonds eine zusätzliche Zahlung und das King's gewährte ihm ein Stipendium über 100 Pfund im Jahr und weitere 70 Pfund, um die Studiengebühren bezahlen zu können. Die Debatten über Tutus Konsumverhalten verschwanden nun größtenteils aus den Briefen.

In einen Ehrenkurs zu wechseln war »eine beachtliche Erprobung der Fähigkeiten eines Studenten«, sagte Christopher Evans später und er erinnerte sich an keinen anderen afrikanischen Studenten, der das getan hatte. Tutu empfand sein zweites Jahr als anspruchsvoll, kämpfte mit der hebräischen Sprache: »Überall um mich herum ist Arbeit und Hebräisch nimmt so viel Zeit in Anspruch.« Am Ende des ersten Trimesters bekam er ein A in Hebräisch, doch sein Tutor Geoffrey Parrinder fand, dass er dafür andere Kurse vernachlässigte. Im zweiten Trimester seien ihm die meisten Kurse leichter gefallen, erzählte Parrinder, und am Ende des dritten Trimesters hätten sich seine Aufsätze sehr verbessert. Vor seinen Abschlussprüfungen lernte er bis um halb eins in der Nacht und stand morgens um halb vier wieder auf. Seine Ergebnisse variierten, doch er empfand sie als recht befriedigend, berichtete er Stubbs: »Hebräisch habe ich gerade so mit 49 Prozent bestanden. Aber ich konnte mich ja schließlich für den Ehrenkurs qualifizieren. Ich konnte nur einfach nicht dieses Sprachmuster in meinen Kopf bringen, so sehr ich es auch versuchte.« Doch, »um den schlechten Geschmack etwas zu mildern«, schrieb er, habe er ein B+ im Neuen Testament, ein A- im Alten Testament und ein A in Philosophie bekommen.

Als Tutu sein letztes Bachelorjahr begann, zog er in Erwägung, im King's auch seinen Masterabschluss zu machen. Der Professorenrat des King's stimmte diesem Vorschlag unter der Bedingung zu, dass Tutu am Ende einen höheren Ehrenabschluss zweiter Klasse erlangte. Den Plan in die Tat umzusetzen bedeutete auch, mehr Geld aufzubringen, die Gültigkeit der Reisepässe der Familie zu verlängern und die Zustimmung von Aelred Stubbs zu erlangen, der nun länger darauf warten musste, dass Desmond dem Lehrkörper des St. Peter's Colleges beitrat. Nachdem er Stubbs nach seiner Meinung gefragt hatte, schrieb Tutu: »Vermutlich sollte ich ihre Entscheidung akzeptieren, wie immer sie auch sein wird.« Wenn er dachte, Stubbs würde gegen seinen Plan stimmen, lag er falsch. Stubbs dachte nämlich, das Warten würde sich bezahlt machen. Im Briefwechsel mit dem Theologischen Ausbildungsfonds wegen eines erneuten Stipendiums, zitierte er Z. K. Matthews, der zu dieser Zeit für den Weltkirchenrat in Genf arbeitete. Matthews, schrieb er, habe dem Priesterseminar während seines letzten Besuches gesagt, dass sich das größte Loch in der Kirche auf den Mangel an afrikanischen Theologen zurückführen ließe. »Während er einige wenige in Westafrika gefunden hat, konnte er kaum einen in Zentral-, Ost- oder im südlichen Afrika entdecken.« Mit einem Masterabschluss sei Tutu »der bestqualifizierte nicht römisch-katholische Theologe im südlichen Afrika«.

Der Fonds bewilligte Tutu ein zusätzliches Fördergeld, das King's erweiterte sein Stipendium und Tutu begann mit dem Masterstudium. Die Diözese von Johannesburg betrachtete ihre Aufgabe als erfüllt und stellte ihre Zahlungen ein, doch die Gemeinschaft der Auferstehung schritt ein und ersetzte das Stipendium mit eigenen Mitteln. Leah und Desmond beantragten im Südafrikahaus am Trafalgar Square die Verlängerung der Gültigkeit ihrer Pässe. Die Tutus hatten lange gewartet, um zu erfahren, »was unsere Machthaber entschieden haben«, doch die Pässe galten nur für drei Jahre und erlaubten der Familie, zum ersten Mal die meisten westeuropäischen Länder und die Vereinigten Staaten zu bereisen. Die skandinavischen Länder, die nach Ansicht der Regierung zu sehr mit den südafrikanischen Befreiungsbewegungen sympathisierten, waren von dieser Regelung ausgeschlossen.

Während des Sommers führte das King's einen einjährigen Theologie-Masterstudiengang ein. Das ermöglichte Tutu, sich für einen Kurs einzuschreiben, der im Oktober 1965 begann und im September 1966 endete, um darauf im Januar 1967 als Dozent in Südafrika zu beginnen. Stubbs hatte zunächst gewollt, dass Tutu sich auf das Alte Testament spezialisierte, doch Evans sagte, dafür habe er noch nicht genug Hebräisch gelernt und schlug stattdessen das Neue Testament vor. Christopher Evans legte Tutu nahe, den Islam zu studieren, was er schließlich unter der Aufsicht von Geoffrey Parrinder tat. Auf dem St. Peter's in Johannesburg hatte er mit seinem Aufsatz über den Islam den ersten Preis gewonnen und Sydney Evans erklärte Aelred Stubbs: »So wie ich ihn verstehe, möchte er den Islam besser kennenlernen, damit er die christliche Theologie unterrichten kann, mit einem klaren Bild des Islams im Hinterkopf.«

Während sie auf das Ergebnis der Gespräche über den Masterstudiengang warteten, begannen die Tutus und die St. Alban's-Gemeinde über einen Wechsel zu diskutieren. St. Alban's war »großzügig und gütig gewesen und wir haben es genossen, hier zu sein«, doch Tutu wollte nun eine Gemeinde »in einem weniger wohlhabenden Teil von London« betreuen. Er sollte sie nicht bekommen. Nach einem Sommer der Unsicherheit und einem einmonatigen Urlaub auf dem Landsitz der Familie von Martin Kenyon in Lydbury North in Shropshire, verhalf ihm Kenyon zu einem Posten als Hilfspfarrer in der St. Mary's-Gemeinde im Dorf Bletchingley in der Nähe von Redhill in Surrey.

Bletchingley lag »tief im Land der Gemeinschaft der Auferstehung«, wie Tutu es Aelred Stubbs beschrieb. Der »Stein des Anstoßes« seiner Anstellung war Uvedale Lambert, ein Strenggläubiger, ein Oberhaupt der Diözese von Southwark und ein Mitglied des kirchlichen Verbands der Englischen Kirche. Die Lamberts aus Bletchingley waren in der Gegend eine alteingesessene Familie, die den Namen des Dorfes ohne ein »t« aussprachen und dies damit begründeten, dass der Buchstabe »ein späterer Nachtrag [gewesen sei], der von Fremden eingeführt und von den Verwaltungsbeamten beibehalten wurde«. Lambert hatte als hoher Amtsrichter des Countys gearbeitet. Er war der Vorsteher der Old Surrey and Burstow Foxhounds[23] und ging im Winter zwei Mal in der Woche auf die Jagd. Eine der liebevollsten Erinnerungen, die seine Tochter Sarah Goad an ihn hatte, war, wie er »die Gruppe mit seiner Ausrüstung und in seinen Hosen und einer alten Tweed-Jacke an-

23 Anm. d. Übers.: eine Jagdgesellschaft.

führte. Seine Jacke und seine kniehohen Stiefel zog er natürlich zuletzt an«.

Tutu kam in eine Gemeinde, die große Differenzen in sich trug. Sie war im ländlichsten Teil der Diözese von Southwark gelegen. Das Dorf war von Feldern umgeben. Neben dem Landadel lebten hier zwei Angehörige des Königshauses, Landarbeiter, Ladenbesitzer und Handwerker, Bewohner einer Neubausiedlung, Börsenmakler und Versicherungsagenten der Lloyd's of London,[24] die vom nahegelegenen Redhill-Bahnhof aus nach London pendelten. Alle in dieser sehr vielfältigen Gemeinde waren weiß, doch alle begrüßten Desmond, Leah und ihre vier Kinder – nun um die zwei bis zehn Jahre alt – begeistert. Ronald Brownrigg, der Pfarrer von St. Mary's, kündigte ihr Kommen am Sonntag vor ihrer Ankunft an. Bis zur Mittagszeit hatten die Gemeindemitglieder so viel an Einrichtungsgegenständen, Weiß- und Bettwäsche, Geschirr und Essbesteck gespendet, wie sie eine sechsköpfige Familie benötigte. Nach einem kurzen Aufenthalt im Häuschen des Gärtners auf dem Grundstück der Baroness Gian de Cabrol im nahegelegenen South Godstone zog die Familie in das »Kirchendienerhaus«, von dem aus man einen Ausblick auf das große Steinkreuz im Herzen des Dorfes hatte, das an »die Männer von Bletchingley [erinnerte], die im Großen Krieg ihr Leben für König und Vaterland ließen«. Es war ein zweistöckiges Haus mit einem Garten auf der Rückseite. »Es war wie ein Palast für uns«, erinnerte sich Desmond später. St. Mary's lag etwa 50 Meter weit, eine schmale Gasse hinunter, entfernt, die von einer Häuserreihe aus dem 14. Jahrhundert gesäumt wurde. Ihr normannischer Turm stammte aus der Zeit um 1090 und der Amtsantritt ihres ersten Pfarrers konnte auf das Jahr 1293 zurückverfolgt werden. Als Gegenleistung für das Haus und ein jährliches Stipendium von 200 Pfund tat Tutu seinen sonntäglichen Dienst und arbeitete zwei weitere Tage, an denen er hauptsächlich die Gemeindemitglieder besuchte. Außerdem war er sonntags für die Nachbarkirche von St. Nicolas in Godstone tätig.

24 Anm. d. Übers.: eine internationale Versicherungsbörse mit Sitz in London.

Nach drei Jahren in Golders Green verbrachten die Tutus etwas mehr als ein Jahr in Bletchingley. Wenn man sie und die Leute aus Bletchingley darüber reden hört, könnte man meinen, es sei anders herum gewesen. »Bei dem, was die Leute sagen, könnte man denken, dass sie hier den Großteil ihres Lebens verbracht haben«, sagte ein gerade erst angekommenes Gemeindemitglied. 40 Jahre später erinnerten sich die Dorfbewohner noch, wie Leah an den Veranstaltungen des Frauenvereins teilnahm oder wie sie in den Läden in der Nähe ihres Hauses einkaufen ging. Sie erinnerten sich an Desmond, wie er freitagabends mit seinem Motorroller losfuhr, um »fish and chips« zu kaufen. Den Roller hatte er von Uvedale Lambert. So konnte er nach London fahren und Geoffrey Parrinder am King's besuchen. Noch immer scherzten die Dorfbewohner über seine Fahrkünste und darüber, wie sein großer Sturzhelm fast vollständig sein Gesicht verdeckte. Einmal nahm er Leah mit nach London, doch lehnte sie weitere Angebote dankend ab, nachdem Desmond in eine Lücke zwischen zwei Lastwagen gefahren war und sie beinahe von ihnen zerquetscht worden waren. An Trevor erinnerten sich die Bewohner als den einzigen schwarzen Schüler in der Hawthorns, einer privaten Grundschule. Mpho hatten sie als ein Kleinkind in Erinnerung, das gemeinsam mit Cassandra Goad, der Enkelin von Uvedale Lambert, in der Vorschule angemeldet wurde. Laut John Ewington, dem Organisten, hasste Desmond die englischen Winter. »Er sagte, dass er nicht beten könne, wenn er fror. Also kam er mit einem Mantel in die Kirche, wenn er zum Gebet ging.«

Eine Ursache für Tutus Beliebtheit war sein Sinn für Humor. »Er konnte über fast alles lachen«, sagte Ewington, »sogar in sehr ernsten Situationen. Es war, als würde man einen Ballon zerstechen.« Auf dem King's verarbeitete Tutu das Thema Rassismus, indem er es in die Öffentlichkeit trug. Er machte Witze und Späße darüber. In den späteren Jahren erzählte er gerne von einer Frau, die, während eines Besuchs in Shropshire, völlig außer Atem bei einem Termin erschien und sich aufgeregt entschuldigte: »Es tut mir leid, dass ich zu spät komme. Wir haben gearbeitet wie die Neg… wie die Trojaner.« (Solche lustigen Geschichten erzählte

Tutu ausschließlich in England und in Südafrika. In den Vereinigten Staaten war die Sensibilität für rassistische Themen für gewöhnlich derart stark ausgeprägt, dass die meisten Amerikaner nicht darüber lachen konnten.)

Tutus aufbrausende Persönlichkeit blieb eine seiner markantesten Charaktereigenschaften und sein ansteckendes Lachen eine seiner wichtigsten Begabungen. Beides nutzte er später in Situationen, die von Treffen mit Königen und Königinnen bis zur Entschärfung gewaltsamer Straßenschlachten in seiner Heimat reichten. Am Ende seiner Zeit in England waren es diese Eigenschaften – für seine Kommilitonen am College in Südafrika war das schon in den 50ern offensichtlich –, die ihn zu einer besonderen Persönlichkeit machten. Christopher Evans, der von Tutu eingeladen worden war, um in Bletchingley eine Predigt zu halten, schrieb später:

> »Neben seinen akademischen Qualifikationen hat er eine markante Persönlichkeit. Er hat einen unbezwingbaren Sinn für Humor und ist das Leben und die Seele seiner Gemeinde. [In Bletchingley] war es offensichtlich, dass die Kombination seiner Fähigkeiten; seine Offenheit, sein Verstand und seine Bescheidenheit die Menschen ziemlich beeindruckt hat. Seine Frau – ebenfalls eine auffallende Persönlichkeit – tat es ihm gleich. In einer Gemeinde dieser besonderen Art war das ein bemerkenswerter Erfolg.«

Am Ende seines Jahres in Bletchingley machte Tutu seine Prüfungen für den Masterabschluss in Theologie und schrieb einen Aufsatz mit 10.000 Wörtern über den Islam in Westafrika, der seine beiden Prüfer beeindruckte. Er hatte die Grundlagen der arabischen Sprache erlernt und interessierte sich so sehr für den Islam, dass er sich, nachdem er das King's verlassen hatte, auf der Unisa für eine Doktorarbeit anmelden wollte. Darüber, warum er eine Arbeit zu dem Thema »Moses im Koran« verfassen wollte, schrieb er: »Der Islam ist eine wirkungsvolle Macht in Afrika. Um den Dialog mit den Muslimen zu fördern, müssen wir ihren Glauben gut kennen.« Doch sein Ziel erreichte er nicht.

Tutu war enttäuscht, als er seinen Masterabschluss nicht »mit Auszeichnung« absolvierte. Wenn er es sich erlaubt hätte, einen 18-monatigen Master zu belegen, anstatt eines einjährigen, dachte Evans, dann hätte er dieses Ziel erreicht. Trotzdem freute sich Tutu, bestanden zu haben und schrieb an Aelred Stubbs:

»Hurra! Danke für Ihre unterstützenden Gebete, denn es gab Tage, an denen ich mich sehr niedergeschlagen gefühlt habe (so wie ich es vermutlich für gewöhnlich tue, wenn ich Prüfungen habe). Ihre Gebete haben mir über alles hinweggeholfen. Natürlich heißt das nicht, dass ich jetzt viel klüger bin, als zu dem Zeitpunkt, als ich Südafrika verließ, aber ich glaube, es hat etwas zu bedeuten. Für den Erfolg Ihres waghalsigen Unterfangens, uns nach Übersee geschickt zu haben, können Sie ein privates feierliches Dankgebet aussprechen. Danke für all ihren Glauben an mich. Ich bin einigermaßen erleichtert – nein, ich bin sehr erleichtert –, dass ich ein kleines bisschen von der großen Summe zurückgeben kann, die sie für uns an Geld investiert haben. Manchmal, wenn ich dachte, dass die Dinge auf dem College nicht gut liefen, wachte ich schweißgebadet auf und dachte an all das Geld, das für mich ausgegeben wurde. Auch sorgte ich mich, dass ich allen die nach mir kommen sollten, einen Strich durch die Rechnung machen würde.«

Ein Jahr nachdem Tutu das King's verlassen hatte, wurden seine ehemaligen Dozenten um eine detaillierte Beurteilung seiner Fähigkeiten für die Erlangung der Doktorwürde gebeten. Evans, der Dekan, bewertete sein soziales Interesse und seine Fähigkeit des unabhängigen Denkens, als durchschnittlich. Seine Fähigkeiten, andere anzuführen, mit seinen Kollegen zu kooperieren und seine Sensibilität für die Bedürfnisse anderer empfand er als gut. Evans ergänzte, Tutu sei »eine sehr angenehme Persönlichkeit mit einem starken christlichen Glauben und Disziplin«. Geoffrey Parrinder bewertete Tutu in jeder seiner Eigenschaften als »außerordentlich. Er stand recht weit über den meisten der Studenten dieses Jahrgangs«, schrieb Parrinder. »Herr Tutu ist ein hart arbeitender und intelligenter Mann und verdient den höchsten Zuspruch.« Der detaillierteste und überschwänglichste Bericht stammt von Christopher Evans, der ihn als einen herausragenden Studenten bewertete: »scharfsinnig, enthusiastisch und sehr ausgeglichen«. Auch als er eine distanziertere Perspektive einnahm, blieb Evans noch ein Verehrer Tutus. Im Jahre 1969 fasste er Tutus Erfolge in einem Empfehlungsschreiben des King's für einen Universitätslehrposten zusammen:

> »Er war sehr bescheiden – tatsächlich zu bescheiden – so dass es eine Weile dauerte, bis er realisierte, dass er, mit seinem speziellen afrikanischen Hintergrund, wirklich eine Person sein konnte, die in den Augen seiner Dozenten etwas wert war. Er hatte den Instinkt eines Wissenschaftlers und seine Arbeiten waren detailliert und sorgfältig. Er arbeitete sehr hart und las viel und sorgte sich darum, den Dingen auf den Grund zu gehen. Er war kein Akademiker im eigentlichen Sinn, denn er ergänzte seine Gelehrsamkeit durch eine warme Menschlichkeit und folglich war sein Mitwirken in den Kursen sehr viel wert.«

Tutus englische Freunde nahmen ihn während seines Aufenthalts in London nicht als politisch aktiv wahr. Er habe aktiv interkulturelle Freundschaften gepflegt, sagte Khotso Makhulu, der, ebenso wie Tutu, ein Schützling der Gemeinschaft der Auferstehung gewesen war. Doch weder in Golders Green noch in Bletchingley könne sich jemand daran erinnern, dass sich seine Predigten um Südafrika oder um öffentliche politische Themen gedreht haben. »In erster Linie war er ein Pastor. Da gab es gar keine Frage«, sagte Sarah Goad. Kurz nach seiner Ankunft wurde er allerdings in Ausschüsse über Südafrika integriert. Einmal bat er Malcolm Alexander, ihn zu einem Gemeindehaus in einem Arbeiterviertel in Nordlondon zu begleiten, wo er auf einem Treffen eine Rede über die Zustände in Südafrika hielt. Im Haus von Ambrose Reeves traf er in London lebende südafrikanische Flüchtlinge. Unter ihnen war auch sein Bekannter Yusuf Dadoo aus Krugersdorp, ein Oberhaupt des South African Indian Congress und der South African

Communist Party. Auch seine Briefe geben einen Hinweis auf sein politisches Denken. In einem Brief an Sydney Evans über ein Treffen, das von dem ehemaligen britischen Botschafter in Südafrika abgehalten wurde, machte er eine frühe Bemerkung über seine Ansichten, die ihn 20 Jahre später in seiner Heimat zum »Staatsfeind Nummer Eins« machen sollten:

> »Ich habe gerade Sir John Maud sehr überzeugend und wortgewandt gegen die Verhängung von Sanktionen gegen Südafrika argumentieren hören. Ich widerspreche ihm von Herzen und wünsche mir, ich könnte seinen Optimismus teilen. Was ich ermutigend fand, waren die enorme Versessenheit und das Verlangen, das das Publikum zeigte, bei diesem schwierigen Problem die Initiative zu ergreifen.«

Auch befasste er sich weiterhin mit Kirchenpolitik. Auf dem Weg vom King's zurück nach Golders Green machte er regelmäßig im Südafrikahaus am Trafalgar Square halt, um die Johannesburger Zeitungen zu lesen. Dort las er den sensationellen Bericht über das erste Konzil, das Leslie Stradling als neuer Bischof von Johannesburg leitete. In einer neunzeiligen Überschrift auf der Seite drei der *Sunday Times* war zu lesen: »STRADLING SORGT FÜR EINEN EKLAT«. Die Äußerung des Bischofs, er sei dazu »verpflichtet«, die Apartheid zu akzeptieren und habe die Absicht, eine weniger aktive Rolle in der Politik zu spielen als Ambrose Reeves, hatte einen Schrei der Entrüstung verursacht. In dem Bericht stand: »Viele weiße Nichtfachmänner und -frauen waren von der Idee eines ›nichtpolitischen‹ Bischofs offen gesagt begeistert, während andere den Standpunkt des Bischofs verurteilten und sagten, dass seine Ansichten ›wie ein Schlag ins Gesicht für die afrikanischen Mitglieder der anglikanischen Gemeinschaft‹ seien.« Stradling sagte der *Sunday Times*: »Ich dachte es sei bekannt, dass ich gegen die Apartheid bin. Ich akzeptiere sie lediglich in dem Sinne, dass sie für mich unabwendbar ist. Es ist das Gesetz dieses Landes und ich muss es akzeptieren, selbst wenn ich es nicht unterstütze.« Zwei Tage später bekräftigte das Konzil seinen Standpunkt über die Apartheid, in dem es einen Beschluss verfasste, der festlegte: »Die Politik der ethnischen Trennung widerspricht der Heiligen Schrift und ihre praktische Umsetzung ist moralisch falsch.« In einem Leitartikel der *Rand Daily Mail* war zu lesen, Stradlings resignierendes Verhalten »ist genau der Geisteszustand, den diese Regierung seit Jahren versucht, in der Öffentlichkeit zu erzeugen. Bischof Stradling mag den Gedanken ablehnen, in einer politischen Auseinandersetzung nach seiner Position gefragt zu werden, doch es entspricht der Wahrheit, dass die Politiker Südafrikas heute einen bedeutenden moralischen Richtwert angeben und es ist an den Menschen, bei ihren religiösen Anführern nach einer Leitlinie zu suchen.«

Mit einer Entscheidung, die für weniger Aufsehen sorgte, akzeptierte das Konzil, dass die Stipendien, die an den schwarzen und den weißen Klerus ausgezahlt wurden, grundsätzlich gleich hoch sein sollten. Allerdings nahm es einige Jahre in Anspruch, bis dieser Grundsatz geltend gemacht wurde und es gab einen andauernden Konflikt über vorläufige Kompromisse, die von den Geldgebern der Diözese vorgeschlagen wurden. Ein besonderer Streitpunkt waren die Stipendien für die Kleriker, die unter der Apartheid als Farbige galten. Ihnen stand weniger als den Weißen, aber mehr als den Schwarzen zu. Ein Jahr bevor er in seine Heimat zurückkehrte, kritisierte Tutu Stubbs wegen dieser Angelegenheit auf eine Art und Weise, wie man sie aus allen bisherigen Briefen nicht kannte. Einige der Unterschiede zwischen den Stipendien für Schwarze und denen für Farbige seien erschütternd, schrieb er, und sie reflektierten den Versuch der weißen Gesellschaft, »die Farbigen noch enger an die Weißen zu binden«. Er schrieb:

»Sie mögen wegen der lieblosen Art der Afrikaner, mit ihren Angelegenheiten zu verfahren, beunruhigt gewesen sein. Aber es tut mir leid, grundsätzlich stimme ich Ihnen nicht zu. Wir und unsere Freunde haben noch nicht realisiert, wie sehr das Übel der ›Rasse‹ unsere Beziehungen verletzt hat. Für die Menschen ist es ziemlich – oder fast – unmöglich, nicht so zu wirken, als seien sie wegen jeder Kleinigkeit aus der Fassung zu bringen.

Nein, ich bin nicht sauer. Ich muss nur daran denken wie es ist, wenn man als Theologiestudent nicht die Erlaubnis bekommt, in einer weißen Kirche einen Gottesdienst für die afrikanischen Hausangestellten zu halten, selbst dann nicht, wenn die Kirche gerade nicht von unseren weißen Mitchristen genutzt wird. Wenn sich das Geld erst einmal in den Händen der Kirche befindet, ist es Kirchengeld und sollte gerecht verteilt werden und wir sollten aufhören, uns gegenseitig zu täuschen. Wenn wir unsere Entscheidungen von der ›Rasse‹ abhängig machen, sollten wir uns nicht wundern, wenn die Menschen gewalttätig reagieren.«

In England hatten die Tutus einen »verrückten Traum«: Sie wollten mit dem Auto über Europa, den Mittleren Osten und Afrika zurück nach Südafrika fahren. Sie konnten ihn nicht wahr machen, doch dank der Hilfe der St. Mary's-Gemeinde konnte Desmond Leah, Naomi und Mpho auf eine Pilgerreise nach Jerusalem mitnehmen, bevor sie nach Hause flogen. Während Trevor und Thandi das Schuljahr in Surrey beendeten, bereiste der Rest der Familie kurzzeitig Paris und Rom, was sie einem Gemeindemitglied in Bletchingley zu verdanken hatten, das für die Reisegesellschaft Thomas Cook arbeitete. Sie flogen weiter nach Ost-Jerusalem, das damals noch immer zu Jordanien gehörte. Dort lernte Desmond Arabisch und Griechisch am St. George's College und las philosophische Texte, um sich auf seine Lehrtätigkeit im kommenden Jahr vorzubereiten. Im Heiligen Land zu sein, berichtete er, »macht einem die Heilige Schrift auf eine wundervolle Art und Weise deutlicher und hilft einem, Missverständnisse zu beseitigen«. Er ergänzte: »Der ›sanfte Jesus‹ passt einfach nicht in eine Gegend, die so rau ist wie diese.« Die Familie bereiste Bethlehem, Jericho und das Tote Meer. In Jerusalem besichtigten sie den Garten Getsemani und folgten einer Prozession, die von Franziskanermönchen über die Via Dolorosa geführt wurde: »Die Menschen drängeln und sind desinteressiert, in etwa so wie am ersten Karfreitag.«

Am Ende ihres Besuchs hatten sie, wie Tutu es Martin Kenyon beschrieb, eine schreckliche Reise zurück nach Johannesburg. In Kairo bekamen sie keine Erlaubnis, ihren Anschlussflug zu nehmen. »Die äthiopische Fluggesellschaft will mit Südafrikanern nichts zu tun haben, nicht einmal mit den Schwarzen«, schrieb Tutu. »Ich bewundere ihr Festhalten an Prinzipien, selbst wenn sie das Fahrgeld von vier Personen verloren.« Die Familie saß ein Wochenende lang auf dem Flughafen von Kairo fest. Leah und Naomi wurden schwer krank und hatten Magenprobleme. Sie hatten keine Möglichkeit, ihre Familien darüber zu informieren, dass sie noch nicht kommen würden. Anfang Dezember kamen sie zwei Tage zu spät zu Hause an. Sie waren erfüllt von Sorge und von der Aussicht, wieder unter der Apartheid leben zu müssen. »Darauf kann man sich nicht wirklich vorbereiten«, schrieb Tutu Kenyon. »Beten Sie für uns, dass wir nicht der Versuchung des Hasses unterliegen und abstumpfen werden.«

Kapitel 6

Campuseltern

Nachdem sie Weihnachten 1966 bei ihren Familien auf dem Reef verbracht hatten, fuhren sie zu Beginn des akademischen Jahres 1967 des St. Peter's Colleges mit der Bahn in das Dorf Alice am Ostkap. Das College war aus Johannesburg weggezogen, um in das neugegründete Federal Theological Seminary eingegliedert zu werden. Die Unterschiede zwischen dem Leben, das sie in den vergangenen vier Jahren geführt hatten und dem, was sie nun erwartete, hätten größer kaum sein können. Leah sagte Uvedale Lambert, sie fürchte sich vor der Problematik, die Kinder nach Hause zu bringen. In England waren sie einfach in die Schule um die Ecke gegangen. Um das Bantu-Bildungswesen in Südafrika zu vermeiden, mussten Trevor (zehn Jahre alt), Thandi (neun) und Naomi (sechs) nun in Internate in Swaziland eingeschult werden. Die Hin- und Rückfahrt nahm zu Beginn und am Ende jedes Schuljahres drei ganze Tage in Anspruch, in denen sie 2.600 Kilometer zu bewältigen hatten. In Golders Green und in Bletchingley hatte die Familie nur deswegen nicht überall einkaufen und essen gehen können, weil sie zu wenig Geld besessen hatte. Auf dem Weg nach Swaziland und zurück war es ihnen als Schwarzen dagegen untersagt, viele der Geschäfte am Straßenrand zu betreten. Stattdessen mussten sie ihr Essen an Fenstern für schwarze Kunden bestellen.

»Ich möchte nicht melodramatisch klingen«, schrieb Desmond an Martin Kenyon, »aber es ist überaus schwer wieder hier zu sein und unterschiedliche weiße Beamte um Erlaubnis fragen zu müssen, wenn ich meine Eltern besuchen möchte! Ich muss meinen schweren Ausweis bei mir tragen und nach den Ein- und Ausgängen Ausschau halten, die speziell für uns gedacht sind. Es ist gut, dass unser Herr von uns erwartet, dass wir unsere Feinde und unsere Mitmenschen nicht nur mögen, sondern sie lieben. Es wird sehr schwer sein, den weißen Mann so zu lieben, wie er ist.« Nachdem sie in Alice angekommen waren, nahm Desmond seine Familie in die nahegelegene Stadt East London mit, um gebrauchte Möbel einzukaufen. Um die Mittagszeit fanden sie kein Restaurant, das sie benutzen durften: »Wir mussten ›fish and chips‹ kaufen. Nur ein paar Wochen zuvor waren wir noch an den vornehmsten Orten in Paris gewesen.« Die Strände der Stadt waren getrennt worden und der felsigste von ihnen war für die Schwarzen. Mpho, das jüngste Familienmitglied der Tutus war in England geboren worden und hatte keine Erfahrung mit der ethnischen Trennung. Ihr Vater erinnerte sich:

> »Um dorthin zu kommen, mussten wir an einem Spielplatz vorbeigehen. Mpho sagte, sie wolle auf die Schaukel und ich sagte: ›Nein Schatz, das darfst du nicht.‹ Und sie sagte: ›Aber da sind auch noch andere Kinder.‹ Es war grausig dann sagen zu müssen: ›Ja, da sind auch noch andere Kinder, aber das sind keine Kinder wie du.‹«

Das Federal Seminary, das bei den Dozenten und den Studenten auch als Fedsem bekannt war, war in einem Tal gelegen, das von seinen Einwohnern im 19. Jahrhundert als das Schönste am Ostkap angesehen wurde. In den trockenen Wintern wird das Tal vom kräftigen Orange und den rötlichen Farbnuancen der heimischen Aloepflanzen wiederbelebt. Noni Jabavu verglich die Schönheit des Landes mit der eines jungen Mädchens und schrieb über den Sommer auf dem Land: »Soweit das Auge reicht war die Landschaft typisch südafrikanisch: eine weite Fläche fließender seichter kahler Hügel und im Hintergrund ein zerklüfteter blauer Fries kantiger Berge und dort waren dunkel bewaldete eingefasste Spalten, die wir in Amatole[25] im umgangssprachlichen Afrikaans Kloofs[26]

25 Anm. d. Übers.: Amatole ist ein Distrikt in der Provinz Ostkap mit der Hauptstadt East London. Er wurde nach den von Jabavu beschriebenen Amatole-Bergen benannt.

26 Anm. d. Übers.: tiefe Schluchten.

nennen.« Allerdings lag das Tal auch genau an der Grenze, an der die Briten eine Reihe von Kriegen mit den amaXhosa ausfochten, die fast das ganze Jahrhundert andauerten.

Auf dem Grundstück, das vom Fedsem unterhalten wurde, hatten die Missionare Lovedale gegründet, die Einrichtung in der Desmonds Vater Zachariah Tutu ausgebildet worden war. Lovedale bildete nicht nur Lehrer aus. In seiner Blütezeit beheimatete es auch eine Grundschule, High Schools für Jungen und Mädchen, eine Berufsschule, eine Bibelschule und eine Druckerei, die zu großen Teilen frühe IsiXhosa-Literatur publizierte. Neben dem Campus von Lovedale befand sich der Grund dafür, warum man das Fedsem gerade in Alice hatte entstehen lassen: die University of Fort Hare.

Viele von denen, deren Namen bereits in diesem Buch genannt wurden, »verbrachten prägende Jahre in Fort Hare«, wie es im Werbeprospekt der Universität in der Zeit nach der Apartheid beschrieben wurde. (Die Formulierung wurde so gewählt, weil einige Studenten wegen ihres rebellischen Verhaltens noch vor ihrem Abschluss die Universität hatten verlassen müssen.) Nelson Mandela, Mangosuthu Buthelezi, Govan Mbeki, Oliver Tambo, Robert Sobukwe, Robert Mugabe, Z.K. Matthews, Phyllis Ntantala, A.C. Jordan, Can Themba und Alphaeus Zulu – sie alle hatten auf der Fort Hare studiert. Bei den Einheimischen war das College einst als I-Koleji ka Jabavu (»das College von J. Tengu Jabavu«) bekannt geworden – in Erinnerung daran, dass Jabavu geholfen hatte, die Einrichtung zu gründen. Fort Hare war eine der wenigen Institutionen auf dem Kontinent, die Afrikanern eine Universitätsausbildung ermöglichte. Bedingt durch die Apartheid wurde die Universität zwar in einem isolierten Umfeld betrieben und ihre Ausbildung hatte die Tendenz, sich stark auf Europa zu konzentrieren, trotzdem verkörperte die Fort Hare die größte Hoffnung auf ein Vollzeitstudium für aufstrebende schwarze Studenten im südlichen Afrika. Sie nahm schwarze, farbige und indische Studenten aller Sprachgruppen und Männer wie auch Frauen auf. Unter den Dozenten gab es schwarze Professoren – unter ihnen Z.K. Matthews, einer von Südafrikas angesehensten Wissenschaftlern.

Doch wie auch die kirchlichen Schulen fand eine solche Bildungseinrichtung in den Plänen der Apartheid keinen Platz. Im Jahre 1959 geschah das, was der Journalist Nat Nakasa des *Drum* den »Mord von Fort Hare« nannte. Die Universität wurde der Kontrolle des Ministeriums für Bantu-Bildungswesen unterstellt und zu einem College für Xhosa-sprechende Stämme verkleinert. Kritik äußernde Dozenten wurden entlassen und eine fügsamere Universitätsleitung wurde etabliert. Noch bedeutender für die Kirchen aber war es, dass die Regierung die Wohnheime der Universität übernahm, in denen die methodistischen und presbyterianischen Pfarrer untergebracht waren. Charles Ranson, ein Funktionär des Theologischen Ausbildungsfonds in New York, besuchte Südafrika zu der Zeit, als die Kirchen unter den Attacken der Regierung zu leiden hatten. Was die Fort Hare betraf, waren die Kirchen nicht gewillt, irgendetwas zu tun, was der Regierung Einverständnis symbolisieren könnte. Eine Denkschule lehnte es sogar ab, Alternativen in Betracht zu ziehen, solange die Regierung diese nicht erzwang. In Johannesburg hatte sich das St. Peter's College dazu entschieden »abzuwarten und zu beobachten«, ob es von seinem Standort in den südlichen Vororten der Stadt vertrieben werden würde. Ranson war folglich angenehm überrascht, als die Kirchen bei einem Beratungsgespräch, das angesetzt worden war, um über die Zukunft zu diskutieren, die radikalste aller Möglichkeiten akzeptierten, die er ihnen vorzuschlagen hatte: Sie sollten ihre Bildungsinstitute in einer einzigen föderalen Struktur miteinander vereinen.

Simon Gqubule, der erste schwarze Dozent und spätere Präsident des Fedsem bemerkte später, dass »die Apartheid die Kirche gezwungen hat, die Kirche zu sein«, indem sie unterschiedliche Glaubensrichtungen zusammengebracht habe. Als die Tutus dort ankamen, hatte das Fedsem seit schon fast vier Jahren Bestand und war auf dem Weg, eines von Südafrikas erfolgreichsten ökumenischen Projekten zu werden. Am oberen Ende des Campus lag ein zentraler Lehr-, Büro- und Bibliotheksbereich, in dem die Studenten aller beteiligten Kirchen – der Anglikaner, der Freikirchler, der Methodisten und der Presbyterianer – in den morgendlichen Vorlesungen zusammenkamen. Nachmittags verteilten sie sich auf vier konfessionelle Colleges, die auf den unteren Campus-Bereichen verteilt waren. Hier wohnten sie, gingen zum Gottesdienst und erlernten die Brauchtümer ihrer Glaubensrichtungen. 16 Dozenten – ein Funktionär des Theologischen Ausbildungsfonds, der die Universität besuchte, sagte, unter ihnen seien mehr Talente vertreten als in jeder anderen Bildungseinrichtung in Südafrika – unterrichteten das Alte und das Neue Testament, Kirchengeschichte, Englisch, Soziale Ethik, Logik und Philosophie, Liturgie und Glaubenslehre. Die Kurse wurden in drei Stufen angeboten: Es gab ein Zertifikat für diejenigen, die auf der weiterführenden Schule lediglich ein Junior Certificate erhalten hatten. Jene mit einem Senior Certificate, dem häufigsten Schulabschlusszeugnis, bekamen ein Diplom. Und es gab einen Abschlusskurs für die wenigen Studenten, die dazu qualifiziert waren, eine Universität zu besuchen.

Tutu unterrichtete Glaubenslehre, das Alte Testament und Griechisch. Auch brachte er seinen Studenten etwas über die Kirchenverwaltung bei und betreute die pastorale Arbeit und ihre praktische Anwendung. Laut Merwyn Castle, einem seiner Studenten, der später Bischof wurde, sei er auf seinen ersten Posten als Dozent gut vorbereitet gewesen: »Er las von handgeschriebenen Notizen ab. Er schweifte ein wenig ab, doch seine Vorträge waren ziemlich amüsant. Er würzte sie mit Geschichten, Späßen und persönlichen Erfahrungsberichten.« Seine Studenten betrachteten ihn als jemanden, der streng bewertete.

Die meisten Dozenten waren europäische oder amerikanische Auswanderer. Wahrscheinlich stammte deshalb nur ein kleiner Teil der Pflichtlektüre aus Afrika oder handelte von der Geschichte des Kontinents. Zu diesen wenigen Texten gehörte eine Kirchengeschichte, die von dem Anglikaner Peter Hinchliff verfasst worden war, eine englische Übersetzung des Werkes *L'enfant noir* des guineanischen Romanschriftstellers Camara Laye und *Cry the Beloved Country* von Alan Paton – das Buch, das so viel dafür getan hat, die Bevölkerung Amerikas auf den Rassismus in Südafrika aufmerksam zu machen. Ein aus Deutschland stammendes Mitglied des Lehrkörpers bemerkte, dass die Studenten ständig Fragen über unabhängige afrikanische Kirchen stellten, doch das Fedsem konnte ihnen keine Auskünfte über diese schwierige Angelegenheit geben. Bei einem Blick in die Archive des Priesterseminars zeigt sich, dass Tutu über die Einführung eines neuen Kurses diskutierte, der entweder »Afrika-Studien«, »Die Kirche und ihr Umfeld im südlichen Afrika« oder »Kirche und Gesellschaft« heißen sollte. In seiner eigenen Erinnerung – im Speziellen an seine Vorlesungen über Glaubenslehre – habe er sich dem vorherrschenden akademischen Klima angeschlossen: »Ich unterrichtete wirklich so, als würde ich Studenten in Europa unterrichten. Ich war nicht so aggressiv, wie ich hätte sein sollen, berücksichtigt man das, was in Fort Hare auf der anderen Straßenseite und im [ganzen] Land geschah. Ich wundere mich jetzt darüber, wie arglos ich manchmal gewesen bin.«

Wie schon in Johannesburg bestand der Lehrkörper des St. Peter's Colleges größtenteils aus Mönchen der Gemeinschaft der Auferstehung. Diese Mönche, zu denen auch der außerordentlich beliebte Timothy Stanton gehörte, lebten in einem Priorat. Mit dem Erbe, das Gian de Cabrol aus Surrey der Gemeinschaft hinterlassen hatte, bauten sie eigens für die Tutus ein Haus. Schon zu der Zeit, als Tutu noch dort studiert hatte, war das St. Peter's eine eng verbundene Gemeinschaft mit einer ausführlichen Tagesplanung, die den Gottesdienst, das Studium und die Chorstunden umfasste. Die Studenten begrüßten es, Tutu als neuen Dozenten zu haben – zum Teil auch, weil ihnen die von den englischen Mönchen erzeugte Atmosphäre fremdartig vorkam. In der Mensa »musste man auf eine bestimmte Art und Weise essen«, sagte Ezra Tisani, der auf das College ging, nachdem er eine Zeit lang als ein politischer Häftling im Gefängnis gesessen hatte. »Man durfte nicht rufen, musste mit leiser Stimme mit der Person neben einem sprechen, die alles andere als ein Afrikaner war.« An den Samstagen durften die Studenten in das Dorf Alice gehen oder die Krankenschwestern im nahegelegenen Krankenhaus besuchen. Alkohol war auf dem Campus verboten und so mussten die Anglikaner für ein Glas Sherry in einen der örtlichen Pubs gehen. Nach der

Abendandacht konnten sie hinüber in die Fort Hare gehen und dort einen Film anschauen.

Tutu war der erste schwarze Dozent, der auf dem St. Peter's angestellt wurde. Der Collegerat, zu dessen Mitgliedern Mangosuthu Buthelezi und Alan Paton zählten, beschloss, dass sein Gehalt »auf der Stufe eines europäischen Priesters in der Diözese von Grahamstown« (zu der auch Alice gehörte) liegen sollte. Zusammen mit den Fördergeldern für Verheiratete und Familien waren das 1.760 Rand im Jahr, zu denen Zuschüsse für Wasser, elektrisches Licht und Telefon sowie der jährliche Betrag von 200 Rand kamen, der als Ersatz für die Osterspenden ausgezahlt wurde, die die Priester von ihren Gemeinden erhielten. Um das finanzielle Gesamtpaket an Tutu auszahlen zu können, wurden die Studiengebühren, die von den Diözesen gezahlt wurden, von 250 auf 325 Rand pro Jahr und Student angehoben. Aelred Stubbs diskutierte die Möglichkeit, die Regierung um Erlaubnis zu bitten, die Kinder der Tutus auf den weißen, anglikanischen Schulen in Grahamstown anmelden zu dürfen, das 100 Kilometer weit entfernt lag. Doch bevor Stubbs den Antrag stellte, war Trevor schon auf einer neuen, nichtrassistischen weiterführenden Schule in Waterford, Kamhlaba in Swaziland angemeldet worden. Englische Freunde – Martin Kenyon, Uvedale Lambert und die Comber-Schwestern – halfen bei der Zahlung der Schulgebühren. Später kam noch eine Beihilfe aus Schweden, über den International University Exchange Fund. Thandi und Naomi wurden auf die St. Michael's geschickt, eine von der Kirche betriebene Grundschule in Swaziland. Das belastete das Familienbudget und Tutu beschwerte sich bei der Schule über die Gebühren. Der Brief, den er verfasste, sei, so teilte die Schule Stubbs mit, »ein eher bedrückender Brief [gewesen] – nicht wirklich dem Bild des sehr angenehmen Desmond ähnlich, den man bisher gekannt hatte«. Gegen Ende des ersten Jahres, das die Tutus beim Fedsem verbrachten, wurde Leah als Assistentin in der Bibliothek des Priesterseminars angestellt und konnte dadurch ein wenig mehr Geld verdienen.

Mit einer Vollmacht der Regierung, die es gestattete, Menschen jedweder ethnischer Herkunft gemeinsam auf dem Campus leben zu lassen, wurde das Fedsem in Südafrika einzigartig. Die Colleges und die Einrichtungen, die ihnen übergeordnet waren, nahmen keine weißen Studenten auf, wohl aber Dozenten jeder Hautfarbe. Schwarze, farbige und indische Studenten lebten zusammen und erzeugten das, was Tutu einmal als »eine Oase der Vernunft und der Liebe in einem ansonsten ausgedörrten Land« beschrieb. Simon Gqubules Töchter nannten die Schwiegermutter ihres weißen Nachbarn »Oma« und spielten auf ihrer Veranda. Mpho Tutu besuchte eine Spielgruppe mit anderen Campus-Kindern in ihrem Alter und kam mit ihrer ethnischen Herkunft durcheinander. Im Alter von vier Jahren erzählte sie jemandem, sie sei eine »nichtweiße Europäerin«. »Ich weiß wirklich nicht, wo sie diese schlimmen Wörter aufgegriffen hat«, schrieb ihr Vater an Martin Kenyon. »Sie ist sehr sensibel für ethnische Angelegenheiten. Sie will wissen, warum die Häuser der Afrikaner nicht so schön sind, wie die der so genannten Weißen.« Merwyn Castle, ein Kap-Bewohner, der unter der Apartheid als farbig eingestuft worden war, erlebte einen Kulturschock als er zum Priesterseminar kam:

> »In Kapstadt verlief das Leben ziemlich getrennt. Wir lebten alle in unseren eigenen Bereichen. Die einzigen schwarzen Menschen, die wir sahen waren die, die im Hafen arbeiteten. Wenn man zum St. Peter's geht, wird man mit all diesen schwarzen Leuten konfrontiert, die alle unterschiedliche Sprachen sprechen. An jedem Sonntag wird die Messe in einer anderen Sprache gehalten und in all diesen Sprachen machen wir auch Musik.«

So abgelegen von den städtischen Zentren sie auch lag, war die Oase vom zeitgenössischen Leben nicht abgeschnitten. Ein ständiger Besucherstrom, unter ihnen in der Öffentlichkeit stehende Kirchenoberhäupter und südafrikanische Liberale, kam zu den Studenten. Als der ehemalige britische Premierminister Alec Douglas-Home zu Besuch kam, zogen sich Desmond und Leah zurück: »Obwohl die Homes vermutlich reizende Leute sind«, sagte Desmond Martin Kenyon, »meinten wir, dass sich die Konservativen abscheulich gegenüber den Dingen verhalten haben, die unsere

Herzen am tiefsten berührt haben. Natürlich hat die Labour [Partei] nicht einen so großartigen Ruf.« Auch die Dozenten und Studenten engagierten sich in der sie umgebenden Gemeinschaft. Sie verwirklichten Pläne, spendeten Blut und unterstützten wohltätige Kinderkliniken. »Es herrscht eine akute Arbeitslosigkeit«, berichtete Tutu Kenyon, »und wir haben jeden Tag eine junge Frau bei uns, die uns beim Putzen und beim Waschen hilft.«

Die Einheit des Fedsem war hart erkämpft worden. Sie konnte nur entstehen, weil man auf zwei unterschiedlichen Ebenen wirkte: auf der theologischen und der politischen. Der Ursprung vieler theologischer Probleme lag bei den Anglikanern. Die Gemeinschaft der Auferstehung war im anglo-katholischen Teilbereich des anglikanischen Gedankenspektrums verortet und war traditionell gegen Einheitsbestrebungen mit den protestantischen Kirchen. Sie trat erst dem Priesterseminar bei, nachdem Aelred Stubbs seine Glaubensbrüder davon überzeugt hatte, sich über die Einwände ihrer Befehlshaber hinwegzusetzen. Als die Gemeinschaft erst einmal beigetreten war, sagte Timothy Stanton, bestanden die »CR fathers« darauf, dass »wir unsere eigenen Leute auf unsere eigene Art unterrichten müssen«. »Wir sahen uns selbst eine Stufe höher gestellt als den Rest«, sagte Merwyn Castle. »Wir waren wie ein Kloster organisiert. Um fünf Uhr morgens standen wir auf. Wir hatten unsere eigene, voll ausgestattete Basilika als Gotteshaus, wo katholische Gottesdienste abgehalten wurden. Es gab keinen ökumenischen Gottesdienst, mit Ausnahme eines Sonntagnachmittags, an dem wir alle hinauf in den Saal im Gebäude des Priesterseminars gingen.« Aus Rücksicht auf die anglikanische Empfindsamkeit warteten die anderen drei Colleges fünf Jahre lang, ehe sie zusammen die Kommunion feierten. Nachdem die Lambeth-Konferenz der anglikanischen Bischöfe im Jahre 1968 den Weg zu einer gemeinsamen Kommunion mit den anderen Kirchen geebnet hatte, entschloss sich das Priesterseminar für gemeinschaftliche Gottesdienste.

Zwischen den beteiligten Kirchen kam es zu politischen Auseinandersetzungen, als es um die Frage ging, ob man die Absolventen auf der Fort Hare als Priesteramtskandidaten weiterhin ausbilden sollte. Die Methodisten und die Presbyterianer, die ihre Pfarrer auf der »alten« Fort Hare ausgebildet hatten, waren bereit, dieses Verfahren wiederaufzunehmen, solange ein Abkommen beschlossen wurde, das die Autonomie des Fedsem gewährleistete. Um den Kirchen entgegenzukommen, verhandelte die Fort Hare mit der Regierung über eine Lizenz, doch die Freikirchler und die Anglikaner waren strikt dagegen. Die Freikirche hatte schon eine andere Universität verlassen, da sie nicht mit dem Bantu-Bildungswesen übereinkam. Die Anglikaner wurden von der traditionell ablehnenden Haltung der Gemeinschaft der Auferstehung gegenüber dem Bantu-Bildungswesen beeinflusst. Auf ein frühes Kooperationsangebot der Methodisten mit der Fort Hare antwortete Aelred Stubbs: »Das würde unzweifelhaft von vielen innerhalb und außerhalb dieses Landes als ein Verrat an all dem betrachtet werden, wofür wir in Südafrika gestanden haben.« Als die Methodisten hartnäckig blieben – Gqubule war anderer Meinung –, verschärfte Stubbs seinen Ton: »Wenn wir mit Fort Hare verhandeln, dann verhandeln wir nicht mit einer gewöhnlichen Universität, wie man es in der westlichen Welt verstehen würde. Wir verhandeln mit einer Institution, die vom Ministerium für Bantu-Bildungswesen kontrolliert wird, das wiederum von einer Ideologie vorangetrieben wird, die fundamentalistisch ist und unserer eigenen vollkommen widerspricht.« Ergänzend sagte er: »Ein Abschluss an der Fort Hare hat einen sehr zweifelhaften Wert in der heutigen akademischen Welt.« Da sich die einzelnen Colleges des Priesterseminars gegenseitig behinderten, regte sich in der Verwaltung der Fort Hare Unmut. Kurz bevor Tutu dem Lehrkörper beitrat, schrieb der Direktor des methodistischen John Wesley Colleges, Fort Hare habe den Kirchen einen Vertrauensbruch vorgeworfen und es gäbe bei der Regierung einflussreiche Persönlichkeiten, die Schritte gegen das Priesterseminar in Betracht zögen. Bald nachdem die Tutus angekommen waren, teilte der oberste Beamte, der für das Bantu-Bildungswesen zuständig war, dem Fedsem mit, dass es die Anweisungen der Regierung über seine Betriebserlaubnis nicht befolgt habe: Es habe ohne die Erlaubnis der Regierung einen eigenen akademischen Grad eingeführt, es hindere seine Studenten daran, auf die Fort Hare zu gehen und es habe eine nicht-kooperative, sogar feindselige Haltung gegenüber der Universität eingenommen.

Die internen Unstimmigkeiten des Fedsem beschränkten sich nicht nur auf die Debatte über die Fort Hare. Während das St. Peter's Fußball und Tennis gegen die weißen Theologiestudenten des St. Paul's Colleges in Grahamstown spielte, benachrichtigte der methodistische Präsident des Priesterseminars Stubbs darüber, dass Freunde ihn gewarnt hatten. Sie spielten mit dem Feuer, wenn sie multiethnische Sportveranstaltungen erlaubten. Stubbs antwortete: »Ich muss sagen, dass ihre Freunde und folglich auch sie selbst vor der Politik der ›getrennten Entwicklung‹ kapitulieren, genauso wie es die Regierung von uns verlangt. Wir unterlassen es absichtlich, Dinge zu tun, die der Politik widersprechen, auch wenn es kein Gesetz gegen solch ein Verhalten gibt.« Die internen Streitigkeiten traten allerdings in den Hintergrund, als das Priesterseminar in den Konflikt zwischen der Verwaltung der Fort Hare und den Studenten verwickelt wurde.

Trotz des schwierigen Verhältnisses zwischen dem Fedsem und der Universitätsverwaltung gab es eine beträchtliche Zusammenarbeit mit den Studenten der Fort Hare. Die Kirche setzte die Dozenten des Priesterseminars als Universitätskapläne ein: »In meiner Rolle auf der Bühne nebenan bin ich auch noch ein anglikanischer Geistlicher«, beschrieb Tutu Martin Kenyon seinen Posten. Die Studenten, die neu auf die Fort Hare kamen – so wie Thami Lokwe (später Thami Tisani), die aus Qumbu kam – entdeckten in dem Priesterseminar ihr »drittes Zuhause«. Im Gegensatz zu den anderen Dozenten auf der Fort Hare – Lokwes Geschichtsprofessor verhöhnte die Befähigung der Schwarzen, das Fach im Master zu studieren – wurden Desmond und Leah als sympathische fürsorgliche Persönlichkeiten angesehen. Leah war für die jungen Frauen ein Vorbild, die in ihren Familien zu der ersten Generation von Akademikerinnen gehörten und die sich unsicher waren, was man sozial und kulturell von ihnen erwartete. Sie sagte ihnen, sie sollten sich selbst treu bleiben und das tun, was man ihnen zu Hause beigebracht hatte. Sie versicherte ihnen eindringlich, dass nichts Schlechtes über die afrikanischen Verhaltensweisen und Bräuche zu sagen sei. Die Liebespaare unter den Studenten wandten sich lieber an Desmond als an die zölibatären Mönche der Gemeinschaft der Auferstehung. Wenn Ezra und Thami auf einer Party des Fedsem zu lange miteinander tanzten, wurden sie von den Mönchen voneinander getrennt. Desmond hingegen freute sich über Liebesbeziehungen unter den Studenten. Thami Tisani erinnerte sich daran, wie Tutu die Studenten aufzog:

> »Eines Tages kamen wir vom Gottesdienst zurück und er stand an der Tür, küsste alle Mädchen und sagte: ›Jungs, wenn ihr das wollt, dann müsst ihr heiraten.‹ Die Mädchen grinsten, waren etwas verwirrt, aber amüsierten sich köstlich. Das hätte auf keinen Fall missverstanden werden können. Wir fühlten uns sehr wohl damit. Ich weiß nicht, was die Mönche darüber sagten, aber er hätte ihnen geantwortet: ›Wissen sie was, ich bin auf der Suche nach Ehefrauen für meine Studenten.‹«

Unüblicherweise für die damalige Zeit lud Tutu auch Frauen dazu ein, eine offizielle Rolle als Messdiener bei der Eucharistiefeier zu übernehmen.

Während die Tutus in England waren, trieb die Regierung die Widerständler der Apartheid in den Untergrund oder in das Exil. Nelson Mandela, Walter Sisulu und andere Mitglieder des Oberkommandos des uMkhonto we Sizwe waren zu lebenslanger Haft verurteilt und nach Robben Island gebracht worden, wo Nxele mehr als ein Jahrhundert zuvor eingesperrt worden war. Als Robert Sobukwe vom rivalisierenden PAC seine Gefängnisstrafe abgesessen hatte, die man nach dem Massaker von Sharpeville über ihn verhängt hatte, verabschiedete die Regierung ein spezielles Gesetz, um ihn weiterhin auf Robben Island festhalten zu können. John Vorster, ein Politiker der afrikaandischen Nationalisten, der wegen seiner anti-britischen Ansichten während des Zweiten Weltkriegs eingesessen hatte, wurde der neue Polizeiminister und begann mit der Errichtung eines Polizeistaates. Im Jahre 1966 wurde er Premierminister, nachdem H. F. Verwoerd im Parlament von einem Kurier ermordet worden war. Laut Thami Tisani hatten die Studenten der Fort Hare Angst, politische Themen offen zu diskutieren: »Man musste es heraushören und sich zusammenreimen, wenn es um den ANC ging, über den jetzt nur noch geflüstert wurde. Ich wusste noch nicht einmal, was der Unterschied zwischen dem ANC und dem PAC war.« Die Spezialeinheit der Polizei hatte freien Zugang zu den archivierten Akten und setzte als Studenten getarnte Spione ein. Aus Protest gegen den Mangel an akademischer Freiheit weigerten sich die Studenten, einen repräsentativen Studierendenrat zu gründen.

Die Studenten der Fort Hare, die auf der Suche nach einer Umgebung waren, in der es sich offen diskutieren ließ, fanden, dass das Atmen beim Fedsem ein wenig leichter fiel. Die Tutus veranstalteten sonntägliche Kaffeekränze und N. Barney Pityana, der auf der Fort Hare Jura studierte, war einer von denen, die kamen:

N. Barney Pityana ließ sich von Tutus sozialer Arbeit inspirieren. Die beiden Männer hatten später Meinungsverschiedenheiten über die Rolle der Kirche in der Politik.

»Sie öffneten uns ihre Tür [für] Studentennachmittage mit wirklich guten soliden intellektuellen Diskussionen und Debatten. Diese Atmosphäre war auf der Fort Hare absolut nicht existent.« Tutu lernte von seinen Studenten. Besonders beeindruckt war er von dem Mangel an Bitterkeit des Theologiestudenten Ezra Tisani. Vor seinem Studium war er ein Gefangener auf Robben Island gewesen, wo er einmal bis zum Hals in der Erde eingegraben worden war und zwei berüchtigte Wärter auf ihn uriniert hatten. Auch begleitete Tutu Delegationen anglikanischer Studenten zu den Treffen des Anglikanischen Studentenverbands und der

University Christian Movement (UCM). Es war auf diesen Treffen, an denen Studenten aller ethnischen Gruppen teilnahmen, bei denen Führungspersönlichkeiten wie Pityana und Steve Biko, ein Medizinstudent an der University of Natal, zu dem Schluss kamen, dass, wenn die Schwarzen den Weißen auf ein und derselben Ebene entgegenkommen wollten, sie sich zunächst unabhängig organisieren mussten. Damit begann das, was als *Black Consciousness Movement*[27] Bekanntheit erlangte.

An Tutu erinnerte man sich später, als er schwarze Studenten bei einem wichtigen Treffen während der frühesten Entstehungsphasen des schwarzen Bewusstseins unterstützte. Auf der jährlichen Konferenz der UCM in Stutterheim am Ostkap im Jahre 1968 entschieden schwarze Delegierte, sich über die Kontrollgesetze hinwegzusetzen, die ihre Teilnahme an der Veranstaltung behinderten. Nachdem sie sich von der Konferenz zurückgezogen hatten, fassten sie ihren Entschluss und beriefen ein separates Treffen nur für Schwarze ein. Zu der Zeit, als das Konzept eines »Schwarzen Ausschusses« neu und kontrovers war, trat Tutu diesem bei und unterstützte seine Studenten in der darauffolgenden hitzigen Debatte in der gesamten Konferenz. »Seine Unterstützung war wichtig«, sagte Pityana, »denn er war einer der Kapläne und es gab einige Universitäten, die sehr dagegen waren.«

Wenige Monate später kam es im Jahre 1968 im Zuge der Studentenproteste, die in Westeuropa im nördlichen Frühling stattfanden, zu einer dreiwöchigen Konfrontation auf der Fort Hare. Für die studentischen Mitglieder des UCM begann die Angelegenheit mit einer Universitätsaktion auf dem Campus, die von einem gemeinschaftlichen Rat der christlichen Vereine mit Hilfe der Kapläne organisiert wurde. Am Ende der Aktionswoche verabschiedeten die Studenten Beschlüsse über Themenbereiche, wie die Diskriminierung schwarzer Dozenten auf der Universität und wandten sich damit an die Verwaltung. In dieser Zeit untersagte

27 Anm. d. Übers.: auch bekannt als »Schwarzes Bewusstsein«; eine Bewegung der schwarzen Südafrikaner, die in den 1960ern ein neues Selbstbewusstsein gegen das diskriminierende Apartheid-System entwickelte.

man den anglikanischen Studenten, eine »Hungerwoche« abzuhalten, bei der man Geld für die Verteilung von Lebensmitteln sammeln wollte. Ihnen wurde gesagt, sie seien auf der Fort Hare um zu studieren und könnten ihren Leuten auch später noch helfen. Am Freitag, dem 16. August 1968, besuchte der für das Bantu-Bildungswesen verantwortliche Regierungsminister den Campus, um den neuen Rektor J.M. de Wet, der von einer konservativen, afrikaandischen Universität kam, in sein Amt einzuführen. Die meisten Studenten boykottierten die Feierlichkeiten. Am nächsten Morgen entdeckte man die auf die Mauern der Universität geschmierten Parolen, wie »Vorster ist identisch mit Hitler«. De Wet rief 17 Studenten zusammen, zu denen auch Pityana gehörte, und teilte ihnen mit, sie würden für weitere Zwischenfälle zur Verantwortung gezogen. Einige Tage später nahm die Sicherheitspolizei vier von ihnen mit und verhörte sie. Am 25. August hielt Tutu bei einem regulären Sonntagabendgottesdienst eine Predigt für die Studenten der Fort Hare. In der vergangenen Nacht zum Mittwoch waren die Truppen des Warschauer Pakts in die Tschechoslowakei eingedrungen, um die Reformbestrebungen des Prager Frühlings niederzuschlagen. Tutu versetzte die Studenten in Erregung, in dem er in seiner Predigt die Unterdrücker verurteilte und einen Vergleich zwischen Südafrika und Osteuropa herstellte.

Den Studenten erlaubte man, eine Vollversammlung am 27. August abzuhalten, um die Pläne für den jährlich stattfindenden Frühlingsball zu diskutieren, doch sie nutzten die Gelegenheit, um gegen die Behandlung der 17 Studenten zu protestieren. Sie forderten den Rektor auf, vor der Studentenschaft zu sprechen. Als ihnen mitgeteilt wurde, er sei nicht da, veranstalteten sie für die letzten zwei Tage des Semesters einen Sitzstreik. Eine Woche später, zu Beginn des nächsten Semesters, machten sie da weiter, wo sie aufgehört hatten. Die Studenten benutzten Tutu und die anderen Kapläne als Resonanzböden, die mit ihnen ihre Optionen diskutierten. Thami Tisani erinnerte sich: »Ich weiß noch, wie er speziell sagte: ›Wie lange werdet ihr ihnen noch nachgeben? Wie lange werdet ihr noch das aufgeben, woran ihr glaubt?‹ Ich würde nicht sagen, dass er ein Aufhetzer gewesen ist. Ich würde auch nicht behaupten, dass er uns sagte, was wir zu tun hatten. Ich erinnere mich, dass er uns zuhörte.« Gqubule, Tutu und die anderen Kapläne versuchten vergeblich, zu Beginn des neuen Semesters ein Treffen zwischen der Verwaltung und den Studenten zu vermitteln. Am Freitag, dem 6. September, wurden etwa 300 Studenten, zu denen auch Thami Lokwe und Barney Pityana zählten, darüber informiert, dass sie suspendiert worden waren und bis um 15 Uhr am Nachmittag die Universität zu verlassen hätten.

Pityana wurde in den folgenden Jahren ein unabhängig denkender, anglikanischer Priester, der einige Male vehement mit Tutu aufeinanderprallte. Doch er vergaß niemals, wie Tutu sich mitten in das Schlachtgewühl begab, als die Polizei um fünf Minuten nach 15 Uhr mit Hunden und Tränengas eintraf. Wenn es das war, was ein Priester tat, dachte Pityana, dann wollte auch er einer sein:

> »Wir waren von der Polizei umzingelt, mit Hunden, die ihre Zähne fletschten. Fast zwei Stunden lang waren wir wie versteinert. Einige Leute weinten. Der Lehrkörper der Universität, die weißen Leute – einige von ihnen waren bewaffnet –, die Professoren sahen zu und niemand sagte ein Wort, niemand. Desmond [kam] wie aus dem Nichts, in einer Soutane, durchbrach die Polizeiabsperrung und kam zu uns. Ich erinnere mich an bewegende Szenen, an junge Frauen, die sich hinknieten, um mit Desmond für ihren Segen zu beten. Noch heute werde ich, wenn ich mich daran zurückerinnere, sehr emotional. Für mich war es das beste Beispiel dafür, was es bedeutete, ein Priester zu sein.«

Dieser Vorfall war ein ausschlaggebender Moment in Tutus Laufbahn als Prediger. Er zeigte nicht nur, dass Tutu das Mitgefühl seiner Mutter geerbt hatte, sondern zum ersten Mal auch, dass er in einer Krisensituation dazu im Stande war, das brennende Gefühl der Ungerechtigkeit, das er empfand, in kreative, geistliche Unterstützung für die Opfer von Gewalt zu verwandeln. Sein Eingreifen ließ seine spätere Berufslaufbahn vorausahnen. Mehr als 30 Jahre später konnte er sich die Geschehnisse dieses Tages auf der Fort Hare problemlos ins Gedächtnis zurückrufen:

»Ich habe tatsächlich die Polizei kommen sehen und diese Kinder, die auf dem Rasen sitzen und diese unglaubliche Erhabenheit, die sie hatten. Die Hunde waren bösartig und die natürliche Reaktion wäre es gewesen, wenn sie [die Studenten] weggelaufen wären, denn diese Tiere fletschten die Zähne. Sie taten es nicht, es war unglaublich. Sie alle standen einfach auf und sangen Nkosi Sikelele[28] und dann wurde einer nach dem anderen auf das Zimmer gebracht, um Sachen zu packen.«

Einige Studenten mussten wegen Hundebissen von Miriam Gqubule und anderen Fedsem-Dozentinnen behandelt werden. Dann wurden die Studenten in Busse getrieben und zu nahegelegenen Bahnhöfen gebracht. Die Studenten im Bahnhof von Alice hatten nichts zu essen und so versorgten sie die Kapläne mit Brotlaiben. Andere wurden zu abgelegenen Anschlussbahnhöfen gebracht, wo den Freiwilligen, die Essen brachten, der Zugang verweigert wurde, solange die Studenten auf ihre Züge in die Heimat warteten.

Tutu hatte sein ganzes Leben lang Diskriminierung erfahren. Seine Karriere als Lehrer war von der Apartheid beschränkt worden. Eine Gemeinschaft nach der anderen, eine Einrichtung nach der anderen, in denen er gelebt und gelernt hatte, waren zerstört worden. Doch bis zu diesem Tag im Jahre 1968 hatte er niemals direkt miterlebt, wie die Staatsmacht eine abweichende Meinung unterdrückte. In dieser Nacht schlief er kaum und dachte an die Studenten und an ihre Notlage: »Es machte mich wütend auf Gott«, erinnerte er sich. Am folgenden Morgen erlebte Merwyn Castle, wie die Gefühle Tutu in der Kapelle des Colleges übermannten: »Er brach während des Gebets zusammen und klagte und weinte sich die Augen aus. Er weinte wie ein Baby.«

In den kommenden Wochen wurde den suspendierten Studenten mitgeteilt, dass sie sich für eine Wiederaufnahme bewerben könnten. Dies jedoch unter der Voraussetzung, dass ihre Eltern eine Einverständniserklärung abgeben würden, dass ihre Kinder

28 Eine verkürzte Fassung von »Nkosi Sikelel' iAfrica« (»Gott segne Afrika«), der Hymne, die nun Teil der südafrikanischen Nationalhymne ist.

von nun an die Regeln der Fort Hare befolgten. Doch wie es die Studenten befürchtet hatten, wurde den 21 unter ihnen, die die Universität als Rädelsführer gebrandmarkt hatte, die Wiederaufnahme verweigert. Die Beziehungen zwischen dem Fedsem und der Universität waren angespannt. Der Rektor der Universität behauptete, die Oberhäupter des Nationalverbands der südafrikanischen Studenten, die vom Campus verbannt worden waren, benutzten das Fedsem als Sprachrohr, um die Studenten der Fort Hare zu erreichen. Der Präsident des Fedsem antwortete trocken: »Es ist immer unsere Überzeugung gewesen, dass unsere Studenten nicht vor einer Begegnung mit [neuen] Ideen beschützt werden sollten.« Im Jahre 1969 bedrohte der Rektor das Fedsem, nachdem Vorwürfe laut wurden, seine Studenten hätten zu einem Boykott der Vorstellung einer gastierenden Theatergruppe aufgerufen: »Wir können … ihnen versichern, dass die Angelegenheit weiter verfolgt wird.«

Das Ende kam ein Jahr, nachdem die Tutus das Fedsem verlassen hatten. Im Jahre 1971 machte die Fort Hare dem Priesterseminar ein »Kaufangebot« mit der Behauptung, sie benötige mehr Platz auf dem Campus. In der *Londoner Times* stellte Bernard Levin einen Vergleich mit dem Bau der Berliner Mauer auf. Die südafrikanischen Machthaber, behauptete er, wollten die Studenten der Fort Hare von der »Seuche der Freiheit« abschirmen, so wie die Russen die Ostberliner abzuschirmen versuchten. Die Kirchen weigerten sich zu verkaufen. 1974 enteignete die Regierung das Grundstück und die Gebäude und ließ dem Priesterseminar 30 Tage Zeit, um den Campus zu verlassen. Es war die elfte, eng mit der Familie Tutu in Verbindung stehende Einrichtung, die im Zuge der Apartheid gewaltsam entfernt oder geschlossen wurde.

Als die Regierung schließlich handelte, hatte Desmond schon einen Lehrstuhl an der University of Botswana, Lesotho and Swaziland (UBLS) in Roma, Lesotho, angenommen. Seine Entscheidung war für das College ein Schock. Er hätte Vizedirektor werden können und wurde schon als der erste schwarze Direktor gehandelt. Aelred Stubbs war bestürzt und wütend. »Ich glaube, dass Desmond wegging, war nicht Teil des Plans«, sagte Timothy Stanton. Mindestens einer der Mönche fand, dass Tutu zweierlei Dinge zur Last gelegt werden konnten: Ehrgeiz und das Verlangen, mehr Geld zu verdienen. In einem Brief, der 1970, einige Monate nachdem Tutu gegangen war, verfasst wurde, lehnte Theodore Simpson von der Gemeinschaft der Auferstehung den Vorschlag ab, er solle als erster Vollzeit-Präsident in das Priesterseminar zurückgeholt werden. Wenn Tutu ein solches Angebot annehme, schrieb er, sei das »ein stilles Zugeständnis dafür, dass er uns nur verlassen hat, um sich einen prestigeträchtigeren und besser bezahlten Posten zu sichern«. Eine Rückkehr zeige, dass er »jemand war, der sich primär für den eigenen Karrierefortschritt interessierte. Die meisten von uns sind auf Kosten eines solchen persönlichen Erfolges hier [geblieben]«. Außerdem, ergänzte er, bezweifelten einige, ob Tutu ein guter Direktor gewesen wäre und auf lange Sicht ein guter Priesterseminar-Präsident: »Ich habe mich selbst davon überzeugen können, dass er dazu neigt, über seinen Verhältnissen zu leben und dass sein Umgang mit seinen persönlichen Finanzen nicht immer sehr klug ist.«

Simpsons Memorandum nahm keinerlei Bezug auf die Situation der Familie Tutu, was bei einem Mönch, der in einer Gemeinschaft lebte, die sich um die materiellen Grundbedürfnisse ihrer Mitglieder kümmerte, wahrscheinlich nachvollziehbar ist. Ob Tutu ein Verschwender gewesen ist oder nicht, die anziehende Wirkung eines Lehrstuhls an der UBLS auf ein Paar mit vier Kindern ist kaum zu übersehen. Drei der Kinder lebten 1.300 Kilometer weit von Alice entfernt und besuchten teure Schulen. Wenn die Familie in Alice geblieben wäre, hätte das einzige Kind, das noch zu Hause lebte – Mpho, sechs Jahre alt – bald zu seinen Geschwistern nach Swaziland gehen müssen. Noch bevor es Pläne für einen Umzug gab, teilte Leah Martin Kenyon mit: »Manchmal vermisse ich die Kinder sehr und dann versinke ich in depressive Phasen. Ich hoffe noch immer, dass wir uns eines Tages in Swaziland oder Lesotho niederlassen.« Nach Lesotho zu ziehen ermöglichte es den Tutus, Naomi aus dem Internat zu nehmen und sie gemeinsam mit Mpho auf einer Schule auf dem Campus der Universität unterzubringen. Nun war der Weg nur noch halb so weit, den sie zurücklegen mussten, um die älteren Kinder nach Swaziland zu bringen oder von dort abzuholen. Außerdem bot der neue Arbeitsplatz eine Ausbildungsförderung für die älteren Kinder und das zweifache Gehalt für Desmond: Er bekam nun 3.570 Rand im Jahr. Aelred Stubbs behauptete später, der Ehrgeiz und das Geld seien teilweise Tutus Motivation gewesen, verband jedoch Tutus Entscheidung, nach Lesotho zu gehen, auch mit seiner Familie: »Sie bestanden darauf, dass ihre Kinder nicht unter dem Bantu-Bildungswesen ausgebildet wurden. Desmonds Anforderungen an die Schulausbildung seiner Kinder waren in der Tat sehr hoch und er verfolgte sie hartnäckig.«

Als er das neue Angebot erhalten hatte, verschickte Tutu einen emotionalen Brief an seinen alten Mentor. »Lieber Aelred Stubbs«, schrieb er. »Wie soll ich dieses Schreiben beginnen – denn ich möchte Dinge sagen, die zu tief liegen, um sie in Worten auszudrücken – was melodramatisch und theatralisch klingen mag. (Ich besinne mich nämlich auf das britische Englisch zurück!) Aber es ist tatsächlich so.« Nachdem er Stubbs über die Einzelheiten seiner neuen Stelle aufgeklärt hatte, fuhr er fort:

> »Es begann damit, dass Sie mich in Ihr Heimatland geschickt haben, damit ich dort studiere. Ich hatte unglaublich viel Glück. Denken Sie das nicht auch? Sie haben sich mit Ihrer Fürsorglichkeit, Ihren Bedenken und Ihren Gebeten wundervoll um mich gekümmert. Wie Sie wissen, hatten wir eine wundervolle Zeit und lernten eine unglaublich große Anzahl neuer Freunde kennen und all das wirklich nur durch Ihr gutes Zutun. Was kann man Ihnen für all diese guten Dinge sagen, als ein unzulängliches ›Dankeschön‹. Ich werde Sie vermissen. Ich bin ganz rührselig. Sie haben uns in jeder Weise geholfen: finanziell, spirituell und in allen anderen Belangen, die man sich nur vorstellen kann. Wir sind wirklich sehr aufgeregt, doch wird es einige Schwierigkeiten geben: Ich werde montags nicht mehr frei haben oder an anderen Tagen, um meine Kinder abzuholen. Ich werde niemanden mehr haben, der mich anstichelt. Aber nehmen Sie von uns allen ein aufrichtiges Dankeschön entgegen, da Sie der Grund für so viele gute Dinge

gewesen sind, die uns auf unserem Weg begleitet haben. Am kommenden Freitag werden wir in der Messe ›Von Herrlichkeit zu Herrlichkeit schreitend preisen wir Dich, o Herr‹[29] singen, denn aus irgendeinem Grund verbinde ich dies ganz besonders mit Ihnen. Vielleicht weil es das erste Kirchenlied war, das Sie uns in Rosettenville [in Johannesburg] beigebracht haben und ich werde nostalgisch bei Dingen, die sich nur schwer wiederbringen lassen, jedoch schwach in der Erinnerung fortbestehen. Dieser Brief ist unrevidiert und verlangt weder nach einer Antwort, noch nach einer Diskussion.«

Mit einer ungewohnt intimen Geste unterzeichnete Tutu den Brief mit seinem Familienspitznamen: »Mit herzlichen Grüßen, Boy.«

Wie die Fort Hare war die University of Botswana, Lesotho and Swaziland aus einer Einrichtung entstanden, die von Missionaren gegründet worden war. Im Falle der UBLS war es das Pius XII. Catholic University College. Es war 1964 gegründet worden. Während der Zeit bereiteten sich die drei Länder, zu denen es gehörte, auf die Unabhängigkeit von Großbritannien vor. Wie auch die Fort Hare lag es abgeschieden in einer ländlichen Gegend, in dem Tal, in dem die ersten katholischen Missionare in Lesotho gesiedelt hatten. Anders als die Fort Hare im Jahre 1970 war die UBLS nicht rassistisch und nicht exklusiv. Sie ließ Studenten aus allen Ländern des südlichen Afrika zu und erlaubte politische Debatten. Für Njabulo und Mpho Ndebele, zwei Südafrikaner, die während ihres Studiums dort geheiratet hatten, war Roma in Mphos Worten, »ein Zufluchtsort, ein Juwel [und eine] kleine Insel des Friedens«. Die Studenten konnten offen über die Politik der Befreiung diskutieren, ganz gleich, ob diese den bewaffneten Kampf des ANC oder die sich schnell ausbreitende Black Consciousness-Philosophie beinhaltete, die von Biko, Pityana und anderen entwickelt worden war. Politisch bewanderte Studenten lasen die Arbeiten von afrikanischen Revolutionären wie Amilcar Cabral und Eduardo Mondlane, so wie Marx, Engels, Lenin und Castro. Die Regierung

29 Anm. d. Übers.: frei aus dem Englischen aus der »Liturgy of Saint James«.

von Lesotho bekämpfte linke studentische Anführer wie Jama Mbeki, den jüngeren Bruder von Thabo Mbeki, öffentlich, doch respektierte in diesem Fall noch immer die akademische Freiheit der Universität.

Als die Tutus drei Jahre zuvor aus England zurückgekehrt waren, hatten sie ihre Pässe wieder abgegeben und mussten nun »Reisedokumente« beantragen, um in Lesotho arbeiten zu dürfen. Im Zuge des Zulassungsverfahrens der Dokumente schrieb der Schriftführer für Bantu-Angelegenheiten und Bantu-Entwicklung einem örtlichen Beamten am Ostkap: »Für die oben genannten Bantus sollen zum Zweck der Erwerbstätigkeit in Lesotho Reisedokumente ausgestellt werden, sofern der Polizeibericht positiv ist.« Im Januar 1970 zog die Familie in ein Haus auf dem Campus der UBLS. Sie nahmen ihre Möbel, 40 Kisten, 12 Taschen, fünf Koffer und 900 Bücher mit. Dann wurde Desmond als anglikanischer Kaplan und in seinem zweiten Jahr zudem als Leiter zweier Studentenwohnheime – Chancellor Hall und Mswati Hall – eingestellt, hatte daher keine Miete zu zahlen und erhielt ein zusätzliches Honorar von 600 Rand im Jahr.

Wie im Fedsem waren die meisten Dozenten Weiße, von denen viele britische oder amerikanische Auswanderer waren. Und wie im Fedsem waren Desmond und Leah wie Campuseltern, besonders für die anglikanischen Studenten. Desmond verfolgte bei seiner pastoralen Arbeit einen interventionistischen Stil: Er wartete nicht, bis man ihn um einen Rat bat. (Das sollten auch Nelson und Winnie Mandela viele Jahre später erfahren, als sie Eheprobleme hatten.) Wenn ein Student oder eine Studentin über den Campus lief, dann konnte er oder sie erwarten, von Desmond herbei gerufen zu werden. »Es gab keine Möglichkeit, einfach in die andere Richtung zu gucken«, sagte Mpho Ndebele. »Man musste sich einfach zu ihm hindrehen. Dann hat er einen mit Problemen konfrontiert.« Leah wurde im Büro des Dekans für studentische Angelegenheiten angestellt, wo sie die Verantwortung für das Gemeinwohl der Studenten übernahm. Samstags organisierte sie Filmabende, bei denen *»Der Widerspenstigen Zähmung«* und *»Die amourösen Abenteuer der Moll Flanders«* aufgeführt wurden. Den letzteren Film beschrieb sie im Campus-Informationsblatt als »die ausgelassene Geschichte eines derben Jahrhunderts, das sich seiner hätte schämen müssen«. Eine von Desmonds Leidenschaften war der Erhalt der afrikanischen Tradition der Höflichkeit. Njabulo Ndebele, der Sohn von Tutus Mathematiklehrer auf der High School, hörte Tutu zum ersten Mal, als dieser eine Vorlesung in einem überfüllten Seminarraum in der Oppenheimer Hall hielt: »Er beklagte den Umstand, dass die Leute ihren Gemeinschaftssinn verloren, indem sie sich gegenseitig nicht beachteten, wenn sie sich auf dem Campus trafen. Er sagte, in Roma grüßten sich die Leute nicht mehr, wenn sie aneinander vorbeigingen [und] das sei kein gutes Zeichen.«

Im Fachbereich Theologie war es Tutus Aufgabe, die Diplomstudenten im Alten Testament zu unterweisen. Die meisten Dozenten waren darauf vorbereitet, die Grundlagen der Religion zu unterrichten, doch es gab auch solche, die speziell den katholischen Glauben lehrten. Einer von ihnen war Buti Tlhagale, der spätere Erzbischof von Bloemfontein und Bischof von Johannesburg. Tutu sei aus der Masse der Dozenten von Roma hervorgestochen, sagte Tlhagale: »In seinem Auftreten war er schon eine sehr energische Persönlichkeit. Er lehrte uns alles über die Propheten des Alten Testaments. Ihm lag die Rolle des Amos[30] sehr, die Rolle des Gerechten, doch das alles war akademisch. Wir haben das niemals mit dem echten Leben in Verbindung gebracht. Ich hatte niemals gedacht, dass er später tatsächlich diese Rolle spielen würde.« Die Studenten interessierten sich für die neuen Konzepte der afrikanischen und der schwarzen Theologie, doch zu diesem Themenbereich wurden keine Kurse angeboten. Erst einige Jahre später begann Tlhagale während seines Studiums in Rom, Aufsätze über schwarze Theologie zu lesen, die von Tutu verfasst worden waren. Als er sich wegen einer Glaubenskrise an seinen Kaplan wandte, fand Ndebele ein verständnisvolles offenes Ohr. Er sagte Tutu, er fühle sich vom Ritus der Kirche nicht inspiriert und fühle, dass er

30 Anm. d. Übers.: Der hebräische männliche Vor- und Familienname Amos bedeutet in der Bibel etwa »der Tragende und Beladene« oder »die Last Gottes«.

aus seinem Glauben keinen Gewinn zöge. Ndebele erinnerte sich, dass Tutu nicht versucht habe, ihm einen Lösungsweg vorzuschlagen. Stattdessen habe er »große Besorgnis [geäußert], dass es der Kirche scheinbar nicht möglich war, zu den jungen Leuten vorzudringen, zu potenziellen [neuen] Anführern. Er machte sich sehr große Sorgen darum«.

Außerhalb des Campus' wuchs Tutus Ansehen in der Kirche. Im St. Peter's hatte er damit begonnen, Aufsätze in wissenschaftlichen Zeitschriften und Nachrichtenjournalen zu veröffentlichen. In Lesotho gehörte er zum leitenden Gremium des Ökumenischen Verbands von Lesotho und repräsentierte die ansässige Diözese für die Anglikanische Kirche. Er wurde zum externen Prüfer für das Fedsem und die Rhodes University in Grahamstown. Regelmäßig besuchte er Konferenzen und Versammlungen. Schon bevor der das St. Peter's verlassen hatte, war ihm sein Ruf als einer der qualifiziertesten schwarzen Theologen der Kirche vorausgeeilt. Als Robert Selby Taylor, Joost de Blanks Nachfolger als Erzbischof von Kapstadt, ihn bat, als Delegierter für die offiziellen Gespräche der anglikanisch-katholischen Kirche von Südafrika tätig zu werden, wies Tutu darauf hin, dass er schon zu der Church Unity Commission (CUC) gehörte, die für die Einheit mit den Protestantischen Kirchen eintrat. Selby Taylor bat ihn, nach Möglichkeit beides zu tun und er stimmte zu: »Ich hoffe, sie denken nicht, dass ich nur vorgebe, schwer zu bekommen zu sein. Es ist ein großes Privileg, der Kirche dienen zu dürfen.« Bei einem Termin beim Rat des St. Paul's Colleges in Grahamstown bat er Selby Taylor 1971 um die Erlaubnis, zu den Versammlungen fliegen zu dürfen. Er sagte, wegen den Treffen der anglikanisch-katholischen Kirche und den CUC-Versammlungen habe er schon zwei Wochen als Dozent an der UBLS versäumt. Er befürchte, dass den schwarzen Repräsentanten nachgesagt werden könne, sie legten mehr Wert auf Termine bei der Kirche als auf ihre eigentlichen Verpflichtungen. Auch hatte Tutu Probleme mit der Einstellung der weißen Sachbearbeiter der Kirche, die sich mit seinen Reisevorhaben befassten. Diese Erfahrung teilte er allgemein mit allen anderen schwarzen Geistlichen. In einem Beschwerdeschreiben an Selby Taylor kritisierte er den Ton, der in dem Brief eines kirchlichen Sachbearbeiters angeschlagen wurde: »Er schreibt, als wäre er ein Schuldirektor, der einem Schuljungen die Leviten liest. Er soll es bitte unterlassen, uns zu unterstellen, wir würden die Kirche wie eine Kuh melken.«

Während Tutu im Jahre 1971 auf Versammlungen in Johannesburg war, starb sein Vater ZZ Tutu friedlich im Schlaf. Am Sonntag vor seinem Tod hatte ihn die Familie noch besucht. Es war der Beginn des Schuljahres und sie waren unterwegs nach Swaziland. Sie hielten in Munsieville und machten eine kleine Abendmahlsfeier am Küchentisch. Wegen der Kontrollgesetze drohte Desmonds Mutter die Zwangsumsiedlung in ein Bantustan. »Gnädig erlaubten ihr die örtlichen Behörden als Vormund meiner kleinen Schwester bleiben zu dürfen«, erzählte er Freunden.

In dieser Zeit begann Tutu auch eine kleine Rolle bei den Beratungen über die wichtigsten Angelegenheiten der Kirche und des Staates Südafrika zu spielen. Nach einer Entscheidung, die bei einer Konferenz des Weltkirchenrats 1966 in Genf getroffen worden war, befasste sich der Rat nun mit der rechtmäßigen Anerkennung des bewaffneten Widerstands, den der ANC und der PAC nach ihrem Verbot im Jahre 1960 führten. Als der Rat 1977 einen Antrag aus seinem Programm zur Bekämpfung des Rassismus bewilligte, der Befreiungsbewegungen humanitäre Hilfe zusichern sollte, kam es zu einem Aufschrei in Südafrika – nicht zuletzt unter den weißen Mitgliedern der multiethnischen Kirchen, die dem Weltkirchenrat angehörten. Viele schwarze Anglikaner unterstützten die Beihilfe, auch wenn das vor dem Hintergrund von Vorsters Terrorism Act von 1967 nicht klar ersichtlich war. Der Act erlaubte es der Polizei, Leute ohne Gerichtsbeschluss auf unbestimmte Zeit festzuhalten, verweigerte den Verdächtigen sogar eine Gerichtsverhandlung und ordnete jedem eine minimale Haftstrafe von fünf Jahren zu, dessen Taten auch nur den Anschein erweckten, er oder sie wolle den gewaltsamen Umsturz der Regierung unterstützen. Tutu gehörte zu einer aus drei anglikanischen Mitgliedern bestehenden Delegation, die versuchte, wegen der Angelegenheit ein wiederholtes Treffen mit dem Weltkirchenrat zu organisieren. In Südafrika setzte die Ratskonferenz von 1966 einen Prozess in Gang, der 1968 zu der Veröffentlichung einer theologischen Erklärung führte – »Eine Nachricht an die Menschen in Südafrika« – die weit darüber hinausging zu sagen, die Apartheid sei lediglich ein Irrtum oder Unrecht. Die Erklärung verkündete, dass durch die Erhöhung des Rassebegriffs zur wichtigsten menschlichen Eigenschaft, die Apartheid den zentralen Grundsätzen des christlichen Glaubens widerspreche: »Diese Doktrin der ethnischen Trennung ist ein Irrglaube, ein neuartiger Glaube.« Vorster antwortete mit einer Drohgebärde: »Es gibt Geistliche in Südafrika, die mit den Dingen spielen, die Martin Luther King in Amerika getan hat. – Ich möchte ihnen sagen: Hören sie auf damit! Hören sie auf damit! Die Gewänder, die sie tragen, werden sie nicht schützen, wenn sie das in Südafrika tun.« Die Kirchenoberhäupter, die von Beyers Naude angeführt wurden, einem Afrikaander, den man zum Austritt aus der Niederländisch-Reformierten Kirche gezwungen hatte, blieben hartnäckig und richteten eine Reihe von Kommissionen ein, die unter der Schirmherrschaft des Study Project on Christianity in Apartheid Society (Spro-Cas) standen. Das Spro-Cas sollte die Auswirkungen der Nachricht untersuchen. Tutu beteiligte sich bei den Beratungsgesprächen der Spro-Cas-Kirchenkommission.

Obwohl das Leben in Lesotho vor der täglichen Unterdrückung in Südafrika schützte, grauste es den Tutus vor der Begegnung mit südafrikanischen Beamten an der Landesgrenze. Oft waren sie gezwungen zu warten, während die Grenzbeamten ihre Akten aus den drehbaren Aktenregalen suchten. Einmal wurde der damals 15 Jahre alte Trevor wütend und sagte einem Beamten: »Was für ein dummer Idiot sind sie eigentlich!?« Die wütenden Beamten packten ihn und versuchten ihn wegzubringen, doch seine Eltern – sie ignorierten die Gefahr wegen illegaler Grenzüberschreitung verhaftet zu werden – bestanden darauf, bei ihm bleiben zu dürfen und entschärften die Konfrontation. Die Unterdrückung beschränkte sich nicht ausschließlich auf Südafrika. Kurz nachdem die Tutus im Januar 1970 dort angekommen waren, fanden in Lesotho die ersten Wahlen nach der Unabhängigkeit des Landes statt. Die regierende Basutoland National Party war absolut siegessicher, doch als die ersten Ergebnisse eintrafen, hatte sie ein Kopf-an-Kopf-Rennen mit ihrem Hauptrivalen zu bestreiten, der Basutoland Congress Party. Das strittige Wahlergebnis hatte schließlich einen Totalausfall zur Folge. Als Tutu von einer Versammlung in Johannesburg zurückkehrte, teilte man ihm am Grenzposten mit, dass die Wahl für ungültig erklärt worden war. Der Premierminister Leabua Jonathan verhängte den Ausnahmezustand und ließ die Oppositionsführer festnehmen. Auch verhängte er für viele Straßen eine nächtliche Ausgangssperre, die es den UBLS-Dozenten und den Studenten unmöglich machte, zwischen 22 Uhr und 6 Uhr in der Früh ohne eine Sondererlaubnis des Polizeihauptquartiers in die Hauptstadt Maseru zu reisen. Die Ausgangssperre wurde erst wieder aufgehoben, als die Tutus Lesotho wieder verließen, doch eine rechtsstaatliche Regierung konnte erst 23 Jahre später wieder hergestellt werden.

Im Jahre 1971 schlug Denis Fahy, das Oberhaupt des Fachbereichs für Theologie an der UBLS, vor, Tutu solle an eine Außenstelle der Universität in Swaziland geschickt werden, um dort Religionswissenschaften zu unterrichten. Noch sechs Monate später wartete Tutu auf eine Antwort, als er unerwartet ein weiteres Angebot erhielt. Es kam aus London: Ob er sich für den Posten des afrikanischen Direktors des Theologischen Ausbildungsfonds bewerben wolle? Der Fonds hatte bei der Gründung des Fedsem geholfen und hatte zu großen Teilen Tutus Studium auf dem King's College finanziert. Er war eine der wichtigsten Triebkräfte für die theologische Bildung in Entwicklungsländern und der Posten, der Tutu angeboten wurde, war ein wichtiger. Tutu schrieb an Robert Selby Taylor: »Wegen der Unsicherheit über meine aktuelle Tätigkeit und der Herausforderung dieser [zukünftigen] Tätigkeit habe ich mich mit gemischten Gefühlen [für die Bewerbung] entschieden.«

Während des Bewerbungsverfahrens bat der Fonds Sydney Evans darum, ein Arbeitszeugnis für Tutu zu formulieren. Evans hatte keine Bedenken, Tutu mit Nachdruck für die Stelle zu empfehlen, jedoch hinterfragte er seine Motive:

»Ich wundere mich allerdings, was Tutu dazu bewegt, diesen weiteren Schritt zu tun [und] ob es hier einen Faktor des sozialen Aufstiegs [für ihn] gibt. Ich glaube, seine Zeit in England hat ihn dazu bewogen, seinen Kindern die bestmögliche Ausbildung zu bieten und finanziell, denke ich, hat er sich eher überstrapaziert, als er ihnen ermöglichte, die Waterford School zu besuchen. Alles in allem denke ich, erhalten Sie eine sehr gute Arbeitskraft für diesen Posten, wenn Sie Desmond Tutu einstellen. Allerdings würde ich gerne mit ihm sprechen, um zu erfahren, was es ist, das ihn eher dazu bewegt [eine neue Stelle anzutreten], als ein Dozent zu bleiben.«

Allerdings stand noch ein größeres Hindernis im Raum, als Evans qualifiziertes Empfehlungsschreiben: Der Erhalt eines Reisepasses, damit Tutu für ein Vorstellungsgespräch nach London reisen konnte. Er stellte einen Antrag bei dem Amt der südafrikanischen Regierung, das Lesotho am nächsten lag: dem Amtsgericht in der Grenzstadt Ladybrand. Der Amtsrichter, bei dem er vorsprach, stellte ihm ein positives Zeugnis aus: Tutu sei »eine gut ausgebildete Persönlichkeit mit hohen moralischen Prinzipien«, schrieb er dem Hauptbeauftragten für Bantu-Angelegenheiten in der Region. Auf die Standardfrage, ob Tutu eine »geeignete und angemessene Persönlichkeit [sei], um Länder zu besuchen, in denen keine ethnische Trennung herrscht«, antwortete der Amtsrichter: »Er ist ein hoch ausgebildeter Mann und sollte in jede multiethnische Gesellschaft hineinpassen. Es scheint nicht so, als hätte ihm sein früherer Kontakt mit einer multiethnischen Gesellschaft geschadet.« Am 30. Juli 1971 wurde im Hauptsitz des Department of Bantu Administration and Development, dem Ministerium für Bantu-Verwaltung und Bantu-Entwicklung, nach einem Polizeibericht verlangt. Am 5. August besagte eine handgeschriebene Notiz in Tutus Akte, dass der Reisepass nicht genehmigt werden solle, »wenn sich der Bericht als nachteilig erweist«. Der Antrag auf den Reisepass wurde auch an den obersten Geheimdienst des Landes weitergereicht, das Bureau for State Security, auch bekannt als BOSS. Am 6. August riet das BOSS von der Ausstellung des Passes ab. Weder die Berichte der Polizei noch die des BOSS wurden archiviert, doch es scheint offensichtlich, dass Tutus Verhalten in Alice nun gegen ihn verwendet wurde.

Tutus Antrag auf einen Reisepass wurde ohne jede Begründung abgelehnt. (Als dieses Buch verfasst wurde, waren ihm die internen Diskussionen, die die staatlichen Behörden über ihn führten, noch unbekannt.) Ohne große Hoffnungen auf eine Wiederaufnahme des Verfahrens bat Tutu Robert Selby Taylor darum, dem südafrikanischen Innenminister Theo Gerdener zu schreiben und ihm mitzuteilen, dass er kein Politiker sei und dass er keiner politischen Partei angehöre und dass, obwohl der Theologische Ausbildungsfonds dem Weltkirchenrat untergeordnet war, er sich vollkommen auf die theologische Arbeit beschränkte. Er verschwieg seine tatsächliche Meinung über die Beihilfen des Weltkirchenrats an die Befreiungsbewegungen und schlug vor, dass Selby Taylor auf die Kritik der Anglikanischen Kirche an den Beihilfen hinweisen solle und auf die Tatsache, dass Tutu dazu ausgewählt worden war, »den Standpunkt unserer Kirche gegenüber dem des Weltkirchenrats zu repräsentieren«. In seinem Brief an Gerdener folgte Selby Taylor grundlegend dem Ratschlag Tutus, vermied jedoch jede Anspielung auf die Anglikaner oder Tutus Widerstand gegen die Beihilfen. Er schrieb, dass die Arbeit, für die Tutu sich interessiere, theologischer Natur sei, dass Tutu eine Person sei, der er vertraue und dass das Meiden von Kontakten mit ausländischen Theologen ein schlechtes Bild in Übersee hinterlasse.

Selby Taylors Revisionsantrag wurde im August 1971 verschickt. Gerdener hatte später Zweifel an der Apartheid und verließ seine Partei, doch zu dieser Zeit betrachtete Selby Taylor Tutus Zukunftspläne nicht gerade optimistisch. Er schrieb: »Ich fürchte, dass das alles sein wird, was ich über das Thema hören werde.« Es blieb alles, was er hörte. Als die Monate ohne eine Rückantwort dahinzogen, befand sich die Familie Tutu in einer »schrecklichen Zwickmühle«, wie Desmond es in einem Weihnachtsbrief an Freunde beschrieb. Obwohl er nicht für ein Vorstellungsgespräch nach London kommen konnte, wurde ihm noch immer der Posten beim Theologischen Ausbildungsfonds angeboten. Gleichzeitig hoffte die UBLS, er würde im südlichen Afrika bleiben. Fahy schlug der Universität vor, Tutu aufgrund seiner wissenschaftlichen Fähigkeiten, seines außergewöhnlichen Geschicks als Dozent und seiner maßgeblichen Beteiligung am kulturellen und religiösen Leben in der Region, eine Beförderung anzubieten. Auch führte er Tutus »energische Argumentationskraft [an] und sein Beharren, dass Gerechtigkeit in der afrikanischen Sichtweise herrschen sollte«.

Im Dezember schrieb Tutu in seiner Verzweiflung an Premierminister Vorster persönlich und bat ihn um einen Reisepass. Seine Bitte wurde an das BOSS überstellt, das seinen Widerspruch bekräftigte. Vorsters nationaler Sicherheitsberater teilte dem Innenministerium mit: »Tutu möchte in seinem Schreiben an den ehrenwerten Premierminister den Eindruck erwecken, es sei ein Gewinn für Südafrika, wenn es ihm erlaubt werde, den Posten beim Theologischen Ausbildungsfonds zu übernehmen. Wenn ich seine politische Einstellung gegenüber dem südafrikanischen System so weit betrachte, zweifle ich sehr daran, dass er seine Energie zu Gunsten der Republik Südafrika verwenden wird.« Allerdings schien es, als habe die sommerliche Ferienstimmung zu Tutus Rettung beigetragen. Der Brief des BOSS war vier Tage vor Weihnachten verfasst worden. Zwischen Weihnachten und Silvester kam er an. Als man ihn bemerkte, hatte Gerdener den Reisepass schon bewilligt. Im Januar informierte das Innenministerium Tutu über die Entscheidung – auch diesmal ohne Angabe von Gründen. Nun hatte er die Hoffnung, dass es ihm möglich sein würde, den Posten beim Theologischen Ausbildungsfonds zu besetzen, jedoch vermied er es, sich zu sehr in Sicherheit zu wiegen. Die Regierung war bekannt dafür, Pässe wieder einzuziehen kurz nachdem sie ausgestellt worden waren und Leah hatte ihren Reisepass noch nicht. Tutu sagte dem Rektor der UBLS: »Wir werden nicht frei atmen können, ehe wir nicht im Flugzeug sitzen.«

Kapitel 7

Ein innerer Wandel

Im März 1972 flogen die Tutus nach Großbritannien, damit Desmond seine Stelle beim Theologischen Ausbildungsfonds antreten konnte. Was sie nicht wussten war, dass man versucht hatte, die Ausstellung von Leahs Reisepass zu unterbinden, was allerdings dann wieder verworfen worden war. Der Amtsrichter von Ladybrand hatte keine Bedenken. Er reichte den Antrag an den Beauftragten für Bantu-Angelegenheiten weiter und schrieb diesem: »Frau Tutu und ihre Familie wünschen selbstverständlich und zurecht, ihren Ehemann [und Vater] nach London begleiten zu dürfen, wo ihre Kinder ihre Ausbildung fortsetzen können.« Doch der Beauftrage wies den Antrag zurück und teilte seiner Zentralverwaltung mit, es habe den Anschein, als wolle sich Leah auf Dauer im Ausland niederlassen. Die Zentralverwaltung forderte einen Polizeibericht über Leah an. Nach einer Entscheidung, die sich mit Blick auf die Akten nicht nachvollziehen lässt, wurde ihr Reisepass Ende Januar bewilligt.

Zu der Zeit als Tutu Afrika-Beauftragter beim Theologischen Ausbildungsfonds angestellt wurde, befand sich Afrika in einem Jahrzehnt der Post-Unabhängigkeit. Für die meisten Südafrikaner war das befreite Südafrika die ersten 50 Jahre seines Bestehens ein Buch mit sieben Siegeln. Die schwarzen Südafrikaner erfreuten sich an der Tatsache, dass sich die ehemaligen belgischen, britischen, französischen, italienischen, portugiesischen und spanischen Kolonien von der Kontrolle durch die Europäer hatten befreien können, doch sie selbst waren von den alltäglichen Entwicklungen ausgeschlossen. Nur jene, die im Exil lebten, konnten direkt miterleben, was auf dem Großteil des Kontinents geschah. Die meisten Weißen kannten sich kaum mit der afrikanischen Politik aus und kümmerten sich nur wenig darum. Stattdessen orientierten sie sich kulturell an Europa und Nordamerika.

Tutus Aufgabe war es zu bewerten und vorzuschlagen, welche theologischen Ausbildungseinrichtungen und Studenten im Afrika südlich der Sahara die Fördergelder des Fonds erhalten sollten. Um dies einschätzen zu können, musste er innerhalb von drei Jahren 48 Reisen in 25 Länder unternehmen. Er musste sich mit den unterschiedlichen Ausprägungen der Landes- und Kirchenpolitik eines Großraums beschäftigen, in dem um die 300 Millionen Menschen lebten. Er erfuhr aus erster Hand von den Herausforderungen, den Erfolgen und den Fehlern, die das gewaltige Unterfangen mit sich brachte, nationale Identitäten aufzubauen, Wirtschaftssysteme zu entwickeln und unterschiedliche Arten von Menschen miteinander zu vereinen, die willkürlich in den nationalen Gebieten zusammengeworfen worden waren, die die europäischen Mächte festgesetzt hatten. Eine seiner Aufgaben war es, sich mit den anderen Regionaldirektoren – für Asien, den Mittleren Osten, Lateinamerika und für den Pazifik – auszutauschen. Wenn er auf Reisen war, schrieb er ihnen. Tag für Tag kritzelte er Kommentare in eine ganze Reihe von Collegeblöcken.

Diese Schreibblöcke und die dazugehörigen Berichte, die von seiner persönlichen Assistentin Betty Ward abgeschrieben wurden, befinden sich heute in den Kellerarchiven des Weltkirchenrats in Genf. Sie stellen eine wahre Fundgrube dar: Die detaillierten Notizen über die theologische Ausbildung in Afrika sind reich an anschaulichen Beschreibungen der Mannigfaltigkeit und der Komplexität des neuen unabhängigen Afrika in den frühen 70er-Jahren. Darüber hinaus erlauben sie Rückschlüsse auf die ursprünglichen Anliegen Tutus, die er in den späten 80ern und in den frühen 90er-Jahren während der »zweiten Befreiung« Afrikas äußerte und auf eine tief greifende Veränderung seines religiösen Empfindens.

Am regelmäßigsten und am längsten besuchte Tutu große Länder mit komplexen Ausbildungszentren, so wie Zaire (die heutige Demokratische Republik Kongo) und Nigeria, jedoch verbrachte er auch beträchtliche Zeit in anderen Ländern Westafrikas, wie Kamerun, Ghana und Sierra Leone. In Ostafrika besuchte er am häufigsten Kenia und Uganda und im südlichen Afrika sein Heimatland Südafrika.

Seine erste Reise führte ihn nach Zaire. Der Übergang in die Befreiung dieses Landes im Jahre 1960 verlief denkbar anders als in Südafrika 30 Jahre später. Die Führungskräfte feilschten um jedes Detail des Übergangs. Seine Schwungkraft drohte die Nation auseinanderzureißen und man stand ständig an der Schwelle zu einem totalen Bürgerkrieg. Als Nelson Mandela 1994 der Präsident von Südafrika wurde, hatten die Führungskräfte im Land genug Boden gutmachen können, um sich in das neue Machtgefüge einzufinden. Der kongolesische Anführer Patrice Lumumba, dessen Streben nach einem breit angelegten Nationalismus am ehesten dem von Nelson Mandela ähnelte, hatte weniger Glück. Innerhalb von sechs Monaten, nachdem sich die belgischen Machthaber zum ersten Mal mit den kongolesischen Anführern getroffen hatten, wurde die Unabhängigkeit erklärt. Am Unabhängigkeitstag im Juni 1960 hielt König Baudouin von Belgien einen paternalistischen Vortrag, in dem er die brutale Herrschaft seines Großonkels Léopold II. lobte, der das Gebiet wie sein persönliches Lehnsgut kolonisiert hatte. Lumumba, der nun Premierminister war, konterte mit einer improvisierten wütenden Anprangerung der »erniedrigenden Sklaverei« des belgischen Kolonialismus. Während eines offiziellen Mittagessens diskutierten die Belgier über einen Boykott. Innerhalb von Tagen rebellierte die Armee gegen ihre belgischen Offiziere. Weiße wurden angegriffen, die Belgier schickten Soldaten und die Vereinten Nationen intervenierten mit einer Streitmacht von 19.000 Soldaten. Die meisten kongolesischen Anführer verfolgten regionale Ziele. In der südlichen Katanga-Region, die von belgischen Minengesellschaften unterstützt wurde, setzten sich einige Abtrünnige ab. Lumumba verdächtigte die UN, Belgien in seinen fortdauernden wirtschaftlichen Interessen zu unterstützen und bat die Sowjetunion um Hilfe. Damit verwickelte er sich in die weltweite Politik des Kalten Krieges. Kongolesische Anführer, die von der CIA finanziert wurden, entmachteten ihn und brachten ihn dann nach Katanga, wo die örtlichen Gendarmen, die von den Belgiern angeführt wurden, ihn ermordeten. Jüngste Nachforschungen haben ergeben, dass, als die Ermordung zu einem öffentlichen Eklat wurde, sich die Katanganer und die

Belgier, die für sie arbeiteten, eine Geschichte über das Verschwinden Lumumbas zusammenreimten. Sie exhumierten seinen Leichnam, zerkleinerten ihn mit Messern und einer Metallsäge und lösten ihn in Schwefelsäure auf.

Als Tutu 1972 nach Zaire kam, wurde das Land von einem kongolesischen Armeeoffizier beherrscht, der die Belgier nach der Armeerebellion von 1960 abgelöst hatte. Nachdem Lumumba abgesetzt worden war, war Colonel Joseph-Désiré Mobutu für einige Monate an die Macht gekommen und hatte 1965 auf Dauer die Kontrolle übernommen. Mit der Unterstützung des Westens hatte er einen Ein-Partei-Staat errichtet, war für die indigene afrikanische Kultur und ihre Bräuche eingetreten – diesen Prozess nannte er »authenticité« – hatte das Land in Zaire umbenannt und hatte sich selbst den Namen Mobutu Sese Seko gegeben. An seinem ersten Tag in der Hauptstadt Kinshasa schrieb Tutu, die Politik sei eine wirkungsvolle Kraft in Zaire:

> »Politisch gesehen [ist das] Land [eine] militärische Diktatur und die Nationalversammlung [ihre] rechte Hand, aber die meisten Menschen finden das bei Weitem besser, als [die] chaotische Situation, die in den fünf Jahren nach der Unabhängigkeit herrschte. Viel Korruption und Bestechung. Es gibt sehr wenig, was man ohne einen [großen] ›Knall‹ erledigen kann. Die Reichen polstern ihre Nester aus und die Armen werden ärmer. [Es gibt] 27 Prozent Arbeitslosigkeit, besonders unter den Jugendlichen und jungen Erwachsenen, die nicht auf die Senior High Schools gehen können. Die Stadt zieht viele an, die [eigentlich] auf dem Land hätten bleiben sollen, so dass die Verstädterung [die] üblichen sozioökonomischen Probleme mit sich bringt: zu viele [Menschen] auf der Suche nach zu wenig Arbeit, Überbevölkerung, Sittenlosigkeit, Prostitution, Trunkenheit, etc.«

Mobutu sei daran gelegen, jede Quelle des Einflusses auf dic Gesellschaftsbereiche zu kontrollieren, die unabhängig von der Regierung waren. »Der Präsident«, schrieb Tutu, »hat bereits alle Gewerkschaften miteinander vereint und würde es gerne sehen, dass ihn die Kirche bei seinem Nationalismus à la Kaiser Konstantin unterstützt.« Mobutu hatte mehr als 80 protestantische Kirchen und Missionen gezwungen, sich zusammenzuschließen. Offiziell anerkennen ließ er nur wenige christliche Kirchen. Darunter war das Endprodukt des zwanghaften Zusammenschlusses, von den katholischen Kirchen die Église du Christ au Zaïre (ECZ) und die »Kirche von Jesus Christus auf Erden durch den Propheten Simon Kimbangu«, eine indigene Kirche, die von einem Heiler inspiriert wurde, der von den Belgiern 30 Jahre lang eingesperrt worden war.

Die katholische Kirche, die zuvor den belgischen Machthabern nahegestanden hatte, teilte Mobutus Wunsch nach einer echten indigenen Identität und ihr Kardinal trat für die Afrikanisierung der Liturgie und der religiösen Herrschaft ein. Die Anordnung, dass Jugendorganisationen der Regierungspartei in sämtlichen Institutionen gegründet werden sollten, habe sich allerdings zu einem »Zankapfel mit der römisch-katholischen Kirche« entwickelt, schrieb Tutu. »Kardinal Malula hat sich dagegen gesträubt. [Er] ist jetzt im Exil in Rom. Mobutu praktiziert den römischen Katholizismus, aber möchte ihn nicht zurückhaben. Einige Priesterseminare wurden daraufhin geschlossen. Dann änderte die Konferenz der Bischöfe der römisch-katholischen Kirche ihre Meinung und folgte den Wünschen der Regierung.«

Tutus Berichte beschränkten sich nicht nur auf Religion und Politik. Im Jahre 1974 kam er nur Tage vor einem Großereignis in Zaire an, das der amerikanische Box-Organisator Don King als »Rumble in the Jungle«[31] ankündigte. »Das Land erwartet mit Spannung den Ali-Foreman-Kampf. Tanztruppen heißen die Besucher, die den Kampf sehen wollen, bei ihrer Ankunft auf dem neuen internationalen Flughafen willkommen und dort sind Schilder, die [Muhammad] Ali und [George] Foreman im Land ihrer Vorväter willkommen heißen.« Eine beachtliche Anzahl an imposanten Gebäuden sei in Kinshasa errichtet worden. Die Stadt habe wohlhabend ausgesehen und »es gibt einen Aufschwung eines

31 Anm. d. Übers.: etwa »Prügel im Dschungel«.

wachsenden Selbstbewusstseins in der schwungvollen Lebensart der Zairer, die sich mit den modischen afrikanischen Anzügen bekleiden, die stolz von den politischen Anführern wie Präsident Mobutu, Präsident Kaunda [von Sambia] und Präsident Nyerere [von Tansania] getragen werden.« Zu der Politik sagte Tutu, dass sich Wohlstand und Macht in den Händen Weniger konzentrierte und dass sich die Indigenisierung in eine neue Richtung bewegte: »Das Land war unter der Schirmherrschaft dessen, was authenticité genannt wurde, auf dem Weg, einen rein afrikanischen Lebensstil zu entwickeln und das war in hohem Maße beachtlich. Jetzt ist man sich [noch] nicht so sicher über den neuen Kultus, den man Le Mobutuisme nennt.«

Drei Jahre nach seinem ersten Besuch verstärkten sich seine Zweifel:

> »Zaire durchlebt eine sehr schwierige Zeit mit Inflation, wachsender Arbeitslosigkeit und einer Menge anderer Probleme. Präsident Mobutu muss dennoch dafür gelobt werden, dass er die unterschiedlichen Grundbausteine zusammenhält, auf denen dieses riesige Land fußt. Doch er ist in Schwierigkeiten. Jemand machte mir gegenüber die Bemerkung, dass er, wenn er die derzeitig unglückliche Sachlage überlebt und nicht gestürzt wird, dann voraussichtlich eine sehr lange Zeit im Amt bleiben wird.[32]
> Einige empfinden die Fehde zwischen der Regierung und der Kirche – gemeint ist die römisch-katholische Kirche, denn die Protestanten sind größtenteils fügsam und untätig – lediglich als ein Ablenkungsmanöver, um die Aufmerksamkeit der Menschen von den inneren Krisen des Landes abzuwenden. Das Merkmal, das in dieser Angelegenheit am meisten beunruhigt, ist die Passivität der protestantischen Kirchen, die den Sinn für ihre prophetische Berufung scheinbar verloren haben. Nun ist es von außen offenbar leicht, diese Menschen zu ermutigen in einem unterdrückenden System kritisch zu sein, [jedoch] ist es ziemlich ungerecht von anderen zu verlangen, Inhaftierung, Belästigung oder Schlim-

32 Mobutu wurde 1997 gestürzt.

meres zu riskieren, wenn man selbst im sicheren Abstand steht. Aber nichtsdestotrotz bin ich über dieses in der afrikanischen Kirche recht weit verbreitete Phänomen zutiefst bestürzt. Doch eine der Paradoxien ist natürlich, dass fast sämtliche politische Anführer des unabhängigen Afrika mehrheitlich Christen gewesen sind.

Es gibt wenig Freiheit im heutigen Zaire. Es ist ein militärisches Regime und all das ist extrem ärgerlich für einen Schwarzen aus Südafrika. Möge Gott gepriesen sein für den Mut einiger römisch-katholischen Anführer und anderer in der ECZ. Ich glaube fest daran, dass die Kirche die Retterin Afrikas sein wird. Wenn die Kirche versagt, fürchte ich mich vor der Zukunft.«

Dieses Anliegen Tutus, dass die Kirche ihre »prophetische Berufung« bewahren solle, kam auf, als er 1987 der Präsident der All African Conference of Churches wurde und wieder im Südafrika der Apartheid weilte.

Das zweite Land, das Tutu im Zuge seiner Arbeit beim Theologischen Ausbildungsfonds besuchte, war Afrikas Gigant: Nigeria. Mit mehr als doppelt so vielen Einwohnern wie Südafrika, einem gut funktionierenden öffentlichen Dienst und einer starken Wirtschaft, war es bei seiner Unabhängigkeit im Jahre 1960 als Afrikas größte Hoffnung auf den post-kolonialen Fortschritt angesehen worden. Jedoch war das Land auch von den regionalen Spannungen in Mitleidenschaft gezogen worden, die 1966 zu einer Reihe von militärischen Staatsstreichen und zu einem Konflikt zwischen dem dominierenden muslimischen Norden und dem christlichen Osten führten. Der Osten spaltete sich 1967 ab, um die Republik Biafra zu gründen und führte einen erbitterten Bürgerkrieg mit dem Rest der nigerianischen Föderation herbei. Während des Krieges stellte sich Biafra als das Opfer der muslimischen Unterdrückung dar – obwohl die Hälfte der föderalen Armee dem Christentum angehörte –, verlieh dem Konflikt damit einen religiösen Unterton und spaltete die Kirchenführung des Landes.

Als Tutu das erste Mal nach Nigeria kam, war der Krieg seit zwei Jahren vorbei und das Land wurde von General Yakubu Gowon regiert, einem Christen – wie der Zufall es so wollte war er Anglikaner – aus dem Norden. Die nigerianischen Kirchenanführer und Akademiker teilten mit Tutu gemischte Gefühle, was die militärische Führung betraf: Sie wollten Demokratie, jedoch nicht die Instabilität, die sie verursachte. Bei seinem zweiten Besuch schrieben Tutus Informanten Gowon immerhin zu, er habe das Land zur Ruhe gebracht: »Jeder vertraut ihm und glaubt daran, was er sagt. Trotz [seiner] Zugehörigkeit zum Christentum vertrauen ihm auch die Moslems im Norden. Das angesetzte Datum für die Rückbesinnung auf die Zivilherrschaft ist 1976, doch niemand wartet besonders enthusiastisch darauf. Die Menschen haben die Intrigen und den Macchiavellismus der meisten Politiker satt und sie scheinen mit der militärischen Herrschaft ziemlich zufrieden zu sein.« Die Meinungen liefen in der Nachkriegszeit des Biafran-Konflikts immer weiter auseinander. Die Wunden, die der Krieg hinterlassen hatte, verheilten erstaunlich schnell, habe man Tutu 1973 in Lagos mitgeteilt. Doch in Enugu, der ehemaligen Hauptstadt von Biafra, habe er »einen tiefen Herzschmerz« bei den Igbo entdeckt.[33]

Beim Theologischen Ausbildungsfonds machte Tutu zum ersten Mal direkte Erfahrungen mit den Wechselbeziehungen zwischen dem Christentum und dem Islam, die auf einer Achse quer durch Afrika – von seiner Westküste aus durch die Länder Westafrikas bis zum Horn von Afrika im Osten – zum Tragen kamen. Er erlebte das Projekt »Islam in Afrika« anhand von Ibadan, einer christlich-muslimisch-gemischten Stadt im Westen von Nigeria. Hier, so schrieb er, habe ein interreligiöser Dialog ein polemisches gegenseitiges Annähern durch ein »friedlicheres Annähern« ersetzt. Er lobte die einfallsreichen Programme des Studienzentrums für Islam und Christentum in Ibadan, das die Christen dazu ermutigte, die Moslems ernst zu nehmen. Eines der Ziele war es, den Lehrern in religiös-gemischten Schulen bei der Gestaltung eines

33 Anm. d. Übers.: Die Igbo sind eine in Nigeria lebende ethnische Gruppe, die hauptsächlich das Regenwaldgebiet östlich des Niger-Unterlaufs ihre Heimat nennt.

multikonfessionellen Gottesdienstes zu helfen. Während er durch den Kontinent reiste, lernte Tutu auch die Pionierarbeit leistenden, ausländischen Gegenmodelle der University of Fort Hare kennen: Die University of Ibadan in Nigeria, die ihn besonders beeindruckt habe, die Makerere University in Uganda und das Fourah Bay College in Sierra Leone.

Auf seiner letzten ausgiebigen Reise nach Nigeria, die er 1974 für den Theologischen Ausbildungsfonds unternahm, war Tutus Endergebnis genauso vielseitig wie schon sein Ersteindruck: Die »schmerzhafte Verbitterung der Igbo und der Sinn für Ungerechtigkeit sorgen für einen ziemlich düsteren Ausblick in die Zukunft. Natürlich beheimatet Nigeria verschiedene Nationalitäten [und damit] ist es ein hell leuchtendes Beispiel für die Schändung Afrikas durch die Kolonisten, die die Zerspaltung Afrikas durch ihre unersättliche Habgier erzwungen haben«. Noch immer herrschte ein Militärregime, »doch es ist recht beeindruckend, welche Freiheit die Presse bei ihrer sehr scharfen Kritik an den Machthabern genießt.« Nigeria expandierte. Die innerstaatlichen Benzinpreise waren herabgesetzt worden und das Land erfreute sich seiner Mitgliedschaft in der Organization of Petroleum Exporting Countries (OPEC), die gerade durch die Vervierfachung der Preise eine Energiekrise in den Industrieländern verursacht hatte. Doch das Wohnungswesen und das Abwasser- und Abfallentsorgungssystem waren chaotisch, der Zustand der Straßen war mangelhaft und zu viele Autos waren nicht verkehrssicher.

Tutu besuchte Kenia auf seiner ersten Reise nach Ostafrika im Jahre 1972. Es sei reich an Vorzügen jeglicher Art, hielt er fest, und die Hauptstadt Nairobi sei beeindruckend:

> »Die Stadt sieht wohlhabend aus, mit vielen neu entstehenden Gebäuden. Ich weiß, dass es dort viele Probleme gibt: akute Wohnungsknappheit, Slums, die Reichen werden reicher und die Armen werden ärmer, Arbeitslosigkeit, Prostitution und frustrierte Schulabgänger, die nichts zu tun haben. Aber Fortschritt und Entwicklung fallen zuerst ins Auge. Da wird einem ganz warm ums Herz, wenn man aus einem Land kommt, das die Schwarzen stän-

dig schlecht macht. Da ist es gut für mein persönliches Selbstwertgefühl.«

Ein Putsch sei in Nigeria undenkbar, berichtete er. Der Präsident Jomo Kenyatta sitze »fest im Sattel«, das Land sei politisch stabil und dort gebe es Redefreiheit: »In der Regierungspartei KANU [Kenyan African National Union] gibt es viel Selbstkritik, wobei der Präsident in der Regel in Schutz genommen wird. Er ist ein glänzendes Symbol für Einheit und nationale Unabhängigkeit. Selbst von denen, die mit ihm im Widerspruch stehen, erhält er großen Respekt.« Allerdings habe es auch Spannungen zwischen den Stämmen gegeben, die sich im Kirchenwesen spiegelten: »Die Luos und die Kikuyus waren oft gegeneinander ausgespielt worden, doch nach der Unabhängigkeit hatten alle ein großes Verlangen danach, für ein vereinigtes Kenia zu arbeiten. Die Ermordung von Tom Mboya [ein Kabinettminister, der von den Luos abstammte] im Jahre 1969 machte dies zunichte. Man glaubt, dass sich die Kikuyus auf autoritären Positionen verschanzen.« Im Jahre 1973 besuchte Tutu einige Tage vor den Feierlichkeiten zur Unabhängigkeit des Landes Nairobi und Limuru. »Die Flaggen hängen draußen«, schrieb er. »Verständlicherweise gratuliert man sich selbst sehr viel, jedoch ist es beeindruckend, dass ein Leitartikel in einer der Zeitungen verkündet, die Feierlichkeiten sollten durch eine starke Dosis Selbstkritik gedämpft werden. Vielleicht erlaubt es das Maß an Mündigkeit und Sicherheit (besonders deutlich wird das nach Uganda), dass es zu dieser Redefreiheit kommt. Es ist nicht geklärt, wer Kenyatta ablösen wird, doch zurzeit reitet Kenia auf dem Wellenkamm der strahlenden Erfolge und Errungenschaften.«

Die sozialen Gegebenheiten gaben Anlass zur Reflexion der kirchlichen Ausbildung und zu der Frage, ob sie die afrikanischen Bedürfnisse befriedigte. Nach dem Besuch eines Zentrums für nomadische Massai-Rinderhirten an der Grenze zu Tansania stellte sich Tutu die Frage, ob die Kirche die Ausbildung der pastoralen Arbeit in den ländlichen Gebieten ausreichend vorantreiben konnte. Nachdem er einen der schlechtesten Slums von Nairobi besichtigt hatte, fragte er:

»Wie spricht man über den Gott, der einen liebt, den Erlöser, den Erretter, wenn man wie ein Tier lebt? Ist die Ausbildung, die einem in dem oft geschützten Elfenbeinturm zuteil wird, überhaupt geeignet, um maßgeblich darüber und über ähnliche Gegebenheiten zu urteilen? Es ist die gesamte Philosophie und die Lebensart der theologischen Ausbildung, die revolutioniert werden muss, so dass sie grundlegend problemorientierter sein kann und den Fokus auf die Menschen legen kann – eher als dass sie sich nach dem Lehr- und Studienplan orientiert. Die Dritte Welt muss ihre eigene Bauart entwickeln, die auf ihre eigenen Bedürfnisse abzielt und vielleicht können wir anderen ja dann trotzdem ein oder zwei Dinge beibringen.«

Während Tutus erstem Besuch in Kenia teilte ein Kirchenoberhaupt seine Sorge darüber, dass sich ein zu großer Teil der kenianischen Wirtschaft in den Händen von asiatischen Geschäftsleuten befinde. Im eigenen Interesse der Asiaten, behauptete er, benötigte die Wirtschaft mehr Anteilnahme der Schwarzen. Dieser kritische Ton wurde auch in Uganda laut. Die Art und Weise, in der das Land damit umging, formte innerhalb von Tagen Tutus Eindruck von Uganda in den 70ern. Er sei »um 17.45 Uhr in Entebbe angekommen«, schrieb er. »[Es war] ein bedauernswerter Anblick, wie die Asiaten fortgeschickt wurden. Dieser Flughafen konnte die Masse an Menschen kaum bewältigen, als mit dem Abtransport ernsthaft begonnen wurde.« Die asiatische Gemeinschaft wurde in Massen des Landes verwiesen. Als er den Flughafen verlassen hatte, schrieb er: »Uganda ist wegen der ergiebigen Regenfälle schön und sehr grün. Wirtschaftlich gesehen hat man nicht den Eindruck von Fortschritt und Entwicklung, so wie man ihn erhält, wenn man nach Nairobi kommt. Politisch gesehen ist es eine militärische Diktatur mit wenig Raum für abweichende Meinungen. Die Zeitungen und das Radio sind wie ein Echo der Stimme des Herrschers.«

Der »Herrscher« war Idi Amin Dada, der 18 Monate zuvor an die Macht gekommen war. Während seiner Herrschaft, die 1979 nur von einer Invasion aus Tansania beendet werden konnte, machte er sich für den Tod von schätzungsweise 300.000 Menschen verantwortlich, inklusive der obersten Richter des Landes, zahlreichen Kabinettministern und einem anglikanischen Erzbischof namens Janani Luwum. Tutu reiste durch Uganda noch bevor sich die ganze Brutalität des Regimes entfaltete, doch im Dezember 1973 war die Sachlage klar:

> »Dies ist ein trauriges Land. Es herrscht ein überwältigendes Gefühl der Unsicherheit. Laufend verschwinden Menschen einfach und niemand weiß, ob er der nächste auf der Liste ist. Es gibt weder einen Sinn noch einen Grund – mal ist es jemand mit hohem Rang von der Regierung und beim nächsten Mal wird es jemand Unbekanntes sein. Das ist Regierungspraxis nach der Laune des Präsidenten. [Ich] saß mit meinem Gastgeber von der Universität im Auto. Wir diskutierten über die Situation im Land, als er etwas unruhig meinte, wir sollten lieber nicht über dieses Thema sprechen. Warum? Weil wir von einem Armeefahrzeug verfolgt wurden. Man diskutiert diese Art von Dingen heute nirgendwo [mehr]. Man weiß niemals, mit wem man [gerade] spricht. Die Armee war verhätschelt und verwöhnt worden und der General (Amin) hatte eingeräumt, dass er die Soldaten nicht kontrollieren könne. Die Amerikaner haben ihre Botschaft geschlossen, denn der General hatte Anstoß an der Präsenz der bewaffneten uniformierten Marines genommen, nachdem er gedroht hatte, den Botschafter festnehmen zu lassen.«

Am Ende seines Aufenthalts hatte Tutu ein persönliches Aufeinandertreffen mit Amins Sicherheitsagenten. Auf dem Flughafen von Entebbe verzögerten sie den Abflug, während sie sein Gepäck durchsuchten. Sie sahen seine Aufzeichnungen durch, übersahen dabei jedoch den Bericht über einen früheren Ausflug, in dem die Medien als »Echo der Stimme des Bevollmächtigten« und das Land als militärische Diktatur beschrieben wurden: »Ich weiß nicht, was geschehen wäre, wenn sie das gefunden hätten.«

Als er die von Weißen regierten Länder des südlichen Afrika durchreiste, stieß Tutu auch mit der Sicherheitspolizei von Rhodesien zusammen. Als er 1973 in der damaligen Hauptstadt Salisbury eintraf, wurden Kriminalbeamte der Spezialeinheit herbeigerufen, nachdem er einen Zollbeamten darum gebeten hatte, keinen rhodesischen Stempel in seinen Reisepass zu setzen, da er negative Folgen in anderen afrikanischen Ländern befürchte. Zwei Tage später durchsuchten sie vor seiner Abreise sein Gepäck und fanden Aufsätze über schwarze Theologie. Sie sagten ihm: »Das ist keine Theologie, sondern Politik!« Notizen, die er in Südafrika und Mosambik gemacht hatte, konnte er versteckt halten – »Ansonsten hätte ich ganz schön in der Patsche gesessen.« –, doch ihr Misstrauen wurde wiederum entfacht, als sie einen Brief von Betty Ward fanden, seiner persönlichen Assistentin, der mit dem Wort »Oktopus« unterzeichnet war. Der Grund dafür – er war für jeden leicht zu erraten, der jemals für Tutu gearbeitet hatte, jedoch nicht für die Rhodesier – war, dass er seiner Assistentin diesen Spitznamen gegeben hatte, nachdem sie gesagt hatte, sie solle so viele Dinge auf einmal für ihn erledigen, so dass er keine Sekretärin, sondern einen Oktopus brauche.

Auf seinen Reisen schrieb Tutu ununterbrochen Kommentare, die flüchtig viele andere aktuelle afrikanische Themen berührten: die letzten Überreste der kolonialen Herrschaft, das Dilemma der unabhängigen Nachbarstaaten von Ländern unter weißer Herrschaft, interne Konflikte, die manchmal völkermörderische Züge trugen, das koloniale Erbe und neokoloniale Kontrolle, die nun fast unmerklich im Kirchenwesen und in der weltlichen Gesellschaft ausgeübt wurde.

Mosambik sei »extrem deprimierend«, schrieb er 1973, noch bevor der portugiesische Militärputsch die Unabhängigkeit herbeigeführt hatte. Er bevorzugte die Durchsichtigkeit der unablässigen Härte der Apartheid. In Mosambik, so sagte er,

> »sind die scharfen Klingen der Unterdrückung hinter der Fassade der Nicht-Diskriminierung verborgen, so dass die Menschen sie nicht als zu schneidend oder als nicht ertragbar empfinden (glücklicherweise haben sie das aber schon). Jeder Schwarze, der diesem Hemmnis zum Trotz aufsteigt und der seine Leute anführen könnte, wird dazu verleitet, den Status quo zu akzeptieren

und sich zu assimilieren. Ich denke, ich bevorzuge eher die Situation zu Hause in Südafrika, wo man genau weiß, wo man steht. Assimilation meint, dass man nicht [mehr] als Schwarzer zählt und auch nur als ein falscher Weißer gelten wird. Wert und Menschsein liegen darin, weiß zu sein. Was für eine Blasphemie!«

In Swaziland, das zwischen Mosambik und Südafrika liegt, fand Tutu »ein Königreich des Durcheinanders und der Widersprüche« vor, denn König Sobhuza II. hatte auf Anfrage der Mehrheit der königstreuen Partei hin das Parlament aufgelöst und Südafrika rüstete eine königliche Streitmacht gegen die liberalere Politik und den öffentlichen Dienst auf. Er bewunderte Botswana, das vom benachbarten Südafrika wirtschaftlich bestraft wurde, da es die Befreiungsbewegungen unterstützt hatte: »Es ist ein Wunder, dass sie gegenüber Südafrika noch immer eine solch unabhängige und kritische Haltung einnehmen.« Von Kirchenvertretern wurde Tutu mitgeteilt, dass Sambia Selbstvertrauen und Stolz aus seiner verlustreichen Entscheidung gezogen habe, seine Grenzübergänge nach Rhodesien zu schließen. Die Erfolge von Präsident Kenneth Kaunda seien beachtlich. Beim Zusammenschweißen seines Landes habe er großartige Arbeit geleistet. Die Leute, die inhaftiert worden waren, müssten sich selbst dafür verantwortlich machen, behaupteten die Kirchenoberhäupter. Doch die Entwicklung der ländlichen Gebiete sei schwer missglückt. Malawi unterhalte gute Beziehungen mit seinen beiden Nachbarländern Sambia und, wenn auch etwas weniger, Südafrika, jedoch gebe es dort keine persönliche Freiheit. Unter dem absolutistischen Präsidenten Kamuzu Banda »werden zu viele Leute plötzlich verhaftet und verschwinden [dann] einfach. Es ist eine wahrhafte Ein-Mann-Show«.

In Westafrika schrieb Tutu in seinen Berichten wiederholt von Militärputschen, von der Instabilität, die durch die unlogischen nationalen Grenzen geschaffen wurde, die von den kolonialen Mächten diktiert worden waren, von kolonialer Ausbeutung und von den fortdauernden geringen Einstiegsmöglichkeiten in den Wirtschaftssektor für die Afrikaner. Einen Tag nachdem acht Männer wegen eines Putschversuchs gegen Oberstleutnant Ignatius Kutu Acheampong zum Tode durch Erschießung verurteilt worden waren, traf Tutu in Ghana ein, dem ersten Land südlich der Sahara, das seine Unabhängigkeit erlangt hatte. Laut Tutu seien die Menschen noch immer wegen der zivilen Regierung verärgert und daher darauf vorbereitet, die Armeeherrschaft zu tolerieren. Dahomey (das heutige Benin) habe seit seiner Unabhängigkeit, die 12 Jahre zuvor erlangt worden war, sieben Staatstreiche erlebt, notierte er 1972. Die Instabilität habe Investoren abgeschreckt, wohingegen das benachbarte Togo – es war 1963 der Schauplatz des ersten Putsches in Afrika – eine stabile, wenn auch repressive Regierung habe und Unterstützung aus Deutschland und Frankreich erhalte. Nachdem er Nigeria und Kamerun bereist hatte, deren gemeinsame Grenze 14 ethnische Gruppen zerteilte, vermerkte er, wie die Kolonisten »ihre Arbeit nur zu gut gemacht [und] uns nach ihrer Laune zerspalten haben. Die Kolonialmächte haben oft das zusammengebracht, was hätte getrennt werden müssen, und das getrennt, was hätte vereint werden sollen – mit fortwährender Unterdrückung im heutigen Afrika«.

Während er entlang der Küste von Aného in Togo nach Cotonou in Dahomey fuhr, »dachte ich darüber nach, wie wenig all die kolonialen Länder für ihre Kolonien getan haben. Sie beuteten sie richtig aus und gaben sehr wenig von dem Wohlstand zurück, den sie diesen Ländern entzogen hatten. Armut ist allgegenwärtig. Es ist vollkommen unrealistisch von den neuen unabhängigen Ländern mit dieser Masse an Problemen zu erwarten, dass sie jede Schwierigkeit mit der gleichen Effektivität bekämpfen.« Er beobachtete die Abneigung der Menschen gegen libanesische Händler. In Dahomey schrieb er, dass sie die gleiche Feindseligkeit auf sich zögen wie die Asiaten in Ostafrika. In Sierra Leone habe ihm ein Theologe suggeriert, dass »sie einen Amin für die Libanesen brauchten«.

Im Jahre 1972 schrieb er allgemein über Westafrika:

»Es gibt Anwandlungen von Selbstvertrauen, aber natürlich sind sie noch immer sehr abhängig von Hilfsmitteln aus dem Ausland. Jedoch sind sie stolz auf sich selbst und es herrscht Bewegung, es herrscht Leben. Sie werden Fehler machen, aber letztlich sind sie am Leben. Die Kolonisten haben etwas getan, jedoch kaum so viel, wie sie hätten tun können oder hätten tun müssen – im Angesicht dessen, was sie von ihren ehemaligen Kolonien genommen haben.«

Auch jene afrikanischen Nationen, die sich lange Zeit selbst regiert hatten, waren Ziele kritischer Bemerkungen in Tutus Berichten. In Liberia habe er Spannungen zwischen den Nachkommen von befreiten Sklaven, die im 19. Jahrhundert das Land von den Vereinigten Staaten aus besiedelt hatten und den Eingeborenen, die sie dort vorgefunden hatten, entdeckt: »Die Einwohner von Liberia haben noch immer das Gefühl, in zwei Ländern zu leben und nicht nur in einem. Zwar engagiert sich die Regierung aktiv in einer Einigungskampagne, jedoch wird das ein langsamer Prozess werden und die Auswirkungen der ›Politik der zwei Nationen‹ zeigen sich nur allzu deutlich im Zustand des relativ unterentwickelten Hinterlandes.« Von dem Einfluss der Vereinigten Staaten auf das Land zeigte er sich unbeeindruckt: »Für mich ist es noch immer eher bedauernswert, dass sie in vielen Belangen eine bloße Kopie der Vereinigten Staaten darstellen sollen – die Währung der Vereinigten Staaten, eine ähnliche Landesflagge, die Bezeichnung des Parlamentsgebäudes als ›Capitol‹ und so weiter. Vielleicht werden sie eines Tages wirklich zu ihrem Recht kommen.« In Addis Abeba, der Hauptstadt Äthiopiens, gebe es

»ein Mosaik der Armut und des Reichtums, die dicht beieinander liegen. Die wichtigste Frage ist, wer den Kaiser ablösen wird, der mit seinen über 80 Jahren noch immer sehr aktiv ist; ich sah, wie er am Flughafen von Nairobi die Ehrengarde musterte, als er und andere Staatsoberhäupter Kenia besuchten, um das zehnjährige Uhuru zu feiern.[34] Er hat bestimmt und autokratisch regiert und dem Land Stabilität gegeben. Es wird sich zeigen, ob die jungen

34 Anm. d. Übers.: Während des kenianischen Unabhängigkeitsaufstandes gegen die Briten (1950–1956) bezeichnete man den Ruf der schwarzen Bewohner nach Eigenständigkeit des Landes als Uhuru. Gleichzeitig meint der Begriff die Unabhängigkeit Kenias, die 1963 erlangt wurde.

Nachfolger erkennen werden, dass es noch wertvollere Dinge als politische Stabilität gibt und ob sie darauf vorbereitet sind, etwas dafür zu tun.«

Im Sudan, in Burundi und in Ruanda vermutete Tutu, die Anzeichen zukünftiger Konflikte entdeckt zu haben. Im Sudan war der Konflikt zwischen dem Norden und dem Süden des Landes, der in den 50ern begonnen hatte, im Jahre 1972 durch ein Friedensabkommen beigelegt worden. Später flammte er zeitweise wieder auf. Im Jahre 1975 besuchte Tutu Juba im Süden, wo mit Nachdruck auf Einheit, Versöhnung und Wiederaufbau hingearbeitet wurde. »Einige sagen, dass die gegenseitige Annäherung des Südens (größtenteils christlich) und des Nordens (größtenteils muslimisch) sehr schwach und brüchig ist und dass die Dinge oft kurz vor dem Zusammenfall stehen. Es ist schwer, ein gerechtes Urteil zu fällen. Doch Beamte und Politiker versuchen offensichtlich, echte Verbindungen zwischen dem Norden und dem Süden herzustellen.«

Bei Ruanda und Burundi war er nicht derart optimistisch. Dort hatten deutsche und belgische Kolonisten die Gruppenidentität hervorgehoben und die Minderheit der Tutsi als herrschende Klasse behandelt. Heute werde Ruanda von der Mehrheit der Hutu regiert, schrieb Tutu 1973, allerdings besetzten gut ausgebildete Tutsi viele wichtige Positionen und es habe unlängst Studentenproteste gegen ihren Einfluss gegeben: »Sie [die Studenten] sagten, dass die Führungspositionen bei der Regierung, in den Schulen und in den Universitäten die ethnische Zusammensetzung der Nation reflektieren sollten und [die Rolle] der Batutsi[35] klein gehalten werden sollte. Die Batutsi werden von den einflussreichen Positionen verdrängt. Einige Tutsi waren getötet worden und andere von den Schulen ausgeschlossen.« Das Nachbarland Burundi wurde hingegen von der Minderheit der Tutsi regiert:

35 Anm. d. Übers.: Der Begriff Batutsi bezeichnet Angehörige der Tutsi.

»85 Prozent der Gesamtbevölkerung sind Bahutu,[36] die die Basis der soziopolitischen Pyramide bilden, an deren Spitze die Batutsi stehen. Da sie ihre Außenseiterrolle nicht länger ertragen konnten, unternahmen die Bahutu 1972 einen Putschversuch. Die Regierung startete eine systematische und schonungslose Vergeltungskampagne gegen die Bahutu. Jede aktive potenzielle Führungspersönlichkeit wurde ausgelöscht. Es gibt Massengräber, in denen Schuljungen, Lehrer, Doktoren, Krankenschwestern und andere liegen. Die Anglikaner verloren etwa ein Viertel ihrer Pastoren und die Baptisten 50 Prozent. Der anglikanische Bischof verlor seinen Sohn und seinen Schwiegersohn, während sein Fahrer seinen Vater und vier Brüder verlor. Die Zahl derer, die getötet wurden, variiert. Einige sagen 60.000, andere sagen bis zu 200.000. Es gibt eine erschreckend hohe Anzahl an Witwen und vaterlosen Kindern. Es war der erbarmungslose Versuch eines Genozids. Die Regierung hielt alles unter Kontrolle, doch von einem ungebildeten Mohutu[37] erzählt man sich, er habe gesagt, dass sie niemals vergessen würden, was geschehen war. Ihre Kinder würden es niemals vergessen und sie würden nur auf die Gelegenheit warten, Rache zu üben.«

Die Metapher von dem Außenseiter, der auf seine Rache wartet, brannte sich in Tutus Gedächtnis ein und trat mehr als 20 Jahre später wieder in den Vordergrund. Er griff das Thema in Vorträgen auf, die er während seiner Aufsehen erregenden Entsendung nach Ruanda nach dem Genozid von 1994 hielt.

Während er Priesterseminare und Universitäten besuchte, beschäftigte sich Tutu ausführlich mit den ausgewanderten Theologiedozenten aus dem Westen. Damit sie ihren Posten wechseln konnten, investierte er Zuschüsse, die der Unterstützung dienen sollten. Er begrüßte das Feingefühl jener Auswanderer, die für die Bedürfnisse der einheimischen Dozenten Verständnis zeigten und die auf diejenigen schimpften, die sich bevorzugen ließen. Ein pro-

36 Anm. d. Übers.: Der Begriff *Bahutu* bezeichnet Angehörige der Hutu.
37 Anm. d. Übers.: Der Begriff *Mohutu* bezeichnet Angehörige der Hutu.

testantisches Priesterseminar in Äthiopien erinnerte ihn offensichtlich an die bevorzugte Behandlung, die die weißen Professoren an der Fort Hare genossen hatten: »Warum leben die Auswanderer in so viel besseren Häusern, die durch einen grünen Gürtel von dem Dorf getrennt sind, in dem die einheimischen Dozenten leben? Weil die Missionsausschüsse die Mieten für die Missionare bezahlen; die Einheimischen die Mieten nicht aufbringen können. Also, verdammt seien die Missionsausschüsse.«

Als Reaktion auf eine Reihe von Einflüssen wandelte sich Tutus Religionsauffassung in den frühen 70ern grundlegend: seine Erfahrungen mit der Brutalität der Polizei in der Fort Hare, sein Umgang mit der aufkeimenden Philosophie des schwarzen Bewusstseins, seine direkten Beobachtungen der Erfolge und der Misserfolge Afrikas, seine Debatten mit afrikanischen Theologen und seine Kontakte zu den Vertretern der neuen Religionswissenschaft – insbesondere zu Aharon Sapsezian, dem Kollegen und Direktor für Lateinamerika beim Theologischen Ausbildungsfonds, der ihn mit der Befreiungstheologie vertraut gemacht hatte.

Obwohl Tutu dem King's in London für seine Ausbildung zutiefst dankte, wurde sein Respekt vor der akademischen Sorgfalt seiner Dozenten nicht unbedingt durch die Bewunderung ihrer Weltsicht ergänzt. Er berichtete, wie er sein Studium vertiefen wollte und gemeinsam mit Geoffrey Parrinder die Möglichkeit diskutierte, eine Doktorarbeit über schwarze Theologie zu schreiben:

> »Er [Parrinder] antwortete sehr ernst: ›Was ist schwarze Theologie?‹ Er stellte die Frage in einem Tonfall der deutlich machte, dass er keinen Zweifel daran hatte, dass es so etwas offensichtlich nicht gebe. Er hatte die unbewusste Arroganz von jemandem, der von jedem erwartet, er wisse, dass es tatsächlich nur eine Art von Religionswissenschaft gebe und das war die Religionswissenschaft, die er und jene, die wie er waren, praktizierten: männlich und weiß.«

In Konferenzdokumenten und Artikeln wies Tutu die Meinung als einen Trugschluss zurück, dass jede Form der Theologie, ob nun die westliche oder eine andere, universell anwendbar sei. Er behauptete, sie müsse »kontextbezogen« sein: Sie habe die Lebensumstände der Gläubigen zu beachten. Die westlichen Theologen, meinte Tutu, suchten nach Antworten auf Fragen, die die Afrikaner nicht stellten. Im England der 60er-Jahre haderten seine Kommilitonen mit der Frage, wie man einer Gesellschaft dienen konnte, die, beeinflusst vom wissenschaftlichen Fortschritt und von Interpretationen, die das Transzendentale leugneten, ihren Glauben an Gott verlor. Im Westen genierten sich die Menschen, über Gott zu reden. Einige sprachen sogar vom »Tod Gottes«. In seinem Buch *Honest to God* versuchte John Robinson, Gott auf eine Art und Weise neu zu definieren, die für die Menschen aus dem Westen Sinn machte. Die linguistische Philosophie war in Mode gekommen. Die Studenten untersuchten die Grammatik der religiösen Sprache und stellten die Frage, was es bedeutete zu sagen: »Gott existiert«. Für westliche Christen sei das eine legitime Übung, sagte Tutu, doch für Afrikaner sei sie irrelevant: »Unsere Leute zweifelten nicht daran, dass Gott existiert und sie wussten sehr gut, was Gott bedeutet. Noch mussten sie davon überzeugt werden, dass Gott gut und allmächtig ist.«

Für Tutu gab es für die afrikanischen Christen zwei grundlegende Fragen: Erstens, wie man eine fremdartige, aus dem Ausland eingeführte Art der Glaubensausübung durch eine ersetzen konnte, die authentisch afrikanisch war, und zweitens, wie man die Menschen aus ihrer Abhängigkeit befreien konnte. In Südafrika seien die Schwarzen nicht mit der theologischen Standardfrage vertraut, warum Gott das Böse und das Leid in der Welt zuließ: »Nein. Was sie wissen wollten war, warum sich dieses besondere und unerträgliche Leid so speziell und so konzentriert auf sie auszuwirken schien.« Um diese Fragen beantworten zu können, wurde Tutu zu einem Verfechter zweier eng verbundener, aber dennoch verschiedenartiger theologischer Denkschulen seiner Zeit: der afrikanischen und der schwarzen Schule. Die afrikanische Theologie, die größtenteils für die Länder entwickelt worden war, die ihre politische Befreiung schon erreicht hatten, konzentrierte sich auf die Befreiung der Christen von den kolonialen kulturellen

Einflüssen, die für den Glauben nicht relevant waren. Die schwarze Theologie war von afro-amerikanischen Religionswissenschaftlern als Reaktion auf den Rassismus in den Vereinigten Staaten entwickelt worden und bezog sich auf Situationen, in denen Schwarze noch immer politisch unterdrückt wurden.

In Bezug auf die afrikanische Theologie sagte Tutu, dass die afrikanischen Christen an einer Art Schizophrenie litten. Die Missionare hatten von ihnen zuerst erwartet, westlich zu werden, bevor sie hätten Christen werden können: »Um reine Christen zu werden, mussten sie ihr Afrikanertum verleugnen. Nahezu alle afrikanischen Dinge wurden als heidnisch verurteilt und alle Wurzeln und Verzweigungen sollten zerstört werden. Bei ihrer Taufe mussten sie sogar so genannte christliche Namen annehmen, denn ihre schönen afrikanischen Namen wurden als heidnisch angesehen.« Laut Tutu war das von den meisten Afrikanern formell akzeptiert worden, jedoch habe ihre Psyche dabei einen Schaden erlitten: »Die afrikanischen Christen bewegten sich zwischen zwei Welten hin und her. Am Tage waren sie respektable westliche Christen und in der Nacht konsultierten sie traditionelle Ärzte und brachten ihren Vorfahren unter dem Deckmantel von ›Festlichkeiten‹ Opfergaben dar.« Um der Denkweise der Missionare entgegenzuwirken, notierte Tutu Gemeinsamkeiten zwischen den afrikanischen Konzepten von Gott und denen des Alten Testaments. Seiner Meinung nach war die biblische Weltsicht für die Afrikaner sehr viel passender als für die Menschen aus dem Westen. Was die Beziehung zu ihren Vorfahren betrifft, teilten die Afrikaner und die Israeliten die gleiche Gedankenwelt: »Die Afrikaner verstanden sehr gut, was es bedeutet, wenn es im Alten Testament heißt: ›Der Mensch gehört zum Bündel des Lebens.‹ – dass er kein alleinstehendes Individuum ist. Zurückblickend ist er mit seinen Vorfahren verbunden, die er verehrt und vorausblickend mit all den noch ungeborenen Generationen.«

Die afrikanische Theologie habe gute Arbeit beim Schließen des »Riss[es] in der afrikanischen Seele« geleistet, sagte Tutu. »Die afrikanische Theologie hat der Lüge Glauben geschenkt, dass eine erstrebenswerte Religionsauffassung die Ankunft des weißen Mannes abzuwarten hätte.« Doch er war noch nicht weit genug gegangen: »Ich fürchte mich davor, dass es der afrikanischen Theologie misslungen ist, eine ausreichend scharfe Schnittkante herzustellen … Sehr wenig von dem, was angeboten wurde, ist der theologischen Machtausübung auf Seuchen, Staatsstreiche und Militärherrschaft, auf Fortschritt und Armut dienlich.« Sein Lösungsvorschlag war es, die schwarze Theologie in die afrikanische Theologie einzubetten. Die schwarze Theologie fand bei den schwarzen Südafrikanern einen starken Widerhall, nicht immer jedoch bei den Verfechtern der afrikanischen Theologie aus dem befreiten Afrika. Der ostafrikanische Religionswissenschaftler John Mbiti attackierte die schwarze Theologie als einen Import aus den Vereinigten Staaten, der keine direkte Bedeutung für Südafrika habe. Er sagte, sie sei »voller Kummer, Bitterkeit, Zorn und Hass. Die Rede ist von einem schwarzen Gott, einer schwarzen Kirche [und] einer schwarzen Befreiung. Schwarz ist dies und schwarz ist das«. Die Hautfarbe habe in der Heiligen Schrift keine theologische Bedeutung, sagte Mbiti. Die schwarze Theologie sei dem Bewusstsein für Hautfarben in der amerikanischen Gesellschaft entwachsen und sie sei eine Beurteilung des amerikanischen Christentums. Lediglich in Südafrika, wo die ethnische Unterdrückung der in den Vereinigten Staaten ähnelt, verdient sie Gehör.

Tutu, dessen erste Reise in die Vereinigten Staaten ihn 1973 zu einer Konferenz über die afrikanische und die schwarze Theologie im Union Theological Seminary in New York führte, widersprach Mbiti. Seine mächtigste Verteidigung der schwarzen Theologie – ein Aufsatz, der niemals veröffentlicht wurde – wurde einige Monate nach der Konferenz in New York geschrieben. Manche seiner Textstellen sind es wert, wiedergegeben zu werden, nicht zuletzt wegen der Einsichten, die der Aufsatz darüber bereithält, wie Tutu innerhalb von wenigen Jahren zu einem herausfordernden und unverblümten Verteidiger der schwarzen Südafrikaner und gleichzeitig zu einem emotionalen Vertreter der Versöhnung mit den Weißen wurde.

Zu Beginn des Aufsatzes stellte Tutu die rhetorische Frage, warum der Schwerpunkt so sehr auf den Schwarzen liege. Er beantwortete sie in einer Textstelle, die auch ebenso aus der Feder von Steve Biko hätte stammen können:

»Es erfordert nicht viel Intelligenz um zu erkennen, dass die meisten Reaktionen gegenüber den Schwarzen negativ sind. Das wird zu großen Teilen durch die Sprache ausgedrückt. Wenn man sich faul fühlt, dann fühlt man sich schwarz. Das schwarze Schaf ist eine schlechte Besonderheit. Im Großteil der christlich-religiösen Kunst sind die guten Engel weiß. Der Teufel und seine Engel sind schwarz. [Die Farbe] schwarz wird generell mit dem Tod in Verbindung gebracht [und] weiß mit Reinheit und Leben. Das Problem bei all diesen kulturellen Reaktionen und Bräuchen ist, wie einfach sie dabei helfen, Menschen zu konditionieren. Es beginnt als ein noch unschuldiger menschlicher Charakterzug, der sich jedoch bald weiterentwickelt – wie in diesem Fall geschehen – zu einer generellen Verunglimpfung von schwarzen Dingen und schwarzen Personen. Wenn das lange genug geschieht, dann dauert es nicht mehr lange, bis man sich als schwarze Person fragt, ob man nicht so ist wie sie einen beschreiben. Tief im Innern beginnt man an der eigenen Menschlichkeit zu zweifeln. Das hört sich melodramatisch an. Ich wünschte, das wäre es. Wir Schwarzen sind in der Terminologie des weißen Mannes – wir sind nicht weiß, nicht europäisch – zu oft als negativ beschrieben worden.«

In einer Stellungnahme dazu fuhr er fort:

»Der Begriff ›schwarz‹ wurde ziemlich bewusst angenommen, so dass wir uns selbst positiv beschreiben können. Das ist eine Geltendmachung unserer Persönlichkeit, unserer selbstständigen Identität – nicht [gegen] irgendjemand anderen. Wir verkünden uns selbst und jedem, der zuhören möchte, dass wir grundsätzlich Subjekte sind, keine Objekte, Personen, keine Dinge. Jeder einzelne von uns ist ein »Ich«, nicht ein »Es«. Wir müssen das wieder und wieder sagen, bis wir es glauben und müssen uns so verhalten können, dass wir an unsere Würde und an unsere Menschlichkeit glauben. Der weiße Mann hat bis jetzt vielleicht eher unbewusst als bewusst versucht, unsere Geschicke zu lenken. So benutzen wir ›schwarz‹ nun als einen Beinamen, denn wir sind schwarz, denn wir alle sind jemand. Wir zählen, wir sind gesund und munter und schwarz ›ist‹ schön.«

Die schwarze Theologie weise die Arroganz des Westens zurück, schrieb Tutu. Sie habe nicht den Anspruch allumfassend oder endgültig zu sein, denn jede Religionswissenschaft sei ein Produkt ihrer Zeit.

»Die schwarze Theologie ist eine engagierte, nicht akademische, freistehende Religionswissenschaft. Sie ist eine Religionswissenschaft frei aus dem Bauch heraus, die sich mit den echten Belangen auseinandersetzt: mit dem Leben und dem Tod der Schwarzen. Wenn der weiße Mann so ist, dass er es als wirklich schwer empfindet, die Bedeutung von offensichtlich direkten Sinnsprüchen wie ›Gott liebt dich‹ zu verstehen, dann ist es für den weißen Theologen vielleicht erforderlich, sich mit Wittgenstein auseinanderzusetzen, mit der prinzipiellen Verifikation und mit anderem. Die schwarze Theologie zielt darauf ab, die Lebenserfahrungen des schwarzen Mannes sinnvoll zu erfassen, die zum großen Teil aus dem Leid der Schwarzen durch die Hand des zügellosen weißen Rassismus bestehen, und dies im Sinne dessen zu verstehen, was Gott mit bestimmenden Worten über sich selbst gesagt hat, über die Menschen und über die Welt. Die schwarze Theologie hat damit zu tun, ob es möglich ist, schwarz und weiterhin Christ zu sein. Sie fragt, auf wessen Seite Gott steht. Sie sorgt sich um die Entmenschlichung des Menschen, denn diejenigen, die unsere Menschlichkeit zerstören, entmenschlichen sich in diesem Prozess selbst. [Sie sagt], dass die Befreiung des schwarzen Mannes auf der anderen Seite der Befreiung des weißen Mannes liegt – sie hat also mit der Befreiung des Menschen zu tun. Sie ist ein schrilles Trompetensignal für die Menschen, sich nach dem Gott auszurichten, der der Gott des Exodus ist – Gott der Befreier, der seine Menschen führt, all seine Menschen, heraus aus jeglicher

> Gefangenschaft: politisch, ökonomisch, kulturell, aus der Gefangenschaft der Sünde und der Krankheit, hinein in die prächtige Freiheit der Söhne Gottes.«

›Schwarz‹ möge schön sein, fuhr er fort, sei jedoch nicht automatisch moralisch überlegen:

> »Die schwarze Theologie ist nicht so naiv, als dass sie denken würde, dass die weiße Unterdrückung die einzige [Art von] Gefangenschaft sei, aus der die Schwarzen befreit werden müssten. Die Sünde und das Böse sind so entmenschlichend wie der weiße Rassismus – er ist eine besondere Erscheinungsform der Sünde und des Bösen – und der weiße Rassismus schöpft nicht all die Sünden und alles Böse aus. Wenn der weiße Unterdrücker entfernt worden ist, wird er viel zu oft von seinem schwarzen Gegenstück abgelöst.«

In einem Kommentar, in dem er prophezeite, dass ihn seine Offenheit in der Zeit nach seiner Rückkehr nach Johannesburg in Schwierigkeiten bringen würde, sagte Tutu, sein Aufsatz habe nicht den Anspruch, akzeptiert zu werden und sei auch keine Demonstration der akademischen Seriosität der schwarzen Theologie:

> »Nein. Er [der Aufsatz] ist einfach eine aufrichtige, vielleicht schrille Bekundung einer Existenz. Die schwarze Theologie existiert. Es wird nicht um Erlaubnis gebeten, sie entstehen zu lassen. Offen gesagt sind die Zeiten vorüber, in denen wir darauf gewartet haben, dass uns der weiße Mann die Erlaubnis gibt, unsere Angelegenheiten zu regeln. Ob er nun die intellektuelle Seriosität unserer Aktivitäten akzeptiert oder nicht, ist größtenteils irrelevant. Wir werden trotzdem weitermachen.«

Dass Tutu nicht darauf warten würde, bis ihm die Weißen die Erlaubnis erteilten um zu handeln, wurde ersichtlich, als er nach Südafrika zurückgerufen wurde, um 1975 der erste schwarze Dekan von Johannesburg zu werden.

Kapitel 8

Ein blutiges Aufeinandertreffen

Einen Monat nach dem Massaker von Sharpeville im Jahre 1960 besuchte ein amerikanischer Funktionär des Weltkirchenrats Südafrika, um sich mit den dortigen Mitgliedskirchen des Rats zu besprechen. Zu dieser Zeit beherbergte der Weltkirchenrat noch immer die Synoden der weißen Niederländisch-Reformierten Kirche, die eine theologische Berechtigung für die Apartheid anboten und ebenso die multiethnischen Kirchen britischen Ursprungs, die dies kritisierten. Über letztere schrieb der Funktionär an seine Dienstkollegen: »Die englisch sprechenden Kirchen behalten mutig ihre Position gegenüber der Apartheid bei, sind jedoch die Opfer eines starken Pharisäismus, denn sie bekräftigen ihre Aussagen nicht mit angemessenen Aktionen. Für sie ist das ein spirituelles Problem mit tiefen Einschnitten.« Nicht nur, was die Umsetzung ihrer Aussagen betrifft, versagten die Kirchen, auch wählten sie nur sehr wenige schwarze Führungskräfte. In der Anglikanischen Kirche, in der drei Viertel der Mitglieder Schwarze waren, war Alphaeus Zulu 1974 noch immer der einzige schwarze Diözesanbischof. Seine Diözese Zululand war größtenteils ländlich. Die Kontrolle über die Diözesen in Südafrikas wohlhabenden städtischen Gebieten lag fest in den Händen von Weißen. Daher war es umso überraschender, dass Desmond Tutu als Spitzenkandidat für die Nachfolge von Leslie Stradling als Bischof von Johannesburg galt.

Die Bischofswahl in der Anglikanischen Kirche von Südafrika ist ein Ereignis, das Lobbyismus, Dramatik und sogar Intrigen umfasst. Anders als in der Englischen Kirche, wo die Bischöfe nach Gesprächen mit dem Klerus von der Regierung ausgewählt werden, wählt die Kirche in Südafrika ihre Führungskräfte selbstständig. Repräsentanten einer jeden Gemeinde kommen bei einer Wahlversammlung zusammen und debattieren über die Stärken – und manchmal auch über die Schwächen – der Kandidaten. In der Episkopalkirche in den Vereinigten Staaten streiten die Bischöfe öffentlich um ihren Posten, doch in Südafrika sind die Wahlen geheim. Zusätzlich wissen die Versammlungsmitglieder bei diesem Anlass, dass, falls sie einen Fehler machen sollten, sie ihren Kandidaten später nicht mehr aus dem Amt wählen können. Wenn er nicht von einer anderen Diözese gewählt wird, verbleibt ein Bischof meist 15 oder 20 Jahre bis zu seinem Ruhestand auf seinem Posten. Um gewählt zu werden benötigt ein Kandidat zwei Drittel der Stimmen des Klerus und zwei Drittel der Stimmen von Laienmitgliedern der Versammlung, die die einfachen Kirchenmitglieder repräsentieren. Dieser Vorgang, der den Konsens bei der Bischofswahl gewährleisten soll, wird oft blockiert. In einem Land, das so zerspalten ist wie das Südafrika in den 70ern und 80ern, können sich Wahlen – mit den Worten Peter Lees, dem Historiker der Diözese von Johannesburg – in »ethnische Schlachtfelder« verwandeln.

Bei der Wahlversammlung von Johannesburg, die an einem öffentlichen Feiertag, dem Settlers' Day im September 1974, abgehalten wurde, war Tutu, der sich noch immer in London aufhielt, der einzige schwarze Kandidat. Die Versammlung wurde von Bill Burnett geleitet, der kurze Zeit zuvor Selby Taylor als Erzbischof von Kapstadt abgelöst hatte.

Tutu wurde von Leo Rakale, einem Mitglied der Gemeinschaft der Auferstehung und von seinem alten Mentor Aelred Stubbs nominiert. »Ich war mir sicher, dass er einen guten Bischof abgeben würde«, hatte Stubbs gesagt. »Das war nicht nur ein rassistischer Scherz.« In einer biographischen Skizze, die für die Wahl verfasst worden war, schrieb der Beratungsausschuss der Versammlung, Tutu sei ein Priester mit einer starken Persönlichkeit, habe außergewöhnliche akademische Fähigkeiten und sei ein beeindruckender Redner. »Er ist ein extrovertierter Mensch und weiß sich leicht einzubinden«, war ergänzt worden. »Er hat pastorale Begabungen, besonders gegenüber Studenten und hat Erfahrungen mit der Ökumene. Er ist weit gereist [und] hat [große] Kenntnisse über Menschen, Regierungen und aktuelle Vorgänge in anderen Teilen der Welt.« Von den anderen sieben Kandidaten, die nominiert wurden, waren vier andernorts schon Bischöfe. Die restlichen drei hatten Führungspositionen in ihren Diözesen inne. In einer Johannesburger Zeitung hieß es: »Ob [Tutu] viel Rückendeckung erhält ist fraglich.« Als die Wahl jedoch nach einer dreistündigen Debatte begann, erhielt Tutu die zweithöchste Anzahl an Stimmen vom Klerus und von den Laienrepräsentanten. Die Versammlungsakten, die in den Archiven der Kirche aufbewahrt werden, zeigen, dass Mark Wood, ein Bischof aus dem damaligen Rhodesien, eine Stimme mehr als Tutu vom Klerus erhalten hatte und dass John Carter, der Suffraganbischof von Johannesburg 20 Stimmen mehr von den Laienrepräsentanten bekommen hatte. In den beiden darauffolgenden Wahldurchgängen wurde die Unterstützung für Tutu nicht stärker, sondern nahm bei den Laien sogar leicht ab. Wood und Carter fielen hingegen die Stimmen der Kandidaten zu, die schon ausgeschieden waren. Dann griff Stubbs ein und schlug vor, man solle die Debatte wieder aufnehmen. Er setzte sich gegen sämtliche Widersprüche durch. Die Versammlungsmitglieder erinnern sich nicht mehr daran, was er oder andere Redner gesagt haben, doch im nächsten Wahldurchgang rutschte Tutu auf den ersten Platz. Im fünften Wahldurchgang hatte er doppelt so viele Stimmen wie jeder von seinen Gegnern. Allerdings hatte er nur eine sehr knappe Zweidrittelmehrheit. Die Versammlung wurde für das Abendessen unterbrochen.

Bill Burnett war Tutus Vorgänger als Erzbischof; die beiden hatten ein schwieriges Verhältnis.

Noch heute scheiden sich die Geister darüber, was während der Pause geschah. Die schwarzen Versammlungsmitglieder verdächtigten die Weißen, Tutu stoppen zu wollen. Sicher ist nur, dass, als die Versammlung wieder zusammenkam, zwei weiße Mitglieder Timothy Bavin nominierten, der als Dekan von Johannesburg der höchste Priester der Diözese war. Der englische Auswanderer Bavin war weniger als zwei Jahre Dekan gewesen. Zuvor hatte er sich geweigert teilzunehmen, doch laut Regelwerk musste ein Nominierter nicht seine Zustimmung geben. Bavins Unterstützer machten erfolgreich den Vorschlag, dass das Verfahren weitergeführt werden sollte, ohne ihn zu fragen, ob er die Wahl akzeptierte. Die Versammlung debattierte erneut über die Kandidaten und die Wahl wurde fortgesetzt. Im sechsten Wahldurchgang gewann Bavin massive Unterstützung vom Klerus. Tutu war derjenige, der vom Klerus und von den Laien die meisten Stimmen verlor. In weiteren Durchgängen, die bis spät in die Nacht andauerten, wuchs die Unterstützung für Bavin stetig. Nach dem achten Wahldurchgang, in dem Bavin Tutu zum ersten Mal überholte, begehrte es Burnett danach, den Heiligen Geist anzurufen. Er bat die Versammlung darum, das Kirchenlied »Veni Creator Spiritus« (»Komm, Gott Schöpfer, Heiliger Geist«) zu singen. Im neunten Durchgang gewann Bavin eine Zweidrittelmehrheit bei den Laien und im zehnten Durchgang beim Klerus. Als er von Burnett gefragt wurde, ob er die Wahl annehmen wolle, willigte Bavin ein.

30 Jahre später hatten einige der schwarzen Geistlichen in der Diözese von Johannesburg Bavin noch immer nicht vergeben. Sie waren der Meinung, dass er Tutu blockiert hatte. Tatsächlich deutet ein Vergleich der Wahlergebnisse mit der ethnischen Zusammensetzung der Versammlung darauf hin, dass die Versammlung, als Bavin nominiert wurde, nicht auf einen Sieg Tutus ausgerichtet war, sondern auf eine Blockade, die von der Verweigerung der weißen anglikanischen Laienrepräsentanten erzeugt wurde, ihn als Sieger anzuerkennen. Als er in London von den Neuigkeiten erfuhr, schrieb Tutu an seinen Collegefreund Stanley Mogoba: »Johannesburg hat mich abgelehnt. Aber ich bin froh; hauptsächlich weil sie einen schwarzen Kandidaten als einen sehr ernsthaften

Herausforderer anerkennen mussten.« Viele Jahre später, nachdem er Bavin auf seinem Posten abgelöst hatte, meinte Tutu, Gott müsse sehr weise gewesen sein: »Wäre ich zu diesem Zeitpunkt [1974] gewählt worden, bin ich mir sicher, wäre der Schock für das System eine große Sache gewesen [und] noch traumatischer als er es 1984 gewesen war, und da war es auch ein ziemlicher. Die Diözese hätte sich damals so leicht auflösen können.«

Eine von Timothy Bavins ersten Aufgaben als Bischof war es, einen Nachfolger für den Posten als Dekan und Pfarrer der St. Mary's Cathedral zu ernennen. Aus zwei Gründen wollte er dem Kathedralrat einen schwarzen Kandidaten vorschlagen: Seit einigen Jahren war die Gemeinde multiethnisch und er fühlte, dass schon sein Vorgänger als Dekan, Gonville ffrench-Beytagh, diesen Weg hatte einschlagen wollen. Er kannte Tutu nicht persönlich, doch war er vielleicht von dem großen Maß an Unterstützung beeinflusst, welches Tutu bei der Wahl erhalten hatte. Er entschied sich, ihn vorzuschlagen.

Seit Desmond mit seiner Arbeit im Hauptsitz des Theologischen Ausbildungsfonds in Bromley in der Grafschaft Kent begonnen hatte, hatte die Familie Tutu in der Gegend Wurzeln geschlagen. Sie hatten erste Schritte unternommen, das Haus, in dem sie lebten – es war eine Doppelhaushälfte in einem Mittelklasseviertel im nahegelegenen Südosten Londons – zu kaufen. Zwischen seinen Reisen für den Fonds arbeitete Desmond als ehrenamtlicher Hilfspfarrer in der St. Augustine's Church in Grove Park, nicht weit von ihrem Haus entfernt. Die Familie war in der Gemeinde beliebt. In der Erinnerung eines Gemeindemitglieds seien Naomi und Mpho »ein paar Komikerinnen, lebhaft, schelmisch und sehr beliebt bei den anderen Kindern« gewesen. An Trevor erinnerte man sich, wie er öffentlich für ein Amtsenthebungsverfahren von Richard Nixon eintrat. Desmond war dafür bekannt, dass er den Kirchgängern nach dem Gottesdienst zurief: »Treten Sie näher, treten Sie näher! Holen Sie sich Ihr heiliges Händeschütteln!« und dafür, was Charles Cartwright, der Vikar von St. Augustine's, als einen »ansteckenden Sinn für Heiterkeit und Freude« beschrieb. Leah meldete sich in Kursen für Erwachsenenbildung an. Dort lernte sie Yoga, Psychologie und wie man Autos repariert, damit sie während Desmonds regelmäßigen Reisen besser alleine zurechtkam. Über die Kinder lernte sie neue Freundinnen kennen. Trevor besuchte eine Universität in der Nähe des Hauses: das Imperial College, London. Thandi, Naomi und Mpho besuchten gute Schulen und wohnten zu Hause. Leah beschrieb die Zeit später als die glücklichste ihres Lebens.

Vor diesem Hintergrund führte Bavins Einladung an Tutu eine Familienkrise herbei. Mit der Zukunftsaussicht, in die Apartheid zurückzukehren und wieder von ihren Kindern getrennt leben zu müssen, weinte sich Leah im wahrsten Sinne des Wortes an der Schulter von Desmonds persönlicher Assistentin Betty Ward aus. »Meine Schultern waren [vollkommen] durchnässt«, erinnerte sich Ward. »Ich erinnere mich sehr genau, wie sie sagte: ›Ich kann hier tun, was ich möchte. In Südafrika muss ich den Bürgersteig verlassen, wenn mir eine weiße Person entgegenkommt.‹« Leah und Desmond zerbrachen sich wochenlang den Kopf über die Entscheidung. Eines Nachmittags verließ Leah das Haus und begab sich auf einen, wie sie es nannte, »privaten Protestmarsch«. Desmond fragte Bill Burnett um Rat und sagte ihm, dass er, neben dem Problem mit der Weiterausbildung der Kinder, auch der Tatsache entgegensehe, dass sich sein Einkommen erheblich verringere. Burnett antwortete, dass er die Vorbehalte verstehe und dass der Beruf kein einfacher sei: »Ich denke, ihr Kommen würde allerdings ein klares persönliches Glaubensbekenntnis an unseren Herrn Jesu in ihrem Leben darstellen und ebenso eine Verkündigung durch die Kirche, dass Er unser Herr ist.« In Desmonds Erinnerung war die Meinung der Kinder ausschlaggebend: »Wir sagten, dass es eine Entscheidung der Familie sein muss. Die Kinder sagten: ›Papa, du musst zurückgehen.‹« Desmond teilte Timothy Bavin mit, er könne seinen Namen an den Kathedralrat weitergeben. Leah leistete weiterhin starken Widerstand: »Leah war sehr, sehr bestürzt. Das belastete unsere Ehe sehr.«

An einem Freitagnachmittag im März des Jahres 1975 wurde Tutu vom Rat der St. Mary's Cathedral zum Dekan gewählt. Am Samstag, einen Tag vor der planmäßigen Bekanntgabe beim Sonntagsgottesdienst, war die Neuigkeit nach außen gedrungen und die

Wahl des ersten schwarzen Dekans einer südafrikanischen Kathedrale sorgte für Schlagzeilen in der südafrikanischen Presse. Einige Tage später sagte Tutu einem Londoner Korrespondenten einer südafrikanischen Zeitungsgruppe, dass er es ablehne, einen Antrag bei der Regierung zu stellen, um in der offiziellen Residenz des Dekans in dem weißen Vorort Houghton einziehen zu dürfen. Er lehne es grundsätzlich ab wie ein »ehrenvoller Weißer« behandelt zu werden, sagte er. »Ich möchte mich nicht für mein Schwarzsein entschuldigen.« Zu der damaligen Zeit war es noch nicht offensichtlich, doch er hatte ein solch weit reichendes, großen Druck erzeugendes und bedeutendes geistliches Amt eingenommen, wie kein anderes Kirchenoberhaupt seiner Generation.

Ab diesem Zeitpunkt in Tutus Leben, an dem er die öffentliche Bühne betrat, ist es möglich, die Eigenschaften zu identifizieren, die dauerhaft erhalten blieben und die seine Arbeit von nun an vorantrieben. Er übernahm seine Führungsposition als ein Südafrikaner mit gemischtem ethnischen Hintergrund, der in der weltoffensten Metropole des Landes aufgewachsen war, der sechs der Landessprachen fließend beherrschte und daher – wegen ihrer Ähnlichkeit zueinander – fähig war, mit neun Sprachgruppen zu kommunizieren. Er hatte persönliche Erfahrungen mit den zerstörerischen Folgen der Apartheid gemacht. Er hatte das Mitgefühl seiner Mutter geerbt, war ein emotionaler und fürsorglicher Pastor, der intuitiv die Notlage der Schwachen nachempfinden konnte und mit Entrüstung auf den Machtmissbrauch durch die Starken reagierte. Er hatte die afrikanische Spiritualität geerbt, die er durch eine geordnete und bewusst temperierte Lob- und Gebetsstruktur zum Ausdruck brachte, die er von der westlich klösterlichen Tradition gelernt hatte. Er war ein gut ausgebildeter Theologe des 20. Jahrhunderts, dem das Griechisch und Hebräisch des Alten Testaments geläufig war – er konnte auch ein bisschen Arabisch und Französisch –, er akzeptierte die moderne Religionswissenschaft, lehnte den einfältigen Fundamentalismus ab, hinterfragte jedoch niemals seinen Glauben an Gott und gab sich mit dem traditionellen »Gespräch mit Gott« zufrieden. Er war ein interkultureller Vermittler mit einer überschwänglichen Persönlichkeit, mit dem gleichen Maß an Leichtigkeit, im westlichen wie auch im afrikanischen Milieu. Er kannte den Umstand in einer Einrichtung zu arbeiten, die beides gleichzeitig versuchte: der Apartheid zu widerstehen und in einem Polizeistaat zu überleben. Als ein Vertreter der schwarzen Selbstbehauptung und der schwarzen Herrschaft war er gleichwohl dazu verpflichtet, in der Kirche und im öffentlichen Leben mit den Weißen zu kooperieren. Als ein Afrikaner war er von der Befreiung des Kontinents von der kolonialen Kontrolle begeistert, hatte jedoch auch persönliche Erfahrungen mit ihren Hindernissen und Misserfolgen gemacht, was nur sehr wenige Südafrikaner von sich behaupten konnten.

Am 31. August 1975 wurde Tutu von Timothy Bavin in der St. Mary's Cathedral in sein Amt als Dekan eingeführt. Die Kathedrale war bis an ihre Grenzen gefüllt. Erzbischof Karekin Sarkissian, der Leiter des Theologischen Ausbildungsfonds von der Armenisch-Orthodoxen Kirche, war für den Gottesdienst nach Johannesburg gereist. Der Gottesdienst sei prächtig und die Musik hervorragend gewesen, schrieb Tutu später. Einer der obersten Priester von Johannesburg sprach von einem herrlichen Gottesdienst und einem Akt der Gottesverehrung, an dessen Ende »ich laut schreien wollte«.

Trevor und Thandi waren in London geblieben. Trevor auf seiner Universität und Thandi, um ihre Schulausbildung zu beenden. Desmond, Leah und die jüngeren Mädchen wohnten – wenn sie nicht in der Schule in Swaziland waren – 18 Kilometer außerhalb in Soweto, einer weitflächigen Ansammlung von 28 Townships im Südwesten der Stadt. Verglichen mit einem Anwesen in Houghton, auf das die Tutus verzichtet hatten, oder mit den kleineren Häusern der weißen Mittel- und Arbeiterschicht in den Vororten südlich von Johannesburg, war Soweto ärmlich. Wieviele Menschen dort lebten, wusste niemand genau. Der Schätzwert lag bei 1,5 Millionen. Fast die Hälfte aller Arbeiter in Afrikas reichster Stadt lebte unterhalb der Armutsgrenze. Sie wohnten in so genannten »Streichholzschachtelhäusern«, meistens ohne ein Dach oder ohne Badezimmer. Fließend Wasser gab es für viele nur aus einem Wasserhahn draußen im Hof. Die meisten hatten keinen elektrischen

Strom und daher auch kein fließendes Warmwasser. Die Häuser wurden nur mit Kerzen oder Petroleumlampen beleuchtet, doch die Straßen wurden von kräftigen Lampen an der Spitze von großen Lichtmasten erhellt, die über das Township verteilt waren. Gekocht wurde auf Kohlefeuern. Im Winter hing bis in den Vormittag hinein Rauch über den Straßen, so dass die Taxis und Autos, mit denen zur Arbeit gefahren wurde, ihre Lichter noch Stunden nach dem Sonnenaufgang eingeschaltet haben mussten. Im August überstäubten die starken Winde des noch jungen Frühlings die Townships mit dem feinen gelben Sand der nahegelegenen Minenschuttplätze. Die Kriminalität war wesentlich höher als im schwer bewachten, weißen Johannesburg. An jedem Wochenende wurden 15 bis 20 Menschen ermordet.

Die Tutus zogen in ein Haus, das der Kathedrale angehörte, jedoch nicht, bevor es vergrößert worden war. »Die Diözese brachte ihre schwarzen Priester sehr schlecht unter«, sagte Tutu. »Für ihre Geistlichen hielt sie billig und schäbig gebaute Häuser bereit.« Das renovierte Haus, das in einer Anhäufung von bescheidenen Mittelklassehäusern am Rand eines Hügels im Township Orlando West lag, war vergleichsweise luxuriös: Die anderen Leute aus Soweto nannten die Gegend »Beverly Hills«. In der Nähe der Tutus lag das Streichholzschachtelhaus von Nelson Mandela, in dem Winnie Madikizela Mandela seit der Inhaftierung ihres Ehemanns lebte.

Saint Mary's lag in der Nähe des Bahnhofs im Stadtzentrum von Johannesburg. Die Gemeinde war gegründet worden, als die Stadt noch ein Goldgräberlager war und die Kathedrale wurde errichtet, nachdem Johannesburg in den 20ern eine eigene Diözese geworden war. Als Tutu eintraf, wurde gerade ein 22-stöckiges Gebäude mit Geschäften, Büros und Apartments neben der Kirche, das von ffrench-Beytagh geplant und unter Bavin gebaut worden war, von seinen zukünftigen Bewohnern bezogen. Die Gemeinde, die 1.500 Mitglieder zählte, war in der Diözese wegen ihres sozialen Engagements, ihrer Lebhaftigkeit beim Erhalt der Rechtschaffenheit ihrer Geistlichen und ihrer Stärke bei der traditionellen Gestaltung des Gottesdienstes hoch angesehen. Jedoch wurde sie, was die pastorale Arbeit, die Jugendarbeit und die Bekehrungstätigkeit betraf, als schwach angesehen. Nachdem eine nahegelegene schwarze Kirche geschlossen worden war und sich die Gemeinden zusammengeschlossen hatten, war sie in den 60ern multiethnisch geworden. Als Tutu ankam, war die Gemeinde besonders an den Sonntagmorgen größtenteils weiß. Dennoch war sie als die Mutterkirche der Diözese der zentrale Ort in Johannesburg, an dem sich schwarze und weiße Anglikaner trafen. Die Gottesdienste in fast allen anderen Kirchen der Diözese wurden in der Praxis, wenn auch nicht inhaltlich, getrennt abgehalten. Die Bewohner der schwarzen Townships besuchten Kirchen, die in der Nähe ihrer Häuser lagen und ebenso taten es die Weißen in ihren Vororten. Die Hausangestellten in den Vororten nahmen für gewöhnlich an getrennten Sonntagnachmittaggottesdiensten teil, die in den einheimischen Sprachen abgehalten wurden.

Über Tutus Anstellung schrieb das Gemeindemagazin von St. Mary's, dass es für einen engagierten Christen keinen Unterschied machen solle, ob er (Tutu) nun »schwarz, weiß oder pink« sei. Von Interesse solle nur sein, ob er ein wirkungsvoller Anführer sei und er habe eine Zeitspanne von sieben Jahren, um sich zu beweisen. In seinem ersten Brief an die Gemeinde schrieb Tutu, dass er sich zu einer Versöhnung verpflichtet fühle:

> »Aber ich fühle mich sicherlich nicht zu einer einfachen Versöhnung verpflichtet. Die wahre Versöhnung kostete Gott das Leben seines Sohnes und wenn wir die Werkzeuge seines Friedens sein sollen, dann müssen wir wissen, was wir zu tun haben. Wir müssen bereit sein, das Kreuz der Versöhnung zu tragen und müssen uns wie unser Herr mit den Niederen und den Ausgeschlossenen identifizieren, mit den Drogenabhängigen, den Homosexuellen, den Prostituierten, den Armen und den Unterdrückten.«

Des weiteren schlug er vor, dass es freitags Bußgottesdienste für die Sünden des Rassismus und für die Ungerechtigkeit geben solle: »All unsere Bemühungen in diese Richtung«, betonte er, »müssen auf dem Wort Gottes beruhen und müssen von Gott, dem wahrhaftigen Heiligen Geist gelenkt und inspiriert werden.«

Die Anprangerung der Ungerechtigkeit war in St. Mary's keine Neuheit. Schon ffrench-Beytagh hatte sich gegen die Apartheid ausgesprochen. Er hatte für Furore gesorgt, als er sich gegen einen Beschluss des Konzils auflehnte, der die Zahlung von Zuschüssen an Befreiungsbewegungen durch den Weltkirchenrat verurteilte. Daraufhin entschied sich die Regierung 1970 dazu, den Standpunkt Vorsters zu demonstrieren, dass Geistliche, die gegen die Apartheid eintraten, nicht durch ihren Status geschützt werden sollten. Die Polizei versteckte Broschüren des ANC und der Kommunistischen Partei in seinem Haus, verhaftete ihn und klagte ihn dann unter dem Terrorism Act dafür an, die Ziele des ANC zu unterstützen. Da er die Menschen zu Gewalttaten angestiftet habe und den Familien von politischen Gefangenen geholfen habe, verurteilte ihn das Amtsgericht zu einer fünfjährigen Gefängnisstrafe. Die Berufungsabteilung des Obersten Gerichts hob das Urteil wieder auf und begründete seine Entscheidung damit, dass ffrench-Beytagh vor Gewalttaten gewarnt habe, anstatt für sie einzutreten und dass er mit seiner Hilfe für die Familien von Gefangenen nicht – wie behauptet – mit »der Absicht, den Erhalt von Recht und Gesetz zu gefährden«, gehandelt habe.

Besonders im Hinblick auf die Äußerungen ihrer Geistlichen war die Gemeinde politisch gespalten. Ein Gemeindemitglied namens Noël Whitman entfachte auf den Seiten des Gemeindemagazins eine monatelange Kontroverse. Er beschwerte sich über eine Predigt, die von Norman Montjane gehalten worden war, dem Priester, der Naomi Tutu 1963 nach London mitgenommen hatte:

»Als erstes würde ich sehr gerne wissen, warum die Tatsache, dass Johannesburg ›auf dem Blut der schwarzen Männer errichtet wurde‹ abgehoben sein soll. Ich finde es höchst unpassend, wie die Kanzel der Kathedrale als politisches Schlachtfeld genutzt wird. Sicherlich geht man in die Kathedrale oder in eine andere Kirche mit der Absicht, aus den Gottesdiensten etwas von der spirituellen Natur mitzunehmen und nicht um sich seiner angeborenen Hautfarbe wegen schuldig zu fühlen.«

Whitman bezog sich auf eine Aussage Tutus, dass die weißen Südafrikaner Teil einer wohlhabenden Minderheit in der Welt seien und fragte: »Brauchen wir wirklich all das Kauderwelsch über die Zweite und die Dritte Welt? Außerdem ist es die so genannte verhätschelte Minderheit, die die Entwicklungsländer vor dem Hungertod bewahrt, in den sie sich durch ihre eigene Unwirtschaftlichkeit treiben.«

Trotz solcher Ansichten erfuhr Tutu keinerlei Feindseligkeit durch die Gemeinde: »Sie waren so duldsam wie sie nur hätten sein können«, sagte er später. Zuerst sorgten sie sich noch darum, dass er keine Erlaubnis haben könnte, die Ehe zwischen zwei Weißen zu schließen, jedoch erhielt er dafür eine Lizenz von der Regierung. Eine absurde Eigenart im Gesetz der Apartheid war es, dass er ein weißes oder ein als farbig klassifiziertes Paar trauen konnte, jedoch eine Sondererlaubnis der Regierung benötigte, um ein schwarzes Paar miteinander zu verheiraten. Die Eheschließung zwischen Personen unterschiedlicher Hautfarbe galt als Verstoß gegen den Prohibition of Mixed Marriages Act. Sobald Außenstehende zu besonderen Gottesdiensten in die Kathedrale kamen oder Tutu sich außerhalb seines Bezirks aufhielt, traf er verstärkt auf Rassismus. Während eines Gottesdienstes, der am nationalen Buß- und Bettag abgehalten wurde, fragte eine weiße Frau, als sie Tutu sah: »Was macht dieser [Mess]Diener da?« Und bei einem Besuch seiner Gemeindemitglieder in ihren Apartments in der Nähe der Kathedrale wurde er zum Dienstboteneingang verwiesen.

Die Mitarbeiterschaft der Kathedrale war ethnisch gemischt. Als seinen Subdekan stellte Tutu einen Mann an, der 18 Jahre älter war als er selbst; einen Priester, der in der Diözese weithin gemocht und respektiert wurde. Leo Rakale, der aus einer bekannten kirchlichen Familie stammte, war der erste schwarze Mönch, der der Gemeinschaft der Auferstehung beigetreten und in den Jahren der Einsamkeit und der Belästigung durch die Polizei, die Winnie

Mandela nach der Inhaftierung ihres Mannes durchlebte, ihr spiritueller Beistand war. Auch war er der Priester, aus dem Alan Paton in seinem Buch *Cry the Beloved Country* den Charakter formte und der die bekannteste Textstelle des Romans sprach: »Ich trage eine große Angst in meinem Herzen, dass wenn sie [die Weißen] eines Tages lieben werden, sie erkennen werden, dass wir [die Schwarzen] nun hassen.«[38]

Tutus Hauptstreitthema mit seiner Gemeinde war nicht die Politik, sondern die Verbesserung der Gottesdienste. Vorschriftsmäßige Formen des Gottesdienstes, die erstmals im 16. Jahrhundert in einem Buch des gemeinsamen Gebets veröffentlicht wurden, sind zentrale Bestandteile der anglikanischen Tradition und die Kathedrale war stolz auf ihren hohen Standard der Liturgie und der formellen westlichen Kirchenmusik. Die südafrikanische Kirche hatte ihrem Südafrikanischen Gebetbuch von 1954 einfach eine experimentelle Verbesserung der Gottesdienstpraxis hinzugefügt und es unter dem Titel Liturgy 75 veröffentlicht. Zum Beispiel hatte man bei der Anrede Gottes das klassische »Thou«, »Thee« oder »Thy« durch ein modernes »you« und »your« ersetzt. Die Kathedrale verwendete die Liturgy 75 bei kleineren Gottesdiensten, benutzte das alte Gebetbuch jedoch weiterhin bei den wichtigen Sonntagsmessen. Tutu gab zu, dass die neue Liturgie eine manchmal unelegante Sprache verwendete, doch er meinte, dass sie eine »symphonieartige Bewegung« in den Gottesdienst bringe, die Kirchenbesucher zu größerer Anteilnahme bewege und die Bibelstellen und das gemeinsame Schweigen besser zur Geltung bringe. »Bitte lasst uns nicht zu sehr um hauptsächlich interne Angelegenheiten streiten, denn dann wird die Welt als vollkommen bedeutungslos an uns vorbeiziehen«, bat er. Die Gemeinde zeigte sich nicht davon überzeugt: Vier Monate nach seinem Aufruf stimmten mehr als 80 Prozent der Mitglieder gegen die Liturgy 75. Tutu entschied, dass er wichtigere Dinge zu tun

38 Bei einem Interview zu einem Nachruf über Rakale suggerierte Paton dem Verfasser, dass, obwohl Rakale die Formulierung, die dem Charakter Theophilus Msimangu zugeschrieben wird, niemals getätigt hat, sie der Art von Beobachtung entspräche, die er hätte gemacht haben können.

habe, als seine Zeit und seine Energie für diesen Kampf zu verschwenden.

Sechs Monate nachdem seine siebenjährige Amtszeit als Dekan begonnen hatte, wurde Tutu gefragt, ob er sich für den Posten des Bischofs von Lesotho zur Wahl stellen wolle. John Maund, ein Auswanderer, der 25 Jahre im Amt gewesen war, ging nun in den Ruhestand. Als er auf der Universität in Roma unterrichtet hatte, war Tutu ein Mitglied des Konzils der Diözese von Lesotho gewesen und die Laienanglikaner, die der politischen und sozialen Elite des Landes angehörten, waren beeindruckt gewesen. Tutu hatte einmal während einer hitzigen Debatte über den Vorschlag, die Benutzung von Verhütungsmitteln gutzuheißen, das Konzil davor gewarnt, den Kontakt mit der Gesellschaft zu verlieren. In der Erinnerung von Philip Mokuku, einem der Geistlichen, habe Tutu »so liebevoll, so sanft« gesprochen, dass er die Versammlungsmitglieder auf seine Seite habe bringen können. Desmond glaubte, dass Leahs Ruf als gute Gastgeberin während ihrer Zeit in Roma mehr mit seiner Nominierung zu habe als alles andere. Sie hatte es gemocht, in ihrem Haus auf dem Campus Besucher zu bewirten, die an Universitätsversammlungen teilnahmen.

Nach Lesotho zurückzukehren war für die Tutus fast undenkbar. Leah hatte gerade ihre Arbeit bei einem Projekt für Hausarbeiter und Hausangestellte am Institute of Race Relations begonnen, das für die Interessen von Hausangestellten in Johannesburg eintrat. Desmond war in das alltägliche Leben in der Kathedrale versunken und umging den Stadtverkehr, indem er schon um halb sieben oder sieben Uhr morgens zur Heiligen Messe fuhr. Er liebte das ständige Kommen und Gehen der Besucher, die in der Kirche aus grauen Steinen eine Pause einlegten. Sie machten Halt, um auf dem Hin- oder Rückweg von der Arbeit einige Minuten zu beten oder setzten auf dem Weg zum Zug, der sie in die Townships brachte, einfach ihre schweren Einkaufstüten ab. Wenn er Kinder jeglicher ethnischer Zugehörigkeit sah wie sie »spielen, beten und lernen und sogar miteinander raufen – nahezu einmalig in Südafrika«, fühlte er einen Kloß in seinem Hals. Wenn er auf dem Kirchenstuhl des Dekans saß und seine multiethnische Gemeinde dabei beobachtete, wie sie einem ethnisch gemischten Chor zuhörte und wenn er von einer gemischten Gruppe von Pfarrern die Kommunion erhielt, »liefen manchmal Tränen an meinen Wangen herunter, Tränen der Freude, dass es tatsächlich sein konnte, dass Jesus Christus die Trennmauern eingerissen hatte«.[39] Er hatte gedacht, dass er hauptsächlich deswegen nach Südafrika zurückgekommen war, um den Schwarzen Mut zuzusprechen, dass Gott sie liebte und dass sie sich durchsetzen sollten. Nun dachte er, dass »es hauptsächlich die Weißen waren, die diese Nachricht über Selbstsicherheit und Selbstakzeptanz hören sollten, dass die Unterdrückung den Unterdrücker ebenso, wenn nicht noch stärker, entmenschlicht als den Unterdrückten.«

Er trat leidenschaftlich für die Versöhnung ein. In Johannesburg hatte er schnell eine öffentliche Rolle übernommen. In seinen ersten Wochen als Dekan hatte er sich, wie auch Winnie Mandela, gegen den Terrorism Act eingesetzt. Er hatte theologische Gründe genannt, warum sich Christen gegen das Gesetz richten sollten. Bald darauf organisierte er in der Kathedrale ein 24-stündiges Gebet als Mahnwache für den ethnischen Frieden, bei dem besondere Gebete für die Menschen aufgesagt wurden, die unter dem Terrorism Act ohne ein Gerichtsverfahren festgehalten wurden. Er entwickelte eine symbiotische Beziehung mit der Presse – nicht zuletzt mit den Medien, die gegen die Apartheid waren –, die er während seines öffentlichen Lebens aufrecht hielt und verstärkte. Seinerseits möchte er gefühlt haben, dass die englischsprachige Presse von Johannesburg energisch danach verlangte, dass er erfolgreich war. Ihrerseits erlebten ihn die Journalisten anscheinend als offen, umgänglich und gut verständlich.

Tutu lehnte die Nominierung aus Lesotho ab und wurde in einer Schlagzeile von der Presse von Johannesburg als »DER DEKAN, DER NICHT GEHEN MÖCHTE« beschrieben. Die Anglikaner lehnten es ab, ein »Nein« als Antwort zu akzeptieren. B. M. Khaketla, ein politischer Anführer und ehemaliges eingeweihtes Rats-

---

39 Ein Verweis auf die Bibelstelle, in der eine Mauer im Tempel von Jerusalem Juden und Heiden voneinander trennt; Epheser 2,14.

mitglied unter König Moshoeshoe II., schickte eine Delegation nach Soweto, um ihn unter Druck zu setzen. Khaketla sagte ihm, dass er nicht lange in Maseru bleiben müsse. Die Diözese von Lesotho sei ein Sprungbrett zu seiner Wahl als Erzbischof von Kapstadt. Leah wollte nicht umziehen, doch sie und einige Freunde der Familie fanden, dass Desmond arrogant erscheinen würde, wenn er es ablehnte, auch nur in die engere Auswahl zu kommen. Also hielt er sich beide Möglichkeiten zugleich offen: Er sagte, dass er die Nominierung zwar nicht ablehnen würde, dass er aber auch nicht gewählt werden wolle. Bei der Wahlversammlung in Maseru im März 1976 war er von Beginn an der Kandidat, der von den Laienwählern favorisiert wurde und erreichte fast schon im ersten Wahldurchgang die erforderliche Zweidrittelmehrheit. Die Wahlstimmen des Klerus verteilten sich dagegen. Nach fünf Durchgängen war der Großteil des Klerus zwischen Tutu und einem anderen Kandidaten gespalten. In den darauffolgenden Durchgängen erhielt Tutus Kandidatur dauerhaft Unterstützung und gegen Mittag des zweiten Tages gewann er schließlich im 11. Wahldurchgang. Da man auf seine Antwort wartete, wurde die Versammlung vertagt.

Tutu war bei einem Treffen in Pietermaritzburg in Natal, als ihn der von ihm gefürchtete Anruf erreichte. Etwas über ein Jahr nachdem er mit sich gerungen hatte, ob er Dekan werden sollte oder nicht, war er nun wieder mit einer quälenden Entscheidung konfrontiert. Später sagte er: »Es gab sehr wenige Ereignisse, bei denen ich ein solches Gefühl der Zerrissenheit gehabt habe. Welchen Weg sollte ich gehen? Was ist Gottes Plan für mich?«

Dieses Mal musste er sich über Nacht entscheiden. Er kehrte nach Johannesburg zurück und am nächsten Morgen gingen er und Leah zu Timothy Bavin. »Ich weinte. Ich glaube, er sagte: ›Gut, der Herr hat gesprochen und sie müssen gehen.‹« Ich sah mich nach jemandem um, der sagen würde: »Wir denken, sie sollten das nicht.« Die Versammlung in Maseru kam am Nachmittag wieder zusammen und hörte, dass er sein Einverständnis gegeben hatte. In dieser Nacht flog Tutu nach London. Er war unterwegs zu einem Treffen des Anglican Consultative Council, ein internationales konsultatives Organ der Anglikanischen Kirche, in Trinidad und Tobago. Als er in Richtung Norden flog, weinte er wieder.

In einer Nachricht, die Tutu am Sonntag in der Kathedrale verlesen ließ, teilte er seiner Gemeinde mit, er sei »zutiefst verstört. Es war eine einzige lange Qual. Ich hoffe, sie werden meine Entscheidung verstehen, auch wenn sie nicht damit übereinstimmen.« Bavin unterstützte ihn und verwies auf die Tatsache, dass sich die Gemeinde nun auf ihren dritten neuen Dekan in vier Jahren einstellen müsse. Die Tutus hatten schon nicht mehr gehen wollen, schrieb er, doch die Gemeinde habe gewollt, dass sie gingen. Die Tatsache, dass die Versammlung Tutu gewählt hatte, obwohl sie wusste, dass er wahrscheinlich ablehnen würde, lege die Vermutung nahe, dass bei dem, was geschehen war, Gott seine Hand im Spiel gehabt habe. In einem späteren Abschiedsbrief schrieb Bavin: »Ein Mann hat – mit Gottes Gnade – mehr zu der Sache der Gerechtigkeit, des Friedens und der Versöhnung in dieser Diözese und in dieser Stadt beigetragen, als viele von uns in vielen Jahren erreicht haben – und das in weniger als einem Jahr.«

In den vier Monaten zwischen Tutus Wahl und seiner Weihe zum Bischof wuchs seine Unzufriedenheit darüber, das Land verlassen zu müssen eher an, als dass sie abnahm. So wie er die Stimmung der schwarzen Gemeinschaft interpretierte, stand Südafrika kurz davor zu explodieren. Seine Angst fußte eher auf seiner Intuition und weniger auf einer Analyse, doch Wissenschaftler und Journalisten kalkulierten zu dieser Zeit, dass die Umstände voraussichtlich im Jahre 1976 einen Ausbruch der Gewalt zur Folge haben sollten. In Soweto herrschte neben den schlechten Lebensbedingungen auch noch eine Wohnungsknappheit. Die unnachgiebigen Verwaltungsbeamten der Zentralregierung verschlimmerten die Situation, nachdem sie den örtlichen Autoritäten die administrative Kontrolle über die Townships entzogen hatten. Im ganzen Land waren die schwarzen Südafrikaner aus dem Jahrzehnt des wirtschaftlichen Wachstums ausgeschlossen worden, das nach der Unterdrückung des Widerstands im Jahre 1964 eingesetzt hatte. In den 70ern stiegen die Preise und die Arbeitslosigkeit an und die Vervierfachung der weltweiten Ölpreise führte zu einer Rezession. Zur selben Zeit kam es zu einer Wiederauferstehung von schwarzen Politik- und Arbeiterbewegungen. Die Aktivisten der Black Consciousness Movement begannen sich zu organisieren. Ein spontaner Ausbruch des Fabrikstreiks, der 1973 in Durban begann, war der erste Ausdruck von Unzufriedenheit des Volkes in fast einem Jahrzehnt dar. Heute streiten sich die Wissenschaftler über den Einfluss dieser Entwicklung, jedoch sind sie sich alle über die Bedeutung des Militärputsches 1974 in Portugal für die jüngste Geschichte Südafrikas einig.

Bis 1975 hatte im Norden ein Puffer von Ländern, die von Weißen regiert wurden, zwischen Südafrika und den unabhängigen afrikanischen Staaten gelegen, in denen die Befreiungsbewegungen geboren wurden. Joe Slovo, der Anführer der Kommunistischen Partei und Mitglied des Revolutionsrats des ANC hatte gesagt, dass, obwohl der ANC Mitte der 70er zwischen 800 und 1.000 Mitglieder in die Militärausbildung geschickt habe, »in Südafrika kein [einziger] wütender Schuss abgegeben wurde«. In einer Studie, die auf ausführlichen Interviews mit den militärischen Führungskräften des ANC basierten, schloss der Journalist und ehemalige ANC-Aktivist Howard Barrell, dass der ANC 1974 »innerhalb von Südafrika eine Unerheblichkeit« gewesen sei. Die Verhältnisse änderten sich, als die portugiesischen Streitkräfte, die von den langwierigen Kriegen gegen die Befreiungsbewegungen in den afrikanischen Kolonien geschwächt waren, die Diktatur in ihrem Heimatland umstürzten und Angola und Mosambik die Unabhängigkeit zusprachen. Die schwarzen Südafrikaner jubelten. Die Unterdrückung durch den Staat und der Fokus des ANC auf den bewaffneten Kampf hatten zu einem Fehlen von signifikanten geheimen politischen Netzwerken in der Bewegung geführt, doch die Black-Consciousness-Anführer organisierten Treffen um die Freiheit Mosambiks zu feiern. Vorster schien seinen Standpunkt zu wechseln. Er verfolgte eine Wiederversöhnung mit Sambia und ermutigte die Weißen in Rhodesien, mit den Befreiungsbewegungen zu verhandeln. Die Alternative zu einer friedvollen Schlichtung sei »zu schrecklich, um sie sich vorzustellen«.

Vorsters Schachzug, sich mit den unabhängigen afrikanischen Staaten versöhnlich zu stimmen, wurde von einer geradezu typischen Erklärung begleitet, die besagte, dass es in Südafrika keine Verhandlungen geben werde: »Im weißen Südafrika werden die Weißen herrschen und daran soll es keinen Zweifel geben.« Er fuhr mit Plänen fort, die 1976 die Region Transkei am Ostkap zum ersten »unabhängigen« Bantustan machen sollten. Den Xhosa sprechenden Menschen sollte die südafrikanische Staatsbürgerschaft entzogen und die »Transkei-Staatsbürgerschaft« aufgezwungen werden. Eine liberale Johannesburger Zeitung, die *Rand Daily Mail*, die ihre Leitartikel samstags auf die Titelseite druckte, tat den ungewöhnlichen Schritt, Tutu am ersten Mai 1976 diesen Platz zur Verfügung zu stellen. Er richtete sich an die Weißen:

> »Ich spreche in Worten, die ich, so hoffe ich, behutsam ausgewählt habe – die Angelegenheit mit der transkeischen Staatsbürgerschaft ist hochexplosiv. Die Schwarzen werden über das menschliche Maß hinaus provoziert. Möchten sie uns so verzweifeln lassen? Ich habe [sie] zuvor gewarnt und ich wiederhole diese Warnung mit vollem Ernst, dass verzweifelte Menschen dazu gezwungen sind, verzweifelte Mittel zu ergreifen. Wir wollen kein blutiges Aufeinandertreffen. Ich meine das mit ganzem Herzen. Bitte provozieren sie uns nicht mit Verzweiflung und Hoffnungslosigkeit. Bitte, um Gottes Willen.«

Am darauffolgenden Montag begleitete Tutu andere Mitglieder des Klerus von der Diözese Johannesburg zu einer stillen Klausurtagung in die exklusive Ausbildungseinrichtung der Kirche für Jungen: das St. John's College in Houghton. Er begann die Tagung mit Gefühlsschwankungen, die von seinem nahe bevorstehenden Umzug nach Lesotho und von seiner düsteren Vorahnung für Südafrika erzeugt wurden. In dem zellenartigen Raum eines Schülers fühlte er sich von Gott dazu beauftragt, einen persönlichen Appell an John Vorster zu verfassen. Tutu war empfindlich für die Auswirkungen der Behauptung, man sei von Gott inspiriert worden: »Was sagt man um zu rechtfertigen, dass es von Gott kommt? Das

Alte Testament ist voll von scharfen Kritiken gegen falsche Propheten. Wie ist man fähig zwischen dem, was wirklich von Gott kommt, und dem, was lediglich persönliche Vorlieben sind, zu unterscheiden?« Ob nun andere seine Aktivitäten als göttlich inspiriert beurteilten oder nicht, er hatte keinen Zweifel daran, dass Gott in die Geschichte einwirkte. Er war im St. John's um nachzusinnen und um zu beten und nicht um Briefe zu verfassen, doch »ich fühlte diesen Druck, dass ich das tun musste und ich setzte mich an meinen Schreibtisch. Der Brief schrieb sich mehr oder weniger von selbst«.

In einem 2.600 Wörter umfassende Brief wandte er sich an den autoritären Afrikaanderanführer wie an einen Familienvater: »Ich schreibe ihnen, Sir, denn ich weiß, dass sie ein liebevoller und fürsorglicher Vater und Ehemann und ein vernarrter Großvater sind.« – und ein christlicher Mitbruder und ein Opfer des britischen Imperialismus: »Ihre Leute müssen, mehr als jede andere Gesellschaftsschicht, im tiefsten Kern ihrer selbst mit Sicherheit wissen, dass absolut nichts die Menschen davon abhalten kann, Freiheit zu erlangen.« Die Schwarzen, sagte er, können nicht nachvollziehen, warum die weißen Südafrikaner aus den vielen unterschiedlichen europäischen Ländern als eine Nation behandelt wurden, während man die Schwarzen unter der Apartheid als eine andere betrachtete. Die schwarzen Südafrikaner seien dankbar für das, was man für sie getan hatte, doch verlangten sie nun nach ihrem unabdingbaren Recht, eigene Dinge zu tun. »Freiheit, Sir, ist unteilbar«, schrieb Tutu, »die Weißen in diesem Land werden nicht frei sein, bis nicht alle Schichten unserer Gesellschaft wirklich frei sind.« Die Schwarzen hatten versucht, den Weißen zu versichern, dass sie nicht ins Meer getrieben würden: »Wie lange können sie so weitermachen, wenn sie diese Versprechen geben und sie ihnen mit Verachtung ins Gesicht zurückgeschmissen werden? Sie sagen, dass selbst der Schwächste noch kämpfen wird.« Danach kamen die Worte, die Tutu den Ruf verliehen, er habe den sechs Wochen später stattfindenden Soweto-Aufstand vorausgesagt:

»Ich schreibe ihnen, Sir, weil ich eine wachsende albtraumhafte Angst habe, dass, wenn nicht sehr bald etwas Drastisches getan wird, das Blutvergießen und die Gewalt nahezu unweigerlich in Südafrika Einzug halten werden. Ein Mensch kann nur so viel ertragen und nicht mehr. Ich fürchte mich, ich fürchte mich sehr, dass wir bald den Punkt erreicht haben werden, an dem es kein Zurück mehr geben wird – wenn die Ereignisse eine Eigendynamik entwickelt haben, wenn nichts ihren umfassenden blutigen Ausgang mehr verhindern kann, der ›zu schrecklich [ist], um [ihn] sich vorzustellen‹, um es mit ihren Worten zu sagen, Sir.«

Tutu sagte, er habe begriffen, dass Politik die Kunst des Möglichen sei und dass Vorster gegenüber seiner Wählerschaft nicht zu weit gehen könne. So seien die Schwarzen bereit, »einige aussagekräftige Zeichen« zu akzeptieren, die auf Bestrebungen nach einem friedvollen Wandel hindeuteten. Tutu nannte drei: Die Anerkennung der Schwarzen als Südafrikaner mit dem Recht, in städtischen Gebieten zu leben, anstatt als Arbeiter, die willkürlich in die Bantustans (Stammesgebiete der Schwarzen) zurückgeschickt werden konnten, die Aufhebung der Kontrollgesetze und die Einberufung eines nationalen Kongresses, der von ihren Gemeinden anerkannten politischen Oberhäupter, »um ein geregeltes Heranwachsen Südafrikas zu einer nicht-rassistischen, offenen und gerechten Gesellschaft auszuarbeiten«. Das umfasse auch die inhaftierten Oberhäupter, sagte Tutu später: »Der Großteil unserer Leute erkennt immer Männer wie Nelson Mandela und Robert Sobukwe als unsere wahren Anführer an.«

In den Wochen nachdem er den Brief abgeschickt hatte, nahm Tutu jede Gelegenheit wahr, um zu warnen und zu überreden. Er trat öffentlich für einen wirtschaftlichen Boykott ein, um die Regierung unter Druck zu setzen: »Man hört die Leute sagen, die Schwarzen seien die ersten, die getroffen werden. Blödsinn! Was denken sie passiert gerade? Sie leiden und das ohne Grund. Ein wirtschaftlicher Boykott würde zumindest einen Grund darstellen.« Bei einem Konzil der Diözese von Johannesburg schlugen er und ein weißer Delegierter einen Beschluss vor, der Vorster für die

Förderung eines Abkommens mit Simbabwe lobte, jedoch auch besagte, dass die externe Aussöhnung durch eine innere Aussöhnung ergänzt werden müsse. Der Beschluss verurteilte den Vorschlag, den Menschen die transkeische Staatsbürgerschaft aufzuzwingen und adaptierte drei Vorschläge, die Tutu Vorster gemacht hatte.

Als Tutu Lambert Pringle, einem befreundeten Journalisten, mitteilte, dass er dem Premierminister geschrieben hatte, bat dieser ihn darum, den Brief sehen zu dürfen. Ahnungslos gab er ihm den Brief. Tutu wollte ihn noch nicht veröffentlichen, zumindest nicht zu diesem Zeitpunkt. Doch Pringle brachte das gesamte Schreiben auf die Titelseite der Durbaner Zeitung *Sunday Tribune*. Vorster weigerte sich Tutu zu erlauben, sein Antwortschreiben zu veröffentlichen, doch Tutu machte bekannt, dass der Premierminister seine Initiative als politische Propaganda abgetan habe, die von der weißen Opposition im Parlament angeregt worden sei. Der Schriftsteller Alan Paton schrieb in einem von ihm verfassten, jedoch nicht von ihm unterzeichneten Leitartikel in der *Tribune*, dass es frei von jeder Einsicht sei, dass Vorster Tutus bescheidene Vorschläge als Propaganda betrachtet hatte: »Denkt der Premierminister, dass er sich mit weniger zufrieden stellen kann? Dann versteht er nicht die Art der Krise, der dieses Land entgegenblickt, das er regiert.« Barney Pityana, der seit seinem Ausschluss aus der Fort Hare im Jahre 1968 des Öfteren verhaftet und wieder freigelassen worden war, schrieb Tutu und äußerte seine Wertschätzung für den Standpunkt seines ehemaligen Universitätskaplans. Jedoch, sagte er, verschwende Tutu seine Zeit damit zu versuchen, an Vorster als einen Großvater heranzukommen: »Man kann nicht an diese Leute appellieren [und erwarten, dass] sie anders sein werden als sie [jetzt] sind. Wir können mit ihnen nicht vernünftig reden. Briefe zu schrieben ist eine nutzlose Geste.«

Tutu mag vorausschauend gewesen sein und eine Explosion prophezeit haben, doch als der Aufstand schließlich nur wenige Blocks von seinem Haus in Soweto entfernt und weiter den Hügel hinauf begann, wurden er und die übrigen Eltern Sowetos von ihrer Art überrascht. Die Richtlinien der Regierung sahen vor, dass die schwarzen Schüler auf den weiterführenden Schulen in den städtischen Gebieten in den zwei offiziellen Sprachen des Landes unterrichtet werden sollten: Afrikaans und Englisch. In Soweto gab es nicht genug Lehrer, die qualifiziert genug waren, um Afrikaans zu unterrichten und so war Englisch dominierend – bis das Ministerium für Bantu-Bildungswesen entschied, die Richtlinie trotzdem durchzusetzen. Man ordnete an, dass Mathematik und Sozialwissenschaften in Afrikaans unterrichtet werden sollten. Zur selben Zeit schaffte das Ministerium das letzte Jahr der Grundschule ab und reduzierte die Schulausbildung von Schwarzen von 13 auf 12 Jahre, in Übereinstimmung mit der Schulausbildung für Weiße. Das Resultat war, dass 1976 die Klassen der Schüler im letzten Grundschuljahr und die der Schüler im ersten Jahr auf der weiterführenden Schule zusammengelegt wurden. Die Klassenräume waren vollkommen überfüllt und es wurde in einer Sprache unterrichtet, die noch nicht einmal die Lehrer beherrschten. Eltern, Schulausschüsse, Lehrerorganisationen und Direktoren protestierten ohne Erfolg.

Die Rebellion begann in der Phefeni Secondary School nicht weit vom Haus der Tutus entfernt. Sifiso Mxolisi Ndlovu war damals 14 Jahre alt. In Erinnerung an die Ereignisse in der Schule beschrieb er, wie seine Mitschüler ohne das Einwirken von politischen Gruppierungen, von ihren Eltern oder von älteren High-School-Schülern eine Revolution entfachten. Im März begannen sie damit, ihr Arbeitstempo bewusst zu verlangsamen. Am 17. Mai seien Schüler der Stufen I und II in den Streik getreten und entsorgten ihre Mathematik-, Geographie- und Biologielehrbücher, die in Afrikaans geschrieben waren, vor der Tür ihres Schuldirektors. Dann zwangen sie die Stufe III dazu, ihre Halbjahresexamen abzubrechen. In den folgenden Wochen widersetzten sie sich den Mahnungen ihrer Eltern, in den Unterricht zurückzukehren. Schließlich schlossen sich zu unterschiedlichen Zeiten sechs weitere Schulen dem Boykott an. Am Sonntag, dem 13. Juni, entschlossen sich die politischen Aktivisten an den High Schools, die einer Schülerorganisation angehörten, die vom Black Consciousness Movement inspiriert wurde, dazu, dem Beispiel ihrer jüngeren Brüder und Schwestern zu folgen. Sie beschlossen einen Protestmarsch am folgenden Mittwoch, den sie insgeheim organisierten, und verbargen ihre Pläne so gut wie möglich vor ihren Eltern und Lehrern.

Am 16. Juni kamen ganze Kolonnen von Schulkindern aus ganz Soweto vor der Schule in Orlando West zusammen, in der der Streik begonnen hatte. Sie beabsichtigten, durch das untere Tal und einen Hügel auf der anderen Seite hinauf bis zum Orlando Stadion zu marschieren. Es waren zwischen 10.000 und 20.000 Schüler. Sie trugen Plakate, auf denen geschrieben stand: »Nieder mit Afrikaans«, »Zur Hölle mit dem Bantu-Bildungswesen« und »Wenn wir Afrikaans lernen müssen, muss Vorster Zulu lernen«. Als die singenden Schüler, die an der Spitze marschierten, ankamen, will Sophie Tema von der Johannesburger Zeitung *The World* gesehen haben, wie um die 30 Polizisten aus zehn Einsatzwagen strömten. Einige Schüler verspotteten sie und wedelten mit ihren Plakaten. Laut Bongani Mnguni, einem Fotografen, sei die Demonstration bis dahin friedlich verlaufen. Der Ärger habe mit einem Hund angefangen. Seine Geschichte wurde später als ein Märchen angesehen, doch bei Anhörungen, die 20 Jahre später von der Wahrheits- und Versöhnungskommission abgehalten wurden, wurde sie von Murphy Morobe, einem der Organisatoren des Marschs, untermauert:

> »Das war kein Märchen. Da war ein echter Hund, der einen von den Schülern gebissen hat. Das hat die Wut der Schüler wirklich angeheizt. Wir taten nichts, so dachten wir, was ihre Reaktion [der Polizisten] gerechtfertigt hätte. Dieser Hund wurde dann von den Schülern getötet, die sich vor ihm schützen wollten. Dann eröffnete die Polizei das Feuer.«

Wie Sophie Tema es von ihrem Aussichtspunkt aus beobachtet haben soll, sei die Versammlung von einem Polizisten aufgelöst worden, der Tränengas in die Menge feuerte. Als Reaktion bewarfen die Kinder die Polizei mit Steinen. Zuerst habe ein Polizist seinen Revolver gezogen und auf die Kinder geschossen, dann andere. Als die Schüler versuchten, den Kugeln und dem Tränengas zu entkommen, sei ein wildes Durcheinander ausgebrochen. Bevor sie das Feuer eröffnete, habe die Polizei weder eine Warnung gegeben, dass sich die Versammlung auflösen solle, noch habe sie irgendwelche Anstrengungen unternommen, sich mit den Demonstranten in Verbindung zu setzen.

Desmond Tutu hatte mit der Organisation des Protests nichts zu tun. Er und Leah hatten Schülern einmal erlaubt, ihr Haus für ein Treffen zu benutzen und später sei ihm gesagt worden, dass etwas geplant werde, doch er habe nicht gewusst, dass es sich dabei um einen Protestmarsch handelte. Am Morgen der Demonstration saß er in seinem Büro im Stadtzentrum von Johannesburg. Timothy Bavin verbrachte seinen Urlaub in Großbritannien und Tutu hatte die Verantwortung über die Diözese. Als ihm seine Empfangsdame die Nachricht aus Soweto überbrachte, rief er den höchsten Amtsträger an, den er im Polizeihauptquartier erreichen konnte: John Vorster. »Ich sagte: ›Was passiert gerade?‹ Er sagte: ›Oh, alles ist unter Kontrolle.‹ Und ich sagte: ›Nun, ich habe gehört, dass einige Kinder erschossen wurden.‹ Und er sagte, er ließe sich nicht von irgendjemandem ins Kreuzverhör nehmen. Also sagte ich ihm: ›Ich bin nicht irgendjemand. Ich bin der Dekan dieser Kathedrale und ich bin der Generalvikar der Diözese von Johannesburg.‹ Er legte auf.« Tutu und Leo Rakale fuhren nach Orlando West: »Es war unheimlich still, als wäre nichts geschehen. Wir fuhren herum und sahen eigentlich nichts. Alles hatte sich aufgelöst. Keine Kinder. Es mögen einige auf der Straße gewesen sein, aber nicht zu viele. Es war ungewöhnlich ruhig.« Sie kehrten in die Stadt zurück, wo Tutu in Tränen ausbrach und einen Kollegen fragte: »Was soll ich den schwarzen Menschen dazu sagen?«

Als sie an diesem Nachmittag nach Hause kamen, trafen die Eltern von Soweto ihre Kinder randalierend an. Entlang der Straßen, die aus der Stadt hinausführten, standen Jugendliche und waren bereit, Fahrzeuge, die weißen Geschäftsleuten gehörten, mit Steinen zu bewerfen oder zu stehlen. Tutu musste sich ihnen genau kenntlich machen, um vorbei zu kommen. In dieser Nacht und während der folgenden Tage und Monate weitete sich die

Rebellion zuerst auf alle 28 Townships von Soweto aus, dann auf andere am Witwatersrand und dann über das ganze Land. Am 17. Juni rief Tutu zu 24 Stunden des Gebets und des Fastens auf, was das »Wunder des Wandels im Herzen« bei der Regierung herbeiführen sollte. Am Freitag, dem 18. Juni, sagte er bei einer Notstandssitzung der Kirchenoberhäupter, dass die Polizei ihre eigenen Gesetze habe: »Hätten sie einen Aufstand niederschlagen wollen, hätten sie Wasserwerfer [oder] Gummigeschosse verwenden können, aber es waren ja Schwarze, die randalierten. Die ganze Zeit über verlassen sie sich auf Gewalt und wenden diese an – die Macht der [Gewehr]Kugel. Sehr bald werden wir, die wir als radikal angesehen werden, von unseren Leuten ausgestoßen.« Er verließ die Sitzung früher, um nach Soweto zurückzukehren: Jugendliche brannten Verwaltungsgebäude der Regierung nieder, Postfilialen, Trinkhallen und Spirituosenläden – die letzten beiden, da die Schüler den Alkohol dafür verantwortlich machten, dass ihre Eltern nicht gegen die Unterdrückung kämpften. Vorster befahl der Polizei, »um jeden Preis die Ordnung aufrechtzuerhalten«. Die Bereitschaftspolizei fuhr mit gepanzerten Fahrzeugen, die man Nilpferde nannte, durch die Townships und schoss auf Brandstifter, Demonstranten und Schüler, die es wagten, ihre geballte Faust wie bei einem Salut in die Luft zu strecken und »Power« zu rufen. Später fuhren Männer in Militärkleidung in nicht gekennzeichneten Autos herum und töteten wahllos Kinder, auch wenn diese nur im Hof des Hauses ihrer Eltern standen. In den zehn Monaten nach dem 16. Juni waren mindestens 660 Menschen getötet worden. Die meisten von ihnen waren unter 24 Jahre alt.

Tutu war bestürzt, dass es in der weißen Gemeinschaft nach den Erschießungen von Kindern kaum Empörung gab. Er war schockiert, als Bill Burnett ihn wegen einer anderen Sache anrief und die Ereignisse in Soweto überhaupt nicht ansprach. Am Sonntag, dem 20. Juni, sagte Tutu seiner Gemeinde von St. Mary's, dass ihr Schweigen »ohrenbetäubend« sei und fragte sie, wie sie reagiert hätten, wenn weiße Schulkinder erschossen worden wären. Bevor er nach Lesotho ging, wandte er sich in einer letzten Anmerkung im Gemeindebrief an seine Gemeindemitglieder und bat sie, den anderen Weißen eine Nachricht zu überbringen:

> »Sagen Sie ihnen, dass der Friede und die Ordnung, die sich am Ende eines Gewehrlaufs finden, brüchig, oberflächlich und zeitlich begrenzt sein werden. Dass solch ein Friede und solch eine Ordnung mehr Gewehre braucht, um aufrecht erhalten zu werden. Sagen Sie ihnen, dass es dafür keine dauerhafte Garantie gibt. Sagen Sie ihnen, dass, bis nicht radikale Veränderungen in der Gesellschaftsordnung herbeigeführt wurden, Südafrika nicht überleben kann. Niemand wird gewinnen. Sagen Sie es ihnen, bitte, bevor unsere Zeit abgelaufen ist.«

Wäre der Soweto-Aufstand vor der Bischofswahl in Lesotho geschehen, hätte Tutu den Posten wahrscheinlich abgelehnt. So geschah es, dass Oberhäupter wie Winnie Mandela ihn nach dem 16. Juni drängten, er solle in Johannesburg bleiben. Als er sich Ende Juni für zwei Tage in die Stille zurückzog, hatte er noch nicht endgültig entschieden, ob er gehen würde. Er schrieb Trevor Huddleston, dass er sich zurückgezogen habe »um mich auf die Weihe [zum Bischof] vorzubereiten und um zu hören, was Gott von mir verlangt. Ich habe mich niemals weniger dazu in der Lage gefühlt, ein Bischof zu werden, als jetzt«. Er und Leah waren gewillt, der Bitte derer nachzukommen, die wollten, dass er blieb, doch andere dachten, das sei ungerecht gegenüber Lesotho: »Tim Bavin denkt, meine Glaubwürdigkeit wäre gefährdet, wenn ich gleich von Beginn an mal ja und mal nein sage. Auch denkt er, dass ich hier einen angemessenen Beitrag geleistet habe und dass die Regierung nicht gegen mich eingeschritten ist, weil sie weiß, dass ich fortgehe.« Am 11. Juli weihte Bill Burnett Tutu während eines Gottesdienstes in der St. Mary's Cathedral zum Bischof. »Was für ein prächtiges Ereignis das war«, schrieb das Gemeindemitglied Belinda Crisp:

> »Die alten Traditionen – die Worte der Einsegnungszeremonie, die Bischöfe mit ihren Mitren, die Musik und die Bewegung der

Hohen Messe, gemeinsam mit der Kraft der modernen Liturgie, die Kinder auf den Stufen vor dem Altar, die Fernsehkameras, das Durcheinander von berühmten Besuchern und das einfache Volk in der Gemeinde, das Singen der beliebtesten Kirchenlieder, die halb-formellen Reden am Ende des Gottesdienstes. Unpassend? Nicht einmal annähernd. Die Weihe unseres Dekans fand in einem Gottesdienst statt, in dem die Pracht und das Zusammensein zu einem großartigen Ganzen zusammenflossen.«

Drei Wochen später versammelten sich Tausende bei der Cathedral of St. Mary and St. James in Maseru, um den neu gekrönten Tutu zu sehen. Diejenigen, die nicht in die Kathedrale gelangen konnten – eine gedrungene, kreuzförmige Kirche aus leichtem Sandstein, der charakteristisch für das Tiefland Lesothos ist –, verfolgten den Gottesdienst über Lautsprecher von draußen. Unter den Gästen in der Kathedrale waren König Moshoeshoe II., Königin 'Mamohato, Premierminister Leabua Jonathan, der Mann, der die Macht ergriffen hatte, als Tutu 1970 in Roma unterrichtete, und Mitglieder der gesetzgebenden Versammlung.

Als die Tutus nach Lesotho kamen, zogen sie in eine andere Welt. Die Gesamtbevölkerung des Landes lag bei 1,2 Millionen, verglichen mit den 25 Millionen in Südafrika. Maseru war für südafrikanische Verhältnisse eine Kleinstadt. Nur 10 Prozent der Menschen im Land, die Basotho, lebten in städtischen Gebieten, verglichen mit fast der Hälfte aller Südafrikaner. Zwei Drittel der Fläche von Lesotho wird von den Maloti-Bergen eingenommen, den höchsten im südlichen Afrika, und Desmond musste lernen, auf einem Pferd zu reiten, um viele seiner Gemeinden in den Bergen erreichen zu können.

Das Land war arm, mit einem Bruttoinlandsprodukt, das pro Kopf bei nur einem Siebzehntel von dem von Südafrika lag. Die Bevölkerungsdichte war doppelt so hoch wie die in Südafrika und nur etwa ein Zehntel des Landes war kultivierbar. Weil es von Südafrika umgeben war, war es wirtschaftlich von seinem Nachbarn abhängig, vor allem was die Geldüberweisungen der eingewanderten Basotho-Minenarbeiter betraf. Doch als er bei seiner Amts-

Tutu konnte viele seiner Gemeinden in den Bergen von Lesotho nur mit Hilfe eines Pferdes erreichen.

einführung die Predigt hielt, weigerte sich Tutu, die Diözese als arm anzusehen: »Ja, was bestimmte technische und materielle Quellen betrifft, mögen wir das sein. Wir haben [aber] wunderbar reichhaltige menschliche und spirituelle Quellen.« Der Großteil der 23 Gemeinden in der Diözese hatte nur einen Priester, der in der Hauptkirche der Gemeinde und in bis zu 20 Außenstellen den Gottesdienst hielt. So schlug er vor, dass finanziell unabhängige Priester von ihren Gemeinden geweiht werden sollten. Er bat die Anglikaner darum, ihre Abgaben an die Kirche zu verdreifachen. In seinem offiziellen Wohnsitz verbesserte er die Unterkünfte der Hausangestellten. In einer Kirche, die die ethnische Diskriminierung verurteilte, empfand er ihre Unterbringung als unwürdig.

Ein anglikanischer Bischof wird als ein »Vater in Gott« bezeichnet und Tutu machte klar, dass er diese Bezeichnung ernst nahm. »Ich möchte ihr Vater sein, bitte«, sagte er bei seiner Amtseinführung. »Ich würde es bevorzugen ›Vater‹ oder ›Bischof‹ genannt zu werden, eher noch als ›Mein Lord‹. Bitte betrachten sie das Haus des Bischofs als ihr Haus, insbesondere diejenigen unter ihnen, die nicht in Maseru leben. Wenn sie durstig sind oder müde, kommen sie herein. Benutzen sie niemals die Hintertür, oder meine Frau und ich werden sie wegjagen. Benutzen sie die Vordertür.« Leah suchte in Lesotho nach Arbeit. Da sie jedoch keine Basotho war, wurde ihr die Anstellung verweigert. Also setzte sie sich wieder für Hausangestellte in Südafrika ein und verbrachte eine Woche im Monat in Johannesburg.

Als ersten Dekan der Diözese stellte Tutu Philip Mokuku ein, einen jüngeren Priester, in dem er eine zukünftige Führungspersönlichkeit sah. Er schickte Mokuku auf eine Kathedralen-Tour nach Jerusalem, Sambia, Italien, in das Vereinigte Königreich, in die Vereinigten Staaten und nach Trinidad und Tobago. Mokuku, der Tutu später als Bischof ablösen sollte, sagte über ihn: »Uns allen war bewusst, dass die gesamte Diözese nach seiner Ankunft beben würde. Wir hielten den Atem an und sie bebte.« Tutu erhob die Weiterbildung des Klerus zu einer Priorität. Er und Leah veranstalteten Konferenzen für die Frauen der Geistlichen (alle Priester waren Männer). Mit den Spitzen seiner Mitarbeiterschaft veranstaltete er eine Tagung, um Bedürfnisse und Defizite aufzudecken. »Das gab uns wirklich ein Gefühl für Werte«, sagte Mokuku. »Seine Art war es, sich den Menschen anzunähern, nicht sie einmal umzukrempeln. Er hatte die Fähigkeit, Talente und Begabungen bei Menschen auszumachen, die diese selbst nicht kannten. Er war ein echter Seelsorger. Die Menschen fühlten sich persönlich geliebt und jeder fühlte, dass wir nun einen geliebten Vater hatten.«

Ein großer Teil der bischöflichen Arbeit bestand darin, in der Diözese herumzureisen und die Leute in den Gemeinden und Institutionen zu besuchen. In Lesotho bedeutete das oftmals, einen Ausflug in die Berge zu unternehmen. Eine von Tutus Reisen wurde in einem Tagebuch beschrieben, das von David Bruno aufbewahrt wurde, einem nationalen Kirchenangestellten, der ihn zwei Monate, bevor er seine Arbeit antrat, besuchte:

»Wir verlassen das Bischofshaus in einem blauen Toyota-Truck mit einer Abdeckhaube um 8.15 Uhr. Ein fabelhafter Tag. Es war Dienstag, der 9. November. Ein hervorragender Himmel, frische, klare Luft und wundervolle, klare Aussichten. Nach nur kurzer Strecke verlassen wir die Teerstraße und fahren danach auf schmutzigen, felsigen Straßen. Über den Blue Mountain Pass, der etwa 2.700 Meter hoch liegt und nach jeder Gebirgskette immer abgelegener wird. Kleine strohgedeckte Rundhütten, Leute, die gefährliche Hänge beackern, und spärlich bekleidete Menschen. Doch andererseits ein fast verlassenes Land. Grüne Berghänge, kleine rauschende Bäche und viele Felsen auf der holprigen Straße verteilt. Wir werden so sehr durchgeschüttelt, dass die Abdeckhaube hinunterfällt und relativ unbeschädigt auf dem Kopf landet. Doch sie ist viel zu schwer um sie hochzuheben und wir lassen sie dort liegen. Nach viereinhalb Stunden und 130 Kilometern kommen wir schließlich am St. James' Hospital in Mantsonyane an – arg mitgenommen, staubig, erhitzt trotz der kalten Bergluft, aber ansonsten unversehrt.«

Wenn Tutu die Gemeinden in den Bergen besuchte, reiste er donnerstags los. So konnte er, vor dem Hauptgottesdienst am Sonntag, freitags und samstags Gottesdienste in den Außenstellen halten – für gewöhnlich in Schulen oder anderen gemeinschaftlichen Gebäuden. Er und der ansässige Priester saßen oft vier Stunden im Sattel, um zu den Außenstellen zu gelangen und das eröffnete ihm die Möglichkeit, seine Geistlichen besser kennenzulernen. In Maseru versuchte er, die Heilige Messe an jedem Wochentag in einer anderen Kirche abzuhalten, wenn er in der Stadt war. Er hielt sich die Montage frei und verbrachte einmal im Monat einen Tag des stillen Gebets in einem Kloster der Gesellschaft des Edlen Blutes, wo seine Gebetsbegleiterin Schwester Mary Julian lebte.

Tutu entwickelte eine tiefe Zuneigung zu Lesotho, zu seiner Sprache Sesotho und zu seinen Menschen, so sehr, dass er das Land später als seine zweite Heimat betrachtete. Er beschrieb Sesotho mit seinen sanften Konsonanten als »das Französisch Afrikas«. Er habe die »ernste und respektvolle Höflichkeit« gegenüber Ausländern erlebt, die ein früher reisender Missionar als das nationale Charakteristikum der Basotho identifiziert hatte. Tutu war beeindruckt, denn sie benutzten dieselbe respektvolle Anrede – ntate (Vater) – für einen kleinen Jungen wie für einen Erwachsenen. Auch kämpfte er hart für seine Diözese. Wenn seine Theologiestudenten dringend eine Unterkunft benötigten, bat er andere Bischöfe um Hilfe. Er war auf Reisen, als das Treffen stattfand, bei dem seine Bitte diskutiert und abgelehnt wurde. »Ich habe mich selten kranker im Herzen und ernüchterter gefühlt«, schrieb er nach seiner Rückkehr an die Bischöfe, »als zu dem Zeitpunkt, an dem ich die offizielle Mitteilung des Episkopalen Konzils über die theologische Ausbildung in Lesotho gelesen habe. Was mich erschüttert hat, war der vollständige Mangel an Sympathie und Fürsorge. Ich bete dafür, dass Lesotho nicht wie ein bloßes Anhängsel der Republik Südafrika behandelt wird. Wir haben unsere Rechtschaffenheit und unsere Autonomie, ebenso wie die Eigenarten unseres spezifischen Kontextes, was bitte respektiert werden soll.«

Auch bewunderte Tutu die Nation der Basotho, die sich während der Mfecane – im Sesotho wird sie Lifacane genannt – aus anderen Gruppen herausgebildet hatte. Dies geschah unter König Moshoeshoes Vorfahren, Moshoeshoe I., der weithin als der führende Staatsmann im südlichen Afrika seiner Zeit bekannt war. Seit sie sich im Urlaub um den Sohn von Moshoeshoe II. gekümmert hatten, als er in England zur Schule ging, waren die Tutus mit der königlichen Familie befreundet. (Der Sohn, der heute König

Letsie III. ist, bewahrte warmherzige Erinnerungen an die Familie Tutu und reiste 30 Jahre später nach Johannesburg, um Desmonds und Leahs Feier zum 50. Hochzeitstag zu besuchen.) Tutus Bewunderung galt allerdings weder dem politischen System Lesothos noch der Zusammenarbeit zwischen Politik und Religion. Abgesehen von der Machtergreifung des Premierministers Jonathan im Jahre 1970 herrschte ein ständiges Geplänkel zwischen den Politikern und dem König. Jonathan und sein Nachfolger gerieten beide mit Moshoeshoe II. aneinander und trieben ihn zwei Mal in das Exil. Die wichtigsten religiösen Kräfte waren die Katholische Kirche und die Evangelische Kirche von Lesotho, die beide von französischen Missionaren gegründet worden waren. Die Fehde zwischen Katholiken und Protestanten, die die Missionare aus Europa eingeschleppt hatten, intensivierte sich bei dem Staatsstreich von 1970, nachdem die Katholische Kirche – sie wurde von einem anti-kommunistischen Eifer gepackt – Jonathans Diktatur gegen eine angeblich linke Opposition geschützt hatte. Als Jonathan hart gegen die Opposition vorging und ihre Anführer in das Exil verdrängte, nahm die Evangelische Kirche erfolgreich ihren Platz ein. Lesotho, sagte Tutu, sei wie Nordirland geworden: Religiöse Differenzen spiegelten sich in den politischen Lagern. Fern von seinem Heimatland nahm Tutu bei politischen Fragen keine klare Haltung ein, doch seine Missbilligung der Regierung Jonathans war dieser gut genug bekannt, dass sie sich, nachdem er wieder gegangen war, bei seinem Nachfolger Philip Mokuku darüber beschwerte.

Während Tutu in Lesotho war, blieben die Probleme Südafrikas immer präsent, beanspruchten seine Zeit und zerrten an seinen Gefühlen. Er denke, dass ein bewaffneter Kampf gegen die Apartheid »nicht den Hauch einer Chance« habe, sagte er 1977 bei einer Ansprache. Trotzdem verteidige er energisch die Befreiungsbewegungen bei einer Rede in den Vereinigten Staaten im selben Jahr, obwohl diese anderer Meinung waren:

> »Weil die Schwarzen in Simbabwe, in Südafrika und in Namibia, so glauben sie, jedes friedliche Mittel ausprobiert haben, zu dem

sie widerwillig gezwungen waren, wenden sie Gewalt an, um sich einem System entgegenzustellen, das legalisierte und institutionelle Gewalt angewendet hat und noch anwendet, um sie zu unterdrücken. So wie sie es sehen, haben sie keine andere Option. Und sie waren erstaunt darüber, dass der Großteil der westlichen Welt plötzlich pazifistisch wurde. Dieselbe westliche Welt, die die Untergrundbewegungen während des letzten Weltkriegs in den Himmel gelobt hat.«

In einem Rundschreiben an seine Freunde wiederholte Tutu seine Unterstützung von Sanktionen. Im selben Brief schrieb er auch, dass Leah »in guter Verfassung« sei, obwohl sie kürzlich an der Grenze nach Südafrika von den südafrikanischen Grenzbeamten gründlich durchsucht worden war. Sie habe es bewerkstelligen können, vor der Durchsuchung »belastendes Material« – politische Literatur – in einer Toilette hinunterzuspülen.

Im September 1977 war er kurzfristig nach Hause eingeladen worden, um Bischof Alphaeus Zulu als Redner bei der Beerdigung von Steve Biko am Ostkap zu vertreten. Als Biko im Polizeigewahrsam ums Leben gekommen war, hatte ein Schock das Land erstarren lassen. In den Jahren seit Tutu ihn kennengelernt hatte, hatte Biko sich einen Ruf als der wichtigste Fürsprecher der Black Consciousness Movement gemacht. Die Polizei hatte ihn Mitte August gemäß dem Terrorism Act verhaftet. Fast drei Wochen lang hatten sie ihn in Einzelhaft behalten. Bei einem Verhör am 6. September hatten sie ihm innerhalb von einer halben Stunde beträchtliche Kopfverletzungen zugefügt. Dann hatten sie ihn mit Händen und Füßen an ein Gitter gefesselt und ihn einen Tag lang dort angekettet gelassen, ehe sie einen Arzt herbeiriefen. Dann hatten sie Aufzeichnungen gefälscht, um die Zeitverzögerung zu vertuschen. Fünf Tage lang hatte sich seine Verfassung zunehmend verschlechtert. Als die staatlichen Ärzte sich dazu entschieden hatten, ihn in ein Krankenhaus zu bringen, hatte ihn die Polizei ohne medizinische Aufsicht und ohne seinen Krankenbericht auf die Rückbank eines Dienstwagens gesetzt und ihn in ein Gefängniskrankenhaus nach Pretoria gefahren, das 1.200 Kilometer weit entfernt lag. Am 12. September sei er, mit den Worten seines Anwalts, »auf einer Matte auf dem Steinboden in seiner Gefängniszelle einen elenden und einsamen Tod gestorben«. Vorsters Polizeiminister Jimmy Kruger sagte bei einem Parteikongress, Bikos Tod »lässt mich kalt« – eine Äußerung, die Tutu wieder und wieder als ein Beispiel dafür benutzte, dass Apartheid den Unterdrücker ebenso entmenschlichte wie den Unterdrückten. 20 Jahre später, nach der Apartheid, baten vier von Bikos Vernehmern bei der Wahrheits- und Versöhnungskommission um einen Straferlass. Sie gaben zum ersten Mal zu, dass sie ihn einen ganzen Tag früher verwundet hatten, als sie zuvor angegeben hatten, behaupteten jedoch, dass sie es unabsichtlich in einem Handgemenge getan hatten. Ein Komitee der Kommission lehnte den Straferlass ab, denn es sei wahrscheinlich, dass die vier Biko attackiert hatten, weil »sie nicht mit seinem arroganten, aufsässigen und nicht-kooperativen Verhalten zurechtkamen«.

Als Desmond gefragt wurde, ob er bei der Beerdigung predigen wolle, war Leah in Johannesburg. Anstatt nach Lesotho zurückzukehren, um gemeinsam mit ihm anzureisen, entschied sie sich, einen der gecharterten Busse zu nehmen, mit denen die Trauergäste zum Ostkap fuhren. Als ihr Bus gerade losfahren wollte, stieg die Polizei ein, schlug sie und andere mit einem Sjambok[40] und stieß sie um. Sie fiel und verstauchte sich den Knöchel. Als sie nicht schnell genug wieder aufstand, nannte sie ein anderer Polizist eine Schlampe und bedrohte sie mit seiner Schusswaffe.

Insgesamt hinderte die Polizei um die 1.200 Trauergäste daran, nach King William's Town, die Heimatstadt Bikos, zu fahren, doch 15.000 andere – auch Diplomaten aus zwölf westlichen Ländern – erreichten die Beerdigung. Im Sportstadion der Stadt schloss sich Tutu den Anhängern Bikos an: Gott habe Biko dazu ausersehen, der Gründungsvater der Black Consciousness Movement zu sein, sagte er, »eine Bewegung, durch die Gott, durch Steve, bei den schwarzen Menschen ein Gefühl für ihren wirklichen Wert, den Wert als Kinder Gottes geweckt hat«. Biko habe

40 Eine Rohlederpeitsche.

erkannt, dass die Schwarzen sich nicht mit den Weißen versöhnen können, bis sie nicht ihr Menschsein durchgesetzt haben, denn Versöhnung könne nur zwischen Menschen erfolgen, die ihre eigene Persönlichkeit geltend gemacht haben und die von der Gegenseite akzeptiert wurden. »Paradoxerweise«, sagte Tutu, »bedanken wir uns für Steve und für sein Leben und für seinen Tod. Steve hat etwas in Bewegung gebracht, das so ziemlich unaufhaltbar ist. Die Mächte der Ungerechtigkeit, der Unterdrückung, der Ausbeutung haben ihr Schlimmstes getan und sie haben verloren. Sie haben verloren, weil sie unmoralisch und falsch sind und weil unser Gott, der Gott des Exodus, der Gott der Befreier, ein Gott der Gerechtigkeit und der Befreiung und der Gutherzigkeit ist. Unsere Sache, die Sache der Gerechtigkeit und der Befreiung muss triumphieren, denn sie ist moralisch und gerecht und richtig.«

Der erste Versuch, Tutu aus Lesotho zurück nach Südafrika zu holen, erfolgte schon zwei Monate, nachdem er dort eingetroffen war. John Rees, der Generalsekretär des Südafrikanischen Kirchenrats, der ökumenischen Institution, die die meisten großen Kirchen des Landes repräsentierte, hatte abgedankt. Tutu und sein College-Freund Stanley Mogoba, der nun ein methodistischer Pfarrer war, waren unter den vier vorgeschlagenen Kandidaten. Tutu wurde Anfang Oktober 1976 nominiert. Das Angebot, das kurz nachdem er gegangen war, ankam, verstärkte seine Unruhe darüber, Südafrika zu einer Krisenzeit verlassen zu müssen. Er war geneigt, das Angebot zu akzeptieren, doch ohne die Zustimmung anderer anglikanischer Bischöfe konnte er seine Stelle nicht kündigen. Er flog nach Kapstadt, um den Erzbischof Bill Burnett zu konsultieren.

In Kapstadt sagte Tutu Burnett, dass er fühle, dass er seine Leute in Johannesburg im Stich gelassen habe, indem er nach Lesotho gegangen war. Burnett meinte, dass es einen Grund für Tutus Rückkehr nach Johannesburg gebe: Der Südafrikanische Kirchenrat benötige einen starken Anführer, der ihn davor bewahren konnte, in die Hände von weltlichen politischen Gruppierungen zu fallen. In allen anderen Belangen war Burnett allerdings dagegen: Gott schicke die Menschen oft an Orte, an denen sie, so glauben sie, nicht sein sollten. Die Glaubwürdigkeit des Wahlverfahrens werde untergraben, wenn Tutu so bald wieder weggehe. Und der Kirchenrat habe als eine ökumenische Einrichtung eine flüchtige Wählerschaft. Auch stand Burnett der Befreiungstheologie kritisch gegenüber – zu dieser Zeit verglich er sie mit der Theologie, die die Apartheid möglich gemacht hatte. Laut einer Notiz über sein Treffen mit Tutu fragte er: »Ist es Befreiung, was die Kirchen tun können und tun sollten? Denn letzten Endes werden es der politische Druck und/oder Waffen sein, die die Angelegenheit entscheiden werden, bis die Weißen sich verändert haben. Wird ein schwarzer Südafrikanischer Kirchenrat die Weißen verändern?« Am Ende ihrer Diskussion stimmte Tutu zu, die Entscheidung dem nächsten Treffen des kirchlichen Konzils der Bischöfe zu überlassen. Die Bischöfe rieten ihm, das Angebot abzuschlagen. Tutu teilte John Rees mit, er sei zutiefst unglücklich. Er und Leah fühlten sich wie Überläufer, sagte er, doch es sei unerträglich gewesen zu versuchen, die Arbeit ohne den Rückhalt seiner eigenen Kirche erledigen zu müssen.

Innerhalb eines Jahres befand sich Tutu wieder in derselben Lage. Rees Nachfolger John Thorne, der ehemalige Präsident des Südafrikanischen Kirchenrats, entschied nach drei Monaten, dass die Stelle niemals zu ihm passen würde und er kündigte. Das Exekutivkomitee des Kirchenrats entschied, sich erneut an Tutu zu wenden. Im vorangegangenen Jahr war das Angebot bekannt gemacht worden, bevor sich die anglikanischen Bischöfe trafen. Dieses Mal behielten sie ihre Pläne geheim, da sie fürchteten, die Bischöfe oder Tutu zu sehr unter öffentlichen Druck zu setzen. Tutu schrieb an Burnett und teilte ihm mit, er sei sich nicht sicher, ob er für die Stelle auserkoren sei. Es sei furchtbar, an der Seitenlinie des Schlachtfeldes stehen zu müssen und es sei ungewöhnlich, zwei Mal innerhalb eines Jahres für denselben Posten vorgeschlagen zu werden, doch er sei mit seiner Diözese beschäftigt und König Moshoeshoe habe ihm gesagt, er solle die Unordnung bedenken, die seine Abreise zur Folge haben könnte. Er konsultierte seinen Bischofssenat, der nur widerstrebend zustimmte, er solle das Angebot annehmen. Unvoreingenommen trat er dem bischöflichen Konzil entgegen: »Ich denke, einige von ihnen glaubten mir vielleicht nicht, als ich sagte: ›Sehen Sie, ich weiß wirklich nicht, was Gottes Wille für mich ist. Was Sie mir sagen, werde ich tun. Wenn Sie sagen ›Bleiben Sie, dann werde ich bleiben.‹« Dieses Mal entschied das Konzil einstimmig, dass Tutu gehen sollte. Burnett unternahm weitere Schritte, indem er einen pastoralen Brief an die Anglikaner von Lesotho verfasste. Er teilte ihnen mit, dass der Bischof nur Gott gehorchen wolle.

Trotz der Unterstützung durch die anderen Bischöfe führte Tutus ungewöhnlich kurzer Aufenthalt in Lesotho zu Diskussionen. Trevor Huddleston unterstützte ihn: »Es ist immer so viel besser, wenn die Dinge unerwartet kommen«, schrieb er. »Ich hoffe nur, der Regierung fällt die Organisation nicht in die Hände, bevor sie sie übernehmen!« Doch die Südafrikanische Kirchenunion, eine anglo-katholische Interessengruppe sagte, Tutu habe zu Gunsten seines persönlichen Aufstiegs gehandelt, seine Schutzbefohlenen verlassen und einen Skandal in der Kirche verursacht. Die schärfsten Worte kamen von seinem lautesten Kritiker in der Diözese von Johannesburg. Roy Snyman, der Pfarrer der St. Boniface Church in Germiston, schrieb in seinem Gemeindebrief mit dem treffenden Namen *The Axeman:*[41]

> »Man wundert sich, warum der Bischof von Lesotho überhaupt erst den Bischofssitz einnimmt, wenn es ihm doch möglich ist, seine Verantwortung so schnell für einen Bürojob von kirchlicher Natur abzugeben. Die Kirche braucht fromme, andächtige, auf das Evangelium fokussierte, prophetische, disziplinierte, reife, katholisch gesinnte, aufopfernde Pfarrer (›Diener Gottes‹), keine Schlauköpfe [oder] weltlichen sozio-politischen Manipulatoren.«

41 Anm. d. Übers.: *Der Axtmann.*

Kapitel 9

Der Jazzdirigent

Im März 1978 wurde Desmond Tutu das leitende Oberhaupt des Südafrikanischen Kirchenrats. Obwohl die Regierung die Aufstände, die 1976 begonnen hatten, bis zu diesem Zeitpunkt niedergeschlagen hatte, würde sie niemals wieder in dem Maße Kontrolle über die Menschen erlangen, wie noch nach dem Massaker von Sharpeville. In den 18 Monaten nach dem 16. Juni waren um die 4.000 Jugendliche ins Exil geflohen. Der Großteil von den 3.000, die dem ANC beigetreten waren – die größte Anzahl an Rekruten, die jemals beigetreten war –, ging in die Militärausbildung. In den Wochen nach dem 16. Juni begann eine Gruppe von ANC-Aktivisten, die gerade aus dem Gefängnis von Robben Island entlassen worden waren, damit, im Geheimen einige der Schüleranführer zu beraten. Im Oktober 1976 fiel eine Einheit der Armee des ANC – uMkhonto we Sizwe (MK) – von dem mittlerweile befreiten Mosambik und von Swaziland aus in Südafrika ein. Im November 1976 fügte ein junger MK-Kommandant, genannt Mosima »Tokyo« Sexwale, den Streitkräften der Regierung einen ersten Schaden zu, als er während des Versuchs von Swaziland aus nach Südafrika einzudringen eine Handgranate auf die Polizei warf.

Als die Rekruten 1977 aus der Ausbildung zurückkamen, intensivierte der MK seine Angriffe. Bei einem Versuch, nach dem Mord an Biko kritische Stimmen zum Schweigen zu bringen, verbot die Regierung Zeitungen, behinderte oder verhaftete Journalisten und verbot 18 Organisationen, von denen die meisten Befürworter der Black Consciousness Movement waren. Das hatte eine Resolution des UN-Sicherheitsrats zur Folge, der ein obligatorisches Waffenembargo verhängte. Cyrus Vance, der Außenminister der Carter-Administration kommentierte die Arbeit der amerikanischen Diplomaten in Afrika, die dabei halfen, eine Kompromisslösung zu finden. Er sagte, das sei das erste Mal in der Geschichte, dass der Rat zu Sanktionen gemäß des Kapitels VII[42] gegen einen Mitgliedstaat aufrufe. »Diese Maßnahme durch uns und durch andere westliche Mitglieder«, fügte er hinzu, »repräsentierten [einen] wichtigen Schritt bei der Annäherung an [die anderen] afrikanischen Staaten.«

Zurückblickend mögen Historiker erkennen, dass sich das Blatt in den späten 70ern zu Ungunsten der Apartheid gewendet hatte, doch zu der damaligen Zeit war das keinesfalls gewiss. Die Auflösung der weißen Herrschaft erfolgte schrittweise. Die Themen, die Tutu und die Kirchen angesprochen hatten – die Zulässigkeit des Waffengebrauchs, das Verhängen von Sanktionen, um die Apartheid zu beenden und der Bedarf nach Schlichtungsgesprächen mit den inhaftierten und den sich im Exil befindenden Oberhäuptern – wurden in den öffentlichen Debatten im Land kaum angesprochen. Vor Tutus Rückkehr aus Lesotho war Andrew Young, ein ehemaliger Mitarbeiter von Martin Luther King jr. und nun Vertreter von Jimmy Carter bei den Vereinten Nationen, ein rotes Tuch für die Weißen. Nelson Mandela war noch immer inhaftiert und damit auch nicht mehr in den Köpfen der Weißen. Buti Tlhagale, einer von Tutus ehemaligen Studenten in Lesotho, der den jungen Aktivisten in Soweto ihren Hauptversammlungsort in der Regina Mundi Catholic Church in Rockville zur Verfügung gestellt hatte, fand, dass die Weißen fast nichts über den ANC wussten. Die offenkundigen politischen Aktivitäten der Schwarzen wurden auf die ständig überwachten Anführer der Black Consciousness Movement beschränkt und auf diejenigen, die Positionen innehatten, die von der Regierung bereitgestellt wurden – erwähnenswert ist Mangosuthu Buthelezi von den kwaZulu, der seine Position nutzte, um gegen die »Bantustan-Unabhängigkeit« zu opponieren und die Befreiung Nelson Mandelas zu fordern.

Vor diesem Hintergrund boten die öffentlichen Konzile und Versammlungen der größten multiethnischen Kirchen Südafrikas –

42 Anm. d. Übers.: Das Kapitel VII der UN-Charta beschreibt »Maßnahmen bei Bedrohung oder Bruch des Friedens und bei Angriffshandlungen«.

der Anglikaner, der Freikirchler, der Methodisten und der Presbyterianer – die einzigen bekannten repräsentativen Foren in Südafrika an, in denen Schwarze und Weiße über die Zukunft des Landes debattieren konnten. Als der Verfasser dieses Buches 1976 als Religionskorrespondent bei einer Johannesburger Zeitung arbeitete, wurde schnell ersichtlich, dass man in dieser Position einen besseren Blickwinkel auf die nationalen Verhältnisse in Südafrika hatte als im ausschließlich weißen Parlament. Jedoch war die Anzahl an Weißen in den herrschenden konfessionellen Institutionen wesentlich höher als ihre Anzahl in den eigentlichen Kirchen. Lediglich im Südafrikanischen Kirchenrat, der die Sozial-Aktivsten anlockte, erreichten schwarze Führungskräfte eine repräsentative Ebene. Der Rat behauptete, dass er repräsentativer sei als das Parlament, denn in einem Land mit 25 Millionen Einwohnern hatten die Mitgliedskirchen des Rats zwischen 12 und 15 Millionen Anhänger, während das Parlament nur 4 Millionen Weiße repräsentierte. »Im Südafrikanischen Kirchenrat«, sagte Peter Storey, der Vizepräsident des Rats, der Tutu als Generalsekretär nominiert hatte, »lernen die Weißen, was es bedeutet, eine Minderheit zu sein und in diesem Sinne ist der Rat ein Prototyp für die Zukunft Südafrikas.«

Der Südafrikanische Kirchenrat ging, wie viele seiner internationalen ökumenischen Gegenstücke, aus missionarischen Konferenzen hervor, die im frühen 20. Jahrhundert einberufen worden waren, um die Aktivitäten von Missionsgesellschaften unterschiedlicher Konfession zu koordinieren. Sein direkter Vorläufer, der Christliche Rat von Südafrika, beinhaltete anfangs auch die Niederländisch-Reformierte Kirche, doch diese Kirche zog sich zu Beginn des Zweiten Weltkriegs zurück. Unter Bill Burnett wurde der Christliche Rat 1968 zum Südafrikanischen Kirchenrat. Zwei Jahre später wurde Burnett von John Rees abgelöst, einem jungen, dynamischen, methodistischen Laien. Seitdem war der Rat nicht mehr wiederzuerkennen. Vorher wurden sechs Menschen von der Institution beschäftigt und nun waren es 70. Die Förderung von schwarzen Führungskräften wurde Priorität. Nachdem Rees 1977 seinen Posten verlassen hatte, beschrieb ihn ein anglikanisches

Mitglied des Verwaltungskomitees des Südafrikanischen Kirchenrats als einen »schlauen Jungen«, der nur durch einen »übermenschlichen Administrator« ersetzt werden könne. Rees' Nachfolger John Thorne war jedoch kein Übermensch. Ihm war es nicht möglich, den Rat unter seine Kontrolle zu bringen und das Geld wurde knapp.

Während das Verwaltungskomitee des Rates darauf wartete, dass Tutu Thornes Platz einnehmen würde, holte es übergangsweise Rees zurück. Er war ins Ausland gegangen, um Spender zu besuchen und kehrte mit Geldversprechungen zurück. Wieder in der Heimat setzte er ein 250-seitiges Betriebsanleitungsschreiben für den Rat auf und das Verwaltungskomitee entschied sich, unter Tutu einen stellvertretenden Generalsekretär einzustellen, der sich um die Finanzen und um die Verwaltung kümmern sollte. Rees schrieb und übergab Tutu ein sechsseitiges Memorandum, das Anmerkungen über 27 Treuhänderfonds und 22 separate Konten enthielt, für die er verantwortlich sein würde. Auch gab er Tutu 14.000 Rand ($12.000 oder £8.400 im Jahre 1978), um ihm dabei zu helfen, das Haus in Orlando West zu kaufen, in dem er und Leah gelebt hatten, als er Dekan gewesen war. Das Geld, sagte Rees, komme von einem fremden Spender, der anonym bleiben wolle und der es speziell für diesen Zweck vorgesehen hatte. Tutu erbte eine Organisation mit einem jährlichen Wirtschaftsbudget von drei Millionen Rand ($2,6 Millionen oder £1,8 Millionen im Jahre 1978). Über Rees sagte er: »Ich versuchte, in seine Fußstapfen zu treten und empfand sie als einige Nummern zu groß [für mich]. Also entschied ich, dass ich nicht mit John wetteifern konnte. Alles was ich tun konnte, war so zu sein, wie ich es meines Wissens nach am Besten konnte: Ich selbst zu sein.«

Als er beim Südafrikanischen Kirchenrat ankam, drückte er der Einrichtung seinen Stempel auf, indem er pflichtmäßige tägliche Gebetszeiten für die Mitarbeiter, geregelte Bibelstudienzeiten, monatlich stattfindende Heilige Messen und – zum Unbehagen derjenigen, die keine Anglikaner waren – Zeiten der stillen Einkehr einführte. Den Aktivisten in der internationalen ökumenischen Bewegung wurde von den Konservativen vorgeworfen, sie seien eher an sozialen Strukturen interessiert und weniger an ihrer Beziehung zu Gott. Tutu begann zu protestieren, denn der Südafrikanische Kirchenrat sei keine weltliche Einrichtung:

> »Die Kirche steht zuerst und an vorderster Stelle, um Gott zu preisen und zu ehren und für einen Kirchenrat kann es nicht andersherum sein. Das ist unsere oberste Priorität. So sind das Gebet, die innere Einkehr [und] das Lesen der Bibel nicht aus unserem Handeln ausgeschlossen. Diese Dinge sind das Zentrum unseres Lebens. Wir schämen uns nicht dafür, dass wir Gott an die erste Stelle setzen. Unser Herr und Retter Jesus Christus ist unsere Basis und unser Vorbild, der [auch schon] anderen ein Vorbild gewesen ist, eben weil er zuerst, an allererster Stelle ein Mann Gottes gewesen ist – ein Mann des Gebets.«

Die Mitarbeiterschaft des Südafrikanischen Kirchenrats schloss sich Tutu schnell an: Er sei andächtig, konzentriere sich auf das Evangelium, sei prophetisch, diszipliniert und ein katholisch gesinnter Diener Gottes.

In einer Phase des familiären Übergangs zogen Leah und Desmond Tutu zurück in das Haus in Orlando West. Das Haus leerte sich allmählich und bald hatten sie vier Kinder in vier Ländern. Nachdem er das Imperial College mit dem Bachelor abgeschlossen hatte, qualifizierte sich Trevor als Dozent auf dem King's College in London und übernahm einen Lehrstuhl im Norden der Stadt. Thandi begann ein Studium an der University of Botswana in Gaborone. Naomi schrieb sich bei einer amerikanischen Bildungseinrichtung ein, dem Berea College in Kentucky. Mpho war auf dem Waterford in Swaziland. Leah kehrte zu dem Hausarbeiter- und Hausangestellten-Projekt zurück und wurde assistierende Leiterin im Institute of Race Relations. Desmond verließ, wie er es sich zur Gewohnheit gemacht hatte, Soweto früh am Morgen und besuchte die um 7 Uhr stattfindende Heilige Messe in der St. Mary's Cathedral in der Stadt. Von hier aus fuhr er in sein Büro, um zu meditieren. Die im Laufe des Tages stattfindenden Treffen und Gespräche begannen mit Gebeten. Um die Mittagszeit unterbrach er jede Tätigkeit und sprach das Angelus-Gebet, das katholische Andachtsgebet, das das Ave Maria beinhaltet. In seinen frühen Jahren beim Südafrikanischen Kirchenrat befanden sich seine Büros im Koinonia, einem Gebäude im Braamfontein Bürodistrikt. Später kaufte der Rat ein größeres Gebäude im Stadtzentrum in der Nähe der Kathedrale. Sein neues Hauptquartier nannte er Khotso House (»Haus des Friedens«) und öffnete es Gewerkschaften und weltlichen Anti-Apartheid-Gruppierungen.

Der Rat war die größte Organisation, in der Tutu je gearbeitet hatte. Er versuchte, eine familiäre Atmosphäre zu schaffen, mit sich selbst als einen liebenden, aber strengen Vater. Er setzte sein anglikanisches Priestertum durch und verkündete zum Unbehagen einiger Mitarbeiter, dass er es bevorzuge »Vater« genannt zu werden. Die Mitarbeiterschaft reagierte darauf, in dem sie ihn »Baba« (»Vater« oder »Herr« in der Sprache der Zulu) nannte. Die Morgengottesdienste wurden für Ankündigungen, Reiseberichte und Reflexionen über nationale und lokale Ereignisse genutzt. Geburtstage, Jahrestage und glückliche familiäre Ereignisse wurden gefeiert und Todesfälle wurden betrauert. Er umarmte die Männer und küsste die Frauen. Anhand der Geräusche, die seine Späße und das Lachen verursachten und die mit ihm durch das Gebäude wanderten, wusste die Mitarbeiterschaft, wenn er im Büro anzutreffen war. Er bestand auf Pünktlichkeit – er tolerierte keine Treffen, die zu spät, zur »afrikanischen Zeit«, begannen, wie man sie in den ländlichen Gegenden beobachten kann, wo die Personenbeförderung schwierig oder unsicher war. Auch verabscheute er Tratsch: Die Mitarbeiterschaft lernte, nichts über einen Dritten zu sagen, ehe dieser nicht sein Einverständnis gegeben hatte, dass eine Äußerung weitergegeben werden könne. Er verbot seinen Mitarbeitern darüber zu spekulieren, ob es unter ihnen Informanten der Regierung gebe – jemand, der dessen beschuldigt werde, werde sich wahrscheinlich kaum offenbaren, sagte er, und ein Abstreiten sei vermutlich noch weniger glaubhaft.

Beim Südafrikanischen Kirchenrat entwickelte er einen Führungsstil, den er bis zum Ende seiner Amtszeit verfolgte: Er stellte einen ranghohen Mitarbeiterstab ein, der im Stande war, die Initiative zu ergreifen, übertrug diesem die detaillierte Arbeit – abgesehen vom Verfassen der Predigten, der Reden und der wichtigsten Briefe – und blieb mit ihm in Kontakt, wenn es um Versammlungen, Mitteilungen oder Abschriften der Briefe ging, die seine Amtskollegen versandten. »Er war kein großer Planer oder Stratege«, sagte Dan Vaughan, ein Baptist mit einem konservativen Hintergrund, der unter Tutu eine ranghohe Position erreichte. »Er folgte seiner Intuition. Darin war er hervorragend.« Einer von denen, die für ihn arbeiteten, war Wetshotsile Joseph (Joe) Seremane, ein ehemaliger Schüler aus Krugersdorp. Als Seremane den Kontakt zum ersten Mal wieder aufnahm, war er enttäuscht über Tutus Reaktion auf die Nachricht, dass er für den Pan Africanist Congress im Gefängnis gesessen hatte: »Ich konnte sehen, wie sich sein Gesicht versteinerte und mir fiel ein, dass er eher mit dem ANC sympathisierte.« Dennoch bewunderte Seremane Tutus Führungsstil:

> »Er sagte: ›Tu es. Ich bin nicht hier, um dich mit dem Löffel großzuziehen.‹ Ganz gewöhnliche Typen blühten dann auf. Dank Tutu fühlte sich jeder als etwas Besonderes. Dem was man tat, maß er Bedeutung bei und beförderte es auf eine höhere Ebene. Mit seinem frei-fließenden Stil wirkte er wie ein Jazzdirigent. Er sagte: ›Sie improvisieren.‹ Wenn man das gut tat, war er glücklich und prahlte damit. Wenn man die Grenze überschritt, konnte man alles verderben. Wenn man ihn wütend machte, wies er einen durch seinen Zorn zurecht.«

Tutu wurde bei persönlichen Kontakten nur selten wütend. Wenn er es tat, dann nur wenn er das Gefühl hatte, dass seine Integrität in Frage gestellt wurde. Einmal warf er einen Redakteur und Reporter von der Zeitung der Methodistenkirche aus seinem Büro, der die Verkleinerung der Mitarbeiterschaft im Nachrichtenwesen in einem Leitartikel kritisiert hatte, den Tutu als niederträchtig beschrieb. Bei der Ausübung dessen, was er als sein Führungsrecht betrachtete, war Tutu kompromisslos. Einmal schrieb er an Mitarbeiter, die sich darüber beschwert hatten, dass er sie hintergangen habe, indem er willkürlich Fördergelder an Personen ausgezahlt habe, die sie schon abgewiesen hatten: »Es ist wirklich unerträglich, eine Mitarbeiterschaft zu haben, die einem den Riot Act[43] verliest – nicht nur einmal, sondern bei mehreren Gelegenheiten. Ich bin erschüttert, wie sensibel sie mit ihrem Machtbereich sind und wie außerordentlich unsensibel mit dem Rahmen meines Betätigungsfeldes und meiner Autorität.«

Innerhalb der ersten Wochen nachdem er nach Johannesburg zurückgekehrt war, wurde Tutu dazu aufgefordert, Stellung zu der vielleicht einzigen und am meisten kontrovers diskutierten Frage zu beziehen, mit der sich die Kirche konfrontiert sah: die Rechtmäßigkeit des bewaffneten Kampfes der Befreiungsbewegungen. Die Polizei hatte die Einheit des uMkhonto we Sizwe (MK) gefangen genommen, zu der Tokyo Sexwale gehörte. Er und seine Kampfgefährten standen vor Gericht und mussten im größten Fall dieser Art, seit Nelson Mandela, um ihr Leben fürchten. Für die Regierung entsprach die Gruppe voll und ganz der Definition für Terroristen: Sie waren in der DDR und in der Sowjetunion ausgebildet worden und trugen chinesische, tschechische und sowjetische Waffen. Die Gerichtsverhandlung war wichtig genug, dass die amerikanische Botschaft einen Beobachter aussandte, der Washington mitteilte, dass »die Polizei eine starke Demonstration ihrer Macht veranstaltete – mit Maschinenpistolen, Hunden und zusätzlichen Polizisten, die schon in den Startlöchern standen. Die Männer wurden durchsucht und bei den Frauen sah man in die Handtaschen, bevor sie die Galerie betraten.« Nachdem sechs Männer verurteilt worden waren, verlangte der Staatsanwalt nach der Todesstrafe. Die Angeklagten entschieden sich, Tutu zu bitten, eine Aussage zu machen, um das Strafmaß zu lindern. »Wir sagten, lasst uns zurück zu unseren Wurzeln gehen«, erklärte Sexwale, »lasst uns einen Kirchenmenschen finden, der erklären kann, warum wir auf der Anklagebank sitzen.«

Sexwale war verblüfft, als Tutu den Gerichtssaal betrat: »Es kam dieser kleine Wicht herein. Auf den Fotos war seine Körpergröße nicht zu erkennen gewesen.« Auf der Zeugenbank sagte Tutu dem

43 Anm. d. Übers.: Gesetz für die Auflösung ungenehmigter Versammlungen.

Gericht, er sei dazu verpflichtet, gewaltlos für einen Wechsel einzutreten: »Doch als die Versuche, den Autoritäten die Situation der Schwarzen kenntlich zu machen, auf taube Ohren gestoßen zu sein schienen, gab es solche, die gesagt haben: ›Wir sind keine gewalttätigen Menschen, doch wir haben alles Gewaltlose versucht und scheiterten.‹ So sind einige von ihnen aus Verzweiflung und tiefer Frustration heraus zu der Überzeugung gelangt, dass die Autoritäten nur durch Gewalt auf diesen Zustand aufmerksam gemacht werden können.« Obwohl der Richter dem nur wenig Beachtung schenkte, sagte er zu ihm: »Ich kann verstehen, wie sich die Menschen fühlen, wenn sie alle gewaltfreien Möglichkeiten ausgeschöpft haben.« Sexwale, der später eine bekannte politische und geschäftliche Führungspersönlichkeit wurde, sollte Tutus Aussage niemals vergessen – nicht weil der Richter die Angeklagten am Leben ließ, sondern weil Tutu sich mit der Jugend identifiziert hatte »in der gefährlichsten Phase unseres Kampfes. Es war kein Betteln. Wir wollten niemanden, der sich entschuldigte und sich für uns widerrief. Wir brauchten jemanden, der erklären konnte, warum ich mit Würde vor den Galgen getreten wäre.«

Tutus Einstellung gegenüber der Gewalt deckte sich mit der Politik des Südafrikanischen Kirchenrats. Der Südafrikanische Kirchenrat brachte zwar Verständnis für die Gründe, zu den Waffen zu greifen, auf, verurteilte jedoch umfassend jegliche Art von Gewalt, aus welchem Lager auch immer diese kam, und appellierte auch an die jungen weißen Männer, die dem Wehrdienst entgegensahen, in Erwägung zu ziehen, den Dienst zu verweigern. Bei dem ersten Treffen des Verwaltungskomitees des Rats im März 1978 berichtete Tutu, dass die Kirchen nun dazu gezwungen seien weiterzugehen. Baldwin Sjollema, das Oberhaupt des Programms des Weltkirchenrats, das den Befreiungsbewegungen humanitäre Hilfe anbot, hatte im Oktober 1977 auf das Verbot von Black Consciousness-Organisationen reagiert, indem er dem Weltkirchenrat vorgeworfen hatte, sich nicht festlegen zu wollen. Er sagte, dieser solle den bewaffneten Kampf der Befreiungsbewegungen als eine »gerechte Rebellion« formell anerkennen. Die südafrikanischen Kirchenoberhäupter mochten Sjollema nicht, der, so glaubten sie, tyrannisierende und doktrinäre Positionen einnehme. Tutu sagte der Versammlung, dass er gegen Sjollema eintreten wolle: »Wie können sie dieses Dokument herausbringen, ohne uns [vorher] konsultiert zu haben? Sie erweisen uns einen schlechten Dienst, indem sie alle Weißen und Schwarzen in unterschiedliche Lager einsortieren.« Sjollemas Dokument wurde von dem Verwaltungskomitee lediglich zur Kenntnis genommen, doch die Punkte, die darin angeschnitten wurden, waren schon in die Arbeit integriert, die von Wolfram Kistner, dem Direktor für Gerechtigkeit und Versöhnung im Rat, erledigt wurde.

Kistner, ein ruhiger, leise sprechender und übertrieben bescheidener Mann mit konservativen deutsch-lutheranischen Wurzeln, war die theologische Graue Eminenz des Rats. Er war außerordentlich produktiv: Jahr für Jahr verfasste er Dokument für Dokument, erforschte Möglichkeiten und schlug Optionen vor, wie man mit den empfindlichsten und kontroversesten Dingen umgehen konnte, mit denen sich die Kirche konfrontiert sah. Er war radikal in seiner ursprünglichen Art, den Dingen auf den Grund zu gehen und wurde von einem Untersuchungsausschuss der Regierung als einer der zwei einflussreichsten Persönlichkeiten im Rat bezeichnet. (Die andere war Tutu.) Bei Tutus erster Nationalkonferenz im Jahre 1978 präsentierte Kistner ein Dokument über Gewalt, das große Aufmerksamkeit erregte und die Öffentlichkeit beunruhigte. Anwälte, die eine südafrikanische Zeitungsgruppe berieten, weil diese fürchtete, wegen Anstiftung zur Gewalt angeklagt zu werden, sprachen sich gegen eine Veröffentlichung aus. Johannesburgs größte Tageszeitung veröffentlichte erst einen Bericht, nachdem der Chefredakteur eine Kopie unterzeichnet und angeordnet hatte, sie solle in Gänze abgedruckt werden, um zu gewährleisten, dass der Unterton, den Kistner eingebracht hatte, erhalten bleiben würde.

In seinem Dokument hatte Kistner geschrieben, dass sich die Kirchen darüber einig seien, dass die Apartheid grundsätzlich ungerecht sei, doch auch, dass es unsinnig sei, von einer gerechten Revolution zu sprechen: »Gewaltsame Revolutionen münden sehr oft in Chaos und Anarchie, begünstigen selten die Armen und sind für gewöhnlich moralisch unvertretbar. Die Umstände und die Bedeutung einer solchen Revolution können vor Gott nicht gänzlich gerechtfertigt werden.« Gleichwohl hinterfragte er auch die Beständigkeit der Mitgliedskirchen des Südafrikanischen Kirchenrats, die, abgesehen von den Quäkern, niemals pazifistische Kirchen gewesen waren. Er forderte, dass sie jegliche Gewalt ablehnen sollten. Kistner empfahl den Kirchen, anstelle einer gerechten Revolution das Konzept des »berechtigten Widerstands« zu adaptieren. Über das Kriterium eines gerechten Krieges, der von Theologen – beginnend mit Augustinus von Hippo – geführt wird, sagte er, dass Christen, die sich für einen gewaltsamen Kurswechsel entschlössen, sich selbst folgende Fragen stellen sollten: ob sämtliche friedlichen Möglichkeiten ausgeschöpft seien, ob die Gewalt eine realistische Zukunftsaussicht biete, um die Ziele zu erreichen, ob das angestrebte Kriegsende klar umrissen sei und ob das verursachte Leid das angestrebte Kriegsziel nicht beeinträchtige. Der Südafrikanische Kirchenrat solle, so sagte er, »die Christen dazu ermutigen zu berücksichtigen, dass es zu Umständen kommen kann, bei denen das Recht auf Widerstand gegen schlechte Gesetze sichtbar wird und dass eine Theologie des Widerstands in diesem Gedankengang beides ist: ein rechtskräftiges und ein lebensnotwendiges Konzept«.

Das Dokument wurde für die Diskussion an die Mitgliedskirchen weitergereicht. Der Vorschlag, dass die Kirchen die Ablehnung der Apartheid zu einer Verpflichtung für alle Christen machen solle, führte zu einer Debatte, die in den 80ern besonders in den reformierten Kirchen für Aufsehen sorgte. Doch Kistners Hauptanliegen blieb unbeachtet. Im Juli 1978 gewann Tutu die Unterstützung der alle zehn Jahre stattfindenden weltweiten Vollversammlung der anglikanischen Bischöfe – der Lambeth-Konferenz –, nachdem er verkündet hatte, dass diejenigen, die sich für den Weg der Gewalt entschlossen hatten, nach wie vor ihre Brüder und Schwestern seien: »Unser Ruf lautet: ›Wendet euch nicht von uns ab, selbst wenn – vielleicht gerade wenn – [der] Kampf aus jeglichen Gründen gewaltvoll wird.‹« Daheim war die anfängliche Reaktion der Anglikaner die, einer Entscheidung aus dem Weg zu gehen. Nach einigen Debatten ließ man im darauffolgenden Konzil der Kirche die Angelegenheit fallen, indem man die verfahrensorientierte Entscheidung traf, sich zunächst mit anderen Themen zu befassen und noch keine Abstimmung vorzunehmen. Ein Schrei der Entrüstung trieb die Angelegenheit zurück in die Agenda und das Konzil bewegte sich in die Richtung, den Befreiungskampf zu legitimieren. Man sträubte sich jedoch davor, mehr zu tun, als seinen Respekt gegenüber allen Menschen auszudrücken: den Pazifisten, denen, die unter der Apartheid ihren Militärdienst leisteten und denen, die die Apartheid bekämpften. Tutu war von dem Konzil ausgeschlossen. Ein Kirchenanwalt hatte festgelegt, dass sein Status der eines »Pfarrers im Ruhestand« sei, seit er für den Südafrikanischen Kirchenrat arbeitete und Bill Burnett hatte es abgelehnt, ihn einzuladen, an den Beratungsgesprächen teilzunehmen.

Es war nicht nur die ethnische Trennung, die die Anglikaner und andere multiethnische Kirchen daran hinderten, diejenigen offen zu unterstützen, die gegen die Apartheid zu den Waffen griffen. Das Gebot des institutionellen Überlebenskampfes hinderte die Organisationen mit Mitgliedern und Niederlassungen in jeder Gemeinde des Landes daran, sich über die Regierung hinwegzusetzen, die immer mehr offizielle Beschlüsse durchsetzte, die ihren gewaltsamen Umsturz vorantrieben. Wenn sich die Kirchenoberhäupter auch über nichts einig werden konnten, stimmten sie zumindest darüber ein, dass ein Kriterium für einen gerechten Krieg noch nicht erfüllt worden sei: Ein friedvolles Mittel, das das Ende der Apartheid bewirken konnte, sei noch nicht gefunden worden. So gingen jene, die kämpfen wollten ins Exil und schlossen sich den Befreiungsbewegungen an. Kirchenoberhäupter wie Desmond Tutu blieben und suchten nach alternativen Wegen.

Im friedvollen Kampf gegen die Apartheid entschied sich Tutu für das Instrument des wirtschaftlichen Drucks, in Form von Investitionsabbau und Sanktionen. Südafrika war Afrikas Land des Bergbaus und der Industrie und war deshalb vom internationalen Handel und von Investitionen abhängig. Im Jahre 1978 wurde ein Fremdkapital von 26,3 Milliarden US-Dollar im Land angelegt.

40 Prozent davon kamen aus Großbritannien, 20 Prozent aus den Vereinigten Staaten, 10 Prozent aus Westdeutschland, fünf Prozent aus Frankreich und fünf Prozent aus der Schweiz. Die Idee, die internationalen Bindeglieder des Landes als ein Druckmittel zu benutzen, um die Apartheid zu beenden, gab es schon 20 Jahre zuvor. Nachdem der ANC verboten worden war und Albert Luthuli den Friedensnobelpreis erhalten hatte, sagte er, dass wirtschaftliche Ausgrenzung die einzige Möglichkeit für einen relativ friedvollen Übergang darstelle. Im Jahre 1976 gab der Südafrikanische Kirchenrat bei seiner Gerechtigkeits- und Versöhnungsabteilung unter Wolfram Kistner eine Studie über Fremdinvestitionen in Auftrag. Zu der Zeit, als Tutu dem Rat beitrat, war diese Angelegenheit die kontroverseste auf der Agenda seiner ersten Nationalkonferenz. Das Verwaltungskomitee des Rats beauftragte Kistner damit, eine Versammlung einzuberufen, die einen Entwurf des Beschlusses für die Konferenz ausarbeiten sollte. Die Teilnehmer waren größtenteils Repräsentanten der Kirche und unter ihnen befanden sich sowohl ein linker Akademiker als auch ein Geschäftsmann. Der Geschäftsmann war Bobby Godsell, ein methodistischer Laienprediger, der für Harry Oppenheimers Anglo American Corporation arbeitete und später eine Führungspersönlichkeit der südafrikanischen Goldminenindustrie wurde. Aus der zweitägigen Versammlung ging ein Entwurf hervor, der es vermied, einen expliziten Investitionsabbau zu fordern, der jedoch in Frage stellte, ob zukünftige Investitionen eine Neuverteilung der Macht bewirken konnten. Auch rief er andere Länder und Unternehmen dazu auf, »um der Gerechtigkeit willen radikal ihre Investitionspolitik und ihre Geschäftsmethoden zu ändern«. Der Kompromiss stellte zwei verfeindete Lager zufrieden: Diejenigen, die für einen Investitionsabbau waren, konnten argumentieren, dass eine radikale Überarbeitung der Unternehmenspolitik, die den Status quo stützte, notwendigerweise einen Rückzug zur Folge haben würde. Diejenigen, die ihn ablehnten, konnten die Formulierung dafür benutzen, um sich für bessere Geschäftsmethoden einzusetzen.

Selbst dieser Entwurf kollidierte mit dem Gesetz. Der Geltungsbereich eines Paragraphen des Terrorism Acts umfasste »das Stilllegen oder Behindern jeglicher Industrie oder Betriebe oder von Industrien und Betrieben allgemein oder der Produktion oder den Vertrieb von Gebrauchsgütern oder Nahrungsmitteln«. Der Anwalt des Südafrikanischen Kirchenrats wies darauf hin, dass es ein anderer Paragraph für illegal erklärte, jeglichen sozialen oder wirtschaftlichen Wandel in Südafrika mit der Hilfe von ausländischen Regierungen oder Institutionen voranzutreiben. Dementsprechend empfahl er die Streichung einer Klausel, die fremde Länder dazu anspornte, ihre Abhängigkeit von Südafrika einzuschränken, indem sie die Investitionen in ihre Nachbarländer erhöhten. Die Konferenz schloss die Presse von ihrer Debatte über den Beschluss aus, so dass die Befürworter des Investitionsabbaus ihre Ansichten frei darlegen konnten, und zog außerdem einen Anwalt hinzu. Sie folgte seinem Rat und erließ den Beschluss ohne die umstrittene Klausel.

Dieser Beschluss bildete die Basis für ein Schema, dem Tutu während seiner restlichen Zeit beim Südafrikanischen Kirchenrat folgte: in der Heimat und im Ausland für »politischen, diplomatischen und speziell wirtschaftlichen Druck auf Südafrika« zu appellieren, darauf hinzuweisen, dass der Terrorism Act für Wirtschaftssabotage eine minimale Gefängnisstrafe von fünf Jahren vorschrieb und die Zuhörerschaft dazu einzuladen, ihre eigenen Schlüsse zu ziehen. Als er 1979 in Philadelphia in den Vereinigten Staaten eine Rede vor Quäkern hielt, sagte er über den Beschluss: »Damit sind wir am Weitesten gegen den Wind gesegelt. Wir hoffen, wir haben vernünftige, intelligente Freunde in Übersee und sie sollten vertraut sein mit dem, was wir sagen.« Allerdings gab es auch Zeiten, in denen er alle Vorsicht außer Acht ließ. Zum ersten Mal geschah das 1979, als sein Handel durch seinen Ärger über Zwangsumsiedlungen beeinflusst wurde.

In dem Monat, in dem Tutu dem Südafrikanischen Kirchenrat beitrat, überbrachte ein ehemaliges Mitglied seiner Gemeinde in der St. Mary's Cathedral Südafrika eine bildliche Darstellung der Konsequenzen der Regierungspolitik. Barbara Waite war ein Mitglied der Black Sash[44], einer Organisation weißer Frauen gegen die

44 Anm. d. Übers.: »Schwarze Schärpe«.

Apartheid. (Ihr Name entstand bei ihren Demonstrationen bei öffentlichen Auftritten von Kabinettsministern. Als die Frauen in den 1950ern zu demonstrieren begannen, trugen sie schwarze Schärpen, um die Abschaffung des Wahlrechts für Farbige zu betrauern.) Die Black Sashas wussten, wo die Apartheid am meisten schmerzte, da sie Beratungseinrichtungen betrieben, die versuchten, den schwarzen Südafrikanern beim Umgehen der unzähligen Gesetze und Anordnungen zu helfen, die ihr Leben bestimmten. In einem dreijährigen Projekt, das an ihrem Esszimmertisch erdacht wurde, bekämpfte Waite ausführlich die Zwangsumsiedlung der Bevölkerung. Sie zog ihren Nutzen aus Informationen und zeichnete eine Karte von Südafrika, die mit einer Ansammlung von Pfeilen und detaillierten Notizen bedeckt war. Sie bot eine erste einheitliche Übersicht über die Auswirkungen der sozialen Planung der Regierung. Andere Mitglieder der Black Sash arbeiteten Schätzungen aus, die zeigten, dass 2,1 Millionen Menschen bereits umgesiedelt worden waren, und dass 1,7 Millionen noch umgesiedelt werden sollten. So hoch diese Werte auch waren, sie beinhalteten nicht die Hunderttausenden von Menschen, die unter den Kontrollgesetzen jedes Jahr kontinuierlich aus den urbanen Gebieten deportiert wurden.

Bei einem Besuch im Bantustan Ciskei am Ostkap, Ende Juni 1979, besichtigte Tutu einen der Orte, an dem die Menschen umgesiedelt worden waren. Eine Unterhaltung, die nur ein paar Sekunden dauerte, brannte sich in sein Gedächtnis ein und noch Jahre später konnte er sie nahezu wortwörtlich wiedergeben:

»In Zweledinga traf ich dieses kleine Mädchen, das mit seiner verwitweten Mutter und seiner Schwester zusammenlebte. Ich fragte, ob ihre Mutter eine Pension oder irgendwelche anderen Gelder bekomme und sie sagte: ›Nein.‹
›Wovon lebt ihr dann‹, fragte ich.
›Wir leihen uns Essen‹, sagte sie.
›Habt ihr das Essen, das ihr ausgeliehen habt, jemals wieder zurückgegeben?‹
›Nein.‹

›Was passiert, wenn ihr euch kein Essen leihen könnt?‹
›Dann trinken wir Wasser, um unsere Mägen zu füllen.‹«

Zurück in Johannesburg entschied sich Tutu dazu, dem neuen Premierminister Pieter Willem Botha – man erkannte ihn immer schon anhand seiner Initialen P. W. – zu schreiben. P. W. Botha war zwölf Jahre lang Verteidigungsminister gewesen, bis er im vorangegangenen Jahr Vorster abgelöst hatte. Er verwaltete die Entwicklung der südafrikanischen Rüstungsindustrie und wurde mit Waffenembargos konfrontiert – daher sein Spitzname Piet Wapen (»Waffen-Piet«). Er war an die Macht gekommen, indem er Reformen proklamiert hatte. In der Folgezeit des Soweto-Aufstands hatte er den Weißen gesagt, dass die Apartheid ein Mittel gegen den Konflikt sei und dass sie sie »annehmen oder sterben« müssten. Er ernannte Piet Koornhof, ein Mitglied des »aufgeklärten« Flügels seiner Partei, zum Leiter des alten Department of Bantu Administration and Development. Eine kurze Zeit lang war es als das »Department of Plural Relations« bekannt gewesen und war nun in Department of Cooperation and Development umbenannt worden. Tutus Brief an Botha war der erste aus einer Reihe von leidenschaftlichen, persönlichen Appellen – sie werden in dieser Biografie zum ersten Mal veröffentlicht – im Stil seines Briefs an Vorster aus dem Jahre 1976. Tutu begann das Schreiben, indem er sich gegenüber Botha als einen christlichen Mitbruder vorstellte. Er fuhr fort:

»Ich glaube, dass sie keine Kenntnis über die Verhältnisse haben, die mich bei meinem Besuch am Ostkap erschüttert haben. Ich bin davon überzeugt, dass, wenn sie wüssten, was die Auswirkungen der massiven Bevölkerungsumsiedlungsmaßnahmen für ihre Mitmenschen, ihre südafrikanischen Mitmenschen, bedeuteten, dann hätten sie und ihre Kollegen bei der Nationalisten-Partei schon längst etwas mit solch erschreckenden Folgen beendet. Ich muss aufpassen, dass ich mich nicht allzu emotional ausdrücke, aber, Herr Premierminister, ich kann nicht vermeiden über die ›Entsorgung‹ von Menschen zu sprechen, als wären sie Ge-

genstände und als müsste man sich nicht im Vorfeld darüber beraten, wie sie empfinden. Ich sehe nicht ein, wie eine solche Behandlung mit den Lehren Jesus Christi vereinbar sein soll, der gesagt hat: ›Was ihr getan habt einem unter diesen meinen geringsten Brüdern, das habt ihr mir getan.‹[45] Ich versuche mich so gut wie möglich zu beherrschen, denn ich möchte ihnen gestehen, dass ich in dem Moment, in dem ich [dies] schreibe, zutiefst beunruhigt und wütend über das bin, was ich gesehen habe.
Ich glaube nicht, dass sie wissen, dass Frauen die Straßen von Sada für sechs Rand [$5 oder £3] im Monat fegen [und] dass ein alter Mann in Glenmore in der Nähe seines alten Hauses zwei Rand 50 am Tag verdienen konnte und nun sechs Rand 50 bezahlen muss, um dort hinzugelangen. Ich glaube nicht, dass sie von dem kleinen Mädchen in Zweledinga wissen, das sagte, sie, ihre Mutter und ihre Schwester lebten von geliehenem Essen und wenn sie kein Essen leihen könnten, tränken sie Wasser, um ihre Mägen zu füllen. Dies ist ein Land, das Nahrungsmittel exportiert.
Dieses kleine Mädchen wird mich immer verfolgen und ich habe mir geschworen alles zu tun, um dem ein Ende zu setzen, was meiner Auffassung nach vollkommen teuflisch und für das christliche Gewissen nicht akzeptierbar ist. Der Afrikaander hat es als schwierig empfunden, die Konzentrationslager zu vergessen, in die einige seiner Vorfahren von den Briten eingesperrt worden waren. Die dunklen Erinnerungen an die Umsiedlungscamps und an die Dörfer mögen ähnlich unauslöschbar sein.«

Bothas Mutter war während des anglo-burischen Krieges in einem britischen Konzentrationslager inhaftiert gewesen, doch Botha zeigte sich von Tutus Appell unbeeindruckt. Es sei nicht die Politik der Regierung, Menschen zu »entsorgen«, antwortete er. Er beschrieb die legale Prozedur der Umsiedlungsmaßnahmen und ergänzte: »Obwohl eingeräumt werden muss, dass die Umsiedlung von Menschen aus ihren Heimatorten in einigen Fällen zu Unan-

45 Matthäus 25,40.

nehmlichkeiten führen kann, überwiegen letztendlich die Vorteile die anfänglichen Nachteile bei Weitem.« Noch bevor er Bothas Antwort las, kochte Tutus Wut über. Als er europäische Spendenagenturen besuchte, sagte er einem dänischen Fernsehinterviewer, dass es »ziemlich schändlich« sei, dass Dänemark südafrikanische Kohle kaufte. Als ihm gesagt wurde, dass die schwarzen Arbeiter ihre Arbeitsplätze verloren, wenn man die Exporte einstellte, sagte Tutu, dass das Leid nur kurzzeitig anhalte: »Es wäre ein Leid mit einer bestimmten Zielsetzung. Wir würden nicht das unterstützen, was gerade passiert, wobei die Schwarzen leiden und es scheint ein Leid zu sein, dass weiter und weiter und weiter gehen wird.«

Daheim führte das zu einem Eklat. Bothas Innenminister Alwyn Schlebusch sagte, er sei »empört«. Der Präsident der Methodistenkirche sagte, Tutu spreche ohne ein Mandat. Rechts gerichtete Anglikaner forderten von ihren Oberhäuptern, sich von Tutu zu distanzieren. Bill Burnett stimmte persönlich nicht mit Tutu überein, sagte jedoch in der Öffentlichkeit nichts. Timothy Bavin widersprach öffentlich, sagte jedoch, dass viele Menschen Tutus Auffassung teilten und Maßnahmen ablehnten, um ihn zu disziplinieren: »Er ist ein Mann des tiefen Gebets und des lebhaften Glaubens und er verbringt mehr Zeit auf seinen Knien als die Meisten von denen, die nach Maßnahmen der Kirche gegen ihn verlangen.« Amerikanische Diplomaten berichteten Washington, dass Tutus Ansichten unter den städtischen schwarzen Führungskräften weit verbreitet seien, jedoch selten öffentlich dargelegt würden: »Unter den südafrikanischen Sicherheitsgesetzen riskiert Tutu eine strafrechtliche Verfolgung oder eine Verbannung, indem er internationale Boykottaktionen befürwortet. Allerdings entstammen seine Bemerkungen wahrscheinlich einer Kampagne zur Drangsalierung der Polizei und der Presse durch den Südafrikanischen Kirchenrat.«

Diese Vermutung sollte sich bewahrheiten. Schlebusch, der für Reiseangelegenheiten verantwortlich war, lud Tutu zu einem Treffen nach Pretoria ein. Im Zuge einer »guter-Polizist-böser-Polizist-Prozedur«, wie Tutu später vermutete, entschied Bothas Kabinett, dass auch Koornhof anwesend sein sollte. Koornhof hatte in den vorangegangenen Monaten die Zwangsumsiedlung einiger Gemeinden aufgeschoben und hatte erfolglos versucht, Tutu davon zu überzeugen, sich einem Regierungskomitee anzuschließen, das die Politik gegenüber den schwarzen Menschen diskutieren sollte, die in städtischen Gebieten lebten. Einmal hatte er bei sich zu Hause vertrauliche Gespräche mit Tutu, dem Präsidenten des Südafrikanischen Kirchenrats, Sam Buti und anderen schwarzen Führungspersönlichkeiten angestrebt. Während eines 80-minütigen Treffens mit Tutu und den beiden Ministern Anfang Oktober 1979, legte Schlebusch die Niederschrift von Tutus Interview mit dem dänischen Reporter vor. Er sagte, dass Tutu der Wirtschaftssabotage zu beschuldigen sei und zwang ihn, das Gesagte zu widerrufen oder sich zu entschuldigen. Tutu antwortete, dass wirtschaftlicher Druck notwendig sei, um einen grundlegenden Wandel herbeizuführen. Koornhof redete ständig dazwischen und beschuldigte Tutu widersprüchlich zu sein, da er einerseits einen Dialog anstrebe, andererseits aber Sanktionen verlange. Am Ende sagte Tutu, er wolle mit seiner Familie und den Oberhäuptern des Südafrikanischen Kirchenrats sprechen, bevor er sich zu einer Antwort entschlösse. Zwei Tage später weitete die Regierung ihren Angriff aus. Der Polizeiminister Louis le Grange warnte den Südafrikanischen Kirchenrat, das Ergreifen unüberlegter Maßnahmen zu unterlassen. Links gerichtete spirituelle Anführer, sagte er, ließen die Schwarzen glauben, dass das bestehende Regierungssystem unchristlich und unmoralisch sei, dass ihnen ihre Menschenrechte aberkannt würden, dass sie unterdrückt und ausgebeutet würden und dass ihre Menschenwürde verletzt werde.

In der darauffolgenden Woche kamen die Kirchenoberhäupter und das Verwaltungskomitee des Südafrikanischen Kirchenrats bei einem angespannten Betriebsklima zusammen. Sie waren sich darüber einig, die Anschuldigungen le Granges zurückzuweisen. Was Sanktionen betraf, waren sie unterschiedlicher Meinung. Tutu verteidigte seine nicht durch ein Mandat gedeckte Stellungnahme und sagte, dass er einem sinnvollen und friedvollen Wandel verpflichtet sei – »sinnvoll« daher, weil es schon derart viel Gewalt gegeben habe. Wenn ein grundlegender Wandel nicht bald geschehe, gebe es nämlich ein Blutbad. Er lobte Bothas Reformen, wie die Anerkennung von schwarzen Gewerkschaften. Doch sie gestanden nur den schwarzen Arbeitern Privilegien zu, denen es unter den Kontrollgesetzen erlaubt sei, in den städtischen Gebieten zu leben. Die überwältigende Mehrheit der schwarzen Südafrikaner verloren ihre Staatsbürgerschaft und seien dazu verpflichtet, in den Bantustans dahinzuvegetieren. Es sei erforderlich, sagte er, nach gewaltfreien Strategien zu suchen, um einen grundlegenden Wandel zu erzwingen, einschließlich politischen und wirtschaftlichen Drucks durch die internationale Gemeinschaft. Er bat seine Zuhörer, Alternativen vorzuschlagen, die effektiv seien.

Nach einigen Debatten entwickelte Peter Storey, der das Treffen in Abwesenheit von Sam Buti leitete, eine gemeinschaftliche Position, die von den Versammlungsmitgliedern angenommen wurde: In der Tradition der Propheten des Alten Testaments habe Tutu ein Recht darauf, seine Ansichten als einen Bestandteil seines persönlichen Gewissens auszudrücken, ungeachtet differierender Ansichten in den Kirchen. Die eigentliche Frage, sagte Storey, sei das Bedürfnis nach einem grundlegenden Wandel. Die Kirchenoberhäupter stimmten darin überein, Schlebusch mitzuteilen, trotz ihrer Differenzen »haben [wir] die Gründe für Bischof Tutus Stellungnahme gehört [und] wir teilen seine Ansicht, dass jegliche Zurücknahme oder Entschuldigung für seine Stellungnahme in diesem Fall ein Leugnen seiner prophetischen Bestimmung bedeuten würde. Wir werden nicht erlauben, dass ein einzelnes Mitglied der Gemeinschaft Christi einem Angriff ausgesetzt ist.«

Auch Tutus Familie unterstütze ihn. Als le Grange andeutete, Tutu rede zu viel, riet Leah ihm weiter zu reden: »Ich hätte es lieber, wenn du auf Robben Island glücklich wärst, als wenn du [hier] draußen unglücklich wärst«, sagte sie. Trevor, der nun in England arbeitete, rief an, um seine Unterstützung zu geben und Mpho sagte auf ihrer Schule in Waterford, sie sei Stolz auf die Antwort ihres Vaters an le Grange. Desmond schrieb an Schlebusch, dass er sich mit den Kirchenoberhäuptern und mit seiner Familie abgesprochen habe: »Ich habe es auch in meinen Gebeten erwähnt und ich denke, dass ich es nicht zurücknehmen oder mich dafür entschuldigen kann, denn ich sorge mich um einen friedvollen

Wandel in diesem Land und ich glaube, wir brauchen die internationale Gemeinschaft, um uns davon überzeugen zu lassen, uns hinzusetzen und die Angelegenheit eines grundlegenden Wandels in unserem Land zu diskutieren.«

Einige Monate lang kam keine offizielle Antwort der Regierung. Tutu nahm seinen Briefwechsel mit Koornhof wieder auf und appellierte an ihn zu Gunsten der Gemeinden, die mit Zwangsumsiedlungsmaßnahmen konfrontiert waren. Im November richtete er einen erneuten schriftlichen Appell an Botha, in dem er auf seinen Brief an Vorster aus dem Jahre 1976 verwies: »Ich habe diesen Brief geschrieben, so wie ich einen an ihren Vorgänger geschrieben habe. Nach vielen Gebeten und während ich noch niederkniete, kam mir der Gedanke ihnen zu schreiben. Ich habe diese tiefe Verpflichtung, einen friedvollen Wandel zu versuchen und zu erarbeiten. Jedoch bin ich einem grundlegenden Wandel ebenso verpflichtet. Es ist nicht damit getan zu versuchen, gerade die städtischen Schwarzen in das freie Wirtschaftssystem einzufügen, indem man versucht eine so genannte Mittelklasse oder einen Kern von hoch privilegierten Schwarzen zu erschaffen.« Abermals verlangte er nach einer nationalen Zusammenkunft und bat darum, sich mit Botha treffen zu dürfen.

Im Geheimen nahmen die Sicherheitsbehörden der Regierung die Kirchen stärker in den Fokus. Seit seiner Rückkehr aus Lesotho hatte die Polizei Tutu beschatten lassen. Einer der Polizisten, die dafür zuständig waren, war Paul Erasmus, ein Mitglied der Sicherheitsabteilung in Johannesburg. In den frühen 90ern verließ er desillusioniert und wütend die Polizei und nahm heimlich seine Fallakten mit. Obwohl die polizeilichen Hauptakten über Tutu zerstört wurden, ist es daher möglich zurückzuverfolgen, wie Erasmus seine Briefe abfing, seine Bankkonten überprüfte und Treffen ausspionierte, die er abhielt. Wenn eine Begebenheit genauerer Erläuterungen bedurfte, heftete Erasmus diese in Tutus örtliche Sicherheitsabteilungsakte: Nummer WA/VP 4/6233. Wenn sie wichtig genug war, wurde sie an das Polizeihauptquartier in Pretoria weitergereicht und seiner nationalen Akte (Nummer S4/V/1171) beigefügt. (Sogar in den Polizeiakten war die

Apartheid präsent: Die Kategorie S4 zeigte, dass Tutu ein schwarzer Verdächtiger war. Wenn er weiß, indisch oder farbig gewesen wäre, hätte das Präfix jeweils S1, S2 oder S3 gelautet.) Im Jahre 1979 eröffnete das Justizministerium die erste von zwei Akten über Tutu, die es dazu benutzte, um zu entscheiden, ob man ihm Einschränkungen auferlegen konnte. Eine der reinen Regierungsakten über Tutu – die restlichen waren Reisepassakten – entging der Aktenvernichtung der 90er Jahre. In ihr finden sich hauptsächlich Zeitungsauschnitte.

Weil sie sich 1979 mit dem wachsenden Hindernis konfrontiert sah, das die Kirchen darstellten, erweiterte die Sicherheitspolizei in ihrem Hauptquartier in Pretoria ihren kirchlichen Zuständigkeitsbereich. Laut Willie Wentzel, dem Polizeibrigadier, der den Bereich leitete, stelle Tutus Verfechtung von Sanktionen ein besonderes Problem dar: »Er zögerte nicht zu sagen, was er empfand und er kam damit davon. Nach einer Aussage über einen Kohleboykott untersuchten wir, ob er wegen Wirtschaftssabotage belangt werden konnte. Ich wurde dem Direktor der Sicherheitsgesetzgebung unterstellt und letztendlich haben sie entschieden, dass wir, trotz der Möglichkeit ein Gerichtsverfahren zu beginnen, niemals zu einem Urteilsspruch kommen würden.«

Die Rückantwort der Regierung auf Tutus ablehnende Haltung zur Zurücknahme seiner Aussagen gegenüber dem dänischen Reporter erreichte ihn eines Nachmittags Anfang März im Jahre 1980, als zwei Beamte aus Schlebuschs Ministerium in sein Büro kamen, um seinen Reisepass zu konfiszieren. Die Kirchenoberhäupter – unter ihnen waren Bavin, Burnett und Storey – verurteilten die Regierung. Winnie Mandela schrieb aus Brandfort, der kleinen ländlichen Stadt, in die sie verbannt worden war: »Was für ein grober Fehler. Sie brauchen Sie so sehr [und] dennoch tun sie Ihnen das an.« Auf der internationalen Bühne erhielt Tutu dank der Regierung ein Publikum, wie er es niemals zuvor gehabt hatte. Robert Runcie, der zum Erzbischof von Canterbury gewählt werden sollte, schickte Botha einen vertraulichen Brief, in dem er ihn nach dem Grund für die Konfiszierung des Passes fragte: »Ich hege nicht den Wunsch, mein Erzepiskopat anzutreten, indem ich die Feindschaft zu irgendeinem Land schüre«, sagte er, »doch sie werden das starke Empfinden verstehen, das die Behandlung von Bischof Tutu schon hervorgerufen hat.« Er und die 24 anglikanischen Oberhäupter aus der ganzen Welt, die zu seiner Amtseinführung kamen, schlossen sich der öffentlichen Aburteilung an. Paul E. Tsongas aus Massachusetts, der Tutu zwei Monate zuvor in Johannesburg kennengelernt hatte, teilte dem Senat der Vereinigten Staaten mit, dass Bothas Handeln kontraproduktiv und sinnlos sei. Er beschrieb Tutu als einen bescheidenen schwarzen Menschen und als Gegensatz zu Revolutionären und Radikalen. Er und 19 andere Kongressmitglieder baten, Jimmy Carter zu protestieren. Das US-Außenministerium formulierte eine offizielle Anklage und beschrieb Tutu als »einen Mann von großer moralischer Gestalt«. Im darauffolgenden Frühling verlieh die Harvard University – inmitten einer Debatte über das Einstellen ihrer Aktienverkäufe an Firmen, die in Südafrika Geschäfte betrieben – Tutu ein Ehrendiplom. Dann verfasste der Universitätspräsident Derek C. Bok ein vorsichtiges Protestschreiben an Botha. Ihm sei es nicht möglich, sämtliche Fakten nachzuprüfen, schrieb er, doch wenn Tutus Reisepass für ungültig erklärt worden sei, weil er sich für die schwarzen Südafrikaner ausgesprochen habe, »bedeutet das Handeln ihrer Regierung einen Schlag gegen grundsätzliche individuelle Rechte und [dagegen] möchte ich meine starke Missbilligung zum Ausdruck bringen«.

Innerhalb einer Woche schloss sich Tutu einem Zeitungsherausgeber an, um eine neue Front aufzubauen. Am 4. März, dem Tag, an dem Tutus Pass konfisziert wurde, wurde in Simbabwe verkündet, dass Robert Mugabe, der von den Weißen als ein Terrorist angesehen wurde, die Wahlen nach der Unabhängigkeit des Landes gewonnen habe. Am darauffolgenden Wochenende startete Percy Qoboza, der Herausgeber der schwarzen Johannesburger Zeitungen *Post* und *Sunday Post*, eine Petition für die Freilassung des südafrikanischen »Terroristen« Nelson Mandela. Zu dieser Zeit war Mandela eine entfernte legendenhafte Gestalt, keineswegs die Ikone, zu der er später wurde. Den jungen Leuten in Soweto waren Tutu und der örtliche praktische Arzt Nthato Motlana, der Leiter einer Gemeinschaft, die das Komitee der Zehn genannt wurde, eher ein Begriff. Eine konkurrierende Zeitung verfolgte die Angelegenheit und bat Tutu um einen Kommentar zu Qobozas Initiative. Tutu sagte, er wolle die Kirchen um ihre Unterstützung der Petition bitten. Die Zeitung schrieb, er habe eine »Befreit-Mandela-Kampagne« gestartet. Bald darauf sagte Tutu John Humphrys, dem südafrikanischen BBC-Korrespondenten, dass Mandela innerhalb von fünf bis zehn Jahren Premierminister sein würde. Humphrys war skeptisch und behauptete, Tutu sei hoffnungslos optimistisch. »Bruder«, antwortete Tutu, »der christliche Glaube ist hoffnungslos optimistisch, denn er basiert auf dem Glauben an einen Mann, der an einem Freitag starb und jeder sagte, es sei absolut und vollkommen hoffnungslos – eine schmachvolle Niederlage. Und am Sonntag war er auferstanden.«

Aus Robben Island schrieb Mandela – es war die Antwort auf ein Geburtstagstelegramm von Tutu vom Juli 1980 –, um sich bei Tutu zu bedanken und um ihm Mut zu machen: »Der Wille weiterzukämpfen und die Hoffnung auf den Sieg bleiben die mächtigsten spirituellen Waffen in den Händen der unterdrückten Menschen innerhalb und außerhalb des Gefängnisses und Männer wie Sie leisten einen unbezahlbaren Beitrag für die Stärkung des Geistes und der Hoffnung auf einen Sieg.« Doch im Exil waren einige von Mandelas Kampfgefährten nicht derart begeistert von Tutu, wie er es war. Der ANC, der von seinem Anführer Oliver Tambo aus dem Exil geleitet wurde, hatte jüngst eine ausführliche Lagebesprechung seiner Strategien nach dem Soweto-Aufstand abgehalten. Inspiriert von einem Besuch in Vietnam im Jahre 1978 entschied er sich dazu, der politischen Organisation in Südafrika mehr Beachtung zu schenken, speziell indem er auf breiter Basis eine nationale Front mit einem gemeinschaftlichen Programm vorantreiben wollte. Tambos Berichte über die Diskussionsgespräche kurz vor der »Befreit-Mandela-Kampagne« enthüllten, dass zumindest einige der ANC-Anführer Vorbehalte gegenüber den Rollen hatten, die Tutu, Motlana und Qoboza spielten. In den Notizen eines Berichts über ein Treffen des ANC stand, Tutu distanziere sich von seinen ehemaligen engen Freunden. Allerdings operierten die Kirchen in einer Pyramidenstruktur. Sie riefen Projekte ins Leben, um Geld zu sammeln, anstatt nach einem Programm zu arbeiten, das sich an Dringlichkeitsstufen orientierte und sie standen unter Druck, was die Verwendung ihrer Finanzen betraf. In einem allgemeinen Kommentar der Berichte sprach sich Tambo für eine gegenseitige Annäherung aus:

»Wir dürfen nicht versuchen, unsere Schritte in eine Richtung zu zwingen, so dass die Frage gestellt wird, ob einige die Gangart des ANC akzeptieren oder nicht. Von Leuten wie DT, NM und PQ [Anm. des Übers.: DT (Tutu), NM (Motlana), PQ (Qoboza)] erwarten wir nicht, dass sie sich wie Revolutionäre verhalten. Es wäre falsch sie zu bestrafen, weil sie sich nicht dem revolutionären Standard anpassen. Sie sind einflussreiche Leute. Diese Eigenschaft ist es, die wir nutzen müssen – ihren Einfluss hinter und zu Gunsten unseres Kampfes stellen, selbst zu Ungunsten des ANC. Wir dürfen keine Feinde aus ihnen machen. Wir können sie sicherlich neutralisieren. Sie und der ANC haben viel gemein.«

Tutu und die Kirchenoberhäupter im Land blieben bis lange nach der Befreiung im Unklaren über die Diskussionen im Exil. Vorangetrieben durch die alltäglichen Ereignisse, die sich auf ihre Mitgliederschaft auswirkten, waren sie im Begriff, eine neue Ebene der Konfrontation zu betreten und einen beispiellosen Dialog mit der Regierung zu führen.

Das Fundament für die Konfrontation wurde im darauffolgenden Jahr bei der Nationalkonferenz des Südafrikanischen Kirchenrats gegossen. Die Konferenz, die zum Teil von der bewegenden Rhetorik von Allan Boesak inspiriert wurde, dem jungen Emporkömmling der schwarzen Niederländisch-Reformierten Kirchen, befürwortete eine Reihe von Ansätzen, die Kampagnen des zivilen Ungehorsams gegen die rassistischen Gesetze anregten. Persönlich stand Tutu dem zivilen Ungehorsam gespalten gegenüber. Anders als Mahatma Gandhi und Martin Luther King jr. lehnte er Gewalt prinzipiell nicht in jeder Sachlage ab. Nach Tutus Meinung hänge der Erfolg des zivilen Ungehorsams – wenn er Straßenproteste umfasse – davon ab, ob die Regierung ausreichend Respekt vor dem menschlichen Leben habe und deshalb von einem Abschlachten zahlreicher Demonstranten absehe. Tutu bezweifelte, dass das in Südafrika der Fall sei. Allerdings gingen die Ansätze im Vorfeld der Konferenz nicht so weit, dass Straßenaktionen geplant waren. Sie zielten eher darauf ab, sich über die Gesetze hinwegzusetzen, die interethnische Beziehungen untersagten und Tutu unterstützte nachhaltig den Vorschlag, dass die Kirchen dem »Gesetz von Jesus Christus« folgen sollten, anstatt des »Gesetzes von Cäsar«.

Da er von der Zurückhaltung der Kirchenoberhäupter frustriert war, drängte der oberste Mitgliederstab des Südafrikanischen Kirchenrats diese bei dem Nationalkongress im Jahre 1980 dazu, ihre Agenda fallen zu lassen und nach Pretoria zu fahren, um einen illegalen öffentlichen Protest zu beginnen. Zuerst wollte der Mitgliederstab die Freedom Charter von 1955 an die Türen bekannter Kirchen im Stadtzentrum nageln, in Anlehnung an die Maßnahme von Martin Luther zu Beginn der Reformation im Jahre 1517. Doch der Chartervertrag war eng an den ANC und seine Mitstreiter gebunden und so versuchte Tutu, die Unterstützung für den Protest zu erweitern, indem er vorschlug, stattdessen einen Bezeugungsgottesdienst gegen die Zwangsumsiedlungen auf dem Church Square von Pretoria abzuhalten. Wenn die Polizei komme um sie festzunehmen, sagte er, sollten sie auf dem Boden knien bleiben und sich weigern fortzugehen, bevor der Gottesdienst nicht beendet sei. Sein Kompromiss wurde mit der Mehrheit von einer Stimme abgelehnt. Die militanten Konferenzteilnehmer verließen die Versammlung frustrierter, als sie es bei ihrer Ankunft gewesen waren. Zwei Wochen später gab ihnen die Polizei von Johannesburg die Gelegenheit zu handeln.

Anfang 1980 begann eine neue Serie von Schülerprotesten an den Schulen. Diese weiteten sich im April bis nach Johannesburg aus, als Schüler aus den separierten farbigen und indischen Schulsystemen mit der Unterstützung der Geistlichen in ihren Gebieten damit begannen, den Unterricht zu boykottieren – unter den Geistlichen war John Thorne, der ehemalige Präsident des Südafrikanischen Kirchenrats, der vor Tutu kurzzeitig als Generalsekretär gearbeitet hatte. Thorne – ein sanftmütiger, Pfeife rauchender, freikirchlicher Pfarrer – war kaum militant. Als die Polizei ihn am

Samstag, dem 24. Mai, festnahm und ihn in das Polizeihauptquartier am John Vorster Square brachte, waren die religiösen Oberhäupter der Stadt schockiert. Die Vernehmungsräume der Sicherheitspolizei im zehnten Stockwerk am John Vorster Square waren berüchtigt: Ein Ort, von dem bekannt war, dass die Gefangenen dort dem Tod »verfielen«. Joe Wing, der Generalsekretär der Freikirche und ein Pionier der ökumenischen Bewegung in Südafrika, versuchte am Wochenende voller Sorge Thorne zu helfen. Er besuchte den John Vorster Square und rief das Hauptbüro der Sicherheitspolizei in Pretoria und den Justizminister in Kapstadt an. Thornes Mitarbeiter trafen sich und vereinbarten, dass sie sich, wenn er nicht freigelassen werden würde, am Montagmorgen im Hauptbüro der Kirche versammeln, einen Gebetsgottesdienst für ihn abhalten und – unter Missachtung eines Gesetzes, das öffentliche Proteste untersagte – zum John Vorster Square gehen würden, um eine Petition für seine Freilassung zu übergeben. Sie luden die Oberhäupter und die Pfarrer anderer Kirchen ein, sich ihnen anzuschließen. Unter ihnen war Timothy Bavin, der am späten Sonntagabend von Wing angerufen wurde. Bavin wohnte nur fünf Autominuten von dem Ort entfernt, an dem der Protest beginnen sollte, doch er wollte nicht hingehen. »All meine Instinkte waren dagegen«, sagte er später Bill Burnett. »Auf eine schlaflose Nacht folgten Gebete und die Heilige Messe in meiner Kapelle und noch immer war ich mir nicht über den Willen des Herrn im Klaren. Um 8.15 Uhr wusste ich allerdings, dass ich hingehen musste und abgesehen von Momenten, in denen ich die Nerven verlor, habe ich niemals daran gezweifelt, dass es das war, worum Gott uns gebeten hatte.«

Die 50-köpfige Gruppe, die sich am Montagmorgen am Gemeindezentrum von Braamfontein versammelte – sie trugen Kirchengewänder und hatten Bibeln bei sich –, war eine ungleiche Mischung aus Militanten, Liberalen und Konservativen. Viele Mitglieder hatten nur wenig Kontakt mit den Aktivisten des Südafrikanischen Kirchenrats. Einige kamen aus den Gemeinden der schwarzen, farbigen und indischen Townships von Johannesburg, andere kamen aus den wohlhabenden weißen nördlichen Vororten. Sogar der Pfarrer aus Harry Oppenheimers Kirche war anwesend. Dort waren Protestanten, Katholiken, Mönche der Gemeinschaft der Auferstehung, ein kanadischer Priester, der Südafrika besuchte – und Leah Tutu. Dem Grundsatz des gewaltfreien Protests folgend riefen sie bei der Polizei an, um ihr Handeln anzukündigen. Nach einem kurzen Gebetsgottesdienst begannen sie ihren gesetzeswidrigen Marsch, der von Tutu und Joe Wing angeführt, hinunter zur Queen Elizabeth Brücke führte, die die Büros von Braamfontein vom Stadtzentrum Johannesburgs trennte. Die kleine Kolonne bewegte sich friedlich, mit jeweils zwei Demonstranten nebeneinander und dem Stadtverkehr entgegen, jedoch kaum eine ganze Fahrspur einnehmend, über die Brücke. Wenn man ihnen erlaubt hätte, durch die westlichen Ausläufer der Stadt und in Richtung des John Vorster Square zu laufen, wäre diese Episode schnell beendet und unbedeutend gewesen. Stattdessen erschien eine Gruppe der Bereitschaftspolizei. Sie trugen Camouflage-Uniformen, als wenn sie sich auf einen Kampf mit Guerillas im Busch vorbereiteten. An ihrer Spitze stand, mit einem Megafon und einem Khaki-Schlapphut, Theuns Swanepoel, der in den 60ern ein gefürchteter Vernehmungsbeamter von Häftlingen wie Winnie Mandela gewesen und für die brutale Zerschlagung des Soweto-Aufstands berüchtigt war.

Swanepoel stoppte den Marsch an einer Straßenecke vor den Büros der Johannesburger Abendzeitung *The Star*. Es war einige Minuten vor Redaktionsschluss der Zeitung. Fotografen rannten die Treppen hinunter, um Bilder von den Bereitschaftspolizisten mit ihren automatischen Gewehren, Pistolen und Gasmasken einzufangen, die die Geistlichen umzingelten. Wie der Autor dieses Buches und späterer Zeitungredakteur, der vor den Demonstranten hergelaufen war, um die Ereignisse zu dokumentieren, einer Schreibkraft diktierte, lehnten sich andere Reporter aus den Fenstern und hielten die Geschehnisse fest: »Sie singen ›Vorwärts, Christi Streiter‹,[46] rief einer der Journalisten aufgeregt. ›Jetzt wer-

46 Anm. d. Übers.: Ein Kirchenlied englischen Ursprungs aus dem 19. Jahrhundert (Originaltitel: »Onward, Christian Soldiers«).

den sie in Lastwagen getrieben.‹« Die Geistlichen wurden zum John Vorster Square gebracht. Ohne Rücksicht auf die Journalisten zu nehmen vertrieb die Bereitschaftspolizei die Schaulustigen mit Gummiknüppelschlägen.

Kurz vor 16 Uhr an diesem Nachmittag wurde John Thorne freigelassen. Die Demonstranten wurden über Nacht, getrennt nach Ethnie und nach Geschlecht, in kommunalen Zellen festgehalten. In der Zelle für schwarze Frauen organisierte Leah Tutu eine Kollekte, um einer Mitgefangenen zu helfen, die nichts mit der Demonstration zu tun gehabt hatte, ihr Bußgeld zu bezahlen. In ihren Zellen beteten die Männer, sangen Kirchenlieder und erzählten sich Geschichten und Witze. Tutu beschwerte sich, dass die Zelle für die schwarzen Männer schmutzig sei, worauf sie von der Polizei gereinigt wurde. Dann wies er darauf hin, dass die Bettdecken verdreckt seien und es wurden saubere bereitgestellt. Bevor sie schließlich in ihre Betten gingen, sagte er, der Gruppe würde es nicht möglich sein zu schlafen, wenn die Lichter die ganze Nacht über brannten. Die Polizei kam seiner Bitte nach und löschte das Licht. Am nächsten Morgen wurden die Demonstranten in den Kellerzellen unter dem Johannesburger Amtsgerichtssaals wieder vereint. Während eines Gebetsgottesdiensts vor der Anhörung begann Joe Wing zu weinen: Während seiner Zeit in der ökumenischen Bewegung hatte er niemals erlebt, wie sich konfessionelle Unterschiede derart in Luft auflösten, wie in diesem Moment. Die Anhörung hatte zwei Tage lang örtliche und internationale Schlagzeilen zur Folge. Unter den Klängen der Kirchenlieder aus den Zellen, die im ganzen Gebäude widerhallten, räumte die Polizei den kleinen Gerichtssaal, um genügend Platz für die 53 Angeklagten zu schaffen. Sie wurden unter dem Riotous Assemblies Act angeklagt und zu einer Geldstrafe verurteilt.

P. W. Botha war aufgebracht. Drei Tage später sagte er bei einer Ansprache, dass Aktionen des zivilen Ungehorsams die Ziele des ANC vorantrieben und er beschuldigte den Südafrikanischen Kirchenrat, Millionen Rand zu investieren, um Unruhen zu unterstützen. Tutu schickte ihm ein Telegramm und bat ihn um ein Treffen. Eine Notstandsversammlung der Kirchenoberhäupter befürwortete die Anfrage. An diesem Wochenende besuchten Tutu, Peter Storey und Sally Motlana, die Vizepräsidentin des Südafrikanischen Kirchenrats, Koornhof für Diskussionen in seinem Privathaus. Die Kirchen und die Regierung verhandelten einige Wochen lang über die Bedingungen eines Treffens. Botha habe, wie Tutu es nannte, absurde Vorbedingungen gestellt: Der Südafrikanische Kirchenrat sollte bekanntgeben, dass er den Kommunismus, die Gewalt und den ANC ablehnte und dass er die Wehrpflicht für weiße Männer akzeptierte. Um den Dialog nicht zu gefährden, »interpretierte [der Kirchenrat] diese Bedingungen zweckgemäß«, sagte Tutu. Der Kirchenrat bekannte, dass er niemals den Kommunismus oder andere Ideologien befürwortet habe, dass er Gewalt – inklusive institutionalisierter Gewalt durch den Staat – ablehne, dass er sich niemals mit jeglicher politischer Bewegung identifiziert habe und dass er den Wehrdienst akzeptiere, so lange dieser nichtmilitärische Optionen für Wehrdienstverweigerer bereithalte. Für seinen Teil machte Tutu Botha Vorschläge für den Umbau der Abgeordnetenschaft.

In den Union Buildings, dem Sitz der exekutiven Regierung in Pretoria, trafen die Kirchenoberhäupter am 7. August auf Botha und auf sieben seiner Minister. Die Kirchendelegation wurde von Sam Buti geleitet und umfasste Tutu, Storey und Burnett. Die einzige Frau bei dem Treffen war Sally Motlana – das vielleicht militanteste der exekutiven Mitglieder. Sie war zum wiederholten Mal ohne eine Gerichtsverhandlung festgehalten und ihr Pass für ungültig erklärt worden. (Sie war die Tochter des Kochs der »CR fathers«, der für Tutu das Essen zubereitet hatte, als dieser in seiner Jugend im Wohnheim in Sophiatown lebte.) Botha, der die Macht in den Händen des Militärs konzentrierte, hatte Mitglieder seines Staatssicherheitsrats zu dem Treffen eingeladen. Er lud außerdem die Minister ein, um deren Anwesenheit Tutu gebeten hatte. In den nun 30 Jahren der Apartheid hatte die Regierung die multiethnischen Kirchen entweder ignoriert oder angegriffen. Bei den wenigen Gelegenheiten, bei denen ihnen ein Vorsprechen gewährt worden war, war ihnen ein Vortrag gehalten worden. Nun gab Botha den Kirchenoberhäuptern 75 Minuten, um ihre Anliegen zu äußern und seinen Kabinettsministern 45 Minuten, um darauf zu antworten. Die Kirchenoberhäupter warnten, dass das Land einer Katastrophe entgegensteuere. Tutu sagte, dass Hass, Verbitterung und Wut wuchsen und er nannte vier Erfordernisse des Handelns durch die Regierung: in einem ungeteilten Südafrika jedem eine gemeinsame Staatsbürgerschaft zuzusprechen, die Kontrollgesetze abzuschaffen, die »vollkommen bösartigen« Bevölkerungsumsiedlungen einzustellen und ein einziges einheitliches Ausbildungssystem einzuführen. Burnett gab zu, dass er die Regierung in der Vergangenheit gehasst habe und er sagte, es komme sowohl der Kirche als auch der Regierung zugute, wenn man sich regelmäßig oder zumindest in Zeiten der Spannungen träfe. Storey kreuzte mit Botha die Klingen, als er den Präsidenten davor warnte, dass die Schwarzen dem guten Glauben der Regierung nicht vertrauten. Am Ende des Treffens antwortete Botha, er glaube an Christus:

> »Doch der Christus, an den ich glaube, ist kein Weichling. Der Christus, an den ich glaube, ist kein Waschlappen. Ich bin stolz darauf, ein Afrikaander zu sein und ich werde niemanden um Entschuldigung bitten, weil ich einer bin. Meine Leute haben den Kolonialismus bekämpft, bevor ihn irgendjemand anders in Afrika bekämpft hat. Wenn Apartheid das bedeutet, was unsere Feinde aus ihr machen, lehne ich sie ab. Ich bin bereit, meine Leute zu führen, um ein neues Zeitalter einzuläuten, doch ich bin nicht bereit, sie auf den Weg zu einer neuen Art der Regierung zu führen, mit einheitlichen Rechten.«

Sam Buti entgegnete, dass die Kirche die gegensätzlichen Parteien, inklusive der Exilanten und der Gefangenen, um einen Konferenztisch herum versammeln wolle, um einen Lösungsweg zu finden, der die Interessen beider Lager – der Schwarzen und der Weißen – sichere.

Als die Kirchenoberhäupter das Treffen verließen, verkündeten sie, dass, obwohl die Delegationen in unterschiedlichen Sprachen gesprochen hatten oder sich auf unterschiedlichen Wellenlängen befunden hatten, sie zumindest im selben Raum miteinander gesprochen hatten. »Ich kann nicht sagen, dass das Treffen in ziemlich derselben Liga spielt, wie das zwischen Präsident [Menachem] Begin und Präsident [Anwar] Sadat«, sagte Tutu, »doch es liegt in derselben Größenordnung.« Dieser Eindruck wurde nicht von allen geteilt: Buti Tlhagale sagte, Botha habe über »einen anderen Herrn [gesprochen] als über den, den die schwarzen Menschen proklamieren. Ist es der Kirche möglich, in einem Dialog mit einer Regierung zu stehen, die klar gegen eine Wiedergutmachung ist?« Allan Boesak und viele seiner Kollegen, die in den getrennten Kirchen ihren Dienst taten, die von der weißen Niederländisch-Reformierten Kirche eingerichtet worden waren, nahmen eine ähnliche Position ein. Diejenigen, die die traditionellen englisch sprechenden Kirchen leiteten, sahen sie als Tee trinkende Liberale, die sich bei ihren Geschäften mit den afrikaandischen Nationalisten naiv gaben. Tutu gab sich unmissverständlich: »Moses ging immer wieder zu dem Pharao, um die Freilassung der Israeliten sicherzustellen. Die Propheten sprachen immer wieder zu den Königen und zu den Menschen, damit sie sich änderten und lernten, sich Gott zu fügen. Auch wir als Kirchen werden immer wieder gehen [und] zu der Regierung sprechen – bis zum allerletzten Moment.«

Die Ereignisse der folgenden Monate zeigten, dass Botha an keinem wirklichen Dialog interessiert war. Obwohl er behauptet hatte, die Gespräche weiterführen zu wollen, verlangte er von den Kirchenoberhäuptern, dass sie die Truppen besuchten, die an der Grenze zwischen Namibia und Angola gegen die Swapo, die Befreiungsbewegung Namibias, kämpften. Es dauerte vier Monate, um beweisen zu können, dass Botha den Besuch nicht als eine Voraussetzung für weitere Gespräche betrachtete. Während ihr Briefverkehr andauerte, fühlte sich Tutu, der sich einige Zeit zurückgezogen hatte, dazu bewegt, einen zusätzlichen Brief an Botha zu verfassen. Er teilte Botha mit, dass »es an Ihnen liegt, als ein wahrhaft großer Mann in die Geschichte einzugehen, dem es durch die totale Außerkraftsetzung der Apartheid möglich war, den Weg in eine Zeit der Gerechtigkeit, des Friedens, der Versöhnung und der Koexistenz zu ebnen – nicht nur in Südafrika, sondern auf dem gesamten Kontinent«. Auf sein Schreiben erhielt er eine Danksagung, jedoch keine Rückantwort.

Nach den Sommerferien in Südafrika, im Februar 1981, schlug Tutu eine mögliche Agenda für ein Treffen vor. Doch zur gleichen Zeit sagte er seinem Verwaltungskomitee, dass er sein Engagement für Gespräche verliere. Botha werde totalitärer und steuere das Land zurück in das »dunkle Zeitalter« von Verwoerd. Die Regierung hatte die *Post* und die *Sunday Post* verbieten lassen. Koornhofs hochgelobte Abmachung mit den Schwarzen sei eine »entsetzliche Lüge«. Über die Zwangsumsiedlungen sagte er, dass die Regierung etwas plane, was die Nazis als Endlösung bezeichnet hatten:

> »Es sind keine Gaskammern, über die wir reden. Doch wenn man Menschen von dort fortschafft, wo sie eine ausreichende Unterkunft gehabt haben und erreichbare Arbeitsplätze und man sie in der Mitte von Nirgendwo entsorgt, ist man dann nicht genauso schuldig, als hätte man den Abzug betätigt? Ich werde angegriffen werden, weil ich dies sage. Sie werden sagen, ich würde stark übertreiben. Ich wünschte, ich müsste das nicht sagen. Ich möchte beliebt sein, ich möchte geliebt werden, doch nicht zu Ungunsten der Wahrheit, nicht zu Ungunsten unserer Leute.«

Die Gespräche verstummten schließlich in Folge einer Razzia durch Regierungstruppen in den Hauptquartieren der Spezialeinheit des uMkhonto we Sizwe (MK) in Matola in Mosambik. Bei einem Trauergottesdienst in der Regina Mundi Church hielt Tutu eine Ansprache, in der er sagte, dass die Toten des ANC, unter ihnen viele Weiße, die als Terroristen bezeichnet worden waren, »unsere Söhne, unsere Väter, unsere Brüder« gewesen seien. Botha rezitierte den Tenor dieser Ansprache und andere kürzlich gemachte Stellungnahmen Tutus und sagte, dass weitere Diskussionen keinen Sinn ergaben: »Scheinbar haben sie sich für eine Konfrontation mit der Regierung entschieden.«

Möglicherweise stellte die Wiederaustellung von Tutus Reisepass im Januar 1981 den einzigen konkreten Nutzen des Treffens im August des Jahres 1980 dar. Wenn die Konfiszierung ihm geholfen hatte, international bekannt zu werden, so machte es die Rückgabe dem Südafrikanischen Kirchenrat ein Jahr später möglich, auf diesem Bekanntheitsgrad aufzubauen. Im März 1981 unternahm Tutu eine fünfwöchige Reise in zehn Länder in Europa und Nordamerika. Storey, der so lange den Posten des Präsidenten des Kirchenrats übernahm, sagte, dass, da sie nicht wussten, wie lange er den Pass behalten würde, er sich hohe Ziele setzen sollte. In Europa besuchte Tutu Kirchen und sprach mit Regierungsbeamten und Kabinettsministern – unter ihnen der deutsche Außenminister Hans-Dietrich Genscher. In Washington, D.C., wo die gerade erst anlaufende Reagan-Administration ihre Politik gegenüber Südafrika entwickelte, traf er Senatoren wie Paul Tsongas und die Republikanerin Nancy Kassebaum aus Kansas, die bald eine zentrale Rolle in der Debatte über Sanktionen spielen sollte. In New York verbrachte er eine Stunde gemeinsam mit dem UN-Generalsekretär Kurt Waldheim. Vor dem UN-Spezialkomitee richtete er die Aufmerksamkeit auf die Apartheid und entsandte seinen üblichen Appell für politischen, diplomatischen und insbesondere wirtschaftlichen Druck. Er traf Jeane Kirkpatrick, die neue US-amerikanische UN-Botschafterin. Sie sagte ihm, es gebe zwei Pole der Außenpolitik der Organisation: das Befassen mit der sowjetischen Expansion, was weithin bekannt sei, und die vollständige Ablehnung von Politik, die auf dem Thema Ethnie basiert, was nicht allzu bekannt sei. Es gebe keine Möglichkeit der Annäherung zwischen den Vereinigten Staaten und Südafrika, so lange die Apartheid existiere, sagte sie und setzte damit ein Zeichen, das sich von dem unterschied, das aus dem Weißen Haus kam.

Tutus Besuch verärgerte P. W. Botha, nicht nur wegen seiner Aufrufe zu wirtschaftlichem Druck, sondern vor allem, weil der Empfang, den Kirkpatrick Tutu bereitet hatte, die Regierung Südafrikas demütigte. Zehn Tage zuvor hatte sie sich mit Bothas Leiter des militärischen Geheimdienstes, P. W. van der Westhuizen, hinter verschlossenen Türen in den Büros einer rechtspolitischen Interessengruppe getroffen. Dieser Armeegeneral hatte ein Visum erhalten, obwohl das Außenministerium Besuche durch das südafrikanische Militär untersagt hatte. Die Nachricht über das Treffen war nach außen gedrungen und die afrikanischen Diplomaten bei der UN hatten dagegen protestiert. Als sie Tutu traf, nutzte Kirkpatrick die Gelegenheit, um ihm mitzuteilen, dass sie van der Westhuizen eine Rüge erteilt habe und Tutu gab dies an die Presse weiter. Der wütende Botha äußerte bei einer Wahlversammlung, dass er Tutus Reisepass wieder konfiszieren lassen werde.

Tutu hatte beabsichtigt, seine Reise in London zu beenden, wo er Führungspersönlichkeiten im Außenministerium traf und gemeinsam mit Politikern und Kirchenoberhäuptern im Britischen Unterhaus ein Treffen besuchte, das die »Befreit-Mandela-Kampagne« unterstützte. Allerdings empfahl ihm Storey, seine Heimkehr so lange zu verschieben, bis sich der Ärger gelegt hatte. Zwei leitende Mitglieder des Südafrikanischen Kirchenrats flogen nach London, um mit ihm zu besprechen, ob er überhaupt jemals wieder zurückkehren sollte. Darüber wollte er jedoch noch keine endgültige Entscheidung treffen. Robert Runcie, der bei einer Reihe von Gelegenheiten Tutu unterstütze, erschien gemeinsam mit ihm bei einem Fototermin im Lambeth Palace und arrangierte für ihn auf seiner Rückreise eine kurze Audienz beim Papst. Desmond und Leah flogen nach Rom, um auf dem Petersplatz einer üblichen Predigt beizuwohnen. Danach stieg Papst Johannes Paul II. von seinem Baldachin herab, um einige Minuten gemeinsam mit ihnen zu verbringen und er versicherte ihnen, dass die Kirche stets gegen Rassismus sei. Als Tutu zurück nach Hause reiste, verfasste der Vatikan eine öffentliche Erklärung, die die Betroffenheit des Papstes darstellte, angesichts der Folgen, die das Handeln durch die Regierung ausgelöst hatte.

Unter denjenigen, die Tutu bei seiner Ankunft auf dem Flughafen von Johannesburg empfingen, waren Paul Erasmus und etwa zehn weitere Sicherheitspolizisten. Während sie warteten, diskutierten sie darüber, Tutu mit einer angespitzten Fahrradspeiche zu erstechen: »Es war eine sehr gute Gelegenheit«, sagte Erasmus. »Wir wussten, dass es sehr wahrscheinlich war, dass es einen großen Menschenauflauf geben würde und dass er durch die Haupthalle gehen musste. Wenn man sich den Bericht des staatlichen

Geheimdienstes durchlas, der zu der damaligen Zeit wöchentlich erschien, [konnte man erkennen, dass] der Regierung schon der Schaum vor dem Mund stand. Ich denke, wenn es dort eine Führungspersönlichkeit gegeben hätte – die richtige Führungspersönlichkeit –, hätte er zu den Sicherheitskräften gesagt: ›Jungs, redet keine kak (Kacke), lasst es uns tun.‹ Oder: ›Wer ist dazu bereit, es zu tun?‹ Zu der damaligen Zeit erschien es als richtig.« In der darauffolgenden Woche kamen, als Tutu sich gerade auf den Karfreitags-Gottesdienst vorbereitete, Sicherheitspolizisten zu seinem Haus in Orlando West, um Tutus Reisepass einzuziehen. Journalisten teilte er mit, Botha sei »nur ein erbärmlicher kleiner Tyrann«. Einige Tage später eröffnete das Büro des Justizministeriums, das für die Verhängung von restriktiven Erlassen verantwortlich war, seine zweite Akte über Tutu.

Tutu war für eine weitere Notstandssitzung nach Hause gekommen – diesmal mit den Kirchenoberhäuptern und dem Verwaltungskomitee des Südafrikanischen Kirchenrats –, um die Bedrohung zu diskutieren, der er sich ausgesetzt sah. Nachdem die Sitzung an diesem Abend vertagt worden war, blieb eine kleine Gruppe zurück und hielt ein streng vertrauliches Treffen ab. Neben Tutu, Peter Storey und Sally Motlana waren auch Tutus stellvertretender Verantwortlicher für Finanzangelegenheiten, Matt Stevenson, und der Anwalt des Rats, Oliver Barrett, in Tutus Büro anwesend. Dort erfuhren sie Neuigkeiten, die den Rat in den folgenden drei Jahren im Kern erschüttern, seine Anführerschaft spalten, seine ethnische Einheit gefährden und der Regierung die bis dato beste Gelegenheit geben sollte, die Arbeit des Rats zu vernichten. Stevenson teilte der Gruppe mit, dass die Polizei Gelder des Kirchenrats entdeckt habe, die in dutzenden Privatbanken lagerten, die unter der Leitung des ehemaligen Generalsekretärs des Rats, John Rees, standen.

Das Geld, insbesondere seine Quellen und seine Verwaltung, waren lange Zeit die Achillesverse des Südafrikanischen Kirchenrats gewesen. Die Mitglieder der multiethnischen Kirchen waren verhältnismäßig arm und der Kirchenrat bezog seine Einnahmen zu 98 Prozent von Kirchen aus dem Ausland. Die Evangelische

Kirche in Deutschland – sie wurde von den Steuerzahlern durch Kirchensteuern finanziert, solange sie nicht aus der Kirche austraten – deckte die Hälfte des Budgets ab. Die anderen Hauptgeldgeber waren – nach sinkender Höhe ihrer Beträge sortiert – der Weltkirchenrat und die niederländischen, schweizerischen, dänischen, amerikanischen, schwedischen und britischen Kirchen. Im Vergleich zu anderen gemeinnützigen südafrikanischen Organisationen verwaltete der Südafrikanische Kirchenrat große Mengen an Geld: In den sieben Jahren zwischen 1975 und 1981 waren es 17,5 Millionen Rand (im Jahre 1981 $23,5 Millionen oder £10 Millionen). Doch die Entwicklung der Finanzkontrollen hatte sich der Geschwindigkeit der Expansion des Rats unter Rees nicht angepasst. Ein Jahr vor Tutus Ankunft war es niemandem möglich gewesen, den Status der Rats-Finanzen genau zu bestimmen. Geld war ausgegeben worden, bevor es eingenommen worden war und Ende 1976 war der Rat finanztechnisch gesehen insolvent. Das Verwaltungskomitee hatte die Gründung eines unabhängigen Buchführungsdienstes befürwortet und sich dazu entschieden, einen Beauftragten für die Finanzkontrolle anzustellen. Allerdings hatte es nahezu zwei Jahre in Anspruch genommen, einen Beauftragten zu finden: Es hatten sich keinerlei qualifizierte Bewerber gemeldet und die Annäherungsversuche an Laien wie Bobby Godsell von der Anglo American waren nicht erfolgreich gewesen. In der Zwischenzeit hatte man einen Bereichsleiter des Südafrikanischen Kirchenrats dabei ertappt, wie er Gelder von einer Institution entwendet hatte, die mit dem Rat in Verbindung stand. In der Folge hatte es eine beachtliche dreimonatige Schlammschlacht über ethnische Empfindsamkeiten gegeben, bevor eine Anklage erhoben worden war. (Der Bereichsleiter war ein Schwarzer gewesen.) Schließlich hatten die Wirtschaftsprüfer befunden, dass der Buchführungsdienst keine einwandfreien Abrechnungen erstellt habe und so war er demontiert und ein außenstehender Wirtschaftsprüfer für die Untersuchung engagiert worden. Dieser Wirtschaftsprüfer hatte herausgefunden, dass auch der Hauptbuchhalter Geld entwendet hatte und so war auch gegen ihn Anklage erhoben worden.

Obwohl Tutu größtenteils das Opfer einer Situation war, die entstanden war, bevor er seinen Posten eingenommen hatte, empfand Storey, dass er ein gewisses Maß an Verantwortung für den Kampf des Rats trage, die Probleme zu überwinden. Im Jahre 1979 befand sich Tutu auf einer sechswöchigen Reise in die Vereinigten Staaten – er besuchte gerade die akademische Abschlussfeier in Harvard –, als eine der ersten Finanzkrisen aufkam. Er kehrte zurück und erhielt einen handgeschriebenen Brief von Storey, der andeutete, dass er zu langsam beim Beantworten der ersten Berichte über die Ordnungswidrigkeiten gewesen sei, dass die Geschäftsbereiche des Südafrikanischen Kirchenrats einer strengeren Aufsicht bedurften und dass Godsell wegen Fahrlässigkeit für den Rat verloren sei. Auch kritisierte Storey die Dauer und den Zweck von Tutus Reisen: »Diese letzte Reise wurde in meiner Gegenwart in vernichtendem Maße als ein ›Ego-Trip‹ dargestellt. Es kam die Frage auf, ob sie während ihres Aufenthalts in Übersee bezahlt würden. Ich betrachte das als sehr schädigend und ich bitte sie, das nochmal ins Auge zu fassen.«

Die ersten Anzeichen dafür, dass die Regierung die finanziellen Probleme des Kirchenrats für ihre eigenen Ziele nutzte, kamen während der Gerichtsverhandlungen zum Vorschein, bei denen die ehemaligen Angestellten wegen Betrugs und Diebstahls angeklagt wurden. Informationen über die Finanzen des Rats drangen zu Journalisten durch, die für ihre engen Kontakte zur Polizei bekannt waren. Die Strafverteidiger schienen dieselben Informationen erhalten zu haben. Die beiden Männer wurden von Amtsrichtern freigesprochen, die die Buchhaltung des Rats kritisierten. Einer der Angeklagten, der freigesprochen wurde, obwohl er ein schriftliches Geständnis an Tutu ausgehändigt hatte, schloss sich später einer rechtsgerichteten christlichen Gruppierung an, die von der Regierung ins Leben gerufen worden war. Er behauptete, vier Millionen Mitglieder zu repräsentieren, setzte sich dafür ein, dass die Regierung das Verbot von interethnischen Ehen beibehielt, agierte gegen Tutu in Übersee und wurde letztendlich von P. W. Botha mit staatlichen Ehren ausgezeichnet.

Fortlaufend belästigten die Polizeiminister und Botha selbst den Südafrikanischen Kirchenrat mit der Frage, was der Verwendungszweck seiner Gelder sei. Seine kleineren Arbeitsbereiche und Projekte stellten keine Streitpunkte dar: theologische Ausbildung, Missionstätigkeit und Evangelisierung, eine Frauengruppe und ein Chorprojekt. Ein Stipendienfonds, der 11 Prozent des Ratsbudgets ausmachte, wurde verdächtigt, die Kinder von Radikalen zu begünstigen. Der Entwicklungssparte des Rats, die 15 Prozent seines Budgets nutzte, wurde vorgeworfen, Arbeitslosigkeit für politische Ziele zu missbrauchen. Doch die Hauptziele der Regierung waren die Dependants' Conference und der Asingeni Relief Fund, die jeweils ein Viertel des Budgets ausmachten. Die Dependants' Conference, die innerhalb von sieben Jahren 4,2 Millionen Rand verteilte, zahlte Versorgungsgelder, Schulgelder und andere Unterstützungen an hunderte politische Häftlinge aus – üblicherweise an Männer, die in die ländlichen Gebiete verbannt worden waren, nachdem sie lange Gefängnisstrafen für ihre Tätigkeit beim ANC abgesessen hatten. Während sich die Gefangenen noch in Haft befanden, half die Conference ihren Angehörigen – für gewöhnlich Frauen, die Kinder hatten und arbeitslos waren oder für ihre Arbeit nur schlecht bezahlt wurden. Auch betreute sie Familienbesuche für die Gefangenen von Robben Island. Sie bezahlte die Bahnfahrkarten nach Kapstadt, die Unterbringung der Familienmitglieder in einem Wohnheim in der Nähe des Bahnhofs und brachte sie mit der Gefängnisfähre auf die Insel.

Der Asingeni Relief Fund war am 16. Juni 1976 von John Rees ins Leben gerufen worden, um nach dem Soweto-Aufstand Unterstützungsgelder für die Einwohner aufzubringen. Sein Name – er bedeutet »Wir werden nicht hineingehen« – reflektierte die Identifizierung des Südafrikanischen Kirchenrats mit den Schülern, die den Unterricht boykottiert hatten. Der Großteil seiner Gelder – 4,4 Millionen Rand in seinen ersten sechs Jahren – ging an Anwälte, die die Einwohner verteidigten, die wegen öffentlicher Gewalt angeklagt worden waren. Das restliche Geld ließ Rees in hunderte Barauszahlungen für Beerdigungen, Nahrungsmittel, Kleidung, Schulausbildung und Beförderung fließen. Er leitete den Fonds auf dieselbe Weise, wie der Klerus Fonds für Arme betrieb: Auszahlungen wurden gänzlich diskret getätigt und die Namen der Empfänger wurden geheim gehalten. In einer örtlichen Kirche wurde auf diese Art verfahren, um die Vertraulichkeit der pastoralen Beziehung zu bewahren und im Südafrikanischen Kirchenrat schützte dieses Vorgehen die Empfänger vor Schikanen durch die Regierung. Tutu, der davon überzeugt war, dass die schwarze Gemeinschaft keinen Bedarf an Schutz hatte, schaffte die Barauszahlungen ab und stellte namentliche Schecks an die Empfänger aus. Auch arbeitete er mit einem Unterausschuss, obwohl Asingeni ein diskreter Fonds ohne ein Budget blieb. Im Laufe der Zeit weitete der Fonds sein Spektrum aus. Er zahlte Unterstützungsgelder an streikende Arbeiter und die Busse zu Steve Bikos Beisetzung, half Robert Sobukwes Witwe bei den Beerdigungskosten, deckte die Verwaltungskosten der »Befreit-Mandela-Kampagne«, die Prozesskosten einer bedeutenden ANC-Gerichtsverhandlung und die Untersuchung des Biko-Mordes.

Das kleine vertrauliche Treffen, das im April 1981 nach der Rückkehr Tutus aus Rom abgehalten wurde, war das erste einer Reihe von Treffen, bei denen er, Storey, Motlana, Stevenson und Barrett mit den Neuigkeiten über Rees rangen. Sie hatten gehört, dass Rees zwischen 1976 und Anfang Mai 1978 – zwei Monate nachdem Tutu seine Stelle angetreten hatte – 296.000 Rand der Gelder des Kirchenrats auf 51 unter seiner Kontrolle stehenden Bankkonten deponiert habe. Die Polizei sagte, sie habe Beweise für die Zahlungen gefunden, als sie einen der anderen Betrugsfälle untersuchte. Sie bat den Kirchenrat, Anklage zu erheben. Tutus Vorhaben bei dem ersten Trefffen war es, einleitend sein Unbehagen über Rees zum Ausdruck zu bringen: Außerhalb der Hörweite der Polizei sagte er, dass, während der Rat auf die Integrität von Rees vertraut habe, es theoretisch möglich gewesen sei, dass ein Verbrechen begangen worden war. Auch wurden rassistische Andeutungen gemacht: Der Rat hatte Anklage gegen einen schwarzen Verdächtigen erhoben, zögerte jedoch, wenn ein Verdächtiger weiß war. Im Hinterkopf trug Tutu die Erinnerung an eine Begebenheit – während des Treffens gab er sie nicht preis –, die sich drei Wochen nach seiner Ankunft bei dem Südafrikanischen Kirchenrat zugetragen hatte: Rees habe einen Scheck über 60.000 Rand angefordert, Tutu habe ihn gefragt, wofür er das Geld benötige und Rees habe ihm geantwortet, es sei für Zuschüsse des Asingeni Relief Fund. Mit dieser Erklärung sei Tutu zwar nicht glücklich gewesen, jedoch sei er der Sache nicht weiter nachgegangen. Auch habe er keine Einwände gehabt, als die Ratsoberhäupter im April 1981 der Polizei mitteilten, dass sie Rees nicht verklagen würden. Sie sagten, dass er die Freiheit gehabt habe, die Gelder so zu verwalten, wie er es als richtig erachtet hatte und dass er bei einem ersten Anflug des Verdachts nicht dafür verurteilt werden könne, sich unsachgemäß verhalten zu haben. Sie sprachen es nicht offen aus, doch die Tiefe ihres Vertrauens in Rees entsprach in gleichem Maße der Tiefe ihres Argwohns gegenüber den Motiven der Polizei. Bevor sich das Treffen auflöste, sagte Storey, der Rees' Pastor war, dass er mit ziemlicher Wahrscheinlichkeit aus dem Südafrikanischen Kirchenrat austreten würde, wenn man Anklage gegen ihn erhebe.

Die Versammlungsmitglieder entsandten Barrett, um Rees über das Geld auszufragen. Rees sagte, dass etwas davon aus dem Asigeni Relief Fund stamme und über seine Konten zu den Opfern der politischen Unruhen geleitet worden sei, um ihre Identität geheim zu halten. Doch er habe noch einen weiteren treuhänderischen Fonds betrieben, der den Namen Actipax trage und der vollkommen unabhängig vom Kirchenrat operiere. Während er darauf gewartet habe, dass Geld aus dem Ausland in den Asingeni Relief Fund flösse, habe er gelegentlich Geld von Actipax geliehen. Der Großteil seiner Schecks vom Kirchenrat, die auf seine persönlichen Konten ausgeschrieben waren, sei der Ausgleich dieser Anleihen. Nach einigen Monaten der Untersuchung und der Diskussionen akzeptierten die Ratsoberhäupter seine Erklärung, bemerkten jedoch, dass seine Rückzahlungen der Asingeni-Gelder nach Tutus Ankunft – insgesamt 90.000 Rand – unausgeglichen seien. Zum Zweck der Rechnungskontrolle baten sie ihn zu bescheinigen, dass es sich tatsächlich um Rückzahlungen an Actipax handelte.

Die Rückantwort des Südafrikanischen Kirchenrats belegte Unausgeglichenheiten. Während einer der Gerichtsverhandlungen über die Betrugsfälle brachte die Polizei die Zahlungen an Rees zum ersten Mal an die Öffentlichkeit. Zeitungen, die den Kirchenrat zuvor unterstützt hatten, wandten sich nun gegen ihn. Am schlimmsten war es für Tutu, als ein Strafverteidiger behauptete, dass Rees Tutus Schweigen mit einer Schenkung in Höhe von 14.000 Rand für das Haus in Orlando West gekauft habe, als er seine Stelle erhalten hatte. Tutu war von der Anschuldigung und der Möglichkeit angeekelt, dass Rees die Gelder des Kirchenrats dafür verwendet haben könnte, um ihm beim Abzahlen seines Hauses zu helfen. Als er am Tag der Enthüllung nach Hause fuhr, schauderte ihm bei dem Gedanken, dass seine Nachbarn in Soweto nun denken könnten, dass er nur auf materiellen Gewinn aus sei. Er bat Rees, einen Nachweis für die Herkunft der 14.000 Rand zu erbringen: »Ich bin sehr besorgt und kann unter dieser Wolke der Verdächtigungen und der Anschuldigungen nicht weiter leben«, schrieb er. Rees wies nach, dass das Geld nicht dem Kirchenrat gehörte und nannte einen deutschen Spender als Quelle der Schenkung. Doch der Spender leugnete die Schenkung und so nahm Tutu einen Kredit auf, um das Geld zurückzahlen zu können. Einige Tage nach der Kritik durch die Zeitungen, Ende Oktober 1981, entschloss sich das Verwaltungskomitee dazu, einen unabhängigen obersten Anwalt anzustellen, um eine Untersuchungskommission für die Verwaltung einzuberufen. P. W. Botha ergriff die Initiative: Innerhalb von wenigen Tagen verkündete er die Einberufung einer Regierungskommission. Ihre Richtlinien deckten weit mehr als lediglich die Finanzen ab: Der gesamte Korpus des Südafrikanischen Kirchenrats sollte beaufsichtigt werden.

Tutu und der Kirchenrat wurden während seiner letzten Jahre dort meist in die Defensive gezwungen. Die Polizei verhaftete John Rees während der Nationalkonferenz des Rats im Jahre 1982 und erhob Anklage gegen ihn. Der Richter Richard Goldstone war kein Handlanger der Apartheid. Er wurde später ein Mitglied des südafrikanischen Verfassungsgerichts nach der Apartheid und der erste oberste Staatsanwalt des Kriegsverbrechertribunals für Jugoslawien. Er empfand die Geschichte über Actipax als höchst unglaubwürdig und verurteilte Rees wegen Betrugs. Jedoch sagte er, dass der Südafrikanische Kirchenrat verantwortungslos gewesen sei, Rees derart viel Spielraum zu ermöglichen, erkannte an, dass er nicht geldgierig gehandelt habe und verhängte eine ungewöhnlich milde Strafe: einen kurzzeitigen und aufgeschobenen Gefängnisaufenthalt.

Auch sagte Goldstone, dass Rees einen aufgeblasenen Sinn für sein Sendungsbewusstsein und eine nicht charakteristische Arroganz entwickelt habe, indem er es versäumt habe, die Kontrolle über die Fonds auf Tutu zu übertragen. Wolfram Kistner möchte beobachtet haben, wie Tutu zutiefst verletzt über den Widerwillen eines weißen Ratsoberhaupts gewesen sei, einem schwarzen Nachfolger die Kontrolle über die Fonds anzuvertrauen. Dieser Schmerz drang während der Nationalkonferenz des Kirchenrats nach außen, nachdem die Gerichtsverhandlung abgeschlossen war. Als er seinen Jahresbericht vortrug, richtete Tutu eine scharfe Attacke an Rees, Rees' Verteidiger und an die Liberalen in den »eleganten weißen Vororten«, die behauptet hatten, der Kirchenrat habe Rees in seiner Zeit der Not verlassen:

> »Ich ärgere mich über ein solches Verhalten und Betragen. Um der Gutherzigkeit Willen, ich habe den Südafrikanischen Kirchenrat nicht um sein Geld betrogen. Ich habe nicht das Vertrauen missbraucht, das in mich gesetzt wurde. Ich habe nicht gelogen. Dieses Unrecht wurde von John Rees begangen. Diejenigen, die aus Herrn Rees einen Märtyrer machen wollen, müssen sich nach einer anderen Gelegenheit umsehen. Dieser Fall war eine direkte gerichtliche Strafverfolgung. Herr Rees weiß nicht oder weiß vielleicht [doch], was sein Handeln diesen Rat gekostet hat. Wir haben einen herausragenden Präsidenten verloren. Meine Mitgliederschaft spaltet sich auf der einen Seite in die Schwarzen und auf der anderen Seite in einige Weiße auf. Er war dort erfolgreich, wo die Regierung versagt hat. Sein Verbrechen ist das Wasser auf die Mühlen der Regierung.«

Die Debatten über den Bericht nahmen nahezu fünf Stunden der wertvollen Zeit der Konferenz in Anspruch. Sie endete mit dem zustimmenden Urteil des Verwaltungskomitees, dass Rees den Rat betrogen und Tutu mit Anstand gehandelt habe.

Tutus Hinweis darauf, dass man einen Präsidenten verloren habe, bezog sich auf den Rücktritt von Peter Storey. Tutu stand Storey nahe, der ihn als Generalsekretär nominiert hatte. Als Vizepräsident hatte Storey während der häufigen Abwesenheit von Sam Buti viele der Ratstreffen zu Krisenzeiten geleitet und im Jahre 1982 war er offiziell zum Präsidenten ernannt worden. Er war ein artikulierter und praktischer Anführer, der Inbegriff der puren Liebe und ein energischer Verfechter dessen, woran er wahrhaftig glaubte – ob er nun Tutu während seiner Auslandsaufenthalte persönliche Nachrichten schrieb oder öffentlich Tutus Recht verteidigte, sich frei auszusprechen. Er und Tutu hatten gemeinsam im Gefängnis gesessen und gemeinsam den Premierminister besucht. Auch wären sie einmal, so sollten sie später erfahren, beinahe zusammen gestorben. In Venda, dem vermutlich korruptesten der »unabhängigen« Bantustans fern im Norden Südafrikas, hatten sie versucht Häftlinge zu besuchen, waren dabei selbst verhaftet, zu »unerlaubten Einwanderern« erklärt und aus dem Gebiet geschickt worden. Auf dem Rückweg hatte ihre etwa 12-köpfige Armeeeskorte ihr Auto mit zwei Fahrzeugen in den Busch gedrängt. Sie hatten auf einer Lichtung angehalten, ihr Kofferraum war durchsucht und sie waren zusammengeschlagen worden. Der Anführer der Männer hatte ihnen gesagt: »Wir können sie hier töten und niemand wird sie finden«, doch schließlich hatte er sie gehen lassen. In den späten 90ern sagte ein ehemaliger weißer Militäroffizier – er war in Venda stationiert gewesen – Storey und Tutu, dass er befohlen habe, sie töten zu lassen und noch immer nicht wisse, warum sein Befehl nicht ausgeführt worden war.

Allerdings hatte Storeys Vertrauensbekenntnis an John Rees vor der Gerichtsverhandlung es ihm unmöglich gemacht, weiterhin den Posten des Präsidenten zu bekleiden. Nach Rees' Verurteilung hatten er und Tutu eine, wie er es nannte, »lodernde Auseinandersetzung« wegen Tutus übereiltem Kommentar an die Presse über die Folgen des Falls. Mit beiderseitigen schriftlichen Entschuldigungen stellten sie ihre Beziehung zueinander schnell wieder her, doch Storey hatte schon entschieden, dass seine Präsidentschaft die Einheit des Kirchenrats fortan gefährden würde.

Während der Südafrikanische Kirchenrat Gefahr lief, wegen der Affäre um Rees auseinanderzubrechen, hatte die Regierungskommission, die den Fall untersuchte, schon derart viel Personal, Zeit, Energie und Geld investiert, dass die unabhängige Kommission, die das Verwaltungskomitee einberufen wollte, niemals zu Stande kam. Die Regierungskommission, die von einem obersten Richter namens C. F. Eloff geleitet wurde, stellte für die Leitung ihrer Untersuchungen Klaus von Lieres und Wilkau an, einen Staatsanwalt, der Mitglied einer Pressekommission gewesen war, die in ihrem Bericht der Verurteilung des Kirchenrats beinahe ebenso viele Seiten gewidmet hatte, wie es die Presse tat. Der Kirchenrat behielt einen der führenden Anwälte Südafrikas in seinen Reihen: Sydney Kentridge, der die Familie Biko bei der Untersuchung von Steve Bikos Tod vertreten hatte. Die Kommission nahm amtlich zugelassene Rechnungsprüfer unter Vertrag, um die Finanzen des Kirchenrats zu inspizieren und untersuchte selbst 21.000 Dokumente. Bei öffentlichen Anhörungen stellte sich die Polizei als die größte Bedrohung für den Kirchenrat dar. Sie behauptete, dass der Rat die Ansichten seiner fremden Geldgeber repräsentiere und nicht die seiner Mitgliedskirchen und unterstellte ihm, die Glaubwürdigkeit des ANC zu erreichen: Einer von Tutus Fehlern war es gewesen, dass er Tambo öffentlich als »eine Person christlicher Überzeugung und Aufrichtigkeit in seinem Wunsch nach Frieden und Gerechtigkeit« beschrieben hatte. Die Polizei bat die Kommission vorzuschlagen, dass der Rat unter dem südafrikanischen Gesetz zu einer »beeinflussenden Organisation« erklärt werde. Eine solche Bezeichnung hätte ihn von ausländischen Geldgebern abgeschnitten.

Auf die Anfrage der Eloff-Kommission hin analysierte Johan Heyns – ein späteres Oberhaupt der Niederländisch-Reformierten Kirche – Tutus Aussagen. Heyns ebnete den Weg für Regierungsaktionen gegen den Kirchenrat, indem er darauf hinwies, dass es sich technisch gesehen nicht um eine Kirche handele, sondern lediglich um eine nebengeordnete Körperschaft. Tutus Behauptung, dass die Bibel ein revolutionäres Dokument sei, sei verständlich, sagte er, doch im Falle von Südafrika gefährlich. Auch stelle die schwarze Theologie eine Gefahr dar. Heyns' Lösungsvorschlag war, dass die Theologie und das kirchliche Leben entpolitisiert werden sollten und dass die Weißen in ihrer historischen Rolle als Gründer Südafrikas mit gutem Beispiel vorangehen sollten. Dem entgegen bildete ein anderer afrikaandischer Theologe – David Bosch von der University of South Africa – ein Gleichnis zwischen der Rolle des Südafrikanischen Kirchenrats und jener der afrikaandischen Kirchen, als die Afrikaander noch arm und machtlos waren. Eine kluge Regierung solle eine kritische Stimme begrüßen, auch wenn diese radikal klinge, sagte er Eloff.

Tutus Aussage vor der Eloff-Kommission bestätigte die Arbeit des Südafrikanischen Kirchenrats in seinem Glauben. Allister Sparks, der Korrespondent des *Observer* in Südafrika, beschrieb sie als einen außergewöhnlichen, dreistündigen Auftritt und die vielleicht größte Predigt in Tutus Leben: »Es war eine sonderbare Szene, wie der kleine schwarze Bischof seinen tiefgreifenden theologischen Vortrag, gespickt mit Bibelversen und kirchlichen Anlehnungen, einem weißen Publikum mit versteinerter Miene übermittelte.« Tutu sagte, Gott habe das Universum als einen Kosmos erschaffen, in dem Harmonie und Einheit regierten. Doch die Sünde habe den göttlichen Plan durcheinander gebracht und ein Chaos der Disharmonie und der Trennung geschaffen:

»Dementgegen entsandte Gott seinen Sohn, um diese ursprüngliche Harmonie wiederherzustellen, um Versöhnung herbeizuführen. Indem er durch Jesus Christus zu einem echten menschlichen Wesen wurde, zeigte Gott, dass er die gesamte Menschheitsgeschichte und das gesamte menschliche Leben ernst nahm. Er demonstrierte, dass er der Herr allen Lebens ist: geistlich und säkular, heilig und weltlich, materiell und spirituell. Wir werden zeigen, dass die [Heilige] Schrift und die Hauptströmung der christlichen Tradition und die [christliche] Lehre nichts über die so

gängige Gegensätzlichkeit unserer Tage wissen, die die Trennung von Religion und Politik einfordern. Das, so werde ich demonstrieren, sind zutiefst theologische Angelegenheiten, die die Natur, die Arbeit und den Standpunkt des Südafrikanischen Kirchenrats bestimmen. Unser Gott sorgt sich darum, dass Kinder in Umsiedlungslagern verhungern – die etwas angesehenere Bezeichnung für die Entsorgungsdeponien der Apartheid, für die armseligen Opfer dieses teuflischen und bösartigen Systems. Der Gott, den wir verehren, sorgt sich darum, dass Menschen unter mysteriösen Umständen in Haft sterben. Ich möchte hinzufügen, dass, wenn Gott sich nicht um diese und um ähnliche Angelegenheiten sorgen würde, ich ihn nicht verehren würde, denn dann wäre er ein vollkommen nutzloser Gott. Zum Glück ist er das nicht.
Ich werde zeigen, dass es die Hauptaufgabe Jesu gewesen ist, Versöhnung zwischen Gott und uns und auch zwischen Mensch und Mensch zu bewirken. Im Folgenden werde ich von der theologischen und der biblischen Grundlage aus demonstrieren, dass die Apartheid, die getrennte Entwicklung oder wie auch immer sie genannt wird, böse ist, vollkommen und ohne Ausnahme, dass sie unchristlich und nicht biblisch ist. Wenn mir irgendjemand zeigen kann, dass die Apartheid biblisch oder christlich ist – ich habe es zuvor gesagt und ich wiederhole es jetzt – dann werde ich meine Bibel verbrennen und damit aufhören, ein Christ zu sein.«

Storey lieferte eine schlagkräftige und emotionale 84-seitige Widerlegung der polizeilichen Unterbreitung. Die Oberhäupter der Mitgliedskirchen des Südafrikanischen Kirchenrats gaben ihre Unterstützung bekannt. Nachdem die Polizei behauptet hatte, dass der Kirchenrat von den Feinden Südafrikas aus dem Ausland manipuliert werde, kamen Kirchenoberhäupter aus Europa und den Vereinigten Staaten, um zu bezeugen, dass der Kirchenrat die Agenda für die Aktivitäten festgesetzt hatte, die sie finanzierten. Robert Runcie entsandte eine internationale anglikanische Delegation. Sie umfasste seinen Sekretär für anglikanische Kommunionsangelegenheiten, Terry Waite, der viel größer war als Tutu. Freunde von

Tutu, die ein Zeitungsfoto sahen, auf dem beide nebeneinander standen, fragten ihn: »Warum hast du da gekniet?« Nach der Ansicht von Dan Vaughan, dem stellvertretenden Generalsekretär des Kirchenrats, drehte Tutus Handhabe des Eloff-Ausschusses die Situation. Tutu habe wichtige strategische Entscheidungen getroffen, er habe dem Ausschuss seine volle Aufmerksamkeit gewidmet und vor allem habe er die Moral der Mitgliederschaft verbessert: »Später sagte er oft, dass das unsere hellste Stunde in den möglicherweise dunkelsten Tagen des Rats gewesen ist.«

Eloffs 450-seitiger Bericht, der Anfang 1984 im Parlament besprochen wurde, enthüllte nur wenig, was noch nicht an die Öffentlichkeit gedrungen war. Er befand, dass der Kirchenrat es versäumt habe aufzuzeigen, dass er Gelder von Regierungen erhalten hatte, namentlich von der dänischen, der niederländischen, der schwedischen und der finnischen Regierung, ebenso wie von Kirchen. Auch habe er versucht die Tatsache zu verheimlichen, dass er den Weltkirchenrat dazu benutzt habe, um Geld von einem Treuhänderfonds der Vereinten Nationen reinzuwaschen, der für die Opfer angelegt worden war, die unter den Apartheid-Gesetzen verfolgt wurden. Das Hauptendergebnis der Kommission erfolgte im Hinblick auf die Verteidigung der Regierungspolitik: Der Südafrikanische Kirchenrat beabsichtige, »die Regierung bei ihren ausgewiesenen Bemühungen zu behindern, einen Wandel durch einen Prozess der evolutionären Entwicklung herbeizuführen, dessen Schwerpunkt es ist, auf der Seite von Minderheiten zu stehen«. Ziviler Ungehorsam, die versteckte Entmutigung durch Investitionsabbau und die Unterstützung von konzeptionellen Widerständlern lägen nicht im nationalen Interesse, sagte Eloff. Er schlug vor, dass Wirtschaftssabotage zu einem Verbrechen erklärt werden und dass das Gesetz, das Wohlfahrtsorganisationen kontrollierte, erweitert und den Kirchenrat miteinbeziehen sollte. Doch Eloff erkannte an, dass der Rat seine eigene Agenda erstellt habe und lehnte den grundlegenden Ansatz der Polizei ab: »Ich habe keineswegs befürwortet, dass er [der Kirchenrat] zu einer beeinflussenden Organisation erklärt werden sollte«, sagte er dem Autor dieses Buches. »Das hätte den Todesstoß für den Südafrikanischen Kirchenrat bedeutet und wäre wie ein Angriff auf die Kirche gedeutet worden.«

Als der Bericht zum ersten Mal veröffentlicht wurde, war nicht klar ersichtlich, inwieweit er dem Kirchenrat schaden würde und Tutu griff ihn deshalb an. Er schrieb einen Beschwerdebrief an Eloff und zweifelte öffentlich die Fakten der Kommission, die Urteile und das Endergebnis an: »Die Kommission rühmt sich nicht mit einem einzigen professionellen Theologen in ihren Reihen«, schrieb er, »wie kann man also von ihr erwarten, ein gerechtes Urteil über eine Organisation zu fällen, deren eigentliche Existenzgrundlage theologisch ist? Es ist tatsächlich so, als wenn man – respektvoll ausgedrückt – eine Gruppe blinder Männer darum bittet, die Chelsea Flower Show[47] zu begutachten.« An dem Tag, als der Bericht veröffentlicht wurde, bat ein Mitglied der Führungsriege des Südafrikanischen Kirchenrats Einar Lunde, einen norwegischen Fernsehjournalisten, der das Land besuchte, um die Unterstützung und den Schutz, den der Friedensnobelpreis bieten würde. Lunde erwiderte, dass er zuversichtlich sei, dass das norwegische Nobel-Komitee, das den Preis vergab, die Entwicklung in Südafrika beobachte. Seine Zuversicht war nicht fehl am Platz.

47 Anm. d. Übers.: Die *Chelsea Flower Show* ist eine jährlich stattfindende Gartenbauausstellung im Londoner Stadtteil Chelsea.

Kapitel 10

In meinem Herzen wie ein brennendes Feuer

Desmond Tutus wachsende Berühmtheit in den späten 70er- und frühen 80er-Jahren hatte eine scharf polarisierte Reaktion zur Folge. Schwarze Journalisten schrieben verherrlichende Artikel über ihn, die von inspirierenden Zitaten begleitet wurden. Seine Freimütigkeit schlug bei Nelson Mandela und bei seinen Mitgefangenen auf Robben Island ein. Die schwarzen Südafrikaner in den Townships benannten ihre Kinder nach ihm. Buti Tlhagales Vorgänger als katholischer Bischof von Johannesburg scherzte darüber, dass, wenn er junge Katholiken danach fragte, wer ihr Bischof sei, viele antworteten: »Tutu!« Doch die Wut der Weißen auf ihn drückte sich in Form von obszönen Telefonanrufen und Todesdrohungen von politisch Rechtsgerichteten aus. Im Jahre 1978 stürmten acht Extremisten, angespornt von der Sicherheitspolizei, mit Sturzhelmen vermummt am Sicherheitstresen des Südafrikanischen Kirchenrats vorbei in Tutus Büro, wo sie ihm Beschimpfungen entgegenschmetterten und ihm »30 Silberstücke«[48] – in Form von Fünf-Cent-Stücken – vor die Füße warfen. Eine Gruppe, die sich selbst Wit Kommando (»Weißes Kommando«) nannte, bedrohte ihn mehrmals, einmal mit einem Brief, in dem geschrieben stand: »Kaffer, lass die Weißen gehen oder stirb.« Als eine andere Extremistengruppe, die *Wit Wolwe* (»Weiße Wölfe«), androhte, ihn an einem bestimmten Tag umzubringen, setzte er zum ersten Mal seine Wünsche für seine Beerdigung auf. Ihre Drohung hatte ungeahnte Folgen: Als eine Geste der Beruhigung kamen drei der Ratsmitglieder zusammen und sangen für ihn den 23. Psalm bei einem morgendlichen Gottesdienst des Kirchenrats. Er war

48 Anm. d. Übers.: Judas hatte von den Hohepriestern 30 Silberstücke für den Verrat an Jesus erhalten.

gerührt und die Gruppe, die man bald das Khotso-House-Trio nannte, wurde zu Zeiten des Mitgefühls und des Feierns ein fester Bestandteil des Ratsgottesdienstes.

Die anonyme Propaganda gegen Tutu kam als eine Antwort auf seine Kampagnen für wirtschaftlichen Druck und gegen Zwangsumsiedlungen auf. Nach seiner Reise in die Vereinigten Staaten und nach Europa im Jahre 1981 wurden im Namen des »Vereinigten Gewerkschaftsrats« und der »Jungen Christlichen Arbeiter – Gruppe Neun« Flugblätter verteilt, die ihn in Verruf bringen sollten. Niemand in der Gewerkschaftsbewegung oder in den Kirchen wusste von der Existenz dieser Gruppierungen. Nachdem Tutu eine Woche des Gebets und des Fastens gegen die Zwangsumsiedlungen abgehalten hatte, verkündete eine Broschüre einer angeblichen Kommission der Versöhnung und des Friedens, die die Umsiedlungen verteidigte, dass die Menschen aus den Slums befreit werden würden. In einem Bericht des Sicherheitsdienstes, der in derselben Zeit verfasst wurde, der das Kennzeichen »streng geheim« trug und der in einer der Akten über Tutu im Justizministerium lagerte, stand, dass die Kirchen die Regierung international in Verruf brachten, indem sie sich die Zwangsumsiedlungen zu Nutze machten. »Die Umsiedlung von Schwarzen«, stand in dem Bericht, »ist zurzeit einer der wichtigsten Schwerpunkte des kirchlichen Angriffs auf die derzeitigen Machthaber.« Im September 1981 erreichte die Regierungskampagne gegen Tutu eine neue Ebene, als der Polizeiminister Louis le Grange dem Parlament einen Vortrag hielt, der, wie man später feststellen konnte, der Regierung als Vorläufer für die Eloff-Kommission diente. In einer weit ausholenden Rede beschuldigte le Grange Tutu, Investitionsabbau, Wehrdienstverweigerung, zivilen Ungehorsam, Arbeiterunruhen und die Ziele des ANC zu befürworten. Le Grange beendete seine Rede mit einem Appell an die Kirchenmitglieder, sich gegen Tutu aufzulehnen.

Le Granges Appell fand bei den weißen Christen großen Zuspruch. Die meisten Mitglieder der Kirchen des Südafrikanischen Kirchenrats lasen nicht die afrikaandischen Zeitungen, die die Apartheid befürworteten, doch die staatlich kontrollierte *South*

African Broadcasting Corporation (SABC) widmete sich regelmäßig in ihrem frühmorgendlichen hetzerischen Kommentar gegen Tutu. *The Citizen*, eine Zeitung, die mit Regierungsgeldern gegründet worden war, die heimlich einem landwirtschaftlichen Düngemittel-Magnat übergeben worden waren, kritisierte Tutu regelmäßig scharf mit Schlagzeilen, wic »Tu-tu Much!«[49] und »Halt den Mund!« So ähnlich wie diese Anfeindungen sahen auch die vieler anderer englischsprachiger Zeitungen aus. Im Jahre 1984 war Tutu der schwarze Anführer, den die weißen Südafrikaner am meisten hassten. Bei den reuelosen Rassisten war dies zu erwarten gewesen. Was sich aber als noch bedrohlicher für Tutus Standpunkt im Südafrikanischen Kirchenrat herausstellte, war, dass die weißen Liberalen begannen, sich gegen ihn zu wenden.

Tutus außergewöhnliche Gabe, über Rassengrenzen hinweg Kommunikation zu betreiben, seine Fähigkeiten als Versöhner und der Grund, warum dies unerfüllt blieb, als der Kampf gegen die Apartheid seinen Gipfel erreichte, wurden 1981 von der Journalistin Lin Menge aus Johannesburg in einem Bericht in der *Rand Daily Mail* eingefangen. Sie schrieb:

> »Im ersten Moment scheint er einen Tumult zu entfachen. Im nächsten Moment hält er kühl ein. Und dann lacht sein Publikum. Dies sind die emotionalen Push- und Pull-Faktoren, denen die Kritiker von Bischof Tutu ausgesetzt worden wären, wenn sie bei dem öffentlichen Treffen des Südafrikanischen Kirchenrats in dieser Woche erschienen wären. In einem Moment wurden die Weißen mitgerissen, überrollt von einer schwarzen politischen Tirade. Im nächsten Moment wurden sie abgesetzt, sicher und unversehrt, auf den sonnigen Anhöhen der ethnischen Freundschaft. Und nach jedem Eintauchen sahen die Weißen den großen schwarzen Bischof ein bisschen weniger als das Monster, das auf sie eindrischt und das sie klein macht, sondern eher als den netten Onkel, der sie ins Freie zieht. Doch natürlich tauchten die

49 Anm. d. Übers.: ein Wortspiel im Englischen, dass im Deutschen: »*Zu-zu viel!*« bedeutet.

Gegner des Kirchenrats nicht auf, um den bösen Bischof Tutu mit eigenen Augen zu sehen.«

Helen Suzman, seit mehr als 20 Jahren ein liberales Parlamentsmitglied, war eine weiße Südafrikanerin, die regelmäßigen Kontakt zu Tutu hatte. Sie trug für ihn persönliche Beschwerden bei der Regierung vor und besuchte die Familienfeste der Tutus. Ihre Meinung über Sanktionen war seinen Ansichten genau entgegengesetzt. Nichtsdestotrotz hatten sie eine warmherzige persönliche Beziehung zueinander. In ihren Briefen bezeichnete Tutu Suzman – sie war 14 Jahre älter als er und eine widerstandsfähige Kämpfernatur, die persönliche Beschimpfungen von P. W. Botha hatte über sich ergehen lassen müssen – als »mein liebes Kind«. (Sie hatte sich spirituell auf den Briefwechsel mit ihm eingestellt und ein Schreiben mit »Das liebe Kind« unterzeichnet.) Der Schriftsteller Alan Paton hatte hingegen weniger Kontakt mit Tutu. Obwohl er, begleitend zu Tutus Brief an Vorster im Jahre 1976, einen Zeitungsleitartikel geschrieben hatte, befand er sich sechs Jahre später eher in einem Zwiespalt. Seinem alten Freund und Briefpartner Trevor Huddleston teilte er 1982 in einem Brief mit, dass er kürzlich einen Dokumentarfilm über Tutu gesehen habe:

»Er ist ein großartiger Charakter, daran ist nicht zu zweifeln, doch ich fühlte mich ihm vertrauter, nachdem ich den Film gesehen habe, als ich es vorher tat. Allerdings hat er seitdem einige Reden gehalten, die mir absichtlich provokativ erscheinen. So wie Andre Brinks[50] Provokationen seiner Kunst geschadet haben, befürchte ich, dass Tutus Provokationen seiner Religion schaden werden. In der einen Woche hält er eine Rede über die christliche Liebe und in der nächsten Woche hält er eine Rede, die es den weißen Christen kalt den Rücken hinunter laufen lässt.«

Auch wenn Paton die verletzenden Reden nicht genau definierte, hatten Tutus Ansprachen zu der damaligen Zeit tatsächlich einen

50 Ein südafrikanischer Romancier.

Unterton des wütenden Trotzes angenommen. Die Apartheid-Regierung, sagte er – und wiederholte es mehr oder weniger in denselben Worten, bis Mandela 1990 schließlich freigelassen wurde –, versuche, eine Lüge zu verteidigen, ein vollkommen bösartiges und bankrottes System. Nichts, was es ihm oder dem Kirchenrat antun könne, sagte er, würde ihn daran hindern, sich frei auszusprechen:

»Sie [die Regierung] sind allzu sterblich. Sie sind keine Götter. Viele wie sie haben in der Vergangenheit versucht, die Kirche zu übernehmen, als auch sie dachten, sie seien unangreifbar. Nero dachte das, Hitler dachte das, Mussolini dachte das und ebenso dachten das Idi Amin und Bokassa. Wo sind sie heute? So ziemlich alle haben dran glauben müssen. Wenn sie nicht Buße tun und ihren Lebensweg verändern, werden sie, so wie anderen, wie der Plunder und das Treibgut der Geschichte enden, doch die Kirche Gottes wird weiter Bestand haben.«

Bill Burnett gehörte auch zu denen, die ihrem Unbehagen über Tutus kompromissloses Vorgehen Ausdruck verliehen. Als er gebeten wurde, sich an der Gebets- und Fastenwoche gegen die Zwangsumsiedlungen zu beteiligen, sagte Burnett zu, berief sich jedoch auf die Warnung im Matthäus-Evangelium, solchen Aktivitäten nicht nachzugehen, nur um von anderen dabei gesehen zu werden. Er ermahnte Tutu: »Ich bin zunehmend beunruhigt darüber, wie Aufrufe zum Gebet und manchmal zum Fasten dafür benutzt werden, sich an die Menschen zu richten und weniger an Gott. Ich weiß nur zu gut, dass es kaum Hemmungen gibt, sogar Gott zu benutzen, wenn wir in die Machtkämpfe unserer Zeit verstrickt werden.« (Zu der Zeit, als Tutu Erzbischof wurde, gab er Burnett gegenüber nach. Obwohl er zu Gebeten und zum Fasten aufrief, hatte er der Öffentlichkeit nicht erlaubt, sich derart dem strengen Fasten hinzugeben, wie er es für gewöhnlich tat.) Am Vorabend seines Ruhestands äußerte sich Burnett in seinen persönlichen Briefen zunehmend unverblümt. Er lehnte einen ausformulierten Vorschlag Tutus ab, den er während einer Kampagne gegen Zwangsumsiedlungen gemacht hatte, dass die Kirchen jene exkommunizieren sollten, die die Apartheid praktizierten. Burnett sagte einem anderen Bischof, dass solche Formulierungen weiterhin erfolgen würden, denn »Desmond ist Desmond und [er] hat nicht nur ein Image aufrechtzuerhalten, sondern ein Bedürfnis, so zu erscheinen, als bewahre er die Initiative«, doch wenn nichts dabei herauskomme, würden sie ihre Kraft verlieren.

Als die Konfrontation mit der Regierung weiter eskalierte, besuchten Burnett und einige der Oberhäupter anderer Kirchen P. W. Botha als Delegation, die den Südafrikanischen Kirchenrat ausschloss. Die Spannungen zwischen dem Büro des anglikanischen Erzbischofs in Kapstadt und Tutu in Johannesburg klangen allerdings deutlich ab, als Burnett in den Ruhestand ging und Philip Russell auf seinen Posten gewählt wurde, der Bischof von Natal und ein altgedientes Mitglied des Verwaltungskomitees des Rats gewesen war. Noch immer trafen sich die Kirchenoberhäupter gelegentlich ohne Beisein des Kirchenrats mit der Regierung, und Russell stand Tutu nicht unkritisch gegenüber. Einmal focht er Tutus Aussage an, »Gott hat sich auf die Seite der Armen gestellt« und sagte, dass er die Formulierung bevorzuge, dass Gott in besonderer Sorge um die Armen sei. Bald nachdem Russell seine Stelle angetreten hatte, setzte sich das kirchliche Konzil der Bischöfe allerdings für Tutus Verteidigung gegen die Regierung ein und handelte nach dem Prinzip des heiligen Paulus: »Der gesamte Körper leidet, wenn eines seiner Glieder verletzt ist.«

Die Empörung der meisten weißen englischsprachigen Südafrikaner über die Kritik durch schwarze Anführer wie Tutu wurde durch die Behauptung bestärkt, dass die Apartheid in einem ständigen evolutionären Prozess reformiert werde. War die Apartheid im Sport nicht abgeschafft worden? Hatte Harry Oppenheimer nicht andere Geschäftsleute dazu überredet, eine Stiftung zu gründen, um die Bedingungen in Soweto zu verbessern? Hatte P. W. Botha nicht zu Gunsten der Bedürfnisse der wirtschaftlichen Gemeinschaft schwarze Gewerkschaften legalisiert? Und hatte Botha nicht seine Vormachtstellung und den Zerfall seiner Partei riskiert, indem er das Grundgesetz verändert hatte, so dass farbige Menschen im Parlament sitzen konnten? Die weißen anglikanischen Laien fühlten, dass eine afrikaandische nationalistische Regierung zum ersten Mal ihre geschäftlichen Interessen berücksichtigte und sie waren, wie jeder andere in der weißen Gemeinschaft, darum bestrebt, dass Botha sich durchsetzen konnte.

Ironischerweise war es Bothas Wanderung auf dem Grat des Apartheid-Systems, die letztendlich dazu führte, dass sich die Ereignisse überschlugen und der Zusammenbruch des Systems eingeleitet wurde. Im Jahre 1983 bewilligten die weißen Wähler in einer Volksabstimmung eine neue Verfassung, die getrennte Parlamentskammern für farbige und indische Südafrikaner einführte. Die »Reformen«, die weit von einer Neuverteilung der Macht entfernt waren, konzentrierten diese in den Händen der Weißen. Sie sprachen Botha den exekutiven Vorsitz zu. Sie wiesen den farbigen und den indischen Abgeordneten einen dauerhaften Minderheitenstatus zu und machten es ihnen unmöglich, Allianzen mit der Opposition in der weißen Kammer zu gründen. Die Mehrheit der schwarzen Südafrikaner – jene, die rein afrikanischer Abstammung waren – wurden weiterhin gänzlich aus dem Parlament ausgeschlossen. Sie hatten lediglich das Recht, lokale Autoritäten und die Regierungen in den Bantustans zu wählen. Die Konferenzen, Versammlungen und Konzile der Mitgliedskirchen des Südafrikanischen Kirchenrats lehnten die neue Verfassung vollständig ab. In einem Beschluss, der ihre Ansichten bei der jüngsten Nationalkonferenz bündelte, legte der Kirchenrat fest, dass die Verfassung »die ethnische Trennung beibehält und sich keineswegs in Richtung der Vollendung einer gemeinschaftlichen Gesellschaft und einer gemeinschaftlichen Staatsbürgerschaft bewegt«. Tutu sagte, dass die Verfassung es sogar versäumte, die Existenz der schwarzen Südafrikaner anzuerkennen. Doch das Kirchenoberhaupt, das den wichtigsten Anstoß zu der Organisation einer Opposition gab, war Allan Boesak.

Im Jahre 1983 wurde Boesak zu einem der prominentesten Stimmen gegen die Apartheid der Südafrikanischen Kirche, besonders auf der internationalen Ebene. Im vorangegangenen Jahr war er auf einem Treffen, das die weiße Niederländisch-Reformierte Kirche ausschloss und die Apartheid zu einer Irrlehre erklärte, zu dem Präsidenten der Weltallianz der Reformierten Kirchen gewählt worden. Er hatte knapp die Wahl zum Diskussionsleiter des Konzils seiner eigenen Niederländisch-Reformierten Missionskirche verloren, der größten alleinstehenden Kirche der farbigen Gemeinschaft. Er war ein starker Prediger und einige Leute verglichen ihn als Redner mit Martin Luther King. Im Januar 1983 wurde Boesak dazu eingeladen, eine Ansprache auf einem Treffen zu halten, das den Transvaal Indian Congress wiederbeleben sollte, eine Partnergruppierung des ANC in der Kongressallianz in den 50ern. Dort rief Boesak zu der Gründung einer vereinigten Front der Kirchen, Bürgerverbände, Gewerkschaften, Studentenorganisationen und Sportvereine auf, um gegen das Verfassungsmodell der Regierung zu opponieren. Sein Appell fand großen Anklang bei Aktivisten der Kongresstradition und sieben Monate später, im August 1983, wurde in Kapstadt die Vereinigte Demokratische Front ins Leben gerufen, die 575 Zweiggruppierungen umfasste. Die Gründungskonferenz der Front wählte drei Präsidenten zu ihren Anführern, die allesamt Veteranen des ANC waren. Unter ihnen war auch Albertina Sisulu, die Frau von Walter Sisulu. Auch wurde eine Reihe von »Patronen« ernannt, inklusive einiger religiöser Anführer. Tutu, der nicht bei der Gründung anwesend war, war einer von ihnen.

Die gegensätzlichen Rollen von Tutu und Boesak bei der größten Proklamation zur Unterstützung der Ideale des ANC seit seines Verbots, kennzeichneten die besonderen Unterschiede ihrer Stile. Boesak hatte einen feingeistig scharf geschliffenen, politischen Sinn und wirkte in der Welt der organisatorischen Strategie und der Politik. Tutu bewahrte Distanz zu den politischen Prozessen und entschied sich dazu, eher seiner Intuition zu folgen. Mitternächtliche Treffen in verrauchten Räumen waren nichts für ihn, teilte er einmal dem Verfasser dieses Buches mit: »Ich bin kein Denker. Ich kann Dinge analysieren. Ich bin eine gefühlvolle Person; vielleicht lasse ich mich inspirieren.« In den 70ern betrachtete Buti Tlhagale von der Regina Mundi Church Tutu und Nthato Motlana als zwei Schlüsselfiguren in Soweto, ohne deren Anwesenheit sich die jährliche Gedenkfeier am 16. Juni im Chaos aufgelöst habe. Allerdings sah Tutu Motlana und nicht sich selbst als den politischen Anführer. Tutu mochte für die Befreiung gepredigt haben, doch sein Wahlkreis war die Kirche und sein Mandat die christlichen Grundsätze. Die drei besten Beispiele dafür, dass sich religiöse Anführer aus der Parteienpolitik heraushalten sollten, sagte er, seien Abel Muzorewa in Simbabwe, Erzbischof Makarios auf Zypern und der Ayatollah Khomeini im Iran.

Tutu versuchte, sich nicht politisch zu binden. In Übereinstimmung mit der Position, die von vielen der Mitgliedskirchen des Südafrikanischen Kirchenrats vertreten wurde, lehnte er die Rolle ab, die die Apartheid den »Heimatländern« und ihren Oberhäuptern zuwies. Darüber hinaus versuchte er, seine Distanz zu den Aktivitäten der Parteien zu bewahren. Als ein Aktivist des Pan Africanist Congress (PAC) sich über seine Unterstützung der »Befreit-Mandela-Kampagne« beschwerte, entgegnete er, dass er keine einzige Gruppierung unterstütze, jedoch sei Mandela allerorts das effektivste Symbol, um für die Freilassung sämtlicher Anführer zu werben. Er bekräftigte einen Appell seiner Tochter Naomi, dass die Anti-Apartheid-Aktivisten in den Vereinigten Staaten den PAC ebenso wie den ANC unterstützen sollten. Und er beklagte die Kluft, die sich, in Anbetracht der Gedenkfeier am 16. Juni, zwischen den rivalisierenden Unterstützern der Black Consciousness Movement und denen der Freedom Charter auftue. Zwei Monate vor dem Start der Vereinigten Demokratischen Front half er bei der Gründung eines »Nationalen Forums« – das sich eng mit der Black Consciousness Movement verband –, um die beiden Seiten zu vereinen. »Warum gehen wir uns so oft gegenseitig an die Kehle?«, fragte er bei einem Treffen. »Warum sind wir so kühn, uns gegenseitig zu verunglimpfen und uns gegenseitig die schlimmsten Anschuldigungen zu machen und sogar den Befreiungskampf zu sabotieren, während sich der Feind in seiner unkontrollierten Freude wälzt?«

Die erste Bekanntheit erlangende Aktion der Vereinigten Demokratischen Front war eine erfolgreiche Kampagne gegen die Wahlen der farbigen und der indischen Parlamentskammer, die unter der neuen Verfassung in Kraft traten. Im August 1984 wählten lediglich 18 Prozent derjenigen, die für die Wahlen der Farbigen zugelassen waren. Am 2. September erschienen 24 Prozent der indischen Wähler bei der Abstimmung. Die Ereignisse in den schwarzen Townships am darauffolgenden Tag zogen die Aufmerksamkeit des ganzen Landes auf sich. Die Aktivisten, die in den Townships des industrialisierten Vaal-Dreiecks südlich von Johannesburg der Front angehörten, streikten und riefen einen Protest gegen eine 56-prozentige Mietsteigerung aus, die von dem lokalen Rat verhängt worden war, der von nur 15 Prozent der Wahlberechtigten gewählt worden war. Damit entfachten sie unbeabsichtigt einen kleinen Bürgerkrieg in den schwarzen Townships des Landes, der, obwohl er mal ab- und mal zunahm, bis zu der zehn Jahre später eintretenden Befreiung nicht beendet werden konnte.

Patrick Noonan, ein irischer Franziskaner, der in den Vaal-Townships arbeitete, schrieb einen fesselnden Bericht über den Aufstand, der an dem Tag begann, den er den »Schwarzen Montag« nannte: am 3. September 1984 – zwei Tage bevor P. W. Botha unter der neuen Verfassung zum exekutiven Präsidenten gewählt wurde. Auszüge über den »Schwarzen Montag« aus Noonans Tagebuch fingen die Atmosphäre ein, in der zahlreiche Geistliche und Laienarbeiter der Kirche während der letzten Jahre der Apartheid arbeiteten:

> »Petrus Mokoena kauft eilig Koki-Stifte[51] und Pappkarton, um beim Herstellen der Plakate zu helfen. Die Sicherheitspolizei fährt in ihren Autos mit verdunkelten Scheiben herum. Die Buspendler, die trotz des ›ausgerufenen‹ eintägigen Arbeitsstreiks gegen die Mieterhöhung versucht haben, zur Arbeit zu gehen, wurden mit Steinen beworfen. Um 11 Uhr am Vormittag tauchte eine riesige Menschenmenge am Horizont auf. Die Polizei – offenbar unvorbereitet auf solch einen gewaltigen Pulk – zog sich von der Kirche in den niedrigeren Teil des Gebiets zurück, der später als das ›Beirut‹ der Moshoeshoe Street Bekanntheit erlangen sollte. Und

51 Anm. d. Übers.: Farbstifte einer südafrikanischen Marke.

> dann passierte es. Ein Militärhelikopter in Tarnfarben brauste wie eine riesiger Krebs aus Stahl auf Höhe der Dächer von hinten an die Demonstranten heran [und] sprühte Tränengas in die Menge. ›O Nkosi yami! Safa saphela! Kwenzenjani kwelilizwe lethu?‹ (›Oh mein Gott! Wir werden alle getötet werden! Was ist los in unserem Land?‹), schrie Lucas. Panik, Geschrei, Chaos, Menschen werden niedergetrampelt, [sie] laufen in alle Richtungen, Wut, ... Unsere Telefone klingeln den ganzen Tag für mehr Informationen für die Nachrichten. Das Vaal-Dreieck brennt. Schwarzer Rauch, der sich gen Himmel kräuselt, kennzeichnet die Township-Landschaft.«

Am ersten Tag der Proteste kamen 14 Township-Bewohner ums Leben und 32 wurden verletzt, darunter mindestens acht Polizisten. Tutu, der Thom Manthata, einen der erfahrensten Außendienstmitarbeiter des Südafrikanischen Kirchenrats für den Aufbau des Mietboykotts in die Vaal-Region entsandt hatte, schickte am 4. September ein Fernschreiben an Louis le Grange und bat ihn darum, sich mit den Kirchenoberhäuptern zu treffen. »Das ist die Zeit für Staatsmänner«, sagte Tutu. Als Tutu und die Oberhäupter des Kirchenrats am 6. September eine Notstandssitzung über die Situation abhielten, besuchte eine Regierungsdelegation das Township. An einem bestimmten Punkt wurde die Gruppe, der le Grange, der Verteidigungsminister Magnus Malan, ein Armeegeneral, der zum Politiker geworden war und der nun P. W. Bothas Sicherheitsapparat leitete und das örtliche Parlamentsmitglied F. W. de Klerk angehörten, zum Umkehren gezwungen, als sich wütende Einwohner, die die Straße blockierten, weigerten, den Weg freizumachen. Am Ende des Monats waren 90 Menschen gestorben, unter ihnen fünf Ratsmitglieder, die man als Kollaborateure bezeichnet hatte. (Einer war der stellvertretende Bürgermeister Kuzwayo Jacob Dlamini, dessen Tod zu der Gerichtsverhandlung über die Sharpeville Six führte.) Im Oktober verstärkte die Regierung die Polizeikräfte, indem sie zum ersten Mal die Armee in die Townships befahl. »So wie wir das betrachten«, sagte le Grange, »ist es ganz einfach Krieg.«

In den folgenden Wochen und Monaten beobachtete Noonan später, wie die Townships »köchelten und brodelten und abermals überkochten. Es war eine Zeit des Terrors, der Massenverhaftungen, der brennenden Autoreifen, der Brandstiftungen, der politischen Beerdigungen, der Zerstörung von Staatseigentum und der Treffen: der Notstandstreffen, der Dringlichkeitstreffen und der Ad-Hoc-Treffen der Staatsleute, des Volkes und der Kirchen.« Als die gemeinschaftlichen Anführer festgenommen wurden oder sich Verstecke suchten, hatte der Klerus keine andere Wahl, als in ihre Fußstapfen zu treten: »In dieser angespannten Atmosphäre gab es keinen Weg zurück in das Presbyterium oder in das Kloster, höchstens in einem Spießrutenlauf über ein Volk, das einem die eigene Unterstützung abverlangt.« Tutu musste den Beginn eines längst überfälligen Sabbatjahres in den Vereinigten Staaten abbrechen und auf die Krise reagieren. Bei einem pastoralen Besuch im East Rand betete er gemeinsam mit einer älteren Frau, deren sechs Jahre alter Enkelsohn von der Polizei erschossen worden war, als er in ihrem Hof spielte. Es hätte kaum einen passenderen Zeitpunkt geben können, an dem sich die Weltaufmerksamkeit auf das Friedenstiften in Südafrika konzentrierte und bald schon sollte Tutu die Geschichte der Großmutter in Oslo vortragen.

Fragen über Frieden und Gewalt in Südafrika waren keine Neuheit für das norwegische Nobelpreiskomitee, das Gremium, das von dem norwegischen Storting (dem Parlament) gewählt wurde, um nach dem Willen von Alfred Nobel den Friedensnobelpreis zu vergeben. Im Jahre 1961, als das Komitee Albert Luthuli mit dem Preis von 1960 ausgezeichnet hatte, hatte es seine Überraschung darüber ausgedrückt, dass der Kampf der schwarzen Südafrikaner friedvoll geblieben sei: »Ihre Geduld ist bemerkenswert, ihre moralische Stärke im Kampf grenzenlos«, hatte Gunnar Jahn, der Vorsitzende des Komitees, in der Auszeichnungsrede bemerkt. Tatsächlich war die Geduld des ANC sechs Tage, nachdem Luthuli die Auszeichnung erhalten hatte, verebbt: Sein militanter Flügel, der uMkhonto we Sizwe (MK), hatte seine ersten Bomben am 16. Dezember 1961 gezündet. Nachdem der Preis vergeben worden war, schienen die Norweger gelernt zu haben – und schon zuvor war es diskutiert worden – dass Gewalt immer wahrscheinlicher wurde: Luthuli hatte mindestens einem Norweger in Oslo gesagt, dass er sich, ungeachtet seiner eigenen Ansichten zu dem Thema, bei einem Treffen mit den Anführern des ANC einige Monate zuvor dazu verpflichtet gefühlt habe, die Entscheidung zu akzeptieren, mit Sabotage zu beginnen. Die Norweger hatten nicht gewusst, wann die Sabotage beginnen sollte und, in Anbetracht der operativen Autonomie des MK, ist es unwahrscheinlich, dass selbst Luthuli es gewusst hatte. Jahns Wissen über eine Entscheidung, die das Anwenden von Gewalt nahelegte, mögen allerdings seine Wahl der abschließenden Worte seiner Rede beeinflusst haben. Er sagte, dass, falls der Kampf »in eine blutige Schlacht ausartet, dann lasst uns ihn [Luthuli] in Erinnerung behalten und niemals vergessen, dass sein Weg standhaft und klar war. Er hatte es nicht so gewollt.«

Die Auszeichnung Luthulis rief das ins Leben, was Geir Lundestad, der Sekretär des norwegischen Nobelkomitees, als eine neue Kategorie des Friedensnobelpreises identifizierte. In den folgenden 50 Jahren sollte sie die größte Einzelkategorie werden, die jene würdigte, die danach strebten, Respekt vor den Menschenrechten durchzusetzen. Als die internationale Aufmerksamkeit sich in der Folgezeit des Soweto-Aufstands auf Südafrika konzentrierte, wurde eine wachsende Anzahl von Südafrikanern meist von ihren Bewunderern in Übersee für den Preis nominiert. Im Jahre 1981 wurden drei Südafrikaner nominiert: Helen Suzman (schon zum zweiten Mal), Tutu und Mangosuthu Buthelezi. Der Preis wurde schließlich an eine Organisation vergeben: an das UN-Hochkommissariat für Flüchtlinge. Suzman und Tutu wurden beide abermals 1982 nominiert, als der Preis an zwei Personen ging, die in den traditionellsten Anwendungsbereich der Vergabekriterien fielen: an die Entwaffnungsbefürworter Alva Myrdal aus Schweden und Alfonso Garcia Robles aus Mexiko. Im Jahre 1983 intensivierte sich die Diskussion über Südafrika, als Nelson Mandela zum ersten Mal nominiert wurde. Seine Nominierung durch eine große Gruppe von westeuropäischen Parlamentariern stellte eine Herausforderung für das Nobelkomitee dar, denn er saß im Gefängnis, da er eine bewaffnete Rebellion geplant hatte und seine derzeitigen Ansichten waren unbekannt. In diesem Jahr war Tutu anfangs nicht nominiert worden und so wurde sein Name, bei dem offensichtlichen Versuch, die Anzahl der in Frage kommenden Südafrikaner zu vergrößern, durch den Vorsitzenden Egil Aarvik, auf der Liste hinzugefügt worden. Der Preis wurde an Lech Walesa vergeben, dem Oberhaupt von Solidarność.[52]

Es existieren Hinweise darauf, dass zumindest einige Mitglieder des Nobelkomitees Südafrika als den Bereitsteller eines alternativen Kandidaten für das Jahr 1983 betrachteten, falls sich die Situation in Polen verschlechtern und instabil werden sollte, bevor der Preis vergeben wurde. Im Jahre 1984 – für die Komiteemitglieder stand Südafrika noch zur Debatte – wirkten sich einige Einflüsse auf das Komitee aus. Im Februar war in Kapstadt der Bericht der Eloff-Kommission veröffentlicht worden, während der norwegische Fernsehjournalist Einar Lunde im Land zu Gast gewesen war. Er hatte den Südafrikanischen Kirchenrat besucht und war nach Sebokeng im Vaal-Dreieck gereist, wo er eine ältere Frau interviewt hatte, die Zeugin gewesen war, wie die Polizei Kinder getötet hatte. Als Lunde zurück in Norwegen das Material ausarbeitete, rannen ihm Tränen über das Gesicht. Er war gemeinsam mit den Söhnen von Egil Aarvik auf die Schule gegangen. Spontan griff er zum Telefon und rief Aarvik an. »In diesem Jahr müssen sie den Preis nach Südafrika vergeben«, platzte es aus ihm heraus. »In diesem Jahr ist es wichtiger als jemals zuvor.« Er beschrieb seinen Aufenthalt in Südafrika und sagte, er habe Beweismaterial, um seine Aussagen zu stützen. Aarvik bat ihn darum, es an das Komitee zu schicken und er tat es, inklusive eines Begleitschreibens, das den Südafrikanischen Kirchenrat nachdrücklich für die Auszeichnung empfahl. Zu derselben Zeit erfuhr Aarvik von Tutus Aktivitäten, speziell durch seinen engen Freund Gunnar Lislerud, einen norwegischen Bischof, der als Missionar in Südafrika gewesen war. Lislerud war eines der ausländischen Kirchenoberhäupter gewesen, die zu Gunsten des Kirchenrats vor der Eloff-Kommission

---

52 Anm. d. Übers.: *Solidarność* (Solidarität) ist der Name einer im Jahre 1980 aus einer Streikbewegung heraus entstandenen Gewerkschaft in Polen, die an der politischen Wende von 1989 mitwirkte.

ausgesagt hatten und er schickte dem Komitee ein 10-seitiges Empfehlungsschreiben, das Tutu stützte. Südafrika stehe an der Schwelle zum Bürgerkrieg, hatte Lislerud geschrieben. Der Südafrikanische Kirchenrat sei eine der wenigen Organisationen, die die Apartheid bekämpfte, die von der Regierung noch nicht verboten wurde und der Friedensnobelpreis würde es der Regierung erschweren, gegen Tutu und den Kirchenrat zu agieren. Lunde und Lislerud trafen bei Aarvik auf ein offenes Ohr. Er selbst war ein ehemaliges Kirchenoberhaupt und hatte als christdemokratischer Parlamentarier 1961 das Blutbad von Sharpeville während einer Rede vor dem Storting mit scharfen Worten verurteilt.

Unter den Namen, die dem Nobelkomitee 1984 vorlagen, waren sechs südafrikanische: Tutu, Suzman, Buthelezi und Mandela, die schon zuvor vorgeschlagen worden waren, und Oliver Tambo und der Südafrikanische Kirchenrat (als Institution), der nun zum ersten Mal nominiert worden war. Mandela, Suzman und der Kirchenrat waren von außerhalb nominiert worden, die Namen von Tutu, Buthelezi und Tambo waren hingegen von dem Komitee ergänzt worden, offenbar um zu gewährleisten, dass die Liste umfassend war. Von den Beratungsgesprächen des Komitees existieren keinerlei Aufzeichnungen, doch die vorhandenen Anhaltspunkte weisen darauf hin, dass es bis zum letzten Moment keinesfalls sicher war, dass die Auszeichnung nach Südafrika gehen sollte, zum Teil weil Luthuli für die gleichen Bestrebungen bereits den Preis erhalten hatte. Auch galt Tutu nicht notwendigerweise als erste Wahl: Einige hielten ihn für einen Repräsentanten speziell der christlichen Opposition gegen die Apartheid, während die eigentliche Opposition weit darüber hinausging. Letztendlich schien das Komitee Tutu allerdings als weniger kontrovers als Mandela oder Buthelezi angesehen zu haben. In ihm habe es, sagte Aarvik in der Auszeichnungsrede, »eine vereinigende Führungsfigur in der Kampagne, um Südafrikas Apartheid-Problem auf eine friedvolle Weise zu lösen [gesehen].«

Als das Nobelpreiskomitee seine Entscheidung traf, verbrachte Tutu gerade ein Sabbatjahr im General Theological Seminary der Episkopalkirche. An einem Montagnachmittag – es war der 15. Oktober – rief ein leitendes Mitglied der norwegischen Mission der Vereinten Nationen, James C. Fenhagen, den Dekan des Seminary an und vereinbarte einen Termin für den norwegischen UN-Botschafter, der am kommenden Morgen den Campus im New Yorker Stadtteil Chelsea besuchen wollte. Bei der Abendandacht sagte Fenhagen dem Seminary lediglich, dass am folgenden Tag eine Bekanntmachung erfolgen würde. Wenn Tutu den Preis gewonnen hätte, würden die Glocken der Kapelle läuten. In dieser Nacht empfand Leah die Anspannung als fast unerträglich, denn vielleicht komme der Botschafter nur, um zu verkünden, dass der Preis an jemand anderen ging. Desmond schlief schlecht: »Es war fast, als würde man auf Examensergebnisse warten. Es ist schon zwei Mal passiert, dass die Leute gesagt haben, ich sei ein starker Kandidat und die Enttäuschung danach war sehr schlimm.« Um 9 Uhr morgens brachte der Botschafter Tom Eric Vraalsen, als er im Apartment der Tutus auftauchte, einen Strauß Blumen für Leah mit. »Das war ein Zeichen«, sagte sie. »Ich hatte einen großen Kloß im Hals und ich dachte, mein Herz würde stehen bleiben.« Als die Glocken zu läuten begannen, wurde der Unterricht abgebrochen. Die Studenten und Dozenten strömten in die Kapelle und die Tutus wurden mit Tränen und stehenden Ovationen empfangen. Desmond nahm sich einen Moment der Ruhe und las den Psalm 139 ganz für sich alleine:

»Herr, du erforschest mich und kennest mich.
Ich sitze oder stehe auf, so weißt du es;
du verstehest meine Gedanken von ferne.
Ich gehe oder liege,
so bist du um mich und siehest alle meine Wege.
Denn siehe, es ist kein Wort auf meiner Zunge,
das du, Herr, nicht schon wissest.
Du schaffest es was ich vor oder hernach tue,
und hältest deine Hand über mir.«

Die Gemeinde betete und sang Erntedank-Lieder. Tutu dankte auch ihnen: »Dies ist unsere Auszeichnung. Sie sagt etwas über die christliche Kirche aus. Es ist wunderbar, dass sie an ihr teilhaben.« Dann ging er nach draußen und stand auf der Wiese im eingeschlossenen Innenhof, um eine Nachrichtenkonferenz abzuhalten. Er hätte kaum einen besseren Ort auswählen können als New York, um die internationale Aufmerksamkeit auf Südafrika zu lenken. Bald stapelten sich die Telegramme neben den Geburtstagskarten von der vergangenen Woche und er gab den ganzen Tag über eine Reihe von Interviews, in denen er vor einem Blutbad warnte, sollte die internationale Gemeinschaft keinen Druck ausüben, um die südafrikanische Regierung dazu zu zwingen, das Ende der Apartheid einzuläuten. Peter Jennings von *ABC*[53] fragte, was Tutu meine, wenn er sagte, er sei ein Mann des Friedens, jedoch kein Pazifist:

»Tutu: ›Nun, das bedeutet, ich würde verstehen, wenn die Menschen zu den Waffen greifen und ich würde sie nicht verurteilen. Gandhi hat gesagt, dass seine Methoden vermutlich nicht in Nazi-Deutschland funktioniert hätten.‹
Jennings: ›Sie vergleichen unter diesen Umständen Südafrika mit Nazi-Deutschland?‹
Tutu: ›Oh, das tue ich, ja. Ich würde sagen, die Gaskammern waren vermutlich effizienter und sauberer, [doch] wenn man Kinder an Orte bringt, von denen man weiß, dass sie dort verhungern werden, ist man genauso schuldig wie jene, die die Gaskammern gefüllt haben.‹«

Auch verglich Tutu den Kampf gegen die Apartheid mit dem gegen den Kommunismus. Er bezog sich auf die Auszeichnung Lech Walesas im vorangegangenen Jahr, als er in der *MacNeil/Lehrer NewsHour*[54] sagte, dass seine Auszeichnung »aussagt, dass jene die gegen die Apartheid opponieren in vielerlei Hinsicht wie diejenigen sind, die gegen den Kommunismus opponieren.«

---

53 Anm. d. Übers.: ein US-amerikanischer Fernsehsender.

54 Anm. d. Übers.: eine bekannte US-amerikanische Nachrichtensendung, die in der Woche allabendlich von dem Fernsehsender *PBS* ausgestrahlt wird.

Am folgenden Tag gingen Desmond und Leah nach Hause um zu feiern. Sie nahmen Naomi und Mpho mit, die beide an amerikanischen Universitäten studierten. Zunächst flogen sie mit der Concorde nach London, wo sie Robert Runcie und Terry Waite mit einem Bataillon von Kameras und Scheinwerfern im Hintergrund auf dem Flughafen von Heathrow antrafen. Desmond gab eine Pressekonferenz und die Familie flog über Nacht nach Johannesburg. Am Donnerstag begrüßte eine jubelnde Anhängerschaft, allen voran Allan Boesak, die Familie auf dem dortigen Flughafen, Beifall klatschend, tanzend und singend mit einem stürmischen Willkommensgruß. Sie trugen Plakate, auf denen zu lesen war: »Apartheid Ade« und »Willkommen Baba«. Sie ignorierten dutzende von Polizisten in Uniform und in Zivil und die Vorschriften, die besagten, das Singen in der Ankunftshalle nicht erlaubt sei. Sie hießen die Tutus mit der Nationalhymne willkommen, die von den schwarzen Südafrikanern anerkannt wurde: »Nkosi Sikelel' iAfrika« (»Gott segne Afrika«). Im Khotso House kämpfte Beyers Naude, Südafrikas prominentester afrikaandischer christlicher Dissident, mit den Tränen, als er seine Hoffnung kund tat, dass seine Leute eines Tages Tutus Nachricht verstehen würden. Tutu sagte, dass er die Auszeichnung besonders für »diejenigen [annehme], die die kleinen Menschen genannt werden – jene, deren Nasen jeden Tag in den Staub gedrückt werden«.

> »Diese Auszeichnung ist für die Mütter, die an den Bahnhöfen sitzen [und] versuchen, ihre Existenz zu sichern, in dem sie Kartoffeln verkaufen, Mais verkaufen, Eigenerzeugnisse verkaufen. Diese Auszeichnung ist für sie, [die] Väter, die in Wohnheimen nur für Männer festsitzen, 11 Monate im Jahr von ihren Kindern getrennt. Diese Auszeichnung ist für sie. Diese Auszeichnung ist für sie, [die] Mütter im KTC-Illegalen-Lager [in Kapstadt], deren Unterkünfte jeden Tag gefühlskalt niedergerissen werden und die im winterlichen Regen, ihre wimmernden Babys in den Armen haltend, auf durchnässten Matratzen sitzen. Diese Auszeichnung ist für sie, die 3,5 Millionen von unseren Leuten, die entwurzelt und entsorgt wurden, als seien sie Abfall. Diese Auszeichnung ist für sie.«

Aus der ganzen Welt kamen Glückwunschmeldungen – von Staatsoberhäuptern und von Tutus Schwester Gloria: »Glückwunsch Bruder. Gut gemacht, deine Schwester, Gugu.« Aus dem Exil in Sambia telegraphierte Oliver Tambo, der Anführer des ANC, dass Tutu ein würdiger Nachfolger Luthulis sei. Aus Stanger in Natal kamen Glückwünsche von Luthulis Witwe, Nokukhanya. Nelson Mandela, der von Robben Island in ein Gefängnis auf dem Festland in Kapstadt überstellt worden war, verfasste ein Gratulationsschreiben, doch die Gefängnisleitung weigerte sich, es abzuschicken.

Beyers Naudes emotionale Begrüßung war eine Anspielung auf die ablehnende Reaktion des weißen Südafrikas auf die Neuigkeiten. P. W. Botha und sein Außenminister, R. F. (Pik) Botha reagierten »ohne Kommentar«. In Johannesburg war in der afrikaandischen Tageszeitung Beeld zu lesen, dass die Auszeichnung eine der bisher befremdlichsten sei: »Tutu steht für alles andere als den Frieden.« Der erste *SABC*-Radionachrichtenbericht behandelte das Thema in den Nachrichten ganz zuletzt. Die Fernsehnachrichten mit einer weißen Zielgruppe strahlten zunächst einen zehn Sekunden langen Bericht als sechste Meldung aus und behandelten das Thema dann als zweites, jedoch ohne ein Wort über die Feierlichkeiten, die Glückwünsche oder die Auswirkungen zu verlieren. In einem politischen Radiokommentar wurde dem Nobelpreiskomitee unterstellt, es habe den Willen Alfred Nobels missverstanden. Das Fernsehen attackierte mit der Ausstrahlung einer leidenschaftlichen Rede Tutus, bei der seine Stimme ohne jeglichen Bezug bei lediglich einer einzigen Phrase hörbar gemacht wurde: bei dem Wort »Gewalt«. In *The Citizen* war zu lesen, dass, wenn Südafrika wirklich wie Nazi-Deutschland sei, »hätte Bischof Tutu nicht die Gelegenheit gehabt, seine Kampagne voranzutreiben«.

Alan Paton verfasste einen Zeitungsartikel in Form eines offenen Briefs an Tutu, in dem er ihm gratulierte, darauf jedoch in einem unerwartet verbitterten Ton fortfuhr: »Einen Preis wie diesen habe ich niemals gewonnen. Ich befürchte, dass meine Haut nicht die richtige Farbe hat.« Tutu sei der erste schwarze Mann seit Luthuli, der eine Position der nationalen Verantwortung einnehme, schrieb Paton. Dies erfordere ein Maß an Klugheit und Courage, das niemals zuvor erforderlich gewesen sei »und sicherlich niemals zuvor gezeigt wurde«. Er beendete den Artikel, indem er Tutus politische Moral hinterfragte: »Ich verstehe nicht, wie ihr christliches Gewissen es ihnen erlaubt, Investitionsabbau zu befürworten. Es würde gegen meine eigenen tiefsten Prinzipien verstoßen, irgendetwas zu befürworten, dass einen Mann – und besonders einen schwarzen Mann – seine Arbeitsstelle kosten würde.« Am anderen Ende des politischen Spektrums zeigte sich die South African Communist Party erfreut über die Preisvergabe, jedoch auch aufgebracht, da Tutu den Kommunismus in dieselbe Kategorie wie die Apartheid und den Nazismus eingeordnet hatte:

> »Die South African Communist Party hat in den sieben Jahrzehnten ihres Bestehens kompromisslos hinter den Prinzipien der Gleichberechtigung für alle Südafrikaner gestanden, unabhängig von der Ethnie, dem Glauben oder der Hautfarbe. In der heutigen Sowjetunion gibt es keine sozial benachteiligten oder unterdrückten Menschen – keine Ghettos, keine Slums, keine Trennung nach Hautfarben. Die unbedachte Gleichsetzung der Apartheid mit ›dem Nazismus und dem Kommunismus‹ ist ein Affront gegen die Geschichte und die Vernunft, eine grundsätzliche Beleidigung der Befreiungsbewegung, eine Schändung der Erinnerung an einige unserer vordersten Märtyrer und Freiheitskämpfer.«

Während seiner viertägigen Heimreise besuchte Tutu seine Mutter, die nun 80 Jahre alt war und mit seiner Schwester Sylvia zusammenlebte. Es sollte das letzte Mal sein, an dem er sie sah. Sie starb Ende November. Den Sonntag verbrachte er feiernd in seiner Heimatgemeinde St. Augustine's in Orlando West im traditionellen Soweto-anglikanischen Stil: mit einer dreistündigen Heiligen Messe in fünf Sprachen – Englisch, IsiXhosa, IsiZulu, Sesotho und Setswana – Weihrauch, Glockenläuten, westlichen Kirchenliedern und afrikanischen Chören. Die einzigen Musikintrumente waren die Stimmen der Kirchengemeinde, die von einem Klatschen und Fußstampfen begleitet wurden. Auch wurde darüber diskutiert, was mit dem Preisgeld von $192.000 zu tun sei. (Einen Teil vergab Tutu an seine Familie und die Führungsriege des Südafrikanischen Kirchenrats und den Rest an einen Stipendien-Fonds für südafrikanische Studenten im Exil.)

Tutus Beziehung zu der Gemeinde St. Augustine war aus seinem Wunsch heraus entstanden, als Pfarrer tätig zu werden. Als er beim Südafrikanischen Kirchenrat angefangen hatte, hatte er Timothy Bavin zunächst nach einer Teilzeitanstellung bei einer örtlichen Gemeinde gefragt und einige Jahre später hatte Bavin zugestimmt, ihn als Pfarrer in der St. Augustine's Gemeinde zu beschäftigen. Sein Wunsch, als Pfarrer tätig zu sein, beschränkte sich nicht nur auf die lokale Ebene. Nach einem Jahr beim Kirchenrat hatte er einem Freund mitgeteilt, dass er irgendwann als Diözesanbischof in die Anglikanische Kirche zurückkehren wolle. Seine Erwartungen steigerten sich, als die Wahlen für einen Nachfolger für Bill Burnett anstanden, den Erzbischof von Kapstadt, der 1981 in den Ruhestand ging. Wie schon 1974 in Johannesburg galt Tutu auch diesmal nicht als starker Kandidat. Kapstadt war die Mutterdiözese der Anglikanischen Kirche im südlichen Afrika und der Erzbischof war ihr höchster Bischof und das Oberhaupt der Kirche, der nur ausgewählt wurde, wenn er zuvor schon jahrelang in einer anderen großen Diözese tätig gewesen war. Tutu konnte lediglich 19 Monate bischöflicher Tätigkeit in einer der kleineren Diözesen der Kirche nachweisen. Der stärkste Kandidat, Michael Nuttall, war einer der feingeistigsten Intellektuellen der Kirche und war fünf Jahre lang der Bischof von Pretoria gewesen. Dennoch blockierte Tutus Nominierung das Fortkommen bei der Wahlversammlung. Am dritten Tag entschied sich das Bischofskonzil für Philip Russell, der oberster Bischof unter Burnett gewesen war und wenige Jahre vor dem Ruhestand stand. Das gab den Unterstützern Tutus Zeit, seine Anhängerschaft bis zu der nächsten Wahl zu vergrößern.

Nach der Wahlblockade von 1981 beschlossen jene Anglikaner, die Tutu als den zukünftigen Erzbischof von Kapstadt befürworteten, dass, wenn sie Erfolg haben wollten, er zunächst zum Bischof einer führenden südafrikanischen Diözese gewählt werden musste. Wie sie dies taten, ist die bemerkenswerte Geschichte eines innerstaatlichen und internationalen Ränkespiels, das – wenngleich es zum Teil unabsichtlich erfolgte – Timothy Bavin, Philip Russell, Njongonkkulu Ndungane (ein höheres anglikanisches Kirchenoberhaupt), Terry Waite, Robert Runcie, Margaret Thatcher, Königin Elizabeth II. des Vereinigten Königreichs, eine Wahlversammlung der Diözese von Johannesburg, das Bischofskonzil und die südafrikanische Sicherheitspolizei betraf.

Seit seiner Wahl in Johannesburg hatte sich Bavin als eine vermittelnde Persönlichkeit bewiesen, die von Tutu und vielen anderen hoch angesehen wurde. Aktivistischen Klerikern wie Dale White – der Priester, der Tutu in den 50ern Griechisch beigebracht hatte – galt er allerdings als zu konservativ. In den frühen 80ern begann White, sich bei örtlichen englischen Kirchenoberhäuptern, unter ihnen Terry Waite, dafür einzusetzen, dass Bavin eine Diözese in England bekommen sollte. Zu derselben Zeit deutete Waite, nach Besuchen in Südafrika, gegenüber Robert Runcie darauf hin, dass Tutu sich im Südafrikanischen Kirchenrat in einer ungeschützten Position befinde und dass seine Position gestärkt werde, wenn man ihn wieder gänzlich in die Anglikanische Kirche integriere. »Wir wollten, dass er an erster Stelle der Bischof einer Diözese war«, teilte Waite dem Autor dieses Buches mit. »Wir fanden [auch], dass er der Mann war, der einer der ersten schwarzen Afrikaner in einer Position von großer Bedeutung in Südafrika sein konnte, was ganz klar Kapstadt bedeutete.« Runcie, der Bavin einmal unterrichtet hatte, machte ihm das vorläufige Angebot, nach England zurückzukehren, worauf Bavin nur zögerlich Antwort gab.

Auf einer Versammlung des Weltkirchenrats im Jahre 1983 in Vancouver behielt Runcie die Idee im Hinterkopf. Tutu hatte einen Eindruck bei der Versammlung hinterlassen: Die Regierung hatte ihm zunächst die Reisedokumente verweigert, dann ihre Meinung geändert und so kam er erst gegen Ende der Versammlung an. Er wurde mit stehenden Ovationen in Empfang genommen, als er während einer mitternächtlichen Friedenswache seinen dramatischen Auftritt hatte. Runcie fragte einen der südafrikanischen Anwesenden – diesen erwähnte er nicht namentlich – ob, wenn die Englische Kirche einen Posten für Bavin bereitstellen konnte, Tutus Unterstützer es bewerkstelligen konnten, dass er zum Bischof von Johannesburg gewählt würde: »Er sagte, er denke, dass sie das könnten«, sagte Runcie einem Biografen. »Und ich sagte: ›Und wenn Sie das regeln können, denken Sie, dass, wenn Philip Russell in zwei Jahren in den Ruhestand tritt, Desmond den Posten übernehmen könnte?‹ Und er sagte, sie könnten.« In einem Gespräch unter vier Augen spornte Runcie Tutu dazu an, in Erwägung zu ziehen, vom Südafrikanischen Kirchenrat zurück in eine Diözese zu wechseln, ohne jedoch weitere Pläne zu enthüllen.

Acht Monate später, im Mai 1984, schrieb die britische Premierministerin, Margaret Thatcher, an Bavin und fragte ihn, ob sie ihn der Königin als einen Kandidaten für die Diözese von Portsmouth in England vorschlagen könne. Der Brief war eine völlige Überraschung. Runcie schrieb und griff zum Telefonhörer und ermutigte ihn, zuzustimmen. Bavin, der sich mittlerweile durch und durch Südafrika verpflichtet fühlte, nahm sich mehr als einen Monat Zeit für die Entscheidung. Er sagte seinen Bischofskollegen, dass er sich erst während einer Messe, gegen Ende einer Zeit der Einkehr, in seinem Glauben bestätigt gefühlt habe, dass Gott ihn zurück nach England holen wolle: »Nicht ohne Widerstand habe [ich] ihm meinen Gehorsam versichert. Ich hoffe, dass ich mich niemals wieder derart zerrissen ob meiner persönlichen Prioritäten und meines Glaubens an den Willen Gottes fühlen werde.« 20 Jahre später sagte Bavin seinem Schreiber, dass er keine Ahnung von Runcies Motiven, ihm Portsmouth zu empfehlen, gehabt habe: »Es hätte die Entscheidung um so vieles schwerer gemacht, wenn ich angezweifelt hätte, dass Gott meine Schritte lenkt. Doch Gott kann durch einen Erzbischof zu einem sprechen ebenso wie durch Wahlversammlungen.« Tutu sagte dem Autor, dass er sich nicht daran erinnern könne, wann ihm klar wurde, was Runcie und Waite mit ihrer »guten Diplomatie« meinten. Den Akten des Südafrikanischen Kirchenrats ist zu entnehmen, dass er im August 1984 in einem Brief an Waite schrieb: »Ich finde, dass sie ihren Teil der Abmachung erfüllt haben. Es liegt nun an uns hier. Allerdings denke ich, dass wir nicht den Hauch einer Chance haben. [Doch] das ist egal. Wir müssen es probieren und hoffen, dass der Heilige Geist seinen Teil dazu beitragen wird.«

Natürlich konnte niemand wissen, dass Tutu zu der Zeit, als der Wahlausschuss von Johannesburg zusammenkam, ein Nobelpreisträger sein würde. Dies, seine Erfahrung als Bischof von Lesotho und sein innerstaatlicher und internationaler Einfluss mögen seinen Anhängern die Hoffnung gegeben haben, dass er nun ein weitaus stärkerer Kandidat war, als er es zehn Jahre zuvor gewesen war. Trevor Huddleston, der sich gegen die Ernennung eines weiteren Kandidaten aussprach, sagte seinen Mönchsbrüdern, dass es der Diözese nicht möglich sei, Tutu zu ignorieren »und falls sie es doch tun, dann wird es ein sehr schwarzer Tag für Johannesburg werden«. Doch Huddleston, der Südafrika für fast 30 Jahre ferngeblieben war, hatte nicht mit der Verstocktheit der weißen Anglikaner gerechnet.

Am Dienstag, dem 23. Oktober, – dem Tag, nachdem Tutu nach seinem Kurzbesuch in der Heimat nach New York zurückgekehrt war – versammelte sich der Wahlausschuss im St. Barnabas College, einer nichtethnischen Bildungseinrichtung in den westlichen Vororten von Johannesburg. Fünf Kandidaten waren nominiert worden. Tutu, der von Michael Corke, dem Direktor des St. Barnabas, vorgeschlagen worden war und der von David Nkwe, einem alten College-Freund und einem der bekanntesten Kleriker Sowetos, unterstützt wurde, war der einzige schwarze Kandidat. Der Großteil des ersten Tages wurde von Debatten über die Kandidaten bestimmt. Von der ersten Wahlrunde an, kurz nach 17 Uhr, waren Tutu und Peter Lee, ein sozial aktiver Evangelikale aus den nördlichen Vororten Johannesburgs, die Spitzenreiter. Tutu erhielt den Großteil der Stimmen des Klerus und er und Lee hatten etwa dieselbe Anzahl an Laienstimmen. Doch als andere Kandidaten abgewählt wurden, blieben Tutus Stimmen auf dem gleichen Niveau, während Lees Stimmen sprunghaft anstiegen. Im dritten Wahldurchgang hatte Lee mehr Klerus-Stimmen als Tutu und die erforderliche Zwei-Drittel-Mehrheit der Laien-Stimmen. Die Unterstützung für Tutu nahm weiterhin ab.

Im letzten Durchgang stand Lee nur noch fünf Stimmen vor einer Zwei-Drittel-Mehrheit bei dem Klerus und folglich vor der Wahl zum Bischof.

Dann eröffnete die Wahlversammlung erneute Debatten. Noch 20 Jahre später sollte den Beteiligten unklar sein, was den Sinneswandel bei den Wählern bewirkte. Die Versammlungsprotokolle besagen, dass es eine leidenschaftliche Sitzung gewesen sei. Die Rede eines schwarzen Laien habe einen weißen Laien dazu veranlasst, die Versammlung unter Protest zu verlassen. Ein Beteiligter glaubte, dass ein Redner, der die größtenteils anglo-katholische Diözese davor warnte, einen evangelischen Bischof zu wählen, eine besonders überzeugende Rolle gespielt habe. Was eindeutig gesagt werden kann ist, dass, als die Wahlen am späteren Abend wieder aufgenommen wurden, die Unterstützung des Klerus auf dramatische Art und Weise zu Gunsten Tutus ausfiel. Er überholte Lee bei den Klerus-Stimmen und verdoppelte seine Laien-Stimmen. Dann wurde die Versammlung über Nacht vertagt. Doch in den folgenden vier Wahldurchgängen am zweiten Tag blieb die Anzahl an Tutus Laien-Stimmen nahezu konstant, überschritt jedoch zu keiner Zeit die Anzahl an schwarzen Gemeinden in der Diözese. Als das offensichtlich wurde, verlor zuerst Lee und dann Tutu Stimmen. Da die Wahlblockade weiter anhielt, bat Lee um Erlaubnis, sich von der Wahl zurückziehen zu dürfen, was aber abgelehnt wurde. Mehr und mehr Wähler traten gemeinschaftlich aus der Wahl aus. Im elften Wahldurchgang lehnte es ein Drittel der Versammlung ab, sich für einen der Kandidaten zu entscheiden. Erschöpft übertrug der Wahlausschuss die Entscheidung dem Bischofskonzil. Wie schon im Jahre 1974 hatte Tutu sich nicht die Unterstützung der weißen Gemeindemitglieder sichern können. »Blockieren war die Parole des Tages«, sagte einer der weißen oberen Priester Philip Russell, der die Versammlung leitete. Die Augen der anglikanischen Welt mochten auf die Diözese von Johannesburg gerichtet gewesen sein, doch die weißen Laien hielten nichts von Tutu – Nobelpreisträger oder nicht.

Am Vorabend des Bischofskonzils begann die Regierung sich einzumischen. Unter einer achtzeiligen Überschrift auf der Titelseite der Zeitung mit der landesweit stärksten Auflage – der *Sunday Times* – berichtete ein Journalist, der dafür bekannt war, dass er Material veröffentlichte, um sich heimlich bei der Sicherheitspolizei einzuschmeicheln, dass die Kirche an der Schwelle zu ihrer ernsthaftesten Krise seit Jahren stehe. »Eine Revolte von gemäßigten Bischöfen« habe es darauf angelegt, die Wahl Tutus zu verhindern, schrieb er. Die Liste der Bischöfe, die als Unterstützer Tutus genannt wurden, ist vermutlich als korrekt zu bewerten. Doch die Liste derjenigen, die als Gegner Tutus genannt wurden, war größtenteils wirklichkeitsfremd. In dem Bericht in der *Sunday Times* wurde darauf hingewiesen, dass das Konzil all die Spannung und Intrigen einer Papstwahl verspreche und die ganze Woche andauern könne.

Die Bischöfe waren offensichtlich von der Möglichkeit angespornt, der Kirche die Entscheidung abnehmen zu dürfen. Für ihr Konzil am Montag kamen sie in Modderpoort zusammen. Philip Russell drängte auf eine schnelle Entscheidung hin und am Dienstag hatten sie Tutu gewählt.

Die schwarzen Anglikaner feierten. Viele Weiße tobten vor Wut und wurden immer wütender auf Tutu, als er während seines Sabbatjahrs Europa und die Vereinigten Staaten durchreiste. In der St. Paul's Cathedral in London sagte er, dass die meisten schwarzen Südafrikaner dachten, dass alles besser sei als die Apartheid: »Wenn die Russen heute nach Südafrika kämen, dann würden die meisten Schwarzen, die den Kommunismus als atheistisch und materialistisch ablehnen, sie als Retter willkommen heißen.« Bei *This Week with David Brinkley*[55] warnte er davor, dass jeder in Südafrika leiden würde, wenn es zu umfassender Gewalt komme »und es könnte sein, dass es ein schrecklicher Nachteil werden könnte, eine weiße Haut zu haben.« Als er, einen Tag bevor er den Friedensnobelpreis in Empfang nahm, Robert Runcie in der Canterbury Cathedral besuchte, schlug er einen milderen Ton an: »Leah sagt, dass uns in der letzten Zeit so viele Dinge passiert sind – der

55 Anm. d. Übers.: eine politische Talkshow am Sonntagmorgen, die von dem US-amerikanischen Fernsehsener *ABC* ausgestrahlt wird.

Nobelpreis und der Bischofsposten in Johannesburg –, dass sie, in dem Maß in dem wir voranschreiten, Angst hat, dass sie eines morgens aufwacht und feststellt, dass sie mit dem Papst schläft!«

Philip Russell wurde eine zweite Zielscheibe für die Entrüstung der Weißen. Eine Frau aus Natal fragte ihn, wie man von jemandem mit weißer Hautfarbe erwarten könne, eine Kirche zu unterstützen, die einem »Schüler des Untergangs« Unterschlupf gewähre. Ein anderer Briefschreiber schickte Russell einen Zeitungsausschnitt, in dem Tutu beschuldigt wurde, den Papst beleidigt zu haben, weil er Leahs Witz erzählt hatte. Die Kirchenvorsteher der Christ Church in Mayfair in Johannesburg schrieben ihm: »Wir beten dafür dass, sobald Bischof Tutu seine Stelle antritt, er sich auf seine pastoralen Pflichten konzentrieren wird und auf [seine] ›Blutbad‹-Politik verzichtet.«

Desmond, Leah, ihre vier Kinder, eine Delegation der Belegschaft des Südafrikanischen Kirchenrats und Angehörige des Verwaltungskomitees flogen für die Verleihung des Friedensnobelpreises am 10. Dezember nach Oslo und ebenso für die begleitenden Veranstaltungen: eine Parade von 2.000 Fackelträgern, vorbei an dem Balkon des Preisträgers am Grand Hotel, ein Bankett mit Rentier auf der Speisekarte, Tutus Nobel-Rede und die Feierlichkeiten mit Verbänden und der Kirche. Sie wurden von Freunden aus dem Ausland begleitet, unter ihnen Martin Kenyon, Terry Waite und James und Eulalie Fenhagen. Trevor Huddleston zeigte sich verletzt, dass er keine offizielle Einladung erhalten hatte. Als er inoffiziell benachrichtigt wurde, dass er erwartet werde, schrieb er fünf Tage vor den Feierlichkeiten, dass es ihm, wenn er einen Monat zuvor eine Einladung erhalten hätte, möglich gewesen sei, seinen Arbeitsplan umzustellen und zu kommen. Als Egil Aarvik seine Auszeichnungsrede in der Aule, der Halle der Oslo University, beendet hatte, ging ein norwegischer Offizieller zu einem Berater des Königs Olav V. und teilte ihm mit, dass es eine Bombendrohung gegeben habe. Der König schickte ihn fort, doch die Feierlichkeiten wurden von der Polizei unterbrochen. Der König verließ die Örtlichkeiten unter Protest und die Halle wurde für 80 Minuten geräumt – ein in der Geschichte des Preises noch nie zuvor da gewesener Zwischenfall –, während Sprengstoffspürhunde hereingeführt wurden. Die Drohung, die – wie man später herausfand – von einem norwegischen Neo-Nazi gegeben worden war, entpuppte sich als ein Fehlalarm. Als die Feierlichkeiten wieder aufgenommen wurden, war das Orchester verschwunden. In einer improvisierten Geste, die einen bleibenden Eindruck bei dem Publikum hinterließ, rief Tutu die anwesenden Südafrikaner auf die Bühne, um »Nkosi Sikelel' iAfrika« zu singen. Waite fand: »Das hat wirklich den Tag gerettet.« »Es veränderte die ganze Stimmung«, erinnerten sich James und Eulalie Fenhagen. »Sie hat [alles] eingenommen und es war so schön.«

Nach Besuchen in Schweden, Dänemark, Kanada, Tansania und Sambia kehrte Tutu nach Südafrika zurück. Bei einer Nachrichtenkonferenz in Johannesburg sprach er über ein Ultimatum auf Sanktionen, bezogen auf die drei Bedingungen, die er im vorangegangenen Jahr gestellt hatte. Er würde zu wirtschaftlichen Sanktionen aufrufen, sagte er, wenn die Regierung nicht innerhalb von 18 bis 24 Monaten die Kontrollgesetze außer Kraft setzen würde, die den Wanderarbeitern nicht gestatten, bei ihren Familien zu wohnen und wenn sie nicht die Investitionen für die Ausbildung der Schwarzen erhöhen würde. Als ein schwarzer Journalist sagte, dass einige Menschen empfanden, dass Tutus Nobelpreis den Befreiungskampf behindere, zog er diese Möglichkeit in Betracht: »Ich bin überrascht, dass [die] radikalen Schwarzen noch immer behaupten wollen, dass wir ihre Anführer seien. Was haben wir nach all unserem Gerede über einen friedvollen Wandel vorzuweisen? Nichts.«

Am Sonntag, dem 3. Februar, kehrte Desmond Tutu zur St. Mary's Cathedral zurück. Dort, in der Kirche, in der er zum Diakon und zum Priester geweiht worden war, als Dekan gearbeitet hatte und als Bischof eingesegnet worden war, trat er nun sein Amt als sechster Bischof von Johannesburg an. Der dreistündige Gottesdienst spiegelte das kulturelle und sprachliche Erbe Tutus und seiner Diözese gleichermaßen. Während die Gemeindemitglieder auf den Beginn des Gottesdienstes warteten, lauschten sie Bachs Fantasie in G-Dur. Die Eröffnungsprozession wurde von einem englischen Kirchenlied begleitet: »Guide Me, O Thou Great Redemeer.«[56] Tutu stand an der Straße, die hinauf zu dem Bahnhof führte, in dem er in seiner Kindheit stets den Zug genommen hatte. Er trug einen Prozessionsmantel und eine Mitra in Cremefarben und Rot. Drei Mal klopfte er mit seinem Bischofsstab an das geschlossene Westportal. Die Tür wurde geöffnet, Philip Russell geleitete ihn in die Kathedrale und der Chor sang ein Kirchenlied, das von der Musik von Josef Anton Bruckner begleitet wurde. Das Gloria (»Ehre sei Gott in der Höhe«) und das Nizäisch-Konstantinopolitanische Glaubensbekenntnis wurden in IsiXhosa gesungen. Sally Motlana las auf Sesotho aus der Lehre des Alten und Beyers Naude auf Afrikaans aus dem Neuen Testament. Simeon Nkoane – er war einer der beiden Suffraganbischöfe der Diözese und ein Mönch der Gemeinschaft der Auferstehung – sang das Evangelium und Sigisbert Ndwandwe, der andere Suffraganbischof, leitete die Gebete. Tutu predigte eine Stunde lang – »zu lang«, schrieb Russell in einem Brief an Timothy Bavin. Der Dekan, Tutus ehemaliger Student Merwyn Castle, stellte ihn der Gemeinde vor. Chöre aus Soweto, inklusive dem Chor der St. Augustine's-Gemeinde, schlossen sich dem Chor der Kathedrale an. Das Khotso House Trio und ein fremder Chor, der die Gemeinde besuchte – Imilonji ka Ntu – leisteten ihren Beitrag und die Gemeinde sang traditionelle afrikanische Chöre. Die Kathedrale war voll besetzt. Ein paar Weiße aus den nördlichen Vororten seien anwesend gewesen, bemerkte der ehemalige Bischof Leslie Stradling. Dies führte er auf die Zeit zurück, an der der Gottesdienst stattfand: Es war zwei Uhr an einem Sonntagnachmittag.

Einer der anwesenden weißen Anglikaner war Harry Oppenheimer, der hören konnte, wie Tutu sein Ultimatum auf Sanktionen erweiterte. Zu den Bedingungen, die er zuvor genannt hatte, fügte Tutu nun zwei weitere hinzu: Die Regierung sollte die Zwangsumsiedlungen beenden und die Schwarzen nicht mehr ihrer südafrikanischen Identität berauben. Er kündigte an, sagte er in seiner Predigt, dass, wenn die Demontage der Apartheid nicht innerhalb

56 Anm. d. Übers.: »Leite mich, o mein (großer) Erlöser.«

von 18 bis 24 Monaten erfolge, er als Strafe zu wirtschaftlichen Sanktionen aufrufen würde, was auch immer die gesetzlichen Konsequenzen seien. Er merke, dass viele Weiße empfanden, dass er sie hintergangen habe und er versuchte, ihnen zu versichern, dass er nicht das »abscheuliche Ungeheuer« sei, wie man es ihm nachsagte. Er betonte seinen Glauben an die zentrale Bedeutung des spirituellen Lebens und hob hervor, dass sein Standpunkt auf der Bibel basiere und dass er sich dem Dialog und der Versöhnung verpflichtet fühle. Doch er sagte, dass er, wie Jeremia, der Prophet des Alten Testaments, keine andere Wahl habe, als seine Gedanken auszusprechen. Wenn Jeremia versucht habe, Gottes Wort zu verdrängen, dann wäre es in seinem Innern eingesperrt geblieben, »in meinem Herzen wie ein brennendes Feuer«.[57] Wenn Gottes Kindern ein Leid zugefügt worden sei, sagte Tutu, habe auch er nicht die Ruhe bewahren können.

Auch verkündete er, dass er hoffe, bis zu seinem Ruhestand der Bischof von Johannesburg bleiben zu können, »sofern es nicht mehr als deutlich wird, dass Gott etwas anderes von mir verlangt«. In einem ruhigen Moment am Tag vor der Amtseinführung hatte Philip Russell ihm einen Vortrag gehalten, in dem er auf Tutus kurze Amtsperiode in Lesotho eingegangen war: »Ich sagte Desmond: ›Wenn sie [es] in Johannesburg machen, müssen sie auch dabei bleiben.‹ Ich fühlte mich wie seine Großmutter.« Tutu nahm keinen Anstoß daran. Seine Rückantwort, die er einige Tage später verfasste und die den Namen von Russells Frau beinhaltete, war typisch für das neckische Verhältnis, das er zu dem Erzbischof aufgebaut hatte:

> »Nur eine kurze, unzulängliche Mitteilung, um ihnen innig für ihren Beitrag zu meiner Amtseinführung zu danken. Danke für ihren Ratschlag am Samstag. Ich weiß ihre Besorgnis zu schätzen. Ich muss sagen, dass es mich schmerzt, dass ich ihnen all diese netten Dinge sagen muss. Ich bin ein unverbesserlicher Masochist und ich toleriere sie nur Eirene zuliebe. Sie Glückspilz, sie!«

57 Jeremia 20,7–9.

Da er von einer ökumenischen Organisation zurück in eine Diözese wechselte und da die Verpflichtung eines Bischofs in Tutus Augen darin bestand, Einigkeit anzustreben, beschloss er, einen neuen Anlauf zu wagen und sich von jeglichen Erscheinungsformen eines voreingenommenen politischen Denkens zu distanzieren. Während er weiterhin angab, sich in der Heimat und im Ausland mit den Zielen des ANC – ein nichtrassistisches, gerechtes und demokratisches Südafrika – zu identifizieren, schrieb er sich wieder als Schirmherr der Vereinigten Demokratischen Front ein. Innerhalb der Diözese verbrachte er den Großteil seiner Zeit damit, die weißen Anglikaner zu überzeugen. In seinem ersten Hirtenbrief wurde vielfach deutlich, dass er sich mit den Belangen der weißen Gemeindemitglieder auseinandersetzen wollte. In der Gemeinde von St. Martin's-in-the-Veld in den wohlhabenden nördlichen Vororten füllten 500 Gemeindemitglieder die Kirche, um etwas über seinen Standpunkt zu Themen zu erfahren, die von Sanktionen bis hin zu jungfräulicher Geburt reichten. In den meisten Gemeinden, die er besuchte, habe er großen Erfolg, berichteten die Mönche der Gemeinschaft der Auferstehung ihren Glaubensbrüdern in Mirfield.

Anstatt dauerhaft in Soweto zu wohnen, so wie Desmond es getan hatte, als er noch Dekan gewesen war, näherten er und Leah sich weiter den Weißen an, indem sie zeitweise zwischen ihrem Haus in Orlando West und der offiziellen Bischofsresidenz in den nördlichen Vororten pendelten. Als drei obere weiße Laienfunktionäre anboten, ihr Amt niederzulegen, so dass Tutu selbst über die Stellenvergabe entscheiden könne, entschied er, dass ihr Verhalten beweise, dass er sie behalten solle. Er berief Peter Lee – den Hauptalternativkandidaten für den Bischofsposten – zum »Kanonischen Beauftragten« der Diözese und einen der obersten weißen Priester der Diözese zu seinem Verwaltungsassistenten. Später sollte dieser Priester einem Kollegen in Kapstadt berichten, dass Tutu die fürsorglichste und lebendigste Persönlichkeit sei, die er jemals getroffen habe. Tutu musste Gerüchte bekämpfen, nach denen eine geplante Reise zu Naomis Abschlussfeier in Kentucky von der Diözese bezahlt werden solle. Tatsächlich, so teilte er dem Rat der

Diözese mit, werde die Reise durch Geldspenden in Höhe von 80.000 Rand finanziert, von denen ein Viertel von dem Südafrikanischen Kirchenrat beigesteuert wurden und der Rest von einer Missionsstation und einem freundschaftlichen Kontakt innerhalb der Diözese. Auch engagierte er sich für die Festigung seiner Basis bei den Klerikern, indem er einen Haushaltsplan ablehnte, der Stipendien für den Klerus einfrieren sollte. Nach Beendigung seines ersten Jahres im Bischofsamt bereiste er die Vereinigten Staaten, wo er $500.000 für die Diözese und den Südafrikanischen Kirchenrat aufbrachte. Er führte eine tägliche Heilige Messe, Fasten- und Gebetszeiten und einen Lehrplan ein, der die persönliche Einstellung ändern und ethnische Grenzen hinter sich lassen sollte.

Da Tutu seine Führungsposition sicherer ausbauen wollte, lud er Kleriker, Laienfunktionäre und außenstehende Experten ein, um die Konferenzen der Diözese mit unterschiedlichen Perspektiven über Aufstände in schwarzen Townships anzureichern. Während diese Berichte den Oberhäuptern der Diözese dabei halfen, sich mit den Herausforderungen vertraut zu machen, denen sich der Klerus in den Townships ausgesetzt sah und mit dem Bedürfnis Tutus, sie zu unterstützen, konnten sich einige nicht anders helfen, als zu bemerken, dass dieser »Krisenstab« das Geschäftsleben der Diözese behindere. Peter Lee schrieb später, dass Tutu und die Diözese zu etwas neigten, was er als »nicht zu tolerierenden Druck« und »unglaubliche Beanspruchung« beschrieb. Niemand erlebte dies mehr, als die Priester und Bischöfe, die auf unterschiedlichste Weisen von der Polizei belästigt wurden. Merwyn Castle, der homosexuell war, wurde von der Polizei in eine Falle gelockt und für Aktivitäten angeklagt, die später durch die Freiheitsurkunde Südafrikas geschützt werden sollten. Die Falle war Teil eines Plans, um an Tutu heranzukommen: Die Polizei sagte Castle, dass sie den Fall vertuschen und die Anklage fallen lassen würde, wenn er zustimme, als Informant zu arbeiten. Doch anstelle Tutu auszuspionieren entschied sich Castle für das, was er persönlich die »entsetzliche« Qual eines öffentlichen Gerichtsverfahrens nannte. Tutu wies ihn an, sein Amt niederzulegen. Etwa

1.000 Menschen unterschrieben eine Petition, um Tutu und den Rat der Kathedrale dazu zu bewegen, die Amtsniederlegung zu verhindern, doch sie wurde durchgeführt – eine Entscheidung, die Tutu über Jahre hinweg verfolgten sollte. Als Tutu in die Diözese gekommen war, hatte man Geoff Moselane, den Pfarrer der Gemeinde von Sharpeville, der vor dem Aufstand im Vaal-Dreick Gemeindeversammlungen ausgerichtet hatte, festgenommen. Nachdem Moselane sechs Monate ohne Anklage im Gefängnis verbracht hatte, hatten Tutu und seine Suffraganbischöfe mit ihren Pastorenstäben 27 weitere Angehörige des Klerus auf einen Protestmarsch geführt – von der St. Mary's Cathedral zum John Vorster Square –, um für seine Freilassung zu demonstrieren. Sid Colam, der Sekretär der Diözese, erinnerte an den Ausgang des Protestmarschs von 1980.

Mit Tausenden von Rand als Kaution in seinen Taschen sei er den Klerikern in sicherer Distanz gefolgt. Jedoch sei das Geld nicht von Nöten gewesen. Der Protest sei mit einer Tasse Tee beendet

1980 wurde Desmond Tutu gemeinsam mit 50 anderen Demonstranten (unter ihnen auch Leah Tutu) in den Straßen von Johannesburg verhaftet, weil sie an einer illegalen Demonstration teilnahmen.

worden, die Tutu und der Bereichskommissar der Polizei in seinem Büro zu sich genommen hätten. (Anschließend hatte man versucht, gegen Moselane, Thom Manthata vom Südafrikanischen Kirchenrat und 20 weitere nationale und gemeinschaftliche Anführer – einer von ihnen war der ehemalige Black Consciousness-Anführer Mosiuoa Lekota – Anklage wegen Hochverrats, durch ihre Beteiligung an dem Vaal-Aufstand, zu erheben.)

Ein Bischofsposten bot keinerlei Schutz vor Schikanen. Die Polizei beschoss das Haus von Sigisbert Ndwandwe, dem Suffraganbischof, der für den westlichen Teil der Diözese verantwortlich war – dieser umfasste Klerksdorp und Ventersdorp – mit Benzinbomben. Sie verhafteten ihn und klagten ihn wegen öffentlicher Gewaltausübung an, ließen ihn wieder frei, verhafteten ihn abermals, unterzogen ihn öffentlich einer Leibesvisitation und behielten ihn 99 Tage lang in »Sicherheitsverwahrung«, aufgrund der Behauptung, er habe einen Komplott zur Ermordung von Polizisten geschmiedet. Am East Rand wurde Simeon Nkoanes' 82-jährige Mutter um 1 Uhr morgens von dem Lärm aufgeweckt, der von Backsteinen und Benzinbomben verursacht wurde, die durch die Fenster ihres Hauses flogen. Die Täter konnten nicht identifiziert werden, doch andere Bewohner der Gemeinde, deren Häuser in dieser Nacht beschossen worden waren, wollten eine Gruppe schwarzer und weißer Männer gesehen haben, die sie als Polizisten beschrieben, die den Ort des Geschehens verlassen hätten. Fünf Tage darauf spielte sich eine Reihe von Ereignissen ab, die erst ein Jahrzehnt später, nach der Apartheid, bei Anhörungen durch die Wahrheits- und Versöhnungskommission, gänzlich offengelegt werden konnten.

Laut der Version der Ereignisse, die zu der damaligen Zeit von der Polizei geschildert wurden, seien um Mitternacht des 25. Juni 1985 sieben junge Aktivisten gestorben, da sie sich selbst in die Luft sprengten, als sie versuchten, die Häuser von schwarzen Polizisten in drei Townships am East Rand zu attackieren. Ein achter Aktivist sei durch die Explosion einer Haftmine zu Tode gekommen, als er versuchte, eine elektrische Schaltanlage zu sabotieren. Zwei Reporter von *The Star* – sie wollten von einem nicht näher beschriebenen

»Militärexperten« informiert worden sein – schrieben, dass »eine unglaubliche Wendung der Ironie und der Ahnungslosigkeit [für] eine der absonderlichsten Episoden des Terrorismus in der Geschichte der Aufstände in Südafrika« verantwortlich gemacht werden könne. Die sieben Männer benutzten sowjetische Handgranaten, die speziell für die Verwendung bei Sprengfallen hergestellt worden seien: ohne Verzögerung des Zündmechanismus. Sechs von ihnen sei die rechte Hand abgesprengt worden. Der Tod des Mannes, der durch die Haftmine gestorben sei, bleibe »ein Mysterium«. In derselben Nacht wurde Simeon Nkoanes' Haus abermals mit Benzinbomben beschossen. Als er an eines der Fenster ging um hinauszuspähen, wurden drei Schüsse in seine Richtung abgefeuert. In den drei Townships regierten Verwirrung und Wut.

Zwei Wochen später zog sich Desmond Tutu vorzeitig aus der dreijährlich stattfindenden Versammlung der höchsten herrschenden Körperschaft der Anglikanischen Kirche – ihrem Provinzkonzil – zurück und fuhr in das Duduza-Township, in der Nähe der weißen Stadt Nigel, um Nkoane und weiteren Angehörigen des örtlichen Klerus dabei zu helfen, vier der Toten zu begraben. In den Tagen vor dem Begräbnisgottesdienst waren in der Gegend zehn Menschen von der Polizei erschossen worden. Wie es zu der damaligen Zeit üblich war, versammelten sich die Menschen in einem Fußballstadion, denn dies war der einzige Ort, der groß genug für den Begräbnisgottesdienst war. 4.000 bis 5.000 Einwohner kamen zusammen. Ihre Anzahl war derart groß, weil sich Schüler dazugesellten, die den Unterricht boykottierten. Kingston Erson von der Gemeinschaft der Auferstehung schrieb an diesem Abend an seine Mönchsbrüder in Mirfield:

> »Mehrere hundert Jugendliche saßen auf der Haupttribüne und einige auf dem Dach. [Sie] sangen und tanzten. Vor ihnen, etwa in der Mitte des Spielfelds, standen drei eiserne Tische mit einem Lautsprechersystem und vor den Tischen waren vier Särge aufgebahrt. Der Wind war einigermaßen frisch und bald wurde der Staub aufgewirbelt und legte sich auf Kleidung und Haare. Es gab Reden und Lieder von den jungen Oberhäuptern und Lehrern

> aus den Schulen von Duduza. Die Familien der Hinterbliebenen saßen vorne und lauschten geduldig den vielen kurzen Reden. Die Stimmung war ziemlich aufgeladen und [die jungen Leute] tanzten und sangen und umrundeten die Särge. Sie schienen sie beschützen zu wollen – viele ballten ihre Fäuste. Simeon begann die Feier mit Gebeten und Desmond hielt eine kurze aber gut angenommene Rede. Einmal während des Begräbnisgottesdienstes erschien die Polizei/Armee in der Ferne und die Stimmung im Publikum wurde schnell gereizt.«

Am Ende des Gottesdienstes begleiteten die Kleriker die Familien der Verstorbenen zu dem örtlichen Friedhof. Nach der Beisetzung der Toten verließen Tutu und Nkoane die Grabstätten und trafen auf eine rasende Ansammlung von jungen Trauergästen, die einen Mann schlugen, traten und auspeitschten, den sie als einen »Impimpi« verdächtigten: einen Informanten der Polizei. Die Jugendlichen hatten das Auto des Mannes umgestürzt, es in Brand gesetzt und ihn niedergeprügelt. Sie riefen »Impimpi, impimpi, verbrennt ihn!« und übergossen ihn mit Benzin. Sie hatten ihn schon wieder aufgerichtet und wollten ihn auf sein brennendes Auto werfen, als Tutu und Nkoane sich durch die aufgebrachte Menge kämpften. Die Priester waren kleiner als viele der Jugendlichen und in ihren langen violetten Soutanen kaum für die Schaulustigen sichtbar, als die Menge sie anrempelte und schubste. Als Tutu das Zentrum erreichte, klammerte sich das Opfer, das am Kopf blutete, an seinen Beinen fest. Die Jugendlichen anflehend und schon den Tränen nahe half Tutu Nkoane dabei, den Mann fortzuziehen und in ein Auto zu setzen.

Als Nkoane den verletzten Mann in ein Krankenhaus fahren wollte, schlugen die Jugendlichen mit ihren Fäusten auf das Dach des Autos. Dann kamen sie zu Tutu. »Warum erlauben sie uns nicht, diese Hunde auf die Art und Weise zu behandeln, wie sie uns behandeln?«, rief ein Jugendlicher und schwang seinen Sjambok. Wenn man einen »impimpi« rettete, schlussfolgerte er, musste man ein Kollaborateur sein. »Glaubst du nicht daran, wenn ich sage, dass unser Kampf ein edler und gerechter ist?«, erwiderte

Tutu. »Warum müssen wir dieselben Methoden wie das ›System‹ anwenden? Warum wenden wir keine Methoden an, auf die wir in den kommenden Jahren stolz sein werden?« Unterstützt von Dutzenden weiteren Jugendlichen sagte der Junge, dass das »System« vier ihrer Kampfgefährten getötet habe und dass die Informanten auch andere verraten würden. Tutu sagte, dass er ihre Wut verstehe, ihnen jedoch nicht erlaube, Menschen umzubringen. »Erkennt ihr uns als eure Anführer an?«, fragte er. Widerwillig stimmten die Jugendlichen zu. »Warum tut ihr dann nicht, was wir euch sagen? Worin liegt der Sinn, wenn man behauptet, dass man unsere Führung anerkennt, wenn man es im Grunde nicht tut?«

Einer derjenigen, die den Begräbnisgottesdienst in Duduza besucht hatten, war eine örtliche Aktivistin namens Maki Skhosana. In den Wochen nach den Todesfällen mit den Handgranaten kamen Gerüchte über sie auf. Sie sei, so sagte man, die Freundin des Mannes, der die manipulierten Handgranaten organisiert hatte. Skhosanas Schwester riet ihr zu verschwinden, doch sie lehnte ab und beteuerte ihre Unschuld. Bei einer weiteren Beerdigungszeremonie in Duduza, am 20. Juli, fiel sie ihren aktivistischen »Kampfgefährten« in die Hände. Ihre Schwester erfuhr zum ersten Mal davon, als drei junge Frauen, die gerade von der Beerdigung kamen, Parolen rufend an ihrem Haus vorbeiliefen und ihr mitteilten, dass man »verbrennt Maki« gerufen hätte. Daraufhin eilte sie zum Ort des Geschehens und konnte Skhosanas Körper lediglich anhand ihrer Füße identifizieren. Ein großer Stein bedeckte ihren Kopf und ihre Brust. Maki war der Kopf eingeschlagen worden, man hatte ihr die Zähne ausgeschlagen und ihren Körper verbrannt. Auch hatte man ihr mit Glasscherben zwischen die Beine geschnitten. Als die Familie versuchte, ihre Beisetzung zu organisieren, wurde sie zurückgewiesen. Die Kampfgefährten hatten angedroht, das Institut des jeweiligen Bestatters niederzubrennen und die Familie musste geradezu heimlich einen weißen Bestatter aus der nächsten Stadt kontaktieren, um die Beisetzung vorbereiten zu können. Der Mord an Maki Skhosana war nicht der erste seiner Art: Einige Monate zuvor hatten Jugendliche das »Halsband« erfunden – einen brennenden Reifen, der dem Opfer um den Hals gelegt wurde. Diese Morde spielten P. W. Botha in die Hände. Videoaufnahmen wurden weltweit im Fernsehen ausgestrahlt und von Botha als Rechtfertigung für sein brutales Vorgehen bei der Verhängung des ersten Ausnahmezustands seit dem Blutbad von Sharpeville im Jahre 1960 genutzt.

Tutu, der nicht auf der Beerdigung gewesen war, auf der man Skhosana getötet hatte, kehrte in der darauffolgenden Woche zum East Rand zurück, um eine weitere Beisetzungszeremonie zu besuchen. Dieses Mal wurden 14 Menschen beerdigt, die bei Unruhen im Township KwaThema ihr Leben gelassen hatten. Es war die erste Großversammlung unter dem Ausnahmezustand. 30.000 Menschen hießen Tutu mit einem Beifallssturm im örtlichen Sportstadion willkommen, der 12 Minuten andauerte. Er hielt seine Rede auf einem Tisch, der in der Mitte des Stadions stand. Auf den Tribünen hinter ihm bewegte sich eine dichte Masse junger Kampfgefährten rhythmisch auf und ab, als sie einen Kriegstanz namens »toyi-toyi« tanzten. Er sagte dem Publikum, dass viele Menschen auf der ganzen Welt den Freiheitskampf unterstützten. Doch Ereignisse wie der Mord an Skhosana ließen diese Menschen daran zweifeln, dass die Schwarzen schon bereit für die Freiheit seien. Die Südafrikaner hätten ehrenvolle Beweggründe, fügte er hinzu:

> »Wir haben einen Beweggrund, der gerecht ist. Wir haben einen Beweggrund, der sich durchsetzen wird. Lasst ihn uns um Gottes Willen nicht durch die Art der Methoden verwerfen, die wir anwenden. Und wenn wir dies wieder tun, muss ich euch sagen, dass es mir schwerfallen wird, eine Möglichkeit zu finden, für unsere Befreiung einzutreten. Es wird mir schwerfallen – in diesem Land ist es schon schwer, die Wahrheit zu sagen, doch wenn wir Methoden anwenden, wie wir sie in Dudeza gesehen haben, dann, meine Freunde, werde ich meine Familie zusammenrufen und das Land verlassen, das ich zutiefst liebe, ein Land, das ich leidenschaftlich liebe.«

Einige aus dem Publikum buhten ihn aus. Die meisten jedoch nahmen seine Worte still auf. Bald darauf sollte er eine Ansprache bei einer Beerdigungszeremonie am Ostkap halten. Seine Gastgeber kamen jedoch nicht zum Flughafen, um ihn abzuholen und er konnte keine alternative Mitfahrgelegenheit ausfindig machen. Ein ortsansässiger Priester teilte ihm mit, dass die Gemeinde wütend auf ihn sei.

Die ganze Wahrheit hinter den Ereignissen am East Rand, im Juni und Juli des Jahres 1985, wurde erst aufgedeckt, nachdem Tutus Beweggründe sich durchgesetzt hatten. Der ANC hatte im Zuge seiner Bestrebungen, das Feuer der Revolution weiter anzuheizen, einige Hundert MK-Soldaten als Stoßtrupp in das Land entsandt. Jeder von ihnen hatte ein Kalaschnikow-Gewehr, ein paar Tausend Rand und etwa ein Dutzend Handgranaten bei sich. Ihre Aufgabe war es gewesen, die »Township-Granatentruppen« einem rudimentären Training zu unterziehen, wie man Regierungsziele attackierte. Als zwei Männer, die sich lediglich als »Mike« und »James« ausgaben, zu den Aktivisten am East Rand gekommen waren und ihnen ein Training in den Schutthalden der verlassenen Goldminen angeboten hatten, hatten die Aktivisten geglaubt, dass ihre Ausbilder vom ANC geschickt worden seien. Maki Skhosana war mit Mike zusammengekommen und hatte ihn möglicherweise einigen der Aktivisten vorgestellt. Was sie und die anderen nicht gewusst hatten, war, was Mike und James Askaris[58] waren: ANC-Guerillas, die von der Polizei abgeworben worden waren und die einen Plan in die Tat hatten umsetzen sollen, der von den höchsten Kreisen der Regierung entwickelt und bewilligt worden war.

Johannes van der Merwe, der nationale Polizeikommissar der F. W. de Klerk-Administration, bat im Jahre 1996 vor der Wahrheits- und Versöhnungskommission um Amnestie, da er die acht Aktivisten am East Rand hatte ermorden lassen und versucht hat-

58 Anm. d. Übers.: Der Begriff entstammt dem Arabischen und bedeutet »Soldat«. Im Besonderen ist er als eine Bezeichnung der indigenen Soldaten bekannt, die in den Streitmächten der besetzenden europäischen Kolonialmächte dienten. Vielerorts wird er auch mit dem Terminus »Polizist« gleichgesetzt.

te, sieben weitere umbringen zu lassen, die die Explosion überlebt hatten. Van der Merwe sagte dem Amnestiekomitee, dass er das stellvertretende Oberhaupt der Sicherheitspolizei gewesen sei, als er den Plan ausgearbeitet hatte. Seine Ziele seien es gewesen, die schwarzen Polizisten und Stadträte zu beschützen, jeden zu eliminieren, der sich dem bewaffneten Kampf hatte anschließen wollen, und den MK zu diskreditieren. Der Plan sei von dem Polizeiminister Louis le Grange bewilligt worden. Polizeitechniker hätten die Zeitverzögerungsfunktion des Zünders in den russischen Granaten abgeschaltet. Ebenso sei die Haftmine modifiziert worden, um den einzigen Aktivisten zu töten, der »Mike« hätte identifizieren können. Der Plan sei von der Einheit C1 der Sicherheitsabteilung in die Tat umgesetzt worden, die die Todesschwadronen von einer südöstlich von Pretoria gelegenen Farm namens Vlakplaas aus befehligt hätte. Die Wahrheitskommission bewilligte 13 Polizisten Amnestie für ihre Verbrechen, unter denen kommandierende Offiziere, Mitglieder der Todesschwadronen, Techniker und Sprengstoffexperten waren, die die Explosionen »untersucht« hatten.

Bothas Notstandsbestimmungen im Juli 1985 gaben den Sicherheitskräften außergewöhnliche Befugnisse zu Verhaftungen, Freiheitsberaubung, Zensur und Kontrolle von öffentlichen Versammlungen in 36 Verwaltungsdistrikten in Johannesburg und am Ostkap. Tutu sprach eine Warnung aus, dass die »Eiserne Faust« die Unruhen nicht beenden würde. Falls der Ausnahmezustand ein ruhiges Klima wiederherstellen könne, sei dieses lediglich als ein »trügerisches, verbissenes und vordergründiges« zu bewerten. Er erneuerte sein Angebot, das er bereits bei seiner Amtseinführung im Februar gemacht hatte: Gespräche zwischen der Regierung und den glaubwürdigen schwarzen Anführern auszurichten. Er bat Botha um eine Krisensitzung, bei der er plante, um die Freilassung von Nelson Mandela zu bitten. Fünf Tage lang spekulierten die Zeitungsschlagzeilen über die Möglichkeit von Gesprächen. Dann verkündete Botha in einem kalkulierten Kommentar, dass er bereit sei, diejenigen Kirchenoberhäupter zu treffen, die dem zivilen Ungehorsam ablehnend gegenüberstanden. Dann willigte er ein, eine Delegation zu treffen, die von Philip Russell angeführt wurde – allerdings erst drei Wochen später.

In der Zwischenzeit wurde Tutu immer wieder als Redner auf Beerdigungen eingeladen. Als die einzige Möglichkeit für die schwarzen Südafrikaner, ihre politischen Sehnsüchte zum Ausdruck zu bringen, zogen die Beerdigungen Tausende von jungen Leuten an. Die Aktivisten sangen Revolutionslieder, tanzten den »toyi-toyi« rund um die Särge und verspotteten die Polizei und die Truppen in ihren gepanzerten Mannschaftswagen. An die Beisetzungszeremonien knüpften sich ungleiche Zusammenstöße zwischen schwer bewaffneten Sicherheitskräften und Steine werfenden Jugendlichen an. In einem sich selbst erhaltenden Kreislauf resultierten aus diesen Zusammenstößen weitere Todesfälle, die zu neuen Beerdigungen führten, die wiederum neue Zusammenstöße und Tote zur Folge hatten. Die Polizei versuchte die Proteste zu verhindern, indem sie die Beerdigungszeremonien einschränkte. Sie untersagte die Beisetzung von mehr als je einer Person, erklärte gemeinschaftliche Märsche zu den Friedhöfen für ungesetzlich und verbot politische Reden. Als er bei der Beisetzung von drei Jugendlichen – sie waren in einer kleinen Stadt im Oranje-Freistaat erschossen worden – vor 10.000 Trauergästen eine Ansprache hielt, sagte Tutu, dass er die Einschränkungsmaßnahmen ignorieren würde: »Ich werde nicht auf Menschen hören, die mir sagen [wollen], was ich zu predigen habe. Ich werde das Evangelium von Jesus Christus verteidigen. Wenn sie Gesetze erlassen, die derart ungerecht sind, derart untragbar, dann werde ich das Gesetz brechen.«

Bei einem fünf Tage später stattfindenden Begräbnis eines 16-jährigen Mädchens am East Rand, das bei einer vorangegangenen Beerdigung von der Polizei erschossen worden war, missachtete Tutu zum ersten Mal die Einschränkungsmaßnahmen und stellte sich dann zwischen die Polizei und die Menschenmassen, um eine Konfrontation zu verhindern. Er verurteilte die Verhängung des Ausnahmezustands und appellierte an die Regierung, diesen aufzuheben: »Bitte gestatten sie uns, unsere Toten würdevoll zu begraben. Bitte drücken Sie uns nicht mit der Nase in den Staub. Wir sind schon verletzt, wir liegen schon am Boden. Treten sie nicht auf uns herum. Wir sind Menschen, wir sind keine Tiere. Und wenn wir einen Todesfall zu betrauern haben, weinen wir so, wie [auch] sie weinen.« Die Polizei hatte der Familie angeordnet, ihre Tochter vor dem Mittag beizusetzen und hatte die Marschroute zum Friedhof festgelegt. Als es Mittag wurde, kreisten Dutzende von gepanzerten Fahrzeugen und Hunderte von Polizisten und Soldaten eine wütende Menge von etwa 1.500 Menschen ein. Die Polizei befahl den jungen Menschen zu verschwinden. In einer 20 Minuten andauernden Verhandlung überredete Tutu einen Polizeioberst, Busse für den Weg zum Friedhof bereitzustellen. Danach überredete er die Jugendlichen, die Busse zu benutzen. Tutu dankte dem Oberst: »Bei der Aufrechterhaltung [dieser] unangemessenen Gesetze, haben sie sich angemessen und anständig verhalten.« Journalisten sagte er, dass ihm die Kinder Angst gemacht hätten: »Sie zeigen eine unglaubliche Rücksichtslosigkeit. Alle denken sie, dass sie sterben werden. Sie denken, dass, wenn dies der einzige Weg ist, auf dem sie ihre Freiheit erlangen können, dann soll es so sein.«

Nachdem er im Februar 1986 eine weitere explosive Situation im Township Alexandra in Johannesburg entschärft hatte, fühlte Tutu so nah wie noch niemals zuvor, wie sich eine Menschenmenge gegen ihn wandte. Da Alexandra in der Nähe der weißen Siedlungsgebiete im Nordosten der Stadt lag, hatten die Sicherheitskräfte seit dem Aufstand im Juni 1976 den dortigen Widerstand mit einer derartigen Brutalität unterdrückt, die selbst für ihre Verhältnisse ungewöhnlich war. Eine Konfrontation bei einer Beerdigungszeremonie am 15. Februar hatte drei Tage der Gewalt zur Folge, wobei 19 Menschen getötet wurden. Die Einwohner blieben der Arbeit fern und die Schüler boykottierten den Unterricht. Das Township befand sich auf Messers Schneide. Die Einwohner wollten, dass die Sicherheitskräfte verschwanden. Eine Delegation des Südafrikanischen Kirchenrats diskutierte mehr als eine Stunde lang mit der Polizei, bis es ihr erlaubt wurde, die Straßensperren zu passieren, die das Township abriegelten. In einem Fußballstadion appellierte Tutu an ein 30.000-köpfiges Publikum, zu ver-

Tutu und Peter Storey arbeiteten während unruhiger Zeiten zusammen im South African Council of Churches. Sie erfuhren später, dass sie nur knapp einem Mordanschlag entkommen sind.

schwinden und sich nicht mit den Sicherheitskräften anzulegen. Er würde, so sagte er, ihre Forderungen mit der Regierung besprechen. Tutu und fünf Kirchen- und Gemeindeoberhäupter flogen nach Kapstadt, wo P.W. Botha es ablehnte, mit ihnen zu sprechen und sie an einen stellvertretenden Minister verwies. Mit leeren Händen kehrten sie nach Alexandra zurück. Tutu teilte einer nun 40.000-köpfigen Menschenmenge mit, dass er kein Entgegenkommen erfahren habe. Er flehte die Jugendlichen an, sich selbst nicht zu Kanonenfutter zu machen. Von den Tribünen hallten Buhrufe und Gebrüll: »Das ist genug. Der Tod unserer Leute muss gerächt werden. Nieder mit Botha!« Als er gehen wollte, versperrte ihm eine Bande von Jugendlichen den Weg zu seinem Auto. Sobald er fortgefahren sei, so sagten sie, würde die Polizei sie angreifen. Sie würden das nicht tolerieren: »Sobald sie fort sind, werden wir auf unsere eigene Art mit der Polizei umgehen.« Peter Storey, der gemeinsam mit Tutu auf dem Podium gestanden hatte, sagte: »Ich wünschte, jeder weißer Südafrikaner wäre im Stadion gewesen, um die Wut der Menschen zu sehen, um zu sehen, was die Apartheid den Generationen dieses Landes angetan hat.«

Der Aufstand, der dem Vaal-Dreieck entsprungen war, war wie ein Wirbelsturm, über den niemand hinwegsehen konnte. Andere Mächte, die gegen die Apartheid gerichtet waren, wurden von ihm aufgesaugt und stärker gemacht. Thabo Mbeki, der Informations- und Öffentlichkeitsbeauftragte des ANC, reagierte auf die Ereignisse am Vaal und strahlte aus dem Exil einen Aufruf über den Rundfunk aus, das Land »zügellos« werden zu lassen. Zeitweise gelang es dem ANC in einigen Townships »aufständische Zonen« zu errichten. Später forderte Oliver Tambo seine Unterstützer dazu auf, »den Kampf in die weißen Gebiete Südafrikas [zu] tragen«. Als der Kampf gegen die Apartheid allerdings seine letzte Stufe erreichte, erwies sich das Inkraftsetzen von finanziellen Sanktionen gegen die Apartheid als wichtigste Folgeerscheinung des Aufstands.

Von außen betrachtet schien Südafrika im Jahre 1985 in Flammen aufzugehen. Nacht für Nacht zeigten die Fernsehnachrichten Videomaterial von brennenden Autos, Häusern und manchmal Menschen. Am 31. Juli, zwei Tage nachdem P. W. Botha es abgelehnt hatte, Tutu zu treffen, verhängte die französische Regierung eine Investitionssperre – größtenteils symbolisch – über Südafrika. Am selben Tag entschied sich die Chase Manhattan Bank, die der Regierung nach Sharpeville im Jahre 1960 zur Hilfe gekommen war, dazu, ihre Darlehen von Südafrika zurückzufordern und die ungenutzten Kreditanlagen einzufrieren. Das war eine geschäftliche Entscheidung: Die Kredite machten weniger als ein halbes Prozent des Gesamtvermögens der Bank aus und die politische Unruhe, die sie begünstigten, überwog ihren Nutzen. Der Rand begann in seinem Wert zu fallen. Die südafrikanischen Geschäftsleute nannten Willard Butcher, den Nachfolger David Rockefellers als Vorsitzender der Chase Manhattan Bank, den »Butcher of the rand« (»Schlachter des Rand«). Andere amerikanische Banken folgten seinem Beispiel. Eine setzte Südafrikas Kreditwürdigkeit herab. Einige schweizerische und deutsche Banken erhöhten die Zinssätze für Kredite vier Prozent über dem Normalniveau.

Als die Krise weiter voranschritt, waren die südafrikanischen Geschäftsleute und die ausländischen Kreditgeber der Meinung, dass es nun an P. W. Botha liege, wieder Vertrauen zu schaffen. Am 15. August sollte er einen Parteienkongress einberufen. Es verbreitete sich das Gerücht, dass er grundlegende Reformen verkünden würde. Die Riege der Diplomaten stellte Spekulationen an und *CNN*[59] setzte eine Liveübertragung seiner Rede an. Doch was er zu sagen hatte, war zu viel des Guten. Er fühlte sich unter Druck gesetzt, reagierte allzu streitlustig und die Welt wurde Zeuge, wie er in seinem typisch aggressiven Stil den Zeigefinger erhob. Über Nacht fiel der Rand um 20 Prozent in seinem Wert und erreichte am 27. August sein Rekordtief. Vier Tage lang setzte die Regierung den Aktien- und Devisenmarkt in Johannesburg außer Kraft und verkündete einen Rückzahlungsaufschub von Fremdschulden, während neue Zahlungsfristen verhandelt wurden.

Die Schuldenkrise demonstrierte, dass finanzielle Sanktionen ein unerwartet starkes Potenzial boten, um einen Wechsel zu erzwingen. Im September machte die Regierung das Angebot, die Kontrollgesetze außer Kraft zu setzen und den Schwarzen in Südafrika ihre Staatsbürgerschaft zurückzugeben. Nach Meinung von Tutu und der Vereinigten Demokratischen Front sei das zu wenig und zu spät: »Dinge, die vor einigen Monaten einen gewaltigen Eindruck hinterlassen hätten, sind nun ein Schlag ins Wasser.« Als die Kreditbanken mit den Verhandlungen um die Rückzahlungsfristen begannen, unterschrieben Tutu und Beyers Naude, der ihn als Generalsekretär des Südafrikanischen Kirchenrats abgelöst hatte, einen Brief – dieser war von Allan Boesak und Terry Crawford-Browne, einem regierungskritischen Bankier, in Kapstadt verfasst worden –, in dem sie die Kreditbanken darum baten, die Neuvereinbarung für die Rückzahlungen davon abhängig zu machen, ob die Regierung ihr Amt niederlegte und durch eine ersetzt werde, die den Bedürfnissen aller Südafrikaner nachkom-

---

59 Anm. d. Übers.: ein US-amerikanischer Nachrichtensender.

me. Den Bankiers war es zutiefst unangenehm, dass ihre Geschäftstätigkeit nun mit Moral oder Demokratie belastet wurde und sie kamen der Forderung nicht nach. Doch ihre Verhandlungsführer teilten Pretoria persönlich mit, man solle signalisieren, dass man zu politischen Reformen bereit sei. Vor den Verhandlungsgesprächen im März und April 1986, hob Botha den Ausnahmezustand zeitweise wieder auf und eröffnete eine Parlamentssitzung mit einer Rede, in der er die Möglichkeit der Freilassung Mandelas in Betracht zog.

Anfang 1986 hatte Tutu schon angedeutet, dass er seinen Standpunkt zu Sanktionen ändern werde, den er vertreten hatte, als er der Bischof von Johannesburg geworden war. Damals hatte er der Regierung ein Zeitfenster von 18 bis 24 Monaten zugestanden, um Reformen durchzusetzen. Im Oktober 1985 hatte er dieses Zeitfenster sogar noch verkleinert: Bei einer Rede vor dem politischen Komitee der Generalversammlung der Vereinten Nationen in New York hatte er gesagt, dass sich die Situation »verzweifelnd verschlechtert« habe und dass die Welt nun Sanktionen verhängen solle, falls die Apartheid nicht innerhalb von sechs Monaten abgeschafft würde. Die Wahl des Zeitpunkts seiner früheren Verkündung hatte mit Entwicklungen in der Anglikanischen Kirche in Verbindung gestanden. Philip Russell war in den Ruhestand getreten und Tutu hatte abermals als Kandidat für den Posten des Erzbischofs von Kapstadt zur Debatte gestanden. Die Wahl war auf den 14. April angesetzt worden und Tutu hatte nicht gewollt, dass der Wahlausschuss an seinem Standpunkt zweifelte.

Ostern verbrachte er betend und über seine letztendliche Entscheidung nachsinnend. Am 2. April hielt er eine Nachrichtenkonferenz in der St. Alban's Church in Johannesburg, in der sich auch sein Büro befand, ab. In einer ausführlichen Kundgebung sagte er, dass sich Südafrika auf der Schwelle zu einer Katastrophe befinde, die schlimmer sei als Vietnam. Er nannte seine Versuche in den vergangenen zehn Jahren, um einen friedvollen Wandel herbeizuführen: sein Brief an Vorster, das erfolgslose Treffen mit Botha im Jahre 1980, sein Einschreiten, um Konfrontationen zu verhindern, sein Dialog mit der Regierung und den Afrikaandern, bei gleichzeitiger Kritik durch die schwarze Gemeinschaft. Er sagte, dass, obwohl Botha Mut bewiesen hätte, als er an die Macht gekommen war, der Präsident seither gezeigt habe, dass – dabei verdrehte er einen Terminus aus dem Englischen[60] – er nicht die »Überzeugungskraft seines Mutes« besitze. Nichts von dem, was Botha gesagt habe, weise darauf hin, dass er es mit der Demontage der Apartheid ernst meine. Stattdessen habe er dem Außenminister Pik Botha sogar eine Standpauke gehalten, weil dieser angedeutet habe, dass es eines Tages einen schwarzen Präsidenten in Südafrika geben könne. Diejenigen, die Sanktionen ablehnten und argumentierten, dass diese den Menschen schaden würden, denen sie eigentlich helfen sollten, seien Scheinheilige. Die Schwarzen würden hauptsächlich von den Polizeikräften umgebracht, geradeso als seien sie Fliegen: mehr als 1.200 seit August 1984. Er habe kaum einen Laut des Protests von Seiten der Weißen gehört, die behaupteten, sich um das Leid der Schwarzen zu sorgen. Botha habe es abgelehnt, sich mit ihm zu treffen und die Weißen stellten ihn an den Pranger. Neueste Umfragen ergeben, dass mehr als 70 Prozent aller schwarzen Südafrikaner Sanktionen irgendeiner Art befürworteten. Ohne den internationalen Druck habe sich nur sehr wenig in Südafrika verändert. Er schloss ab:

> »Ich habe keine Hoffnung auf einen wirklichen Wandel durch diese Regierung, ehe sie nicht gezwungen wird. Wir sehen einer Katastrophe in diesem Land entgegen und nur das Handeln der internationalen Gemeinschaft kann uns retten, wenn diese Druck ausübt. Unsere Kinder sterben. Unser Land blutet und brennt und so rufe ich die internationale Gemeinschaft dazu auf, abmahnende Sanktionen gegen diese Regierung zu verhängen, um uns dabei zu helfen, ein neues Südafrika zu errichten – nichtrassistisch, demokratisch, mitbestimmend und gerecht. Dies ist eine gewaltlose Strategie, um uns dabei zu helfen. Noch immer gibt es großes

60 Anm. d. Übers.: »to have the courage of convictions« (»den Mut haben zu überzeugen«); also das Selbstvertrauen zu besitzen, etwas zu tun oder zu sagen, obwohl andere dagegen sind.

Wohlwollen zwischen den Ethnien in unserem Land. Lasst uns nicht so übermütig sein und es zerstören. Wir können als ein Volk zusammenleben, als eine Familie, schwarz und weiß gemeinsam.«

Tutus Rede rief eine noch nie zuvor dagewesene geteilte Reaktion bei den ethnischen Gruppen hervor. Die schwarzen politischen Organisationen – mit Ausnahme der Bantustan-Oberhäupter – unterstützten ihn. Bei den Weißen – bei Konservativen wie auch Liberalen und besonders bei den Geschäftsleuten – kam es zu einem Aufschrei. Helen Suzman sagte, dass sie Sanktionen ablehne. Wenn sie jedoch verhängt würden, trage Botha und nicht Tutu die Schuld dafür. Einige Zeitungen machten ihre Attacken persönlich. Die *Sunday Times* richtete sich gegen Tutus Versöhnungsgeste, die offizielle Bischofsresidenz in den weißen Vororten Johannesburgs zu bewohnen: Sie berichtete, dass er, während er behauptete, dass andere Schwarze leiden mussten, selbst die Wahl zwischen zwei Häusern hätte. Außerdem fliege er regelmäßig ins Ausland, oftmals erster Klasse, habe ein Auto und einen Chauffeur und seine Kinder seien in Privatschulen ausgebildet worden. In der Sicherheitsakte, die von dem Justizministerium über ihn angefertigt wurde, untersuchte man genauestens sein Sendungsbewusstsein und die Kontroversen, die es hervorrief.

Allerdings gab es keinerlei Androhungen der Regierung, gegen ihn aktiv zu werden. Auf legale Weise Schritte gegen ihn einzuleiten sei nicht denkbar, berichtete die Regierungspresse. Im Grunde entsprangen die scharfen Reaktionen der Weißen größtenteils dem Bewusstsein, dass ihnen die Zukunft aus den Händen glitt – auch wenn sie es sich nicht eingestehen wollten. Bis die Weißen dazu bereit waren, die Apartheid vollständig abzuschaffen, hatten ihre Befürchtungen kein Gewicht für sie. Was nun zählte war das, was die internationale Gemeinschaft dachte, besonders die westlichen Länder mit den engsten wirtschaftlichen Verbindungen zu Südafrika.

Kapitel 11

Unsere Brüder und Schwestern

Eine Stärke von Südafrikas Kampf für die Demokratie war die Vielfältigkeit und das Engagement von vielen Anführern auf unterschiedlichen Schlachtfeldern und in verschiedenen Ländern. In den Kirchen bewies Desmond Tutu unverkennbare Qualitäten, die ihm einen hohen öffentlichen Stellenwert einräumten, jedoch war er nur einer von dutzenden Vorkämpfern mit einer ganz ähnlichen Einstellung. Die Kirchenkanzel und die kirchlichen Versammlungen eröffneten einen einzigartigen Handlungsspielraum, in einer Zeit, in der es in der schwarzen Gemeinschaft nur wenige andere Möglichkeiten gab. Doch als die Zahl der unabhängigen Gewerkschaften in den späten 70er- und 80er-Jahren anstieg, wurden sie zu einer machtvolleren institutionellen Kraft für die Befreiung als die konfessionellen kirchlichen Strukturen. Im Ausland wurde diese Entwicklung durch Südafrikaner – herausragend waren Oliver Tambo und Thabo Mbeki – innerhalb und außerhalb der diplomatischen Dienststellen des ANC und des PAC vorangetrieben. Unterstützt wurden sie durch das größte Netzwerk von Sympathisanten, das es je in der Geschichte der afrikanischen Befreiung im 20. Jahrhundert gegeben hatte. Nichtsdestoweniger leistete Desmond Tutu einen kraftvollen und einzigartigen Beitrag, um den Kampf gegen die Apartheid im Ausland bekannt zu machen, und das nirgendwo mehr als in den Vereinigten Staaten.

Die Verbindungen zwischen Südafrika und den Vereinigten Staaten reichen zurück bis in das 18. Jahrhundert, als amerikanische Walfänger und Händler ihre Geschäfte in Kapstadt erledigten. Mark Twain hatte über amerikanische Bergbauingenieure geschrieben, die in den Goldfeldern des Reef einen guten Ruf gehabt hatten. Im Laufe des 19. Jahrhunderts wurden die beiden Länder geringfügig in die Kriege des jeweils anderen verwickelt. Die Kap-bewohner wurden Zeugen einer der Schlachten des amerikanischen Bürgerkriegs, als die *Alabama*, ein Schiff der Konföderierten, im Jahre 1862 in der Tafelbucht ein Schiff der Union beschoss und enterte. Das Ereignis inspirierte zu einem Volkslied namens »Daar Kom die Alabama« (»Dort kommt die Alabama«). Später beteiligte sich eine irisch-amerikanische Brigade an dem Kampf der Transvaal-Republik gegen die Briten. Den wichtigsten frühen Einfluss Amerikas auf das moderne Südafrika hatte allerdings die Schulbildung.

Im 19. Jahrhundert versandte das »American Board of Commissioners for Foreign Missions« eine Missionsgruppe mit dem ehrgeizigen Ziel nach Südafrika, in einer Generation die gesamte Zulu-Nation zu konvertieren. Diesbezüglich mochte sich das »Board« überschätzt haben und dennoch übte es einen verhältnismäßig großen Einfluss aus. In der Mission, die es einrichtete – Groutville, benannt nach Aldin Grout, einem der ersten Missionare – war Albert Luthuli untergekommen und hatte dort das erste Mal den Schulunterricht besucht. John Langalibalele Dube, der Enkel eines frühen Konvertiten, war für seine weitere Ausbildung an das Oberlin College in Ohio gegangen. Einer seiner Cousins, Pixley ka Isaka Seme, hatte ein Studium an der Columbia University absolviert. Nachdem Seme in seine Heimat zurückgekehrt war, wurde er der Gründungsvater des African National Congress und Dube sein erster Präsident. Ein weiterer Präsident des ANC, der Physiker A. B. Xuma aus Sophiatown, hatte das Tuskegee Institute in Alabama besucht und hatte auf der Marquette University, einer jesuitischen Bildungseinrichtung in Wisconsin, seine medizinische Ausbildung erhalten. Eine Frau, die von Xuma als »die Mutter der afrikanischen Freiheit in diesem Land« beschrieben wurde – Charlotte Maxeke, die erste Präsidentin der Liga der Frauen des ANC – hatte in der Wilberforce University in Cleveland studiert, einer Einrichtung der Afrikanisch-Methodistischen Episkopalkirche (AME) und bei der Etablierung der AME in Südafrika geholfen.

Die afrikanisch-amerikanische Gemeinschaft hieß Tutu in den Vereinigten Staaten willkommen. Eigentlich hatte er gehofft, schon im Sommer des Jahres 1965 dorthin reisen zu können, als das King's College ihn für ein 44-tägiges Reisestipendium des US-Außenministeriums vorgeschlagen hatte. Er wollte das studieren, was ihm ein Professor am King's als berauschende Theologie beschrieben hatte. Zudem betrachtete er einen Besuch als »eine Möglichkeit, um Integration in der Praxis zu beobachten«. Doch nach einem Vorstellungsgespräch in der Amerikanischen Botschaft in London wurde er abgelehnt und reiste bis zum Jahr 1973 nicht in die Vereinigten Staaten, wo er später jedoch Vertreter der schwarzen und afrikanischen Theologie kennenlernen sollte. Als er noch für den Theologischen Ausbildungsfonds arbeitete und in London lebte, lernte er Robert Powell kennen, das Oberhaupt des Afrika-Büros des Nationalen Kirchenrats der Vereinigten Staaten. Powell und Tutu wurden schnell Freunde: Beide waren sie anglikanische (episkopale) Priester, hatten denselben Sinn für Humor und Tutu beeindruckte Powell als ein artikulierter Redner mit einem tief verwurzelten Glauben. Powell begann damit, Kanzeln auszuwählen, von denen aus Tutu die Sachlage Afrikas in den amerikanischen Kirchen darbringen konnte. Seine Frau, Bernice Powell, eine Diakonin in der Riverside Church – einer Institution, die von der Nächstenliebe von John D. Rockefeller jr. profitieren konnte – hatte zunächst einige Schwierigkeiten damit, den Kirchenpfarrer William Sloane Coffin jr. davon zu überzeugen, Tutu als Prediger einzuladen: »Ich hätte fast mit meinem Blut unterschreiben müssen, denn niemand hatte von Desmond Tutu gehört. Ich erinnere mich, wie Bill Coffin sagte: ›Sind sie sicher?‹ Ich sagte: ›Glauben sie mir, das ist wichtig, das ist gut. Er ist ein guter Prediger, er hat eine Botschaft, die die Leute hören müssen.‹« Die Reaktion auf Tutus Predigt war positiv und ihm öffnete sich eine neue Tür.

In Harlem machten die Powells Tutu in der Church of the Intercession, einer Episkopalkirche in der West 155 Street, mit Frederick Boyd Williams bekannt. Williams und Wyatt Tee Walker, der ehemalige Hauptassistent von Martin Luther King jr., hatten eine Koalition der schwarzen Kirchen gegen die Apartheid ins Leben gerufen und bei Tutus erster Predigt in der Intercession waren auf dem Rasen vor der Kirche folgende Wörter zu lesen: »US Raus

aus Südafrika – Beendet die Apartheid jetzt!« Williams hatte in Tutu »eine kindliche Eigenschaft, eine Ausgelassenheit, die ich liebte« entdeckt, doch noch mehr habe ihn Leah beeindruckt. Von ihren Berichten über ihre Arbeit mit den Hausangestellten war er besonders angetan. Er war ein Südstaatler, der von seiner Großmutter, seiner Urgroßmutter und seiner Mutter erzogen worden war und wollte in Leah ganz ähnliche Eigenschaften wiedererkannt haben: »Die schwarzen Frauen sind unser Rückgrat gewesen. Ich sah in Leah eine ziemlich starke Persönlichkeit. Man legt sich nicht mit einer starken schwarzen Frau an.«

Seinen ersten nahen Kontakt mit weißen Angehörigen einer Episkopalkirche erlebte Tutu mit den Mitgliedern der wohlhabenden 2.400-köpfigen Gemeinde der St. James's Church in der Madison Avenue in New York. Hays Rockwell, den Pfarrer der Kirche, hatte er auf dem Kirchentreffen in Trinidad und Tobago im Jahre 1976 kennengelernt. An dem Tag, an dem er die Wahl zum Bischof von Lesotho angenommen hatte, flog er zu ihm. Beide waren sie theologische Referenten und ihre Freundschaft nahm ihren Anfang, als sie gemeinsam Tagesberichte erstellt hatten und später in eine Bar gegangen waren. Bald darauf war Rockwell Pfarrer geworden, und hatte Tutu eingeladen, eine Predigt zu halten. Die Gemeinde war begeistert. Sie ließen seiner Diözese in Lesotho die Einnahmen ihrer kommenden Spendenaktion im Frühjahr zukommen, damit er sich ein Fahrzeug mit Allradantrieb für die Berge kaufen und Unterkünfte für seine Theologiestudenten bauen konnte, um die er zuvor erfolglos die südafrikanischen Bischöfe gebeten hatte. Es war der Beginn einer Beziehung, die auf ihre eigene Art so tiefgründig war, wie die zu der schwarzen Kirchengemeinde. Tutu konnte seinen Bekanntenkreis zusätzlich erweitern, als er in Südafrika amerikanische Bischöfe und bei der Lambeth-Konferenz im Jahre1978 anglikanische Bischöfe aus der ganzen Welt kennenlernte – die Reise, wegen der er 1979 Ärger mit Peter Storey und dem Südafrikanischen Kirchenrat bekam, galt einem Besuch der Diözese von Jack Spong, dem Bischof von Newark in New Jersey. Später wurde John Walker, der angesehene Bischof von Washington, zu einem engen Freund, der ihn dazu einlud, von der Kanzel der National Cathedral in Washington D.C. eine Predigt zu halten. Auch wurde Tutu 1979 in die älteste Episkopalkirche von Manhattan eingeladen, die Trinity Church am Ende der Wall Street, wo er zum ersten Mal bei der jährlichen Konferenz des Trinity-Instituts eine Ansprache hielt. Seitdem nahm er regelmäßig an den Trinity-Konferenzen teil und hielt dort Reden. Die Trinity-Gemeinde, die sich durch ihre immensen Liegenschaftsanteile im Hudson-Square-Distrikt in Manhattan finanzierte, ließ ihm in seinem Amt erhebliche Unterstützung zukommen.

Neben seiner Arbeit mit den Kirchen knüpfte Tutu Kontakte in einem größeren Spektrum von Menschen in der Politik, den Medien und der Gesellschaft. Dies gelang ihm durch einen Freund, den er in Lesotho kennengelernt hatte: Frank Ferrari vom Afrikanisch-Amerikanischen Institut. Ferrari war ein großartiger amerikanischer Lobbyist mit Freunden und Kontakten im gesamten unabhängigen Afrika, bei den Vereinten Nationen in New York und in Washington D. C. Er war ein strenggläubiger Katholik und ein Bewunderer der katholischen Bewegung der »Jungen Christlichen Arbeiter« und er mochte Tutu als den Revolutionär, dessen Handeln mit dem vereinbar sei, was die Befreiungsbewegungen taten und was sein Glaube ihm vorschrieb. Er machte Tutu mit Kongressmitgliedern aus den späten 70ern bekannt. Als Tutu größere Bekanntheit erlangte, organisierte Ferrari gemeinsam mit verschiedenen Kirchenfunktionären Termine in New York und Washington D. C. Zu derselben Zeit schärfte die Berichterstattung der Presse Tutus Profil. Im Jahre 1980 besuchte ihn John F. Burns, der Korrespondent der *New York Times* in seinem Haus in Orlando West und bezeichnete ihn als einen der einflussreichsten schwarzen Regierungskritiker. Im darauffolgenden Jahr nannte ihn der Kolumnist Anthony Lewis den vielleicht am ausdrucksstärksten Fürsprecher der schwarzen Menschen, und die *Washington Post* veröffentlichte einen Kommentar von ihm auf ihrer »Meinungsseite«. Nachdem die Regierung die Eloff-Kommission ins Leben gerufen hatte, schrieb Joseph Lelyveld, der Leiter des *Times*-Büros in Johannesburg, einen umfangreichen Bericht über Tutu für die Sonntagsausgabe. Lelyveld zeichnete das ansprechende Bild eines

Bischofs, den er als ungewöhnlich fromm und andächtig beschrieb, im selben Atemzug jedoch auch als unkontrollierbar: »ein wieselflinker Geist, der düster und gleich darauf wieder von Freude erfüllt sein kann«. Er könne sich mit einer klangvollen Stimme ausdrücken, aber auch mit »hohen Aufschreien des Entzückens und [mit] Kichern«.

Ein Grund warum Tutu das Reisen so sehr mochte war, dass er auf diese Weise der stickigen und oft bedrohlichen Atmosphäre in seiner Heimat entfliehen konnte. In London wohnten er und Leah bei Livingstone und Nzimazana Mqotsi, zwei südafrikanischen Exilanten, mit denen sie sich angefreundet hatten, als sie noch in London lebten. Das Haus der Mqotsis im Südosten Londons benutzen sie als Ausgangspunkt für ihre Geschäftstätigkeiten, für Besuche von anderen Freunden und für Spaziergänge in den örtlichen Pub. In New York kamen die Tutus bei Bob und Bernice Powell oder Hays und Linda Rockwell unter. Im Apartment der Rockwells übernachteten die Tutus im Zimmer der älteren Tochter Martha. Tutu genoss es, Dinge zu tun, die in Johannesburg undenkbar waren: Er nahm das blonde achtjährige Mädchen an die Hand und kaufte mit ihr im nahegelegenen Laden Rum-Rosinen-Eiscreme. Nachdem er das erste Mal seinen Reisepass verloren hatte, schickten ihm die Kinder der Gemeinde von St. James's Bilder, die sie »Reisepässe der Liebe« nannten. Er hängte sie an die Wand seines Büros und schrieb ein rührendes Antwortschreiben, das belegt, wie sehr er die Möglichkeit vermisste, der Unterdrückung der Apartheid zu entfliehen:

> »Wie beginnt man einen Brief, der aus einem derart gefüllten Herzen kommt, wie dem meinen? Ich dachte, ich wüsste, wie gern sie uns haben, doch in den letzten Tagen ist der Beweis für die Wärme ihrer Fürsorge und ihres Mitgefühls und ihrer Liebe schlichtweg überwältigend gewesen. Während ich diesen Brief diktiere, habe ich meine Augen geschlossen und kann ihr Apartment sehen. Ich sehe uns, wie wir bei Kerzenschein am Tisch sitzen und sie, Hays, wie sie versuchen, uns zu beeindrucken, indem sie uns einen Vortrag über ein bestimmtes oder unterschiedliche

Themen halten, und Linda, so freundlich wie immer, eine hübsche, charmante Gastgeberin, und Martha und Sarah. Oder wie wir in ihrem Wohnzimmer sitzen und Miriam Makeba[61] hören oder herumtanzen. Oder wie wir in St. James sind und ich meine Rede vorbereite. Oder wie es Morgen ist und ich zum Joggen gehe. Dies sind Erinnerungen, die ich immer bei mir tragen werde.«

Im Jahre 1982 wurde Tutus eingezogener Reisepass zu einem Streitthema zwischen der Apartheid-Regierung und der von Präsident Ronald Reagan, das sich auf die diplomatischen Beziehungen auswirkte. Die Columbia University schloss sich dem General Seminary, Harvard und der Kent University in England an und befürwortete die Verleihung eines Ehrentitels für Tutu. Auf die Nachfrage des demokratischen Kongressabgeordneten Charles B. Rangel aus New York appellierte das Außenministerium der USA an die Regierung in Südafrika: Tutu solle es erlaubt werden zu reisen. Südafrika wies den Appell zurück und kommunizierte einen Ausdruck der Enttäuschung durch den Ministerialdirektor für Afrika-Angelegenheiten. Pretorias Absage wurde beantwortet, indem die Columbia bei ihrer akademischen Abschlussfeier einen unbesetzten Stuhl für Tutu aufstellen ließ und verkündete, dass man nun zum dritten Mal in der Geschichte der Universität einen Ehrentitel außerhalb des Campus verleihen würde. (Das erste Mal geschah dies 1961, als Abraham Lincoln während des Bürgerkriegs Washington nicht verlassen konnte, und das zweite Mal 1979, als ein Schlaganfall es William O. Douglas, einem Richter des Obersten Gerichts, unmöglich gemacht hatte zu reisen.) Sollte Südafrika einen Besuch auf der Columbia verhindern, drohte die Universität, würde sie bei jeder Abschlussfeier einen Stuhl für Tutu bereithalten, bis dieser seinen Titel entgegennehmen könne. (Ironischerweise – vermutlich bemerkte es die Columbia nicht einmal – verlieh sie den Titel zu einem späteren Zeitpunkt des Jahres in der University of the Witwatersrand: der Universität, auf

61 Anm. d. Übers.: Miriam Makeba (geb. 1932) ist eine auch als »Mama Afrika« bekannte populäre südafrikanische Sängerin und Gegnerin der Apartheid.

der Tutu ursprünglich Medizin studieren wollte, es sich jedoch nicht hatte leisten können, sein Studium zu beginnen. Er erhielt Dutzende von Ehrentiteln von ausländischen Universitäten, bevor ihn irgendeine andere weiße südafrikanische Universität würdigte. Die Südafrikaner warteten bis in die 90er-Jahre hinein, als keine Gefahr mehr durch einen Gegenschlag der Weißen zu befürchten war.)

Für Demokraten wie auch für moderate Republikaner wurde Tutus Reisepass zu einem Praxistest der eigenen Regierungspolitik gegenüber Pretoria. Nancy Kassebaum, das republikanische Oberhaupt des Subkomitees für Afrika im Senat, sagte, dass Südafrikas Weigerung, die Vertreter Amerikas ernst zu nehmen, die Annahme infrage stelle, dass es mehr bewirke, Bothas Regierung gegenüber freundlich aufzutreten, als unfreundlich zu sein. Die Episkopalkirche vergrößerte den Druck, weil sie Tutu einlud, bei ihrer Nationalversammlung in New Orleans im September 1982 eine Rede zu halten. Ein anderer Redner bei der Konferenz sei der prominenteste Laie der Kirche: George H. W. Bush. Die Kirche teilte den südafrikanischen Diplomaten mit, dass ihre Regierung Reagans Vizepräsidenten beleidigen würde, wenn man Tutus Reisepass zurückhalte. Am 1. September, als Tutu gerade seine Aussage vor der Eloff-Kommission in Pretoria machte, unterbrach ein untergeordneter Funktionär das Verfahren, weil Tutu vor der Tür verlangt wurde. Die Kommission vertagte sich und Tutu ging nach draußen, wo ihm von einem Angestellten des Innenministeriums mitgeteilt wurde, dass ihm der Minister F. W. de Klerk ein »zeitlich und räumlich begrenztes Reisedokument« zur Verfügung gestellt habe. Da die Regierung sich offenbar nicht hatte entscheiden können, welchem ethnischen Bantustan Tutu zuzuordnen sei, stand auf dem Dokument, dass seine nationale Zugehörigkeit »zurzeit nicht bestimmbar« sei.

In den Vereinigten Staaten sei Tutu – mit den Worten von Daniel P. Matthews, dem Pfarrer der Trinity Church an der Wall Street – »ein Genie [darin] gewesen, sein Publikum intuitiv abzutasten«. Als er in New Orleans eine Ansprache hielt, erreichte Tutu den Gipfel seines rednerischen Könnens. In der Erinnerung von Edmond Browning, dem späteren vorsitzenden Bischof der Episkopalkirche, habe er die Versammlung geradezu überrannt. Er begann mit einer bescheidenen Geschichte, die er für gewöhnlich erzählte, wenn er übermäßig viel Zeit hatte. Sie handelte von einer Frau, die sich nach der Begräbnisrede für ihren verstorbenen Mann zu ihrem Sohn umdreht und zu ihm sagt: »Ich glaube, wir sind auf der falschen Beerdigung.« Er machte Scherze über seinen Nachnamen: Als er bei einer Konferenz seinen Namen und seine Zimmernummer habe nennen müssen – »Tutu, vier-fünf-drei«[62] –, sagte er, habe er sich wie ein entflohener Sträfling angehört. Um das Gelächter und den Applaus noch zu steigern, verhöhnte und attackierte er die Apartheid. Für kurze Zeit habe die Regierung ihr »Department of Bantu Affairs in Department of Plural Relations« umbenannt, sagte er: »Anscheinend waren wir [Schwarze] nun Plurale, von denen ein einzelner eine ziemlich seltsame Sache gewesen sein muss, ein einzelner Plural – und vielleicht war jemand, der vom Land kam, ein »Rural Plural«.[63] Indem sie die Eloff-Kommission ins Leben gerufen hatte, habe die Regierung nicht nur den Südafrikanischen Kirchenrat, sondern die gesamte Christenheit auf die Anklagebank gesetzt, als wenn sich Südafrika hinter dem eisernen Vorhang befände. Der Kirchenrat glaube an Verhandlungen und Gespräche: »Es ist unsere Regierung, die eine blutige Konfrontation und eine gewaltsame Revolution verursachen will und wird.« Er knüpfte an die Worte aus der anglikanischen Heiligen Messe an und nannte die Angehörigen der Episkopalkirche Mitwirkende im Kampf der südafrikanischen Kirchen gegen die Apartheid. Die südafrikanische Regierung, sagte er, habe nicht verstanden, was der Südafrikanische Kirchenrat darstelle, als sie mit der Eloff-Ermittlung begann:

> »Wir sind keine bloß unzuverlässige humanistische 08/15-Organisation. Nein, wir sind Teil der Kirche Gottes! Was für eine riesengro-

---

62 Anm. d. Übers.: Im Englischen klingt der Name »Tutu« wie die Zahlenkombination »zwei-zwei«, also: »zwei-zwei-vier-fünf-drei«.

63 Anm. d. Übers.: ein »ländlicher Plural«.

ße Sache, dass ihr unsere Brüder und Schwestern seid. Hey! Dankeschön. Dankeschön. Danke, dass ihr das zum Leben erweckt, was es für uns bedeutet, die Kirche Gottes zu sein. Vielleicht wisst ihr das nicht. Ich werde euch einfach sagen, was es bedeutet, fast körperlich zu spüren, wie man getragen wird, aufgehoben wird von der Liebe, den Gebeten und der Fürsorge und dem Lachen und der Freude, von so vielen auf der ganzen Welt. Ich habe der Kommission gesagt, dass sie alle sehr töricht waren, einem die Kirche Gottes zu nehmen. (Sich ausbreitendes Lachen und Applaus.)
Ich sagte, hey, ich gehöre zu dieser Göttlichkeit, zu diesem übernatürlichen Organismus, der die Lebenden umfasst, was wir den Kirchenkampf nennen, der die Toten umfasst, was wir die Kirchenruhe nennen, der die Heiligen in Glorie umfasst, was wir den Kirchentriumph nennen. So dass wir, obschon das Nonsens für die Welt ist, im zentralen Akt unserer Gottesverehrung sagen können: Hey, wir schließen uns den Engeln an, den Erzengeln und der gesamten himmlischen Gemeinschaft – wir hier unten sind dort oben und wir preisen Gott und sagen: ›Heiliger, heiliger Gott der Scharen, Himmel und Erde sind voll deiner Herrlichkeit.‹ Gott, du bist gut, du bist gut! Sie können einen Desmond Tutu fortschaffen, sie können den Südafrikanischen Kirchenrat fortschaffen, doch die Kirche Gottes besteht weiterhin.«

Die stehenden Ovationen der Versammlung dauerten einige Minuten an. Während der Versammlung predigte Tutu auch in der Grace Episcopal Church in New Orleans, wo er über die Ängste der weißen Menschen sprach. Die weißen Südafrikaner, sagte er, seien keine Unmenschen. Ihnen »sprießen [keine] Hörner oder Schwänze. Sie sind einfach gewöhnliche Menschen, wie sie und ich, Menschen, die Angst haben. Hätten sie die nicht, wenn sie im Verhältnis fünf zu eins in der Minderheit wären?«

Tutu brachte eine außergewöhnliche Kombination aus anglokatholischer Spiritualität, biblischer evangelischer Begeisterung und rigoroser Theologie in die amerikanische Kirche. In den Augen Hays Rockwells habe er sich über traditionelle Grenzen hinweggesetzt:

»Wenn man gerade denkt, man kann ihn einschätzen, ideologisch oder in den Formen der Kirchenzugehörigkeit, entflieht er solchen Kategorien. Er ist ein zutiefst katholischer Mann, in dem Sinne, dass er in den Glauben eingeschlossen, von ihm umgeben ist. Er ist anglo-katholisch, daran besteht kein Zweifel, doch er würde niemals nur diesen Weg wählen, um vor der Kirche zu sprechen. Ihm ist es ebenso möglich, das Evangelium mit einer solchen Energie kund zu tun, denn er glaubt an den evangelischen Auftrag – nicht als ideologische Sache, sondern weil es dies ist, was sein Glaube ihm vorschreibt. Er hat einen Einfluss auf das Leben der Einzelnen, der verändernd ist. Die Reichweite seiner Stimme verkörpert die Reichweite seines Glaubens und seines Intellektes. Sehr wenige evangelische Prediger sind derart hochgradig intellektuell, wie er es ist, obwohl er diese Bezeichnung ablehnen würde. Durch seine Bildung und sein Wissen ist sein Glaube bewundernswert kenntnisreich.«

Nach der Beurteilung von Fred Williams habe zwar Allan Boesak die Kraft Martin Luther Kings, die Massen wachzurütteln, weil er im Gegensatz zu Tutu den Duktus habe, die Wiedergabefähigkeit und die Ausgeglichenheit, die Teil des Repertoires eines amerikanischen Predigers seien. Tutu habe dies nicht, doch er bringe etwas anderes mit, sagte Williams:

»Er ist ein Überschneidungskünstler. Eine schwarze Predigt im evangelischen Stil erschreckt die meisten weißen Durchschnittsprotestanten zu Tode. Sie denken nicht, dass von ihnen Emotionen erwartet werden. Desmond spricht diese emotionale Ebene an, ohne sie zu Tode zu erschrecken, denn seine Menschlichkeit kommt in einer Welle herüber und sie hören die Emotionen. Es ist wie miteinander zu schlafen ohne zu schreien. Sie wissen, dass sie geliebt werden, doch sie müssen keinen Schrei ausstoßen. Er verwandelt sich und das wird wirklich erkennbar, wenn er auf der Kirchenkanzel steht. Es schimmert etwas aus dem Jenseits in seinen Augen und überträgt sich auf sein Lächeln und seine Stimme und auf die Art, wie er seine Augen schließt und seine Hände hochhält und seinen Kopf hebt und einen einfach in ein höheres Reich befördert.«

Ergänzend zu der Wirkung seiner Botschaft in den Vereinigten Staaten, wurde Tutus Glauben als Teil seines öffentlichen Images übermittelt. In Südafrika, Großbritannien und Australien, wo die Berichterstatter, die Religion zu ihrem Thema machten, besonders den Gebrauch des »G-Wortes«[64] einschränkten, wurde seinen Worten für gewöhnlich der Kontext entzogen. In den meisten amerikanischen Städten zitierten ihn die Journalisten vollständig, wenn er seine Ansichten an biblischen Texten festmachte und über Gott sprach.

Als sich die Kampagne des Apartheid-Boykotts intensivierte, legten Tutus kirchliche Auftraggeber ihm nahe, auch bei anderen Organisationen zu sprechen, die gegen amerikanische Firmen zu Felde zogen, die mit Südafrika Geschäfte abwickelten: Gruppierungen, Verbände und Stadtgemeinden. Hays Rockwell nutzte seine Kontakte in seiner wohlhabenden Kirchengemeinde, um Treffen mit Geschäftsleuten zu organisieren. Zunächst waren diese Treffen geradezu geheim: »Diese Oberhäupter von Banken wollten nicht mit einem kommunistischen Unruhestifter in Verbindung gebracht werden. Ich denke nicht, dass sie wirklich glaubten, er sei Kommunist. Sie dachten nur, dass er die Dinge durcheinanderbrachte. [Doch] innerhalb kurzer Zeit, nachdem das Treffen begonnen hatte, waren sie von Desmond begeistert [und] wollten das Gespräch zumindest verlängern. In manchen Fällen änderten sie mit der Zeit ihre Haltung gegenüber Investitionen und Handel.«

F. W. de Klerk hatte die Herausgabe eines Reisedokuments für New Orleans an Tutu mit der »theologischen Natur« der Konferenz begründet. Tutu interpretierte dies weiter – »Alles was ich tue ist theologisch.« – und Frank Ferrari organisierte gemeinsam mit den Kirchen Treffen für ihn in New York und Washington, die typisch für die Art von Organisationen und Führungspersönlich-

64 Anm. d. Übers.: Gemeint ist »Gott«.

keiten waren, zu denen er vordringen wollte: zu menschenfreundlichen Stiftungen wie die *Carnegie Corporation* und die *Ford Foundation*, zum UN-Generalsekretär Javier Perez de Cuellar, zu protestantischen und katholischen Kirchenoberhäuptern, zum Schwarzen Kongressgremium, zum Kongressabgeordneten William H. Gray III., den Senatoren Nancy Kassebaum und Edward Kennedy und zu Oberhäuptern des House-and-Senate-Subkomitees über Afrika. Bei diesen und bei weiteren Besuchen veranstalteten die Rockwells und der Film-Magnat Arthur Krim – der auch Teil der Delegation der Columbia University gewesen war, die nach Johannesburg geflogen war, um den Ehrentitel zu verleihen – Dinnerpartys, bei denen sich Tutu mit Unterhaltungskünstlern, Aktivisten, Journalisten und Geschäftsleuten bekannt machte. In Ferraris Erinnerung habe Tutu sich mühelos mit einer erkennbaren Glaubwürdigkeit und Beständigkeit von Gruppe zu Gruppe und von Person zu Person bewegt:

> »Niemals gab es einen Konflikt zwischen dem Mann und dem Politiker – zu allererst war er der Priester gegen soziale Ungerechtigkeit und Unterdrückung. Wenn er den Raum betrat, war es nicht der Nobelpreisträger, nicht der Bischof, nicht der artikulierte Redner, sondern es war die Bescheidenheit und Hingabe und Einsatzbereitschaft dieser Person, die alle beeindruckte [und] seine unbezwingbare Persönlichkeit mit seinem großartigen Sinn für Humor.«

Tutu hatte ebenso wenig Hemmung, die Leute um Geld zu bitten, wie schon zu der Zeit, als er auf das theologische College hatte gehen wollen. Leah scherzte oft darüber, dass er ein professioneller Bettler sei. Nach Robert Powells frühem Tod half Bernice Powell[65] Tutu dabei, einen Stipendien-Fonds für junge Südafrikaner zu gründen, die nach dem Soweto-Aufstand in das Exil gingen. Tutu steuerte etwas von seinem Nobel-Preis-Gewinn zu dem Fonds bei, doch der Großteil des Geldes musste in den Vereinigten Staaten

---

65 Später heiratete sie wieder und nahm den Namen Bernice Powell Jackson an.

aufgebracht werden. Tutu bat Bernice Powell darum, das Thema anzusprechen: »Er lehrte mich, dass, wenn man an das glaubt, was man tut, man überhaupt keine Probleme damit haben sollte, die Menschen zu bitten, einem Geld zu geben.« Auch sorgte Tutu sich nicht außerordentlich um die Kontroversen über die Herkunft des Geldes: Er riet Powell, eine Spende von Coca-Cola anzunehmen, zu einer Zeit, in der die Rolle des Unternehmens in Südafrika hinterfragt wurde. »Er war sehr deutlich: ›Nehmen sie das Geld. Wir brauchen es, um diese Kinder in die Schule zu bekommen. Niemand sonst gibt Geld. Nehmen sie das Geld.‹« Auch schreckte Tutu nicht davor zurück, um mehr zu bitten, als ihm angeboten wurde. Hays Rockwell erinnerte sich, dass seine Kirche angeboten hatte, einen schwarzen Priester ein Jahr lang in einem Priesterseminar in New York zu unterstützen: »Also sagte er [Tutu]: ›In Ordnung!‹ und schickte uns für drei Jahre einen Priester mit seiner Frau und seinen drei Söhnen. Er sagte: ›Sie wollen diesen Mann doch nicht von seiner Familie trennen, oder?‹ Und: ›Ein Jahr reicht nicht aus. Er muss doch seinen Abschluss machen, oder nicht?‹«

In der breiten Basis der Unterstützer Tutus kamen Spannungen auf. Die Afroamerikaner, die in Washington am liebsten mit dem Schwarzen Kongressgremium zusammenarbeiteten, waren misstrauisch gegenüber dem weiten Spektrum von Ferraris Kontakten. (In dieser Zeit scherzte Tutu öffentlich, dass Ferrari »sein Kontakt[mann] zum FBI« sei.) Die Angelegenheit, die allerdings die meiste Arbeit in Anspruch nahm, war das Verhältnis zwischen Schwarzen und Weißen in der amerikanischen Kirche. Nach der Meinung vieler Afroamerikaner hatten ihre weißen Landsmänner der Botschaft von Martin Luther King jr. ihre Aussagekraft entzogen – in Bernice Powells Worten hatten sie King in den 15 Jahren seit seiner Ermordung »entkeimt und homogenisiert«. Nun verehrten sie Tutu und missbilligten die Apartheid, während sie den Rassismus in ihren eigenen Hinterhöfen herunterspielten. Powell war unzufrieden mit Tutus Verhalten gegenüber den Weißen und in den frühen Jahren ihrer Freundschaft habe er sie irritiert: »Er ist zu nett zu weißen Menschen. Er nimmt zu viel von ihnen und er ist zu nett zu ihnen. Als ich weitere [schwarze] Südafrikaner kennenlernte, [erkannte] ich, dass er [damit] nicht alleine war. Alle sind sie zu nett zu ihnen.« Einmal nahmen ihn Fred Williams und Bernice Powell, in Williams Worten, »in den Schwitzkasten« und sagten ihm, dass er zu viel Zeit mit den »weißen Leuten von der East Side« verbringe und zu wenig mit den schwarzen Anführern.

Als Powell Tutus Flüchtlings-Stipendien-Fonds leitete, übernahm sie die Verantwortung für seine Termine in Amerika, stimmte die Anfragen verschiedener Gruppierungen miteinander ab und versuchte sicherzustellen, dass er nicht einfach als berühmte Persönlichkeit ausgenutzt wurde. Für seinen Teil stellte Tutu persönlich fest, dass die Afroamerikaner wütender als die schwarzen Südafrikaner seien – ein Urteil, dass er nicht über sie fällte, sondern über das nachlässige Verhalten der weißen Amerikaner, nicht die schmerzende tiefe Wunde anzuerkennen, die die Sklaverei und der Rassismus hinterlassen hätten. Unter der Apartheid, sagte Tutu, wüssten die schwarzen Südafrikaner, wie sie zu den Weißen standen. Die Afroamerikaner dagegen fühlten, dass sie auf Hindernisse stießen, obwohl die Verfassung ihnen Gleichheit zusprach. (Nachdem er in Südafrika die Wahrheits- und Versöhnungskommission geleitet hatte, machte Tutu es sich bei seinen Reden auf seinen Reisen in die Vereinigten Staaten zum Thema, die Amerikaner darauf hinzuweisen, ähnliche Schritte einzuleiten.)

P. W. Bothas innerstaatliches Bestreben nach Legitimität, in dem er 1984 die neue Verfassung eingeführt hatte, wurde von regionaler und internationaler Diplomatie begleitet. Pretoria erreichte ein Abkommen, in dem man bei ausgiebigen Verhandlungen über die Zukunft Namibias weiter voranschritt – eine ehemalige deutsche Kolonie, über die Südafrika unter einem UN-Mandat Herrschaft beanspruchte. Man machte sich seine regionale Macht zu Nutze und zwang die Nachbarstaaten Mosambik und Swaziland zur Unterzeichnung von Sicherheitsabkommen. Bothas Diplomatie hatte in Teilen Europas nur wenig Einfluss: Bei einer Reise im März 1984 wurde Tutu von dem dänischen und dem niederländischen Außenminister zugesichert, dass ihre Regierungen einen starken

Anti-Apartheid-Kurs verfolgten und in Oslo unterstützte der norwegische Außenminister eine Anhörung über Pretorias Überfall auf seine Nachbarn, bei der er und Thabo Mbeki vom ANC eine Ansprache hielten. Andernorts, besonders unter den Haupthandelspartnern Südafrikas, waren die Regierungen dazu geneigt, Botha zu honorieren. Im Juni 1984 gelang Botha das, was Tutu einen »großartigen diplomatischen Coup« nannte: eine Tour durch sieben europäische Nationen, auf der er von Führungspersönlichkeiten wie der britischen Premierministerin und dem bundesdeutschen Kanzler empfangen wurde.

Tutu hieß den kühlen Empfang gut, der Botha in den meisten Ländern bereitet wurde. Trevor Huddleston hatte versucht, Margaret Thatcher zu überreden, Botha nicht zu empfangen, was ihm jedoch nicht hatte gelingen können. Tutu schrieb Briefe an Thatcher und an Helmut Kohl in Bonn und fragte sie, ob sie auch mit Hitler oder Stalin kollaboriert hätten. »Es wirkt«, teilte er den ausländischen Partnern des Südafrikanischen Kirchenrats mit, »als würden sie den Schwarzen sagen, dass wir austauschbar seien, dass wir den Weißen im Krisenfall nicht wirklich vertrauen sollten, denn sie würden sich gegen uns zusammenschließen, weil Blut dicker sei als Wasser.« Noch erschütternder war es, als Papst Johannes Paul II. zustimmte, sich mit Botha zu treffen. Im März hatte der Papst Tutu eine Privataudienz gewährt – eine Geste, die nach dem Bericht der Eloff-Kommission als Unterstützung des Südafrikanischen Kirchenrats interpretiert werden konnte. Nun, sagte Tutu, habe der Papst den Opfern der Apartheid »einen Schlag in das Gesicht« versetzt.

Die Führungskräfte der Reagan-Regierung waren von Bothas Europareise angetan: Sie bot eine Möglichkeit, ihm die Anerkennung des Westen zuteilwerden zu lassen, ohne sich mit dem diplomatischen und innerstaatlichen Hindernis konfrontiert sehen zu müssen, zu sehr mit ihm übereinzustimmen. Der Hauptinitiator der Südafrikapolitik der Administration war Chester Crocker, der Ministerialdirektor für Afrika. Bevor er im Jahre 1981 sein Amt übernommen hatte, war über ihn festgehalten worden, dass er erkannt habe, dass Bothas Reformen durchaus das sein könnten, was er einen »raffinierten Deckmantel für eine eingeschränkte Aufnahmestrategie, die darauf abzielt, die städtischen und ländlichen schwarzen Bantustan-Eliten zu einer Zusammenarbeit mit den Weißen zu zwingen« nannte. Doch als Experte der militärischen Maschinerie Pretorias glaubte er, dass sich die Macht fest in den Händen der Weißen befinde und er bezeichnete afrikaandische Anführer wie Botha und Piet Koornhof als »pragmatische, flexible, entschlossene Modernisierer«. Folglich propagierte er eine Politik, die er »konstruktives Engagement in der gesamten Region« nannte – mit drei Zielen: die Bekämpfung des sowjetischen Einflusses im südlichen Afrika, das Vorantreiben eines »durch die Weißen angeführten Wechsels, hin zu einer wahren Gewaltenteilung« und die Stärkung der Funktion der Schwarzen, damit sie einen Anteil am Systemwechsel hatten.

Während Reagans erster Amtszeit traf Tutu sich mehrfach mit Crocker und empfand ihn als einen schlagkräftigen Verteidiger und einen »guten und sehr intelligenten Mann«. Allerdings betrachtete Tutu ihn und die gesamte Administration als vom Kommunismus besessen – ihre Diplomatie werde von den komplexen Verhandlungen dominiert, die einen Abzug der kubanischen Truppen aus Angola mit der Unabhängigkeit Namibias verbinden sollten. Crocker sagte dem Autor dieses Buches, dass diese Strategie den Weg für Gespräche in Südafrika ebnete: »Was wir P. W. antun, ist im Grunde das, was Gorbatschow uns [den Vereinigten Staaten] angetan hat. Wir nahmen ihm seinen Feind und wir nahmen ihm seine Ausflüchte [keine Verhandlungen führen zu wollen].«

Als Crocker sein Amt angetreten hatte, hatte er den Standpunkt vertreten, dass die Empathie der Amerikaner für das Leid der Schwarzen durch die Empathie für das ausgeglichen werden sollte, was er mitfühlend als »das große politische Dilemma, in dem sich die Afrikaander und andere selbst wiederfinden« beschrieb. Als sich der Konflikt in den frühen 80er-Jahren intensivierte, trennte dieser Annäherungsversuch die Administration von der Meinung der breiten Masse der schwarzen Südafrikaner. Crockers Terminus »konstruktives Engagement« wurde zu einer ungeliebten Formulierung. Die Regierung verlor nicht nur ihren Berührungspunkt mit dem Empfinden der Schwarzen, sondern auch die Fähigkeit zu sehen, was tatsächlich in Südafrika geschah. Im Jahre 1981 prognostizierte die CIA richtig, dass die Gangart der Reformen nicht angemessen sein würde, um die Bedürfnisse der Schwarzen in den kommenden zwei oder drei Jahren zu befriedigen und dass sich die ethnischen Spannungen verschärfen würden. »Allerdings«, bekannte Crocker dem Autor dieses Buches, »würde ich nicht behaupten, dass wir etwas von dem hätten voraussehen können, was in der Schaffensperiode der Vereinigten Demokratischen Front geschah – und die städtischen Gebiete, die derart in Flammen standen. Oder dass wir gewusst hätten, wozu das führen sollte.« Das Versäumnis der Amerikaner, den Verdruss in den Townships wahrzunehmen, führte zusammen mit internen Streitigkeiten in der Republikanischen Partei zu der schlimmsten Niederlage in der Außenpolitik der Reagan-Periode, worin Desmond Tutu eine erhebliche Rolle spielte.

Der Friedensnobelpreis, so vermutete Tutu, veränderte die Art und Weise, wie er wahrgenommen wurde: »An dem einen Tag hörte niemand zu. An dem nächsten war ich ein Orakel.« Es existieren wenige dokumentierte Fälle, in denen ihm Regierungen eine direkte und unmittelbare Rolle zumaßen, wenn es darum ging, ihre politische Haltung gegenüber der Apartheid zu verändern. Nachdem er den Preis erhalten hatte, bereiste er im Dezember 1984 Kanada, wo er mit stehenden Ovationen im Parlament begrüßt wurde und Brian Mulroney traf, den neuen konservativen Premierminister. Laut Edward Lee, dem kanadischen Botschafter in Südafrika, sei Mulroney hochgradig von Tutu beeinflusst worden: »Nach ihrem Treffen wurde ich zu einem Beratungsgespräch zurück nach Ottawa gerufen. Bei einer Vollversammlung des Kabinetts in Meech Lake erlebte ich, wie Mulroney und [der Außenminister Joe] Clark das Kabinett davon überzeugten, dass Kanada politische und wirtschaftliche Sanktionen in Betracht ziehen und in dieser Angelegenheit die Vorherrschaft im Commonwealth und bei der UN übernehmen solle, trotz der vollkommenen Opposition durch Thatcher und Reagan.« Im Mai 1985 lud die sozialistische französische Regierung Tutu, Mutter Teresa und weitere Nobelpreisträger zu einer internationalen Konferenz über Menschenrechte nach Paris ein. Während des Besuchs machte der Premierminister Laurent Fabius, der Sanktionen ablehnte, von seiner Residenz aus zu den Regierungsgebäuden einen Spaziergang mit Tutu. Tutu habe nichts über Sanktionen gesagt, berichtete Fabius einem Fernsehinterviewer, doch er habe einen dauerhaften Eindruck hinterlassen, indem er gesagt habe: »Ein weißer Minister macht mit einem schwarzen Bischof ohne Polizeischutz einen Spaziergang – das ist Freiheit.« Diese Bemerkung verstärkte den Effekt der Sanktionen – die Chase Manhattan Bank lehnte es ab, ihre Darlehensfrist zu verlängern –, die an dem Tag verhängt wurde.

In den Vereinigten Staaten spielte Tutu keine derart unmittelbare Rolle, noch kam er schnell zu Ergebnissen. Die Verleihung des Friedensnobelpreises veranlasste Präsident Reagan zu einer formellen Gratulation, bei der er Tutus gewaltfreie Arbeit würdigte, eine Regierungsform einzuführen, die auf dem Einverständnis des Volkes beruhte. Innerhalb von einer Woche – an dem Tag, an dem Tutu eingeladen wurde, vor dem UN-Sicherheitsrat in New York eine Ansprache zu halten – präsentierte ein Berater des Weißen Hauses dem Ratsvorsitzenden – und späteren US-Justizminister – Edwin Meese III. eine charakteristische Kostprobe von Tutus Angriffen auf die Administration. »Tutus Kritik«, teilte der Berater Meese mit, »ist, dass das konstruktive Engagement den schwarzen Südafrikanern nicht spürbar geholfen habe. Es habe sie eher verletzt, da es schien, als würde [man] das Apartheid-System unterstützen.« Bei dem Treffen des Sicherheitsrats enthielten sich die Vereinigten Staaten der Wahl eines Beschlusses, der die sofortige Demontage der Apartheid forderte. Die US-Botschafterin Jeane Kirkpatrick sagte, dass er eine übertriebene Wortwahl beinhalte, wenn es um Massaker gehe. Der Südafrikanische Botschafter, Kurt von Schirnding, verließ das Ratstreffen, bei dem Tutu eine Rede hielt, nachdem er dem Rat verkündet hatte, dass, wenn die UN ihren Kurs weiterverfolge, Südafrika dazu gezwungen sein wird, seinen Weg des Friedens zu verlassen. »Offen gesagt, haben wir genug.«

In den abschließenden Wochen des Präsidentschaftswahlkampfes von 1984 kritisierte Tutu Reagans Politik als eine Katastrophe für die schwarzen Südafrikaner. Es sei das Vorrecht der Amerikaner, wen sie zu ihrem Präsidenten wählten, sagte er, doch die südafrikanische Regierung würde nicht laut aufschreien, wenn man Reagan wählen würde. Aus Reagans Sicht verdiene Tutu eine kurze Antwort – die Vereinigten Staaten konnten Südafrika den Rücken kehren oder sie konnten dabei helfen, die Situation zu ändern: »Vielleicht ist er [Tutu] nicht über alles im Bilde, was wir tun.« Am 6. November wurde Reagan in einem Durchgang wiedergewählt. Die Afroamerikaner, die während der Vorwahlen für Jesse Jackson als den ersten ernsthaften schwarzen Präsidentenkandidaten eingetreten waren, fühlten sich vollkommen niedergeschlagen. Randall Robinson, der leitende Direktor der Lobbygruppe TransAfrica, sagte: »Wir lagen so tief am Boden, dass wir etwas tun mussten – vom Boden aus kann man nicht weiter hinunterfallen.« Mit der Hilfe von Walter Fauntroy, dem Kongressrepräsentanten des District of Columbia initiierte Robinson ein Free South Africa Movement, eine nationale Kampagne des öffentlichen Protests gegen Rassismus, in der Art, wie es sie seit den 60er-Jahren nicht mehr gegeben hatte. An dem Tag vor dem Erntedankfest – einen Tag, den man, laut Fauntroy ausgewählt hatte, da »es nichts zu berichten gibt, außer über Truthähne« – gingen Robinson, Fauntroy und Mary Frances Berry, ein Mitglied der Bürgerrechtskommission, zur südafrikanischen Botschaft, verlangten die Freilassung von inhaftierten Anführern der Vereinigten Demokratischen Front und weigerten sich zu gehen, ehe ihren Forderungen nicht nachgekommen werde. Der Botschafter rief die Polizei. Fauntroy verzichtete auf seine Kongressimmunität und die drei wurden verhaftet und über Nacht in Gewahrsam genommen. In den darauffolgenden Wochen, so berichtete Mary McGrory in der *Washington Post*, waren die täglichen Proteste, die etwa 150 Meter vor der Botschaft stattfanden, »die am meisten stilisierten in der Geschichte der [Protest-] Kunst«. An jedem Nachmittag versammelten sich 50 bis 70 Menschen, sangen und trugen selbst angefertigte Schilder. An jedem Nachmittag hielt Robinson eine Nachrichtenkonferenz ab, bei der er »die jüngsten Gräueltaten aus Johannesburg« verlas, dann diejenigen Amerikaner nannte, die das Gesetz brachen, indem sie zu nahe am Botschaftsgebäude protestierten und »damit die Inhaftierung von Prominenten in Kauf nahmen, die das besondere an diesen Demonstrationen waren«. Unter den Hunderten, die sich in den folgenden Wochen an dem Prostest beteiligten, waren Angehörige der Familie King, der Familie Kennedy, des Schwarzen Kongressgremiums, des American Jewish Congress, Harry Belafonte, der Tennisstar Arthur Ashe, der Komödiant Dick Gregory und die Bürgerrechtslegende Rosa Parks.

Anfang Dezember, eine Woche bevor Tutu nach Oslo reiste, um den Friedensnobelpreis in Empfang zu nehmen, ergab es sich, dass die Apartheid auf die nationale Bühne nach Washington D.C. gelangte. Am Sonntag, den 2. Dezember, predigte Tutu bei einem konfessionsübergreifenden Gottesdienst zu Ehren seiner Auszeichnung in der National Cathedral. Präsident Reagan kehrte von einem Wochenende in Camp David zurück und wurde am Montag von Chester Crocker über Südafrika informiert. In einer seltenen Geste entsandte er Crocker, um den Standpunkt der Administration vor der Presse zu verteidigen. Das konstruktive Engagement sei missverstanden und verunglimpft worden, sagte Crocker. Es sei »Blödsinn« zu sagen, dass Reagan zu sanft mit der südafrikanischen Regierung umgehe. Am darauffolgenden Morgen, dem 4. Dezember, veröffentlichte die *Washington Post* einen mitfühlenden mehrseitigen Sonderbericht über den Bischof mit seinem »mutwilligen Esprit und sanftmütigen Auftreten«, der zu »einer machtvollen Stimme für die Anti-Apartheid-Bewegung« geworden sei. Der Bericht beschrieb einen weiteren Auftritt Tutus bei dem Afrikanisch-Amerikanischen Institut:

> »Die Köpfe drehten sich um und ein Murmeln der Anerkennung verbreitete sich im mit prominenten Persönlichkeiten übersäten Publikum, gekleidet in Smoking und paillettenbesetzte Abendkleider. Durch eine Seitentür kam ein zierlicher schwarzer Mann im purpurnen Gewand der Anglikanischen Kirche in den Ballsaal des *Waldorf-Astoria* hineingeschlüpft. Als er zu der Bühne des Ballsaals ging, erhoben sich hunderte von Gästen zu stehenden Ovationen. Jacqueline Onassis, Senator Edward M. Kennedy (ein

Demokrat aus Massachusetts) und Andrew Young, der Bürgermeister von Atlanta, stimmten gemeinsam mit Vorstandsvorsitzenden führender US-Unternehmen und Wall-Street-Anwälten in den Applaus für Desmond Tutu ein.«

Für Kongressverhältnisse wurde Tutu überschwänglich begrüßt, als er an dem Morgen, an dem der Artikel veröffentlicht wurde, bei einer Versammlung des Subkomitees des Repräsentantenhauses über Afrika im Rayburn-House-Bürogebäude erschien. Howard Wolpe aus Michigan, der Vorsitzende der Demokraten, sagte, dass das Komitee zutiefst geehrt sei, ihn begrüßen zu dürfen. Gerald Solomon aus New York, das ranghöchste Mitglied der Minderheitspartei,[66] bemerkte, dass es unüblich sei, derart viele Mitglieder bei einem Treffen über Afrika begrüßen zu dürfen. Tutu antwortete, dass es paradox sei, dass es ihm in seinem eigenen Land nicht möglich sei, vor einer vergleichbaren Versammlung zu sprechen: »Hier stehe ich [nun], ein Bischof der Kirche Gottes, 53 Jahre alt, der als einigermaßen verantwortungsbewusst bezeichnet wird und noch immer darf ich in meinem Mutterland nicht zur Wahl gehen, wohingegen ein 18-jähriges Mädchen wählen darf, weil es weiß ist und unlängst auch farbig oder indisch.« Er erzählte, wie er sein Sabbatjahr in New York wegen der Gewaltausbrüche im Vaal-Dreieck habe verschieben müssen, von P. W. Bothas Ablehnung eines Treffens mit Kirchenoberhäuptern, von der Frau am East Rand, deren Enkel von der Polizei erschossen worden sei. Auch erzählte er ihnen von dem Mord an schwarzen Südafrikanern während eines Generalstreiks, der das industrielle Herz Südafrikas im vorangegangenen Monat habe stillstehen lassen:

»24 Schwarze wurden während dieses zweitägigen Streiks im November getötet. 6.000 wurden um ihre Arbeitsplätze gebracht.

66 Anm. d. Übers.: Die Minderheitspartei sind in diesem Fall die Republikaner, da sie zu diesem Zeitpunkt den Demokraten im Repräsentantenhaus zahlenmäßig unterlegen sind.

Es kam kein Wort des Protests von der Regierung dieses Landes. Als ein Priester in Polen vermisst und später seine Leiche gefunden wurde, gab es einen Aufschrei und die Medien brachten genau zum richtigen Zeitpunkt ihre Berichterstattung.[67] Ich denke, uns wird gesagt, dass diese Regierung nicht sanftmütig mit der Apartheid umgeht. Der Himmel möge uns helfen, wenn sie sich dazu entschieden, sanftmütig zu sein. Würden die Reaktionen und das Schweigen so betäubend sein, wenn die Opfer weiß gewesen wären, wenn die Opfer beispielsweise Juden gewesen wären?

[Das] konstruktive Engagement hat unsere Situation unter der Apartheid verschlimmert. Dadurch bekommt die Demokratie einen schlechten Ruf, so wie die Apartheid dem freien Unternehmertum einen solchen verliehen hat. Herr Vorsitzender, wir sprechen über eine moralische Angelegenheit. Sie sind entweder für oder gegen die Apartheid, und das nicht rhetorisch [betrachtet]. Sie sind entweder für das Böse oder sie sind für das Gute. Sie sind entweder auf der Seite der Unterdrückten oder auf der Seite der Unterdrücker. Sie können nicht neutral sein. [Die] Apartheid ist ebenso böse, unmoralisch und unchristlich wie in meinen Augen der Nationalsozialismus, und meiner Meinung nach sind die Unterstützung und Kollaboration damit ebenso unmoralisch, böse und vollkommen unchristlich – ohne Ausnahme.«

Tutus Ansprache veranlasste die Kongressmitglieder und die Beobachter zu stehenden Ovationen: eine höchst unübliche Geste, die gegen die Vorschriften des Komitees verstieß. Andernorts in der Stadt, in Embassy Row, nahm die Polizei auf der Massachusetts Avenue drei Anführer der Arbeiterbewegung in Gewahrsam. An den zwei nachfolgenden Tagen marschierten Demonstranten auch zu den südafrikanischen Konsulaten in New York und zum ersten Mal in Boston, Chicago, Los Angeles, Houston und Seattle. In der Republikanischen Partei wurden Risse deutlich: 35 konser-

67 Eine Anspielung auf die Ermordung von Pater Jerzy Popieluszko durch die polnische Sicherheitspolizei im Oktober.

vative Kongressabgeordnete waren bemüht, ein Zeichen gegen den Rassismus zu setzen – unter ihnen waren Newt Gingrich aus Georgia, Tom Ridge aus Pennsylvania, Robert Walker aus Pennsylvania, Connie Mack aus Florida und Richard Armey aus Texas – und schickten dem südafrikanischen Botschafter einen Brief, in dem sie ein sofortiges Ende der Gewalt in Südafrika forderten und »ein offenkundiges Dringlichkeitsbewusstsein, die Apartheid zu beenden«. Wenn man ihnen nicht entgegenkomme, schrieben sie, würden sie internationale diplomatische und wirtschaftliche Sanktionen befürworten. Ein Brief an Reagan von Nancy Kassebaum und Richard G. Lugar – dem angehenden Vorsitzenden des Komitees für auswärtige Beziehungen des Senats –, der das Versäumnis des Außenministeriums kritisierte, sich gegen die Apartheid auszusprechen, blieb aus. Die beiden Senatoren trafen sich mit dem südafrikanischen Botschafter, um ihre Besorgnis über die Festnahme von Anführern während des Novemberstreiks zu äußern. Auf der anderen Seite kritisierten drei hochrangige schwarze Regierungsbeamte, den Fokus auf Südafrika zu legen: »Jeder von uns, der unter der [ethnischen] Trennung, einer milden Form der Apartheid, gelebt hat, ist besorgt«, sagte Clarence Thomas, der Vorsitzende der Equal Employment Opportunity Commission (und später Richter des Obersten Gerichtshofs). »Doch in Zeiten der Dringlichkeit, in Zeiten der Prioritäten, denke ich, sollten wir eher das in den Mittelpunkt rücken, was hier geschieht.«

In seiner Ansprache vor dem Subkomitee des Repräsentantenhauses am 4. Dezember hatte Tutu verkündet, dass er sich nicht länger mit Angehörigen der Regierung treffen würde, jedoch mit dem Präsidenten oder dem Außenminister, wenn er eingeladen würde. Am darauffolgenden Tag kündigte das Weiße Haus ein Treffen am Freitag, dem 7. Dezember, an – Reagans erstes Treffen mit einem Oberhaupt der Anti-Apartheid-Bewegung. In Johannesburg wurde die Ankündigung als der zweite Rückschlag für Pretoria an »einem Tag der dramatischen Entwicklungen« bezeichnet – als erster Rückschlag galt die Rebellion der republikanischen Kongressabgeordneten. Das Treffen am Freitag war auf eine Dauer von 15 Minuten angesetzt. Schließlich verbrachten Desmond und Leah Tutu zusammen mit Dan Vaughan, einem höheren Mitglied des Südafrikanischen Kirchenrats, insgesamt 30 Minuten im Oval Office mit Reagan, der von dem Vizepräsidenten George Bush, dem Außenminister George Schultz, Meese, Crocker, dem Stabschef James Barker und dem nationalen Sicherheitsberater Robert McFarlane unterstützt wurde. Als Reagan keine Zeit mehr hatte, sprach Tutu eine weitere Stunde lang mit Bush und Crocker.

Tutu und Reagan stimmten darin überein, dass die Apartheid abscheulich sei. Sie waren sich einig, dass sie soweit wie möglich mit friedlichen Mittel außer Kraft gesetzt werden sollte. Über andere Dinge waren sie sich kaum einig. Tutu sagte, er spreche als ein Opfer und hoffe, dass seine Ansichten nicht als »Blödsinn« abgetan würden – eine Anspielung auf Crockers vorangegangene Äußerung. Er sagte Reagan, dass sich die Situation verschlimmert habe. Dennoch behauptete Reagan der Presse gegenüber, dass dem nicht so sei. Tutu sagte, dass das konstruktive Engagement nicht effektiv sei. Reagan war anderer Meinung. Tutu wiederholte einige Punkte, über die er vor dem Subkomitee des Repräsentantenhauses gesprochen hatte und fügte hinzu, dass die Politik der Regierung gegenüber Südafrika im Vergleich zu ihrer Politik gegenüber Polen und Lateinamerika inkonsequent sei. Er teilte Reagan mit, dass seine nationale Zugehörigkeit in seinem Reisedokument als »zurzeit nicht bestimmbar« bezeichnet werde. Er stellte sechs Forderungen: (1) dass die Gewalt und das Einsetzen der südafrikanischen Armee in den Townships beendet werden sollten, (2) dass sämtliche sich in Untersuchungshaft befindenden Menschen – nicht nur die Gewerkschaftsoberhäupter, die seit dem Novemberstreik festgehalten wurden – entweder angeklagt oder freigelassen werden sollten, (3) dass die Arbeiter, die während des Streiks entlassen worden waren, wieder angestellt werden sollten, (4) dass sämtliche Einschränkungs- und Verbannungsverordnungen – besonders diese, die über Winnie Mandela verhängt worden waren – außer Kraft gesetzt werden sollten, (5) dass alle Umsiedlungsmaßnahmen beendet werden sollten und (6) dass die politischen Gefangenen aus der Haft entlassen werden sollten, um Verhandlungen zwischen allen glaubwürdigen Führungspersönlichkeiten zu ermöglichen. Reagan erwiderte, dass sich das Außenministerium mit einigen dieser Punkte beschäftigen würde.

Nach dem Treffen teilte Reagan der Presse im Beratungszimmer des Weißen Hauses mit, dass er denke, dass Tutu über einige Dinge überrascht gewesen sei, die die Regierung unternehme. Es habe »einen Anstieg der Gewalt hier und dort [in Südafrika] [gegeben] und das hat zu Gegengewalt geführt«, doch die friedliche Diplomatie habe zu erheblichen Fortschritten geführt. Er verschlechterte sein Ansehen in Südafrika zusätzlich, als er sich über die Unterstützung von amerikanischen Investitionen durch »[die] dortigen schwarzen Stammesanführer« äußerte. Sich auf den Stereotyp eines von Stämmen geprägten Afrikas zu berufen war keine Neuheit in den Vereinigten Staaten, doch für Menschen, deren Herrscher ihnen ihre südafrikanische Identität entzogen und versuchten, ihnen die Staatbürgerschaft in den ärmlichen »Stammes-Bantustans« aufzuzwingen, war diese Äußerung eine Beleidigung. Später an diesem Tag zeigte sich Reagan bestrebt, die Ergebnisse der friedlichen Diplomatie zu demonstrieren. Er unterbrach kurzfristig seine Wochenendreise nach Camp David, um der Presse mitzuteilen, dass er soeben erfahren habe, dass Pretoria elf der Gewerkschaftsoberhäupter aus der Haft entlassen habe. Als er gefragt wurde, ob das nicht das Resultat der Proteste vor der Botschaft sei, sagte er, dass ihm dafür keine Beweise vorlagen.

Als Tutu sein Treffen mit Reagan und Bush beendet hatte, sagte er den Reportern auf der Auffahrt: »Es ist ziemlich sicher, dass wir uns [nun] nicht näher stehen als vor meinem Besuch im Weißen Haus.« Crocker meinte, dass Tutu »dies geschrieben und ausgearbeitet [hat], bevor er den Präsidenten überhaupt getroffen hat. Sie hörten sich gegenseitig nicht zu. Er [Tutu] lehnte alles sehr dogmatisch ab, was mit der Denkweise der Regierung zu tun hatte.« Crocker erinnerte sich, dass Reagan später an diesem Tag gefragt wurde, wie das Treffen verlaufen sei: »Ich erinnere mich, wie er sagte: ›Tutu? So-so.‹[68] Sie haben sich nicht so gut verstanden. Die Leute fragten mich: ›Chet, warum um alles in der Welt hast du vorgeschlagen, dass der Präsident der Vereinigten Staaten seine verdammte Zeit damit verschwendet, mit diesem Typen zu reden?‹« Im Pollsmoor-Gefängnis in Kapstadt waren Nelson Mandela und einige seiner Mithäftlinge aus anderen Gründen unzufrieden. Mandela sagte dem Verfasser dieses Buches, dass sie gehört hatten, dass Tutu angeboten habe, die Kampagne für den Boykott Südafrikas zu widerrufen, wenn Reagan seinen Forderungen nachkomme, »als wenn er ihn [den Boykott] eingeführt habe. Er machte eine Aussage, die von vielen von uns als arrogant angesehen wurde. Einige von uns verstanden ihn, aber andere nicht.«

Nach dem Treffen im Oval Office sagte eine Amtsperson des Außenministeriums den Reportern, dass sich die Administration häufiger gegen die Misshandlung der schwarzen Südafrikaner durch die Weißen aussprechen werde. Am 10. Dezember, dem Tag der Menschenrechte, verschärfte Reagan seine Rhetorik, nachdem Tutu den Preis in Oslo erhalten hatte. Es gebe Zeiten, sagte er, in denen eine friedliche Diplomatie nicht ausreichend sei. Rassismus sei abstoßend und die Vereinigten Staaten müssten ihre Besorgnis und ihren Kummer über den menschlichen und geistlichen Verfall zum Ausdruck bringen. Er forderte ein Ende der Zwangsumsiedlungen, der Verhaftungen ohne Gerichtsverhandlung und der Gefangenschaft der schwarzen Führungspersönlichkeiten. Friedvoller Wandel, fügte er hinzu, könne nur durch den Dialog zu Stande kommen und aufrecht erhalten werden durch den Glauben an Regierungen, die auf dem Konsens des Volkes basierten. Seine Rede konnte die Wahrnehmungsmuster in seiner Politik nicht verändern, weil er mit weitaus schäferen Worten Nicaragua und die Sowjetunion denunzierte.

Anfang 1985 besuchte Senator Edward Kennedy Südafrika, um auf diese Weise den Amerikanern dabei zu helfen, die Apartheid

---

68 Mit dieser Anekdote erreichte George H. W. Bush einen Lacher im Publikum bei der Beerdigung Reagans in der National Cathedral im Jahre 2004.
Anm. d. Übers.: »So-so« im Sinne von »nur mäßig gut« oder im Volksmund »So lala«.

im Fokus zu behalten. Im Jahre 1966 hatte Robert F. Kennedy während eines viertägigen Besuchs einen gewaltigen Eindruck hinterlassen. Er hatte auf dem Campus von vier Universitäten vor 30.000 Menschen gesprochen, war mit dem Helikopter geflogen, um Albert Luthuli zu sehen, der Groutville nicht verlassen durfte, hatte mit afrikaandischen Studenten zu Mittag gegessen und hatte sich in Durban mit Alan Paton und Mangosuthu Buthelezi getroffen. Robert und Ethel Kennedy waren in Soweto angegriffen worden. In der *Rand Daily Mail* war der Besuch als ein frischer Windstoß beschrieben worden, der in einen stickigen Raum wehe. Bei einem Mittagessen auf dem Capitol Hill im Oktober 1984 schlug Tutu vor, dass die Familie Kennedy wiederkehren solle. Die Einladung wurde von Allan Boesak befürwortet, jedoch wurde bei der eiligen Planung der Reise nur wenig Rücksicht auf die »Azanian People's Organisation« (Azapo) genommen, eine Gruppierung der Black Consciousness Movement, die stark anti-amerikanisch und antikapitalistisch war.

Die Gegensätze, die Edward Kennedy gleich beim Empfang am Tag seiner Ankunft zu spüren bekam, gaben das Muster für die folgenden Tage vor. Am Flughafen riefen 40 Aktivisten der Azapo »Kennedy geh nach Hause«. In Soweto versammelten sich 500 Menschen mit Kerzen, um ihn im renovierten Haus der Tutus willkommen zu heißen, so dass er seine erste Nacht in einem Township verbringen konnte. Nach bester afrikanischer Tradition regnete es bei der Ankunft des Besuchers und Tutu nannte Kennedy Motlalepula: »Überbringer des Regens«. Eine Woche lang durchreisten Kennedy und Angehörige seiner großen Familie Südafrika. Sie besuchten Winnie Mandela und Mangosuthu Buthelezi, trafen sich mit amerikanischen Geschäftsleuten und besuchten ein Lager, in das die Opfer der Zwangsumsiedlungen gebracht worden waren. Mandela zu treffen erlaubte man ihm nicht. An seinem letzten Tag im Land versammelten sich 2.500 Menschen in der Regina-Mundi-Kirche in Soweto, um seine Ansprache zu hören. Diese wurde von etwa 120 Mitgliedern der Azapo unterbrochen, die auf den Altar zumarschierten. Sie trugen Plakate, die ihn als Imperialisten bezeichneten und sangen: »Kein

Kennedy mehr!« Tutu befragte das Publikum, ob Kennedy weitersprechen solle. Die Mehrheit stimmte lautstark zu und ein Teil des Publikums drohte, die Demonstranten zu überwältigen. Den Tränen nahe brach Tutu die Rede ab und sagte, dass er der schwer bewaffneten Polizei im Freien keinen Vorwand geben wolle, die Kirche zu stürmen. Der Vorfall beschädigte seine Beziehungen zu der Azapo nachhaltig – er war von ihrer Bereitwilligkeit erschüttert, die beispiellos schadenfrohe Berichterstattung über sich ergehen zu lassen, die ihre Proteste bei den Pro-Apartheid-Medien auslösten.

Zwei Monate nach Kennedys Reise gelangte die Apartheid abermals auf die US-amerikanischen Fernsehbildschirme. Bei *ABC News Nightline*[69] brachte Ted Koppel eine fünf Nächte lange Diskussionsrunde über Südafrika, mit Südafrikanern, die niemals zuvor miteinander debattiert hatten. Die Runde begann mit einem Eröffnungsgeplänkel zwischen Tutu und dem Außenminister Pik Botha. »Wie«, fragte Koppel Botha, »antworten sie diesem Mann, der ihnen gesagt hat, er sei ein Bischof, eine respektierte Weltfigur und ihm sei es niemals möglich gewesen, in seinem eigenen Land zur Wahl zu gehen?« Botha schimpfte, dass Tutu in einem Bantustan zur Wahl gehen könne und dass die Regierung dazu bereit sei, sich mit den schwarzen Oberhäuptern zu besprechen, um zu sehen, in welchem Maße man das Problem lösen könne. Koppel fragte, ob sie bereit seien, mit Tutu zu verhandeln. Falls Tutu Gewalt ablehne, erwiderte Botha. Laut eines Berichts über die Sendung in der *New York Times* sei diese Antwort ein Fehler gewesen. »Die letzten 25 Jahre des Fernsehens haben uns gelehrt, dass Bilder ihre eigenen Wahrheiten bergen. Es war unmöglich, Bischof Tutu mit Gewalt in Verbindung zu bringen, direkt oder indirekt. Herr Botha, so könnte man meinen, hat die Debatte verloren.« 20 Jahre später stimmte Botha dem in einem Interview zu.

Zurück in Washington schloss Kennedy sich anderen Senatoren an – unter ihnen waren Gary Hart aus Colorado, der soeben ge-

69 Anm. d. Übers.: eine Fernsehsendung des US-amerikanischen Senders *ABC*, die innerhalb der Woche nachts ausgestrahlt wird.

wählte John Kerry aus Massachusetts und der Republikaner Lowell Weicker aus Connecticut –, die Schritte unternahmen, um Sanktionen zu verhängen. Tutus Name war von Beginn an der meistgenannte in den Debatten des Senats und ebenso in denen des Repräsentantenhauses. Demokraten wie auch Republikaner beschossen sich mit seinen Äußerungen, um ihre Standpunkte zu untermauern. Niemand habe wortgewandter über Südafrikas »tragische und bewegende Situation« gesprochen als Tutu, sagte Kerry im Juli 1985. Tutu habe es nicht deutlicher beurteilen können, »was ich den Verfall der Menschenrechte nenne«. Paul Simon aus Illinois beschrieb Tutu als »einen vernünftigen Mann mit einem guten Urteilsvermögen«. Im Repräsentantenhaus zitierte William H. Gray aus Philadelphia Tutus Antwort an die Kritiker, die gegen Sanktionen eintraten, da sie die Arbeitsplätze der Menschen gefährdeten: »moralischer Unsinn«. Walter Fauntroy führte die »Tutu-Prinzipien« an: Die Forderungen, die Tutu als Bedingungen

Ein Mann, der verdächtigt wird, ein Informant der Polizei zu sein, klammert sich verzweifelt an die Beine von Desmond Tutu, um nicht von der Masse gelyncht zu werden. Tutu und sein Kollege Simeon Nkoane, CR, retten dem Mann das Leben.

gestellt hatte, um Sanktionen abzuwenden, als er zum Bischof von Johannesburg gewählt worden war. In den frühen Debatten zögerten die Republikaner, sich auf die Seite Tutus zu stellen. Sie bevorzugten es, ihren Standpunkt zu festigen, indem sie sich auf sein Zögern beriefen, Sanktionen deutlich voranzutreiben. Dies war besonders der Fall, nachdem er und Simeon Nkoane in Duduza im Juli 1985 das Leben eines als Informanten Verdächtigten gerettet hatten – über diesen Vorfall war weithin berichtet worden und er hatte das Ansehen für seinen Mut weit verbreitet.

Ein Hauptgrund für Tutus Prominenz war der tief verwurzelte Antikommunismus in den Vereinigten Staaten. Da der ANC ein Verbündeter der South African Communist Party war, konnte das Zitieren der ANC-Anführer einen Redner in einem Sumpf von Beschuldigungen und Gegenbeschuldigungen versinken lassen. Die maßvolle Republikanerin Nancy Kassebaum war eine von denjenigen, die Tutu als einen vom ANC Abgewandten betrachteten, »jedoch noch immer eine aktivistische Stimme«. Laut Mark Helmke, dem langzeitigen obersten Berater von Richard Lugar, sei Tutu über sämtliche Streitpunkte hinausgewachsen, die sich mit dem Kommunismus befassten: »Er sah nicht aus wie ein Kommunist, er hörte sich nicht an wie ein Kommunist. Er wirkte nicht wie ein Unruhestifter, er wirkte nicht wie ein Bombenleger.«

Während Reagans erster Amtszeit als Präsident behielt Afrika seine Stellung als das bei, was Chester Crocker das Stiefkind der amerikanischen Außenpolitik nannte. Er und seine Kollegen im Außenministerium hatten bei dem Betreiben der regionalen Diplomatie freie Hand, wie auf einem Schachbrett, auf dem sie ihren sowjetischen Gegner Schachmatt setzen mussten. In Reagans zweiter Amtszeit überschnitten sich außerhalb des Spielbretts Entwicklungen – Tutus Friedensnobelpreis, die amerikanische Innenpolitik und der Township-Aufstand –, die ihr Spiel bedrohten. Nach Crockers Charakterschema gebe es auf jeder Seite Störenfriede. Auf der Linken, so schrieb er in seinen Memoiren, »ergänzten sich Desmond Tutu und Randall Robinson gut: der mutige Prälat mit seiner scharfen Zunge und seinem gut ausgeprägten Sinn für die Befreiungstheologie und der amerikanische Aktivist, der wusste, wie man das Trauma Südafrikas in einer Reihe von gefühlsgeladenen markanten Bürgerrechtssprüchen zusammenfassen konnte«. In Südafrika, schrieb Crocker, hatten die beiden »die perfekten Verbündeten bei ihrer Kampagne, um die amerikanische Politik zu verändern: die Minister aus Pretoria mit ihrer Brutalität, Perversität, Dummheit und ihrem schlechten Timing – eine Ansammlung von Charakteren, die sich wie Statisten aus einem Hollywood-Drehbuch verhielten«. Diejenigen, die sie in Washington unterstützt hatten, seien »die entmachteten Georgetown-Liberalen, die ihre Dinner-Partys abhielten [und für die] die Ankunft von Bischof Tutu oder von jeglichen anderen südafrikanischen Besuchern in Washington wie die Ankunft einer neuen Linie von Designer-Jeans bei dem örtlichen Herrenausstatter war – das war ein Anlass [und] jeder musste bei dem Anlass anwesend sein.«

Auf der Rechten erweiterte sich die Kluft zwischen der Regierung und den Republikanern im Kongress, als die Apartheid ebenso zu einer inneren, wie auch zu einer außenpolitischen Angelegenheit wurde – was sich schon Ende 1984 abzeichnete. Darüber hinaus zerbrach die Administration selbst. Gegen Mitte des Jahres gehörten, laut Crockers Einschätzung, George Bush, George Shultz, Robert McFarlane und James Baker zu denjenigen, die glaubten, die Administration müsse Zugeständnisse machen, Sanktionen in Maßen zustimmen und die Angelegenheit hinter sich bringen. Dagegen standen Republikaner, die von Crocker als Konservative karikiert wurden, die »Afrika als Elefantenland[70] betrachteten – einen Ort, um anti-kommunistische Trophäen zu schießen, sie an die Wand zu hängen und durch die Unterstützung von [politisch rechten] Freiheitskämpfern eine glaubhafte Männlichkeit zu demonstrieren«. Ihre Riege umfasste William J. Casey, den Leiter der CIA, der den Widerstand in Nicaragua mit sichergestellten sowjetischen Waffen des südafrikanischen militärischen Geheimdienstes unterstützen wollte, Reagans neuen Stabschef Donald Regan, und den Kommunikationsdirektor des Weißen Hauses, Pat Buchanan.

70 Anm. d. Übers.: In den Vereinigten Staaten gilt der Elefant als das Symboltier der Republikaner, während für die Demokraten der Esel steht.

Im Jahre 1985 wurden die Republikaner durch P. W. Bothas katastrophale Ansprache am 15. August vor einer entscheidenden Kraftprobe bewahrt. Der großspurige Pik Botha traf sich vor der Rede mit McFarlane und Crocker und – in einer laut Crocker »schauspielerischen Höchstleistung« – teilte er ihnen mit, dass bedeutende Reformen bevorstünden. Als McFarlane jedoch P. W. im Fernsehen sah, schreckte er zurück. In P. W. hatte er nun »einen bösartigen Hurensohn« gesehen und er, Schultz und Richard Lugar arbeiteten eine Abmachung aus, in der Reagan den Kongress ausstach, indem er ein kleines Sanktionspaket bekanntgab, das sich an seine Verfügungsgewalt als Präsident knüpfte. Er verbot Bankdarlehen an Südafrika, den Export von Computern und nuklearer Technologie und den Import der Südafrikanischen Goldanlagemünze, dem Krügerrand.

Diese eingeschränkten Sanktionen beeindruckten Tutu wenig. Seit Wochen hatte er spannungsgeladene Beisetzungszeremonien für Menschen, die von der Polizei erschossen worden waren, mit organisiert. Zwei Wochen zuvor hatte Reagan in einem Radiosender in Atlanta gesagt, dass Südafrika »die ethnische Trennung beseitigt [hat], die wir einmal in unserem eigenen Land hatten«. In der puren Art eines Fürsprechers der Apartheid ergänzte er: »Sie wissen, wir müssen uns daran erinnern, dass die schwarze Mehrheit in Südafrika eine Kombination aus Minderheiten ist. Es gibt dort mindestens 10 unterschiedliche Stammeseinteilungen.« Reagans Kommentar erfolgte an einen Tag, an dem Armeepolizisten und Soldaten in Soweto 800 Kinder eingekesselt hatten, die den Schulunterricht boykottiert hatten.

Sie hatten sie in gepanzerte Fahrzeuge getrieben und zu einer Polizeistation gebracht. Als 94 von ihnen drei Tage später vor Gericht gebracht wurden, war unter ihnen auch ein acht Jahre altes Kind. Trevor Tutu, der sich gemeinsam mit Leah im Gerichtssaal aufhielt, rief laut: »Das ist ein Witz! Diese Leute sind Clowns.« In dem darauffolgenden Streitgespräch beschuldigte ihn die Polizei, sie beleidigt zu haben. Sie nahmen ihn für 14 Tage ohne Gerichtsverhandlung in Sicherheitsverwahrung. Vor diesem Hintergrund sagte Desmond Tutu, als man ihn nach seiner Reaktion auf Reagans

Besorgte Mütter in Soweto hören Desmond Tutu zu, obwohl dieser keine positiven Nachrichten bringt: Die eingesperrten Kinder der Frauen werden nicht freigelassen.

Sanktionen fragte, sie seien »noch nicht einmal ein Flohbiss«. Reagan habe kein wirkliches Interesse am Wohlergehen der Schwarzen: »Er hat tatsächlich gesagt, dass die Schwarzen entbehrlich sind. Er bleibt gelassen, denn die Todesopfer sind schwarze Todesopfer. [Letzte Woche] habe ich gesagt, dass er eigentlich ein Rassist ist. Ich denke, nun sollte ich sagten, dass er ein reiner und aufrichtiger Rassist ist.«

Ende 1985 und in der ersten Hälfte des Jahres 1986 wurde das Britische Commonwealth zum Zentrum der Anti-Apartheid-Bestrebungen und zu Tutus Augenmerk in der englischsprachigen Welt. In Großbritannien spielte Tutu keine derart bekannte Rolle wie in den Vereinigten Staaten. Zunächst übernahmen Ambrose Reeves und später Trevor Huddleston die Führung als Präsidenten der Anti-Apartheid-Bewegung, einer Koalition, die sich in der Zeit gut etabliert hatte, in der Tutu zu einer öffentlichen Figur geworden war. Huddleston war um einen aktiven Meinungsaustausch mit Margaret Thatcher bemüht. Ihre Ansichten über Südafrika waren denen ihres ideologischen Seelenverwandten Ronald Reagan ähnlich, wenn auch nicht identisch. Auch wurde sie von ihrem Freund Laurens van der Post beeinflusst, dem in Südafrika geborenen Geschichtenerzähler. Van der Post war ein Freund von Piet Koornhof, ein Bewunderer des Zulu-Nationalismus und von Mangosuthu Buthelezi – den er »den Anführer der größten Nation in Südafrika« nannte – und ein vernichtender Kritiker Nelson Mandelas: »ein Gott mit Klauenfüßen«. Nach seiner Freilassung entwickelte Thatcher Respekt für Mandela, doch wenn van der Post sie besuchte, so sagte einer ihrer Funktionäre, »lauschte sie entzückt [und] mit offenem Munde« den Geschichten über die Zulus. Erst im Jahre 2000 sagte sie dem Biographen von van der Post: »Ich bin auf der Seite der Zulus.«

Robert Runcie organisierte für Tutu einen Termin mit Thatcher in London im Oktober 1985, während einer Planungssitzung für die Lambeth-Konferenz im Jahre 1988. Tutu kam bei Martin Kenyon unter. Als Tutu eintraf, war Trevor Huddleston nicht anwesend. Er besprach gerade das Thema Sanktionen mit amerikanischen Geschäftsleuten in der Trinity Church an der Wall Street. Doch er hatte einen Brief hinterlassen, der besagte, dass Kenyon Tutu dazu drängen solle, Thatcher mit »großer Direktheit« anzusprechen. Auch stand darin: »Ich weiß, das werden sie [tun] – doch zweifelsohne belegen meine Erfahrungen mit der Dame, dass sie das aufnehmen ›wird‹, womit sie nicht übereinstimmt und das ›wird‹ [nur dann] Früchte tragen, solange man [ihren] ›ökonomischen‹ Argumenten standhält. Wir haben tatsächlich die bestmöglichen Chancen, das Commonwealth [dazu] zu bringen, Großbritannien im Hinblick auf die Sanktionen auszugrenzen.«

Tutu traf Thatcher in Begleitung mit Terry Waite in einem kleinen Arbeitszimmer im Obergeschoss von Downing Street Nr. 10.[71] Wie zuvor Reagan sagte er ihr, dass die Apartheid ebenso böse und unchristlich wie der Nationalsozialismus sei. Während des Falklandkriegs habe sie Sanktionen gegen Argentinien verhängt, sagte er ihr. Und er fragte sie, warum sie diese nicht auch nun verhängen

71 Anm. d. Übers.: der offizielle Amts- und Wohnsitz des Premierministers/der Premierministerin des Vereinigten Königreichs im Stadtzentrum Londons.

könne. Sie erwiderte, dass sie sowohl in Südafrika als auch in Großbritannien Arbeitsplätze gefährden würden. Nach einer Stunde der Diskussionen ging Tutu ins Freie und war »ein bisschen hoffnungsvoller« als zuvor. Er glaubte, sie habe es vermeiden wollen, ausgegrenzt und als P. W. Bothas Fürsprecherin gebrandmarkt zu werden. Terry Waite mochte einen anderen Eindruck gehabt haben: »Sie hörte zu, sie war unterkühlt höflich, doch sie äußerte nichts, absolut nichts.«

Am darauffolgenden Abend gab Sonny Ramphal, der Generalsekretär des Commonwealth in seinem Hauptquartier, dem Marlborough House in London, ein Dinner für Tutu und Oliver Tambo. Commonwealth-Diplomaten, Geschäftsleute und Geistliche – Trevor Huddleston war aus New York zurück – nahmen teil, jedoch niemand von der britischen Regierung. Thatcher hatte den Kontakt mit dem ANC verboten: »So weit es sie betraf«, sagte ihr Privatsekretär Charles Powell, »waren Leute, die mit dem Zünden von Bomben und dem Töten von Menschen zu tun hatten, Terroristen, und so sei es. Sie werde nicht mit ihnen verhandeln.« Tambo erhob sich zwischen Fresken, die die Siege des Grafen von Marlborough aus dem 18. Jahrhundert verbildlichten, und hielt eine Ansprache. Er amüsierte Tutu, indem er sich »als wohlbekannter Terrorist« vorstellte. Nach dem Dinner verabredeten sich die beiden, am nächsten Morgen beim Frühstück in Kenyons Haus in London miteinander zu diskutieren. Eine von Kenyons klarsten Erinnerungen an diesen Anlass war, wie Tambo und Thabo Mbeki mit dem Minibus eintrafen und ihnen von Tutu mitgeteilt wurde, dass die Heilige Messe noch vor dem Frühstück an der Reihe sei.

Zwei Wochen nachdem Tutu sich mit Thatcher getroffen hatte, hielten die Commonwealth-Oberhäupter der Regierung ihr reguläres zweijährliches Treffen in Nassau auf den Bahamas ab. Wie Huddleston vorausgesehen hatte, war Großbritannien ausgeschlossen worden. Thatcher verriss die anderen Premierminister: In ihren Memoiren beschrieb sie sie als »eine Bande von Rüpeln«. Brian Mulroney aus Kanada und der indische Premierminister Rajiv Gandhi versuchten sie zu einem Kompromiss zu bewegen. Die Versammlung verbog sich förmlich, um sie zufriedenzustellen.

Möglicherweise ziehe sie ein Importverbot des Krügerrand in Betracht und den Rückzug der Unterstützung für die Absatzförderung in Südafrika. Ihr Entgegenkommen beschrieb sie der Presse triumphierend als lediglich »ein winzig kleines bisschen«. In dem sie dies tat, schrieb ihr eigener Außenminister Geoffrey Howe später, »demütigte [sie] drei Dutzend anderer Regierungsoberhäupter, entwertete die Politik, der sie gerade erst zugestimmt hatten, und erniedrigte sich selbst«.

Als Tutus Erwartungen auf einen Wechsel in der Politik Thatchers enttäuscht wurden, wuchs seine Wut auf die britische Regierung. Ende Oktober sagte er, dass Thatcher, Reagan und Helmut Kohl eine rassistische Regierung beschützten, die Kinder tötete: »Unterstützung dieser rassistischen Politik ist rassistisch.« Er beendete den Kontakt mit britischen Amtspersonen, die einen niedrigeren Rang innehatten als der Außenminister, so wie er es auch schon bei den Amerikanern getan hatte. Im Jahre 1986 lehnte er es sogar ab, sich mit Howe zu treffen, obwohl er später, auf Robert Runcies Anfrage hin, bei Robin Renwick, dem britischen Botschafter in Südafrika, eine Ausnahme machte. Laut Charles Powell habe sich Thatcher an Tutu als »einen mutigen Mann [erinnert], einen Mann, der bei dem, was er sagte und dem, was er tat, große Risiken in Kauf nahm«. Doch Lynda Chalker, die ab dem Jahr 1986 als Ministerin im Außenministerium arbeitete, sagte dem Verfasser dieses Buches, dass Thatcher, die in einer strenggläubigen methodistischen Kirchgängerfamilie aufgewachsen war, sich durch Tutus Behauptungen beleidigt gefühlt habe, dass sie unchristlich sei: »Sie konnte Desmond Tutu nicht ausstehen. Ein Grund dafür war das Ergebnis seiner Feindseligkeit, [seines Glaubens], dass sie nichts Gutes in ihr habe.« Anthony Sampson zeigte sich schockiert, als Tutu Chalker einmal während eines diplomatischen Empfangs angefahren hatte: »Er hat sie [förmlich] tot gestochen.« Chalker erinnerte sich, dass Tutu dabei Königin Elizabeth verärgert habe, obwohl diese den Vorfall einer anderen Gelegenheit zuschrieb: »Ich führte Eure Majestät die Königin herum und [ich erinnere mich], wie er eine sehr scharfe Bemerkung machte. Sie hat sie gehört und fragte mich später: »Warum muss er [so] unhöflich sein?« Ich sagte: »Er ist nur wütend.«

Das positivste Ergebnis der Commonwealth-Konferenz in Nassau war die Bildung einer »Gruppe bedeutender Persönlichkeiten«, die Verhandlungen in Südafrika vorantreiben sollte. Sie wurde von zwei ehemaligen Regierungsoberhäuptern geleitet – Olusegun Obasanjo aus Nigeria und Malcolm Fraser aus Australien – und hielt in der ersten Hälfte des Jahres 1986 ausführliche Treffen mit einer Vielzahl von Führungspersönlichkeiten ab. In ihrer frühen Schaffensperiode trafen sie sich mit Tutu – sechs Wochen vor seinem Aufruf zu strafenden Sanktionen am 2. April. In Absprache mit allen Parteien verfassten sie ein vielversprechendes »Konzept für mögliche Verhandlungen«. Am 19. Mai verjagte P. W. Botha die Initiative, indem er die Bombardierung dreier Commonwealth-Hauptstädte anordnete: Gaborone in Botswana, Harare in Simbabwe und Lusaka in Sambia. Am 12. Juni verkündete die Gruppe das Scheitern ihrer Mission. Am selben Tag rief Botha erneut den Ausnahmezustand aus.

Am folgenden Nachmittag rief Nancy Kassebaum Chester Crocker an, um ihn davor zu warnen, dass der Konsens zwischen der Regierung und dem von den Republikanern kontrollierten Senat aus dem vorangegangenen Jahr zerbrechen würde. Reagan müsse in dieser Angelegenheit »weg von der Front« sein, sagte sie ihm. Als Edward Kennedy einige Wochen zuvor neue Gesetze eingeführt hatte, hatte er aus Tutus Aufruf zu Sanktionen vom 2. April zitiert und verkündet: »Der Anti-Apartheid Act von 1986 reagiert auf Bischof Tutus Aufruf, eine große Bandbreite von neuen spezifischen amerikanischen wirtschaftlichen Sanktionen gegen Südafrika zu erwirken.« Im Repräsentantenhaus, das von den Demokraten kontrolliert wurde, präsentierte der Kongressabgeordnete Ronald V. Dellums aus Kalifornien in einer Debatte über Sanktionen am 18. Juni einen Gesetzesentwurf, der ein umfangreiches Handels- und Investmentembargo für Südafrika vorschrieb. Das war bei Weitem radikaler als der Vorschlag, der gerade diskutiert wurde, und sogar Dellums selbst war schockiert, als das Gesetz bei der Wahl bewilligt wurde. Die Regierung antwortete, indem sie ein Paket neuer Initiativen schnürte. Ein wichtiger Bestandteil davon war eine bedeutende Rede des Präsidenten über Südafrika.

Als sich die politischen Spannungen zum Thema Südafrika in Washington verfestigten, verbrachten Ronald und Nancy Reagan die Feierlichkeiten zum 4. Juli[72] in New York, wo sich der Präsident an einer Zeremonie beteiligte, bei der die Freiheitsstatue – sie war für ihre Hundertjahrfeier renoviert worden – enthüllt und neu beleuchtet wurde. Das Wochenende verbrachten sie in Kykuit, dem Rockefeller-Anwesen, das den Hudson River hinauf in den Pocantico-Bergen lag, von wo aus man den Fluss überblicken konnte. Dort wurde Reagan von einem der Rockefeller-»Cousins«, dem Enkel von John D. Rockefeller jr., ein leidenschaftliches Bittschreiben überreicht, das sich mit der Apartheid beschäftigte. In einem handgeschriebenen Brief teilte Mary R. Morgan, Tochter des ehemaligen republikanischen Vizepräsidenten Nelson A. Rockefeller, Reagan mit, dass die schwarzen Südafrikaner von ihrer Regierung diskriminiert, festgenommen, manipuliert und »nun geschändet und umgebracht« würden. Wie auch Reagan, schrieb sie, glaube sie, dass Amerika seinen Idealen treu bleiben und nach Frieden für die unterdrückten Menschen streben müsse: »Wie sie gestern Abend bei der bewegenden Zeremonie gesagt haben: ›Wir sind die Hüter der Flamme der Freiheit.‹« Sie fuhr fort: »Lassen Sie uns in diesem Geiste aktiv für die unterdrückten Menschen von Südafrika eintreten, »bevor« sämtliche Überreste ihrer angemessenen demokratischen Ideale von Forderungen des Überlebens und der Rache hinweg gefegt werden.« Die Lektionen Nazi-Deutschlands müssten erneut gelernt werden: »Wir sollten nicht warten, bis es zu spät ist, warten bis es ein Blutbad gibt [und] wir nur dastehen und zusehen und trauern können. Ich bitte sie, einen anderen, mutigen, historisch empfindsamen Standpunkt anzunehmen und aktiv [zu werden], so wie sie sich für den freien Handel einsetzen.«

Der Wert von Reagans Antwortschreiben, das in der Reagan-Präsidentschafts-Bibliothek in Simi Valley in Kalifornien aufbe-

72 Anm. d. Übers.: der amerikanische Unabhängigkeitstag.

wahrt wird, besteht darin, dass es persönlich verfasst wurde – anders als Briefe an Kongressoberhäupter, die für gewöhnlich vom Nationalen Sicherheitsrat oder dem Außenministerium aufgesetzt wurden. Bevor das Schreiben abgeschickt wurde, vermerkte der Direktor für Schriftverkehr des Präsidenten für einen Kollegen, dass Reagan es persönlich verfasst und unterzeichnet habe und so wurde der handgeschriebene Entwurf archiviert. Reagan schrieb:

> »Ich weiß, dass der Versuch unternommen wird, unsere Position als eine solche zu porträtieren, die die Notlage der Schwarzen in diesem Land kalt missachtet. Natürlich erkenne ich, dass ein Teil davon politische Parteinahme ist, jedoch gleichzeitig, dass sich viele der ernsthaft besorgten Menschen nicht darüber im Klaren sind, was wir tun. Um ehrlich zu sein ist das nachvollziehbar, denn wir müssen eher zurückhaltend sein, wenn wir helfen wollen.
> Einige der Schritte, die vorgeschlagen werden, wie der Beschluss, der durch das Repräsentantenhaus bewilligt wurde, würden gerade den Menschen schaden, denen wir helfen wollen. Auch würden sie uns vollkommen entfremden und wir hätten keine reale Chance, die südafrikanische Regierung zu beeinflussen. Wie sie wissen, haben wir einige Sanktionen gegen Südafrika verhängt, jedoch nur solche, die den hauptsächlich schwarzen Arbeitern keine wirtschaftlichen Nöte aufbürden.
> Auch finden wir, dass das Einstellen der dortigen amerikanischen Geschäftstätigkeit nur zu der Erwerbslosigkeit von einigen 80.000 Schwarzen führen würde. Es ist so, dass diese amerikanischen Unternehmen eine Politik verfolgen, die sie, im Hinblick auf die Arbeitsverhältnisse, von einem schwarzen Geistlichen in unserem Land gelernt haben: Reverend Sullivan.[73] Sie basiert auf unseren hiesigen nichtdiskriminierenden Praktiken.
> Auch weiterhin drängen wir die südafrikanische Regierung dazu, Schritte in Richtung der Demontage der Apartheid zu unterneh-

73 Leon H. Sullivan aus Philadelphia verfasste einen Arbeitsverhaltenskodex für US-amerikanische Unternehmen in Südafrika. Im Juni 1987 ließ er davon ab und forderte Investitionsabbau.

men und Diskussionen und Verhandlungen mit verantwortungsbewussten schwarzen Führungspersonen einzuleiten. Wir zögern nicht, die Unmoral der aktuellen Praktiken anzuprangern.«

In den zehn Tagen nach der Ansprache Reagans am 22. Juli kam es zwischen dem Außenministerium und dem Weißen Haus zu einem Tauziehen über den Wert ihres Inhalts. Die Diplomaten vertraten das konstruktive Engagement, forderten jedoch in ihrem ersten Gesetzesentwurf, dass Reagan seiner Entrüstung über die jüngsten Ereignisse in Südafrika Ausdruck verleihen und auf schwarze Anführer aus dem gesamten Spektrum zugehen sollte, inklusive dem ANC. Aus dem Weißen Haus antwortete Pat Buchanan mit einer Rhetorik, die direkt von Pretorias Informationsabteilung hätte stammen können. Crocker war außer sich vor Wut: »Dem Kommunikationsdirektor Buchanan zu gestatten, sich mit der Basis der amerikanischen Außenpolitik anzulegen, empfinde ich als unverschämt.« Die endgültige Version der Ansprache, die im East Room des Weißen Hauses gehalten wurde, war eine Mischung aus widersprüchlichen Signalen. Beispielsweise wurde die Rhetorik Pretorias adaptiert – Rechtfertigungen für die Ablehnung von Verhandlungen mit dem ANC – und gleichzeitig die Freilassung Mandelas gefordert, damit er an dem politischen Prozess teilhaben könne. In den Teilen der Rede, in denen die größten Rückschritte gemacht wurden, verteidigte Reagan Bothas Reformen, sagte, dass Pretoria realisiert habe, dass die Apartheid abgeschafft werden müsse und sprach von »gewaltsamen Übergriffen von Schwarzen auf Schwarze« und »kalkuliertem Terror« durch Angehörige des ANC.

Einen Tag nachdem er frustrierende und unproduktive Gespräche mit P. W. Botha geführt hatte, las Tutu die Höhepunkte von Reagans Ansprache. Nachdem er am 12. Juni abermals den Ausnahmezustand ausgerufen hatte, hatte Botha zugestimmt, Tutu das erste Mal seit dem Treffen der Kirchenoberhäupter sechs Jahre zuvor wiederzusehen. Am 13. Juni verbrachte Tutu 90 Minuten gemeinsam mit Botha und am 21. Juli annähernd zwei Stunden. Sie »nahmen kein Blatt vor den Mund«, sagte Tutu. Er habe Botha gesagt, dass sich die Situation in den Townships verschlechtert habe und er habe ihn davon zu überzeugen versucht, dass der Versuch, differierende Meinungen zu unterbinden, wie »ein Aspirin oder ein Zahnstocher« gegen Zahnschmerzen sei – das könne kurzfristig Abhilfe schaffen, jedoch nicht als Lösung dienen. Auch habe er die Angelegenheit mit der Bedrohung von Kirchenoberhäuptern und der Krise in den schwarzen Schulen angesprochen. Botha habe gesagt, er würde Tutus Anliegen mit den Kirchenoberhäuptern und der Schulausbildung an die zuständigen Kabinettsminister übertragen, doch was weitere Belange betraf, sei er unbeugsam gewesen. Er habe Tutus Unterstützung von Sanktionen attackiert und gesagt, dass er von Tutu erwarte, gegen die Einmischung des Auslands in die inneren Angelegenheiten Südafrikas einzutreten. Nach dem zweiten Treffen denunzierte Botha öffentlich Tutus Wählerschaft: Tutu repräsentiere nur ein Segment lediglich einer der Kirchen im Land, sagte Botha.

Tutu entschied, dass er auch bei Reagan kein Blatt mehr vor den Mund nehmen würde. »Ihr Präsident ist so schlimm, wie die Schwarzen glauben«, sagte er einem amerikanischen Journalisten. »Ich fand die Ansprache verabscheuungswürdig. Er sitzt da wie der große weiße alte Häuptling, [der] uns schwarzen Menschen sagen könne, dass wir nicht wüssten, was gut für uns ist, [wohl aber] wisse das der weiße Mann.« Im Hinblick auf die südafrikanische Regierung, die vier Jahre alte Kinder umbrachte, sei es unsinnig, die Freiheitskämpfer als Terroristen zu bezeichnen, die, 50 Jahre bevor sie zu den Waffen gegriffen hatten, friedvolle Mittel angewendet hatten, um den Rassismus zu bekämpfen. Reagan, Thatcher und Kohl sagten über die Schwarzen, dass sie entbehrlich seien: »Ich bin ziemlich wütend. Für meinen Teil denke ich, dass der Westen zur Hölle fahren kann.«

Die einzige dokumentierte Rückantwort von einer der Führungspersönlichkeiten ist die von Thatcher: »Bischof Tutu hat das Recht, genau das zu sagen, was er denkt«, sagte sie bei einer Pressekonferenz in Oslo. »Auch ich habe das. Ich muss vorsichtiger sein als Bischof Tutu.«

Der Tag von Reagans Ansprache sei, laut Chester Crocker, der Tag gewesen, an dem die Administration die Debatte über Sanktionen verlor. »Er wusste nicht, wie man über ethnische Angelegenheiten sprechen musste«, sagte Crocker dem Autor dieses Buches. »Daran besteht kein Zweifel. Der Präsident hatte kein Empfinden für ethnische Angelegenheiten.« Am 15. August bewilligte der Senat einen Gesetzesentwurf, der von Richard Lugar aufgesetzt worden war. Er sollte die Flugverbindungen zwischen Südafrika und den Vereinigten Staaten kappen, den Import von Eisen, Stahl, Uran, Kohle, Textilien und landwirtschaftlichen Produkten unterbinden und amerikanischen Unternehmen verbieten, neue Investitionen in Südafrika zu tätigen. Edward Kennedy nahm Einfluss auf die Mitglieder des Schwarzen Kongressgremiums und drängte sie dazu, eher den eingeschränkten Gesetzesentwurf des Senats anzunehmen, als dem Vorschlag des Repräsentantenhauses für umfangreiche Sanktionen nachzugehen. Dies ließ die letzten Hoffnungen des Weißen Hauses erlöschen, dass sich der Entwurf bei einer Konferenz zwischen dem Senat und dem Repräsentantenhaus festfahren würde. Während das Weiße Haus Vorbereitungen traf, damit Reagan gegen den Entwurf ein Veto einlegen konnte, bemühten sich Senatsstimmen, das Veto zu stärken. Die Aufzeichnungen des Weißen Hauses belegen, dass ab Juli von Buchanans Büro aus eine energische Beeinflussungskampagne betrieben wurde. Man profitierte von Personen wie Helen Suzman, Alan Paton, Mangosuthu Gatsha Buthelezi – in einer Aktennotiz wird er als »Gotcha[74] Bathelesi« beschrieben –, von schwarzen Mitgliedern von Bothas örtlicher Staatsgewalt und schwarzen Geistlichen, die gegen Sanktionen waren – einer von ihnen war der ehemalige Bereichsleiter des Südafrikanischen Kirchenrats, der Tutu gestanden hatte, dass er die Schecks des Kirchenrats gefälscht habe. Nachdem der Senat den Sanktionen zugestimmt hatte, richtete sich das Hauptaugenmerkt in der Kampagne auf die Republikaner: Buchanans Mitarbeiter beleidigten das Außenministerium persönlich als »burische Fundamentalisten des Staates« und Buchanan verfasste einen Kommentar auf einer Zeitungsmeinungsseite, indem er Richard Lugar kritisierte.

74 Anm. d. Übers.: »gotcha«, umgangssprachlich und im Sinne von »got you«, im Deutschen: »Hab dich«.

Am 26. September legte Reagan Einspruch gegen Lugars Gesetzesentwurf ein, der sich nun Comprehensive Anti-Apartheid Act nannte. Drei Tage später erklärte das Repräsentantenhaus mit großer Mehrheit (313 zu 83 Stimmen) das Veto für ungültig. Für die Schlussabstimmung am 1. und 2. Oktober wurde der Gesetzesentwurf dem Senat vorgelegt. Als Rückantwort auf Reagans Warnung, es würden Arbeitsplätze verlorengehen, zitierte Kennedy abermals Tutu: »Die Schwarzen leiden schon jetzt. Um dieses Leiden zu beenden, werden wir Sanktionen unterstützen, selbst wenn wir zusätzliches Leid verursachen werden. Wem will die internationale Gemeinschaft Gehör verleihen? Den Opfern und ihren Fürsprechern oder den Straftätern der Apartheid und denen, die von ihr profitieren?« Da sie sich mit einer Reihe von Aufrufen von Tutus Kommentaren durch die demokratischen Senatoren konfrontiert sahen, griffen die Verbündeten des Weißen Hauses zum ersten Mal Tutu frontal an. Jesse Helms aus North Carolina sagte, dass Tutu lediglich eine Minderheit repräsentiere, »und die Minderheit, die er repräsentiert, ist die gewalttätige Minderheit«. Orrin Hatch aus Utah hatte während seines Sommerurlaubs Südafrika besucht und fand nun, verkündete er, dass Tutu nur für sich selbst und nicht für seine Kirche spreche: »Senator Kennedys Freund Bischof Tutu ist nicht der, den Senator Kennedy behauptet zu kennen.« Jeremiah Denton aus Alabama beschrieb Tutu als »Geschöpf der Medien, das sich in seiner Wichtigkeit sonnt«.

An dem Tag, an dem der Senat wählte, machte Reagan in einer letzten Anstrengung persönliche Aufrufe an eine Reihe von Senatoren, um ihre Stimmen zu bekommen. Er bereitete sich auf ein Gipfeltreffen mit dem sowjetischen Oberhaupt Michail Gorbatschow in Reykjavik vor und er argumentierte, dass er schwach und dienstunfähig wirken würde, wenn er besiegt wird. Sein Appell war von keinerlei Nutzen. Der Senat überstimmte sein Veto mit 78 zu 21 Stimmen. Es war das erste und einzige Mal, dass ein Veto von Reagan, das die Außenpolitik betraf, nicht angenommen wurde und die erste Überstimmung des Vetos eines Präsidenten zu einer Kernfrage in der Außenpolitik seit 1972. Tutus außergewöhnlicher Beitrag zum Ausgang der Debatte sei, nach Sicht der

Demokraten wie auch der Republikaner, seine moralische Gestalt gewesen: »Er war der perfekte Vermittler für die Überlegenheit der Moral im politischen Leben Amerikas«, sagte Lugars Berater Mark Helmke dem Autor dieses Buches. Kennedys Hauptberater Gregory Craig sagte: »Der Grund warum er wichtig war, war, dass, wann immer wir ihn sahen, er mutig und beständig agierte, mit seinem gewaltfreien Standpunkt und seiner spirituellen Führungsrolle. In der gesamten Anti-Apartheid-Bewegung war er es, der einem Dr. King am ähnlichsten war.«

Kapitel 12

Der Direktor

Früh im Februar des Jahres 1986 traf sich eine Gruppe von schwarzen Anglikanern aus Kapstadt in einer Kirche in Mitchell's Plain, eines der Gebiete in den sandigen *Cape Flats* außerhalb der Stadt, in das im Rahmen der Apartheid diejenigen Menschen verbannt worden waren, die als Farbige bezeichnet wurden. Die Gruppe veranstaltete ein reguläres Treffen der Black Solidarity Group der Diözese und Desmond Tutu stand auf der Agenda. Zwei Monate später würde die Diözese einen Nachfolger für Erzbischof Philip Russell wählen und das weiße Südafrika befand sich, wegen Tutus Taten und Äußerungen im Ausland, abermals in einem Zustand rasender Wut. Als er in Atlanta den Martin-Luther-King jr.-Friedenspreis erhalten hatte, hatte er die Anerkennung des ANC durch den Westen gefordert. Vizepräsident George Busch – er war ebenfalls zu Gast bei den Feierlichkeiten zu Kings Geburtstag gewesen, der nun erstmals ein Bundesfeiertag in den Vereinigten Staaten war – hatte angeblich Tutus Engagement für die Gewaltlosigkeit infrage gestellt. Bei weiteren Besuchen auf seiner dreiwöchigen Tour hatte Tutu von der Möglichkeit gesprochen, dass weiße südafrikanische Schulkinder angegriffen und dass schwarze Hausangestellte den Morgenkaffee ihrer Arbeitgeber vergiften würden. Während seiner Heimreise war er gezwungen, einen pastoralen Brief an die Anglikaner aufzusetzen, in dem er herausstellte, dass er versucht habe, den Schrecken eines tatsächlichen Bürgerkriegs darzustellen: »Ich habe eine Warnung geäußert«, erklärte er beharrlich. »Ich möchte nicht sehen, dass irgendetwas davon geschieht.«

Nichts von dieser Kontroverse beunruhigte die Black Solidarity Group. Laut einer Aufzeichnung ihres Treffens, haben sie beschlossen, dass, obwohl Tutu die Nominierung als Kandidat für den Erzbischofsposten abgelehnt hatte, er dafür zumindest in Betracht gezogen werden solle: »Die Versammelten wollten den Bischof nominieren und deutete mit Nachdruck darauf hin, dass es das Privileg der Wahlversammlung ist, ihn zu wählen, obwohl er abgelehnt hat.« Fünf Jahre zuvor hatten die schwarzen Anglikaner versucht, die Wahl eines Nachfolgers von Bill Burnett hinauszuzögern, denn sie fühlten sich in der Versammlung nicht ausreichend repräsentiert. Dies war ihnen nicht gelungen, doch stattdessen konnten sie die Wahl blockieren. Nun war ihre Repräsentanz gestärkt worden und die Solidarity Group lehnte es ab, vor der Wahl Einfluss auf andere Kleriker oder Laienwähler zu nehmen. Sie waren bereit für einen langwierigen Kampf. Es gab keinen Grund, die Wahl schnell abzuschließen. Keiner verspürte »den Wunsch, sie schnell zu beenden, so dass man eher [wieder] nach Hause kam«.

Am Montag, dem 14. April, kamen die Klerus- und Laienrepräsentanten aus jeder Gemeinde der Diözese zu der Wahlversammlung in der Kapelle des Diözesan-Colleges zusammen, der privaten elitären anglikanischen Bildungseinrichtung in den südlichen Vororten Kapstadts. Da sie den Diözesanbischof für Kapstadt wählten, galten sie als die Hauptwähler. Doch da die von ihnen gewählte Person auch das erzbischöfliche und spirituelle Oberhaupt der Kirche im gesamten südlichen Afrika sein würde, waren auch Repräsentanten aus dem ganzen Subkontinent, inklusive aller Bischöfe, bei der Versammlung anwesend. Die führenden Kandidaten brachten allesamt ihren Widerwillen darüber zum Ausdruck, dass sie nominiert worden waren. Khotso Makhulu war nun Bischof von Botswana und Erzbischof von Zentralafrika. Michael Nuttall, der Alternativkandidat für Tutu bei der blockierten Wahl von 1981, verspürte nicht den dringenden Wunsch, Erzbischof zu werden: Er war erst vier Jahre zuvor zum Bischof seiner Heimatprovinz Natal gewählt worden. Tutu hatte, wie bereits erwähnt wurde, Johannesburg mitgeteilt, er hoffe, dass er bis zu seinem Ruhestand dort bleiben würde, es sei denn, es werde »mehr als deutlich«, dass Gott andere Pläne mit ihm habe. Und was am wichtigsten war: Leah hatte in Johannesburg ihre Heimat gefunden, war tief verwurzelt in der Gemeinschaft von

Soweto und sehr unglücklich über die mögliche Aussicht, wieder umziehen zu müssen.

Noch immer waren Tutu und Nuttall beide damit einverstanden, dass ihre Namen weiterhin auf der Wahlliste standen. Als der Versammlung mitgeteilt wurde, dass Makhulu seine Nominierung ablehnen wollte, bat Tutu dringend darum, dass er ein Herausforderer bleiben sollte. Als die Versammlung über die Kandidaten debattierte, saßen Tutu und Nuttall gemeinsam außer Hörweite in der College-Bibliothek. »Mal redeten [wir] miteinander, meistens schwiegen [wir aber]«, schrieb Nuttall später. Im Hinblick auf das Wahlergebnis habe Nuttall um eine »heilige Gleichgültigkeit« gebetet. Auch habe er es als beunruhigend empfunden, den Plan eines möglichen ersten schwarzen anglikanischen Erzbischofs in Südafrika zu durchkreuzen. Er brauchte sich keine Sorgen zu machen. Am späten Nachmittag des ersten Tages erlangte Tutus Nominierung im dritten Wahldurchgang die erforderliche Zwei-Drittel-Mehrheit unter den Klerikern und den Laien. Das Bischofskonzil entschied sich einstimmig dazu, die Wahl anzuerkennen. Als Tutu die College-Kapelle betrat, begrüßten ihn seine Bischofsbrüder mit stehenden Ovationen. Er akzeptierte die Wahl und hielt eine kurze Rede. Er sei wie eine Glühbirne, sagte er: Er könne nur dann leuchten, wenn man ihn an eine Energiequelle anschloss. Nur wenn die Kirche, ihre Menschen und ihr Glaube eine elektrische Spannung bereithielten, könne er erfolgreich sein. Um 19.15 Uhr an diesem Abend schwangen die Türen der Kapelle auf und die Botschaft wurde an die Menschen weitergereicht, die im Freien warteten. Tutu erschien und gab den Versammlungsmitgliedern die Hand, als sie nacheinander hinauskamen. »Ich bin sprachlos«, sagte er, »und ich denke, es gibt einige, die es bevorzugen würden, wenn ich das bleiben würde!« Auf eine ernsthaftere Art und Weise versicherte er den Weißen: »Ich vermute, es wird einige Menschen geben, die über meine Ernennung nicht sehr begeistert sind. Sie müssen sich darin erinnern, dass die Kirche nicht Desmond Tutu gehört.« Er versprach, dass er »kein Ein-Mann-Orchester [sein würde], das die Bühne nur für sich beansprucht. Für gewöhnlich ist der Erzbischof ein Kulminationspunkt und ein Sprachrohr des Konzils der Bischöfe.« In Soweto weinte Leah.

Die Geschwindigkeit und Einstimmigkeit der Wahl überzeugten Nuttall davon, dass Gott tatsächlich, in Tutus Worten, mehr als deutlich gesprochen habe. Andere Weiße in der Führungsriege zeigten sich ähnlich überzeugt. Leslie Stradling, der Bischof von Johannesburg, der Tutu 25 Jahre zuvor zum Priester geweiht hatte, vertraute in dieser Nacht seinem Tagebuch an, dass er Nuttall bevorzugt habe, »doch wir haben viel darüber gebetet und die Versammlung hörte sich an, als ob sie von einem Geist der Liebe und des Verständnisses geleitet werde. Also ist es etwas, das man gerne annimmt«.

So wie zu der Zeit, als Tutu für Johannesburg ausgewählt worden war, gab es auch nun einen Schock sowie Wut und Enttäuschung unter den weißen Anglikanern, von denen einige die Kirche verließen oder ihre finanzielle Unterstützung einstellten. Alan Paton teilte Mangosuthu Buthelezi in einem Brief mit, dass Tutu von Duncan Buchanan, dem neuen Bischof von Johannesburg, als »so etwas wie ein heiliger Mann« beschrieben worden sei. »Ich bin besorgt, dass ich nicht diesen Eindruck von ihm habe«, schrieb Paton. »Da ist etwas in seiner Persönlichkeit, das ich nicht mag. Vielleicht bin ich es, der falsch liegt.« Daraufhin antwortete Buthelezi: »Da ist etwas grundlegend falsch mit der Persönlichkeit Seiner Gnaden [Tutu], wenn man seine unterschiedlichen Aussagen aneinanderreiht.« Innerhalb der anglikanischen Hierarchie kam die einzige lautstarke Unterstützung für die Opposition von Burnett. Bald nachdem Tutu seinen neuen Posten angenommen hatte, schrieb Burnett einen langen Kommentar, in dem er Tutus Namen nicht nannte, den Leser jedoch nicht daran zweifeln ließ, um wen es ging. Burnett zitierte aus dem Brief des Judas aus dem Neuen Testament und schrieb, dass die Aufnahme in die Kirche einigen erlaubt worden sei, »die die Gnade unseres Gottes verdrehen und unseren einzigen Meister und Herrn Jesus Christus missachten«. Die Theologie der Befreiung verleite – ebenso wie die Theologie, die der Apartheid zu Grunde liege – die Menschen dazu, ihre Hoffnung auf Rettung eher in ein politisches Manifest zu legen, als in das erlösende Wirken Jesus Christus. Burnett verurteilte Tutu für das »zur Hölle schicken von Margaret Thatcher und Ronald Reagan«, die er als Christen mit hohem Ansehen beschrieb. Er schloss: »Es scheint so, als hätten wir die Brut des Kuckucks der Befreiungstheologie, die es sich im Nest der Kirche bequem macht. Es ist wichtig, dass wir Kuckuckskinder erkennen, wenn wir sie sehen. Durch sie wird der Glaube, der uns durch die Heiligen ausgehändigt worden ist, untergraben.« Eine Gegenstimme zu der negativen Reaktion auf Tutus Ernennung durch eine südafrikanische Minderheit wurde in zwei großen Begegnungs- und Danksagungsgottesdiensten am Sonntag, dem 7. September, in Kapstadt laut. Bei dem ersten, dem offiziellen zweistündigen Inthronisationsgottesdienst, kamen mehr als 1.300 Menschen in der Cathedral of St. George the Martyr zusammen, der Mutterkirche der Diözese. Zu dem Anlass hatte die Diözese 18 Sicherheitsleute in Zivil angeheuert. Am Samstagabend und Sonntagmorgen wurde die Kathedrale nach Sprengsätzen durchsucht. In einer Halle wurden Bildschirme für diejenigen Gäste aufgestellt, die nicht mehr in der Kirche untergebracht werden konnte. Als vor dem Gottesdienst die Aufregung anstieg, versammelten sich Hunderte von Unterstützern ohne Sitzplatz an dem Nordwesttor, durch das Tutu die Kathedrale betreten würde. Der Gottesdienst begann mit einer Prozession aus Chören und Klerusangehörigen, inklusive Erzbischöfen und Bischöfen aus Afrika und der ganzen Welt, die farbenfrohe Prozessionsmäntel und Mitren trugen. Tutu erschien, klopfte drei Mal an das geschlossene Nordwesttor und wurde von dem Dekan Ted King in Empfang genommen und hineingelassen. Nachdem er an den Altar herangetreten war, verkündete Tutu, gemäß den kirchlichen Grundsätzen, dass er die Rechte und Freiheiten der Kathedrale beschützen und die Bräuche der Kirche bewahren würde. Kenneth Oram aus Grahamstown, der oberste Bischof der Kirche, inthronisierte ihn auf dem erzbischöflichen Thron und überreichte ihm das erzbischöfliche Kreuz, das Symbol seiner Autorität. Philip Russell legte ihm das von Diamanten überzogene Kimberley-Kreuz um den Hals. Der Dekan überreichte ihm seinen Bischofsstab und präsentierte ihn zu Fanfarenklängen der Kirchengemeinde.

Die meisten Choräle und Hymnen stammten von westlichen Kirchenkomponisten – Hubert Parry, Elgar, Händel und Bach (»Jesus, bleibet meine Freude«) – doch der Soweto-Chor, Imilonji ka Ntu, sang eines von Tutus Lieblingskirchenliedern auf Sesotho und ein Lobgedicht auf ihn: »Heile, Stab der Erlösung!« (Die Wiedergabe durch den Chor sei, laut Stradling, »sehr geräuschvoll« gewesen.)

Tutu strukturierte seine stundenlange »Pflichtansprache« an die Diözese um drei Hauptthemen herum: die Zentralität des Spirituellen, die Kirche als Familie und – eines seiner biblischen Lieblingsthemen – das Prinzip der Umwandlung. Er rief eine tägliche Heilige Messe und eine Fastenzeit an Freitagen aus und ernannte »eine ganze Armee« von spirituellen Führungspersonen. Jedoch bedeute dies nicht, dass die Gläubigen es sich im Geiste »bequem machen« konnten, denn »[jeder] – ob er oder sie – [solle persönlich] dazu angehalten werden, aktiv zu sein«. Er bekräftigte seinen

Der Klerus von Kapstadt erkennt Tutu (auf dem Thron sitzend) als Oberhaupt in der St. George's Cathedral an. Der Thron besteht aus einem Teil des Chores der Westminster Abbey.

Glauben dadurch, dass die Trennung des Sakralen von dem Weltlichen ein Ergebnis des »unheilvollen Einflusses« des »hellenistischen Dualismus« des westlichen Gedankenguts sei und verfocht die afrikanische Weltsicht: Gott sei der Gott allen Lebens, ob religiös oder politisch. Manche würden das anders sehen, sagte Tutu, und von den Anglikanern erwarte er nicht, dass sie ihrem Erzbischof in allen Belangen zustimmten. Wie in einer biologischen Familie könnten sich die Mitglieder der Kirche ihre Schwestern und Brüder nicht aussuchen: »Ob ich es mag oder nicht, ob er es mag oder nicht; P. W. Botha ist mein Bruder und ich muss ihm das Beste wünschen und dafür beten.« Um Umwandlung, sagte er, handele es sich, wenn ein Hinrichtungswerkzeug für Kriminelle im Mittleren Osten in ein christliches Symbol des Lebens verwandelt würde: »das lebensbejahende Kreuz, das die Christen mit Stolz tragen«. Kein Individuum, keine Situation sei »nichtumwandelbar«. Seine Ansprache wurde von Applaus, Jubel und Pfiffen begleitet und am Ende erhielt er stehende Ovationen.

Der neue Erzbischof beendete die Prozession, indem er aus der Kathedrale schritt und die Diözese und die Stadt segnete – begleitet von Jubel und »Viva Tutu«-Rufen des Publikums im Freien. Die einzigen Missklänge wurden von einigen wenigen politisch rechten Demonstranten verbreitet, die versuchten, einen Kranz niederzulegen, um Tutus Ankunft zu betrauern und von Angehörigen der Diözese, die die Journalisten verärgert hatten, indem sie versucht hatten, von den internationalen Fernsehsendern horrende Summen für die Übertragung des Gottesdienstes einzunehmen.

Von der Kathedrale aus wurden die Feierlichkeiten, in Form einer unter freiem Himmel stattfindenden Heiligen Messe für 10.000 Menschen, auf das Kap-Veranstaltungsgelände in Goodwood, außerhalb der Stadt, verlegt. Hier stellte sich das eigentliche Südafrika energischer dar. Der Gottesdienst wurde durch Ntsikanas Großer Hymne – gesungen vom Imilonji ka Ntu – eröffnet und der Soweto-Chor spielte nun eine größere Rolle als in der Kathedrale und sang außerdem bekannte afrikanische Chöre. Wichtige Teile der Liturgie wurden auf IsiXhosa gesungen und für die Predigt wurde eine Xhosa-Übersetzung bereitgehalten. Dies, schrieb

Leslie Stradling in sein Tagebuch, sei eine Neuheit in Kapstadt gewesen, wo die »afrikanischen Gemeinden rar und klein sind und für gewöhnlich nur Krümel abbekommen«. Er fügte hinzu: »Die Predigt war auf Afrikaans, doch ansonsten gab es keine Anerkennung dafür, dass Farbige anwesend waren.« Die Predigt wurde von Robert Runcie gehalten, der aus London angereist war, um sich an den Früchten seiner und Terry Waites »guten Diplomatie« zu erfreuen, die sie zwei Jahre zuvor gesät hatten. Jugendliche sangen überschwängliche Parolen und hoben ihre Fäuste zum Black-Power-Salut. Als Winnie Mandela eintraf, um Glückwünsche ihres im nahegelegenen Pollsmoor-Gefängnis inhaftierten Ehemannes auszurichten, wurde sie angepöbelt. Allan Boesak wurde mit der zweisilbigen Skandierung seines Namens begrüßt, wie es in den westlichen Kap-Townships üblich war: »Boes-sak, Boes-sak, Boes-sak!« Als einige hundert junge Aktivisten damit begannen, durch das Stadion zu laufen und nach Ansprachen von politischen Führungspersönlichkeiten verlangten, bat Tutu Boesak und Albertina Sisulu, eine Präsidentin der Vereinigten Demokratischen Front, zu sprechen – zum Unbehagen derjenigen Anglikaner, die fanden, dass die Heiligkeit ihres Gottesdienstes verletzt werde. »Zwei unerfreulich aufrührerische Ansprachen verdarben die Atmosphäre«, beschwerte sich Stradling.

Um den Tag abzurunden, veranstaltete Leon Markowitz, der Bürgermeister von Kapstadt, eine Feier für die Tutus und ihre ausländischen Gäste, unter denen auch Coretta Scott King, die Witwe von Martin Luther King jr. war. Die Veranstaltung war ein Beispiel an zivilem Weitblick – vergleichbar mit der Geste, als der Bürgermeister von Atlanta in Georgia im Jahre 1964 die weiße Führungsriege dazu bewegte, ihre Feindseligkeit gegenüber King hinunterzuschlucken und ein Bankett zu geben, um seinen Friedensnobelpreis zu feiern. Bei dem Abendessen in Kapstadt sagte die Ehefrau eines Stadtrats, Michael Peers, dem Erzbischof von Kanada, dass der Ruf Tutus als bösartiger Mensch unter den Weißen derart festgefahren sei, dass sie Angst bekommen habe, als er sich ihrem Tisch genähert hatte. Den Verwaltungs- und Geschäftsoberhäuptern Johannesburgs war es nicht möglich gewesen, Tutus

Friedensnobelpreis aus dem Jahre 1984 persönlich anzuerkennen und er vergaß niemals die davon abweichende Art, auf die er in Kapstadt willkommen geheißen wurde.

Die Reaktionen auf Tutus Ernennung und seine Amtseinführung ergaben sich nicht aus der Größe seiner Glaubensgemeinschaft – die katholischen und methodistischen Kirchen waren größer. Auch war dem nicht so, weil er das erste schwarze Oberhaupt einer führenden multiethnischen Kirche war – die Methodisten hatten ihr erstes schwarzes nationales Oberhaupt zwei Jahrzehnte früher gewählt. Es war eher, weil die Anglikanische Kirche, wie in so vielen anderen ehemals von den Briten regierten Territorien noch immer – ob begründet oder nicht – als die Kirche der englischen Herrschaft angesehen wurde. Die Äußerungen der anglikanischen Erzbischöfe erhielten automatisch eine dichtere Berichterstattung durch die Presse als die der anderen Kirchenoberhäupter. Die Saint George's Cathedral – gebaut im neugotischen Stil und aus Sandstein aus der Umgebung – war von dem britischen Architekten Herbert Baker entworfen worden, der später mit Edwin Lutyens, dem Architekten des imperialen Neu Delhi, zusammengearbeitet hatte. Die Kathedrale lag im Herzen von Kapstadt und wurde nur durch die Fußgängerzone der Government Avenue von dem Parlament und den Präsidentenbüros im Tuynhuys getrennt. Sie lag einen Block von der Groote Kerk (»Große Kirche«) entfernt – zunächst die Mutterkirche der niederländischen und später der afrikaandischen Führungsschicht. Für die jubelnden jungen Leute im Goodwood-Stadion bedeutete Tutus Aufstieg in eine hohe Position einen Vorgeschmack auf die Befreiung: Wenn ein Schwarzer St. George's erobern und in der Bischofsresidenz wohnen konnte, dem großen weißen Anwesen in Kapstadts teuerstem Vorort, konnte dann die politische Befreiung noch in weiter Ferne liegen?

Tutu machte sich energisch daran, Autorität über seinen neuen Herrschaftsbereich auszuüben, indem er alte Sinnbilder übernahm und neue erschuf. Er begann mit seinem Wohnbereich und seinem Büro in der Bischofsresidenz. Er und Leah hatten es weit gebracht, seit man sie in der Garage untergebracht hatte, als er

1960 zum Diakon ernannt worden war. Die Bischofsresidenz, der Sitz der Bischöfe von Kapstadt seit dem Jahre 1851, beherbergte mindestens acht Schlafzimmer und drei Badezimmer im Obergeschoss. Im Erdgeschoss gab es einen großen Salon und ein Esszimmer, eine große Bibliothek und eine Küche, eine Kapelle und das Büro des Erzbischofs. Einige der Grundmauern konnten bis in das 17. Jahrhundert zurückdatiert werden. Feuchtigkeit war ein permanentes Problem und das Haus musste kostenintensiv instand gehalten werden. Jahrelang hatte die Diözese nur ein Kostenminimum für die Instandhaltung aufgebracht – im Hinblick auf die relative Armut der schwarzen Mehrheit der Kirche und auf andere weitreichende Prioritäten, wie die Kosten für den Neuaufbau von Kirchen für Gemeinden, die unter der Apartheid umgesiedelt worden waren. Tutu hatte nicht die schuldige Last der weißen Liberalen zu tragen und war zuversichtlich, dass die schwarzen Anglikaner in dem Hauptquartier ihrer Kirche, unter ihrem ersten schwarzen Erzbischof, eine Institution sehen wollten, die eine gewisse Weltklasse spiegelte. »[Die] Bischofsresidenz ist ein bezauberndes Haus«, schrieb er an die Diözese, die vor seinem Einzug offiziell für die Instandhaltung verantwortlich war, »doch sie ist schmutziger und um einiges unansehnlicher und ungastlicher, als es zu erwarten wäre. Es ist eine Schande für die Diözese und die Provinz« – beziehungsweise die Kirche im gesamten südlichen Afrika.

Der Beweggrund seines Briefs war eine Beschwerde darüber, dass die Sachverwalter zögerten, die für die Renovierung des Hauses benötigten 80.000 Rand zu zahlen. Tutu drohte, sich zu weigern dort einzuziehen, wenn sie nicht nachgeben würden. »Ich habe weitaus wichtigere Arbeiten zu erledigen, als mich mit diesen unerfreulichen Streitigkeiten um diese verhältnismäßig unwichtige Angelegenheit aufzuhalten«, sagte er. »Ich kann keine kostbare Zeit, emotionale und gereizte Energie in diese Art von Dingen investieren, wenn ich an verschiedenen Fronten kämpfe. Meine Frau will nicht nach Kapstadt kommen. Wenn ich ihr ihre jüngste Entscheidung mitteilen müsste, würde ich meine Arbeit vernachlässigen, [da ich] sie zum Kommen überreden [müsste].« Die Sachbearbeiter bewilligten den Umbau des Großteils der Räume im Obergeschoss in zwei Wohneinheiten: ein Apartment mit drei Schlafzimmern für die Familie Tutu und ein Apartment mit einem Gästeschlafzimmer. Im Untergeschoss wurde, sehr zum Unbehagen einiger Mitglieder der weißen Führungsriege der Diözese – man hielt sich mit Mühe und Not zurück – ein Teppichboden über viele der alten Holzfußböden verlegt. Tutu bestand darauf, die Wohnungen für die Angestellten im Haus und im Garten auszubauen. Zum dritten Mal war er nun in ein Bischofshaus gezogen, in dem, so glaubte er, die Unterkünfte der Hausangestellten die Kirche in ein schlechtes Licht rückten. Als die Arbeiten abgeschlossen waren, kümmerte er sich pedantisch um die Instandhaltung. Er tolerierte nicht den Zerfall von Gebäuden und der Infrastruktur, wie er es manchmal antraf, wenn er in Afrika auf Reisen ging. Ein Hausangestellter, den man am Morgen angewiesen hatte, eine Glühbirne auszuwechseln, konnte erwarten, dass man ihn am Nachmittag fragte, warum die Arbeit noch nicht erledigt worden sei.

Später wurde auch die Kapelle renoviert. Ein ländliches Gemeindeentwicklungsprojekt steuerte neue Kirchenbänke bei. Tutu beauftragte einen Bildhauer aus Kapstadt damit, ein Kruzifix nach der Vorlage von Dalís Christus des heiligen Johannes vom Kreuz zu modellieren, bei dem sich der Körper Christi im Todeskampf vom Kreuz abspreizt. An der Außenseite wurde der Vorhof mit Steinen übertäfelt. Ein Außengebäude wurde zu einem Ruheraum umfunktioniert und eine Bürounterkunft wurde ausgebaut. Der Erzbischof übertraf sich allerdings selbst mit einer Besonderheit, die der Verfasser dieses Buches, der als sein Pressesekretär gearbeitet hat, persönlich als »Tutus Wahnwitz« bezeichnete. In einem langwierigen Prozess drängte Tutu Stephen Oliver, den Erzdiakon, der für die Instandhaltung der Bischofsresidenz verantwortlich war, dazu, einen Springbrunnen in den Vorhof zu bauen. Es folgten Monate der Diskussionen und Streitigkeiten, die auf der einen Seite den Wunsch des Erzbischofs nach einem beeindruckenden Wasserspiel der Art belegten, wie er es bei Besuchen im Ausland gerne beobachtet hatte, und auf der anderen Seite den Widerwillen eines unverblümten und entschlossen sparsamen Yorkshireman, Geld auszugeben. Das Ergebnis war eine kleine Fontaine in einem übergroßen kreisförmigen Teich, der wie ein Wasserreservoir mit niedrigen Betonwänden auf einem Bauernhof aussah. Es hätten lediglich eine quietschende geschwungene eiserne Handpumpe und eine trinkende Viehherde gefehlt. Dann drehte sich die Debatte um die Rohrleitungen. Dies hatte nicht weniger beeindruckende Ergebnisse zu Folge: Wenn man das Wasser leicht aufdrehte, hatte der Strahl, aufgrund der Installationshöhe der Wasserhähne, nicht die erforderliche Intensität. Wenn man es stark aufdrehte, genügte die leichteste Brise, um einen ganzen Schwall von Wasser die Einfahrt hinunterzuschicken. Dann musste eines Nachts der Springbrunnen abgedreht werden, da sich eine Nonne, die im Ruhehaus nächtigte, beschwerte, weil das laufende Wasser sie störe. Tutus Nachfolger ließ den Teich später abbauen und an einen angemesseneren Platz im Garten umsetzen.

Das Haus war umgeben von sieben Hektar Land, durch die der Oberlauf von Kapstadts Liesbeeck River floss. Von der Terasse und vom bepflanzten Vorgarten aus, der von Pergolen umgeben war, bot sich ein atemberaubender Blick über die östlichen Berghänge und im Winter auf die Wasserfälle des Tafelbergs, der 1.085 Meter hohe Berg, der die Skyline der Stadt beherrscht. Das Grundstück wurde von zwei oder drei Angestellten bewirtschaftet, denen ein ehrenvoller Obergärtner vorstand: Livingstone Nakani, dessen Clan-Name Tshawe auf seine Wurzeln im ursprünglichen Xhosa-Königshaus hindeutete. Als Tutu von Nakanis Führungsqualitäten erfuhr, entwickelte er großen Respekt vor ihm und gab ihm größere Befugnisse über das Grundstück. Hinter einer Hecke, die den Garten flankierte, befand sich ein Swimming Pool und dahinter ein Stück nicht bewirtschafteten Landes. Dort stellten die Tutus Spielgeräte auf und öffneten den Pool für die Diözese. Die weißen Anglikaner mit ihren eigenen Gärten und Pools nutzten die Örtlichkeiten nicht sonderlich, doch die Gemeinden in den schwarzen Gebieten mieteten Busse, um ihre Kirchengemeinden zu sommerlichen Picknicks zur Bischofsresidenz zu befördern. Seit er in der

Bischofsresidenz lebte, sagte Tutu seinen Besuchern, finde er es leicht, die Blindheit der meisten weißen Südafrikaner zu verstehen, die niemals ein schwarzes Township besucht hatten und das Leid in ihrem Land nicht kannten.

Leah Tutu konnte sich niemals wirklich mit der Bischofsresidenz anfreunden. In Zeiten, in denen Desmonds Leben regelmäßig bedroht wurde, war Soweto sicherer als die Residenz. Ihr Haus in Orlando West war dicht von anderen umschlossen. Sie waren umgeben von hilfsbereiten Nachbarn, die in Hörweite wohnten und eine kurze, hohe Mauer trennte sie von der Straße. In Kapstadt war der lange Zaun, der die Grünfläche des Grundstücks umspannte, unmöglich abzusichern und der Sicherheitsalarm im Innern des Hauses hätte einen ernsthaften Einbruchsversuch von Attentätern kaum verhindern können. Tutu betrachtete seine Sicherheitslage nüchtern: »Ich erledige die Arbeit Gottes«, sagte er, »er sollte schön auf mich aufpassen.« Doch Leah konnte nicht derart optimistisch sein. In der Nacht parkten eigenartige Autos in der Einfahrt, die allerdings für gewöhnlich den Freunden anderer Einwohner gehörten. Dennoch gaben sie einen dauerhaften Anlass zur Sorge. Abgesehen von der Frage um die Sicherheit war das Leben in einem Vorort, wo die Grundstücke so groß waren, dass die Menschen nur selten ihre Nachbarn zu Gesicht bekamen, im Vergleich mit dem Leben im betriebsamen Soweto einsam. In Kapstadt war der einzige Ort, den Leah ihr Eigen nennen konnte, ihr Apartment im Obergeschoss. In Soweto hatte sie die Kontrolle über ihr gesamtes Haus. Sie liebte die Gartenarbeit und erledigte den Großteil der Arbeit gern allein. (An seinen freien Tagen in Soweto sah Desmond sie manchmal den Rasen mähen.) In ihrem kleinen Garten in Orlando West war das machbar, in der Bischofsresidenz jedoch unmöglich. Die weißen Liberalen in Leahs Position verrichteten gute Arbeit in den schwarzen Townships Kapstadts, doch da sie selbst eine Township-Bewohnerin war, war ihr diese Tätigkeit unangenehm. Wenn Desmond ohne sie Kapstadt verließ, nutzte sie daher die Gelegenheit, Zeit in Soweto zu verbringen, wo sie an dem gemeinschaftlichen Leben teilhaben und sich um ihr Haus und ihren Garten kümmern konnte.

Trotzdem spielte Leah eine entscheidende Rolle bei der Arbeit ihres Mannes als Erzbischof. Sie rühmte sich, die Fähigkeit zu besitzen, seine Gefühle und Gedanken lesen zu können. Obwohl sie angriffslustig und unabhängig war, brachte sie ihre Ansichten diskret zum Ausdruck. Sie agierte als ein privater Resonanzboden und beeinflusste Desmonds Entscheidungen eher durch ihre Kritik als durch ihre Unterstützung. Zeitweise führte Leahs Durchsetzungskraft zu Veränderungen – zum Beispiel wenn fremde Besucher, die hoch in ihren Sitzen in den Touristenbussen saßen, sie über die Mauer ihres Hauses in Orlando West hinweg fotografierten, als wäre sie ein Tier im Zoo. Einmal rief sie den Verfasser dieses Buches von Johannesburg aus in der Bischofsresidenz an und berichtete: »John, ich habe wieder einen Bus mit Steinen beworfen.« Eine genauere Erläuterung brachte zu Tage, dass sie auf Händen und Knien in ihrem Garten beschäftigt gewesen war, als sie das Blitzlicht der Touristen gestört hatte und sie hatte mit Erdklumpen auf den Bus geworfen. Es wurde eine Erklärung abgegeben, in der an die Tourbetreiber appelliert wurde, ihre Privatsphäre zu respektieren.

Der Druck auf Desmond wurde in Südafrika zeitweise derart hoch, dass er und Leah die »qualitativ beste Zeit« als Paar oftmals auf Reisen im Ausland verlebten. Zu Beginn eines Fluges erschreckte und entzückte er die mitreisenden Flugpassagiere gleichermaßen, weil er sich in der Erste-Klasse-Kabine auf Händen und Knien auf dem Boden niederließ, um Leah ihre Schuhe aus- und die Socken der Fluggesellschaft anzuziehen. Als eine seiner Schwächen gestand er, dass es ihm Freude bereite, im Rampenlicht zu stehen und sie hatte ihren Spaß daran, ihn deswegen in der Öffentlichkeit aufzuziehen. In der US-Militärakademie in West Point in New York überreichten ihm Offizierskadetten einmal eine Mütze der Akademie, die ihm nicht passen wollte. Jemand anderes, witzelte er, hätte gesagt, dass sie ihm eine Mütze gegeben hatten, die zu klein war, doch Leah habe gesagt: »Dein Kopf ist zu groß.« Zwei Gastgeber fragten ihn nach seinem Lieblingsessen und Leah antwortete: »Denken sie an einen Fünfjährigen.«

In Kapstadt war Leah auch von ihrer Familie getrennt. Obwohl einige der Kinder nach ihrem Studium im Ausland geblieben waren, konnte man zumindest eines oder zwei immer in Johannesburg antreffen. Mpho hatte Elektrotechnik an der Howard University in Washington D. C. studiert und erfolglos versucht, in Südafrika Arbeit zu finden. Sie war in die Vereinigten Staaten zurückgekehrt. Dort löste sie Bernice Powell bei dem Stipendien-Fonds ab, der ins Exil gegangenen Südafrikanern ein Studium an einer amerikanischen Universität ermöglichte. Im Jahre 1993 heiratete sie Joe Burris, einen Sportjournalisten, der für den *Boston Globe* schrieb. Naomi hatte ihren Masterabschluss in Kentucky gemacht und verfolgte eine akademische Karriere. Sie lernte und lehrte an Universitäten in den Vereinigten Staaten, Großbritanniens und Südafrikas und betrieb Forschungen über von Frauen geleitete Haushalte in einem ländlichen Gebiet in Südafrika. Sie heiratete zwei Mal – zuerst einen Amerikaner, dann einen Südafrikaner – und gründete einen Fonds, der Projekte für südafrikanische Flüchtlinge in anderen afrikanischen Ländern finanzierte. Thandi heiratete und lebte einige Jahre in Soweto und bemühte sich, finanzielle Mittel für siamesische Zwillinge aufzubringen, die in einer Aufsehen erregenden Operation im Baragwanath Hospital getrennt wurden. Dann zog sie mit ihrem Mann Mthunzi Gxashe und ihrem Sohn Xabiso nach Atlanta in Georgia, wo sie Gesundheitswissenschaften studierte und an der Emory University's School of Public Health arbeitete.

Trevor kehrte aus Großbritannien nach Südafrika zurück, als sein Vater noch beim Südafrikanischen Kirchenrat arbeitete und verschaffte sich durch seine Zusammenstöße mit dem Gesetz einen schillernden Ruf. Diese begannen ein Jahr nach seiner Rückkehr, als Verkehrspolizisten ihn in Johannesburg anhielten, da er angeblich unter dem Einfluss von Alkohol und zu schnell gefahren war. Er kam aus einer Gesellschaft, in der die Polizisten ihn »Sir« nannten und sein erstes Problem im Südafrika der 80er war es, ein schwarzer Mann zu sein, der mit weißen Verkehrspolizisten aneinander geriet. Sein zweites Problem war, dass er, als ein relativ gut bezahlter Angestellter eines multinationalen Unternehmens, die

Art von Auto fuhr, von der die Verkehrspolizisten vermutlich dachten, dass es ein schwarzer Mann nicht besitzen konnte oder sollte. Sein drittes Problem war, dass er seine Rechte kannte und auf ihnen bestand. Wahrscheinlich war es auch nicht besonders hilfreich, dass sein Englisch wie das eines Briten klang. Doch was das Fass endgültig zum Überlaufen brachte, war sein Nachname. Drei Tage lang hielt man ihn in einer Gefängniszelle fest, obwohl die Tests belegten, dass er keinen Alkohol zu sich genommen hatte. Später zahlte ihm der Staat eine Entschädigung für die unrechtmäßige Festnahme. Ein Jahr später verließ die Fußballmannschaft, für die er spielte, wegen des Verhaltens des Schiedsrichters das Spielfeld. »Wir glaubten, der Schiedsrichter war im Recht, als er ihn wegen beleidigenden Verhaltens vom Platz schickte«, sagte sein Mannschaftskapitän später, »doch wir protestierten, als der Schiedsrichter ihn einen Kaffer nannte.«

Desmond und Leah waren außer sich vor Freude, als Trevor ihnen seinen Wunsch mitteilte, nach Hause zurückzukehren, wenngleich sie auch besorgt waren, wie er sich auf die Apartheid einstellen würde. Im Jahre 1984 sorgten sie sich persönlich derart um sein Wohlergehen, dass Desmond an Trevor Huddleston schrieb: »Ihr Patensohn [Trevor] braucht außerordentlich dringend ihre Gebete. Er bereitet uns Kopfzerbrechen.« Bald darauf entwickelte Trevor einen Geschmack für Konfrontationen mit Autoritäten, in dem sich die Freimütigkeit seines Vaters spiegelte, nicht jedoch dessen Urteilsvermögen. Bei einer öffentlichen Aktion einer Werbeagentur, die er leitete, versuchte er die Sicherheitsvorschriften auf dem Flughafen von Johannesburg zu umgehen. Bei einer anderen Begebenheit musste er auf der Durchreise das Flugzeug wechseln. Als ihm jedoch verweigert wurde, wieder an Bord gehen zu dürfen, deutete er an, dass sein Taschenrechner eine Explosion verursachen könne. Aufgrund des Verdachts auf eine geplante Entführung wurde er angeklagt und zu einer Gefängnisstrafe von dreieinhalb Jahren verurteilt. Trevor stand seiner Mutter Leah zwar näher als seinem Vater, beide waren jedoch bestürzt, nicht zuletzt aufgrund ihrer Befürchtungen, wie die weißen Gefängnisaufseher einen Tutu behandeln würden.

Im Jahre 1992 griff sein Vater ein, um ihm zu helfen. In einem Brief an den Außenminister Pik Botha schrieb Tutu: »Ich schreibe ihnen als ein Vater mit schwerem Herzen. Mein Sohn Trevor ist sehr töricht gewesen. Wie sie vielleicht wissen, hat er sein Berufungsverfahren verloren und wird nun seine Zeit im Gefängnis absitzen müssen.« Tutu verwies auf Fälle, bei denen die Regierung Weißen, die einer Haftstrafe entgegensahen, »mildernde Umstände« hatte zuteilwerden lassen. Er fragte Botha: »Ich richte eine persönliche Bitte an sie [und möchte sie] fragen, ob durch ihren guten Willen etwas unternommen werden kann, um ihm zu helfen.« Botha antwortete nicht, machte jedoch innerhalb der Regierung inoffizielle Äußerungen, dass Trevors Verhalten niemals ernst genommen worden wäre, wenn er der Sohn eines gewöhnlichen Südafrikaners gewesen sei. Mehr als drei Jahre lang »übersah« die Polizei Trevor. Die Presse spottete über ihre offensichtliche Unfähigkeit, den Mann zu finden, den man nun Tutus »Ausreißersohn« nannte.

Nachdem die Wahrheits- und Versöhnungskommission unter einer demokratischen Regierung ins Leben gerufen worden war, bat Trevor um Amnestie und beteuerte, dass er seine Straftaten aus politischen Motiven begangen habe. Im August 1997 – es war inmitten eines Streits zwischen der Kommission, die nun von Tutu geleitet wurde, und den ehemaligen Machthabern – erschien plötzlich, ohne vorherige Ankündigung oder Erklärungen, die Polizei im Haus in Orlando West. Sie wurden von einem Fotografen derjenigen afrikaandischen Zeitung begleitet, die der Kommission am kritischsten gegenüberstand. Sie verkündeten, dass sie gekommen seien, um Trevor zu holen. Seine Eltern rieten ihm, sich zu stellen und seine Strafe anzutreten. Vier Monate später sprach ihn das Amnestie-Komitee der Kommission frei. Das Beharren Trevors auf seinen politischen Motiven hatte bei vielen ein Stirnrunzeln hervorgerufen, doch Alex Boraine, Tutus Stellvertreter in der Kommission, sagte den Kritikern des Amnestieurteils, dass Tutu sich »peinlich korrekt« verhalten und sich aus dem Fall um seinen Sohn herausgehalten habe. Das Gremium des Amnestie-Komitees wurde von dem Kommissionsmitglied geleitet, das von allen die stärkste politisch rechte Einstellung vertrat. Deshalb ist es eine wahrscheinliche Erklärung für den Freispruch, dass dieses Mitglied darauf bedacht war, so großzügig wie möglich Amnestie zu gewähren. Was auch immer Tutu privat gefühlt oder gesagt haben mag – in der Öffentlichkeit war er seinem Sohn stets treu. Er verkündete mehrfach seinen Stolz über die Protestaktionen gegen die Massenverhaftungen von Schulkindern, für die Trevor 1985 zwei Wochen lang in Haft gesessen hatte. Er räumte ein, dass Trevor »ungezogen« gewesen sei – ein für Tutu verhältnismäßig strenges Urteil –, griff jedoch die Regierung an, da sie versucht hatte, über die Familie an seinen Sohn heranzukommen. Einige der britischen Freunde Tutus, die Trevor von Kindesbeinen an kannten, fanden, dass Tutu zu streng mit ihm gewesen sei – strenger als mit seinen Schwestern. Im Jahre 1994 stimmte Tutu dem zumindest teilweise zu: »Ein Teil des Problems ist es, dass ich zu streng gewesen bin«, sagte er einem britischen Nachrichtenmagazin. »Ich erkenne mich selbst in Trevor wieder. Ein Teil meines schwächeren Selbst machte mich – wenn es bei ihm an die Oberfläche drang – umso wütender auf ihn, denn ich war wütend auf mich selbst.« Später sagte er, dass der Schmerz und die Angst, die die Familie zu ertragen hatte, ihm »etwas über die Schwäche Gottes [verraten habe], die er empfindet, wenn seine Kinder die falschen Entscheidungen treffen«.

Als er 1986 in der Bischofsresidenz eintraf, übernahm Tutu mit leichten Abweichungen die Tätigkeiten, denen er schon in Johannesburg nachgegangen war. Die Hausangestellten achteten darauf, dass sein Wecker gestellt war, damit er wochentags um 4.00 Uhr morgens seine persönlichen Gebete beginnen konnte. Diese sprach er entweder am Boden kniend oder in der Hocke neben seinem Bett, zusammengerollt wie ein Fötus. Um 5.00 Uhr morgens machte er, in Begleitung von Hausangestellten, einen schnellen 30-minütigen Spaziergang auf den Straßen außerhalb der Residenz. In Soweto war er noch joggen gegangen, doch seit der Verdacht auf Thrombose in einem seiner Beine bestanden hatte, lief er nicht mehr. Um 5.30 Uhr ging er unter die Dusche. Um 6.00 Uhr saß er am Schreibtisch in seinem Arbeitszimmer im Erdgeschoss, um andächtig zu lesen und zu arbeiten. Um 7.30 Uhr ging er in die Kapelle, um gemeinsam mit den Geistlichen, die in der Bischofsresidenz arbeiteten, das formelle Morgengebet aufzusagen. Um 8.00 Uhr gesellten sich die Laien für die täglich stattfindende Heilige Messe zu ihnen. Während seiner Zeit bei dem Südafrikanischen Kirchenrat hatte Tutu es mit der Pünktlichkeit sehr genau genommen: Mitglieder, die zu spät gekommen waren, konnten erwarten, bei ihrer Ruhestörung gefragt zu werden: »Brauchen sie eine neue Uhr?« Geistliche, die nur zwei oder drei Minuten zu spät gekommen waren, um ihn bei Gemeindebesuchen zu begleiten, hatten feststellen müssen, dass er schon ohne sie gegangen war. Um 8.30 Uhr ging er in das Obergeschoss, um gemeinsam mit Leah zu frühstücken – in seinem Fall nur ein Glas Orangensaft. Um kurz nach 9.00 Uhr war er wieder in seinem Büro und bereit, von 10.00 Uhr an den gesamten Tag über, eine Reihe von 30-minütigen Terminen wahrzunehmen. Um 11.00 Uhr am Vormittag und um 16.00 Uhr am Nachmittag verließen die Angestellten ihre Schreibtische für eine Teepause in der Bibliothek. Diese Pausen wurden als Möglichkeit genutzt, um lokale und ortsfremde Gäste zu empfangen – zumeist Leute, die andernfalls nicht in seinen Tagesplan gepasst hätten. Um 13.00 Uhr am Mittag ging er für eine halbe Stunde des persönlichen Gebets wieder in die Kapelle. Dann ging er zum Mittagessen nach oben und machte anschließend einen einstündigen Mittagsschlaf. Seine Termine begannen wieder um 15.00 Uhr. Am Ende des Nachmittags war er für das Abendgebet mit den Geistlichen wieder in der Kapelle und betete anschließend noch einmal alleine. Um 19.00 Uhr am Abend ging er in das Obergeschoss, nahm einen Drink zu sich – für gewöhnlich Rum und Cola –, aß mit Leah zu Abend und sah die Abendnachrichten. Wenn er keine weiteren Termine außerhalb mehr hatte, ging er für gewöhnlich um 21.00 Uhr oder 22.00 Uhr ins Bett. Nachdem er sein Nachtgebet, die Komplet, aufgesagt hatte, schlief er um etwa 23.00 Uhr ein.

Zusätzlich zu seinen täglichen Gebeten fastete Tutu freitags bis zum Abendessen, nahm sich jeden Monat einen »Ruhetag« und zog sich einmal im Jahr in aller Stille für sieben Tage zurück. Während der sechswöchigen Fastenzeit vor Ostern aß er nur abends – normalerweise eine starke Suppe mit Fleisch. Den Mitarbeitern in der Bischofsresidenz wurde bald klar, dass Tutu, der überschwängliche und extrovertierte und Tutu, der nachdenkliche Priester, der am Tag sechs oder sieben Stunden Ruhe benötigte, zwei Seiten derselben Medaille waren. Eine Seite konnte ohne die andere nicht existieren: Besonders seine außergewöhnliche Fähigkeit, mit Wärme, Mitgefühl und Humor zu kommunizieren, hing von der Regeneration seiner persönlichen Ressourcen ab, die wiederum von der eisernen Selbstdisziplin seiner Gebete abhing.

Tutus heiteres Auftreten ist nicht mit seiner Toleranz gegenüber Menschen zu verwechseln, die er als übervertraulich empfand, besonders wenn er hinter ihrem Verhalten Rassismus vermutete. Er bevorzugte es eher »Vater« als »Euer Gnaden« genannt zu werden – die Form der Anrede, die den Rang des Erzbischofs nach der britischen Ordnung als einen Herzog bezeichnet –, bestand jedoch nichtsdestotrotz auf die Erhabenheit seines Amtes. Ted King, der zehn Jahre älter war als er, habe sich niemals dazu in der Lage gefühlt, Tutu bei seinem Vornamen zu nennen: »Ich glaube, das ist so, weil ich fühle, dass ich in der Gegenwart von jemandem bin, der niemals seinen priesterlichen Charakter oder gar seinen bischöflichen Status vergisst, der ihn mit einer inneren Würde trägt, still und fest.«

Als Teil seiner Konzentration auf das spirituelle Leben, lud Tutu Francis Cull ein, einen englischen Dozenten und Priester aus Johannesburg, um in der Bischofsresidenz ein Institut der christlichen Spiritualität zu gründen. Cull war ein besonderer Bewunderer Tutus: Er organisierte Tutus Rückzugsphasen, beobachtete seine Gebetspraxis, die mit der Zeit immer gedankenvoller wurde, und – als die Person, bei der Tutu regelmäßig die Beichte ablegte – sagte dem Erzbischof eine beachtliche Fähigkeit zur Selbstkritik nach. (Auch betonte Cull gegenüber Besuchern gerne, dass er das geschichtliche Schema umgedreht habe, indem er ein Außengebäude in der Bischofsresidenz bezogen hatte: Nun lebte der schwarze Mann im großen Haus, sagte er, und der weiße Mann in den Sklavenquartieren aus dem 18. Jahrhundert.)

Erst nach einer langen Debatte bewilligte die Kirche Gelder für das Institut, die stellvertretend für die Spannungen zwischen zwei sich entgegenstehenden Wünschen war, die Tutu während seines Jahrzehnts in der Residenz hegte: Während er die Ziele verfolgen wollte, die er sich und der Kirche gesetzt hatte, wollte er nicht wie der Erbauer eines Imperiums wirken.

Trotz Tutus besten Absichten beanspruchte die Arbeit, die sein geistliches Amt generierte, eine zunehmende Menge des nationalen Kirchenbudgets. Den Rechnungsprüfern der Kirche wurde bewusst, dass der Reiz, einen Nobelpreisträger als Erzbischof zu haben, der eine Ikone der ethnischen Gerechtigkeit war, seinen Preis hatte. Die Kosten wurden allerdings durch die Hilfe von ausländischen Geldgebern gelindert. Tutus internationales Ansehen zog einen Strom von Geldspenden von Sympathisanten aus dem Ausland an und trieb den Wert seines »erzbischöflichen treuhänderischen Fonds« in bisher ungeahnte Höhen. Das spirituelle Institut wurde teilweise durch Gelder finanziert, die der nationalen Kirche von der United Society for the Propagation of the Gospel in Großbritannien bereitgestellt wurden. Die Trinity Church an der Wall Street – die Aktien im Wert von zehn Millionen Dollar von Firmen abgestoßen hatte, die in Südafrika Geschäfte machten – finanzierte Kommunikationsinitiativen ebenso wie die Carnegie Corporation aus New York. Die St. James's Church an der Madison Avenue – Hays Rockwells Kirchengemeinde – zahlte für ein neues Bischofshaus.

Tutu übertrug seine Einstellung gegenüber Geld in seine neue Rolle. Er blieb dreist, wenn er darum bat und pragmatisch, wenn es darum ging, von wem er es annahm. Die Kosten für zusätzliche Sicherheitsausgaben und für vier neue Büros in einem vorgefertigten Gebäude wurden durch eine Spende von einer Stiftung gedeckt, die mit Coca-Cola in Verbindung stand. (Damit demonstrierte das Unternehmen sein Marketinggeschick, das die Dominanz des Softdrinks auf dem Weltmarkt begründete und erwies den Anti-Apartheid-Oberhäuptern seine Hochachtung. Man arbeitete daran, den Investitionsabbau in Südafrika voranzutreiben, was für ein multinationales Unternehmen bislang beispiellos war. Das Unternehmen spendete zehn Millionen Dollar für die Gründung einer Stiftung, die von Anti-Apartheid-Oberhäuptern geleitet wurde, um neue Geschäfts-, Wohn- und Ausbildungsmöglichkeiten für die schwarzen Südafrikaner entstehen zu lassen. Coca-Cola verkaufte seine Aktienanteile von südafrikanischen Abfüllanlagen und versetzte eine Sirup-Fabrik von Südafrika in das benachbarte Swaziland. Seine Produkte verkaufte es aber weiter in Südafrika.)

Zu einem frühen Zeitpunkt in dieser Periode stellte Tutu Sid Colam vor, den Provinzsekretär der Kirche – seinen ehemaligen Diözesansekretär in Johannesburg. Er sagte: »Ich weiß, wie man Geld aufbringt. Ich weiß mit Sicherheit, wie man es ausgibt. Doch ich kann es nicht verwalten. Das ist der Mann, der das tut.« Colam vollführte einen akrobatischen Akt, um sicherzustellen, dass Tutus Freigiebigkeit nicht die Einkünfte überflügelte. Er kümmerte sich um die Schecks für die Ausbildungsgebühren von Priesterkindern, bezahlte die Gärtnereirechnungen für die zahllosen Bouquets und Früchtekörbe, zog die Reiseaufwandsentschädigungen von fremden Gastgebern ein und gab Alarm, wenn er dachte, dass Tutu das Geld ausging. Denjenigen in der Kirche, die Tutus Ausgaben kritisierten, sagte Colam, dass Tutu den Kirchenzehnt der Gemeindemitglieder nicht antastete, geschweige denn das Geld für eigene Zwecke verwendete. Die differierenden Anforderungen der traditionellen Aufgabenverteilung eines Erzbischofs und Tutus außergewöhnlicher nationaler und internationaler geistlicher Tätigkeit waren ein weiterer Streitpunkt. In einer typischen 12-monatigen Zeitspanne – 1989-1990 – hatte er sich ein viertel Jahr lang im Ausland aufgehalten, um Kirchen in anderen Teilen Afrikas, im Heiligen Land, in den Vereinigten Staaten und in Kanada zu besuchen. Auch hatte er Universitäten – wo ihm sechs Ehrentitel verliehen worden waren – und eine Militärakademie besucht. Den Rest des Jahres über, hatte er etwas weniger als die Hälfte seiner Zeit außerhalb der Diözese und andernorts im südlichen Afrika verbracht. Er hatte entweder Kirchenversammlungen besucht oder war in Konfliktgebieten seinem geistlichen Amt nachgegangen. Einen Teil von Tutus Problem hatte es schon gegeben, bevor er seinen Posten angetreten hatte: Die Diözese war groß. Von Kapstadt aus erstreckte sie sich 150 Kilometer in Richtung Osten und mehr als 600 Kilometer in den Norden, bis zu der Grenze von Namibia. Seit den 60er-Jahren bemühten sich die Erzbischöfe um einen Ausgleich ihrer dualistischen Rolle. Sie waren Bischöfe einer lokalen Diözese und gleichzeitig Hauptbeauftrage einer Großprovinz, die fünf Staaten im südlichen Afrika und die Inseln St. Helena und Ascension im südlichen Atlantik umfasste. Theologen argumentierten, dass es die richtige Lösung sein würde, Kapstadt in überschaubarere Diözesen mit jeweils eigenen Bischöfen aufzuspalten. Die Diözese lehnte das ab und wählte stattdessen Suffragan- oder Assistenzbischöfe, um die Erzbischöfe zu unterstützen.

Tutu hatte zwei Suffraganbischöfe übernommen, widmete sich jedoch auch externen Aufgaben, mit denen sich seine Vorgänger nicht beschäftigt hatten. Als Hauptziel seiner Amtszeit setzte er sich die Teilung der Diözese, blieb damit jedoch erfolglos. Das lag zum einem daran, dass die Anglikaner von Kapstadt an den Erzbischof angegliedert bleiben wollten und zum anderen, dass sie die finanzielle Überlebensfähigkeit von kleineren Diözesen anzweifelten. Doch ein weiterer wichtiger Grund, der von den schwarzen Laienrepräsentanten vertreten wurde, war politischer Natur: »Die Regierung hat uns balkanisiert«, argumentierten sie, »und wir wollen die Kirche nicht balkanisieren.« Daher musste Tutu die Wahl eines dritten Suffraganbischofs einleiten, die Diözese in drei Regionen aufteilen und den Bischöfen die pastorale Verantwortung für jeweils eine Region übertragen. Er selbst behielt die formelle Verantwortung für die gesamte Diözese.

Tutus nationale und internationale Tätigkeit als Geistlicher verkürzte seine Zeit innerhalb der Diözese – er scherzte oft darüber, dass er der »Erzbischof aus Kapstadt«[75] sei – und einige seiner Kleriker, besonders die jüngeren Priester, fanden, dass er ihnen nicht genug Zeit widme. Die meisten seiner Kleriker, in Johannesburg wie auch in Kapstadt, behielten ihn allerdings hauptsächlich als Pfarrer in Erinnerung. An der Kirchenbank auf der er saß, wenn er in der Kapelle in der Bischofsresidenz betete, hingen Fotos und

---

75 Anm. d. Übers.: nicht im Sinne von: der Erzbischof »für« Kapstadt.

persönliche Informationen zu Priestern und ihren Familien. An Geburts- und Jahrestagen und wenn sie umzogen, schickte er ihnen Blumen. Ein Strom von handgeschriebenen Postkarten floss aus seinem Stift, wenn er an seinem Schreibtisch oder im Flugzeug saß. Er entwickelte pastorale Beziehungen über das Telefon, die sich bis hin zu Staatsoberhäuptern erstreckten: beispielsweise zu Nelson Mandela und später zu Bill Clinton im Weißen Haus während seines Anklageverfahrens. Niemals vergaß er seinen Fehler von vor 25 Jahren, als er es versäumt hatte, ein Gemeindemitglied kurz vor dessen Tod zu besuchen. Oftmals besuchte er Krankenhäuser, um ernsthaft kranke Geistliche zu besuchen, wenn er zum Flughafen von Kapstadt fuhr oder von dort zurückkehrte.

In der Provinz – der Kirche im gesamten südlichen Afrika – ging Tutu mit seinem Arbeitsaufwand wie folgt um: Einen Teil der Arbeit übertrug er auf seinen Sachbearbeiter Njongonkulu Ndugane und er arbeitete auf eine bemerkenswerte Art mit Michael Nuttall zusammen, dem Mann, der ein Jahrzehnt zuvor mit großer Wahrscheinlichkeit statt Tutu zum Erzbischof gewählt worden wäre. Im Jahre 1989 wurde Nuttall durch das Konzil der Bischöfe zum Dekan der Provinz und Stellvertreter von Tutu gewählt. Bis dahin war ihm nur wenig Verantwortung zugekommen. Tutu machte sich daran, dies zu ändern. Zunächst lud er Nuttall dazu ein, ihn an Weihnachten 1989 auf eine Pilgerreise nach Bethlehem und Jerusalem zu begleiten. Was sich dann entwickelte, hätte nur schwer vorhergesagt werden können. Nuttall war ein starker Gegner der Apartheid und ein ehemaliges Mitglied der Liberalen Partei, die einst von Alan Paton geleitet worden war, war jedoch vorsichtiger und zurückhaltender als Tutu. Als einige Jahre zuvor Patons Zeitungskommentar über Tutus Nobelpreis veröffentlicht worden war, hatte Nuttall einen persönlichen Brief an Paton geschrieben, in dem er sich dankbar für »die aufrichtige Kombination aus Glückwünschen und Kritik« in dem Artikel gezeigt hatte: »Er beinhaltet die Art von weisen und mutigen Dingen über ihn [Tutu], die jemand wie ich sehr schwer ausdrücken kann.« Im Jahre 1989 hatten sich Nuttalls Ansichten schon verändert – er unterstützte zielgerichtete Sanktionen – und die Pilgerreise in das Heilige Land stand für eine weitere Annäherung. Dort, schrieb er später, habe er sich »in einer politischen Situation [wiedergefunden], die unserer verblüffend ähnlich ist«. Er sprach mit religiösen Oberhäuptern und wurde darum gebeten, ihnen zu erklären, was der »Dekan der Provinz« für eine Bedeutung habe. Spontan habe er gesagt, dass es am einfachsten sei, ihn als »Nummer zwei nach Tutu« zu betrachten. Tutu reagierte, in dem er die Partnerschaft als ein Symbol darstellte: Wenn Schwarze und Weiße in Südafrika zusammenfinden könnten, dann könnten auch die Palästinenser und Israelis im Mittleren Osten zusammenfinden.

Zurück in Südafrika entwickelten die beiden eine enge Beziehung, in der Tutu Nuttall bei seinen Hauptentscheidungen hinzuzog und Nuttall Ndugane bei einem Teil von Tutus Verwaltungsarbeit unterstützte. Das entlastete Tutu, wobei Nuttall hauptsächlich von der Möglichkeit profitierte, ein gemeinsames geistliches Amt in den politischen Krisen des Landes zu bekleiden. Nuttall verfasste eine bewegende Denkschrift über ihre Beziehung: Number Two to Tutu. Für Leser von Kirchenbiographien und südafrikanischer Geschichte ist die Denkschrift eine wertvolle Darstellung der damaligen Zeit, jedoch hat sie auch ihren Wert als genaue Beschreibung dessen, wie Nuttall die Arbeit Tutus mit seinen Kollegen erlebte:

> »Wir Bischöfe waren bestrebt, hinter dem Purpur, den wir trugen, die Wahrheit über uns selbst herauszufinden, das innere Kind, die feminineren Wesenszüge, die wahrhaftige Persönlichkeit. Daraus erwuchs ein freierer Führungsstil, frei genug, um die menschlichen Schwächen zu berücksichtigen, zu lachen oder zu weinen, uns selbst nicht zu ernst zu nehmen. Unbewusst und spontan brachte er eine neue und gesunde Freiheit in das Leben der anderen Bischöfe um ihn herum. Dennoch war es eine paradoxe Freiheit, da sie eine tiefere Abhängigkeit von Gott mit sich brachte und von dem Gegenüber, eher als von unserer eigenen Stärke und [unserem eigenen] Zustand.«

Bei Kirchenversammlungen verfolgte Tutu einen Konsens formenden Führungsstil, der sich aus afrikanischen Traditionen ableitete.

Sooft wie möglich vermied er Uneinigkeit stiftende Abstimmungen bei Kirchenversammlungen und schickte stattdessen die Vertreter der differierenden Parteien über Nacht fort, damit sie gemeinsam einen Kompromiss finden konnten. Die Bischöfe hatten ein großes Maß an Autonomie in ihren Diözesen und so legte Tutu, der sich mit den Gefahren einer Spaltung konfrontiert sah und mit Weißen, die die Kirche verließen, eine besondere Gewichtung auf die Herstellung einer Einheit im Konzil der Bischöfe. Die abweichende Meinung eines einzelnen Bischofs konnte eine Entscheidung so lange verhindern, bis diese so umformuliert worden war, dass jeder damit leben konnte. In einem Forum, das zwei Mal im Jahr für eine Woche hinter verschlossenen Türen stattfand, integrierte Tutu in eine Arbeitsgemeinschaft eine Diskussionsgruppe, die andere Ansichten in den Bereichen Theologie, Kultur, Politik und Ethnie vertrat. Gemeinsam wurde gebetet, gestritten, gelacht, man ging früh am Morgen spazieren oder joggen und genoss Zeiten der Ruhe. Nach dem Abendgebet nahmen sie jabula zu sich – eine Umschreibung für Drinks vor dem Abendessen, die sich von dem Nguni-Wort für »feiern« ableitet. Tutu führte sie vorne an. Einige empfanden ihn bei diesen Gelegenheiten als zu präsent, doch er hatte die Fähigkeit, Meinungsverschiedenheiten wahrzunehmen und sie an die Oberfläche zu ziehen. Nuttall schrieb in seiner Denkschrift, warum Tutus Bischofsbrüder – alle waren sie Männer – ihn »den Direktor« nannten:

> »Diesen Spitznamen hatte er aufgrund seiner Praktiken erhalten. In den freien Zeiten während unseren regulären Versammlungen rief er uns, einen nach dem anderen, in sein Büro, um herauszufinden, wer wir waren – ›in ihrem Herzen‹, sagte er oft. Wie seien unsere Ruhezeiten, unsere Rückzugszeiten, unsere Lesezeiten und die freien Tage, unser Urlaub verlaufen? Nutzten wir diese Zeiten? Gaben wir auf uns selbst Acht und erlaubten wir Gott, dies zu tun? Gaben wir auf unsere Familien Acht? Dann: ›Lassen Sie uns ein bisschen zusammen beten‹ und danach verließen wir ermutigt oder ermahnt [den Raum], stets tief in Gedanken, ein bisschen verlegen wegen unseres kurzen Gesprächs mit ›dem Direktor‹.«

Obwohl es Tutu nicht gelang, eine Aufspaltung der Diözese von Kapstadt zu bewirken, erreichte er während seiner Zeit im Amt, sein anderes Hauptziel für die Kirche: die Anerkennung der Priesterweihe für Frauen. Das war eine Angelegenheit, für die er lange gekämpft hatte. Im südlichen Afrika kam im Jahre 1989 zum ersten Mal die realistische Hoffnung auf, dass Frauen zu Priesterinnen geweiht werden könnten, als dem Provinzkonzil der Kirche lediglich 13 Stimmen für die erforderliche Zwei-Drittel-Mehrheit fehlten, um dieses Ziel zu erreichen. Tutu brachte das Ausschließen von Frauen mit der Apartheid in Verbindung: Sie diskriminiere die Menschen wegen Dinge, die sie nicht ändern konnten – in diesem Fall wegen ihres Geschlechts. Im Laufe der folgenden drei Jahre debattierten die Bischöfe ausführlich über das Thema. Im Jahre 1992 eröffnete Tutu das Provinzkonzil, in dem er sagte, dass die Kirche durch das Fehlen von Frauen »stark verarmt« sei. Dieses Mal konnte die Angelegenheit durchgebracht werden, doch Tutu hielt das Konzil von zu hohen Freudensprüngen ab. Er erkannte die Mühen seiner Gegenspieler an und war darum bestrebt, die Einigkeit zu erhalten. Er und Nuttall schlugen ihnen ein Abkommen vor und versicherten ihnen, »dass es einen hoch geschätzten Platz für sie in der Kirche [unseres Herrn] gibt, die ohne sie verarmen würde.«

Bald wurden in Kapstadt zwei Frauen zu Priesterinnen geweiht und Tutu ernannte rechtzeitig eine von ihnen – Wilma Jakobsen – zu seiner Kaplanin. In einer ähnlichen Geste lud er auch Merwyn Castle ein – den Priester, den er als Dekan von Johannesburg zu seiner Amtsniederlegung gezwungen hatte –, um eine Zeit lang in derselben Position zu arbeiten. Castles Anstellung knüpfte sich an die Kirchenpolitik, die es zölibatär lebenden Schwulen und Lesben erlaubte, Priester zu werden. Tutu verteidigte diese Politik öffentlich, räumte privat jedoch ein, dass sie logisch betrachtet nicht vertretbar sei. Klerikern mit homosexueller anstatt heterosexueller Orientierung ein Zölibat aufzuzwingen, sagte er, sei auch eine Form von Diskriminierung, die eine Eigenschaft betreffe, die die Menschen nicht ändern könnten. Kurz vor seinem Ruhestand bat er seine Bischofsbrüder darum, die Politik noch einmal zu überprüfen, doch das brachte keine Fortschritte, ehe er sein Amt niederlegte. Noch ein Jahrzehnt später rang die Kirche in einer Debatte mit dem Problem, in der er zwar inoffiziell, jedoch weithin vernehmbar, seinen Beitrag leistete.

Tutus Leben basierte fest auf der Institution Kirche. Seinen Beruf als Erzbischof nahm er ernst. Allerdings war er vor allem ein Pastor, dessen Leidenschaft die Menschen waren, denen er in seinem geistlichen Amt verpflichtet war. Daher richtete er in seinem Amt seinen Blick stets nach außen und nahm ihr Wohlergehen in den Fokus. Das bedeutete, dass sein höchstes Ziel als Erzbischof – es übertraf alles andere – im Südafrika der 80er-Jahre der Kampf gegen die Apartheid war. Nachdem er sich niedergelassen und seine neue Diözese kennengelernt hatte, verkündete er, dass, solange er Erzbischof sei, die Befreiung die höchste Priorität in der Agenda der Kirche darstelle: »Befreiung von den Sünden in all ihren Erscheinungsformen, Befreiung, um all das zu sein, was Gott von seinen Kindern zu sein verlangt.« Das spiegelte sich auch in den spitzfindigen politischen Graffiti wider, für die Kapstadt bekannt war. Am Rande einer Schnellstraße nahe der Bischofsresidenz hatte ein gewitzter Gegner Tutus die folgenden Zeilen gesprüht:

> I was Anglican
> Till I put Tu and tu
> Together.[76]

Ein Unterstützer Tutus hatte ergänzt:

> Yes, but 2 + 2
> = 3dom.[77]

---

76 Anm. d. Übers.: »Ich war Anglikaner, bis ich zwei und zwei zusammengezählt habe« (Im Englischen klingt »Tu and tu« wie »Two and two«, also »Zwei und zwei« im Deutschen).

77 Anm. d. Übers.: »Ja, aber 2 + 2 = Freiheit« (Im Englischen liest sich »3dom« oder ausgeschrieben »three dom« in etwa wie »Freedom«, was im Deutschen »Freiheit« bedeutet).

Kapitel 13

Anführer auf Zeit

Die weitsichtigsten Angehörigen von P. W. Bothas Militär-, Polizei- und Geheimdienstapparats realisierten innerhalb eines Jahres, als sich der Vaal-Aufstand in weitere Teile des Landes ausbreitete, dass Verhandlungen mit dem African National Congress (ANC) unvermeidbar seien. Im Oktober 1985 kam das Coordinating Intelligence Committee des Staatssicherheitsrats zu einer Sonderversammlung der Generäle und des Geheimdienstpersonals zusammen, um zu diskutieren, ob es möglich sei, Gespräche zu verhindern. Der Konsens zeigte, dass man dies aufgrund der enormen innerstaatlichen und ausländischen Unterstützung für den ANC nicht könne – dass Verhandlungen jedoch aufgeschoben werden sollten, bis die Regierung wieder die Oberhand habe. Mit den Worten eines der Generäle, die von der Wahrheits- und Versöhnungskommission in ihrer Zusammenfassung der Komitee-Versammlung festgehalten wurden: »Das ist der Zeitpunkt [nachdem die Regierung das Machtgefüge zu ihren Gunsten wiederhergestellt hatte], an dem man von einer starken Position aus verhandeln kann und es sich erlauben kann, die Gegenpartei zu vereinnahmen. Wenn dies der Fall ist, wird sie als eine Bedrohung ausgelöscht.« Es folgte eine zweigleisige Strategie: Auf der einen Seite bereiteten die Regierungsgesandten heimlich Kommunikationswege zu Nelson Mandela im Gefängnis und dem ANC im Exil vor. Auf der anderen Seite verfeinerten die Sicherheitskräfte ihre Taktiken der konterrevolutionären Kriegsführung, um den ANC in die Position des unterwürfigen Verhandlungspartners zu zwingen.

Die erste Strategie berührte Desmond Tutu nicht. Ihm war bewusst, dass es Wechselbeziehungen zwischen Mandela und denen, die ihn hatten einsperren lassen, gab, doch der Briefverkehr zwischen ihm und Mandela war ab dem Jahr 1983 von der Gefängnisleitung untersagt worden. Damals hatten sie Mandela daran gehindert, Tutu einen harmlosen Brief zu schicken, in dem er ihm nach einer Operation am Ohr eine gute Genesung gewünscht hatte.[78] Später wurde Tutu die Erlaubnis entzogen, Mandela im Gefängnis zu besuchen, gerade nachdem es Mandela erlaubt worden war, intensiv mit der Vereinigten Demokratischen Front, mit Kollegen beim ANC und mit anderen Kirchenoberhäuptern in Kontakt zu treten. Tutu hatte Kontakt zu den ANC-Anführern im Exil – sie nannten ihn »Kampfgefährte Erzbischof« – und drängte sie, ihren bewaffneten Kampf aufzugeben, wenn sich die Regierung zu Gesprächen bereiterkläre. Doch in irgendwelche geheimen Gespräche wurde er nicht miteinbezogen. In seiner Rolle als Erzbischof empfand er sein Amt als geradezu überschüttet von den Konsequenzen der zweiten Strategie der Regierung: der gewaltsamen Unterdrückung der Opposition.

Seine ersten Interventionen gegen Gewalt in Kapstadt hatte er noch vor seinem Amtsantritt getätigt. Eine der Taktiken der Regierung war die »Gegenmobilisierung«: Innerhalb von schwarzen Gemeinden wurden Gruppen ausgewählt, die darauf vorbereitet wurden, mit der Regierung zu kooperieren. Man pumpte Ressourcen in die Entwicklung ihrer Gebiete und förderte Bürgerwehrattacken der Gruppen gegen Unterstützer des ANC. Im Juni 1986 attackierten Tausende von »Bürgerwehr-Vätern« wiederholt »Kampfgefährten« in einer Hüttensiedlung außerhalb von Kapstadt. Sie töteten etwa 20 Menschen, plünderten und brannten Häuser nieder und deportierten um die 30.000 Menschen aus dem Gebiet. Tutu flog nach Johannesburg, um über eine zwischenzeitliche Waffenruhe zwischen den Gruppen zu verhandeln. Die Polizei nahm nicht einen einzigen Angehörigen der Bürgerwehr fest. Die ansässigen Sicherheitsleiter gaben dem Staatssicherheitsrat in

78 Mandela hatte geschrieben: »*Ich hoffe sehr, dass ihr Hörvermögen vollständig wiederhergestellt wurde, aber nicht in dem Ausmaß, dass Sie nun Dinge hören können, die nicht für Ihre Ohren bestimmt sind.*« Tutu sah den Brief zum ersten Mal 23 Jahre, nachdem er geschrieben worden war, als er bei den Recherchen zu diesem Buch in den Gefängnisakten gefunden wurde.

Pretoria ein Zeichen und baten um Geld für die Finanzierung »eines Siegesfestes in Form einer Rinderschlachtung«.

Als er sich in Kapstadt etabliert hatte, wurde Tutu Teil einer Gruppe von Kirchenoberhäuptern, die oftmals gerufen wurden, um bei Konflikten auf den Straßen zu vermitteln. Zu ihren bekanntesten Mitgliedern zählten Allan Boesak, dem als Vorsteher der Niederländisch-Reformierten Missionskirche doppelt so viele farbige Gemeindemitglieder unterstanden wie Tutu und Stephen Naidoo, Sohn von Hindus, die zum Katholizismus übergetreten waren und der zwei Jahre zuvor zum katholischen Erzbischof der Stadt gewählt worden war. Die drei bildeten ein starkes Team: Boesak diente der Gruppe als prägnanter politischer Denker, Naidoo hatte das präzise Annäherungsvermögen eines vorsichtigen Unterhändlers und Tutu besaß rhetorische Fähigkeiten, mit denen er sein Publikum zunächst wachrütteln und zusammenschweißen und ihre Wut schließlich in kreatives, friedvolles Handeln umwandeln konnte. Bei einem ihrer frühesten gemeinsamen Arbeitserlebnisse versuchten sie eine Konfrontation bei der Beerdigung von Ashley Kriel zu verhindern, einem Guerilla des ANC, der im Juli 1987 von der Sicherheitspolizei getötet worden war. Kriel war ein ausgewiesener, bekannter Jugendanführer gewesen, der von Zubeida Jaffer, einem Aktivisten und Journalisten aus Kapstadt als »der Ché Guevara der Cape Flats« beschrieben worden war. Die Polizei hatte Restriktionen wegen seiner Beerdigung verhängt, was Allan Boesak dazu veranlasste, Adriaan Vlok, den Nachfolger Louis le Granges als Polizeiminister, anzuschreiben und ihn zu warnen, dass sie unmöglich und provokant seien. Während Boesak den Tag vor der Beerdigung damit verbrachte, sich mit den nationalen Polizeioberhäuptern zu streiten, appellierten Tutu und Naidoo an den örtlichen Polizeikommissar, seine Männer fernzuhalten.

Die Polizei weigerte sich, die Restriktionen aufzuheben. Am Tag der Beerdigung bestellte man früh am Morgen die Kirchenoberhäupter in das Polizeihauptquartier in Kapstadt. Dort hielten die beiden Gruppen, vor einer markant veranschaulichten Anschlagtafel über die Feuerkraft der Polizei, ein zweistündiges Verhandlungsgespräch, auch als die Beerdigung schon angefangen hatte.

Die Gespräche endeten ergebnislos, ohne eine klare Abmachung über die Kompromisse, die diskutiert worden waren. Die Polizei hatte gesagt, dass sie keine ANC-Flaggen oder -Parolen erlauben würde, doch sie würde es den Trauergästen gestatten, mit Bussen zum Friedhof zu fahren. Als die Kirchenoberhäupter im Cape-Flats-Township Bonteheuwel eintrafen, waren die Trauergäste von den gelben Panzerfahrzeugen der Polizei eingekreist worden. Auf den Dächern saßen Heckenschützen und ein Helikopter schwebte in der Luft. Als die Trauergäste den Beisetzungsgottesdienst in der Familienkirche von Kriel verlassen hatten, waren sie mit Tränengas beschossen worden. Sie hatten sich umgruppiert und der Sarg war in eine nahegelegene anglikanische Kirche gebracht worden. Ihre Pläne für eine Massenversammlung auf einem nahegelegenen Sportplatz hatten die Organisatoren der Beerdigung fallen lassen und die zweite Kirche zum Veranstaltungsort ihres Prostests gemacht. »Der Gottesdienst wird zu einer Massenversammlung und die Massenversammlung wird zu einem Gottesdienst«, schrieb Jaffer in einer Denkschrift. »Die Flagge des ANC wird herausgeholt und über den Sarg drapiert. Kirchenlieder werden zu Freiheitsliedern und Freiheitslieder zu Kirchenliedern. Aus Tränen wird Lachen und aus Lachen werden Tränen. Tutu und Boesak machten sich beide über die Polizei lustig [und] erzeugten eine Leichtfertigkeit, die unerlässlich war, um die wütende Stimmung zu entschärfen.« Als der Sarg erschien, versuchte die Polizei die Flagge zu konfiszieren und löste damit ein Handgemenge aus, bei dem sich ein hochrangiger Polizist mit Allan Boesak und Moulana Faried Essack, einem muslimischen Geistlichen, schlug. Für Tutu endete die Beerdigung mit dem erfolglosen Versuch, einen Polizeikommandeur davon zu überzeugen, das Abkommen zu würdigen und nicht die Anzahl der Menschen zu limitieren, die zum Friedhof fahren durften.

Seine Versuche, im Straßenkampf zu vermitteln, unternahm Tutu zu einer Zeit, in der sich die Spannungen mit der Regierung wegen seiner Einstellung gegenüber dem bewaffneten Kampf erneuerten. Im Juni 1987 waren er und Leah von Dinis Sengulane, dem Bischof von Lebombo, in seine Diözese nach Mosambik eingeladen worden, die sich über den gesamten südlichen Teil des Landes erstreckte. Südafrika hatte Mosambik drei Jahre zuvor dazu gezwungen, ein Friedensabkommen zu unterzeichnen, in dem die Schließung der Militärbasen des ANC festgelegt war, doch Südafrika betrachtete Mosambik nach wie vor als feindliches Territorium, das von Marxisten regiert werde. Die Mosambikanische Widerstandsbewegung (RENAMO), die von Südafrika unterstützt wurde, führte einen brutalen Kampf gegen die Regierung. Am ersten Tag seines Besuchs wurde Tutu bei einer Nachrichtenkonferenz in der Hauptstadt Maputo von einem Journalisten gefragt, ob er noch immer gegen einen bewaffneten Kampf eintrete. »Oh, unbedingt, ja«, antwortete Tutu. »Ich habe gesagt, dass ich Ihnen den Tag nennen würde, an dem ich glaube, dass wir der Welt sagen müssen, dass wir nun einen Punkt erreicht haben, an dem wir Gewalt benutzen müssen, um ein ungerechtes System umzustürzen. Ich glaube nicht, dass wir da schon [angekommen] sind.« An Tutus Bemerkungen war nichts Neues. Die meisten Journalisten berichteten nicht über seinen Kommentar und er begann eine Tour zu abgelegenen ländlichen Kirchengemeinden.

Eine Woche später kehrte Tutus Reisegruppe nach Maputo zurück und erfuhr, dass es in der Heimat einen Aufruhr gab. Die *Associated Press* (AP) hatte Tutus Kommentar in ihre Berichterstattung über die Nachrichtenkonferenz einfließen lassen. In Johannesburg versah die Pro-Apartheid-Zeitung *The Citizen* den AP-Bericht mit der Schlagzeile: »Tutu verspricht Signale für Gewalt in SA zu geben.« Eine Mosambikanische Zeitung hatte ihn missverstanden und berichtet, er habe gesagt, dass die Zeit für Gewalt nun gekommen sei. Die Polizei hatte Fernsehnachrichtenbänder über Tutus Kommentar konfisziert. Als eine Nachrichtenagentur eine Klage einreichte, damit die Bänder wieder zurückgegeben wurden, teilte die Polizei dem Gericht mit, dass man sie im Hinblick auf Hochverrat oder Terrorismus untersuchen müsse. Tutu forderte die Polizei heraus: »Ich habe erfahren, dass einige Leute gesagt haben, dass ich mich erheben und den schwarzen Menschen sagen würde: ›Ihr, macht weiter [so].‹ Wer bin ich, dass ich solch eine überhebliche Rolle einnehmen könnte? Wenn das

Hochverrat ist, bin ich nur allzu bereit, die Anklage auf mich zu nehmen.«

An dem Abend bevor er nach Johannesburg zurückkehrte, war ihm schwer zu Mute. Leah war früh nach Johannesburg aufgebrochen und sein öffentlicher Widerstand war durch ein gedämpftes Gespräch mit seinen Mitarbeitern ersetzt worden. Seinem persönlichen Assistenten Matt Esau sagte er, dass, falls ihm etwas zustieße, sein letzter Wille und seine Anweisungen für seine Beerdigung in der untersten Schublade seines Schreibtisches gefunden werden könnten. Einer seiner Wünsche war es, dass seine Familie nicht dem Brauch folgen sollte, seine Fotos zu entfernen, so dass man sein Gesicht während der Trauerzeit nicht sehen konnte. Esau bat Kollegen in Johannesburg darum, private Sicherheitsleute für die Ankunft auf dem Flughafen bereitzustellen. Am folgenden Tag, dem 29. Juni, feierte die Kirche das Fest von Sankt Peter und Paul.[79] Bei seinem letzten Gottesdienst in Maputo sagte Tutu, dass die Christen Zeugen der Liebe Gottes seien:

»Wir erwarten, dass sich in ihnen der Charakter Jesus Christi spiegelt. Wir erwarten von den Christen, dass sie sanftmütig sind, sich nicht immer zanken und kratzen. Wir erwarten von den Christen, dass sie bescheiden sind, wie auch Jesus bescheiden gewesen ist. Wir erwarten von den Christen, dass sie den Frieden lieben und dass sie Menschen sind, die für den Frieden arbeiten. Wir erwarten von den Christen, dass sie liebevoll sind. Wir erwarten von den Christen, dass sie Menschen sind, die vergeben, so wie Jesus sogar denen vergeben hat, die ihn an das Kreuz geschlagen haben. Jedoch erwarten wir auch von den Christen, dass sie diejenigen sind, die sich für die Wahrheit einsetzen. Wir erwarten von den Christen, dass sie diejenigen sind, die sich für die Gerechtigkeit einsetzen. Wir erwarten von den Christen, dass sie diejenigen sind, die sich auf die Seite der Armen stellen und der Hungrigen und der Obdachlosen und der Mittellosen, und wenn das ge-

79 Anm. d. Übers.: oder Petrus und Paulus.

> schieht, dann werden die Christen vertrauenswürdige, glaubhafte Zeugen sein.«

Das Wort »Zeuge« sei im Griechischen das Wort, von dem der englische Begriff »Märtyrer« abgeleitet werde, fuhr Tutu fort. Folglich sei ein Märtyrer ein Christ, der seinen Glauben bezeugt – selbst bis in den Tod, wie auch Petrus und Paulus es getan hätten. Er schloss:

> »Und es möge geschehen, dass sie und ich, jeder von uns, dazu aufgefordert wird, für Jesus Christus Zeugnis abzulegen, unter großen Entbehrungen Zeugnis abzulegen – Zeugnis abzulegen, selbst wenn wir dafür leiden müssen, dass wir Christen sind und vielleicht sogar für unseren Glauben sterben müssen. Denn Märtyrer gibt es auch weiterhin in der Kirche, bis heute. Und wir beten dafür, dass Gott uns Stärke verleihen mag, dafür, dass, wenn die Zeit der Anklage kommt, wir unserm Herrn treue Zeugen sein können und dass Gott uns segnen möge, so dass wir wahre Zeugen unseres Herrn und Retters Jesus Christus sein können.«

Auf dem Flughafen von Maputo sangen die Mosambikaner Chöre für ihn auf dem Rollfeld und bereiteten ihm damit einen farbenfrohen, geräuschvollen Abschied. Er und seine Mitarbeiter waren die letzten Passagiere, die in die Maschine stiegen. Als Tutu das Flugzeug der South African Airways betrat, war die Spannung förmlich fühlbar: Es war voll von weißen südafrikanischen Dienstpersonen und Geschäftsleuten, die ihn in vollkommener Stille anstarrten. Eine Stunde später wurde er auf dem Flughafen von Johannesburg von Journalisten bedrängt. Es herrschte ein Blitzlichtgewitter und ihm wurden Mikrofone in das Gesicht gedrückt. Zwei Sicherheitsleute eskortierten ihn durch das Gedränge und brachten ihn in ein nahegelegenes Hotel. Dort sollte Esau ihn mit einem Mietwagen abholen und ihn zu seinem Haus in Orlando West fahren, wo Leah schon auf ihn wartete. Als ein anderer Mitarbeiter mit dem Auto zu dem Hotel losfahren wollte, sah ein Nebenstehender, dass der rechte Vorderreifen kein Profil mehr hatte. Das Reifengummi war bis auf die Schalung abgescheuert und Drahtstücke der Innenummantelung ragten dort heraus, wo eigentlich das Profil hätte sein müssen. Ein anderes Auto wurde bereitgestellt. Ein leitender Angestellter der Autovermietungsgesellschaft zog es später vor, seine Angestellten dafür verantwortlich zu machen, dass sie den Reifenverschleiß in den Monaten der Materialprüfungen übersehen hatten – eher noch, als die Möglichkeit der Sabotage in Betracht zu ziehen.

Tutu gelangte niemals an den Punkt, an dem er sich dazu entschieden hätte, dass Gewalt der einzige Weg sei, um die Apartheid zu bekämpfen. Stattdessen erforschte er gemeinsam mit anderen Kirchenoberhäuptern Strategien für Sanktionen und zivilen Ungehorsam. Als er dies tat, versuchte er seinem Grundsatz gerecht zu werden, als Erzbischof kein »Ein-Mann-Orchester« darzustellen, sondern zu versuchen, für die Bischöfe als Ganzes zu sprechen. Was die Anwendung von Gewalt betraf und ebenso die eifrigsten Bestrebungen, sie zu vermeiden, betonte Tutu die Schließung der Kluft zwischen seiner Position und der der offiziellen Kirchenpolitik. Die erste wichtige Veränderung in der Politik, die er und die Kirche gemeinsam herbeiführten, trat fünf Monate nach der Kontroverse von Maputo in Kraft.

Im Jahre 1985 veröffentlichten mehr als 150 südafrikanische Theologen, als Reaktion auf die Township-Aufstände aus dem vergangenen Jahr, ein wegweisendes Arbeitsdokument mit dem Titel »Herausforderung an die Kirche«. Darin stand, dass ein »kairos-Moment« – auf Griechisch etwa ein Moment der Wahrheit oder ein göttlicher Wendepunkt – eingetreten sei. Sie charakterisierten den Zustand der Apartheid als Tyrannei und warfen den Oberhäuptern der multiethnischen Kirchen vor, ein Versöhnungskonzept zu vertreten, das darauf ausgerichtet sei, das Gute mit dem Bösen und Gott mit dem Teufel zu versöhnen. Diese Oberhäupter, behaupteten die Theologen, setzten die Gewalt der staatlichen Unterdrückung mit der Gewalt der Unterdrückten gleich. Sei es vertretbar, fragten sie, »die rücksichtslosen und unterdrückenden Aktivitäten des Staates« und »die verzweifelten Versuche der Menschen, sich zu verteidigen« auf die gleiche Art und Weise zu verurteilen? »Wäre es vertretbar die körperliche Gewalt, die ein Vergewaltiger anwendet, und die Gewalt einer Frau, die versucht, sich gegen den Vergewaltiger zu wehren, als dieselbe Form von Gewalt zu bezeichnen?«

Das »Kairos-Dokument« wurde bald als eine der wichtigsten theologischen Feststellungen der damaligen Zeit angesehen. Tutu hatte es nicht unterzeichnet. Er empfand es als zu aggressiv und als zu herablassend gegenüber den weißen Oberhäuptern der multiethnischen Kirchen. Jedoch unterstützte er seine Zielrichtung. Außerdem waren 30 seiner ursprünglichen Unterzeichner – ein Fünftel aller – Anglikaner, unter denen auch Tutus College-Freund David Nkwe und Edward Mackenzie und Geoff Quinlan, seine Suffraganbischöfe in Kapstadt, waren. Obwohl das Dokument den bewaffneten Kampf der Befreiungsbewegungen nicht explizit unterstützte, verlieh es solch einem Kampf eine beispiellose Legitimität. Im Mai 1987 unternahm eine Informationsversammlung in Lusaka in Sambia, die von dem Rassismus-Bekämpfungsprogramm des Weltkirchenrats ausgerichtet wurde, den nächsten Schritt und verkündete, dass die Natur der Apartheid die Befreiungsbewegungen dazu »zwinge«, zu den Waffen zu greifen. Dieser Befund wurde dem jährlichen Treffen des Provinz-Geltungskomitees der Anglikanischen Kirche im November 1987 vorgelegt. In einer kurzen Debatte berichteten Duncan Buchanan und Richard Kraft, die Bischöfe von Johannesburg und Pretoria, über Gespräche, die sie und Tutu kürzlich mit dem ANC geführt hatten. Ohne Einwände nahm das Treffen den Beschluss an, entschied den Befund vom Mai aus Lusaka zu »akzeptieren« und bat die Kirchenmitglieder, dem »dritten Weg« Jesu zu folgen: entschiedenes, gewaltloses Handeln für einen Wandel.

Der Beschluss des Komitees entfachte einen Sturm der Kritik – diesmal nicht nur gegen Tutu, sondern auch gegen seine Bischofsbrüder. Eine politisch rechte anglikanische Lobbygruppierung, die Anglicans Concerned for Truth and Spirituality, griff Buchanan an und sagte, dass die Kirche die Daseinsberechtigung von Bothas Regierung hinterfragt habe, »trotz ihrer Bemühungen um friedliche Reformen«. Die weißen Laienanglikaner schrieben, um ihrer

Wut und ihrer Bestürzung Luft zu machen. Das Nachrichtenmagazin *Financial Mail* machte abfällige Kommentare über den »dritten Weg«. Die Niederländisch-Reformierte Kirche behauptete, dass die Anglikaner die Kirche nicht länger als ein Instrument des Friedens sahen. Paul Erasmus, der Sicherheitspolizist, der die Kirchenoberhäupter lange Zeit überwacht und belästigt hatte, entwarf heimlich ein Plakat, auf dem den Anglikanern mitgeteilt wurde, dass sie den »abscheulichen Handlungen« des ANC und der Kommunistischen Partei beipflichteten, wenn sie den Lusaka-Befund akzeptierten: Mord, Hinrichtungen, Einschüchterung und »die Verstümmelung von unschuldigen Menschen – schwarz wie weiß«. Erasmus hatte eine bizarre Strichzeichnung auf dem Poster angebracht, die eine Ku-Klux-Klan-Figur mit einem Totenkopf ähnlichen Schädel darstellte. Sie trug ein Hammer-und-Sichel-Abzeichen und benutzte ein Schwert, auf dem »Lusaka-Befund« stand, um einen Balken eines christlichen Kreuzes abzuschlagen.

Der zweite wichtige Wechselkurs in der Politik, den die Anglikanische Kirche einschlug, nachdem Tutu zum Erzbischof gewählt worden war, betraf Sanktionen. Von allen Angelegenheiten, mit denen sich die multiethnischen Kirchen in den 80er-Jahren auseinandersetzen mussten, spaltete diese die Gemeinschaft am meisten. Sie führte zu tiefen Rissen, jedoch nicht nur in den Kirchen, sondern auch in anderen legal operierenden Anti-Apartheid-Gruppierungen und erfuhr Unterstützung auch durch Weiße. Die südafrikanische Geschäftswelt, die Zeitungen der Geschäftsleute und die weiße Opposition im Parlament waren allesamt strikt gegen Sanktionen. Daher richtete sich die öffentliche Debatte auf überwältigende Weise gegen sie. Lobbygruppen, die entweder für oder gegen Sanktionen eintraten, hielten sich gegenseitig die widersprüchlichen Ergebnisse von Meinungsumfragen vor. Jede Seite behauptete, dass die schwarzen Südafrikaner ihre Ansichten vertraten und nicht die der Gegenseite. (Die Anzahl von schwarzen Arbeitern, die Sanktionen unterstützte, hing davon ab, ob die Fragen suggerierten, dass Sanktionen zu einem Verlust von Arbeitsplätzen führen würde oder zu einer Befreiung.)

Die anglikanischen Bischöfe waren sich über das Thema zunächst ebenso uneinig wie die Oberhäupter jeder anderen Kirche. Die Diözese von Zululand, in der Mangosuthu Buthlezi der führende Laie war, hatte einen offiziellen Beschluss des Konzils angenommen, der Sanktionen ablehnte. Michael Nuttall unterstützte einen Boykott im Sport, doch wie auch Alan Paton meinte er, er könne für nichts eintreten, was die Arbeitsplätze der Menschen gefährde. Als er seinen Posten angetreten hatte, hatte Tutu sich gemeinsam mit seinen Bischofsbrüdern an einem dreijährigen Prozess von Beratungsgesprächen beteiligt. Zunächst kam es zu einem Abkommen – nicht über die umfangreichen Sanktionen, die er vertrat, sondern über »sorgfältig ausgewählte und besonders zielgerichtete Formen des Drucks, inklusive wirtschaftlichem und diplomatischem Druck«. Das Abkommen wurde den anglikanischen Kirchengemeinden vorgelegt. Fast ausnahmslos unterstützten die Schwarzen den Aufruf, während die Weißen ihn ablehnten. Das Abkommen ging zurück an die Bischöfe und später an das Konzil der Provinz, den höchsten Machtträger der Kirche, das sich mit großer Mehrheit für die Ausrufung von finanziellen Sanktionen und das Ende des internationalen Luftverkehrs nach und von Südafrika aussprach. Nuttall rechnete es Tutu hoch an, dass er es unterlassen habe, die Bischöfe zu »terrorisieren«.

Ende des Jahres 1987 waren die Zwangsmaßnahmen, mit denen P. W. Botha den Ausnahmezustand verhängt hatte, reaktiviert worden, um jegliches Potenzial eines landesweiten Aufstands zu brechen, der den Kollaps der Regierung herbeiführen konnte. An dem Tag nach Beginn des Ausnahmezustands hatte Tutu Botha jedoch warnend mitgeteilt, dass dies nur zeitweise Abhilfe schaffen könne. Am 24. Februar erteilte Botha Adriaan Vlok die Befugnis, unter dem Ausnahmezustand Anordnungen zu geben, um Organisationen oder Einzelpersonen daran zu hindern, »jeglichen Aktivitäten oder was auch immer für Taten« nachzugehen. Noch am selben Tag nutzte Vlok seine Macht, um die Aktivitäten von 17 Organisationen zu verbieten, die mit der Vereinigten Demokratischen Front wie auch mit der Black Consciousness Movement in Verbindung standen. Auch verbot er den Gewerkschaften, politisch aktiv zu werden und schränkte 18 Einzelpersonen ein, unter denen Albertina Sisulu, die Präsidentin der Vereinigten Demokratischen Front und Simon Gqubule, Tutus ehemaliger Kollege im Fedsem, waren.

Die Kirchenoberhäupter reagierten, indem sie sich mit einem Protestmarsch am 29. Februar in den Mittelpunkt rückten. Später hatte Tutu seine bekannte Konfrontation (»mit erhobenem Zeigefinger«) mit Botha, die am Anfang dieses Buches beschrieben wurde. Eine Woche nachdem der Marsch abgebrochen worden war, schlossen sich die Kirchenoberhäupter Kapstadts kurzfristig mit Pädagogen, Sportadministratoren und Frauengruppenleiterinnen zu einem Komitee für die Verteidigung der Demokratie zusammen. Vlok verbot das Komitee und seine Veranstalter riefen eine Protest-Massenkundgebung aus. Doch die Polizei verbot auch diese. Also organisierten Tutu, Allan Boesak und Stephen Naidoo als Ersatz für die Kundgebung einen Gottesdienst in der St. George's Cathedral. Ein amerikanischer anglikanischer Prediger namens Jim Wallis, der am vorangegangenen Tag in Südafrika angekommen war, beschrieb die Geschehnisse:

> »Straßensperren der Polizei waren errichtet worden, um die jungen Leute aus den schwarzen Townships davon abzuhalten, zu dem Gottesdienst zu gelangen, doch viele schafften es trotzdem. Wie ein mächtiger Fluss der Energie, Entschlossenheit und militanten Hoffnung strömten [sie] in den Altarraum. In der gesamten Kirche waren weder ein Sitz- noch ein Stehplatz frei. Überall waren Leute: in den Seitenschiffen, in den Chorräumen und in den Bereichen hinter und vor der Kanzel.«

In feurigen Predigten teilten Boesak und Tutu auf eine aufsässige Art und Weise der Regierung mit, dass sie ihrem Niedergang entgegensehe. Boesak verglich die Regierung mit Ahab und Isebel, den biblischen Machthabern in Israel, die dem falschen Gott Baal gefolgt waren.[80] Er riet dem Publikum, dem Beispiel des Propheten

80 1. Buch der Könige, 18 und 19.

Elija zu folgen: »Wir werden zu dieser Isebel gehen müssen, die in Pretoria sitzt. Sie und ich werden zu P. W. Ahab gehen müssen und wir werden ihm sagen müssen: ›Ihre Tage sind gezählt!‹« Tutu hatte eine Nachricht für die ungerechten Machthaber: »Sie haben schon verloren! Lassen sie es uns freundlich sagen: Sie haben schon verloren! Wir laden sie ein zu kommen und sich der Gewinnerseite anzuschließen! Ihre Sache ist ungerecht. Sie verteidigen, was grundlegend nicht zu verteidigen ist, weil es böse ist. Es ist ohne Frage böse. Es ist unmoralisch. Es ist ohne Frage unmoralisch. Es ist unchristlich. Daher werden sie ins Gras beißen! Und sie werden kräftig ins Gras beißen.«

Zwei Tage später stellte sich die weiße Niederländisch-Reformierte Kirche auf die Seite der Regierung. Ihre allgemeine Konzil-Kommission kritisierte die Politik von Boesak und Tutu scharf und behauptete, sie seien auf einem »gefährlichen Weg«. Sie hätten die Grenze zwischen Kirche und Staat überschritten und könnten daher nicht behaupten, dass jegliche Initiative der Regierung gegen sie ein Angriff auf die Kirche sei. Umgehend sagte eine Delegation von anglikanischen Bischöfen ihre Gesprächstermine ab, die sie mit der Niederländisch-Reformierten Kirche vereinbart hatte und warf ihr vor, sich durch ihr ausgrenzendes Verhalten gegenüber Tutu und Boesak dem Handeln des Staats anzunähern. Die Delegation berief eine Notstandsversammlung aller Bischöfe ein, zu der Robert Runcie einen Abgesandten schickte. Die Versammlung wandte sich an Botha: »Erzbischof Tutu ist unser Vater in Gottes [Gnaden], der zu uns gehört, wie wir zu ihm gehören. Wenn sie unseren Vater in Gottes [Gnaden] anrühren, rühren sie die Kinder Gottes an. Wir werden es der Regierung nicht erlauben, ihn auszugrenzen.«

In der Zwischenzeit hatte Botha auf die Petition geantwortet, die die Kirchenoberhäupter, bei ihrem Versuch zum Parlament zu marschieren, eingereicht hatten. In seinem Antwortschreiben an Tutu behauptete er, dass Tutu sich einer revolutionären Kampagne angeschlossen hätte, die von dem ANC und der South African Communist Party geführt würde, um eine atheistische, marxistische Diktatur zu errichten. Botha stellte einen Vergleich zwischen der Sprachweise in der Petition und der in der ANC-Propaganda an. Er hob Termini wie »Gerechtigkeit«, »Frieden«, »demokratisch«, »Volk« und »Befreiung« hervor. Die Zeit für »Täuschungen und Spiele« sei vorbei, schrieb er:

> »Es muss die Frage gestellt werden, ob sie zu Gunsten des Königreichs Gottes handeln oder zu Gunsten des Königreichs, das von dem ANC und der SACP versprochen wird. Wenn letzteres der Fall ist, sagen sie es, doch verstecken sie sich nicht hinter den Strukturen und dem geistlichen Stand der Kirche, denn das Christentum und der Marxismus sind unvereinbare Gegensätze.«

Tutus achtseitiges Antwortschreiben an Botha war das südafrikanische Äquivalent zu Martin Luther King jr.'s »Brief aus dem Gefängnis von Birmingham« und erfuhr ebenso viel öffentliche Aufmerksamkeit wie seine Warnung an Vorster im Jahre 1976, vor dem Soweto-Aufstand. Er schrieb, dass sich sein Standpunkt von der Bibel und den Lehren der Kirche ableitete: »Die Bibel und die Kirche gehen dem Marxismus und dem ANC einige Jahrhunderte voraus. Unsere Marschregeln stammen von Christus selbst und nicht von einem menschlichen Wesen.« Er fuhr fort, indem er eine detaillierte theologische Kritik der Apartheid formulierte und eine Verteidigung der Verpflichtungen der Kirche, Ungerechtigkeit zu bekämpfen. Er untermauerte seine Argumente mit biblischen Verweisen, die von dem Buch Genesis bis zu der Johannesoffenbarung reichten. Er berief sich wiederholt auf die Prophezeiung des Jesaja:

> »Nein, das ist ein Fasten, wie ich es liebe:
> die Fesseln des Unrechts zu lösen,
> die Stricke des Jochs zu entfernen,
> die Versklavten freizulassen,
> jedes Joch zu zerbrechen.«[81]

---

81 Jesaja 58,6.

Tutu sagte Botha, dass er es nicht ernst gemeint haben könne, indem er auf der Grundlage der Sprachweise der Kirchenoberhäupter behauptet hatte, dass es zwischen ihnen und dem ANC eine bösartige Verbindung gebe: »Wenn ein Kommunist sagt: ›Wasser macht nass‹, würden sie dann sagen: ›Nein, Wasser macht nicht nass‹, da sie fürchten, die Menschen würden sie als einen Kommunisten aburteilen?« Als ein christliches Oberhaupt lehne er den Kommunismus und den Marxismus als atheistisch und materialistisch ab. »Ich arbeite für das Königreich Gottes«, schloss er. »Für welches Königreich arbeiten sie mit ihrer Apartheid-Politik? Ich bete für sie, so wie ich es für ihre Ministerkollegen tue – jeden Tag bei ihrem Namen. Gott segne sie.«

Die Bereitschaft eines breiten Spektrums der südafrikanischen Kirchenoberhäupter, an einem illegalen Protestmarsch am 29. Februar teilzunehmen, führte zu weiterer Unterstützung des zivilen Ungehorsams. Im Zuge dessen schlossen sich die Kairos-Theologen, die der tyrannischen Regierung trotzten, mit den Pazifisten zusammen, die die Kirche lange dazu gedrängt hatten, die gewaltfreien Strategien von Gandhi in Indien, King in den Vereinigten Staaten und der Aktivisten zu adaptieren, die die Regierung von Ferdinand Marcos auf den Philippinen zum Umsturz gebracht hatten. Frank Chikane, der Generalsekretär des Kirchenrats, berief Ende Mai eine Kirchenversammlung ein, die eine »Standing for the Truth« Kampagne[82] beschloss – mit dem anfänglichen Ziel, politische Gefangene zu befreien. Tutu unterstütze die Kampagne, ungeachtet seiner Sorge, dass die südafrikanische Regierung nicht davor zurückschrecken würde, schwarze Demonstranten zu töten. Den führenden Friedensaktivisten des Südafrikanischen Kirchenrats sagte er: »Ich hoffe, wir können auf die Unterstützung von mehr Weißen für direkte gewaltfreie Aktionen hoffen, da die Autoritäten in diesem Fall weniger gewillt sind zu schießen.« Die Kirchenoberhäupter gingen einer Kampagne gegen Kommunalwahlen nach und die Regierung hoffte, dass diese den örtlichen Autoritäten, die sie in den schwarzen Gebieten eingesetzt hatte,

82 Anm. d. Übers.: Für-die-Wahrheit-einstehen-Kampagne.

eine gewisse Legitimität verleihen würde. Bei einem Sondergottesdienst für die Einstellung eines neuen Dekans – Colin Jones – am 4. September in der St. George's Cathedral appellierte Tutu, von der Kirchenkanzel aus, für einen Boykott der Wahlen. Damit beging er einen Verstoß gegen die Notstandsverordnungen. Zwei Tage später kam die Polizei mit einem Durchsuchungsbefehl für die Audioaufnahme von Tutus Predigt in die Bischofsresidenz. Sie beschlagnahmten das Tonband, erhoben jedoch nie Anklage – die Hauptbemühungen der Polizei, Tutus Einfluss zu untergraben, nahmen andere Formen an.

Wenige Wochen nachdem Tutu am 8. April seinen Brief an P. W. Botha abgeschickt hatte, startete die Regierung eine geheime Kampagne gegen ihn. Sie begann im Mai 1988, als er von einer fünfwöchigen Reise nach Europa und Nordamerika wiederkehrte. Mitglieder inszenierter Organisationen, die von der Polizei unterstützt wurden, protestierten auf den Flughäfen gegen ihn. Die Demonstranten kannten seine unveröffentlichten Flugpläne und die Flughafenpolizei erlaubte ihnen, das Verbot von öffentlichen Protesten zu umgehen. Die schwarzen Demonstranten sagten den Journalisten ganzen offen, dass sie von einer Reihe von Arbeitsagenturen angeheuert worden seien. Diese Taktik wurde beendet, als Anhänger Tutus mit der Organisation von Gegendemonstrationen begannen und die in Südafrika eintreffenden ausländischen Touristen mit einem Spektakel willkommen hießen, bei dem sich singende und tanzende Gruppen von Demonstranten gegenseitig verspotteten. In Kapstadt kamen 400 erwerbslose Arbeiter mit Bussen in die Bischofsresidenz und gaben an, man habe ihnen gesagt, dass Tutu ihnen Arbeit geben würde. Tutu war nicht zu Hause und der neue Dekan Colin Jones wies das Hauspersonal dazu an, ihnen etwas zu essen und zu trinken zu geben und lud ihre Anführer zu Gesprächen ein. Nach einer Stunde kamen die Anführer wieder hinaus und betonten, dass die grundlegende Ursache des Leids der schwarzen Menschen die Apartheid sei, die begonnen habe, noch bevor irgendjemand für Sanktionen eingetreten sei. Jones verglich das Verhalten der Kirche den Demonstranten gegenüber mit der Art, wie die Polizei mit diesen umging: »Wir verschießen kein Tränengas oder Kugeln«, sagte er. »Stattdessen bieten wir Tee und Plätzchen an und dann sprechen wir mit den Menschen.«

Inmitten der Kontroverse verhaftete die Verkehrspolizei von Johannesburg Leah, da sie ihren Führerschein zu spät hatte verlängern lassen. Die Polizisten legten ihr Handschellen an und brachten sie zum John Vorster Square, wo sie eine Zeit lang in eine Zelle eingesperrt wurde. Als sie protestierte, beschimpften die Polizisten Leah und drohten, ihr die Zähne einzutreten. In einer Nacht stand ein Minibus des Types vor dem Haus der Tutus in Orlando West, den die Polizie benutzte. Der Fahrer hupte 20 Minuten lang und leuchtete mit den Scheinwerfern in das Schlafzimmer der Tutus – dies zu einer Zeit, als nur wenige Menschen wussten, dass sich die Tutus in Soweto aufhielten. Auch druckte und vertrieb die Polizei eine Serie von Anti-Tutu-Broschüren und -Stoßstangenaufklebern. In der Nacht, bevor er zu der 150. Jahresfeier der Robert Moffat's Church in Kuruman am Nordkap eine Predigt halten sollte, war in der Nähe eine Explosion zu hören. Am nächsten Morgen entdeckten Kirchgänger auf Verkehrsschildern und Toren Aufkleber, auf denen Tutu als der Teufel dargestellt war. Auf anderen Aufklebern stand: »Ag (Oh) Schande [über] Tutu! Sanktionen sind aus!« und »Spielt nicht das Tutu-Spiel der Selbstzerstörung«. Anfang des Jahres 1989 rief ein Mann in der Bischofsresidenz an und behauptete, ein ehemaliger Polizist zu sein, der im Gefängnis gesessen habe. Er teilte einem Hausangestellten Tutus mit, dass man ihm 20.000 Rand ($8.300 oder £4.700 zu der damaligen Zeit) angeboten hatte, um Tutu und Frank Chikane umzubringen. Er hatte den Auftrag jedoch abgelehnt. Der Versuch, mit diesem Mann ein Treffen zu organisieren, schlug fehl und man hörte nie wieder von ihm.

Ein Großteil der versteckten Drangsalierungen der Anti-Apartheid-Oberhäupter wurde von einem Subkomitee des Staatssicherheitsrats betrieben: Tak Strategiese Kommunikasie (»Strategische Kommunikationsabteilung«), unter den Sicherheitskräften besser bekannt als »Stratkom«. Durch das Komitee wurden die Sicherheitsabteilung der Polizei, der Militärische Geheimdienst und der

Nationale Geheimdienst repräsentiert. Die Führungspersönlichkeiten der Stratkom – zu ihnen gehörte auch Paul Erasmus, ein ehemaliger Sicherheitspolizist am John Vorster Square – teilten der Wahrheits- und Versöhnungskommission mit, dass es nur zweierlei Maßnahmen der Stratkom gäbe: »weiche« und »harte«. Propaganda und Desinformation erfüllten die »weiche« Seite bei der Stratkom. Die »harte« Seite beinhaltete die Sprengung des Khotso House, die am Anfang dieses Buches beschrieben wird, eine Brandstiftung im Khanya House, dem Hauptquartier der Katholischen Bischofskonferenz in Pretoria, und ein von Erasmus vorbereiteter Brandbombenanschlag auf die St. Mary's Cathedral in Johannesburg. Erasmus sagte dem Autor dieses Buches, dass hierfür »hausgemachtes Napalm« verwendet worden sei. Er habe Autoreifen in schmale Streifen geschnitten und diese dann einige Tage lang in einem 20-Liter-Benzinfass in der Garage seines Hauses »eingelegt«.

Das Personal der Stratkom bat vor der Wahrheits- und Versöhnungskommission um Amnestie für Aktivitäten wie das Aufstechen von Reifen und das Lösen von Radmuttern. Allerdings bekannte sich niemand zu der Sabotage an Tutus Auto, als dieser aus Mosambik zurückgekehrt war. Sicherheitspolizisten, die vom Verfasser dieses Buches interviewt wurden – inklusive einem, der mehrere Morde gestanden hatte –, bestanden darauf, dass die Ermordung Tutus niemals zur Debatte gestanden habe. Die Auswirkungen des Mordes an jemandem mit seinem internationalen Profil, behaupteten sie, wären »verheerend« gewesen. Dies erklärte weder die mögliche Sabotage seines Wagens noch die Geschichte um den 20.000-Rand-Mordauftrag, doch es machte deutlich, dass Tutu dem norwegischen Nobelpreiskomitee dankbar dafür sein konnte, dass ihm weitere Anschläge auf sein Leben erspart blieben.

Tutus Status als Kirchenoberhaupt allein hätte ihn nicht schützen können: Smangaliso Mkhatshwa, der Generalsekretär der Katholischen Bischofskonferenz, und ebenso Frank Chikane entkamen ihrem Tod nur knapp. Im selben Jahr, in dem Tutus Wagen vermutlich sabotiert wurde, nahm ein Scharfschütze der Sicherheitspolizei Mkhatshwa auf dem Flughafen von Durban ins Visier, doch seine Sicht wurde durch andere Flugzeugpassagiere blockiert. Anfang 1989 erlitt Chikane eine Reihe von mysteriösen Zusammenbrüchen und kam dem Tod jedes Mal nahe. Spezialisten an der University von Wisconsin, an der Chikanes Ehefrau studiert hatte, konnten das Rätsel letztendlich lösen: Seine Kleidung war mit Giftstoffen versetzt worden. Durch eine eidesstattliche Erklärung konnte später bei einer Regierungsermittlung gegen die Todesschwadronen ermittelt werden, dass das Civil Cooperation Bureau (CCB) der südafrikanischen Streitkräfte für das Angebot der Ermordung Tutus und Chikanes verantwortlich war, auch wenn das niemals offiziell bestätigt wurde. Die Beweise für die Vergiftung Chikanes, die der Wahrheits- und Versöhnungskommission vorgelegt wurden, waren aussagekräftiger. Sie gaben Hinweise darauf, dass die Polizei Chikanes Koffer auf dem Flughafen von Johannesburg aufgebrochen hatte und dass Agenten des CCB ein Organophosphat auf einen Teil der Kleidung aufgetragen hatten.

Das CCB war die düsterste Einheit der Spezialkräfteabteilung des Militärs. Seine Aufgabe war es, auf unkonventionelle Art und Weise Krieg gegen den ANC zu führen und es leitete Todesschwadronen mit internationalen und innerstaatlichen Kriminellen. Auch brüteten seine Führungspersönlichkeiten den bizarrsten aller Pläne aus, um Tutu zu schaden – und anscheinend erwog man, ihn durch die Ermordung seines Sohnes zum Aufgeben zu bewegen. Die Operation trug den Decknamen Project Apie (»Projekt kleiner Affe«). Im Jahre 1989 veranlasste Eddie Webb, der Generalleutnant, der das CCB kommandierte, einen Befehl, dass zunächst in einem militärischen Forschungslabor ein Kaiserschnitt bei einem schwangeren Pavianweibchen durchgeführt werden sollte. Der Wissenschaftler barg zwei Föten, die jeweils in ein Marmeladenglas gelegt wurden. Einer wurde vor die Eingangstür des Bischofshauses in Johannesburg gestellt, drei Jahre nachdem Tutu von dort ausgezogen war. Der andere Fötus wurde nach Kapstadt geflogen, wo zwei CCB-Agenten über den Außenzaun der Bischofsresidenz kletterten. Einer von ihnen, ein ehemaliger Kriminalbeamter in der Mord- und Diebstahleinheit in Johannesburg, hängte das Marmeladenglas an den Ast eines Baumes. Der andere, ein ehemaliger Polizist, der wegen Mordes im Gefängnis gesessen hatte und dann gegen Kaution freigekommen war, hämmerte auf jeder Seite der Einfahrt vier Nägel in den Boden, die mit Gift bestrichen worden waren. Die Person, von der die Substanz stammte, wurde unter Kollegen nur der »Hexendoktor« genannt.

Die Männer des CCB gaben später vor der Wahrheits- und Versöhnungskommission an, dass der Plan von einem Anthropologen entwickelt worden sei, der sich mit Stammesaberglauben ausgekannt habe. Einige hatten gedacht, Tutu würde glauben, dass man ihn mit einem Fluch belegt hätte und würde sich dann aus der Öffentlichkeit zurückziehen. Andere hatten vermutet, dass seine Hausangestellten voller Angst ihre Arbeit kündigen würden. Wenn dies die tatsächlichen Ziele waren, war der Plan fehlgeschlagen. Der Hauptgärtner Livingstone Nakani war verwirrt, aber nicht verängstigt, als er das Marmeladenglas fand. Er holte es herunter und vergrub es, jedoch ohne sich auch nur die Mühe zu machen, Tutu Bescheid zu geben. Doch George Bizos, der Menschenrechtsanwalt, der Webb bei dessen Amnestieanhörung befragte, wollte nicht glauben, dass sich eine Einheit, die Todesschwadronen leitete, dazu herabgelassen habe, sich derart absurden Tätigkeiten zu widmen. Er sagte Webb, dass der Mörder, der sich um die Nägel gekümmert hatte, eine andere Version geäußert habe: Es habe eine noch umfangreichere Verschwörung gegeben, bei der der Kadaver einer Hyäne im Garten hätte aufgehängt werden sollen. Dann habe man Trevor vergiften und Stammestraditionalisten für seinen Tod verantwortlich machen wollen, die wegen Tutus Unterstützung von Sanktionen aufgebracht gewesen seien. Bizos verdeutlichte Webb, dass dies in seinen Augen eher den Aufgaben des CCB entspreche, als Tutu und seine Angestellten zu verängstigen. Webb bestritt das.

Was auch immer die Ziele von Project Apie waren – die Untiefen, in die sich die Abteilung für schmutzige Tricks von Südafrikas mächtigster Streitmacht bereitwillig hinabstürzte, mochten als Beleg dafür dienen, dass die Verteidiger der Apartheid ihren Bezug zur Realität verloren. Das war es, was Desmond Tutu im Hinterkopf behielt, als ihn zwei Senatoren aus den Vereinigten Staaten im Dezember 1988 in der Bischofsresidenz besuchten, kurz nachdem sie sich mit P. W. Botha getroffen hatten.

Sam Nunn aus Georgia und David Boren aus Oklahoma hatten Südafrika bereist, um sich die Situation selbst anzusehen. Sie waren Demokraten – jedoch konservative Demokraten, die von der südafrikanischen Regierung als »sicher« genug betrachtet worden waren, um sie in das Land zu lassen. Auch hatten sie Macht: Sie waren die Art von Führungspersönlichkeiten, bei denen es sich Botha nicht leisten konnte, sie zu verschrecken. Nunn war der Vorsitzende des Armed Service Committee des Senats. Boren leitete das Select Committee on Intelligence und wurde von seinem Stabsleiter George J. Tenet begleitet, dem späteren Leiter der Central Intelligence Agency (CIA). Sie hatten Botha im Tuynhuys besucht, um Fragen zu den Festnahmen von Smangaliso Mkhatshwa und Zwelakhe Sisulu, dem Sohn von Walter und Albertina Sisulu, zu stellen. Sie hatten darum gebeten, Mandela im Gefängnis besuchen zu dürfen und hatten umfangreichere Angelegenheiten diskutiert, wie die dringende Freilassung von politischen Gefangenen und die Aufnahme von Verhandlungsgesprächen. Botha war nicht interessiert an einem Dialog. »Bevor wir überhaupt unsere Argumente einbringen konnten«, sagte Boren in einem Interview, »begann er eine Tirade, erhob seinen Finger gegen mich [und] berührte fast meine Nase [damit]. Er sagte mir Sachen, wie ›sie, Amerikaner haben kein Recht zu reden. Sie haben die Schwarzen verfolgt, sie haben die amerikanischen Indianer getötet!‹ Einige Male verwendete er das Wort »Neger« [und] versuchte, so glaube ich, Botschafter Perkins [Ed Perkins, den amerikanischen Botschafter von Südafrika] sehr respektlos einzuschüchtern. Und dann begann er von seinem Stuhl aufzustehen, als wolle er das Gespräch beenden.« Perkins, ein Afroamerikaner, mochte erschrocken beobachtet haben, wie Boren reagierte: »Ich konnte nicht glauben, was geschah. Boren streckte seinen Finger gegen Bothas Gesicht und sagte: ›Jetzt hören sie mir zu! Ich bin hier herunter gekommen, um etwas zu lernen. Sie haben die ganze Zeit geredet, jetzt hören sie mir zu!‹ Botha verstummte wie betäubt. Boren fuhr damit fort, seine Argumente zu äußern.«

Am Ende der Reise verkündete Nunn, dass er bereit sei, striktere Sanktionen zu unterstützen. Boren sagte, dass, wenn Botha die Ansichten der Regierung wiedergebe, verschärfte Sanktionen wahrscheinlich seien. Zurück in Washington D. C. traf Boren sich mit George H. W. Bush, der ein alter Familienfreund war und ein Mitbruder bei den *Skull and Bones*, der bekanntesten Geheimgesellschaft der Yale University. Bush war gerade dabei, das Präsidentenamt anzutreten, da er im vorangegangenen Monat zum Nachfolger von Ronald Reagan gewählt worden war. Vor Borens Reise hatte Bush ihn darum gebeten, ihm nach seiner Rückkehr seine Gedanken mitzuteilen. Mit der Unterstützung von Perkins hatte Boren eine Liste mit Vorschlägen für Signale erstellt, die der neue Präsident geben könne, um seine Bereitschaft anzuzeigen, den Druck auf die Apartheid zu erhöhen. Er nahm die Liste zu Bush mit und er verbrachte zwei Stunden damit, ihm seine Erfahrungen mitzuteilen. Er berichtete Bush von Menschen, die verhaftet worden seien, von Menschen, die verschwunden seien, von seinem aufwühlenden Treffen mit Botha und – in völligem Gegensatz dazu – von einer seiner ergreifendsten Gespräche, das er jemals in seinem Leben gehabt habe. Das sei mit Albertina Sisulu, der Co-Präsidentin der Vereinigten Demokratischen Front, in ihrem Haus in Orlando West gewesen – vom Haus der Tutus aus, weiter den Berg hinauf. »Ma Sisulu«, wie man sie in Soweto nannte, habe Boren von ihren Bemühungen erzählt, Ausbildungsmöglichkeiten für junge Menschen zu schaffen und zu tun, was getan werden müsse, um die Schwarzen und die Weißen zusammen zu bringen. Boren riet Bush, Sisulu in das Weiße Haus einzuladen.

Borens Empfehlung wurde als Teil einer neuen politischen Gewichtung in der Bush-Administration adaptiert: Druck für Verhandlungen in Südafrika ausüben. Reagans Kontakt mit schwarzen Südafrikanern hatte sich, bis auf das unerfreuliche Treffen mit Tutu, auf Mangosuthu Buthelezi beschränkt. Drei Monate nach Bushs Amtseinführung schrieb der Außenminister James A. Baker III. dem Präsidenten, dass ein früher Kontakt mit »glaubhaften Führungspersönlichkeiten« unerlässlich sei. Er machte einen formellen Vorschlag, dass Bush Albertina Sisulu in das Weiße

Haus einladen solle. Sie sei, sagte Baker, »die Matriarchin einer der führenden politischen Familien des schwarzen Südafrika«, die Ehefrau von Walter Sisulu und die Mutter von Zwelakhe. »Ihr militanter, aber gewaltfreier Führungsstil in der Vereinigten Demokratischen Front, der höchsten Anti-Apartheid-Bewegung im Land, hat Albertina zu einer der wichtigsten Führungspersönlichkeiten in der schwarzen Politik gemacht.« Das Drängen zu Verhandlungen durch die Regierung setzte zu einem Zeitpunkt ein, als man glaubte, Moskau wolle Einfluss auf Südafrika gewinnsen. In einem Vermerk des Geheimdienstes, der später in einem Ordner über den ANC von einem Angestellten des Staatssicherheitsrats aufbewahrt wurde, war im März 1989 zu lesen, dass der Informationsleiter des ANC, Thabo Mbeki – der »klare Favorit« für die Nachfolge Oliver Tambos als Gruppenanführer –, in Washington sei und einen Dialog weiterführen wolle, der 1986 zwischen Tambo und George Shultz begonnen habe. Der Hintergrund von Mbekis Besuch sei, dass die Sowjetunion Druck auf den ANC ausgeübt habe, damit dieser Verhandlungen zustimme. »Was auch immer Moskaus breit gefächerte politische Motive für Verhandlungen – anstelle des Kampfes – sind«, sagte der US-Geheimdienst, »die Sowjets glauben, dass der militante Flügel des ANC unzureichend diszipliniert, schlecht geführt und durch Südafrika schwer eingeschränkt ist. Moskau will dem ANC auch weiterhin militärische Hilfe zukommen lassen, doch der ANC erkennt, dass damit neue Einschränkungen und Bedingungen einhergehen. Ohne die militärische Unterstützung durch die Sowjets verliert der ANC seinen großen Einfluss auf Pretoria.«

Bevor Bush auf Bakers Kurzmitteilung reagierte, trat Tutu auf den Plan, was die Situation für das Weiße Haus jedoch verkomplizierte. Eine Woche nachdem Baker Bush geschrieben hatte, erhielt die Regierung im Mai 1989 die Nachricht, dass Tutu in das Weiße Haus kommen wolle, um dort den Präsidenten zu treffen. Tutu, Allan Boesak, Beyers Naude und Frank Chikane waren von Randall Robinson eingeladen worden – dem klugen Kopf hinter den Protesten vor der südafrikanischen Botschaft im Jahre 1985 –, um Bush dazu zu bewegen, einen härteren Kurs mit Südafrika einzuschlagen. Chikane musste ins Krankenhaus von Madison in Wisconsin eingewiesen werden, nachdem er durch seine Vergiftung einen Zusammenbruch erlitten hatte, doch die anderen drei nahmen an einem Forum teil, das von liberalen Demokraten auf dem Capitol Hill organisiert worden war. Der interne Briefverkehr der Regierung verriet, dass die Anfrage der südafrikanischen Besucher auf ein Treffen im Oval Office das Weiße Haus in eine missliche Lage brachte. Die Funktionäre wussten, dass Bush Tutu nichts abschlagen konnte, jedoch teilten sie nicht seine Ansichten zu Sanktionen und hätten es bevorzugt, sich lediglich mit Sisulu auseinandersetzen zu müssen. Eine Lösung des Problems wurde von David Passage vorgeschlagen, dem Direktor für afrikanische Angelegenheiten im Nationalen Sicherheitsrat. Er schrieb an Brent Scowcroft, Bushs Nationalen Sicherheitsberater:

> »Tutu ist ohne Frage eine wichtige Persönlichkeit. Der Präsident muss sich mit ihm treffen und seinen Ansichten Aufmerksamkeit schenken – auch wenn er die Gelegenheit nutzt, um die US-Politik von Dingen wie ›Sanktionen‹ zu distanzieren, die Tutu vertritt. Ihn nicht zu treffen würde von den Gegenspielern des Präsidenten genutzt werden, die ihm und seiner Regierung Unfähigkeit vorwerfen würden, mit der schwarzen Opposition gegen die Apartheid umzugehen. Wir müssen bald ankündigen, dass sich der Präsident mit Tutu treffen wird.
> Gleichzeitig müssen wir auch Grundarbeit leisten, um auf breiter Ebene mit der schwarzen südafrikanischen Opposition gegen die Apartheid in einen freundschaftlichen Kontakt treten zu können. Momentan halten sich keine anderen bedeutenden schwarzen südafrikanischen Führungspersönlichkeiten in Washington auf und es wäre nicht wünschenswert, wenn der Präsident aussehen würde, als wolle er Tutu die Schau stehlen, wenn dieser hier ist. Indessen wird Ed Perkins in der nächsten Woche nach Pretoria zurückkehren und ich empfehle mit Nachdruck, dass er einen Brief des Präsidenten an Albertina Sisulu mitführen sollte.«

Am 18. Mai waren Tutu, Boesak und Naude die ersten Südafrikaner, die Bush während seiner Amtszeit besuchten. Bush sagte ihnen, dass er zu den Führungskräften zählen wolle, die den Wandel vorantrieben. Tutu machte sich Hoffnungen: »Wir möchten nicht zu optimistisch sein, doch es gibt eine klare Offenheit, neue Initiativen zu beginnen.« Das Weiße Haus konzentrierte seine Öffentlichkeitsarbeit auf das sechs Wochen später stattfindende Treffen mit Sisulu und einer Delegation der Vereinigten Demokratischen Front. Bei ihrer Begrüßung machte Bush den Kommentar, dass sie (Albertina Sisulu) den Kampf für Menschenrechte personifiziere: »Frau Sisulu hat ein Leben der Aufopferung für die Besserung aller Südafrikaner geführt. Im Alter von 70 Jahren dient sie auch weiterhin aktiv dem Wohl der anderen.« Er sagte, die Apartheid sei falsch und er wolle Verhandlungen für ein nicht rassistisches, demokratisches Südafrika. Von Washington aus flogen Sisulu und ihre Delegation nach London, wo Margaret Thatcher zugestimmt hatte, sie zu empfangen. Wieder zu Hause zeigte sich Tutu erfreut über die Anerkennung Sisulus und darüber, dass die Vereinigten Staaten und Großbritannien ihre Kontakte zu den Anti-Apartheid-Anführern ausbauten.

Während die internationale Gemeinschaft den Anführern der Befreiungsbewegungen im Jahre 1989 neue Türen öffnete, begann sie damit, den Druck auf die Regierung zu erhöhen. Im Januar erlitt P. W. Botha einen Schlaganfall, trat als Parteioberhaupt – wenn auch nicht als Präsident – zurück und wurde von seinem Bildungsminister F. W. de Klerk ersetzt. De Klerk bereitete sich schon darauf vor, Botha im Laufe des Jahres als Präsident abzulösen und erweiterte seine Außenbeziehungen. James Baker erfuhr, dass de Klerk Washington besuchen wolle. Baker empfahl Bush, eine »stille Einladung« an ihn auszusprechen, um zu gewährleisten, dass Albertina Sisulu eine Genehmigung erhielt, um Südafrika zu verlassen und ihren Termin im Weißen Haus wahrzunehmen. Jedenfalls gebe es keinen Zweifel daran, dass de Klerk erst nach Albertina Sisulu und nach den Kirchenoberhäuptern von Bush empfangen werden würde – Baker sagte Bush, dass es daher eher »unangemessen« für ihn sei, de Klerk offiziell zu empfangen. Es ergab sich, dass de Klerk nicht nach Washington kam. Doch er besuchte London, wo ihn Margaret Thatcher, laut ihres Privatsekretärs Charles Powell, »sehr stark« unter Druck setzte, Mandela freizulassen:

> »Sie sagte de Klerk: ›Schauen sie, ich bin gegen Sanktionen eingetreten. Ich werde weiterhin gegen Sanktionen eintreten. Ich glaube, sie sind moralisch verwerflich. Doch ich tue dies auf der Grundlage, dass sie Südafrika wirklich verändern werden. Ich glaube nicht, dass Sanktionen der Weg sind, um dies zu tun, doch es muss einen Wandel geben. Die Apartheid muss einfach abgeschafft werden und sie müssen dies tun. Ich werde gegen Sanktionen eintreten, um ihnen zu ermöglichen, dies zu tun und um ihnen zu ermöglichen, die Menschen davon zu überzeugen, dies zu tun. Doch sie wissen, dass dies nur auf dieser Abmachung beruht.«

Zusätzlich zu der Bedrohung weiterer Sanktionen durch die letzten Verbündeten des weißen Südafrikas ergriffen im Januar 1989 Hunderte von innerstaatlichen Anti-Apartheid-Anführern die Initiative. Man wollte entscheidend bestimmen, dass der Weg für die Freilassung Mandelas geebnet würde, dass die verbotenen politischen Gruppierungen wieder erlaubt würden und dass Gespräche geführt würden, um die Apartheid zu beenden.

Eine der außergewöhnlichen Befugnisse, die die Regierung der Polizei übertrug, waren Präventiv-Verhaftungen. Anders als andere Formen der Verhaftung ohne Gerichtsverhandlung wurde nun eine Gerichtsverhandlung noch nicht einmal in Aussicht gestellt. Das Ziel war die Neutralisierung politischer Gegner durch einfaches Wegsperren. Anfang des Jahres 1989 wurden Hunderte auf unbestimmte Zeit in Gewahrsam genommen – einige bis zu 30 Monaten. Laut Richard Goldstone, einem der wenigen Richter, der die Gefangenen besuchte – er war der Richter gewesen, der John Rees vom Südafrikanischen Kirchenrat auf die Anklagebank gesetzt hatte –, erlitten sie »psychische Höllenqualen«. Der Druck von außen reichte nicht aus, um ihre Freilassung zu bewirken und viele dachten, dass sie niemals wieder freigelassen werden würden.

Etwa 300 Häftlinge nahmen die Angelegenheit selbst in die Hand: Sie begannen einen Hungerstreik. Allan Boesak verkündete, dass er solidarisch mit ihnen fasten würde. Tutu lehnte es ab, einen Kommentar abzugeben – er begann seine jährliche Fastenzeit, worüber er sich nie öffentlich äußerte. Bei James Baker, Robert Runcie, Margaret Thatcher und dem deutschen Bundeskanzler Helmut Kohl bat er um eine Erhöhung des Drucks von außen. Auch telefonierte er mit dem Polizeiminister Adriaan Vlok, der einwilligte, sich mit den Kirchenoberhäuptern zu treffen. Als sich eine aus Tutu, Boesak, Naidoo, Frank Chikane und Stanley Mogoba – zu dieser Zeit war er das Oberhaupt der Methodistischen Kirche – bestehende Delegation am 16. Februar in Kapstadt mit Vlok zusammensetzte, konnte Tutu kaum glauben, was er hörte. Vlok sagte, dass er sehr besorgt über die Auswirkungen der Krise sei. Zum offensichtlichen Missfallen des Leiters seiner Sicherheitspolizei – der Mann, der angeblich für den Befehl verantwortlich war, Smangaliso Mkhatshwa umzubringen – stimmte Vlok mit der Delegation überein, dass der Tod eines hungerstreikenden Häftlings Konsequenzen haben würde, die in den Worten Vorsters aus den 70er-Jahren »zu schrecklich [seien], um es sich vorzustellen«. Die Kirchenoberhäupter hatten die Hungerstreikenden mit dem irischen Häftling Bobby Sands verglichen. Doch Vlok sagte, dass ihre Situation schlimmer sei: Sands sei durch ein Gericht verurteilt worden, während die Südafrikaner niemals verurteilt worden waren. Er versicherte den Kirchenoberhäuptern, dass er die Verhaftungen überprüfen und damit beginnen würde, Häftlinge freizulassen. Vloks kooperative Einstellung spiegelte sich nicht in dem Verhalten der Polizei auf den Straßen wider: Die Polizisten versuchten ein »Berichterstattungstreffen« in der Metropolitan Methodist Church in Kapstadt zu zerschlagen und fuhren Wasserwerfer auf, als Tutu sie vergebens zu überreden versuchte, den Leuten ihre Versammlung zu erlauben. Auch wurde die Krise der Häftlinge nicht umgehend gelöst. Es kam zu Unstimmigkeiten über das Tempo und die Anzahl der Freilassungen und über die Einschränkungsregelungen, die über die gerade Freigelassenen verhängt wurden. Hunderte der talentiertesten und leistungsfähigsten politischen Aktivisten im Land machten wieder von sich hören und riskierten dabei ihr Leben.

Die freigelassenen Aktivisten schlossen sich Gewerkschaften an und andere Anführer gründeten eine Koalition, die derart lose organisiert war, dass es sich der Polizei als schwierig darstellte, sie zu verbieten. Inoffiziell operierten sie als *Mass Democratic Movement* und organisierten eine Kampagne des zivilen Ungehorsams, um gegen allgemeine Wahlen zu demonstrieren, die am 6. September von der Regierung ausgerufen wurden. Die nationalen Kirchenoberhäupter sagten, dass die Kampagne mit ihrer eigenen »Standing for the Truth« Initiative kompatibel sei. In Kapstadt machten Tutu, Boesak und Jakes Gerwel – der Vizekanzler der University of the Western Cape, einem Zentrum der akademischen Opposition gegen die Apartheid – das Recht der örtlichen Aktivisten geltend, die unter Einschränkungsbestimmungen lebten, diese zu missachten und sich friedvollen politischen Aktivitäten zu widmen. Am 6. August starteten 20 Aktivisten das, was als die Missachtungs-Kampagne Bekanntheit erlangte: Sie ignorierten ihre Einschränkungsbestimmungen und erschienen vor 2.000 Menschen bei einem Gottesdienst in einer afrikanisch-methodistischen Episkopalkirche in Hazendal in Kapstadt. Tutu versicherte, dass, wenn die Regierung gegen die Restriktionsbrecher vorgehe, er zu ihrer Unterstützung einen Protestmarsch veranstalten würde. Auch berichtete er dem Publikum von einem Gespräch mit dem Polizeiminister, das sie während ihrer Verhandlungen im Februar geführt hatten:

> »Ich sagte Herrn Vlok: ›Sie wissen, sie haben verloren.‹ Ich sagte es freundlich und ruhig. Ich habe nicht geschrien – so wie jetzt. Ich sagte: ›Sie wissen, sie haben verloren. Sie wissen es aus ihrer eigenen Geschichte. Sie glauben, sie seien von den Briten unterdrückt worden. Sie haben gegen die Briten gekämpft und am Ende kamen sie frei. Die Lektion, die sie aus ihrer eigenen Geschichte lernen müssen, ist, dass die Menschen sich dazu entscheiden, frei zu sein. Nichts, einfach nichts, absolut nichts kann sie aufhalten.‹«

Innerhalb der nächsten sechs Wochen setzten Tausende von Kap-Bewohnern Tutus Bemerkungen in die Tat um. Die Proteste wurden entweder von der Mass Democratic Movement oder von der »Standing for the Truth« Initiative geplant, die das Verbot von öffentlichen Protesten der Regierung missachteten. Zunächst verlegte die Kirche die Kampagne in das Zentrum von Kapstadt, wo sie als Unterstützung für die Restriktionsbrecher einen Gottesdienst veranstaltete. Danach gab es eine illegale Demonstration mit Plakaten vor der St. George's Cathedral. Anschließend kam es zu dem Protestmarsch, den Tutu versprochen hatte, wenn die Polizei die Restriktionsbrecher verhaften und verurteilen würde.

Nach einem »ökumenischen Missachtungs-Gottesdienst« in der Kathedrale am 17. August führten Tutu, der Dekan Colin Jones und Charles Villa-Vicencio, ein Professor der Religionswissenschaften an der University of Cape Town, 150 Demonstranten in Richtung der Büros der Sicherheitspolizei von Kapstadt. Die Demonstration geriet ins Stocken, als die Polizei mit einem außergewöhnlich kreativen PR-Manöver eine Einheit von weiblichen Sicherheitspolizisten losschickte, um sie zu stoppen. Mit zitternden Händen und banger Stimme befahl eine farbige Polizistin den Demonstranten, sich aufzulösen. Diese weigerten sich jedoch und knieten auf dem Bürgersteig nieder. Einen Moment lang schien es so, als habe die Polizei einen finsteren Plan. Während ganze Wagenladungen von Polizisten außer Sichtweite warteten, wurde in der Nähe ein Polizeikommandeur dabei gesehen, wie er junge Männer aus einem kleineren Polizeibus ließ, die verdächtigerweise wie Angehörige einer Zivileinheit aussahen – Lockvögel, die in den Townships Störfälle verursachten. Die Kirchenmitglieder waren besorgt, dass einer dieser Schläger eine Polizistin angreifen würde, um den Klerus in Verruf zu bringen und sie zogen die Aufmerksamkeit der Medien auf sich. An der Spitze der Menschenmenge verhandelten Tutu und Jones einen Kompromiss, der es den Demonstranten erlaubte, zur Kathedrale zurückzukehren.

Die Gesetzesmissachtungen häuften sich, als die Wahlen näher rückten. Einige Jahre zuvor hatte die Kommune von Kapstadt die ethnische Trennung an den Stränden der Stadt aufgehoben. Doch kleinere, konservativ weiße Kommunen, entlang der Küste, hatten die Apartheid an ihren Stränden beibehalten. Am Samstag, dem 19. August, strömten Hunderte von Demonstranten an die Strände östlich von Kapstadt. Die Polizei errichtete mit der Unterstützung von Armeetruppen Straßensperren und schickte Busse mit jungen schwarzen und farbigen Leuten aus den Townships wieder zurück. Doch einige hundert Demonstranten, die in ihren eigenen Autos anreisten, gelangten hindurch. Bevor er den Hauptstrand erreichte, passierte Tutu drei Straßensperren. Dort angekommen stellte er fest, dass die Polizei einige Demonstranten bereits mit Peitschen und Hunden von dem Strand verjagt hatte. Schilder, auf denen für gewöhnlich zu lesen war »Strand und Meer. Nur Weiße«, waren vorübergehend mit Plakaten überdeckt worden, auf denen »GEFAHR – KEIN ZUTRITT – SAP-HUNDE-TRAINING« (SAP stand für Südafrikanische Polizei) stand. In einem Bereich war der Strand mit Stacheldraht abgesperrt worden und an einer anderen Stelle bewachten Polizisten, in einer Reihe aufgestellt, den Strand vor einfallenden Demonstranten. Tutu führte einen zweiten Protestmarsch den Strand hinauf und hinunter. Die Polizei befahl den Demonstranten, sich aufzulösen. Wenn sie dies nicht täten, verkündete ein Offizier mit einem Megaphon, würden seine Männer Gewalt gegen sie anwenden – mit scharfer Munition. Als die Leute fortliefen, verhaftete die Polizei Fotografen und Kameramänner und beschlagnahmte ihre Filme. Als Tutu gegangen war, ging die Polizei mit Peitschen und Hunden auf die verbliebenen Demonstranten los. Ein Priester wurde gebissen und ein anderer, ein amerikanischer Besucher aus New York, wurde festgenommen und für den Rest des Tages in Gewahrsam behalten, weil er die Polizeiaktion fotografiert hatte.

Tutu verließ den Strand, weil er nach Bloubergstrad nördlich von Kapstadt gerufen wurde. Dort traf er eine weitaus größere Gruppe von Demonstranten an: die jungen Leute aus den Bussen, die von dem anderen Strand vertrieben worden waren. Sie hatten die Anwohner und die Polizei überrascht und waren zum Strand geströmt. Eine Hand voll Polizisten hatte sie mit Peitschen zurückgedrängt. Einer von Tutus oberen Priestern war hart geschlagen worden. Als Tutu eintraf, entwickelte sich eine gefährliche Konfrontation zwischen etwa 1.000 Demonstranten und einem kleinen Polizeikontingent, während die wütenden Anwohner den Eindringlingen Beleidigungen entgegenwarfen. Tutu sagte einem Polizeileutnant, dass er, wenn er ein Blutvergießen verhindern wolle, ihm ein Megaphon reichen müsse. Widerwillig gab der Polizist nach.

Tutu begann seine emotionale Rede durch das Megaphon. Er wandte den rhetorischen Stil an, den er am East Rand entwickelt hatte und der Albertina Sisulu regelmäßig dazu verleitete ihn mit dem Spitznamen »Volksaufmischer« aufzuziehen. Nach seinem bewährten Schema begann er seine Ansprache damit, dass er die Menschenmenge auf eine Weise anspornte, die der Polizei provokativ und aufrührerisch erscheinen würde. Dann würde er zu einer Frage an die jungen Aktivisten überspringen: Glaubt ihr wirklich, dass ihr frei sein werdet? Unsicher würden sie langsam antworten und ihm damit die Gelegenheit bieten, sie ein wenig zu verspotten und zu schlussfolgern, dass sie nicht annähernd so radikal seien, wie sie behaupteten. Wieder und wieder würde er die Frage stellen und sie dazu bewegen, ihre Antwort einheitlich hinauszuschreien. Er würde die jungen Leute in eine singende Menschenmasse mit einem einzigen Ziel verwandeln. Schlussendlich würde er sie einwickeln. Er würde behaupten, dass Menschen, die darauf vertrauten, dass sie frei sein würden, sich nicht beweisen müssten, indem sie selbstmörderische Kämpfe mit der Polizei führten. In Bloubergstrand hielt Tutu seine mitreißende Rede mit einem Polizeimegaphon auf der Ladefläche eines Lastwagens, stimmte die Jugendlichen in die Hymne »Nkosi Sikelel' iAfrika« ein und bat sie, zu den Bussen zurückzukehren: »Ihr habt euren Standpunkt verdeutlicht. Ihr habt das Gesetz gebrochen. Vielleicht ist es Zeit für einen strategischen Rückzug.« Als die Busse losfuhren, gab Tutu dem Leutnant das Megaphon zurück. »Sehen sie«, sagte er, »ich habe ihnen ja gesagt, dass wir Gewalt verhindern können.« Der Polizist akzeptierte das Argument widerwillig. »Wir werden nicht sagen wie«, antwortete er.

Am darauffolgenden Tag, einem Sonntagnachmittag, versammelte sich eine überschwängliche Gemeinde, bestehend aus 4.000 Menschen jeder ethnischen Zugehörigkeit in der St. George's Cathedral. Die Polizei hatte eine Massenversammlung verboten, die für die University of the Western Cape organisiert worden war, um an die sechs Jahre zurückliegende Gründung der Vereinigten Demokratischen Front zu erinnern. Stattdessen hatte Tutu einen »Bezeugungsgottesdienst« ausgerufen. Die Polizei hatte Straßensperren errichtet und hielt ganze Busladungen von Leuten auf, die auf dem Weg zu dem Gottesdienst waren. Colin Jones hatte einen Mahnbescheid gegen sie erwirkt. Gruppen von jungen Leuten sangen und tanzten rhythmisch den Toyi-Toyi. Sie riefen »Viva Front« und »Viva ANC« und drückten sich in jede erdenkliche Ecke der Kirche. Der Gottesdienst begann mit dem »Vater Unser«, einer Lesung aus der Heiligen Schrift und einer Ansprache, bei der Tutu die Regierung wegen ihrer Machtdemonstration am vergangenen Tag verspottete: »Sie sagen, die Apartheid sei tot. Die Apartheid ist tot? Dann ist sie die außergewöhnlichste Leiche überhaupt! Sie hatten die Polizei, sie hatten Hunde, sie hatten Tränengas. Um was zu tun? Um die Leute daran zu hindern über Gottes Strände zu laufen. Hunde dürfen über Gottes Strände laufen! Schwarze Menschen dürfen nicht über Gottes Strände laufen!«

Nachdem Tutu seine Predigt beendet hatte, ergriffen die Aktivisten der Front das Wort. Einer von ihnen war Trevor Manuel, der nach der Befreiung der erfolgreichste Finanzminister Südafrikas sein sollte. Im Jahre 1989 war er 33 Jahre alt, ein Hungerstreikender, der soeben aus der Haft entlassen worden war und ein Mann, der unter Einschränkungsbestimmungen leben musste. Es war ihm verboten, vor mehr als zehn Leuten zu sprechen, bei einer Versammlung anwesend zu sein, die die Regierung kritisierte und an jeglichen Aktivitäten der Vereinigten Demokratischen Front teilzunehmen. An diesem Sonntag, berichtete Ray Bonner vom *New Yorker*, habe sich Manuel über all dies hinweggesetzt:

> »Er ging an die Mikrofone, stieß seinen rechten Arm in die Höhe, ballte seine Faust, riss seinen Mund weit auf und ließ den Kampf-

> schrei der Befreiungsbewegung ertönen: ›A-MAN-DLA‹ – ›Macht‹. Die Kathedrale bebte, als die Gemeinde erwidernd brüllte: ›AWETHU‹ – ›Für die Menschen‹. Das wiederholte sich einige Male. Die Gemeinde sang, rief und tanzte. Dann sagte Manuel: ›Kameraden, es gibt ein altes Kikuyu-Sprichwort: Ganz egal wie lang die Nacht, der Tag wird mit Sicherheit kommen. Wir haben uns heute hier versammelt, um unsere Organisationen wieder zu legalisieren.‹ Dann begann eine Prozession durch die Kirche, bis nach vorne zum Altar. Eine verbotene Organisation folgte der anderen. Jede entrollte ihre Flagge und erklärte sich selbst für legal. Schließlich verkündete ein Redner: ›Die Vereinigte Demokratische Front ist wieder legal!‹«

Die Polizei hielt sich zurück und die Versammlung endete friedlich. Unter Colin Jones hielt die Kathedrale den Kampfgeist von damals lebendig und nannte sich selbst stolz die »Kathedrale der Menschen«. Sie spielte eine ähnliche Rolle, wie die Nikolaikirche in Leipzig, wo sich die Demonstranten regelmäßig versammelten, die zwei Monate später den Umsturz der DDR einleiten sollten.

Drei Tage nach der Massenversammlung eilten Tutu, Jones, Gerwel und Franklin Sonn, ein anderer führender Pädagoge in Kapstadt, nach Gugulethu in die Cape Flats, um ein Aufeinanderprallen zwischen der Polizei und Schülern zu verhindern.

Als die Gruppe in Gugulethu eintraf, stieg schwarzer Rauch von brennenden Barrikaden in den Straßen der Cape Flats auf.

Die Schüler und ihre Lehrer hatten beschlossen, zu der örtlichen Polizeistation zu marschieren, um die Freilassung von Häftlingen zu fordern. Tutu fürchtete die Polizeigewalt und versprach, die Anliegen der Schüler direkt Vlok vorzutragen. Er bat sie, nicht loszumarschieren. Er versuchte den Prostest zu einem friedlichen Ende zu bringen und sagte den Schülern in der St. Mary's Church in Gugulethu, dass sie an einem edlen Kampf teilnahmen:

> »Wir nehmen an einem moralischen Kampf teil. Wir nehmen an einem Kampf teil, der erfolgreich sein wird. Wir haben keine Zweifel, dass wir frei sein werden. Weil wir wissen, dass wir frei sein

1989 beschießt die Polizei führende Persönlichkeiten der Gemeinde in Gugulethu, Kapstadt, mit Tränengas. Tutu, in der Soutane, verdeckt teilweise den Pädagogen Jake Gerwel, der später Personalleiter unter Nelson Mandela wurde.

werden, können wir es uns gestatten diszipliniert zu sein, können wir es uns gestatten ruhig zu bleiben und wir müssen die Tatsache unterstreichen, dass dieser Kampf ein gewaltloser Kampf ist. Deswegen frage ich euch, wann wir hier fertig sind. Ich bitte euch, euch friedlich aufzulösen, ruhig und auf eine disziplinierte Art und Weise.«

Die Schüler hörten zu. Doch als Tutu, Jones und die Pädagogen die Kirche verließen, beschoss die Polizei sie mit Tränengas. Die Gruppe hustete und keuchte. Das Tränengas verbrannte ihre Haut, ihre Nasen und ihre Kehlen. Sie stritten sich mit dem verantwortlichen Polizeihauptmann. Chris Ahrends, Tutus Kaplan, verlor die Fassung: »Was glauben sie, wer sie sind?« brüllte er. »Haben sie nicht gemerkt, wer das ist?«

Eine Woche später war Leah Tutu eine von 170 Frauen, die verhaftet wurden, weil sie versucht hatten, von der Metropolitan Methodist Church aus zu der britischen Botschaft zu marschieren, wo sie einen Brief an Margaret Thatcher übergeben wollten. Leah wurde zwölf Stunden lang festgehalten und, nachdem sie bei einer nächtlichen Sondersitzung des Amtsgerichts von Kapstadt angeklagt worden war, wieder freigelassen. Die Familien der Frauen verwandelten die Anhörungen vor Gericht zu einer improvisierten Massenveranstaltung. Sie sangen Freiheitslieder und bereiteten jeder Gruppe von Frauen ein turbulentes Willkommen, als diese zum Gericht gebracht wurden. Am nächsten Tag nahm man Leah abermals für einige Stunden fest, diesmal gemeinsam mit Desmond. Demonstranten der »Standing for the Truth« Initiative, die mit Plakaten gegen die erneute Verhaftung von Trevor Manuel protestierten, waren draußen vor dem Hauptquartier der Sicherheitspolizei brutal zusammengeschlagen worden und die Tutus gehörten zu etwa 30 Führungspersönlichkeiten, die in Gewahrsam genommen worden waren, als sie trotzdem weiter protestieren wollten.

Als die »Missachtungs-Kampagne« in der Woche vor den Wahlen ihren Höhepunkt erreichte, wurde Tutu aufgrund des Unterschieds unbehaglich zu Mute, mit der er und seine Anhänger nun von der Polizei behandelt wurden. Normalerweise fasste man ihn mit Seidenhandschuhen an. Man nahm ihn fest und hielt ihn vom Ort des Geschehens fern, um dann die gewöhnlichen Demonstranten anzugreifen. Aus diesem Grund lehnte Tutu eine Teilnahme ab, als die Initiatoren der Kampagne am Samstag, dem 2. September, zeitgleich stattfindende Märsche in Richtung des Parlaments von drei unterschiedlichen Sammelpunkten in Kapstadt aus planten. Er blieb stattdessen in der Bischofsresidenz und wartete auf Informationen. Unter den Augen von Einkaufsbummlern und Touristen zerschlug die Polizei den Marsch mit einer Gewalt – geschossen wurde jedoch nicht –, die sie für gewöhnlich vor den weißen Wählern verborgen hielt. An der Kathedrale verhaftete sie die Anführer, trieb dann ihre Anhängerschaft zusammen und schlug mit Peitschen und Gummiknüppeln auf sie ein. Auf der anderen Straßenseite befanden sich auch Passanten und Touristen in einer Gruppe, die ausgepeitscht und geschlagen wurde. An der Metropolitan Methodist Church fuhr die Polizei einen Wasserwerfer auf, der auf einem Lastwagen angebracht war, hielt etwa 20 Meter vor der ersten Reihe der Demonstranten an und beschoss sie mit violett gefärbtem Wasser. In einem kurzen, außergewöhnlichen Intermezzo erklomm ein Demonstrant den Lastwagen, ergriff die Wasserdüse und richtete sie von der Menschenmasse weg. Er stieß einen Polizisten beiseite, der ihn einzufangen versuchte und drehte die Wasserkanone auf die nahegelegenen Gebäude, zu denen auch das Hauptquartier der Nationalpartei in Kapstadt gehörte. Die Menge jubelte und lachte und schließlich sprang er von dem Lastwagen herunter. Die Polizei rächte sich mit Gummiknüppeln und Tränengas und verfolgte die flüchtenden violett gefärbten Demonstranten. (Nach einigen Tagen erschienen Graffiti auf den Mauern von Kapstadt, die sich an die Worte der Freedom Charter von 1955 anlehnten, die gelautet hatten: »Das Volk soll regieren.« Die Graffiti lauteten: »Die Violetten sollen regieren!«)

Tutu wurde in die Kathedrale gerufen, wo er Hunderte von geschockten Demonstranten antraf, die um Asyl baten. Viele hatten rote Striemen auf dem Körper und im Gesicht. Zu Beginn der »Standing for the Truth« Kampagne hatte er gesagt, dass die Teilnahme von Weißen am zivilen Ungehorsam unerlässlich sei und nun schien die Rechnung aufgegangen zu sein. Die Anzahl an weißen Jugendlichen machte ihm Mut. Er verhandelte mit der Polizei, um zu gewährleisten, dass die Demonstranten sicher hinausgelangen konnten. Dann gab er ihnen geistlichen Beistand. Das moralische Recht sei auf ihrer Seite, sagte er ihnen. Sie mochten geschlagen worden sein, doch das Ziel, das sie anstrebten, sei Frieden für alle – inklusive der Polizei. Er teilte ihnen sein Problem mit, selbst wie eine »geschützte Art« behandelt zu werden, versicherte ihnen jedoch, dass er sie beschützen würde, wenn sie gingen. Er schloss:

> »Sagt zu euch selbst in eurem Herzen: ›Gott liebt mich.‹ In eurem Herzen: Gott liebt mich, Gott liebt mich. Ich bin für Gott von unendlichem Wert. Gott hat mich für die Freiheit erschaffen. Meine Freiheit ist unabdingbar. Meine Freiheit ist gottgegeben! Ich laufe nicht herum und sage: Baas [Herr], bitte gib mir Freiheit. Gott liebt mich. Ich bin von unendlichem Wert, denn Gott liebt mich

und Gott hat mich für den Frieden erschaffen und mein Frieden ist unabdingbar, gottgegeben. Richtig! Nun hebt Eure Schultern, kommt, hebt Eure Schultern, wie Menschen, die für die Freiheit geboren sind! Herrlich, herrlich, herrlich!«

Die Polizei war derart darauf versessen, abweichende Meinungen zu unterdrücken, dass sie am Montag, dem 4. September, zwei Nächte vor der Wahl, einen Universitätschor, der die Kathedrale besuchen wollte, daran hinderte, dort ein Konzert zu geben. Auch verbot sie einen Gottesdienst in der Methodistenkirche in der Buitenkant Street, die einige Blocks entfernt lag, der von Beyers Naude gehalten werden sollte. Als Tutu, Naude, Colin Jones und andere an der Kirche ankamen, mussten sie feststellen, dass ein gepanzertes Fahrzeug die Tür versperrte. Die Menschen in der Kirche waren eingeschlossen und auf dem Fahrzeug stand ein Polizist, der versuchte, durch ein Oberlicht hineinzuklettern. Als Tutus Gruppe sich näherte, schreckte er zurück. Doch dann traf ein höherer Offizier mit einem Trupp von Männern aus der auf der anderen Straßenseite gelegenen Hauptpolizeistation von Kapstadt ein. Die Polizei nahm Tutus Gruppe fest und behielt sie einige Stunden lang in Gewahrsam. Sie wollte sie von den Straßen fernhalten, während das Sondereinsatzkommando das Stadtzentrum durchstreifte und wahllos auf Fußgänger einschlug. Die Wartezeit in den Zellen wurde ihnen durch einen witzigen Augenblick erleichtert, als Tutu die Polizei klagend durch die Gitterstäbe anrief: »Ich will meinen Anwalt!« Aus einer Ecke der Zelle erwiderte Essa Moosa, einer der Menschenrechtsanwälte der Stadt: »Ich bin hier!«

Am Tag der Wahlen, dem 6. September, wurden mehr als 20 Menschen in den Townships von Kapstadt getötet. Am Donnerstagabend, dem 7. September, berichtete Matt Esau Tutu, dass Gerüchte umgingen, nach denen die Todesrate noch wesentlich höher sei. Tutu brach weinend zusammen. Für das Abendgebet ging er in seine Kapelle, verbrachte den Abend allein und schlief schlecht. Über Nacht kam er zu der Überzeugung – mit einer Klarheit, die er nicht mehr erlebt hatte, seit er 1976 seinen Brief an John Vorster geschrieben hatte –, Gott wolle ihm mitteilen, dass er einen weiteren Marsch organisieren solle. Am Freitagmorgen sagte er Esau, er würde bei dem Gedenkgottesdienst für die Toten, der an diesem Tag um die Mittagszeit in der Kathedrale gehalten werden sollte, zu einer neuen Demonstration am Montag aufrufen. Esau war verblüfft und bat um mehr Zeit. Tutu bestand darauf, seinen Appell an diesem Tag auszurichten, willigte jedoch ein, den Marsch um zwei Tage auf Mittwoch, den 13. September, zu verschieben. Der Großteil der Gemeinde von Kapstadt und die Kirchenoberhäupter der Stadt – unter ihnen auch Trevor Manuel und die Aktivisten Cheryl Carolus – erfuhren schon einige Minuten vor der offiziellen Ankündigung in der Sakristei der Kathedrale von dem Marsch. Auch sie waren verblüfft – die Anführer der Missachtungs-Kampagne hatten sich die Woche nach den Wahlen für eine Neuorganisation freigehalten. Tutu hatte den Ruf, ohne Rücksprache mit den anderen Oberhäuptern aktiv zu werden, und niemals zuvor wurde dies mehr bestätigt als in diesem Moment. Als er sich ein Jahr später daran zurückerinnerte, gestand Tutu:

> »Es gab keinerlei politische Berechnungen, keine vorsichtige Abschätzung der Logistik. Tatsächlich tadelte mich Cheryl Carolus ein bisschen. Sie sagte: ›Aber sie haben sich nicht mit den Organisationen abgesprochen.‹ Ich sagte: ›Aber Gott hat es mir gesagt und ich befürchte, mit Gott können wir uns nicht anlegen.‹ Es sieht aus, als sei man arrogant und überheblich, ja, aber das Problem ist, ich wusste, dass ich nicht mein eigener Herr war. Zumindest glaubte *ich* das.«

Allan Boesak stimmte Tutus Vorschlag zu und die beiden überbrachten den Menschen von Kapstadt bei dem Begräbnisgottesdienst rechtzeitig eine Einladung zum Protestmarsch. Ihre Verkündung zielte auf den Unternehmungsgeist der Öffentlichkeit und löste fünf wilde Tage der Beratungsgespräche, Lobbyarbeit, Diskussionen und des Gedrängels um gute Positionen aus. An diesem Aufblühen waren der Erfolg der Missachtungs-Kampagne und das Hauptziel des direkten gewaltlosen Handelns abzulesen – wobei es nicht darum ging, Gewalt um jeden Preis zu verhindern, sondern eher, sich selbst dem Risiko zu stellen und dadurch die einseitige Gewaltanwendung eines Unterdrückers in der Öffentlichkeit zu präsentieren, damit jeder sie sehen konnte. In Kapstadt funktionierte die Strategie wie aus dem Lehrbuch. Am Tag der Wahlen spielte Gregory Rockman, ein Polizeileutnant, der von dem Verhalten seiner Kollegen in Mitchell's Plain förmlich angeekelt war, eine grundlegende Rolle dabei, die öffentliche Meinung zu beeinflussen, als er symbolisch eine Grenze überschritt und einem Reporter der *South African Press Association* sagte, dass sich Mitglieder des Sondereinsatzkommandos wie »wilde Hunde« verhielten. Der anschließende Durchbruch in der höheren weißen Gesellschaftsschicht von Kapstadt führte dazu, dass der neu gewählte Bürgermeister Gordon Oliver den Gedenkgottesdienst am Freitag besuchte. Als er einige Minuten nach der Verkündung des Marschs von einem Journalisten von *Reuters* gefragt wurde, ob er mitlaufen würde, sagte er ja.

Am Montag, dem 11. September, wuchs mit minimaler Lobbyarbeit eine mächtige innerstaatliche Koalition um den Marsch heran. Tutu und Boesak sahen schon die Schlagzeile über den Marsch des Bürgermeisters vor ihrem inneren Auge, der sogar Unterstützung von dem Oberhaupt der Shell Oil Company und den weißen Oppositionsmitgliedern im Parlament erhielt. Sie richteten ihre Aufmerksamkeit auf die internationale Gemeinschaft. Trotz – oder vielleicht gerade wegen – der großflächigen Verhaftungen von Journalisten und des Verbots der Berichterstattung über Aktionen der Polizei wurden Nachrichten über die Proteste in der ganzen Welt ausgestrahlt und veröffentlicht. Aus New York telegrafierte Elie Wiesel: »Ich bin im Geiste bei ihnen, doch ich wünschte, ich könnte persönlich bei ihnen sein. Seien sie stark, bleiben sie standhaft. Wir alle brauchen sie. Ich bin bereit zu helfen.« Einige Tage zuvor hatten Margaret Thatcher und George Bush auf eine Bitte von Tutu geantwortet und versichert, dass sie die Regierung zu Verhandlungen zwingen würden. Nun schrieb Tutu an 13 Regierungsoberhäupter. Er und Boesak luden deren Botschafter zu einem Treffen in die Bischofsresidenz ein und baten sie, das Verhalten der Polizei während des Protestmarsches im Auge zu behalten. Von der Bischofsresidenz aus machte sich der britische Botschafter Robin Renwick auf, um den Außenminister Pik Botha zu treffen.

Im Tuynhuys und in den angrenzenden Büros der Minister im H. F. Verwoerd-Gebäude in Kapstadt war die Regierung gespalten. Auf der einen Seite standen die Sicherheitsoberhäupter, die glaubten, dass, wenn sie die abweichenden Meinungen ans Licht der Öffentlichkeit treten ließen, die Proteste die Regierung letztendlich zum Umsturz bringen konnten. Die Polizei setzte einen Antrag für einen Mahnbescheid gegen Tutu und Boesak auf. Als Legitimation nannte ein örtlicher Polizeipräsident die 600 »unruheartigen Vorfälle«, die es am Tag der Wahlen gegeben habe. Der Marsch könne neue Unruhen hervorrufen: »Im Hinblick auf die aktuellen Emotionen könnte es dazu kommen, dass [uns] die Situation vollkommen aus den Händen gleitet.« Auf der anderen Seite fand Robin Renwick, Pik Botha müsse nicht davon überzeugt werden, dass der Marsch legalisiert werden solle. Die Person, die die letzte Entscheidung treffen musste, war F. W. de Klerk.

Laut Plan sollte de Klerk am 20. September das Amt des Präsidenten übernehmen. Allerdings kam er schon einen Monat früher als amtierender Präsident an die Macht, nachdem sich das Kabinett in einer entscheidenden Kraftprobe mit P. W. Botha auf seine Seite gestellt hatte, da de Klerk einen Besuch bei dem sambischen Präsidenten Kenneth Kaunda gemacht hatte. Als de Klerk im August seinen Posten übernahm, hatte Tutu keine Hoffnung, dass dieser Wechsel eine Verbesserung darstellen würde: »Ich glaube, wir sollten nicht damit beginnen, uns einzureden, dass es irgend einen Grund dafür gibt zu glauben, dass wir ein neues Zeitalter betreten«, sagte er. »Das ist nur eine Änderung ohne praktische Bedeutung.« Die Ereignisse am 11. und 12. September zeigten, dass er falsch lag.

An dem Tag, als Tutu und Boesak mit den Botschaftern diskutierten, bat de Klerk seine Sicherheitsleiter bei einem Treffen kurz zusammenzufassen, wie sie bei dem Marsch vorgehen wollten. Einer der Anwesenden war der stellvertretende Polizeiminister Leon

Wessels. Später schrieb er, dass, als de Klerk von den Plänen erfahren habe, er »sofort seine Enttäuschung zum Ausdruck brachte, dass es keine neue Annäherung geben sollte«. Der Präsident schickte Abgesandte, die mit den Initiatoren des Protestes sprechen sollten. Wessels wurde zu einem Gespräch mit Franklin Sonn geschickt. Johan Heyns, das Oberhaupt der Niederländisch-Reformierten Kirche, flog von Pretoria nach Kapstadt, wo er zwischen dem Tuynhuys, der britischen Botschaft und der Bischofsresidenz pendelte. Heyns – der zuvor geholfen hatte, den Weg für Regierungsaktionen gegen Tutu zu bereiten – fragte nun gemeinsam mit einer Delegation von Oberhäuptern der Niederländisch-Reformierten Kirche Tutu und Boesak, ob diese sie zum Tuynhuys begleiten wollten, um dort um Erlaubnis für den Marsch zu bitten. Tutu und Boesak erteilten ihm eine Absage. Die Niederländisch-Reformierten-Oberhäupter sollten besser auch selbst an dem Protestmarsch teilnehmen, sagten sie. Doch Heyns dürfe gerne persönlich bei der Regierung anfragen, ergänzte Tutu, und sich versichern lassen, dass die Polizei keine Gewalt anwenden würde. Spät am Abend rief Vlok Tutu an und bat ihn, die Anzahl der Demonstranten nach oben zu begrenzen und einen Amtsrichter um Erlaubnis zu bitten. Tutu befand sich gerade auf einem Treffen mit Kirchenoberhäuptern und den Initiatoren der Missachtungs-Kampagne und er stellte Vlok auf den Lautsprecher. Er lehnte beide Anfragen ab und teilte Vlok sehr zur Belustigung der Anwesenden mit, dass es ihm egal wäre, ob die Polizei am Straßenrand stehen würde, solange sie ihre Hände in den Taschen behielte. Im Laufe des Abends rief der Justizminister Kobie Coetsee an, um Details über die Route zu erfahren. De Klerk verkündete, dass die Regierung den Protestmarsch erlauben würde: »Die Tür zu einem neuen Südafrika steht offen«, sagte er, »es ist nicht nötig, sie einzureißen.«

Tutu hatte keine Ahnung, wieviele Menschen er am folgenden Tag erwarten konnte. Vielleicht würden es 1.000 werden, dachte er. Eine Stunde bevor er eintraf, war die St. George's gefüllt. Auf den Straßen davor wimmelte es von Leuten jeder ethnischen Zugehörigkeit. Schwarze Jugendliche tanzten den Toyi-Toyi oder klet-

Sheikeh Nazeem Mohamed, Tutu, Mayor Gordon Oliver, die Kirchenoberhäupter Allan Boesak und Frank Chikane (hinter Boesaks Schulter) und der Anführer der United Democratic Front Zoli Malindi (v. l. n. r.) demonstrierten 1989 gemeinsam mit 30.000 Menschen für die Freilassung von Nelson Mandela.

terten auf Bäume und Ampelmasten, um eine bessere Sicht zu haben. Hinzu kamen weiße Kinder aus Privatschulen, die teure Klubjacken und Strohhüte trugen, was bei Zubeida Jaffer, einem Opfer von Folter und Bedrohung, feuchte Augen verursachte. Die Polizei war nirgends zu sehen und mit roten und gelben Stirnbändern bekleidete Ordnungshüter der Vereinigten Demokratischen Front hatten die Leitung übernommen. Colin Jones hielt einen kurzen Friedens- und Trauergottesdienst. Unter dem Getöse der Menschenmenge erschienen Tutu, Boesak, Gordon Oliver, Jakes Gerwel, der Front-Co-Präsident Zoli Malindi, der Gewerkschaftsführer Jay Naidoo und Scheich Nazeem Mohamed vom Muslim Judicial Council vor der Kathedrale.

Zunächst versuchten sie, gemäß der Straßenverkehrsordnung, auf der richtigen Straßenseite zu gehen. Doch es war hoffnungslos: die Bürger hatten die Straße eingenommen und blockierten den Verkehr in beide Richtungen.

In einem Spektakel, das man seit dem Verbot des ANC und des PAC fast 30 Jahre zuvor nicht mehr gesehen hatte, bewegten sich schätzungsweise 30.000 Menschen in einer triumphierenden Welle die ursprüngliche Einkaufsstraße von Kapstadt – Adderley – hinunter. Sie liefen am Bahnhof entlang und umrundeten den Grand Parade, den offenen Platz vor der im viktorianischen Stil gehaltenen Stadthalle. Hinter den Anführern trugen Aktivisten ein Banner, auf dem »Frieden in unserer Stadt: Stoppt das Töten« stand. Vor ihnen drängten sich hunderte singende, stampfende junge Leute. Aus den Fenstern jubelten ihnen Büroangestellte zu. Der Marsch zog sich ganze 1,6 Kilometer durch die Stadt. Die Demonstranten trugen Unmengen von bedruckten Postern, handbeschriebenen Papierbögen, Banner der Front, Flaggen des ANC in den Farben Schwarz, Grün und Gold und ein großes farbiges Banner, auf dem »Frauen vereinigt euch für ein zukünftiges Südafrika« geschrieben stand. Auf einem Poster stand: »Hört auf mit uns herumzuvlokken.«[83] Vor der Stadthalle forderte Tutu ein Publikum von Menschen jeder erdenklichen ethnischen Zugehörigkeit auf, ihre Hände in die Luft zu heben und appellierte an de Klerk:

> »Herr de Klerk, bitte kommen sie hierher! (Gelächter.) Wir laden sie ein Herr de Klerk, wir laden sie ein Herr Vlok, wir laden das gesamte Kabinett ein. Wir sagen kommen sie, kommen sie hierher. Können sie die Menschen dieses Landes sehen? Kommen sie und sehen sie, was aus diesem Land werden wird. Dieses Land ist ein Regenbogenland! (Applaus.) Dieses Land ist bunt! (Applaus.) Sie können kommen und das neue Südafrika sehen! (Applaus und Pfiffe überklingen seine Worte.)«

Nachdem Kapstadt das Verbot von friedlichen Demonstrationen der Regierung gebrochen hatte, überschwemmte eine unaufhaltsame Flut von Protestmärschen das Land. Tutu war unermesslich stolz auf die Tatsache, dass seine Bischöfe oftmals in der ersten Reihe marschierten: David Russell am 14. September in Grahams-

83 Anm. d. Übers.: In Anlehnung an Adriaan Vlok.

town, Duncan Buchanan – gemeinsam mit Frank Chikane und Peter Storey – am 15. September in Johannesburg, Richard Kraft und John Ruston am selben Tag in Pretoria, Michael Nuttall mit dem renommierten katholischen Erzbischof Denis Hurley am 22. September in Durban.

Tutus Vorliebe für einseitige, intuitive Entscheidungen machte ihn bei anderen Kirchenoberhäuptern oft ebenso unbeliebt wie bei Politikern. Sein ehemaliger Schüler Buti Tlhagale verteidigte seinen Stil und verglich seine Instinkte mit denen eines alttestamentarischen Propheten: »Ich kenne keine Bibelstelle, in der sich ein Prophet mit anderen Propheten über eine Angelegenheit abgesprochen hätte.« Ob Prophet oder nicht – Tutu initiierte ohne umfassende Vorgespräche oder eine Bevollmächtigung einen Protestmarsch, der einen Wendepunkt von einer zu eskalieren drohenden Konfrontationssituation in Südafrika zu einem ausgehandelten Abkommen und zu Demokratie beschrieb. Der Kabinettsminister Gerrit Viljoen, den de Klerk mit Verhandlungsgesprächen beauftragte, sagte später Patti Waldmeir, der Korrespondentin der *Financial Times*, dass de Klerks Entscheidung, den Marsch zu erlauben, »ein beängstigenderer Sprung hinein in die Dunkelheit [war] als jeder andere, den der Präsident später machte – inklusive der Freilassung Mandelas.«. Robin Renwick beschrieb ihn als ausschlaggebendes Ereignis in der südafrikanischen Geschichte. Der altgediente südafrikanische Journalist Allister Sparks betrachtete in seiner maßgebenden Übergangsstudie den September als den Gipfelpunkt von de Klerks Wechselkurs hin zu Verhandlungsgesprächen.

De Klerk bemerkte in seiner Autobiographie, dass er die Demonstranten nicht an einer Versammlung habe hindern können: »Die Entscheidung musste«, schrieb er, »zwischen der Auflösung eines illegalen Protestmarschs, mit allen dazugehörigen Risiken, wie Gewalt oder schlechter Publicity und der Legalisierung des Marsches, der Bedingungen unterlagen, die helfen konnten, Gewalt zu verhindern und eine gute Ordnung zu sichern, getroffen werden.« Da er unter Druck besonnen reagiert hatte, bewies er in der ersten wichtigen öffentlichen Entscheidung seiner Präsidentschaft, dass die Ära Botha vorüber war. Laut seiner Autobiographie hatte er schon beschlossen, damit zu beginnen, was er einen »demokratischen Wandlungsprozess« nannte und er ergriff schnell wieder die Initiative – und das mit einer Geschwindigkeit und Gewandtheit, die man von seinen Vorgängern nicht kannte. Nach seiner offiziellen Amtseinführung erfuhr er, dass sein nationaler Geheimdienst Ende Februar in Genf zufällig geheime Gespräche mit zwei im Exil lebenden Oberhäuptern des ANC geführt hatte: Thabo Mbeki und Jacob Zuma, dem späteren Stellvertreter Mbekis als Präsident des Landes. Er autorisierte die Fortführung dieser Gespräche. Anfang Oktober willigte er ein, Tutu, Boesak und Chikane in Pretoria zu empfangen. Kurz vor dem Treffen stellte er die Einlösungen einer ihrer Forderungen in Aussicht, indem er die Freilassung Walter Sisulus und anderer Häftlinge verkündete, die 1964 zusammen mit Nelson Mandela verhaftet worden waren. Als die Kirchenoberhäupter zu den Gesprächen eintrafen, machte er sie zunächst stutzig, als er sie zu einem Fototermin einlud. Hinter verschlossenen Türen diskutierten de Klerk und Gerrit Viljoen mit ihnen mehr als zwei Stunden lang die ersten notwendigen Schritte für Verhandlungen. Tutu war erleichtert, dass er sich mit keinem »erhobenen Zeigefinger« konfrontiert sehen musste. Als er wieder hinauskam, war er beeindruckt: »Uns wurde zugehört.«

Etwa drei Monate später, am 2. Februar 1990, ebnete de Klerk den Weg für Verhandlungsgespräche, indem er die verbotenen politischen Parteien wieder legalisierte. »Ich wollte meinen Augen nicht trauen«, sagte Tutu und rief umgehend bei de Klerk an, um ihm zu gratulieren. Am Samstag, dem 10. Februar, kündigte de Klerk an, dass man Mandela am folgenden Tag in Kapstadt freilassen würde.

Tutu hielt sich in Johannesburg auf, wo ein junger Mitbruder am Sonntagmorgen zu seinem Haus in Orlando West kam und ihm mitteilte, dass es einen Sitzplatz für ihn in einem gecharterten Flugzeug gebe, das in wenigen Stunden abfliegen sollte. Tutu konnte es nicht nehmen – an diesem Morgen sollte er Trevors ersten Sohn taufen. Da er keinen Platz bei einem Linienflug nach Kapstadt mehr bekommen konnte, kümmerte er sich um eine andere

Mitfahrgelegenheit. Diese fand er bei einem Fernsehteam der *BBC*. Das Kind sollte auf den Namen Lizo Trevor Zukiso getauft werden. Am Taufbecken fügte Tutu noch einen vierten Namen hinzu: Inkululenko (»Freiheit«). Sofort nach der Taufe eilte er zum Flughafen.

Vom Flughafen von Kapstadt aus fuhr ihn sein neuer persönlicher Assistent Mazwi Tisani – der gerade Matt Esau abgelöst hatte – auf direktem Weg zur Stadthalle, wo sich abermals Zehntausende auf dem Grand Parade versammelt hatten. Unterwegs sagte Tisani Tutu, dass der ANC Nelson und Winnie Mandela in dieser Nacht in der Bischofsresidenz unterbringen wolle. Im Empfangszimmer des Bürgermeisters schlichen die Stunden dahin, während ein Aufgebot an Würdenträgern auf Mandela wartete. Im Freien begannen die Ordner die Kontrolle über einen Teil der Menschenmasse zu verlieren, die im heißesten Monat des Jahres in Kapstadt den ganzen Tag über in der Sonne gewartet hatte. Plünderer brachen in Getränkegeschäfte ein. Die Polizei eröffnete das Feuer auf sie und einige von Tutus Mitarbeitern, die sich im hinteren Teil der Menge aufhielten, waren gezwungen in Deckung zu gehen. Gerüchte kamen auf, nach denen Menschen niedergetrampelt worden seien. Eine Gruppe von jungen Radikalen und Marihuana rauchenden Rastafaris brach in die Stadthalle ein und forderte, Mandela sehen zu dürfen. Tutu diskutierte mit ihnen – jedoch ohne Erfolg. Doch dann lotste er sie, wie der Rattenfänger, durch das Gebäude, durch eine Hintertür hinaus und hinauf zur St. Mark's Anglican Church, in das verwahrloste Viertel District Six. Etwa 3.000 Menschen aus der Menge folgten ihnen, gingen jedoch wieder, als Mandela nicht auftauchte.

Tutus Mitarbeiter wurden nun mit dem harten Kern der wütendsten Militanten konfrontiert und wünschten sich, sie hätten einen Standort ausgewählt, der nicht mit derartig viel Bauschutt übersät war. Voller Wut stritten sich Jugendliche mit Tutu und mit muslimischen Geistlichen. Sie beschuldigten Tutu, der »Impimpi de Klerks« zu sein. Einer hob einen großen Stein vom Boden auf. Tutu sagte, er würde sie zurück zur Stadthalle bringen. Mit den jungen Leuten auf den Versen kehrte er auf den Platz zurück, wo eine Reihe von ANC-Ordnern wartete. Sie ließen Tutu hindurch, hielten jedoch die Jugendlichen zurück. »Gehen sie rein, Pater«, sagten sie. »Lassen sie uns um sie kümmern.« Zurück in der Stadthalle erfuhr Tutu, dass der Wagen, in dem Mandela saß, nicht durch die Menschenmenge habe gelangen können und daher umgekehrt sei. Als Allan Boesak zum wiederholten Mal auf den Balkon der Stadthalle trat und um Geduld bat, griff Tutu zum Telefon und rief Mandela an. »Sie müssen kommen«, sagte er, »oder wir werden die Kontrolle verlieren.« Am frühen Abend traf Mandela ein und Tutu stand ihm nach 35 Jahren das erste Mal von Angesicht zu Angesicht gegenüber. Dann ging Mandela hinaus auf den Balkon, um seine erste öffentliche Ansprache seit dem Jahr 1964 zu halten.

In der Bischofsresidenz riefen an diesem Abend die Regierungsoberhäupter auf Tutus Privatnummer an, deren Diplomaten die besten Kontaktlisten hatten und wollten mit Mandela sprechen: George Bush aus Washington, Moshoeshoe II. aus Lesotho und

Tutu führt Nelson und Winnie Mandela durch die Gartenterrassen der Bischofsresidenz in Kapstadt am Morgen nach Mandelas Freilassung.

Kenneth Kaunda aus Sambia. Tutu stimmte die Oberhäupter des ANC in eine der größten Xhosa-Hymnen ein: »Lizalis' idinga lako, Thixo nKosi yenyanyiso« (»Löse Dein Versprechen ein, Herrgott der Wahrheit«). Nelson und Winnie Mandela verbrachten ihre erste gemeinsame Nacht in der Gästewohnung im Obergeschoss.

Am folgenden Morgen gab Mandela seine erste Nachrichtenkonferenz vor 200 Journalisten auf der einzigen freien Fläche, die dafür groß genug war: die Hauptwiese in der Bischofsresidenz. Auch nahmen er und Winnie gemeinsam mit Walter und Albertina Sisulu einen Fototermin auf den gepflegten Terrassen an der Vorderseite des Hauses wahr. Tutu hielt sich aus der Pressekonferenz und aus offiziellen Fotoaufnahmen heraus. Es war ihr Tag, nicht seiner. Einige Wochen später sagte er einem Journalisten, dass er an den Verhandlungsgesprächen für die Demokratie nicht teilnehmen würde. Er sei ein politischer Anführer auf Zeit gewesen, erklärte er, der die wirklichen Anführer lediglich vertreten habe. Nun sei diese Aufgabe beendet. Er sei ein Pfarrer und kein Politiker und er habe nicht das Ziel, in die Parteienpolitik einzusteigen. Er wolle eine kleinere öffentliche Rolle spielen. Er habe mehr Erfolg darin, das erste Ziel zu verfolgen als das zweite.

Kapitel 14

Achterbahnfahrt

Als in Südafrika das neue Jahrzehnt begann, befand sich Desmond Tutu am Rande der Euphorie. Nach 15 Jahren der Warnungen vor Blutbädern, der Konfrontationen mit dem Staat und der Erhaltung des Friedens auf den Straßen war er hocherfreut über die Aussicht auf einen Übergang hin zur Demokratie. Nach der Freilassung Mandelas schrieb er – in Anlehnung an Gottes Versprechen der Befreiung an Moses – an die Anglikaner von Kapstadt: »Der zukünftige Weg mag lang und gefährlich sein, doch endlich scheint es, als würde das, wofür so viele gebetet und gefastet haben, sich geopfert haben und gestorben sind, eingesperrt wurden, verbannt worden und in das Exil gegangen sind, erreichbarer sein als jemals zuvor.« In seiner Euphorie erlaubte er sich einige Übertreibungen. In Bezug auf die Ereignisse, die sich im vergangenen Oktober an die entscheidende Konfrontation in der Nikolaikirche in Leipzig geknüpft hatten, schrieb er: »Als Kapstadt marschierte, folgte nicht nur Südafrika, sondern ebenso der Großteil Europas. Sie marschierten in Osteuropa, und die Berliner Mauer fiel. Autokratische kommunistische Regimes fielen und Herr Gorbatschow verwirklichte eine radikalere Revolution als die von 1917 – mit wenigen Toten. Gott sei gepriesen, der die Gebete seiner Menschen angehört hat, die ihn angerufen haben.« Wie gefährlich der zukünftige Weg genau sein würde, wurde sehr bald ersichtlich.

Der Einfluss auf Tutu und seine Sachkenntnis über Afrika, die er während der zwei Jahrzehnte zuvor durch seine Reisen gesammelt hatte, wurde in den Wochen erkennbar, nachdem Mandela freigekommen war. Er war fest entschlossen, dass die Kirche nicht »fügsam und untätig« werden solle, wie er es in einigen der anderen befreiten Länder beobachtet haben mochte. Er trat für etwas ein, was lateinamerikanische Theologen »kritische Solidarität« mit prodemokratischen Mächten nannten: Die Kirchen würden sich auch weiterhin für Gerechtigkeit einsetzen und ihr Recht wahren, als Institutionen mit dem Evangelium als Mandat ihre Verbündeten zu kritisieren. Die ersten Schritte, um die Unabhängigkeit der Kirche von den Befreiungsbewegungen sicherzustellen, wurden kurz nach der Freilassung Mandelas, bei einer Versammlung des anglikanischen Bischofskonzils im Februar 1990 unternommen.

Das Konzil sollte in Soweto zusammenkommen, nicht weit von dem Haus in Orlando West, in das Nelson und Winnie Mandela eine Woche zuvor zurückgekehrt waren. Nach einer Empfehlung von Michael Nuttall hatte Tutu Mandela eingeladen, damit er die Bischöfe treffen und eine Rede halten konnte.

Mandela erzählte in bewegender Weise von der Arbeit der Gefängniskapläne, sprach gegenüber Anglikanern wie Trevor Huddleston und Tutu – den er den »Erzbischof der Menschen« nannte – seine Hochachtung aus und sagte den Bischöfen, dass sie einen entscheidenden Beitrag leisten müssten, um die schwarze Gemeinschaft zu einigen und die Weißen zu beschwichtigen. Tutu und

Nelson Mandela, zwischen Tutu und dessen »Nummer 2« Michael Nattall, empfängt die südafrikanischen anglikanischen Bischöfe eine Woche nach seiner Freilassung.

seine Bischöfe griffen diese Vorschläge später auf. Zunächst mussten sie jedoch drei wesentlich kontroversere Entscheidungen veröffentlichen: Sie sollten verkünden, dass sie für den Wegfall der Sanktionen eintreten würden, sobald die Bewegung in Richtung Demokratie »unumkehrbar« sei. Es ging darum, die Befreiungsbewegungen zu drängen, den bewaffneten Kampf aufzugeben und außerdem sollten sie den Priestern verbieten, einer politischen Partei anzugehören. Die dritte Entscheidung wurde zunächst nicht verkündet, doch die ersten beiden riefen prompt Bestürzung unter den Kirchenaktivisten hervor.

Der ANC zeigte sich bald besorgt, dass de Klerks Entschlusskraft die Kirchen verführen würde. Im vorangegangenen September hatte Thabo Mbeki gewarnt, dass »die religiöse Gemeinschaft in dieser Phase höchst verwundbar ist, von Worten angelockt zu werden, die traditionell ethisch positiv belegt sind, d. h., Worte wie ›Frieden‹ oder ›Verhandlungen‹, die das Regime in Pretoria zurzeit verwendet.« Im Februar – noch bevor sich die anglikanischen Bischöfe trafen – veranstaltete das Rassismus-Bekämpfungsprogramm des Weltkirchenrats, das von Barney Pityana geleitet wurde, eine Versammlung in Harare in Simbabwe und beschloss, dass die Sanktionen intensiviert werden sollten. In der Woche nach der Bischofsversammlung in Soweto hielt sich Pityana in London auf, wo er hören konnte, wie Tutu im Radiosender der *BBC* die Entscheidung des Konzils publik machte. Zurück in seinem Büro bei dem Weltkirchenrat in Genf schrieb er Tutu, »wie enttäuschend dieser Standpunkt für uns war«. Gerade im Hinblick auf Sanktionen hätten es die Bischöfe als angebracht empfunden, von einer Definition des unumkehrbaren Wandels abzuweichen, die von der Organisation für Afrikanische Einheit, der Bewegung der blockfreien Staaten, dem Commonwealth und den Vereinten Nationen umsichtig formuliert worden sei. »Es ist wichtig«, sagte Pityana, »dass wir unsere Strategien gleichschalten, wenn wir gegen die Apartheid effektiv Zeugnis ablegen wollen.«

Wie der Protestmarsch in Kapstadt bewiesen hatte, war das Gleichschalten von Strategien nicht Tutus oberste Priorität. Da er der Meinung war, dass Pityana seine Stelle in Genf zumindest teilweise einem glänzenden Empfehlungsschreiben verdankte, das er verfasst hatte, fühlte sich Tutu durch die Kritik verletzt. »Ich bin enttäuscht, dass sie enttäuscht sind«, antwortete er. Was Sanktionen betraf, gebe es keine politischen Differenzen, sondern lediglich eine unwesentliche Differenz in der Formulierung. Bezüglich des bewaffneten Kampfes, knüpfe sich die Entscheidung der Bischöfe an das Verhandlungskonzept, das im Jahre 1986 vom Commonwealth entwickelt worden war. »Ihr Angriff betrübt mich, da er deutlich unangebracht und vollkommen ungerechtfertigt ist«, fügte er hinzu. »Ich hoffe, sie werden erkennen, dass sie sich dafür entschuldigen müssen, dass sie so ungerecht gewesen sind.« Pityana lehnte es ab, einen Rückzug zu machen. Er räumte ein, dass die Bischöfe das Recht hatten, ihren Standpunkt über den bewaffneten Kampf zu äußern, doch er bekräftigte seine Bedenken zu Sanktionen: Ihre Äußerungen ließen sich leicht missverstehen, sagte er.

Innerhalb weniger Tage wurde ihr Briefwechsel von dem ersten großen Gewaltausbruch überschattet, der zu einem Bürgerkrieg auf niedriger Ebene in der Provinz Natal und dem angrenzenden Bantustan kwaZulu heranwuchs. Am Sonntag, dem 25. März, veranstaltete Mangosuthu Buthelezi, der oberste Minister von kwaZulu, eine Dankeskundgebung für die Freilassung Mandelas und anderer Häftlinge in Durban, die von seiner Inkatha National Cultural Liberation Movement[84] organisiert worden war. Während Mandela im Gefängnis gesessen hatte, hatten er und Buthelezi per Briefverkehr eine gute Beziehung zueinander gehabt, doch ihre Anhänger waren zu bitteren Feinden geworden. Unter den Anwesenden bei Buthelezis Kundgebung in Durban waren Mitglieder der Inkatha, die seit 1987 in einen Konflikt in den Tälern Vulindlela und Edendale außerhalb von Pietermaritzburg, der Haupstadt von Natal, verwickelt waren. Auf dem Rückweg von der Kundgebung bewarfen junge Anhänger des ANC und der Vereinigten De-

84 Anm. d. Übers.: Auf Zulu: *Inkatha yeNkululeko yeSizwe*: Ein *Inkatha* ist ein geflochtener Ring aus Gras, der benutzt wurde, um Lasten abzufedern, die die Frauen auf ihren Köpfen transportierten.

mokratischen Front die Busse der Inkatha und verletzten einige der Insassen. Das löste den »Siebentägigen Krieg« aus, bei dem große Gruppen von Inkatha-Unterstützern in das Edendale-Tal einfielen, die Menschen mit Assegais, Macheten und Feuerwaffen angriffen und sie aus ihren Häusern vertrieben. Mehr als 100 Menschen starben, hunderte von Häusern wurden geplündert oder zerstört und bis zu 20.000 Menschen verloren ihr Heim.

Als die Gewalt ausbrach, befand sich Tutu in Nairobi und wollte weiter in die Vereinigten Staaten reisen. Er sagte seine Termine ab, kehrte in die Heimat zurück und schloss sich einer Delegation von Oberhäuptern des Südafrikanischen Kirchenrats an, um Gespräche mit Buthelezi, Mandela und de Klerk über die Krise zu führen. Ihr erster Halt war Ulundi, die Hauptstadt von kwaZulu, wohin sie mit einem Flugzeug gelangten, das ihnen von dem verständnisvollen Bankier Bob Tucker zur Verfügung gestellt worden war. Es war Tutus erster Besuch in Ulundi – einige Zeit zuvor hatte er einen dortigen Aufenthalt als Rechtfertigung des Bantustan-Systems betrachtet und es ist bezeichnend, wie schnell er seinen Standpunkt geändert hatte, da er nun nicht mehr darüber nachdachte. Nichtsdestotrotz näherte er sich dem Ort mit deutlicher Beklommenheit, denn seit der zwölf Jahre zurückliegenden Beerdigung des PAC-Anführers Robert Sobukwe hatte er eine schwierige Beziehung zu Buthelezi.

Damals war Tutu gebeten worden, auf der Beerdigung in Sobukwes Heimatort Graaff-Reinet im März 1978 die Predigt zu halten. Tutu, Buthelezi, Leo Rakale, die Mönche der Gemeinschaft der Auferstehung aus Johannesburg und andere standen schon auf dem Rednerpodium, als Sobukwes Sarg, begleitet von hunderten von jungen Leuten, hineingebracht wurde. Als diese Buthelezi sahen, schwärmten die jungen Leute um das Podium, riefen Parolen und beschimpften ihn als einen »Verräter«, einen »Strohmann« und – der Begriff galt in der afrikanischen Kultur als der abfälligste von allen – einen »Hund«. Buthelezi wurde von einem Geistlichen gebeten, die Örtlichkeiten zu verlassen, doch er erwiderte: »Lassen sie sie mich jetzt umbringen. Ich gehe nicht nach draußen. Wenn dies der Tag ist, an dem ich sterbe, lassen sie mich hier sterben.«

Da keine Ruhe einkehren wollte, bat Tutu Buthelezi, seine Entscheidung noch einmal zu überdenken. Widerwillig gab er nach. Tutu bat die Geistlichen, eine schützende Mauer um Buthelezi zu bilden, als dieser ging und er selbst ging voran. Obwohl Buthelezi von Helfern und Geistlichen eingekreist war, drängten die Jugendlichen ihm entgegen, traten nach den Geistlichen, ballten ihre Fäuste und riefen: »Makabulawe!« (»Tötet ihn!«). Tutu wandte sich um, um mit ihnen zu diskutieren. Buthelezi erreichte sein Auto erst, nachdem sein Sekretär eine Messerattacke abgewehrt und sein Leibwächter Schüsse abgefeuert hatte, um den Weg freizumachen. Sobukwes Freund und Biograph Benjamin Pogrund, dessen Ansprache abgebrochen worden war, drehte sich zu seiner Frau um und sagte: »Dieser Mann mit seinem ungeheuren Stolz ist vollkommen gedemütigt worden. Weiß Gott, welchen Preis Südafrika dafür wird bezahlen müssen.«

In der Woche nach der Beerdigung sagte Tutu einem Journalisten, dass die Jugendlichen eine »neue Generation von Schwarzen [seien], die eine Seele aus Eisen haben«. Über diesen Kommentar sagte Tutu dem Verfasser dieses Buches fast 30 Jahre später: »Er [Buthelezi] dachte, dies sei eine Entschuldigung. Von diesem Moment an war die Hölle los und unsere Beziehung hat sich nie wieder normalisiert.« Buthelezi meinte, er wüsste, warum Tutu ihn gebeten hatte, die Beerdigung zu verlassen. Seine wahren Motive seien es gewesen, »eher einem Haufen von politischen Rowdys politische Glaubwürdigkeit zu verleihen«. Das Zentralkomitee der Inkatha fasste den Beschluss, Tutu als einen »politischen Opportunisten« darzustellen. Der Briefverkehr und der öffentliche Kontakt waren in den Folgejahren zum gleichen Zeitpunkt einerseits gereizt und die Streitgespräche andererseits freundlich und beiderseitig unterstützend. Tutu missfiel Buthelezis Beteiligung an dem Bantustan-System und sein Standpunkt zu Sanktionen, jedoch erkannte er ihn als einen wichtigen Machthaber an und begrüßte sein Beharren darauf, dass kwaZulu ein Teil Südafrikas bleiben solle. Buthelezi nahm es Tutu und dem Südafrikanischen Kirchenrat übel, dass sie im Ausland gegen ihn opponierten. Allerdings protestierte er auch, als die Regierung Tutus Reisepass einzog und er selbst, als prominentester Laien-Anglikaner, respektierte Tutus Rolle als Bischof. (Später bezeichnete er Tutu regelmäßig als »mein Erzbischof«.)

Am 2. April 1990 betrat die Delegation des Südafrikanischen Kirchenrats die kwaZulu-Regierungsgebäude in Ulundi. Am Verhandlungstisch saßen ihnen nicht nur Mangosuthu Buthelezi und das gesamte kwaZulu-Kabinett gegenüber, sondern auch das Zentralkomitee der Inkatha und eine aus anglikanischen Geistlichen bestehende Delegation aus der Diözese von Zululand. Nach dem Eröffnungsgebet hielt Buthelezi eine scharfe Ansprache nach einer zehnseitigen maschinengeschriebenen Vorlage. Er sagte, dass die Kirchenoberhäupter an den falschen Ort gekommen seien – der ANC sei für die Gewalt verantwortlich. Die Kirchenratsoberhäupter fragten nach der Wiederaufnahme eines Friedensplans, den die örtlichen Kirchenoberhäupter im vorangegangenen Jahr angepriesen hatten. Der Schlüssel zu dem, was danach geschah, war in den einleitenden Worten von Buthelezis Textvorlage zu finden. Dort hatte gestanden: »In meiner politischen Führerschaft bin ich ein sehr einsamer Christ gewesen.« In der folgenden Diskussion machten die Anführer der Inkatha ihren eigenen heftigen Gefühlen Luft. Sie fühlten sich ausgegrenzt und bedroht. Sie griffen die Kirchenoberhäupter an und beschuldigten sie, mit dem ANC zusammenzuarbeiten und die Inkatha als einen Kollaborateur der Apartheid darzustellen. Die heftigsten Worte äußerte Prinz Gideon Zulu, ein Mitglied des Königshauses. Wenn die Gegenspieler der Inkatha nicht aufhören würden, die Zulu-Monarchie zu verunglimpfen und die Zulu-Schulkinder zu unterdrücken, warnte er, würde das, was in Pietermaritzburg geschehen war, vergleichsweise bedeutungslos sein gegen das, was noch kommen würde.

Von Ulundi aus flogen die Kirchenoberhäupter nach Pietermaritzburg, wo sie Mandela dazu drängten, eine gemeinsame Kundgebung mit Buthelezi abzuhalten und ein Ende der Gewalt auszurufen. Am darauffolgenden Tag kehrte Tutu allein nach Ulundi zurück. Als Buthelezis Erzbischof entschied er, wolle er ihm einen pastoralen Besuch abstatten. Buthelezi willigte ein und sie trafen sich für ein zweistündiges Mittagessen. In den folgenden vier Jahren ließen die beiden eine Routine entstehen, die die Mitarbeiter in der Bischofsresidenz bald den »Ulundi Pendler« nannten. Wenn Tutu von einer speziellen Krisensituation bei Verhandlungen oder von Gewalttaten erfuhr, rief er in Ulundi an und bat um ein Treffen. Buthelezi stimmte stets zu. Innerhalb von ein oder zwei Tagen nahmen Tutu und ein oder zwei seiner Mitarbeiter dann einen Flug um 7 Uhr morgens von Kapstadt nach Durban. Zwei Stunden später wechselten sie für den kurzen Flug nach Ulundi in ein kleineres Flugzeug über, das ihnen oftmals von Buthelezi zur Verfügung gestellt wurde. Dort traf sich Tutu mit Buthelezi in einem Konferenzzimmer, in dem des Öfteren auch andere Kabinettsmitglieder und Oberhäupter der Inkatha – später als die Inkatha Freedom Party, IFP, neugegründet – anwesend waren. Sie waren zwei ganz unterschiedliche Männer: Buthelezi ein erregbarer, stolzer traditioneller Anführer von königlicher Herkunft aus einer Gesellschaft mit starken ländlichen Wurzeln; Tutu ein bescheidener, anpassungsfähiger Bürger und das Produkt einer multikulturellen, multilingualen, modernen städtischen Gesellschaft. Am Ende des Treffens kam stets ein nach Ulundi beordertes Nachrichtenteam der *SABC* für Interviews vorbei. Tutu und Buthelezi machten beide freundliche Bemerkungen. An dem jeweiligen Abend wurde dann die übliche Litanei von Nachrichtenberichten über neue Morde für kurze Zeit von Tutu und Buthelezi unterbrochen, die für Toleranz und Frieden warben.

Am dritten Tag von Tutus seelsorgerischer Tätigkeit in Natal im April 1990 besuchte er mit Michael Nuttall, dem Methodistenoberhaupt Khoza Mgojo und Matthew Makhaye, einem von Nuttalls Suffraganbischöfen, der in die Friedensbestrebungen involviert war, die Täler Edendale und Vulindlela. Sie reisten von Township zu Township und besuchten Kirche für Kirche, die mit Schlafstätten, Kleidung und Essen ausgestattet und mit Menschen gefüllt waren, die man aus ihren Häusern vertrieben hatte. Viele von ihnen hatten augenscheinlich einen Schock erlitten. In der darauffolgenden Woche fuhren Führungspersönlichkeiten aus Natal und aus der nationalen Kirche nach Kapstadt, um dort F. W. de Klerk zu treffen. Nuttall sagte ihm, dass die Polizei Partei ergreife und bat um die Gründung einer Untersuchungskommission, um die Ursachen des Konflikts zu erforschen.

Während Tutus Hauptaugenmerk auf der Gewalt lag, wuchs die Unzufriedenheit über das Verbot der Bischöfe, dass sich Kleriker einer politischen Partei anschließen konnten. Diese Entscheidung, die ohne vorherige Verhandlungen getroffen worden und ohne unterstützende Begründung verkündet worden war, war ein Schock. Besonders traf das die jungen Priester, deren Recht, sich einer Partei ihrer Wahl anzuschließen, ihnen von der Kirche innerhalb eines Monats entzogen wurde, nachdem sie von Staat anerkannt worden war. Der Klerus von Kapstadt protestierte. Diejenigen, die im Verborgenen für den ANC gearbeitet hatten, während die Organisation noch verboten gewesen war, rechneten mit einem Loyalitätskonflikt. Trevor Huddleston, der fast 40 Jahre lang eng mit dem ANC in Verbindung gebracht worden war, empfand das als eine »sehr gefährliche Entscheidung«. Das Institute of Contextual Theology, das maßgeblich an der Erstellung des Kairos-Dokuments mitgewirkt hatte, sagte, dass die Bischöfe den Priestern ihre gesellschaftliche Entscheidungsfreiheit entzogen hätten. Doch als es immer offensichtlicher wurde, dass parteienbezogene Rivalität einen besonderen Anteil an der wachsenden Gewalt des Übergangs hatte, wurde Tutu immer überzeugter, dass die Bischöfe richtig entschieden hatten. Ihm fiel auf, dass die Altardiener in ihren roten Roben bei der Inthronisierungszeremonie eines neuen Bischofs am East Rand während der Nationalhymne unterschiedlich salutierten. Eine Gruppe hob die geballte Faust des ANC und eine andere die geöffnete Handfläche des PAC. Bei einem pastoralen Besuch bei Zeph Mothopeng, einem Anglikaner, der zum Anführer des PAC geworden war, erzählte man ihm in »epischer Breite« von seiner angeblichen Vorliebe für den ANC. Nelson Mandela hatte keine Zweifel an der Entscheidung der Bischöfe: Er verglich die Kleriker mit traditionellen Häuptlingen in den ländlichen Gebieten, denen er davon abriet, sich mit politischen Parteien zu identifizieren, denn er glaubte, dass das Uneinigkeit stifte.

Bei einem Treffen des Anglikanischen Studentenverbands in Pietermaritzburg im Juli 1990 spitzte sich die Situation zu, als die

Delegierten auf eine Nachbearbeitung der Richtlinien bestanden. Tutu lehnte die Forderung entschlossen ab. Die Kirche würde so stark wie zuvor in den Kampf für Gerechtigkeit involviert sein, jedoch nicht entlang der Parteilinien, sagte er ihnen. Die Mitgliedschaft in einer Partei sei zu einer Angelegenheit zwischen Leben und Tod geworden und zu einem Hindernis für die seelsorgerische Tätigkeit in einer Gemeinde: »Stellen sie sich vor, sie haben jemanden, der sagt, er gehöre der Inkatha an und er möchte die Beichte bei einem Priester ablegen, von dem er weiß, dass dieser zu dem ANC gehört.« Die Vehemenz seiner Argumente rief bei einigen Studenten ein nervöses Lachen hervor. Das gab Tutu die Gelegenheit für einen einschüchternden Gegenangriff: »Das ist ernst. Das ist keine lustige Angelegenheit«, sagte er. »Es ist keine lustige Angelegenheit, wenn unsere Priester getötet werden. Es ist keine lustige Angelegenheit, wenn man in das Haus von jemandem geht und man herausfindet, dass sie einen 15-Jährigen getötet haben. Das ist keine lustige Angelegenheit. Wir spielen [hier] nicht mit Murmeln.«

Sein Standpunkt wurde untermauert, als sich die Gewalt von Natal aus nach Transvaal ausbreitete – zunächst in das Vaal-Dreieck und dann in die Townships am gesamten Reef. Tutu befand sich gerade in Kanada, als im August 1990 am East Rand ein vernichtender Konflikt zwischen Zulu-sprechenden Wanderarbeitern, die in monogeschlechtlichen Wohnheimen lebten und Township-Bewohnern, die in den nahegelegen Familienunterkünften wohnten, aufflammte. Seit langem hatte es dort diverse Spannungen gegeben. Dabei ging es unter anderem um den Unwillen der Wanderarbeiter, sich an politischen Streiks zu beteiligen und die Wahrnehmung ihres Verhaltens gegenüber den Frauen im Township. Rich Mkhondo, ein *Reuters*-Korrespondent, der in einem East Rand-Township aufgewachsen war, beschrieb in einer Darstellung eines nächtlichen Angriffs, wie sich die Zusammenstöße für gewöhnlich ergaben:

> »Das Gemetzel in meinem Heimat-Township Katlehong begann damit, dass die männlichen Einwohner flüsternd von Haus zu Haus

> die Warnung weitergaben, dass ein Angriff der Zulu-Wohnheimbewohner bevorstand. Die Informanten hatten erfahren, dass die Zulus – hauptsächlich Unterstützer der Inkatha Freedom Party – soeben ein Treffen in einem Wohnheimblock am westlichen Ende des Townships abgehalten hatten. Sie hatten beschlossen, sich dafür zu rächen, dass die Township-Bewohner – die meisten von ihnen Unterstützer des ANC – den Minibus eines Kollegen mit Steinen beworfen und angezündet hatten. Innerhalb von Minuten bewaffneten sich Männer, Jungen und einige Frauen aus dem Township mit Schäften von Spitzhacken, Speeren, Messern, Schnellfeuergewehren, Steinen und anderen Waffen. Die Zulus kamen aus dem Kwesine-Wohnheim und näherten sich dem Township. Aus beiden Richtungen kamen Schüsse, und die Schlacht begann.
> Ich sah, wie ein Wohnheimbewohner mit einer Machete auf einen Jugendlichen einschlug und ihn dann mit einer Pistole erschoss. Ein unglücklicher Geschäftsmann wurde mehrere Male angeschossen, während er versuchte, in seinem Auto zu fliehen. Er wurde am Hinterkopf getroffen und sein Gehirn verteilte sich auf dem Autositz. Einige leblose Körper lagen auf der offenen Fläche verteilt, die das Wohnheim und das Township voneinander trennte. Die Einwohner, die von aggressiven Jugendlichen angeführt wurden, schlugen den Angriff der Zulus zurück, nachdem sie die Straßen mit Steinen und Metallplatten verbarrikadiert hatten. Die Zulus schlugen zurück und die Schlacht verstärkte sich, als Häuser und Fahrzeuge mit Steinen beworfen, demoliert und geplündert wurden. Polizeihelikopter schwebten in der Luft und leuchteten mit Suchscheinwerfern. Die Polizei entwaffnete nicht die Inkatha-Unterstützer, die mit ihren Waffen in der Luft wedelten, sondern jagte stattdessen die bewaffneten Einwohner fort. Männer mit Sturmhauben verbrannten Leichen – einige von ihnen bis zur Unkenntlichkeit. Am nächsten Tag bestätigte die Polizei, dass bei dem Gemetzel mindestens 22 Menschen getötet worden waren und dass noch mehr Leichen gefunden wurden.«

Tutu brach seinen Besuch in Kanada kurzfristig ab und flog heim nach Johannesburg, wo er sich kopfüber in die Krise stürzte. Mit zwei ortsansässigen Bischöfen – David Beetge und Duncan Buchanan –, dem Präsidenten des Südafrikanischen Kirchenrats Khoza Mgojo und seinem Generalsekretär Frank Chikane besuchte er mehrere Tage lang Townships am gesamten Reef, machte seelsorgerische Anrufe in Haushalten, besuchte Flüchtlinge in Notunterkünften und sprach vor Massen von bewaffneten Einwohnern bei spontanen Zusammenkünften auf den Straßen. Elias Maluleke von der City Press beschrieb einen Besuch im Township am West Rand, wo die Einwohner auf den Straßen Gräben zogen, um sich auf einen angeblich bevorstehenden Angriff vorzubereiten:

> »Einige Einwohner hießen die Delegation warmherzig willkommen und sangen Loblieder auf Tutu, während andere die ›Friedensmission‹ in eine aggressive Angelegenheit verwandelten, als sie ihrer Wut und Frustration Luft machten. Einmal wurden Tutu und Chikane von einer wütenden Menge in Kagiso niedergebrüllt, die schrie: ›Kein Frieden mehr, wir wollen Waffen!‹ Obwohl er von Massen von wütenden Menschen umzingelt wurde, die mit Macheten, Messern und anderen selbst gemachten Waffen herumwedelten, ließ Tutu nicht davon ab, für den Frieden einzutreten und drängte die Einwohner, die Gewalt zu Gunsten ihrer Befreiung zu beenden. ›Indem wir kämpfen und gewaltsam handeln, geben wir anderen die Möglichkeit zu sagen, dass wir noch nicht bereit seien, uns selbst zu regieren‹, sagte Tutu. Er sagte, die Kirche sei nicht in Lage, Gewalt jeglicher Art zu billigen.«

Nach dem Besuch griff Tutus persönlicher Assistent Mazwi Tisani unbeabsichtigt die Empfindungen vieler in der Delegation auf, als er Tutu mitteilte, wie er sich gefühlt habe, als sie in der Masse von Macheten und Äxten tragenden Einwohnern gestanden hatten: »Pater«, sagte er scherzhaft, »als sie sagten ›Lasst uns beten‹, wollte ich nicht meine Augen schließen.«

In Natal brachte der Konflikt Zulu-sprechende Unterstützer des ANC und Zulu-sprechende Unterstützer der Inkatha gegeneinander auf. Zumindest auf einer Seite des Reef konnte die Situation eher als Stammeskonflikt beschrieben werden. In den Townships, in de-

Tutu versucht eine aufgebrachte, bewaffnete Menge in Kagiso im West Rand während der gewaltsamen Ausschreitungen beim Übergang zur Demokratie zu beruhigen.

nen die Männer um das Leben ihrer Frauen und Kinder fürchteten, konnte das Auftauchen eines Zulu-sprechenden Fremden auf der Straße tiefes Misstrauen hervorrufen. Rich Mkhondo hielt fest, wie die Einwohner testeten, ob eine solche Person ein Spion sei: »Wenn er verdächtigt wurde ein Zulu aus den abgelegenen ländlichen Dörfern zu sein und somit ein Mitglied der Inkatha, zeigte man ihm eine Ein-Rand-Münze, die er identifizieren sollte. Die meisten Zulus vom Land sprechen das ›r‹ wie das ›l‹ aus. Ein Zulu würde also eher ›Land‹ als ›Rand‹ sagen. Wenn er den Test nicht bestand, konnte er leicht sein Leben verlieren.« Tutu arbeitete energisch daran, das auf Ethnizität fußende Misstrauen zu beseitigen. »Hier in Soweto«, sagte er bei einer Beerdigung im Jabulani Stadion, »haben wir und werden wir auch weiterhin harmonisch zusammenleben. Wenn wir streiten, dann nicht, weil du ein Zulu bist. Ich streite, weil dein Anzug vielleicht schöner als meiner ist und ich deswegen neidisch bin. Doch wir haben uns niemals wegen Stammesangelegenheiten gestritten. Das ist eine Lüge! Das ist eine Lüge!«

Nach etwas mehr als einer Woche nach seiner Tour durch die Reef-Townships veranstaltete Tutu mit seinen Bischöfen ein reguläres Konzil-Treffen in einem Konferenzzentrum in Lesotho, als zwei Priester aus dem Vaal-Dreieck die Nachricht überbrachten, dass 23 Menschen bei einem Angriff auf ein Wohnheim im Sebokeng-Township getötet worden seien und 15 weitere, als Sicherheitskräfte das Feuer auf eine Menschenmenge eröffnet hätten. Er brach zusammen und verließ das Treffen. Zunächst ging er in seine Kapelle und dann auf sein Zimmer, wo Michael Nuttall ihn weinend auf den Knien vorfand. Gemeinsam beschlossen sie vorzuschlagen, dass die Bischöfe ihr Treffen vertagen und dass sie sich zusammen zu einem pastoralen Besuch nach Sebokeng aufmachen sollten. Tutu bewertete ihre Aktion später als vergleichbar mit seinem Brief an John Vorster und dem Protestmarsch in Kapstadt – eine Initiative, die von Gott inspiriert worden sei. Um 4 Uhr morgens am darauffolgenden Tag machte sich eine Eskorte von Bischöfen auf den Weg nach Sebokeng. Nachdem sie in einer örtlichen Kirche die Heilige Messe gefeiert hatten, durchzogen sie in ihren purpurnen Soutanen das Township. Sie besuchten die Ver-

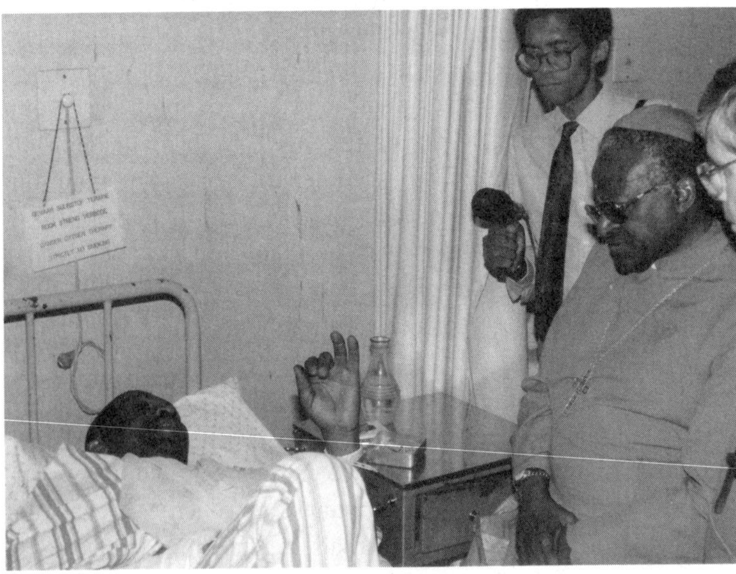

Patienten im Sebokeng Krankenhaus im Vaal-Dreieck berichten Tutu, dass unter den Angreifern der Gewaltanschläge von 1990 auch Weiße waren. Diese Aussagen schürten Misstrauen gegen den Präsidenten F.W. de Klerk.

letzten im Krankenhaus und beteten mit den ehemaligen Bewohnern der nun ausgebrannten Wohnheime für Wanderarbeiter – viele von ihren Kollegen waren zwei Tag zuvor von der Polizei oder von Armeetruppen erschossen worden.

Auch machten sie Halt, um mit den jungen Leuten zu sprechen, die sich auf den Straßen des explosivsten Teils des Townships versammelt hatten – einer Gegend, die auch als »Beirut« bekannt war. Tutu stieg als erster aus dem Auto aus. John Cleary, ein Religionskorrespondent von der *Australian Broadcasting Corporation*, erlebte mit, was dann geschah:

> »Ich hörte Lärm und sah mich um und es kam etwas die Straße herunter gefahren, wovor man sich fürchtet, wenn man in solch einer Situation ist: ein Konvoi von Casspirs – die großen gepanzerten Fahrzeuge mit Maschinengewehren auf den Dächern. Man weiß, dass sie mit Polizisten und Tränengas beladen sind und man denkt: ›Was wird jetzt geschehen?‹ Zu diesem Zeitpunkt waren die anderen Bischöfe aus ihren Autos gestiegen und quetschten sich durch diese Masse von 2.000 oder 3.000 Menschen. Ich verlor sie aus den Augen, doch ich konnte den Erzbischof sagen hören: »Lasst uns beten.« Dann erstarb der Lärm der Fahrzeuge. Die Menschenmenge wurde still. Man hörte kein Geräusch der Casspirs, kein Geräusch der Tränengaskanister. Also sah ich mich um, und dort hinter mir waren die anglikanischen Bischöfe des südlichen Afrikas – Schwarze, Weiße, Farbige, Alte und Junge. Sie standen mit ausgestreckten Armen zwischen der Menge und den Casspirs. In diesem Moment verstand ich ein bisschen, was die christliche Vision eines neuen Südafrikas den Menschen abverlangte. Niemals zuvor habe ich einen solchen Mut erlebt.«

Die Gewalt im August und September im Jahre 1990 hatte noch Jahre später Auswirkungen, beeinflusste die Arbeit der Wahrheits- und Versöhnungskommission nach der Apartheid und schadete auf Dauer der Beziehung zwischen Tutu und F. W. de Klerk. Nach dem Februar 1990 hatte Tutu de Klerk gelobt und sich ihm gegenüber großzügig gezeigt. Mit ihm hatte er eine freundlichere Beziehung begonnen als mit jedem anderen Kabinettsminister seit Piet Koornhof. Ihm war es möglich, de Klerk nach Belieben anzurufen, um ihm seine Sorgen mitzuteilen (und um de Klerk wiederholt fragen zu hören, wann er die Sanktionen fallen lassen würde). Einmal hatte de Klerk sogar vorgeschlagen, dass sie sich inoffiziell treffen sollten, um zu entspannen und ein oder zwei Bier zusammen zu trinken. Nach den Morden in Sebokeng schickte Tutu eine anglikanische Delegation zu de Klerk, um ihm mitzuteilen, dass Patienten, die in weit voneinander entfernt liegenden Gebäudeteilen eines Krankenhauses untergebracht waren, unabhängig voneinander ausgesagt hatten, dass Männer mit schwarzen Gesichtern, aber weißen Handgelenken – sie hatten zu kurze Ärmel – unter den Angreifern gewesen seien. Bei einer anschließenden Versammlung, die zehn Tage später stattfand, reagierte Adriaan Vlok mit einer »Schönfärberei«, wie Michael Nuttall es nannte. Zudem offenbarte ein Brigadegeneral der Polizei ungewollt, dass frühere Gespräche mit de Klerk heimlich aufgezeichnet worden seien, die Zweifel an der Integrität des Präsidenten aufkommen ließen.

Diese beiden Fragen – der Anteil der Sicherheitskräfte an der Gewalt und de Klerks Wissen darüber – behindern die letzte Wegstrecke des politischen Übergangs. Etwa 14.000 Südafrikaner starben bei politischen Gewalttaten in den vier Jahren zwischen Mandelas Freilassung und den ersten demokratischen Wahlen im Jahre 1994 und mehr als doppelt so viele in den sechs Jahren nach dem Vaal-Aufstand von 1984. Als die Zahl der Todesopfer stieg, führten Tutu und die Kirchenoberhäupter mehrfach Gespräche mit dem Präsidenten und machten Vorschläge, um ein Ende des Sterbens herbeizuführen. Da diese Appelle jedoch folgenlos blieben, wuchs ihre Frustration. Wieder und wieder machten Tutu und andere Führungspersönlichkeiten der Kirche und in der Politik eine bösartige »dritte Macht« für das Schüren des Konflikts verantwortlich. Allmählich verdichteten sich die Beweise, die ihre Vermutung bekräftigten und man kam zu dem Schluss, dass bestimmte Polizei- und Armeegeneräle auch nach 1990 die zweigleisige Strategie verfolgten, die 1985 formuliert worden war: Verhandlungen mit »Maßnahmen« zu kombinieren, um die Verhandlungsposition des

ANC zu schwächen. Im November 1992 jagte der Richter Richard Goldstone – nun das Oberhaupt einer Geltungskommission, die die Gewalttaten untersuchte – einem Hinweis nach, der dank der Diner's Club-Kreditkarte eines Auftragskillers verfolgt werden konnte, und ordnete eine Razzia bei einer Geheimdiensteinheit des Militärs an. Die Razzia deckte Beweise auf, die de Klerk dazu veranlassten, einen General der Luftwaffe damit zu beauftragen, noch weitere Untersuchungen durchzuführen. Im Dezember berichtete der General de Klerk, dass Mitglieder der Geheimdiensteinheit heimliche Treffen in einer Privatsuite des großen Rugby-Stadions in Pretoria abgehalten hatten. Dabei hatten sie illegale Waffenlieferungen an die Inkatha und die Anstiftung zu öffentlichen Gewalttaten organisiert. Ihre Ziele seien es gewesen, Verhandlungsgespräche zu behindern und einen Zustand zu schaffen, der einen Militärputsch ermöglichte. Zudem ergab die Untersuchung, dass Militärfunktionäre Gewalt am East Rand geschürt hatten und für wahllose Massaker an Pendlern in den Vorortzügen verantwortlich waren. Der Luftwaffengeneral bezeichnete das Oberhaupt der südafrikanischen Streitmacht als einen der militärischen Anführer, die »dem Kraftimpuls der Aktivitäten aus der Vergangenheit verfallen« seien. Zwei Monate vor den Wahlen im Jahre 1994 entdeckte Goldstone Beweise, dass die Mordkommandos der Polizei weiterhin Bestand hatten. Sie wurden von zwei Polizeigenerälen betrieben, inklusive dem zweithöchsten Oberhaupt der Polizeistreitkräfte – dem Mann, dem es fünf Jahre zuvor derartig missfallen hatte, dass Vlok wegen des Hungerstreiks Verhandlungen mit den Kirchenoberhäuptern geführt hatte. Nach 1994 baten die Polizisten und Militäragenten die Wahrheits- und Versöhnungskommission um Amnestie – für Waffenschmuggel, für ungesetzliche Unterstützung und Militärtraining der Inkatha, für das Vorwarnen von Angehörigen der Inkatha vor Polizei Razzien in Wohnheimen und für das Dirigieren von Operationen, um den ANC in Misskredit zu bringen.

Zu unterstellen, dass die Regierung in den letzten Jahren der Apartheid eine zweigleisige Verhandlungsstrategie verfolgt habe, bedeutet nicht, dass sämtliche Beteiligten notwendigerweise in die Aktivitäten involviert gewesen sein müssen – nicht einmal vor 1990. Unter den Afrikaandern, die zunächst ihre Fühler ausgestreckt und dann in den späten 1980ern als Verbindungsmänner des ANC agiert hatten, waren aufgeklärte Akademiker, die P. W. Botha energisch widersprachen und deren Integrität niemals hinterfragt wurde. Auch kann nicht behauptet werden, dass de Klerk der Strategie zustimmte, als er an die Macht kam. Desmond Tutu warnte in den 1990ern vehement davor, dass de Klerks Glaubwürdigkeit unter der fortschreitenden Gewalt leiden würde, jedoch ging er niemals soweit wie einige im ANC, die dem Präsidenten vorwarfen, die Gewalt lediglich mit geschlossenen Augen zu betrachten, um seine Verhandlungsposition zu stärken. De Klerk verteidigte sich, indem er herausstellte, dass er vor der Freilassung Mandelas 800 Polizeioffiziere aus dem ganzen Land versammelt und ihnen gesagt habe, sie sollten sich aus der Politik heraushalten. Dasselbe habe er später mit dem Militär wiederholt. Auch sagte er, er habe jedes Mal reagiert, wenn ihm handfeste Beweise für die von den Sicherheitskräften begangenen Verbrechen vorgelegen haben: Vlok und dem Verteidigungsminister Magnus Malan habe er niedrigere Posten im Kabinett zugeteilt. Für die Verwaltung der geheimen Fonds habe er ein Kabinettskomitee eingerichtet. Er habe Goldstone angestellt. Als dieser die Aktivitäten des militärischen Geheimdienstes aufgedeckt hatte, habe er 23 Armeeoffiziere entlassen, inklusive Generälen und Brigadiers. Und er habe die Suspendierung der drei Polizeigeneräle bewirkt, die in die Aktivitäten der »dritten Macht« involviert gewesen waren.

Zu keiner Zeit wurden Beweise gefunden, die belegen konnten, dass de Klerk in die Gewalttaten verwickelt gewesen sein könnte. Thatchers Botschafter Robin Renwick, der sich regelmäßig mit de Klerk traf, sagte dem Autor dieses Buches, der Präsident »wusste nicht, dass das Chaos« ein Resultat der Aktivitäten der Sicherheitskräfte sei:

»Sein Fehler war es, dass er niemals – so unverblümt wie er es hätte tun sollen – zu sagen bereit war, dass er keinesfalls vollständig die Kontrolle über sie hatte. Das sagte er mir einige Male. Er ist niemals dazu bereit gewesen, das in der Öffentlichkeit zu sagen. Doch er war nicht wirklich in der Lage 85 Generäle zu entlassen, und das war die Ursache all seiner Probleme.«

Die Kontaktleute der CIA in Südafrika kamen zu demselben Schluss. Ein im Jahre 1992 verfasstes Gutachten des nationalen Geheimdienstes der Vereinigten Staaten suggerierte, dass, obwohl die Wahrscheinlichkeit eines Militär- oder Polizeiputsches gering sei, sie sich »dramatisch erhöhen« würde, wenn de Klerk eine Massenentlassung seines konservativen Personals veranlassen würde. Als er bei einem Interview von dem Autor dieses Buches gefragt wurde, ob er einen Putsch fürchte, sagte de Klerk nur, dass die Sicherheitskräfte sein letztes Bollwerk gegen das Chaos gewesen seien und dass er es nicht hatte riskieren können, sie zu demotivieren: »Es ist eine objektive Tatsache, dass, wenn man sämtliche Ranghöchsten der Polizei und der Armee entlässt, man einen gewaltigen Konflikt und den Zerfall der Autorität hervorruft. Wenn ich überreagiert hätte, hätte ich die Sicherheitskräfte vollkommen demotiviert, denn es gab tatsächlich das Risiko, dass Anarchie ausbrach.«

Für Tutu wurde der Übergang, wie er es einmal beschrieb, zu »einer Art von Achterbahnfahrt«, bei der er abwechselnd Euphorie und Verzweiflung empfunden habe. Neun Monate später, um seinen 59. Geburtstag im Oktober 1990 herum, fühlte er sich entkräftet. Seine Ärztin Ingrid le Roux – ihre Hauptaufgabe war es, Ernährungskliniken in den Townships von Kapstadt zu betreiben – riet ihm, sich einen Monat lang auszuruhen. Er sagte seine Termine für die nächsten zehn Tage ab. Fünf Monate später erkrankte er während eines Treffens des Bischofskonzils in Namibia an einer Harnweginfektion und musste für eine Woche ins Krankenhaus. Spätere Untersuchungen ließen Probleme mit seiner Prostatadrüse erahnen. Auch gab es Anzeichen dafür, dass, wenn er unter Stress stand, die Nachwirkungen der Tuberkulose aus seiner Kindheit für ihn spürbar wurden: Die Größe seiner Brusthöhle war anormal und seine Brust fühlte sich verengt an.

Als er im Oktober 1990 wieder mit seiner Arbeit begann, wandte er seine Aufmerksamkeit dem zu, was zum Herzstück seiner Bestrebungen um ausgehandelte Abkommen wurde: die schwarzen Südafrikaner zu überreden und zu bewegen, sich friedlich zu vereinigen. Selbst wenn eine »dritte Macht« zu Gewalttaten anstifte, sagte er ihnen, sei es nicht akzeptabel, dass sie zu Spielfiguren in den Händen anderer würden. Die Black Consciousness Movement habe ihr Ziel nicht wirklich erreicht, den Schwarzen einen Sinn von Selbstrespekt einzuflößen, wenn sie sich selbst erlaubten, manipuliert zu werden. Seine eloquenteste und kraftvollste Warnung sprach er bei einem Mittagsgottesdienst in der St. George's Cathedral während einer Gebets- und Fastenwoche für den Frieden in der Woche vor Ostern im Jahre 1991 aus. Es gebe viele Ursachen für Gewalt, sagte er der Kirchengemeinde. Eine Phase des Übergangs sei von Natur aus instabil: »Ja, das ist wahr.« Südafrika habe keine Kultur der Toleranz gegenüber einer Opposition: »Ja, das ist wahr.« Es gebe wirtschaftliche Verluste: »Ja, das ist wahr.« Die »entsetzlichen monogeschlechtlichen Wohnheime« des Wanderarbeitersystems seien eine tickende Zeitbombe: »Ja, das ist wahr.« Die Sicherheitskräfte haben sich insgesamt schändlich verhalten: »Ja, sie haben Öl in das Feuer gegossen.« Dies alles sei wahr, wiederholte er.

> »Doch das ist nicht die ganze Wahrheit. Ein großer Teil der Gewalt entspringt der politischen Rivalität. Politische Gruppen in der schwarzen Gemeinschaft kämpfen um Hoheitsgebiete und sie scheinen nicht zu wissen – oder einige ihrer Anhänger scheinen sicherlich nicht zu wissen –, dass ein grundsätzlicher Lehrsatz der Demokratie besagt, dass die Menschen frei sein müssen, um frei wählen zu können, wen sie unterstützen.
> Etwas in der schwarzen Gemeinschaft ist fürchterlich schief gelaufen. Letztendlich müssen wir den Blick auf uns selbst richten. Wir können nicht für immer die Apartheid verantwortlich machen. Natürlich ist sie verantwortlich für einen großen Teil des Bösen. Doch letztendlich [ist es der] Mensch. Wir sind menschliche Wesen und wir haben das in der Ausdauer bewiesen, die wir

im Kampf für die Gerechtigkeit gezeigt haben. Wir haben uns selbst nicht erlaubt, demoralisiert, dehumanisiert zu werden. Wir konnten lachen, wir konnten vergeben. In einigen der schlimmsten Momente des Kampfes haben wir es abgelehnt, verbittert zu sein.
Was schief gelaufen ist, ist, dass wir scheinbar unseren Respekt vor dem Leben verloren haben. Wie kann dann jemand den grauenvollen Tod durch das ›Halsband‹ sterben, während Kinder herumtollen? Etwas ist fürchterlich schief gelaufen, wenn die Anhänger nicht auf ihre Anführer hören. An unseren politischen Organisationen gibt es vieles zu bewundern, jedoch gibt es auch vieles, das nicht richtig ist. Manche derjenigen, die diesen Organisationen angehören, sind vollkommen undiszipliniert und man kann nicht kämpfen, ehe man nicht engagiert und diszipliniert ist.«

Später wollte er die Frauen dazu bewegen, in einen Sexstreik zu treten, hielt jedoch kurz ein und schlug den Mitgliederinnen der kirchlichen Mothers' Union stattdessen vor, sie sollten sich weigern, Essen zu kochen, wenn ihre männlichen Familienangehörigen in die Schlacht zogen: »Sie können nicht neun Monate lang ein Baby bei sich tragen, das dann als Kanonenfutter der AK-47 endet.«

Im November 1990 versammelte er die schwarzen Kirchenoberhäupter zu einem »Gipfeltreffen« in der Bischofsresidenz. Es war eine noch nie da gewesene Bandbreite an Führungspersönlichkeiten des ANC, des PAC, der Azapo und aus sechs Bantustans anwesend, die ihre Anhängerschaft dazu aufriefen, freie politische Aktivitäten ohne Nötigung oder Einschüchterungen zu gewährleisten. Doch der Gipfel wurde von Buthelezi, Lucas Mangope, dem Anführer des »unabhängigen« Bophuthatswana im Nordwesten von Südafrika, und von Oupa Gqozo, dem militärischen Anführer des »unabhängigen« Ciskei am Ostkap, boykottiert. Mandela und Buthelezi, deren Diskussionen in einem parteistrategischen Zwist stecken geblieben waren, führten ihre ersten Gespräche von Angesicht zu Angesicht zwei Monate später – ohne Unterstützung durch die Kirche und mit einem kaum spürbaren Ergebnis. Tutu unterstützte Kirchen- und Geschäftsleute, die bei der Unterzeichnung eines nationalen Friedensabkommens im September 1991 vermittelten, doch sein Beitrag war aufgrund des Misstrauens der Inkatha gegenüber den Kirchenoberhäuptern begrenzt. Das Abkommen trug in den Gemeinden einige Früchte, in denen starke lokale Herrscher seine Durchsetzung betrieben, wie beispielsweise in Alexandra in Johannesburg – doch die Gewalt ging weiter.

Im Dezember 1991 kam die Nationalversammlung, um die Tutu schon in seinem Brief an Vorster im Jahre 1976 gebeten hatte, als die Versammlung für ein Demokratisches Südafrika zusammen. In den folgenden zwei Jahren, in denen die Politiker über eine Basis für den neuen demokratischen Staat debattierten, taumelte das Land von Krise zu Krise. Es war, als ob die Verhandlungen am Abgrund einer Klippe entlangwanderten. Sie schienen abwechselnd zu gehen und zu rennen, sich manchmal umzudrehen, auf ihrem Weg zu kämpfen und regelmäßig von Ereignissen aus der Bahn geworfen zu werden, die sich manchmal außer oder auch unter ihrer Kontrolle befanden und die nur bemerkt wurden, wenn es schien, als würde alles zusammen die Klippe hinunterstürzen.

Tutu musste nicht darüber nachdenken, ob er eine neue Rolle als Vermittler und Schlichter einnehmen sollte; es kam ihm einfacher vor als ein Gewissenskonflikt und er passte sich instinktiv an. In derselben Zeit begann er in einer bedachteren Art und Weise die grundlegende Natur seines Predigtamts zu überdenken. Nach der Hälfte seiner Amtsperiode als Erzbischof verbrachte er – nach der Unterzeichnung des Friedensabkommens – vier Sabbatmonate in der Candler School of Theology der Emory University in Atlanta. Schon vor seiner Abreise hatte er sich nach einem besinnlicheren Lebensstil gesehnt und er kehrte mit dem Vorsatz zurück, weniger aggressiv zu sein und neues Gewicht auf den Übergang zu legen.

Innerhalb von Wochen wurden seine Vorsätze von einem Massaker hinweggefegt. Die Wahrheits- und Versöhnungskommission zählte 112 Blutbäder im ehemaligen Transvaal in den Jahren 1990 bis 1992 – doch das in der Nacht des 17. Juni 1992 im Vaal-Dreieck war das Schlimmste. Kurz nach 21 Uhr fielen zwischen 300 und

500 Männer aus dem kwaMandela-Wohnheim in der Nähe des Townships Boipatong in das Township und in die benachbarte Hüttensiedlung Slovo Park ein. Sie schwangen Speere, Äxte, Macheten, Totschläger, AK-47s, Schrotflinten und Pistolen und schlugen die inoffiziell organisierte Selbstverteidigungseinheit des Townships in die Flucht. In etwas mehr als einer Stunde töteten sie 46 Menschen, darunter einen neun Monate alten Jungen, eine schwangere Frau und eine 80 Jahre alte Frau. Später erklärten 16 der Männer dem Amnestieausschuss der Wahrheits- und Versöhnungskommission, dass sie Mitglieder der Inkatha seien, die ein verlassenes Wohnheim übernommen hatten, nachdem sie bei einem politischen Streit aus dem Township vertrieben worden sind. Da sie fortwährend die Opfer von Angriffen gewesen seien und sich nicht hatten frei bewegen können, hätten die Wohnheimbewohner ihre Anführer gedrängt, frühere Morde zu rächen. Der Amnestieausschuss widersprach dem Befund der ganzen Kommission, dass die Polizei mit den Angreifern zusammengearbeitet habe, stimmte jedoch zu, dass sie kurz vor dem Angriff Barrikaden abgerissen und Selbstverteidigungseinheiten aufgelöst habe. Die Tatsache, dass hunderte von Männern einen umfangreichen Angriff ausgeführt hatten und unentdeckt in das Wohnheim zurückgekehrt waren, ließ die starke Vermutung zu, dass ihre Anführer von vornherein die Bewegungsmuster der Polizeistreifen gekannt haben mussten, befand der Ausschuss.

Am Tag nach dem Massaker schlug Nuttall dem zutiefst bestürzten Tutu vor, Boipatong einen Besuch abzustatten. Gemeinsam mit Peter Lee und einer von Frank Chikane angeführten ökumenischen Delegation besuchten sie die Gemeinde. Sie besuchten die Haushalte der Toten und Verletzten, kümmerten sich um die verwundeten Kleinkinder und beteten mit den traumatisierten Überlebenden. Chikane war verzweifelt. Er sagte Tutu, dass er sich durch die wiederholten Besuche solcher Schauplätze krank und müde fühle. Schließlich trafen sie erst nach den Morden ein und konnten nichts dagegen tun, um sie aufzuhalten. Tutu antwortete ihm wie ein Vater seinem Sohn und sprach dabei vielleicht auch zu sich selbst. Ja, sagte er, sie sollten alles in ihrer Macht stehende tun, um das Böse aufzuhalten. Doch sie seien Geistliche und ihre Berufung sei es über allem anderen, Seelsorger zu sein. Das erfordere nicht mehr von ihnen, als den Menschen in ihrem Leid zur Seite zu stehen, ihnen zuzuhören und mit ihnen zu beten. Den Menschen von Boipatong sagte er: »Wir versuchen ein wenig Balsam auf eure Wunden zu geben. Wir bringen kleine Taschentücher – lasst uns eure Tränen fortwischen. Auch wir weinen.«

Bei dem Versuch, sein Beileid kundzutun, besuchte de Klerk Boipatong am darauffolgenden Tag. Er wurde von einer feindseligen Menge fortgejagt, die rief: »Tötet die Buren!« Sein Privatsekretär hörte, wie ein Polizist zu einem anderen gemurmelt habe: »Jetzt kann er sehen, wie das scheiß neue Südafrika aussieht.« Mandela begrüßte man mit Plakaten, auf denen »Mandela, gib uns Waffen« stand. Die letzte Runde der konstitutionellen Gespräche war ins Stocken geraten und Mandela beendete die bilateralen Diskussionen, die geführt wurden, um die Gespräche wieder voranzutreiben. Tutu trat wieder in den politischen Prozess ein, indem er in der St. George's Cathedral forderte, Südafrika solle seine Teilnahme bei den bevorstehenden Olympischen Spielen absagen, wenn die Regierung nicht eine Reihe von Forderungen erfülle, um die Gewalt zu beenden. Nach dem Gottesdienst marschierte er mit einer Gruppe von Gemeindemitgliedern zum Tuynhuys, um seine Forderungen zu überbringen. Der ANC war nicht bereit, so weit zu gehen und rief stattdessen die Athleten dazu auf, schwarze Armbinden zu tragen. Diese Idee sei »offen gesagt bizarr«, äußerte Tutu, die Weißen könnten nicht »beides [haben]: ein Boipatong und [ein] Barcelona«. Sein Image unter den Weißen hatte sich seit 1990 zwar stetig verbessert. Doch nun, da Tutu einen Protestmarsch veranstaltete, bei dem er eine radikalere Position als der ANC vertrat, verschlechterte es sich wieder. Eine zierliche weibliche Sportlerin, die eines frühen Morgens bei einem ihrer Spaziergänge durch die Straßen an der Bischofsresidenz an ihm vorbeilief, drehte sich um und schrie ihn an: »Du scheiß Kommunisten-Kaffer!« Auch waren wieder Beschimpfungen zu hören, wenn seine Mitarbeiter die Nachrichten der Nacht auf dem Anrufbeantworter in seinem Büro abhörten.

Zehn Tage nach dem seelsorgerischen Besuch in Boipatong kehrte Tutu dorthin zurück, um auf dem Fußballplatz des Townships den Beisetzungsgottesdienst zu halten. Als ganze Reihen von Särgen nebeneinander vor einer Trauergemeinde von Tausenden aufgebahrt wurden, war eine Wut spürbar, die selbst für eine Massenbeisetzung ungewöhnlich war. Ein schwarzer Jugendlicher trat nach Mike Terry, dem Vorsteher der Anti-Apartheid-Bewegung in Großbritannien, als dieser mit Trevor Huddleston eintraf, der von dem örtlichen Kirchenrat eingeladen worden war. Die Politiker hielten eine Reihe von Ansprachen, die von Nuttall als »sehr stark« und von Peter Lee als »politische Beschimpfungen« beschrieben wurden. Huddleston hielt eine Predigt, bei der er die Vorzüge des Hasses herausstellte: Es sei gerechtfertigt, das Böse zu hassen, sagte er. Tutu gab keinen Kommentar ab, doch sein Unbehagen war ihm anzusehen. Während die Beisetzungszeremonie voranschritt, hielten Jugendliche außerhalb des Stadions einen jungen Mann mit Rasta-Locken fest, dem sie vorwarfen, der Inkatha anzugehören. Vor den Augen von entsetzten Fotografen trat ein Mann aus der Menge, hob einen großen Stein hoch in die Luft und schmetterte ihn hinunter auf den Kopf des Opfers, wodurch er eine Hysterie auslöste, bei der das Opfer geschlagen und mit weiteren Steinen beworfen wurde. Die Fotografen sahen, wie der Mann angezündet wurde. Einer schrieb: »Plötzlich loderte eine große Flamme aus der Menge auf [und] ein kollektiver Schrei, der wie Freude klang, loderte mit den Flammen.«

Auf dem Spielfeld begann Tutu mit seiner Predigt. Er sagte den Trauergästen, jeder von ihnen sei nach dem Abbild Gottes erschaffen worden. Gott sei weder blind noch taub und im Alten Testament stehe geschrieben, Gott sei »mit uns in der feurigen Glut«. Er sprach seine Forderungen an de Klerk aus, appellierte für Disziplin und Würde und brachte die Menschen dazu, mit ihm »Ich bin schwarz und ich bin stolz« zu rufen. Die Beisetzung endete friedlich. Peter Lee nannte Tutus Predigt einen seiner größten Frieden stiftenden Momente.

Tutus Anliegen, dass die Kirche ihre scharfe Kritik allen Parteien gegenüber zum Ausdruck bringen solle, hatte er einige Wochen vor dem Blutbad in Boipatong im Zuge einer persönlichen Nichtanerkennung eines Aufrufs des Südafrikanischen Kirchenrats – man solle für den Niedergang der Regierung beten – geäußert. Tutu schrieb Frank Chikane, dass er einem Appell für die Installation einer weithin akzeptierten Übergangsregierung zugestimmt hätte. Doch der Wortlaut des Kirchenrats rufe unnötige Kontroversen hervor:

> »Ich habe keinerlei Bedenken, mich der Regierung gegenüber mit rauer Kritik zu äußern. Doch ich muss ehrlich sein und sagen, dass ich mich selbst und die [Anglikanische Kirche] unter Ausschluss der Öffentlichkeit von der Äußerung distanzieren würde. Aufgrund meiner Loyalität gegenüber dem Südafrikanischen Kirchenrat würde ich das in der Öffentlichkeit nicht tun. Wenn man die Sünden aufzählen möchte, warum werden dann beispielsweise keine Worte an die schwarze Gemeinschaft gerichtet – besonders an die jungen Leute, die wieder auf das ›Halsband‹ zurückgreifen? Warum kritisiert man nicht die Inkatha oder auch den ANC – in Anbetracht unserer Kenntnis über so viele Dinge, die in diesen Organisationen nicht richtig sind?«

Das Blutbad von Boipatong gab Anlass zu einer Kampagne von Streiks und Demonstrationen, die der ANC nach dem Stillstand der Verhandlungen begann. Als die Konfrontation eskalierte, nahm Tutu wieder seine Rolle als Vermittler ein. Im September 1992 versuchte er bei Verhandlungsgesprächen über das Telefon, mit dem ANC und de Klerk einen Protestmarsch in Bisho, der Hauptstadt des Ciskei-Bantustans, zu verhindern. Der Marsch war Teil einer Kampagne, die freies politisches Handeln in den Bantustans forderte. Seine Versuche schlugen fehl und während des Marschs versuchte eine Gruppe von ANC-Demonstranten durch eine Lücke in einem Zaun zu stürmen, um in den Ort Bisho zu gelangen. Die Soldaten des Bantustans eröffneten das Feuer und töteten 28 Menschen. Die Wahrheits- und Versöhnungskommission machte später teilweise den »Mangel an Sorgfalt« des ANC für die Tötungen verantwortlich. David Russell, der Bischof von

Grahamstown, der gemeinsam mit Tutu den Ort des Geschehens besuchte, betete bewusst zu Gott, dass die Anführer »keine Spiele mit deinen Menschen spielen, Herr«.

Das Massaker in Bisho wurde zu einem der Themenpunkte des Übergangs, als die Verhandlungspartner realisierten, dass sie vom Abgrund der Klippe zurücktreten mussten. Mandela signalisierte de Klerk in aller Öffentlichkeit, dass er zu neuen Gesprächen bereit sei. Die beiden trafen sich und ihre Parteien arbeiteten eine Basis aus, auf der sie 1993 die mehrparteiischen Verhandlungen wieder aufnehmen konnten. Sie taten dies, allerdings unter Ausschluss der Inkatha. Mangosuthu Buthelezi, dessen Verhalten de Klerk als unberechenbar und frustrierend empfand, schloss sich einem ungewöhnlichen Bündnis mit den stärksten Verteidigern und Begünstigten der Apartheid zusammen: politisch rechte Afrikaander, die de Klerk vorwarfen, den weißen Mann zu verraten und die Oberhäupter der »unabhängigen« Bantustans Bophuthatswana und Ciskei. Resigniert nahm Tutu seine Funktion als »Ulundi Pendler« wieder auf.

Bei einer Reihe von Besuchen – nicht nur bei Buthelezi, sondern auch bei den Oberhäuptern der Bantustans, die dem Gipfel in der Bischofsresidenz nicht beigewohnt hatten – versuchte Tutu, sie davon zu überzeugen, dass ihre gemeinsamen Erfahrungen als Schwarze sie von Natur aus zu Verbündeten machten, nicht mit Weißen, die der Apartheid anhingen, sondern mit den Befreiungsbewegungen. Zwar wurde er freundlich aufgenommen, jedoch gab es keinerlei Anzeichen, dass er Fortschritte gemacht hatte. Seine Versuche, eine nicht parteistrategische Linie zu verfolgen, hatten das Eis zwischen ihm und Buthelezi kaum gebrochen, der ihn dafür verurteilte, dass er kein Mitgefühl für die der Inkatha angehörenden Gewaltopfer zeige. (Buthelezi zog seine Anschuldigung erst zurück, nachdem er daran erinnert worden war, welche Kommentare Tutu geäußert hatte, als Mitglieder der Inkatha massakriert worden waren.) Tutu besuchte zum ersten Mal Lucas Mangope, den Präsidenten von Bophuthatswana, der ebenfalls von der Gemeinschaft der Auferstehung ausgebildet worden war. Mangope verursachte bei Tutu einen kleinen Gewissenskonflikt, als er ihn damit konfrontierte, dass die Kirchen ihre seelsorgerische Tätigkeit nicht auf die Oberhäupter der Bantustans ausgeweitet hatten. Im November 1992 gestand Tutu Buthelezi, dass die Kirchen der Tatsache nicht genügend Anerkennung gezollt hatten, dass kwaZulu und sein König keine Erfindung der Apartheid seien: »Es ist eine Selbstanklage. Es war eine sehr simple, naive Form der politischen Analyse.«

Auch wenn der ANC und die Regierung im Jahre 1993 Fortschritte in Richtung eines Abkommens gemacht und damit begonnen hatten, ein politisches Zentrum zu erschaffen, drohten von der Gewalt entfesselte Kräfte das Land entzwei zu reißen. In den Hügeln nahe Pietermaritzburg hielten Anhänger des ANC einen Kleinbus an, der auf einer gewundenen Schotterstraße Kinder in die Schule brachte und eröffneten das Feuer. Sechs Kinder starben und 15 wurden ernsthaft verletzt. Sie glaubten, der Bus sei von einem »Kriegsherren« der Inkatha gefahren worden.[85] Einige der Opfer waren die Kinder von Inkatha-Funktionären. Tutu, Nuttall und die Oberhäupter des Südafrikanischen Kirchenrats beteten am Ort des Geschehens und besuchten die trauernden Eltern. Am darauffolgenden Tag rächten sich die Anhänger der Inkatha, doch sie griffen das falsche Fahrzeug an: Fünf der zehn Menschen, die sie töteten, waren Angehörige der Inkatha Freedom Party. Zu einem späteren Zeitpunkt in diesem Jahr stürmten Amokschützen, die ihre Zugehörigkeit zum PAC proklamierten, an einem Sonntagabend in eine Kirche in einem Vorort von Kapstadt, warfen Handgranaten zwischen die Kirchenbänke, schossen mit ihren Schnellfeuergewehren auf die 1.000 Gemeindemitglieder und töteten dabei zwölf von ihnen. Tutus Besuch an dem Schauplatz vereinigte kurzzeitig zwei Glaubensrichtungen – die Kirchengemeinde, die angegriffen worden war, war Teil der Englischen Kirche in Südafrika, einer konservativen Gruppierung anglikanischen Ursprungs, der sich Angehörige der Anglikanischen Kirche angeschlossen hatten, die mit Tutus Führungsstil nicht zufrieden gewesen waren.

---

85 Ein Mitglied des ANC bat um Amnestie für den Angriff. Die Bitte wurde abgelehnt.

Am Karsamstag, dem Tag vor Ostern 1993, kam es zu einem Ereignis, das Südafrika beinahe in einen offenen Bürgerkrieg stürzte. Ein polnischer Einwanderer und antikommunistischer Fanatiker ermordete Chris Hani, den äußerst populären Generalsekretär der South African Communist Party. Trotz Tutus Ablehnung der materialistischen Motive der Partei mochte er ihren Vorsitzenden Joe Slovo und in besonderem Maße auch Hani. Anders als die christliche Kirche wurde die Partei eindeutig mit dem Kampf gegen die Apartheid identifiziert. Außerdem hatte Hani sehr zur Belustigung Tutus bei einer Versammlung im vorangegangenen Jahr aus dem Gedächtnis wortwörtlich das Lied »Lizalis' idinga lako, Thixo nKosi yenyanyiso« gesungen. Für die militanten jungen Kampfgefährten aus den Townships war Hani eine Legende und in den zehn Tagen nach seiner Ermordung stand das Land an der Schwelle zur Anarchie. De Klerk hatte militärische Macht, in dieser Situation fehlte ihm jedoch die Autorität und so trat er einen Schritt zurück und erlaubte Mandela, nach Art der Präsidenten für den Frieden zu appellieren. Ein Gedenkgottesdienst in der St. George's Cathedral musste verkürzt werden, da die Menschenmenge zu stark anwuchs und wütende junge Leute auf dem Grand Parade mit der Polizei aufeinanderprallten. In den zentralen Geschäftsbezirken von Kapstadt und drei weiteren Städten setzten Randalierer Autos in Brand, schlugen Fenster ein und plünderten Geschäfte.

Am Tag von Hanis Beerdigung blieben vier Millionen Menschen zu Hause. Bei einem Gottesdienst, der landesweit live übertragen wurde, versammelten sich mehr als 120.000 Menschen im größten Fußballstadion des Landes außerhalb von Soweto. Der Gottesdienst begann mit Gebeten von christlichen, hinduistischen, jüdischen und muslimischen Oberhäuptern. Es folgte eine Reihe von Ansprachen von Rednern wie Slovo und Mandela. Das Stadion war gefährlich überfüllt. Als die jungen Leute den toyitoyi tanzten, schwankten die Sitzbänke von einer Seite zur anderen. Außerhalb des Stadions mussten die Friedenswächter hilflos mit ansehen, wie Banden von Jugendlichen die nahegelegenen Häuser niederbrannten. Unbekannte Amokschützen feuerten mit automatischen Waffen auf Polizeihelikopter. Im Innern des Stadions befürchteten die Friedenswächter, dass die Ordnungshüter des ANC die Kontrolle über die Menge verlieren würden. Tutu war der Prediger, der beauftragt worden war, am Ende des Gottesdienstes als Richtungsgeber zu fungieren. Noch niemals zuvor war seine Fähigkeit, die Stimmung eines explosiven Publikums zunächst auf die Spitze zu treiben und dann zu kanalisieren, derart gefordert worden. Als seinen Text wählte er eine bekannte Passage aus dem Brief des Paulus an die Römer: »Ist Gott für uns, wer kann wider uns sein?«[86] Er begrüßte die Trauergäste in fünf Sprachen und sprach Hanis Familie in ihren Muttersprachen IsiXhosa und Sesotho sein Beileid aus. Schnell begann er mit dem Aufheizen der Stimmung: »Gibt es hier irgendjemanden, der bezweifelt, dass Chris ein großer Sohn der [Mutter] Erde gewesen ist?« (»Nein!«) »Ich kann Euch nicht hören.« (»Nein!«) Er zollte Hani seine Anerkennung, verspottete die Besessenheit der weißen Südafrikaner vom Kommunismus – »Diejenigen, die uns unterdrückt haben, waren keine Kommunisten.« – und sagte, dass, ebenso wie die Auferstehung auf die Kreuzigung erfolgt war, Hanis Tod zu einem Sieg werden könne. Dann sagte er:

> »Der Tod von Chris Hani (…) gibt der Regierung und all den Schlüsselfiguren eine neue Chance. Wir wollen heute (…) eine Forderung stellen. Wir verlangen Demokratie und Freiheit. Wann? (›Jetzt!‹) Sie hören euch nicht in Pretoria. Sie hören euch nicht in Kapstadt. Wir verlangen Demokratie und Freiheit. Wann? (›Jetzt!‹) Wir verlangen ein Datum für die ersten demokratischen Wahlen im Land. Wann? (›Jetzt!‹)«

Südafrika marschiere in Richtung Sieg, wiederholte er wieder und wieder: »der Sieg des Lichts über die Dunkelheit der Apartheid, der Sieg des Lebens über den Tod der Apartheid, der Sieg des Guten über das Böse der Apartheid«. Er führte eine Phrase an, die er

86 Römerbrief 8,31.

vier Jahre zuvor in der Stadthalle von Kapstadt zum ersten Mal geäußert hatte:

> »Wir sind Gottes Regenbogenmenschen! Wir sind unaufhaltbar! Niemand kann uns von unserem Siegesmarsch abhalten! Niemand, keine Waffen, nichts! Nichts wird uns von unserem Weg zur Freiheit abbringen! (Pfiffe.) Wir bewegen uns in Richtung Frieden und niemand kann uns aufhalten. (Pfiffe und Beifall.) Denn Gott ist auf unserer Seite!«

Schließlich forderte Tutu die Zehntausenden, die vor ihm versammelt waren, auf, ihre Hände in die Höhe zu heben. Mandela, Sisulu und Slovo – die sich im Gefängnis oder im Exil befunden hatten, als Tutu seine Techniken entwickelt hatte – saßen begeistert da und starrten ihn an, als er die Menge dazu verleitete, ihre Arme vor- und zurückzuschwenken:

> »Wir werden frei sein! (›Wir werden frei sein!‹) Jeder von uns! (›Jeder von uns!‹) Schwarze und Weiße gemeinsam! (›Schwarze und Weiße gemeinsam!‹) Wir werden frei sein! (›Wir werden frei sein!‹) Jeder von uns! (›Jeder von uns!‹) Schwarze und Weiße gemeinsam! (›Schwarze und Weiße gemeinsam!‹) Denn wir marschieren zur Freiheit! (Beifall und Pfiffe.)«

Hanis Ermordung trieb die Oberhäupter Südafrikas näher an den Abgrund, als sie es jemals zuvor waren. Sie blickten in die Tiefe unter ihnen, taten einen Schritt zurück und nahmen die Verhandlungen mit einem Gefühl der Dringlichkeit wieder auf. Tutus Zuversicht wuchs: Wenn der Übergang diese Krise überlebt hatte, könne er nahezu alles überleben. Doch die Inkatha verweigerte sich einer Festlegung des Wahltermins und Buthelezi und Mandela hatten seit mehr als zwei Jahren keine bilateralen Gespräche mehr geführt.

Anfang Juni 1993 besuchte Tutu Pietermaritzburg für die Weihe eines neuen Bischofs von Zululand und die Enthüllung einer Statue von Mahatma Gandhi vor dem örtlichen Bahnhof. (Ein

Jahrhundert zuvor war Gandhi auf diesem Bahnhof aufgrund seiner ethnischen Zugehörigkeit das Besteigen eines Zugs untersagt worden. Er hatte versucht, die Satyagraha[87] in Südafrika einzuführen, um die Rechte der Südafrikaner indischer Abstammung zu verteidigen.) Als sich die Kirchengemeinde bei dem Weihegottesdienst gegenseitig Frieden zusprach, fragte Tutu Buthelezi, ob er sich mit Mandela treffen würde. Er willigte ein. Am darauffolgenden Tag nahmen Tutu und Nuttall bei einem Mittagessen nach der Denkmalenthüllung Mandela zur Seite und stellten ihm dieselbe Frage. Auch er willigte ein. Während sich Tutu abermals im Ausland befand, kümmerten sich Nuttall und Stanley Mogoba um die Details, und die beiden Oberhäupter trafen sich am 23. Juni gemeinsam mit Delegationen ihrer Parteien neun Stunden lang in einem lutherischen Konferenzzentrum außerhalb von Johannesburg. Der Bericht über das Ergebnis wurde von ihrem Scheitern überschattet, ein Wahldatum zu vereinbaren, doch sie trafen die Abmachung, ihre Parteien dazu zu verpflichten, an ihrer politischen Toleranz zu arbeiten. Mogoba – er leitete das Treffen gemeinsam mit Tutu – und Nuttall glaubten, der wichtigste Erfolg des Tages sei es gewesen, die beiden Oberhäupter von ihren Delegationen zu trennen und für sie eine Teestunde und ein Mittagessen unter vier Augen einzurichten. Tutu empfand die getroffene Abmachung als »einen kleinen Sprung von dort, wo wir gewesen sind«, war jedoch enttäuscht über den Stillstand der Verhandlungen bezüglich eines Wahltermins. Mandela habe sich förmlich ein Bein ausgerissen, um Buthelezi zufrieden zu stellen, sagte Tutu – er habe ihm sogar den Posten als Außenminister in dem ersten unabhängigen Kabinett angeboten –, doch Buthelezi sei jemand, der nicht die Fähigkeit besitze, Zugeständnisse zu machen.

Nach zwei Jahren Verhandlungen ergab sich ein Abkommen über eine vorläufige Verfassung, die den Weg hin zu den ersten demokratischen Wahlen im April 1994 ebnete – ohne Buthelezis

87 Anm. d. Übers.: Eine von Gandhi entworfene Strategie, um durch Gewaltlosigkeit und die Bereitschaft zu Schmerz und Leid an die Vernunft und das Gewissen eines Widersachers zu appellieren und sein Handeln positiv umzukehren.

Tutu, sein früherer Kommilitone Stanley Mogoba (links) und Michael Nuttall (nicht auf dem Foto) vermittelten 1993 ein Treffen zwischen Nelson Mandela und Mangosuthu Buthelezi.

Einverständnis. Folglich hatte der »Ulundi Pendler« auch weiterhin Bestand und schien Wochen vor den Wahlen einige Erfolge zu verzeichnen. Die Regierungen von Bophuthatswana und Ciskei waren unter dem Druck der ANC-Unterstützer kollabiert und Buthelezi und Zulu-König Goodwill Zwelethini wurde eine Form von Selbstbestimmtheit in Aussicht gestellt, als John Hall – ein Geschäftsmann, der das Komitee leitete, das das nationale Friedensabkommen überwachte – eine Versammlung von Kirchenoberhäuptern in Johannesburg ausrichtete. Hall befürchtete Gewaltausbrüche während der Wahlen in kwaZulu und Natal. Die Versammlung beschloss, sich um ein Vorsprechen bei Zwelethini zu bemühen. Durch Buthelezi willigte der König ein und Hall und die Kirchenoberhäupter ließen alles Andere stehen und liegen und reisten am 15. April zu seinem Palast in Nongoma im ländlichen kwaZulu. Nachdem er ihren Appell angehört hatte, rief der König ein Fernsehteam herbei und ließ eine emotionale Ansprache aufzeichnen, bei der er sagte, dass das Töten sinnlos sei: »[An] jeden einzelnen Zulu, der weiß, dass ich sein König bin: Damit muss jetzt Schluss sein.«

An dem Tag, an dem Hall und die Kirchenoberhäupter den König trafen, wurde Buthelezi von Washington Okumu – einem kenianischen Akademiker, der mit der Africa Enterprise, einer evangelischen Organisation in Pietermaritzburg zusammenarbeitete – umgestimmt, einen letzten Versuch für Verhandlungen zu unternehmen. Durch einen Zufall befand sich Tutu vier Tage später in den Union Buildings, dem Sitz der Regierung in Pretoria, als er von den Ergebnissen erfuhr. Er besuchte gerade ein Treffen eines Komitees, das die Amtseinführung eines neuen Präsidenten plante, als ihn die Nachricht von einem Durchbruch in den Verhandlungsgesprächen erreichte. Mandela, Buthelezi und de Klerk veranstalteten im Raum nebenan eine Nachrichtenkonferenz, um publik zu machen, dass sich Buthelezi den Wahlen anschließen würde. Tutu war wie in Ekstase: »Ich bin überglücklich. Es ist wie in einem Traum. Wir werden nicht aufhören Gott dafür zu danken, dass wir einen Gott der Überraschungen haben, einen Gott, der jeder Zeit Wunder vollbringt.«

Spannungen zwischen denjenigen, die unter der Apartheid zu leiden hatten, gab es nicht nur in kwaZulu, in Natal oder in den anderen Bantustans. In Kapstadt führte ein Riss in der Gemeinschaft der Farbigen einige Tage vor den Wahlen eine Konfrontation zwischen Tutu und einigen seiner Geistlichen herbei, die den ANC unterstützten. Die Gemeinschaft – sie hatte ihren Ursprung in den ethnischen Gruppen der weißen Siedler, der indigenen Khoisan vom Westkap und der malaiischen und indonesischen Sklaven – durchwanderte eine Identitätskrise. Charles Albertyn, einer der regionalen Bischöfe, auf dessen Rat Tutu vertraute, beschrieb dem Autor dieses Buches das Problem der farbigen Gemeinschaft als einen Kampf, um sich mit der Tatsache zu arrangieren, dass sie mit dem einen Fuß auf der schwarzen und mit dem anderen auf der weißen Seite standen:

> »Sie werden niemals verstehen, wie schwierig es ist, [dies einem Außenstehenden] zu beschreiben. Einerseits sind wir politisch [betrachtet] schwarz und unterdrückt. Doch sozial und biologisch und kulturell [betrachtet] sind die Weißen unsere Brüder und

> Schwestern. Zwischen uns gibt es eine sehr starke Bindung. Die Leute pflegen zu sagen, die Afrikaander seien den farbigen Menschen besonders übel gesinnt, da es ein Familienstreit ist und darin liegt viel Wahrheit. [Wir] werden von beiden Seiten zurückgewiesen. Den Weißen war klar, dass [wir] keine Weißen waren und die Afrikaner machten ziemlich deutlich, dass [wir] keine schwarzen Afrikaner seien.«

Unter der Apartheid wurden die farbigen Arbeiter am Westkap bei der Verteilung der Arbeitsplätze, der Wohnungen und allen anderen Vorzügen bevorzugt. Mit Voranschreiten der Wahlen hörten ihre Geistlichen, wieviele von ihnen darüber diskutierten, de Klerks Nationalpartei zu wählen. Davon alarmiert unterzeichneten 80 Pfarrer aus 16 Kirchen eine Anzeige, die vom ANC herausgegeben wurde und verkündete, dass »die Werte des Evangeliums einer all umfassenden Gesellschaft« am besten durch das Manifest des ANC repräsentiert würden.

17 der Unterzeichner waren Angehörige des anglikanischen Klerus und waren zulässige Beauftragte der Diözese von Kapstadt. Tutu versammelte die bevollmächtigten Kleriker in der Bischofsresidenz, sagte ihnen, dass sie das bischöfliche Verbot missachtet hatten, sich mit einer politischen Partei zu identifizieren und wies sie an, sich zu entschuldigen. Andernfalls würden sie ihre Zulassung verlieren. 16 – unter ihnen waren die ehemaligen Mitarbeiter Chris Ahrends, Matt Esau und Wilma Jakobsen – taten dies. Barney Pityana, der ein Einkommen von der University of Cape Town bezog, war bei dem Treffen nicht anwesend und weigerte sich, sich zu entschuldigen. Er schrieb Tutu, dass er das Verbot der Mitgliedschaft in einer Partei akzeptiert habe – allerdings mit Einschränkungen. Das Verbot scheine sich nun ausgeweitet zu haben, »so dass es vorschreibt, dass wir uns nicht darüber äußern dürfen, wie wir unsere demokratischen Rechte wahrnehmen möchten. Ich finde das sogar noch inakzeptabler. Das moralische Urteilsvermögen des Klerus sollte respektiert und seine Autonomie in pastoralen Angelegenheiten anerkannt werden.« Tutu und Pityana hatten ein stürmisches Aufeinandertreffen in der Bischofsresidenz. Tutu sag-

te Pityana, dass er seine Zulassung einzuziehen habe. Pityana sagte, dass er sie in diesem Fall überhaupt nicht mehr wolle. Die Diskussion spitzte sich zu und Tutu schickte Pityana aus seinem Büro. Noch Tage später war Tutu seine Bedrücktheit anzusehen. Später gab er Pityana seine Zulassung zurück und besserte ihre Beziehung wieder auf.

Am 27. April wählten Millionen von schwarzen Südafrikanern zum ersten Mal in ihrem Leben, doch nur wenige freuten sich in der Öffentlichkeit noch überschwänglicher als Tutu. Die Bilder, wie er feierlich herumtanzend seine geballten Fäuste in die Luft riss, wurden über die ganze Welt verbreitet. Ebenso seine Kommentare: »Wir waren auf Wolke sieben« und »Es ist wie sich zu verlieben.« Er selbst wählte im Township Gugulethu in Kapstadt, bevor er andere Wahllokale besuchte, vor denen sich lange Schlangen dahinzogen.

Tutu, 62 Jahre alt und Nobelpreisträger, wählt zum ersten Mal in seinem Leben.

Viele Wähler waren alles andere als frustriert über die langen Wartezeiten und versuchten sich im Nachhinein gegenseitig mit Geschichten zu übertrumpfen, wie lange sie angestanden hatten. An den meisten Wahllokalen wurde Tutu mit Beifallsrufen und Jubel begrüßt.

Während des Übergangs war Tutu ein enthusiastischer Befürworter von beruhigenden Gesten gegenüber den Afrikaandern. Er nahm sich die Zeit, afrikaandischen Zeitungen Interviews zu geben, versicherte ihnen, dass ihre Sprache erhalten bleiben würde und unterstützte Südafrikas Rückkehr in den internationalen Rugby-Sport unter dem traditionellen Springbock-Emblem. Er setzte seine Bemühungen in den Komiteesitzungen fort, bei denen die Amtseinführung des Präsidenten geplant wurde. Während der Verhandlungen waren zwei Nationalhymnen befürwortet worden: »Die Stem« (»Der Aufruf«), die an den afrikaandischen Nationalismus erinnerte, und »Nkosi Sikelel' iAfrika«. Dem Amtseinführungskomitee wurde der Vorschlag unterbreitet, dass eine englischsprachige Fassung von »die Stem« Verwendung finden solle. Tutu war gegen den Vorschlag: Der Symbolismus von »die Stem« würde verwässert, wenn man sie übersetze, sagte er. Seine Meinung setzte sich durch. Bei einer Angelegenheit war er allerdings unbeugsam, selbst angesichts persönlichen Drucks durch de Klerk.

Als Ausrichter des religiösen Subkomitees des Amtseinführungskomitees plante Tutu die religiöse Komponente der Zeremonie multikonfessionell. An dem Tag, an dem Buthelezi verkündete, dass er sich den Wahlen anschließen würde, appellierte de Klerk während eines kurzen Aufeinandertreffens an Tutu, einer alten Amtseinführungstradition Folge zu leisten: Das Oberhaupt der Glaubensrichtung, der der Präsident angehörte, sollte die Gebete sprechen. Zu diesem Zeitpunkt bezweifelte niemand, dass Mandela zum Präsidenten gewählt werden würde. Folglich würde de Klerks Appell zur Folge haben, dass ein Christ – Stanley Mogoba – das einzige teilnehmende religiöse Oberhaupt sei. De Klerk war ein Mitglied der Gereformeerde Kerk (Reformierte Kirche), der kleinsten der afrikaandischen reformierten Kirchen, und sorgte sich sichtlich um das Befinden seiner Gemeinde. Tutu befand, dass Südafrika sein einheitlich christliches Erscheinungsbild längst durch ein weltliches ersetzt habe und gab nicht nach.

Am 6. Mai, dem Freitag vor der Amtseinführung, besuchte Mandela eine historische Moschee in Kapstadt. Am Samstag ging er zu einer Synagoge in der Stadt. Am Sonntag besuchte er einen Hindu-Tempel nahe Johannesburg. An diesen Besuch knüpfte sich ein großer christlicher Danksagungsgottesdienst im Stadion von Soweto, in dem die Beerdigungszeremonie von Chris Hani stattgefunden hatte. Am Montag, dem 9. Mai, kehrte Mandela nach Kapstadt zurück, wo das neue Parlament ihn offiziell zum neuen Präsidenten ernannte. Der Bürgermeister von Kapstadt bat Tutu, Mandela später der Menschenmenge vorzustellen, die auf dem Grand Parade auf ihn wartete. Tutu sprach von dem Balkon, wie er es nach dem Protestmarsch im September 1989 getan hatte:

»Freunde, dies ist der Tag, den der Herr geschaffen hat und wir werden uns an ihm erfreuen und glücklich sein. Dies ist der Tag, auf den wir seit über 300 Jahren gewartet haben. (Beifall.) Dies ist der Tag der Befreiung (Beifall.) für uns alle: Schwarze und Weiße gemeinsam. (Beifall.) Bürger Südafrikas, ich bitte Euch: Heißt unseren brandneuen Präsidenten willkommen, den hervorragenden Nelson Mandela!«

»Auf diesen Tag haben wir über 300 Jahre gewartet.«
Tutu präsentiert der Bevölkerung in Kapstadt Nelson Mandela als neuen Präsidenten von Südafrika.

Über die Amtseinführung am folgenden Tag wurde gesagt, sie sei die größte Versammlung von Staatsoberhäuptern seit der Beerdigung von John F. Kennedy gewesen. Nahezu alle afrikanischen Führungspersönlichkeiten waren gekommen. Weitere Gäste waren Fidel Castro, Yasir Arafat, der Herzog von Edinburgh und Al Gore – dessen Gefolgschaft, der sich auch die First Lady Hillary Clinton angeschlossen hatte, einen derart großen Andrang verursachte, dass sie für die zeitliche Verzögerung der Amtseinführung verantwortlich gemacht wurde. Auf dem Anwesen des Präsidenten wurde ein frühes Frühstück organisiert, um die Oberhäupter an einem Ort zu versammeln. Tutu war der auffälligste aller anwesenden Südafrikaner. Er sprang von Gruppe zu Gruppe und begrüßte alte Freunde und Bekannte wie Gore – mit ihm zusammen hatte er beim Überwachungsausschuss an der Harvard University gearbeitet – König Letsie III. von Lesotho, Joaquim Chissano aus Mosambik und Malcolm Fraser und Bob Hawke aus Australien.

Der religiöse Anteil der Zeremonie bestand aus Lesungen und Gebeten von christlichen, jüdischen, hinduistischen und muslimischen Oberhäuptern. De Klerk machte deutlich, welchen Gott er anbetete, als er seinen Eid als stellvertretender Präsident in einer Regierung der nationalen Einheit sprach. Anstatt dem Obersten Richter »So hilf mir Gott« nachzusprechen, wie Mandela es getan hatte, sagte de Klerk auf Afrikaans: »So hilf mir der dreieinige Gott; Vater, Sohn und Heiliger Geist.« In seinem Schlussgebet rief Tutu den Namen von »Jesus Christus, unserem Herrn und Retter« an und fuhr auf Englisch, Afrikaans, Sesotho und IsiXhosa fort:

> »Dank dir, oh Gott, dass du uns zu diesem Punkt in der Geschichte unseres schönen Mutterlands Südafrika gebracht hast. Vor unseren eigenen Augen sehen wir, wie sich ein Wunder entfaltet und unsere Träume wahr werden, denn die Sonne scheint in einer neuen Morgenröte für jeden von uns, schwarz und weiß gemeinsam.
> Dank dir, oh Gott, für die Befreiung unseres Landes von Rassismus und Unterdrückung und für die Befreiung unserer Menschen. Dank dir für den Mut derjenigen, die den Wandel herbeigeführt

haben. Dank dir, oh Gott, für diejenigen, die ihre Freiheit und sogar ihr Leben in dem Kampf für Gerechtigkeit geopfert haben. Dank dir, dass du diejenigen, die zuvor Feinde gewesen sind, an denselben Tisch gebracht hast, um ein ausgehandeltes Abkommen zu schließen. Dank dir für die wunderbare Art und Weise, in der du die Wahlen in einen gemeinschaftlichen Akt der Staatsbildung verwandelt hast. Dank dir, oh Gott, für all diejenigen, hier und in Übersee, die uns mit ihren Gebeten und ihrer Liebe unterstützt haben.«

Kapitel 15

Konfrontation

Im Jahre 1987 erläuterte Desmond Tutu einem Konzil der anglikanischen Kirche in einer Reihe von Präsentationen seine Vorstellung von der Versöhnung in Südafrika. Mit Worten, die denen ähnelten, die er fünf Jahre zuvor an die Eloff-Kommission gerichtet hatte, verglich er das Land unter der Apartheid mit der Beschreibung der Welt im Buch Genesis nach dem Sündenfall Adams und Evas: ein Ort, an dem die Harmonie durch die Auswirkungen der Sünde zerrüttet wurde – Entfremdung, Disharmonie und Trennung. Die Aufgabe der Kirche sei es, an der Erfüllung von Gottes Vision »eines neuen Himmels und einer neuen Erde« zu arbeiten, in der »der Wolf beim Lamm wohnt und der Panther beim Böcklein liegt.«[88] Doch dies werde nicht erreicht, ohne die Mächtigen anzugreifen:

> »Oft gab es jemanden, der eine falsche Art der Versöhnung anbieten wollte. Einen Schrei nach ›Frieden, Frieden‹, wo es keinen Frieden gibt. Eine Pinselei an der Wand mit Tünche,[89] ein Papier auf den Rissen, anstatt mit der Situation umzugehen, wie es erforderlich wäre: sich der Unannehmlichkeit des Ganzen ernsthaft zu stellen. In Südafrika haben wir die Menschen oftmals missbilligend über das reden hören, was sie ›Konfrontation‹ nannten, die sie dann der ›Versöhnung‹ gegenüberstellten. Auf diese Art und Weise wurden die Worte des glorreichen Evangeliums in Misskredit gebracht und wurden schrecklich entwertet, so dass viele bald dachten, dass ›Versöhnung‹ meine, mit dem Bösen Frieden zu schließen – [mit] Unmoral, Ungerechtigkeit, Unterdrückung und

88 Jeweils Zitate aus der Johannesoffenbarung 21,1 und Jesaja 11,6.
89 In Anlehnung an Hesekiel 13,10.

> Boshaftigkeit, deren Opfer sie sind, und folgerichtig haben sie eine solche Travestie des aufrichtigen Beitrags abgelehnt. Wie konnte wirklich jemand denken, dass wahre Versöhnung eine Konfrontation verhindern könne?«

Obwohl Tutu diese Feststellung als eine theologische Begründung für den Kampf gegen die Apartheid entwickelte, fasste sie außerdem geschickt das Denkmuster zusammen, mit dem er sich im besseren Teil der folgenden zwei Jahrzehnte beschäftigte. Als die Apartheid außer Kraft gesetzt worden war, bestand er darauf – zunächst in den Kirchen, dann gegenüber de Klerk und letztendlich durch die Wahrheits- und Versöhnungskommission –, dass, falls Südafrika den Schaden beheben würde, den es verursacht hatte, man sich den Konsequenzen stellen und sie verarbeiten müsse. Um die Versöhnung herbeizuführen, empfahl er ein deutlich christliches Modell, das drei separate, aufeinanderfolgende Arbeitsschritte umfassen sollte. Zwei der Arbeitsschritte erforderten das Handeln der Täter und der Nutznießer der Apartheid. Der dritte beinhaltete einen selbstlosen Akt der Opfer der Apartheid. Neun Monate nach Mandelas Freilassung erläuterte er sein Modell bei einer Nationalkonferenz der südafrikanischen Kirchenoberhäupter in der Nähe des Ortes Rustenburg, nordwestlich von Johannesburg, vor einem großen Publikum.

Die Konferenz brachte eine beispiellose Bandbreite der Kirchen Südafrikas zusammen. In der Eröffnungspredigt machte Tutu die Bemerkung, dass die Kirchenoberhäupter dem Land nicht glaubhaft Versöhnung vermitteln konnten, wenn sie untereinander nicht versöhnt seien. Damit diese Versöhnung erfolgen könne, sagte er, müssten zunächst diejenigen, die für die Apartheid verantwortlich waren, ihre Sünden gestehen: »Die, die Unrecht getan haben, müssen bereit sein zu sagen: ›Wir haben euch durch diese Ungerechtigkeit geschadet, indem wir euch euer Heim genommen haben, indem wir euch in die von Armut durchsetzten Bantustan-Umsiedlungslager gebracht haben, indem wir euren Kindern eine minderwertige Schulbildung haben zukommen lassen, indem wir eure Menschlichkeit abgestritten und eure menschliche Würde mit Füßen getreten haben und indem wir euch die Grundrechte verweigert haben. Es tut uns leid, vergebt uns.‹« Im zweiten Arbeitsschritt, sagte Tutu, seien die Opfer dem »zwingenden Grundsatz« des Vergebens verpflichtet. Im dritten sollten diejenigen, die Unrecht getan hatten, eine Rückerstattung leisten: »Wenn ich dir deinen Stift gestohlen habe, kann ich nicht wirklich Reue zeigen, wenn ich auf der einen Seite sage ›Bitte vergib mir‹, aber gleichzeitig deinen Stift behalte. Wenn ich wirklich reumütig bin, werde ich diese aufrichtige Reue demonstrieren, indem ich dir den Stift zurückgebe.«

Seiner Predigt schloss sich eine bewegende Entschuldigung für die Apartheid eines anderen Redners an: Willie Jonker, ein Theologe von der Stellenbosch University, dem intellektuellen Herz des afrikaandischen Nationalismus. Die Entschuldigung, die am darauffolgenden Tag von der hauptsächlich weißen Niederländisch-Reformierten Kirche bekräftigt wurde, schlug Wellen in der Familie der Reformierten Kirchen und in der afrikaandischen Gemeinschaft. Auf der einen Seite hinterfragten die schwarzen und farbigen Reformierten Kirchen die Aufrichtigkeit der weißen Kirche und Tutus Recht, ihr Eingeständnis zu akzeptieren. Auf der anderen Seite rief der wütende P. W. Botha das oberste Haupt der Kirche an und beschwerte sich. Tutu stritt ab, dass er für die Konferenz gesprochen habe, sagte jedoch, dass er es ablehne, die Gnade Gottes einzuschränken. Er untermauerte seinen Standpunkt, indem er einen Mitarbeiter von Steve Biko zitierte – Malusi Mpumlwana hatte ihm einmal gesagt, dass, während er von der Polizei gefoltert worden sei, er seine Folterer angesehen und gedacht habe: »Im Übrigen sind auch dies die Kinder Gottes und sie brauchen dich, um die Menschlichkeit wiederzuerlangen, die sie verlieren.« Tutu sagte, dass das Eingeständnis der Niederländisch-Reformierten Kirche einen »ziemlich erschütternden« Moment in der Geschichte des Landes markiere: »Gott hat uns zu diesem Moment gebracht. Ich spreche nur für mich selbst. Wenn jemand sagt ›Vergib mir‹, kann ich nicht sagen ›Das tue ich nicht‹.«

Die Konferenz befürwortete ein langes Erklärungsschreiben, inklusive eines ausgearbeiteten kollektiven Eingeständnisses der

Mitschuld der Kirchen an der Apartheid. Einige Monate später bat Tutu F. W. de Klerk um ein persönliches Treffen, bei dem er den Präsidenten dazu drängte, sich offiziell für das Leid, welches die Apartheid verursacht hatte, zu entschuldigen. De Klerk erwiderte, dass sein Vater – ein Mitglied einer der ersten Kabinette der Apartheid-Ära – geholfen habe, die Apartheid zu implementieren und dass sein Vater kein boshafter Mann gewesen sei. Tutu antwortete, dass er gesagt habe, die Polizei sei boshaft und nicht ihre Verfechter, doch er konnte de Klerk nicht überzeugen.

Der frühere Präsident F.W. de Klerk erschien vor dem Ausschuss, enttäuschte jedoch Tutu, weil er sich weigerte anzuerkennen, dass die Regierung, der er vorstand, systematisch und vom Staat unterstütze Gewalt ausübte.

Abermals wurde er von de Klerk enttäuscht, als er ihn 1991 mit einer Delegation von Mfengu-Anführern um die Rückgabe von Land bat, von dem sie zwanghaft vertrieben worden waren. Einer der Anführer sagte de Klerk: »Ich hatte Land, ich hatte Vieh, ich hatte Schafe, ich hatte mein eigenes Haus. Ich bin 70 Jahre alt. Jetzt habe ich nichts mehr.« Dieser »Schrei des Herzens«, wie Tutu ihn beschrieb, habe de Klerk und seinen Kollegen nicht einmal ansatzweise eine Geste des Bedauerns entlockt.

Zwei Jahre später entschuldigte sich de Klerk: »Es war nicht unsere Absicht, den Menschen ihre Rechte zu entziehen und Elend hervorzurufen«, sagte er, »doch vielleicht führte die Apartheid gerade dazu. Insofern dies geschehen ist, bedauern wir es zutiefst. Ja, wir sagen, es tut uns leid.« Tutu empfand die Entschuldigung für angemessen. Allerdings dachte er, dass de Klerk noch nicht dazu im Stande sei, die Apartheid als tatsächlich falsch anzuerkennen, jedoch drängte er dazu, dass die Entschuldigung angenommen werden solle. »Sich zu entschuldigen ist keine leichte Angelegenheit«, sagte er. »Wir alle tun uns mit Entschuldigungen schwer. Wir sollten großmütig sein und sie als einen großmütigen Akt akzeptieren.« Die Angelegenheit würde zurückkehren und ihre Beziehung zueinander während der Prozessverläufe der Wahrheits- und Versöhnungskommission prägen.

Als die Einführung der Demokratie immer realistischer wurde, öffnete sich eine Kluft bezüglich des Themas, wie man mit den geschehenen Menschenrechtsverletzungen umgehen sollte. Die Nationalpartei wollte einen Straferlass für all diejenigen bewirken, die für sie gearbeitet hatten und schlug ein umfassendes Amnestie-Paket vor, das jeden abdecken sollte, der Verbrechen aus politischen Motiven begangen hatte – ob die betreffende Person nun für oder gegen die Apartheid gekämpft hatte. Der Instinkt der meisten ANC-Oberhäupter lief in die entgegengesetzte Richtung. In den impulsiven Worten von Thabo Mbeki, dachten sie, dass die beste Art, mit ihren ehemaligen Gegnern umzugehen, die sei »die Bastarde zu fangen und sie aufzuhängen«. Von Beginn der Debatte an vertrat Tutu sein Drei-Stufen-Modell. Es solle keine Gerichtsverfahren in der Art der Nürnberger Prozesse geben, sagte er im November 1992. Doch es müsse zu Eingeständnissen kommen, zu einer »vollständigen Aufdeckung« der Verbrechen und dann zur Versöhnung, »einer gründlich durchgeführten Amnestie« und letztendlich, falls möglich, solle es Rückerstattungen geben: »Lasst uns den christlichen Weg gehen, den Weg, der sagt: ›Ja, es gibt ein Risiko, wenn man den Menschen Versöhnung anbietet. Man weiß nicht, wie sie sich entwickeln werden. Doch das ist nicht unsere Angelegenheit, das ist die Angelegenheit Gottes mit der jeweiligen Person.‹«

Der Weg, für den man sich letztendlich entschied, war in der Tat der von Tutu. Die Form, die er annahm – die Gründung der Wahrheits- und Versöhnungskommission – hatte allerdings sehr wenig mit Tutu oder mit den großmütigen christlichen Idealen zu tun. Sie war eher ein glückliches Ergebnis der Realpolitik, die ein Zusammenlaufen von Spannungskräften aus drei Richtungen symbolisierte: idealistische Menschenrechtsanwälte innerhalb des ANC, verängstigte Vertreter der alten Herrschaftsordnung und eine Lobbygruppierung, die nicht der Regierung angehörte und die von dem Mann koordiniert wurde, der Tutus Stellvertreter in der Kommission werden sollte.

Die Spannungen innerhalb des ANC waren eine Reaktion auf drei Untersuchungsfelder, die von der Bewegung selbst bearbeitet wurden: Folter, Misshandlungen und Exekutionen in den ANC-Internierungslagern im Exil. Im August 1993 reagierte die Nationalexekutive des ANC auf einen Bericht der letzten Untersuchung, indem sie nach einer »Wahrheitskommission« verlangte, die eine weitreichende Untersuchung von Menschenrechtsverletzungen in der gesamten Apartheid-Ära durchführen sollte. Einige Monate später wurde Amnestie zu einem Thema, als die Verhandlungsführer bestrebt waren, die letzten Hindernisse zu einem verfassungsmäßigen Abkommen zu überwinden. Die Generäle der Sicherheitskräfte teilten Mbeki mit, dass, wenn ihren Männern von der neuen Regierung betriebene Gerichtsverfahren bevorstünden, es keine friedlichen Wahlen geben würde. Mbeki gab die Warnung an Nelson Mandela weiter. Im Dezember 1993 fügten die Verhandlungsführer am Ende der vorläufigen Verfassung eine Ergänzung hinzu, die sie plump »Postambel«[90] nannten – eine Sektion, die für Vergehen, die im Zuge der vergangenen Konflikte begangen worden waren, Amnestie zusprach. »Ohne dies«, sagte Albie Sachs, der Verfassungsexperte des ANC, »hätten wir ohne Wahlen, ohne eine Verfassung und ohne ein Land enden können.«

Die Postambel ließ dem ersten demokratisch gewählten Parlament die Aufgabe offen, eine Gesetzgebung zu entwerfen. Hierfür

90 Anm. d. Übers.: etwa das Gegenstück einer Präambel.

erwies sich Alex Boraine, ein ehemaliger Parlamentarier, als besonders hilfreich. Boraine hatte das Parlament drei Jahre vor P. W. Bothas Umsturz verlassen. Ihm hatte Bothas Versäumnis missfallen, einen Ausweg aus der Sackgasse anzubieten, in der sich das Land befand. Botha habe die Gründung einer »Nichtregierungsorganisation« unterstützen müssen, um demokratische Alternativen zu der Apartheid zu finden. In den frühen 90er-Jahren begann er sich über die Wahrheitskommissionen zu erkundigen, mit deren Hilfe andere Nationen, die aus Staaten mit autoritären Regierungen hervorgegangen waren – vornehmlich im östlichen Europa und Lateinamerika – ihre Vergangenheit bewältigt hatten. Während der Machtübernahme durch den ANC wurde Boraine zu einer wichtigen Persönlichkeit bei der Ausarbeitung des »Promotion of National Unity and Reconciliation Act« von 1995, der ausschlaggebend für die Gründung der Wahrheits- und Versöhnungskommission war. Eine Pauschal-Amnestie, wie sie in Chile nach dem Niedergang des Regimes von Augusto Pinochet gewährt worden war, lehnte das Parlament ab. Stattdessen machte man die Gewährung von Amnestie ausschließlich von der persönlichen Meldebereitschaft und der vollständigen Enthüllung der Verbrechen anhängig. Den Amnestie-Apparat band man in die Kommission ein. In einer zweiten wichtigen Entscheidung, die bei Wahrheitskommissionen einzigartig war, änderte das Parlament – vorangetrieben durch Boraine und Nichtregierungsgruppierungen – im Laufe der Debatte die Gesetzgebung und ordnete öffentliche Anhörungen an.

Der erste Vorschlag, dass Tutu einer der 17 Kommissare der Wahrheits- und Versöhnungskommission werden solle, wurde einige Tage nachdem das Parlament den Act im Juli 1995 ausgearbeitet hatte, von Michael Nuttall gemacht. Im September nominierte ihn das Bischofskonzil offiziell. Obwohl er ein planmäßiges Mitglied der Kommission war, war seine Anstellung nicht unumgänglich. Drei Monate nachdem Mandela im vorangegangen Jahr Präsident geworden war, hatten er und Tutu in der Öffentlichkeit barsche Worte ausgetauscht. Tutu hatte die Regierung angegriffen, da sie es versäumt habe, die Waffenindustrie der Apartheid zu schließen. Er hatte seine Kritik darin bestätigt gesehen – die zum ersten Mal von der Aktivistin Cheryl Carolus geübt worden war –, dass die neuen Parlamentsmitglieder, die große Zahlungszuschüsse bewilligt hatten, das »Absahnen« der Apartheid-Ära nur so lange angehalten hätten, um selbst davon profitieren zu können. Mandela schlug zurück, indem er Tutu einen »Populisten« nannte und sagte, dass der Erzbischof die Angelegenheit zunächst mit ihm persönlich habe diskutieren müssen. Tutu antwortete in einer Sprechweise, die er schon gegen die Kabinettsminister der Apartheid angewandt hatte: Mandela sei entweder ein Lügner oder allzu vergesslich, sagte er, denn er (Tutu) habe das Thema bei einem privaten Frühstück mit dem Präsidenten angesprochen. (Auch kritisierte Tutu auf hervorragende Weise Mandelas farbenfrohe Hemden mit weitem Kragen. Er sagte, er störe sich nicht an den afrikanisch bedruckten Hemden, die der Präsident trage – auch er selbst trug sie – doch Mandelas Hemden im italienischen Stil sähen wie Schlafanzüge aus. Und was noch viel schlimmer sei: Der Präsident trage sie bei Anlässen, bei denen die schwarze Gemeinschaft sie als unangemessen erachtete – zum Beispiel bei Beerdigungen. Auf eine ebenso hervorragende Weise erwiderte Mandela humorvoll, dass die Kritik amüsant sei, komme sie doch von einem Mann, der Kleider trägt.)

Nichtsdestotrotz ernannte Mandela Tutu zum Vorsitzenden der Wahrheits- und Versöhnungskommission. Alex Boraine, der wie schon Michael Nuttall vor ihm zu einem früheren Zeitpunkt den Spitzenposten hätte besetzen können, wurde als Tutus Stellvertreter angestellt. Tutu begann seine Beziehung zu Boraine in der Art zu formen, dass sie seiner Beziehung zu Nuttall gleichkam und gemeinsam planten sie das erste Treffen der Kommission in der Bischofsresidenz. Es wurde am 16. Dezember 1995 abgehalten, einem Nationalfeiertag, an dem ursprünglich an den Sieg des afrikaandischen Militärs über die Zulu-Nation gedacht worden war, doch nun hatte man ihn in den »Tag der Versöhnung« umbenannt.

Die Wahrheits- und Versöhnungskommission bestand aus weitaus mehr Menschen als nur Desmond Tutu. Laut Priscilla Hayner, einer Expertin von Wahrheitskommissionen, »übertrumpfte [die Kommission] vorherige Kommissionen in ihrer Größe und Reichweite«. Auf dem Höhepunkt ihrer Aktivität beschäftigte sie mehr als 300 Mitarbeiter, die von den Kommissaren befehligt wurden, und mehr als 20 zusätzliche Komiteemitglieder in vier regionalen Büros.[91] Sie beinhaltete drei Komitees: eines für die Untersuchung von Menschenrechtsverletzungen, ein zweites für die Gewährung von Amnestie und ein drittes für die Ausarbeitung von Empfehlungen für Entschädigungen und die Wiedereingliederung der Opfer in die Gesellschaft. Drei oder vier öffentliche Anhörungen wurden jeweils zeitgleich abgehalten. Von den Opfern nahm man Beweise entgegen und begutachtete die Amnestie-Anträge der Täter. Die Kommission brachte aus den eigenen Reihen mindestens acht Bücher hervor – inklusive unverzichtbarer Beiträge von Tutu und Boraine – und zahlreiche andere Arbeiten, die ihre Schwächen und Stärken analysierten. Was daraus resultierte, mochte nicht mehr sein als eine kurze Beschreibung dessen, wie Tutu – der in seinem üblichen Stil von oben her die Führung übernahm – versuchte, ein Gesetz des Parlaments in ein Instrument der Heilung und Erlösung umzuformen.

Die Aufgabe der Wahrheits- und Versöhnungskommission war es, die schwerwiegenden Menschenrechtsverletzungen – definiert als Mord, Entführung, Folter und schwere Misshandlungen – in der Zeitspanne zwischen dem Blutbad von Sharpeville von 1960 und Mandelas Amtseinführung als Präsident im Jahre 1994 zu untersuchen und über sie zu berichten. Auch begutachtete sie die Anträge auf Amnestie und machte der Regierung Vorschläge für Entschädigungen. Im Mittelpunkt der Vorstellungen Tutus von ihrer Arbeit stand eine Aussage in der Postambel der Verfassung: »Es herrscht ein Bedürfnis nach Verständnis und nicht nach Rache, ein Bedürfnis nach Entschädigung und nicht nach Vergeltung, ein Bedürfnis nach ubuntu und nicht nach Viktimisierung.« Der Nguni-Begriff »ubuntu« – oder »botho« in der Sotho-Sprachgruppe – kann vereinfacht als »Menschlichkeit« übersetzt werden, doch dieser deutsche Begriff kann nicht aus der afrikanischen Weltsicht abgeleitet werden. Als Erklärung für die überwiegend weiße Leserschaft

91 Der Autor dieses Buches wurde als Direktor für Medienangelegenheiten bei der Kommission angestellt.

der Johannesburger Tageszeitung *The Star* hatte Tutu schon 1981 geschrieben, wie die traditionelle afrikanische Gesellschaft »ubuntu-botho« interpretierte:

> »Ich habe darauf verwiesen, was uns letztendlich von den Tieren unterscheidet – die Eigenschaft, menschlich und auch menschenfreundlich zu sein. Diese Definition ist fast wie eine Doppelaussage. Eine Person, die ubuntu hatte, war barmherzig und einfühlsam, setzte ihre Stärken zu Gunsten der Schwachen ein [und] nutzte andere nicht zu ihrem Vorteil; kurz gesagt: sie kümmerte sich, behandelte andere als das, was sie waren – als menschliche Wesen.
> Ohne diese Eigenschaft wurde ein erfolgreicher Mann, selbst wenn er ein Häuptling war, als jemand angesehen, der Mitleid verdiente und manchmal sogar Verachtung. Wenn man kein ubuntu hatte, fehlte einem ein unerlässlicher Bestandteil des Menschseins. Man mochte alle Güter der Welt besitzen und man mochte einen Rang und Autorität haben, doch wenn man kein ubuntu hatte, konnte man nicht viel erreichen. Noch heute ist ubuntu hoch geachtet, um begehrt oder kultiviert zu sein. Nur jemand, dem etwas Schlimmes widerfahren war, konnte überhaupt sagen, dass der Tod eines Mitmenschen ihn kaltließe.[92] Die Schwarzen würden sich von jedem aus ihrer Gemeinschaft abwenden, der jemals eine solche Herzlosigkeit demonstrieren würde. Er hatte seine Menschlichkeit verloren oder war auf dem besten Weg, dies zu tun.«

Tutu verglich die westliche Auffassung von Menschlichkeit mit der afrikanischen, indem er die berühmte Aussage von René Descartes – »Ich denke, also bin ich« – Sprichwörtern der Sotho und Nguni gegenüberstellte, die in etwa wie folgt übersetzt werden können: »Ich bin, weil du bist, du bist weil, wir sind« und »Eine Person

92 Das ist eine Anspielung auf einen Polizeiminister während der Apartheid, der gesagt hatte, dass Steve Bikos Tod in der Gefängnishaft ihn kaltließe.

ist eine Person durch andere Menschen.«[93] Die Standartformulierung, die Tutu später entwickelte, rief für westliche Ohren John Donnes »Niemand ist eine Insel« in Erinnerung: »Niemand von uns kommt vollständig auf die Welt. Wir würden nicht wissen, wie man denkt oder läuft oder spricht oder sich wie ein menschliches Wesen verhält, bevor wir dies nicht von anderen menschlichen Wesen gelernt haben. Das einsame, isolierte menschliche Wesen ist ein Widerspruch in sich.«

In der Wahrheits- und Versöhnungskommission vertrat Tutu eine »stärkende Gerechtigkeit«, die er als charakteristisch für die traditionelle afrikanische Rechtsprechung beschrieb: »Das zentrale Anliegen ist hier nicht die Vergeltung oder Bestrafung, sondern, im Geiste der ubuntu, die Heilung der Wunden, das Beseitigen der Unausgewogenheit, die Wiederherstellung von gebrochenen Beziehungen. Diese Art von Gerechtigkeit kann beide rehabilitieren; das Opfer und den Täter, denen die Möglichkeit gegeben werden sollte, in jene Gemeinschaft wieder integriert zu werden, der er oder sie durch seine oder ihre Untaten geschadet hat.«

Tutu behielt dies im Hinterkopf und versuchte sogar noch vor seiner offiziellen Anstellung, die zutiefst argwöhnische afrikaandische Gemeinschaft in den Prozess einzubinden. Ungeachtet des Ausmaßes, in dem Boraine in die Gründung der Wahrheits- und Versöhnungskommission involviert gewesen war, versuchte er die Regierung davon zu überzeugen, einen Afrikaander als seinen Stellvertreter anzustellen. Seine erste Wahl war Willie Esterhuyse, ein Akademiker von der Stellenbosch University, der in den 80er-Jahren den ersten Kontakt zwischen den Geheimdienstagenten der Apartheid und dem ANC aufgebaut hatte. Tutu hatte mehr Erfolg damit, seine Kommissare von der Anstellung zusätzlicher Komiteemitglieder zu überzeugen. Er war bekümmert, dass die afrikaandischen Kirchen keine Repräsentanten hatten. So machte er Piet Meiring, einen angesehenen Theologen von der University of

93 In Tutus Heimatsprachen isiXhosa und Setswana jeweils: »*Umuntu ngumuntu ngabantu*« und »*Motho ke Motho ka motho yo mongwe*«.

Pretoria ausfindig und stellte ihn als ein Mitglied des Komitees an. (Auch hatte Tutu großen Respekt vor den Fähigkeiten Thom Manthatas – einem katholischen Laien – als gemeinschaftlicher Aktivist, der sein ehemaliger Feldarbeiter beim Südafrikanischen Kirchenrat gewesen war und ernannte ihn zu einem weiteren Komiteemitglied.)

In der frühen Wirkungsphase der Kommission zog Tutu den vollen Vorteil aus seiner Position und vermied langanhaltende Streitigkeiten bezüglich interner Anstellungen. Alex Boraine war der Meinung, dass die gesamte Kommission Nominierungen besprechen und festlegen solle. Tutu bestand darauf, eine Reihe von Kandidaten für die Abstimmung vorzuschlagen. Er selbst übernahm den Vorsitz des Menschenrechtsverletzungskomitees, das die Opfer anhörte. Auf den Aufbau des Amnestie-Komitees hatte er wenig Einfluss – seine Mitglieder wurden von Mandela bestimmt, seine Entscheidungen waren endgültig und wurden im Nachhinein nicht durch die gesamte Kommission geprüft –, warb jedoch erfolgreich für Andrew Wilson, einen freigeistigen Richter aus Natal, auf den Michael Nuttall große Stücke setzte, und stellte ihn als stellvertretenden Vorsitzenden an. Eine Schlüsselanstellung, die von anderen Kommissaren initiiert wurde, war die von Dumisa Ntsebeza, einem Aktivisten und Anwalt vom Ostkap, als Oberhaupt der Untersuchungseinheit. Ntsebezas unverblümte Ehrlichkeit und Freigeistigkeit erinnerten an den jungen Tutu und er wurde die anerkannte »Nummer drei« der Kommission – und, wie schon der junge Tutu, ein Blitzableiter für Kontroversen.

Tutu delegierte die kleinteilige Verwaltung der Wahrheits- und Versöhnungskommission. Er beschrieb Boraine als begabten Organisator und ließ ihm die Art von administrativen Aufgaben zukommen, die Nuttall in der Kirche bearbeitet hatte. Wie mit Nuttall fällte er viele seiner Entscheidungen gemeinsam mit Boraine und nannte ihn einmal den »Premierminister« der Kommission. Tutu organisierte seine Aufgabenverteilung relativ strukturiert und versuchte, sich Zeit für die Kommissare und Komiteemitglieder aufzusparen. Allerdings bekam er sehr bald Schwierigkeiten.

Das Bischofskonzil war eine relativ homogene Gruppe. Sämtliche Bischöfe waren Männer. Die meiste Zeit ihres Lebens hatten sie für dieselbe Sache und dieselbe Institution – die Anglikanische Kirche – gearbeitet. Alle waren sie gegen die Apartheid, obwohl einige nur mit Widerwillen die Maßnahmen – wie zum Beispiel Sanktionen – akzeptierten, und die meisten waren bereit, diese zu beenden. Sie operierten nach althergebrachten Grundsätzen, die sicherstellten, dass Meinungsverschiedenheiten mit nur sehr wenigen Ausnahmen offen dargelegt und klar erkennbar gelöst wurden. In der Wahrheits- und Versöhnungskommission wurde eine weitaus größere Ansammlung von Menschen mit weitaus verschiedeneren Hintergründen und Ansichten vereint. Es gab zehn Männer und sieben Frauen. Die meisten von ihnen kannten Tutu lediglich durch seinen Ruf und wussten auch untereinander nichts voneinander. Die Kommission wurde von Anti-Apartheid-Anwälten, Klerikern und ärztlichen Professionellen dominiert, doch zudem gehörten ihr Unterstützer oder ehemalige Unterstützer der Apartheid an. Zu Beginn war sie durch politischen, rassistischen und persönlichen Argwohn zerrissen.

Einige Kommissare waren bestürzt, als die ersten drei Mitarbeiterstellen an Weiße vergeben wurden.[94] Ntsebeza betrachtete dies als einen politischen Fehler. Alex Boraine erweckte Misstrauen, da er ein weißer Liberaler war, der in einem Apartheid-Parlament gearbeitet hatte. Bei den ersten Treffen griff ihn Ntsebeza an, da Boraine das Personalpronomen »wir« bei der Weiterleitung von Beschlüssen verwendet hatte, bei denen nicht sämtliche Kommissare zugestimmt hatten. Einige Weiße versäumten es, sich bei empfindlichen Angelegenheiten auszusprechen, da sie Angst hatten, als Rassisten betrachtet zu werden. Andere schienen entrüstet, wenn ihre Anti-Apartheid-Beweggründe hinterfragt wurden. Wenn sie sich für Trost oder Ratschläge an Boraine wandten, wirkten sie wie eine weiße Lobbygruppe.

94 Sie wurden vergeben an den Verfasser dieses Buches, Tutus Assistentin Lavinia Browne und an Boraines Assistenten Paddy Clark.

Die Geschwindigkeit, in der die Kommission hatte aufgebaut werden müssen, verursachte logistische Probleme. Das Gesetz gewährte ihr zunächst 18 Monate für ihre Arbeit und die Uhr tickte seit ihrem ersten Treffen, als sie noch keine Büroräume, keine Angestellten, keine Einrichtungsgegenstände und kein Arbeitsmaterial hatte. Um schnell mit der Arbeit beginnen zu können brach Boraine, mit der Unterstützung von Tutu und der Kommission, die staatlichen Beschaffungsrichtlinien und erhielt einen Tadel von dem Wirtschaftsprüfer. Die Rolle, die Tutu Boraine zugewiesen hatte, befand sich manchmal im Widerspruch mit der des Vorstandsvorsitzenden.

Zeitweise drohten Differenzen die Kommission auseinander zu reißen. Die ernsthafteste Krise wurde von einem Zeugen bei einer Amnestie-Anhörung ausgelöst, der behauptete, Dumisa Ntsebezas Auto sei von Agenten des Pan Africanist Congress bei einem Angriff auf eine Bar in Kapstadt im Jahre 1993 benutzt worden. Einige Monate vor der Anhörung war die Behauptung an Tutu und Boraine weitergeleitet worden. Da sie die Glaubwürdigkeit der Aussage anzweifelten, ordneten sie an, dass es interne Untersuchungen geben solle – durch genau die Einheit, in der Ntsebeza den Vorsitz hatte. Später erkannten beide, dass dies ein Fehler war. Die Untersuchung konnte nicht gründlich durchgeführt werden und als die Anhörung näher rückte, waren sie und die sie beratende Mitarbeiterschaft wie gelähmt. Die Veröffentlichung der Anschuldigung erschütterte die Kommission und schuf eine Kluft zwischen den schwarzen und den weißen Mitarbeitern. Tutu beschrieb die Situation als »den kommissionseigenen O. J. Simpson-Fall«. Der Großteil der schwarzen Mitarbeiter war der Meinung, dass Ntsebeza unschuldig sei. Die meisten Weißen betrachteten ihn als schuldig. Tutu setzte auf die peinliche Genauigkeit einer gut entwickelten westlichen Demokratie. Er bat Ntsebeza, sich von den Aktivitäten der Kommission zurückzuziehen, solange die Angelegenheit bereinigt werde. Ntsebeza lehnte ab. In der südafrikanischen Ethnien-Politik werde ein Rückzug als Schuldeingeständnis angesehen. Die Krise löste sich allerdings auf, als der Zeuge Tutu kontaktierte und seine Aussage widerrief und Mandela, auf

Anfrage der Kommission hin, Richard Goldstone mit der Untersuchung beauftragte. Letztendlich wusch Goldstone Ntsebezas Namen wieder rein.

Aufgrund der gewaltigen Masse an Anhörungen in der südafrikanischen Gesellschaft traten die internen Streitigkeiten der Wahrheits- und Versöhnungskommission aber schließlich in den Hintergrund. Ältere Wahrheitskommissionen im Ausland hatten sich stets in Schweigen gehüllt und ihre Berichte erst am Ende ihrer Arbeit veröffentlicht. Da die südafrikanische Gesellschaft ihr Parlament aber unter Druck gesetzt hatte, fanden die Anhörungen hier in aller Öffentlichkeit statt. Und nicht nur das: Tutu und Boraine entschieden, dass Fernsehkameras bei den Anhörungen erlaubt werden sollten. Das Menschenrechtsverletzungskomitee stimmte mit kleinen Einschränkungen zu. Lediglich eine repräsentative Auswahl an Opfern würde Aussagen machen und diejenigen, die sich vor der Öffentlichkeit scheuten, sollten ihre Aussagen in Papierform einreichen können. Doch das Amnestie-Komitee, das von Richtern geleitet wurde, die vor der Aussicht auf Fernsehgerichtsverhandlungen im amerikanischen Stil zurückschreckten, sträubte sich. Die Kommission schlug die britische Variante vor und hoffte, dass die Richter diese eher akzeptieren würden. Ein Produzent, der für eine Reihe von *BBC*-Sendungen über Verhandlungen in schottischen Gerichten verantwortlich gewesen war, arbeitete einige Richtlinien aus, die sicherstellen sollten, dass die Kameras nicht zu penetrant wirkten. Doch noch immer sträubten sich die Richter. Tutu lud sie ein, um mit ihm und Boraine gemeinsam ein Abendessen in der eindrucksvollen Umgebung der Bischofsresidenz einzunehmen, in der er noch kurz vor seinem Ruhestand als Erzbischof lebte. Doch auch dort ließen sie sich nicht umstimmen. Schließlich sagte Tutu ihnen, dass ihre Autonomie auf ihre Entscheidungsgewalt über die Gewährung von Amnestie beschränkt sei. Er wies ihre Bedenken zurück und – wie Boraine später berichtete – »trottete in seinem Trainingsanzug davon«, ging nach oben und schaute sich ein Fußballspiel im Fernsehen an.

Das Resultat war, dass das Land länger als zwei Jahre mit bisher verheimlichten Geschichten von Misshandlungen unter der Apartheid überflutet wurde. An Tagen, an denen mehrere Anhörungen in unterschiedlichen Teilen des Landes stattfanden, beschäftigte sich fast ein Drittel der Abendnachrichten nicht mit aktuellen Ereignissen, sondern mit neuen Enthüllungen aus der Vergangenheit. Ein Team von Fernsehjournalisten produzierte eine wöchentliche Dokumentation über die Wahrheits- und Versöhnungskommission. Unterstützt von Pionierarbeit leistenden Übersetzern, die die Vorkommnisse in alle Sprachen des Landes verbreiteten, boten die Radiojournalisten Nachrichten, die sogar bis in die ländlichen Gebiete ohne elektrische Versorgung durchdrangen. Die englischen Übersetzungen der Anhörungen wurden live gesendet. Die Grundlage des guten Verhältnisses zwischen der Kommission und den Medien war Tutus und Boraines außergewöhnliches Verständnis für die Rolle der unabhängigen Journalisten, das sie während ihrer Jahre der Kampagnen gegen die Apartheid entwickelt hatten.

Die Kommission kümmerte sich bewusst zunächst um die Opfer und die Überlebenden. Dann begann man im April 1996 mit einem vierwöchigen Turnus von Anhörungen in den vier Städten, die die regionalen Büros der Kommission beheimateten. Ein baldiges Problem war der religiöse Unterton der Anhörungen. Boraine schlug vor, dass Tutu davon absehen sollte, seine lange purpurne Soutane zu tragen und die Kommissare von Johannesburg baten ihn, die Anhörungen eher mit einer Schweigeminute als mit einem Gebet zu beginnen. In einem Land, in dem vier von fünf Menschen ihr Festhalten am Glauben proklamierten – und drei von vier am christlichen Glauben –, wähnte sich Tutu auf sicherem Untergrund und wies Boraines Vorschlag zurück. Er sagte Boraine, dass Mandela, der ihn angestellt hatte, wisse, dass er ein Erzbischof sei. Er wurde von einem hinduistischen Kommissar unterstützt. Er versuchte der Bitte aus Johannesburg nachzukommen, doch das Gebet war derart fest in seinem Leben verankert – zum Beispiel betete er zu Beginn jedes Treffens und jeden Tag vor seiner ersten Autofahrt –, so dass er den Versuch aufgab. Nachdem er bei der Eröffnung der ersten Anhörung der Region einen Moment lang unbehaglich auf seinem Stuhl herumgerutscht war, überstimmte er seine Kollegen und bestand darauf, ein Gebet sprechen zu dürfen. Die Kommissionsversammlungen pausierten für ein Gebet am Mittag und die Kommissare zogen sich zwei Mal gemeinsam zurück.

Seit der ersten Anhörung in East London benutzte Tutu das Hilfsmittel, dass Mandela ihm anvertraut hatte und verwendete es für seine Zwecke. Er wählte Zeugen aus, die die Vergebung begrüßten und machte ihre Geschichten zu seinem Leitfaden. Babalwa Mhlauli war die Tochter eines Mannes, der von der Polizei entführt und getötet worden war. Eine Hand war ihm abgeschlagen und in einem Glas auf dem Schreibtisch eines leitenden Beamten aufbewahrt worden. Tutu lobte sie, als sie der Kommission sagte: »Ich würde gerne wissen, wer meinen Vater getötet hat. Wir möchten vergeben, aber ich meine, wir wissen nicht, wem wir vergeben [sollen].« Die Aussage von Beth Savage beschrieb er als »außergewöhnlich«. Sie war das Opfer eines Anschlags durch den PAC auf einen Golfklub, wo eine Weinprobe abgehalten wurde. Noch immer trug sie derartig viele Granatsplitter in ihrem Körper, dass sie die Metalldetektoren auf Flughäfen zum Ausschlag brachte. Nichtsdestotrotz war sie bereit zu sagen: »Ich würde gerne diesen Mann unter dem Standpunkt der Vergebung treffen, der diese Granate geworfen hat und hoffe, dass auch er mir vergeben kann, aus welchen Gründen auch immer.« Tutu hob die bescheidenen Ansprüche der Angehörigen der »Verschwundenen« hervor, deren Hauptbeschäftigung es war – so wie die vieler New Yorker nach dem 11. September –, einzelne Überreste zu finden, selbst einzelnen Knochen, um sie dann zu begraben. Als er die Anhörungen resümierte, lobte er die Fähigkeit der Opfer, »großmütig zu sein [und] sich der verschlingenden Verbitterung und dem Hass zu verweigern«.

Zur selben Zeit reichte Tutu denjenigen ermutigend die Hand, die zur Apartheid gezwungen worden waren oder von ihr profitiert hatten und bot ihnen an, sich an dem Prozess zu beteiligen. Er versicherte den Weißen, dass die Kommission unparteiisch sei und verwies darauf, dass auch die Geschichten der Opfer des bewaffneten Kampfes der Befreiungsbewegungen eine Rolle spielten.

Während einer Anhörung in Bloemfontein, der Hauptstadt des Oranje-Freistaats, pilgerte er zu dem nahegelegenen Denkmal für die afrikaandischen Frauen und Kinder, die während des anglo-burischen Kriegs von 1899 bis 1902 in britischen Konzentrationslagern gestorben waren. Am darauffolgenden Tag veröffentlichten afrikaandische Zeitungen ein Foto von ihm in seiner Soutane, wie er vor einer Statue von zwei Frauen und einem sterbenden Kind stand und den Kopf im Gebet senkte. Er nutzte den Besuch, um für die Unterstützung der Wahrheits- und Versöhnungskommission zu werben. Die Altlast der Verbitterung zwischen Afrikaans- und Englisch-sprechenden Südafrikanern, die die Lager hinterlassen hatten, sagte er, habe vermieden werden können, wenn es schon ein Jahrhundert zuvor einen ähnlichen Prozess gegeben hätte.

Tutu investierte beträchtliche emotionale Energie in die Anhörungen. Bei einem Anlass in der Eröffnungsrunde wurde Singqokwane Malgas, ein Folteropfer gehobenen Alters, von seinen Gefühlen übermannt, als er den »Helikopter« beschrieb – eine Prozedur, bei der er mit zusammengefesselten Händen und Füßen kopfüber aufgehängt und im Kreis gedreht worden war. Tutu ließ seinen Kopf auf den Tisch vor sich fallen, begann unkontrolliert zu weinen und unterbrach die Anhörung. Danach konnte man sehen, wie er auf seine Lippen oder seine Finger biss, wenn seine Emotionen auszubrechen drohten.

Nach der Hälfte der vom Gesetz ursprünglich festgesetzten, achtmonatigen Bestandszeit der Wahrheits- und Versöhnungskommission, begannen sich die Kommissare zu sorgen, dass der Prozess nicht voranschreiten würde. Die Opfer und Überlebenden hatten sechs Monate lang ihren Schmerz öffentlich dargelegt – ohne augenscheinliche Ergebnisse. In Bezug auf die Tränen, die geflossen waren, sprachen die Weißen von einer »Taschentuch-Kommission«. Die Rassisten tuschelten in ihren Klubs, Bars und Häusern, dass die Schwarzen selbstverständlich zu Übertreibungen neigten. Die Kommission setzte große Hoffnungen in die Untersuchungseinheit, doch es wurde schnell ersichtlich, dass eine Mitarbeiterschaft von fünf oder sechs Detektivteams im Rahmen von zwei Jahren kaum jedes große Verbrechen der 34-jährigen Periode des Kommissionsmandats aufdecken konnte. Die Kommission benötigte dringend Anträge auf Amnestie.

Die Theorie hinter der Amnestie war, dass eine Annäherung mit »Zuckerbrot und Peitsche« die Meldebereitschaft erhöhen würde: Zuckerbrot als Angebot der Vergebung im Austausch mit der Wahrheit und Peitsche als Angst vor strafrechtlicher Verfolgung. Doch die Annahmefrist für Anträge näherte sich schon dem Ende und es gab nur Hinweise auf Polizisten, die vorsichtig ihre Möglichkeiten austesteten. Da rief ein Anwalt aus Pretoria, der fünf Mitglieder der Sicherheitsabteilung vertrat, Max du Preez an, einen kämpferischen Zeitungsjournalisten, der die Todesschwadronen der Polizei aufgedeckt hatte, die von der Farm Vlakplaas aus befehligt worden waren und der nun das Fernsehteam über die Kommission berichten ließ. Der Anwalt fragte du Preez, wie er und ein Kollege in Kontakt mit Tutu kommen konnten. Du Preez gab ihm eine Nummer von Tutus Mitarbeitern in Kapstadt und gemeinsam mit einer kleinen Kommissionsdelegation wurde ein Treffen vereinbart. Bei dem Treffen beruhigte Tutu die Anwälte, indem er auf Afrikaans betete und sie willkommen hieß. Sie erklärten, dass ihre Mandanten in Erwägung zögen, Amnestie zu beantragen, seien jedoch nervös und wollten zunächst ein Informationsgespräch. Als Beleg für ihren guten Willen würden die Polizisten eine Liste von Vorfällen bereitstellen, in die sie involviert gewesen seien. Die Liste traf ein und die Kommission entschied sich schnell für ein weiteres Treffen.

Etwa zwei Wochen später trafen die Anwälte und vier ihrer fünf Mandanten Tutu und eine Delegation in den Büroräumen der Wahrheits- und Versöhnungskommission in Johannesburg. Der ranghöchste Offizier war ein Brigadier namens Jan Hattingh Cronje, ein ehemaliger Kommandant von Vlakplaas und später der Nord Transvaal Sicherheitspolizei. Er und seine Männer hatten so viele Menschen ermordet, dass sie sich an die genaue Zahl schon nicht mehr erinnern konnten, doch durch ihre Liste war klar, dass sie viel Blut an den Händen hatten. Yasmin Sooka, die stellvertretende Vorsitzende des Menschenrechtsverletzungskomitees, zierte sich davor, sie zu treffen. »Wir können mit diesen Mistkerlen nicht umgehen«, sagte sie Tutu. Er erwiderte, dass, wenn sie der Kommission angehören wolle, sie keine andere Wahl habe. In einem Interview erinnerte sie sich später, wie sie die Polizisten begrüßt hatte: »Es war die schlimmste Erfahrung, denn wir gingen im Raum umher und gaben uns die Hände. Ich erinnere mich, wie ich auf die Toilette ging und auf meine Hand sah und sie wieder und wieder wusch.« Die Anwälte baten darum, ihre Mandanten in ein Zeugenschutzprogramm aufzunehmen und diskutierten die Frage von legaler Hilfe. Tutu interessierte sich mehr für das Grundlegende. »Er erklärte, worum es bei dem Amnestie-Prozess eigentlich ging«, erinnerte sich Sooka, »und dass die große Motivation nicht Rache sei, sondern eher die Heilung der Nation. Ich denke, was die Heilung betraf, schlug er einen härteren Ton bei ihnen an, denn offensichtlich war dies die Rückversicherung, nach der sie sich sehnten. Man bekam den Eindruck von gebrochenen Männern.«

Das Treffen war ein Wendepunkt für die Kommission. Es zeigte, dass die »Zuckerbrot und Peitsche«-Taktik zu funktionieren begann. Bald erfuhr die Kommission, dass der Generalstaatsanwalt von Transvaal schon geplant hatte, Cronje und seine Männer festnehmen zu lassen. Tutu übte abermals Druck auf die Richter des Amnestie-Komitees aus – dieses Mal, um für die Antragsteller eine Anhörung zu erwirken. Johannes van der Merwe, das ehemalige Oberhaupt der Sicherheitspolizei und nationaler Polizeikommissar, erregte gewaltiges Aufsehen in der Öffentlichkeit, als er sich dazu bereiterklärte, die moralische Verantwortung für das Handeln seiner Männer zu übernehmen – und seine Beteiligung an dem Bombenanschlag auf das Khotso House und der Manipulation der Handgranaten, die an die Aktivisten am East Rand vergeben worden waren, gestand. In einer Reihe von Anhörungen in den folgenden fünf Jahren beantragten 30 Mitglieder der Nord Transvaal Sicherheitsabteilung Amnestie für Dutzende von Verbrechen, die zwischen 1981 und 1990 begangen worden waren. Darunter waren 45 Tötungsdelikte, 22 Entführungen, 16 Bombenanschläge oder Brandstiftungen auf Privathäuser, 12 Vorfälle von

Folter oder ernsthafter Körperverletzung und der Mordversuch auf Smangaliso Mkhatshwa von der katholischen Bischofskonferenz. Als weitere Polizisten erfuhren, dass der Generalstaatsanwalt von Transvaal Anklagen vorbereitete, verdichtete sich das Rinnsal der Amnestie-Anträge zu einem regelrechten Strom. Von insgesamt 293 Anträgen von Mitgliedern der Sicherheitskräfte der ehemaligen Regierung kamen allein 229 von der Sicherheitspolizei.

Um den Charakter der Enthüllungen darzustellen, wählte Tutu Beispiele aus – so wie er es auch bei den Zeugenaussagen der Opfer getan hatte –, auf die er des Öfteren zurückgriff. Am häufigsten zitierte er die Aussage von Dirk Coetzee, einem anderen ehemaligen Oberhaupt von Vlakplaas. Darin ging es darum, wie die Polizei für gewöhnlich Häftlinge in den Busch brachte, sie ermordete und ihre Leichen beseitigte. Coetzee sagte bei einer Amnestie-Anhörung in Durban im November 1996:

> »Sizwe Kondile [einem Studentenaktivisten] wurden K.O.-Tropfen in einem Getränk verabreicht, während wir selbst auch dasaßen und Getränke zu uns nahmen – wir machten uns ein Bier oder irgendein anderes Getränk auf. Schließlich kippte er nach hinten um und blieb auf seinem Rücken liegen und dann sagte Oberst Nic van Rensburg oder der Major Flemington: ›Also Leute, dann lasst uns mal mit der Arbeit weitermachen.‹ In der Zwischenzeit brachten zwei junge Offiziere derbes Buschholz – große Stümpfe davon und Reifen – und einer nahm eine Makarov-Pistole mit einem Schalldämpfer und während Herr Kondile auf dem Rücken lag, schoss er ihm mitten in den Kopf. Er zuckte kurz und das war es dann. Die vier jungen Offiziere – sie waren noch keine Kommissare – ergriffen jeweils eine Hand und einen Fuß, legten ihn auf den Scheiterhaufen aus Reifen und Holz, übergossen ihn mit Benzin und zündeten ihn an. Während das geschah, tranken wir und grillten sogar über dem Feuer. Das erzähle ich jetzt nicht, um unseren Mut zu zeigen. Ich erzähle es der Kommission, um unsere Gefühlskälte zu zeigen und wozu wir zu dieser Zeit bereit waren. Und eine Leiche benötigt sieben Stunden, um vollständig zu Asche zu verbrennen und die Fleischstücke, besonders das Gesäß

> und der obere Teil der Beine mussten in der Nacht mehrmals gewendet werden, um sicherzustellen, dass alles zu Asche verbrannte.«

Tutu bestand resolut darauf, dass diejenigen, die für solche Gräueltaten verantwortlich waren, keinen Freispruch zu erwarten hatten: »In der Tat waren diese Menschen ungeheuerlicher, fast diabolischer Taten schuldig, [doch] das machte sie nicht zu Monstern oder Dämonen. Dies zu behaupten würde bedeuten, dass sie für ihre hinterhältigen Taten nicht zur Verantwortung gezogen werden könnten. Monster haben keine moralische Verantwortung.«

Als sich die Beweise für Gräueltaten häuften, richtete die Kommission ihre Aufmerksamkeit auf die Oberhäupter, unter deren Obhut sie geschehen waren. Desmond Tutu war dabei behilflich, drei besondere Oberhäupter zu einer Aussage zu bewegen: zwei ehemalige Staatsoberhäupter aus der Apartheid-Regierung und – aus der Befreiungsbewegung – die Frau, die die Leute die »Mutter der Nation« nannten. Er tat dies nicht als ein leidenschaftsloser Richter, der aus heiterem Himmel Recht über Menschen spricht, die er noch niemals zuvor getroffen hatte. Er war eher ein emotionaler, engagierter Anwalt, der sich mit Leuten beschäftigte, die er schon gut kannte und war gewillt, sich förmlich ein Bein auszureißen, um sie davon zu überzeugen, Geständnisse abzulegen, bei denen sie die Vergebung annehmen konnten, die ihnen angeboten wurde.

Tutu meldete sich bei P. W. Botha zum ersten Mal seit ihrer Konfrontation im Jahre 1988 im Tuynhuys, nachdem der ehemalige Polizeikommissar van der Merwe dem Amnestie-Komitee im Oktober 1996 gesagt hatte, dass der Bombenanschlag auf das Khotso House auf Bothas Befehl hin erfolgt sei. Die Kommission hätte leicht eine Vorladung anfertigen können, um Botha zu einer Vernehmung nach Kapstadt zu bestellen. Da er befürchtete, dass man Bothas Unterstützer gegen sich aufbringen könnte und da er Rücksicht auf Bothas Alter – 80 – und seinen schlechten gesundheitlichen Zustand nahm, akzeptierte Tutu bereitwillig den Vorschlag von Boraine, den ehemaligen Präsidenten in seinem Ruhesitz in der Nähe des Ortes George an der südlichen Kapküste zu besuchen.

Im Gegensatz zu ihrem letzten Treffen führten sie eine vernünftige zweistündige Diskussion bei Tee und Melktert (»Milchkuchen«, eine afrikaandische Spezialität). Botha weigerte sich, irgendetwas zu tun, das von ihm erfordert hätte, Amnestie zu beantragen. Er sagte, dass die Anschuldigungen bezüglich des Khotso House falsch seien und auch dass der Bombenanschlag nicht in die Definition einer schwer wiegenden Menschenrechtsverletzung falle. (Wie später ersichtlich wurde, begründete er dies damit, dass niemand verletzt worden sei.) Trotzdem willigte er ein, Antworten in geschriebener Form auf die Fragen der Kommission bereitzustellen und riet Tutu, jeweils mit seinem Polizei- und seinem Verteidigungsminister Adriaan Vlok und Magnus Malan zu sprechen. Einige Monate später – die Kommission wartete noch auf Bothas Antworten – starb seine Frau. Tutu kehrte nach George zurück, um der Beerdigung beizuwohnen und veranlasste einen schwarzen Radiojournalisten dazu, ihn zu fragen, was er dort tat.

Tutu reiste zum Haus von P. W. Bothas Tochter, um den früheren Präsidenten davon zu überzeugen, sich der »Truth and Reconciliation Commission« zu stellen.

Während die Kommission bis spät in das Jahr 1997 hinein auf Bothas Antwort wartete, kamen nach der Untersuchung der Aufzeichnungen seines Staatssicherheitsrats weitere Fragen auf. Das Menschenrechtsverletzungskomitee entschied sich, ihn vorzuladen. Botha ließ sich krankschreiben und wurde entschuldigt. Die Kommission legte einen neuen Termin fest und sagte, sie sei bereit, die Anhörung in George abzuhalten. Noch immer lehnte Botha seine Teilnahme ab. »Ich erscheine nicht im Zirkus«, sagte er. Nelson Mandela bot an, Botha zu der Kommission zu begleiten, jedoch ohne Erfolg. Acht Jahre nachdem er als Präsident zurückgetreten war, wurde Botha zu einem schwarzen Amtsrichter in einen kleinen, spärlich eingerichteten Gerichtssaal in seinem Heimatort bestellt, um dafür angeklagt zu werden, dass er die Vorladung missachtet hatte. Vor der Gerichtsverhandlung versuchten Bothas Anwälte, einen Kompromiss auszuhandeln. Tutu und Boraine willigten ein, eine geschlossene, persönliche Kommissionsanhörung abzuhalten, bei der Boraine – er war ein alter Widersacher Bothas im Parlament – fernbleiben würde. Die Verhandlungen wurden bis zu dem Morgen weitergeführt, an dem Botha erscheinen musste und Tutu traf ihn persönlich bei einem letzten Versuch, eine Einigung zu erwirken. Botha sagte, er würde nur mit Tutu und Mandela sprechen und nicht mit der Kommission, die versuche, ihn und die Afrikaander zu demütigen.

In der folgenden Gerichtsverhandlung wurde Botha gezwungen, Eugene de Kock anzuhören, einen anderen ehemaligen Vlakplaas-Kommandanten, den die Presse »Prime Evil« (den großen Bösen) nannte. De Kock wurde aus seiner Gefängniszelle geholt, wo er zwei lebenslängliche und eine zusätzliche 212-jährige Haftstrafe verbüßte, um zu beschreiben, wie er den Anschlag auf das Khotso House verübt habe. Er beschuldigte Botha und andere Oberhäupter der Nationalpartei, ihre Männer im Stich gelassen zu haben: »Sie wollen Lamm essen, doch sie wollen das Blut und die Eingeweide nicht sehen«, sagte er. »Sie sind Feiglinge.« Paul van Zyl, der Vorstandssekretär der Wahrheits- und Versöhnungskommission, erbrachte Beweise, dass Aufzeichnungen der Versammlungen des Staatssicherheitsrats Worte wie »eliminieren« und »neutralisieren« beinhalteten, wenn es um seine Widersacher ging. »Es ist ziemlich klar, dass das Wort ›eliminieren‹ ›töten‹ bedeutet«, sagte van Zyl. Um die Tatsache zu beweisen, dass Menschen verletzt worden waren, die gegenüber dem Khotso House gewohnt hatten, wurde Peter Storey – der nun in Ohio unterrichtete, nachdem er eine Zeit lang als methodistischer Bischof gearbeitet hatte – zurück in die Heimat geflogen, um die Auswirkungen des Anschlags zu beschreiben. Sein kirchliches Apartmenthaus habe er in einem Zustand »vollkommener Verwüstung« vorgefunden, sagte er – mit Rentnern und geistig behinderten Menschen in einem verwirrten Zustand. Ihre Arme und Gesichter seien aufgeschnitten gewesen und in den Wänden über ihren Betten hätten Metallsplitter gesteckt.

Tutu leitete seine Aussage ein, indem er sein Widerstreben zum Ausdruck brachte, als Zeuge vernommen zu werden: »Ich habe versucht, Herrn Botha meine Hand zu reichen«, sagte er dem Gericht. »Gott hat mich nicht dazu ausersehen, ein Pastor für die schwarzen Menschen zu sein. Gott hat mich dazu ausersehen, ein Pastor für seine Kinder zu sein. Herr Botha ist mein Bruder, denn dies ist die Auslegung meines Glaubens und meiner Taufe. Er ist ein Mitglied meiner Familie und Gott wird mich fragen: ›Was hast du getan, um dabei zu helfen, mein Kind zu erlösen?‹« Nach einem langen Kreuzverhör durch Bothas Anwälte bat Tutu den Amtsrichter um Erlaubnis, einen letzten Appell zu machen:

> »Euer Ehren, ich glaube, dass wir noch immer eine Möglichkeit haben. Obwohl dies ein Gerichtshof ist und ohne Hinweise, dass der Angeklagte jeglicher Verstöße schuldig ist, spreche ich im Namen der Menschen, die schlimm gelitten haben – als ein Resultat der Politik, die die Regierungen betrieben haben, inklusive der Regierung, die er geführt hat. Ich möchte ihn auffordern. Ich möchte ihn auffordern, seine Chance wahrzunehmen, zu sagen, dass er selbst das Leid nicht beabsichtigt [haben] mochte. Er nicht die Befehle gegeben, irgendetwas autorisiert hat. Ich sage nur, dass die Regierung, die er geführt hat, bei vielen unserer Leute tiefe, tiefe Angst und Schmerz und Leid verursacht hat. Unsere Leute wollen Teil dieses Landes sein und Teil der Versöhnung.

> Wenn Herr Botha doch nur sagen würde: Es tut mir leid, dass meine Regierungspolitik euch Schmerzen bereitet hat. Nur das. Kann er sich dazu aufrappeln zu sagen: Es tut mir leid, dass meine Regierungspolitik euch Schmerzen bereitet hat? Das wäre eine große Sache und ich fordere ihn dazu auf.«

Botha antwortete nicht. Da er der Vorladung nicht nachgekommen war, musste er ein Bußgeld zahlen und wurde zu einer 12-monatigen Gefängnisstrafe verurteilt. Diese wurde jedoch wieder aufgehoben, da er den Verstoß nicht wiederholt hatte. Er legte formell Berufung ein und wurde freigesprochen: Das Gesetz – es war geändert worden, um die Lebenszeit der Kommission zu verlängern – hatte die Vorladung an dem Tag, an dem sie unterzeichnet wurde, nicht autorisiert. In ihrem Hauptbericht, der 1998 verfasst wurde, nannte die Kommission Botha »den Mann, der den Staat in die Sphäre der Kriminaltät geführt hat«. Sie machte ihn verantwortlich für vorsätzliche ungesetzliche Tötungsdelikte, für die versuchte Tötung von Menschen, die gegen die Regierung opponiert hatten, für die verbreitete Anwendung von Folter und anderen Formen ernsthafter Misshandlung, für die gewaltsame Entführung von Menschen, die in Nachbarstaaten gelebt hatten und für Akte von Brandstiftung und Sabotage.

Die Konfrontation im Jahre 1997 zwischen der Wahrheits- und Versöhnungskommission und Winnie Madikizela Mandela – nun die Ex-Frau Nelson Mandelas – hatte ihren Ursprung in Ereignissen, die geschehen waren, nachdem sie 1986 nach Soweto zurückgekehrt war. Zuvor hatte sie unter Regierungszwang in der Stadt Brandfort im Oranje-Freistaat gelebt. Madikizela Mandela war trotz der Drangsalierung durch die Polizei, Einschränkungsbestimmungen, Festnahmen, Folter und Gefängnishaft – Dinge, unter denen sie seit ihrer Heirat im Jahre 1958 fast regelmäßig zu leiden hatte – herausfordernd unverblümt und wurde zu einer Ansprechperson für junge Menschen, die nach Schutz und Hilfe suchten. Einige bezogen Zimmer auf der Rückseite ihres Hauses, das um die Ecke von dem Haus der Tutus in Orlando West lag. Als sie den Mandela United Football Club gründeten, half sie ihnen,

Trikots in den Farben des ANC zu kaufen. In der Mitte des Jahres 1988 kam es wegen der Nutzung eines Fußballfeldes zu einem Streit zwischen Klubmitgliedern und Schülern einer Schule in Soweto und zu Übergriffen auf Mädchen. Es kam das Gerücht auf, dass der Klub die Nachbarschaft terrorisiere. Das Ausmaß der Ausgrenzung Madikizela Mandelas von ihrer Gemeinschaft wurde im Juli 1988 deutlich, als Schüler ihr Haus niederbrannten und Besitztümer zerstörten, die Familienaufzeichnungen und Fotos umfassten. Desmond und Leah Tutu, die gerade die alle zehn Jahre stattfindende Lambeth-Konferenz der anglikanischen Bischöfe in England besuchten, waren fassungslos – es sei unvorstellbar, dass Einwohner Sowetos das Haus von Nelson Mandela ansteckten. Die Nachrichten verschlimmerten sich. Da die Feuerwehr von Soweto so unzuverlässig war, eilten bei Ausbruch eines Feuers für gewöhnlich die Nachbarn zu Hilfe. Trevor Tutu, der auch in der Nähe der Mandelas lebte, berichtete seinen Eltern, dass niemand auch nur einen Finger krumm gemacht habe, als das Haus der Mandelas brannte.

Madikizela Mandela und ihre »Jungen« zogen in ein anderes Haus im Diepkloof-Neubaugebiet in Soweto. Zurück in Südafrika nutzte Tutu die Gelegenheit eines Besuchs in Orlando West und versuchte mit ihr über den Fußballklub zu reden. Sie wollte ihn nicht sehen, da sie für Examen zu lernen habe. Später stellte sich heraus, dass sie und ihre Verbündeten in dem Zeitraum zwischen August 1988 und Februar 1989 direkt und indirekt in Überfälle, Entführungen und vorsätzliche Morde involviert gewesen waren, unter denen mindestens ein Dutzend Menschen zu leiden hatten. Den Gipfel bildeten die Entführung von vier Jugendlichen aus einem methodistischen Pfarrhaus in Orlando West und die Ermordung des 14 Jahre alten Moeketsie »Stompie« (»Kleiner«) Seipei im Januar 1989. Aus seiner Gefängniszelle ordnete Nelson Mandela die Auflösung des Fußballklubs an. Gemeinschaftliche und religiöse Oberhäupter gründeten ein Krisenkomitee, um diese Terrorherrschaft zu beenden. Als Madikizela Mandela ihre Einmischung ablehnte, äußerten die Mass Democratic Movement und die exilierte Anführerriege des ANC Kommentare, die sie als Verräterin brandmarkten, die sich nicht an die Strukturen der Befreiungsbewegung halte und sie distanzierten sich von ihr. Zwei Jahre später stellte sich Nelson Mandela, nachdem er aus der Haft entlassen worden war, auf die Seite seiner Frau, als sie angeklagt und wegen Entführung verurteilt wurde. Im Jahre 1992 bekamen sie Eheprobleme. Zeitungen berichteten über Madikizelas angebliche Seitensprünge und ihr launisches Verhalten. Tutu nahm seine üblichen seelsorgerischen Aufgaben wahr und wartete nicht erst auf eine Einladung. Er rief Nelson und Winnie Mandela an und arrangierte Treffen mit ihnen während seines nächsten Aufenthalts in Johannesburg. Er erfuhr niemals, inwieweit sich diese Treffen auf die Beziehung ausgewirkt hatten. Im Jahre 1996 ließen sich die Mandelas scheiden.

Die Anhörung vor der Wahrheits- und Versöhnungskommission, zu der Madikizela Mandela Ende 1997 vorgeladen wurde, war für die schwarzen Südafrikaner traumatisch. Drei Jahre nach der Befreiung war sie die Eva Perón für Südafrikas Arme und Verdrängte – verehrt in den Hüttensiedlungen, wo die Menschen noch immer im Elend lebten. Als sich ihr Ex-Mann auf seinen Ruhestand vorbereitete und die Macht an Thabo Mbeki übergab, waren ihre Unterstützer bestrebt, sie zu der stellvertretenden Präsidentin des ANC und somit zu Mbekis direkter Nachfolgerin wählen zu lassen. Im Großteil des Landes wurde die Wahrheit über den Fußballklub totgeschwiegen. In Orlando West und im Diepkloof-Neubaugebiet erzählte man sich die ältere Version der Geschichte, doch die verbreiteteren Geschichten handelten von einem Netz aus Lügen, einem »Trick der Buren«. (Es gäbe in der Tat Hinweise darauf, dass der Klub von Informanten durchsetzt gewesen sei und dass die Polizei die Geschehnisse absichtlich mit einem blinden Auge betrachtet habe.) Wenn man die Dinge auf diese Weise betrachtete, schien es eindeutig, dass Madikizela Mandela von einem weißen Richter in einem weißen Gericht verurteilt wurde.

Es wäre blanke Heuchelei gewesen, hätte Tutu bei den Anhörungen vorgegeben, ein desinteressierter Beobachter dessen zu sein, was in seiner Gemeinschaft vor sich ging und er machte nicht den Versuch, dies zu tun. Ebenso, wie er zu Beginn seine übliche

Runde drehte, bei der er die Opfer und die prominenten Besucher begrüßte, umarmte er Madikizela Mandela. Dann hielt er neun turbulente Tage lang – acht Tage länger, als jedes der Apartheid-Oberhäupter vor der Kommission hatte aussagen müssen – den Vorsitz und trug zu Madikitelas öffentlicher Demütigung und Blamage bei. Er führte die Verhandlung mit eiserner Hand. Er machte schneidende Bemerkungen über die weißen liberalen Anwälte, die die afrikanischen Namen ihrer Mandanten nicht korrekt aussprechen konnten. Wie vielleicht nur er es hatte tun können, wies er widerspenstige Zuschauer zurecht, deren Verhalten die Zeugen verschreckte. Verängstigte Jugendliche, kriminelle Rowdys, wankelmütige Komplizen, klagende wütende Eltern, Zeit herausschindende schuldbewusste gemeinschaftliche Führungspersonen, moralisch couragierte politische Oberhäupter und mutige methodistische Pfarrer erschienen, einer nach dem anderen, vor der Kommission und waren dabei behilflich, die schmutzige Geschichte ans Licht zu bringen, die sich in Madikizelas Hinterhof abgespielt hatte. Sie berichteten von Schlägen, von Folter; vom Gießen von Batteriesäure in offene Wunden, davon, wie man Stompie Seipei wie einen Ball herumgetreten und wie eine Ziege abgeschlachtet habe: Man habe ihm mit einer Gartenschere in den Hals gestochen.

Peter Storey, einer derjenigen, die versucht hatten, die Freilassung von Entführungsopfern auszuhandeln, wurde aus Amerika herbeordert, um auch in dem Fall auszusagen. Er bezog sich teilweise auf seine Predigt, die er bei Stompies Beerdigung gehalten hatte und fand so Worte über die Auswirkungen des Todes des Kindes, nach denen viele gesucht hatten:

> »Dies hat die tieferen versteckten Wunden aufgedeckt, die diese Jahre in der Seele der Menschen hinterlassen haben: den Verfall des Gewissens, die Entwertung des menschlichen Lebens, die Verschleierung der Wahrheit, die rücksichtslose Flucht in die Gewalt. Und ich denke, dass ein Teil der schmerzhaften Enthüllungen, die es bei diesen Anhörungen gegeben hat, [jener ist], dass das Hauptgeschwür die Unterdrückung der Apartheid sein mag,

> und war, und immer sein wird. Doch die zweite Infektion hat viele Gegenspieler der Apartheid befallen und ihr Wissen über Gut und Böse vernichtet. Eine der Tragödien des Lebens, Herr, ist es, [dass] es möglich ist, das zu werden, was wir am meisten hassen und ich habe das Gefühl, dass dieses Drama ein Beispiel dafür ist.«

Am neunten Tag der Anhörung, bekam Madikizela Mandela die Möglichkeit, eine Rückantwort zu geben. Ihre Aussage wurde live im Fernsehen übertragen. In einer wütenden Auseinandersetzung mit einer Phalanx von Anwälten, die die Zeugen und die Kommission vertraten, äußerte sie etwas, was Lynne Duke, eine Reporterin der *Washington Post*, später als eine außergewöhnliche Kette von Dementi beschrieb: »Winnie sah nichts Böses, hörte nichts Böses, tat nichts Böses, erwartete nichts Böses, selbst wenn Menschen auf ihrem Grundstück halb tot geschlagen worden waren. Das Schauspiel war erschreckend.« Es gab kein Anzeichen von Reue und noch weniger von Bedauern. Später am Tag entschied sich Tutu vor der Vertagung der Sitzung ein Wagnis einzugehen. Er sagte der Anhörung – und dem Land, da die Fernsehsender die spätnachmittäglichen Seifenopern zu Gunsten der Liveübertragung verschoben hatten – von dem Verhältnis der Familien Tutu und Mandela, von Madikizelas herausragender Beteiligung am Befreiungskampf und davon, wie sie 1988 ein Treffen mit ihm abgelehnt habe. Er griff das Urteil der Kommission um ein Jahr vorweg, indem er sagte: »Etwas ist schief gelaufen, furchtbar, schrecklich schief. Was, das weiß ich nicht.« Schließlich ließ er die Würfel fallen:

> »Es gibt Menschen da draußen, die sie umarmen möchten. Ich umarme sie noch immer, weil ich sie mag und ich habe sie sehr gern. Es gibt viele da draußen, die das gewollt hätten, wenn es ihnen möglich gewesen wäre, sich aufzuraffen [und] zu sagen, dass etwas schief gelaufen ist. Sagen sie: ›Es tut mir leid. Ich entschuldige mich für mein Zutun an dem, was schief gelaufen ist.‹ Ich bitte sie, ich bitte sie, ich bitte sie, bitte. Ich habe überhaupt

> keine Ahnung, was hier geschehen ist. Ich spreche als jemand, der in dieser Gemeinschaft gelebt hat. Sie sind eine großartige Person und sie wissen nicht, wie sich ihre Großartigkeit noch steigern würde, wenn sie sagen würden: ›Entschuldigung. Es sind Dinge schief gelaufen. Vergeben sie mir. Ich bitte sie.‹«

Mit diesem Kommentar war die Anhörung beendet. Über Tutus Kopf brach ein Sturm los – auf eine Weise, wie es niemals geschehen war, wenn er Apartheid-Oberhäupter gebeten hatte, sich zu entschuldigen. Er hatte seine Fürsprecher. Yasmin Sooka empfand diesen Moment als bedeutend; als einen der »großen Einschnitte« der Kommission. Die Poetin Antjie Krog schrieb in ihrem Buch *Country of my Skull* über die Kommission und bekundete ihren Jubel: Tutu habe eine Verbrecherin dazu gezwungen, vor seinem Moralkodex auf die Knie zu fallen. Doch solche Stimmen waren selten. Laut seiner Kritiker sei Tutu vor Madikizela Mandela auf dem Boden gekrochen und habe ihr die Möglichkeit gegeben, eine wertlose, unaufrichtige Geste zu machen: »Er hätte umsichtiger und gerechter sein müssen«, schrieb Alex Boraine. »Seine Umarmung und die Bekundung seiner Sympathie und seiner Bewunderung haben es der Kommission offen gelassen, ein Urteil zu fällen.« Carmel Rickard, die führende Justizberichterstatterin des Landes spiegelte das Unbehagen der gerichtlichen Führungsschicht mit Tutus Doppelrolle als Seelsorger und quasi-gerichtlicher Funktionär. Seine »legendären Fähigkeiten« seien untergegangen, sagte sie. »Warum hat sich der Vorsitzende der Kommission vor ihr [Madikizela Mandela] selbst erniedrigt, um von ihr eine Geste des Bedauerns zu erlangen, wenn sie [schon] ziemlich deutlich gemacht hat, dass sie nichts Böses getan habe?«

Tutu – wie immer unter Beschuss – zeigte keine Reue. Er wiederholte seine Reaktion auf de Klerks vier Jahre zurückliegende Entschuldigung für die Apartheid und sagte: »Ich bin nicht sicher, ob wir das Recht haben, etwas zu verspotten, selbst wenn es [nur] wie ein halbherziges Ersuchen um Vergebung erscheint. Es ist niemals einfach zu sagen: ›Es tut mir leid.‹ Der Prophet Jesaja spricht von dem Diener Gottes, der sanftmütig ist und der keine zuckende

Flamme ausbläst.« Das bedeutete nicht, dass er vor der Wahrheit zurückschreckte. Im darauffolgenden Jahr unterzeichnete er das Urteil der Kommission über Madikizela Mandela. Darin stand, dass diejenigen, die gegen sie und den Fußballklub waren, als Informanten bezeichnet und getötet worden seien. Sie habe von den Aktivitäten der Klubmitglieder gewusst oder selbst daran teilgenommen. Oder sie waren von ihr in Auftrag gegeben oder bewilligt worden oder beides: »Des Weiteren ist sie politisch und moralisch verantwortlich für die schwer wiegenden Menschenrechtsverletzungen, die durch den Mandela United Football Club begangen wurden. Die Kommission befindet weiterhin, dass Frau Madikizela Mandela selbst verantwortlich für das Begehen solcher schwer wiegenden Menschenrechtsverletzungen war.«

Tutu schätzte F. W. de Klerk niemals auf die Weise, wie er Winnie Madikizela Mandela geschätzt hatte, jedoch hatte er höhere Erwartungen an ihn, als er jemals an P. W. Botha gehabt hatte – womöglich zu hohe. Während er in den frühen 90ern in der Bischofsresidenz arbeitete, hatte der Verfasser dieses Buches das Gefühl, dass Tutu hoffte, aus de Klerk würde ein Beyers Naude werden – einer von jenen Afrikaandern, die nicht so »gewandt und raffiniert« waren wie namhafte englischsprachige Apartheid-Gegner, von denen jedoch keine Halbherzigkeit zu erwarten war, wenn sie sich der Sache der Apartheid zuwandten. De Klerk war kein Beyers Naude – wenn er einer geworden wäre, hätte ihn seine Partei mit Sicherheit fallen lassen. Trotz seiner Enttäuschung über de Klerk nutzte Tutu 1992 sein Recht als Nobelpreisträger, den damaligen Präsidenten gemeinsam mit Nelson Mandela für den Friedensnobelpreis zu nominieren. »Diese beiden«, schrieb er dem norwegischen Nobelpreiskomitee, »haben und werden in der Angelegenheit der Außerkraftsetzung der Apartheid eine entscheidende Rolle spielen.« Das Komitee entschied sich in diesem Jahr für einen anderen Kandidaten, wandte sich jedoch 1993 mit ernsthafter Gesinnung wieder den Südafrikanern zu. De Klerk hatte kaum Chancen. Für die norwegischen Anti-Apartheid-Kräfte wirkte eine Verleihung an ihn ein bisschen wie einen Mann dafür zu belohnen, dass er aufgehört hatte, seine Frau zu schlagen. Das Komitee kam mit seiner Ankündigung eine Woche zu spät. Bevor dies geschah, machte Geir Lundestad, der Sekretär des Komitees, einen ungewöhnlichen Anruf bei Tutu. Seit Tutus Doppelnominierung waren mehr als 18 Monate vergangen. Lundestad fragte, was Tutu nun von seiner Nominierung halte. Tutu sicherte seine uneingeschränkte Unterstützung zu. Bei einem angespannten gemeinsamen Besuch in Oslo im Dezember erhielten de Klerk und Mandela den Preis.

Von Beginn an war de Klerk mit der Wahrheits- und Versöhnungskommission unzufrieden. Das Misslingen seiner Partei, umfassende Amnestie für alle zu gewinnen, erachtete er als seine möglicherweise größte Niederlage. Nach der Befreiung führte die Partei ein Wortgefecht mit dem ANC, um einen Rechtsvorstand zu bekommen, mit dem sie einverstanden war, doch de Klerk war bestürzt, als Mandela ihm die Liste der Kommissare präsentierte. Er hätte einen Vorstand bevorzugt, wie er in Chile eingerichtet worden war – in dem die alte und die neue Regierung ausgewogen repräsentiert wurden. Mandelas Sicht der Dinge war eine andere: Die Kommission würde die südafrikanische Gesellschaft auf breiter Fläche repräsentieren, mit der Ausnahme, dass sie lediglich zwei Mitglieder beinhalten würde, die die Apartheid deutlich unterstützt hatten – einer war ein politisch rechter Gegenspieler der Nationalpartei. De Klerk entschied, dass er mit Tutu leben könne – obwohl er durchaus parteiisch sei, habe er seine Eigenständigkeit bewiesen. Ernsthaftere Bedenken hatte er in Bezug auf Boraine, dessen vehemente Opposition gegen die Apartheid im weißen Parlament ihm bei den afrikaandischen Nationalisten den Ruf eines »Boerehater« (»Burenhasser«) eingebracht habe. In seiner Autobiografie schrieb de Klerk später über Boraine: »Hinter einem höflichen und trügerisch freundlichen Äußeren schlägt das Herz eines Fanatikers und Inquisitors.«

De Klerk trat das erste Mal vor die Wahrheits- und Versöhnungskommission noch vor den Amnestie-Anhörungen der Vlakplaas-Kommandanten Cronje und Coetzee und ihrer Männer. Er bemerkte, dass die Sicherheitskräfte, frustriert von ihrer Unfähigkeit, die Strategien der Revolutionäre zu durchschauen, »unkonventionelle Gegenstrategien« entwickelt hatten, die auf einer »etwas-herausfinden-Basis« geplant worden seien. Doch »meines Wissens und meiner Erfahrungen nach beinhalteten sie niemals die Autorisierung von Attentaten, Mord, Folter, Vergewaltigung, Körperverletzung oder ähnlichem«. Noch hatten er oder seine Kollegen jemals »direkt oder indirekt derartige Aktionen vorgeschlagen, angeordnet oder autorisiert«. Als er zum zweiten Mal aussagte, hatten die Geständnisse der Kommandanten der Sicherheitsabteilung und ihrer Untergeordneten das Gesamtbild schon verändert. In einer geschriebenen Aussage legte er dar, dass die überwältigende Mehrheit der Parteimitglieder von den Enthüllungen entsetzt gewesen sei, jedoch seien sie nicht bereit, die Verantwortung für »kriminelle Aktionen von einer Hand voll Funktionären« zu übernehmen. Bei einem mündlichen Vortrag wiederholte er seine Entschuldigung für die Apartheid aus dem Jahre 1993, fügte jedoch hinzu: »Es sind viele Dinge geschehen, die nicht autorisiert [und] nicht beabsichtigt worden waren und von denen wir nichts wussten. Die jüngsten Informationen über Gewalttaten finde ich ebenso schockierend und abscheulich, wie jeder andere.«

In diesem Punkt legte sich de Klerk fest. Unter einem intensiven Kreuzverhör wies er »mit jeder Faser meines Körpers« die Behauptung zurück, dass seine Regierung für systematische, staatlich gebilligte Gewalt eingestanden sei: »Es undenkbar – [in] meiner gesamten physischen [und] spirituellen Erlebniswelt – undenkbar, dass jemand aufgrund der [Bedrohung seiner Sicherheit] gleichgültig sagt, wir entlasten jeden, innerhalb des gesetzlichen Rahmens, von aller Moral und religiöser Verantwortung, als Christ zu agieren.« In Reaktion auf einen Kommentar von Tutu – die Misshandlungen könnten kaum Fehltritte gewesen sein, wenn sie derartig lange weiter erfolgt und derartig hochrangige Persönlichkeiten involviert gewesen seien – hinterfragte er die Aufrichtigkeit der Amnestie-Antragsteller, die gesagt hatten, ihr Handeln sei von oben herab autorisiert worden. Nachdem die Anhörung vertagt worden war, wollte Antjie Krog beobachtet haben, wie Tutu in seinen Stuhl gesunken sei – »seine Schultern belastet mit der Niederlage«. Er benötigte dringend ein weißes südafrikanisches Oberhaupt, das Stellung nehmen, seine Vergangenheit gänzlich eingestehen und einen Weg finden würde, Verantwortung dafür zu übernehmen, so dass sich das Land weiterentwickeln konnte.

Am nächsten Tag legte Tutu sein Gesicht betrübt in Falten, als ein Journalist ihn auf einer Nachrichtenkonferenz nach der Anhörung fragte. Er beruhigte sich und sagte, er habe auf staatsmännische Fähigkeiten gehofft. Er könne nicht nachvollziehen, wie de Klerk darauf bestehen konnte, dass er nichts über Gewalttaten gewusst habe. Er selbst wisse von überprüften Anschuldigungen, die belegten, dass die Sicherheitskräfte in das Boipatong-Massaker involviert gewesen seien. (Vermutlich meinte er Sebokeng.)

> »Es gab eine Lawine von Informationen. Ich finde es schwer zu verstehen, wie man ›Ich habe [davon] nichts gewusst‹ sagen kann. Ich muss sagen, dass ich dort saß und den Tränen nahe war. Er tut mir leid. Ich bin am Boden zerstört. [Er] entschuldigt sich leidenschaftlich und macht es dann zunichte. Alles, was erforderlich ist, ist zu sagen: ›Wir glauben an diese Politik, doch sie ist eine Politik, die all dieses Leid bewirkt hat. Sie ist eine Politik, die Menschen getötet hat – nicht durch einen Unfall, [sondern] vorsätzlich. Es war geplant.‹«

Später schrieb Tutu, dass, wenn er 1993 das gewusst hätte, was er fünf Jahre später erfuhr, er die Verleihung des Nobelpreises an de Klerk vehement abgelehnt hätte, der zu einem »kleinen Mann mit einem Mangel an Großherzigkeit und Generosität des Geistes« geworden sei.

Die Kommission war frustriert, da es ihr weder gelungen war, die Verantwortung für Menschenrechtsverletzungen de Klerk zuzuschreiben, noch ihn durch Tutus Bemühungen in die Suche eines weißen Oberhaupts zu involvieren, das Verantwortung für die Gewalttaten übernehmen würde. Dies spiegelte sich auch in der enttäuschenden Schwäche des Urteils über de Klerk. Auf der Grundlage, dass er versäumt habe, der Wahrheits- und Versöhnungskommission offenzulegen, dass ihm während seiner Präsidentschaft mitgeteilt worden war, dass P. W. Botha den Bombenanschlag auf das Khotso House autorisiert habe, befand ihn die

Kommission als einen Mithelfer von schwer wiegenden Menschenrechtsverletzungen. De Klerk kritisierte das Urteil. Die Kommission gab nach und in ihrem Hauptbericht, den sie 1998 veröffentlichte, fehlte die relevante Seite. Der vier Jahre später verfasste Abschlussbericht – er wurde fertiggestellt, nachdem das Amnestie-Komitee seine Arbeit beendet hatte – erbrachte ein mageres Urteil, das lediglich deutlich machte, dass de Klerk es versäumt habe, eine vollständige Enthüllung darzulegen und dass sein Kommentar, dass keiner seiner Kollegen die grausamen Gewalttaten autorisiert hätten, im Hinblick auf seine Kenntnisse »unvertretbar« sei.

Bei einigen von de Klerks Kollegen hatte die Kommission mehr oder weniger Erfolg. Adriaan Vlok bestritt die Autorisierung von Morden und Folter, räumte aber ein, dass einige Worte, die im Staatssicherheitsrat benutzt wurden – »eliminieren«, »neutralisieren«, »beseitigen«, »zerstören« – von den Polizisten hätten »missinterpretiert« werden können. Roelf Meyer, ein ehemaliger Polizeiminister, sagte mit später Nachsicht, dass strengere Schritte hätten unternommen werden müssen, um den Verstößen Einhalt zu gebieten. Die deutlichste Bereitschaft, Verantwortung zu übernehmen, zeigte Leon Wessels – ebenso ein ehemaliger stellvertretender Polizeiminister. Tutu war er aber besser als Parlamentsmitglied für Krugersdorp bekannt, der sich gegen die Zwangsumsiedlung von Munsieville ausgesprochen hatte und er war der erste Nationalist, der sich im Parlament für die Apartheid entschuldigt hatte. »Ich glaube nicht«, sagte Wessels der Kommission, »dass die politische Verteidigung ›Ich habe [von nichts] gewusst‹ auf mich zutrifft, denn in vielerlei Hinsicht, glaube ich, wollte ich [es] nicht wissen. Ich hatte meine Vermutungen, doch da ich keine Fakten hatte, um meine Vermutungen zu belegen oder weil ich nicht den Mut hatte, es in die Welt hinauszurufen, muss ich gestehen, dass ich lediglich in den Korridoren geflüstert habe.« Es gab keinen Aufschrei, als Tutu Meyer und Wessels nach ihrer Aussage umarmte.

F. W. de Klerk hielt in seiner Autobiographie fest, dass die Wahrheits- und Versöhnungskommission seinem Image sehr geschadet habe. Nachdem der Hauptbericht veröffentlicht worden war, brachte eine Zeitung eine Schlagzeile über de Klerks Anwesenheit bei einem Treffen des Staatssicherheitsrats im Jahre 1984. Damals hatte ein Bildungsminister verlangt, dass zwei Lehrer in der Stadt Cradock am Ostkap »beseitigt« werden würden. 15 Monate später gehörten die Lehrer zu vier Personen – eine von ihnen war Babalwa Mhlaulis Vater –, die von der Polizei ermordet wurden. De Klerk sagte der Zeitung, dass eigentlich geplant gewesen sei, die Lehrer in eine andere Stadt umzusiedeln. Der Schreiber, der das Aufeinanderprallen von Tutu und de Klerk und die Beschädigung ihrer Beziehung zueinander untersuchte, fragte de Klerk, was ihm durch den Kopf gegangen sei, als er von dem Tod der Lehrer erfahren hatte. Dachte er jemals, dass etwas falsch gelaufen sei? De Klerks Antwort mochte – angesichts Tutus Bereitwilligkeit, eine »zuckende Flamme« weiter zu befeuern – das Potenzial der Kommission, die Versöhnung weiter voranzutreiben, gesteigert haben, wäre sie nur acht Jahre früher gekommen.

De Klerk: »Ich habe davon niemals etwas gewusst und ich bin niemals für eine Politik eingestanden, die das befürwortet hätte. Doch wo ich vielleicht versagt habe, war, dass ich keine weiteren Fragen gestellt habe [und dass ich] wegen Dingen, die eine leichte Unbehaglichkeit verursacht haben, die man hier und dort fühlt, nicht eingeschritten bin. In meinem Fall sage ich nicht, dass ich [es] nicht habe wissen wollen. Doch durch den Gewinn einer späten Einsicht denke ich, dass ich beizeiten vielleicht nicht stark genug gewesen bin, um meinen Instinkten zu folgen. Doch dies lenkt nicht von dem Faktum ab, dass zu keiner Zeit eine Entscheidung [über Gewalttaten] gefällt wurde, an der ich beteiligt war [und] von der ich dachte: ›Das ist tatsächlich die Autorisierung eines Attentats oder eines kaltblütigen Mordes.‹ Und ich erinnere mich deutlich an einen Vorfall – ich habe ihn nicht [in meiner Autobiographie] erwähnt und werde ihn daher nicht genauer beschreiben –, bei dem ich in dieser Angelegenheit sehr außer mir war, denn was ich da erfuhr, bedeutete, dass dort etwas war, was nach meinem [Ermessen] ein nicht zu akzeptierendes Verhalten bedeuten würde. Und vor den Augen dreier top Sicherheitsleute in Südafrika bin ich [förmlich] explodiert.«

Der Schreiber: »War das in den 80ern?«

De Klerk: »Ja. Und sie nahmen mich beiseite und sie schworen mir bei ihrer Ehre, dass mein Misstrauen in dieser speziellen Angelegenheit unbegründet sei.«

Der Schreiber: »Erinnern sie sich noch, worum es bei dieser Sache ging – dass Menschen getötet worden waren?«

De Klerk: »Ja, es hatte Tote gegeben. Und sie schworen es mir bei ihrer Ehre. Und sie waren Leute, die ich respektierte.«

Die Präsentation des fünfbändigen, 2.700 Seiten langen Hauptberichts im Oktober 1998 weckte im In- und Ausland eine andere Form von Aufmerksamkeit, als es sich die Kommission erhofft hatte. Im Mittelpunkt des öffentlichen Interesses standen weder die Schlüsselaussage, dass die Apartheid, als ein System verstärkter ethnischer Diskriminierung und Trennung, ein Verbrechen gegen die Menschheit sei, noch das Primärurteil, dass der Großteil der schwer wiegenden Menschenrechtsverletzungen in Südafrika von dem ehemaligen Staatsapparat – durch seine Behörden zur Sicherheits- und Gesetzesvollstreckung – begangen worden seien. Stattdessen präsentierten sich der Welt Nachrichten, die von den Straftaten des ANC dominiert wurden. Dies war die Konsequenz, dass sich der ANC auf spektakuläre Weise in den eigenen Fuß geschossen hatte.

Die Kommission – und besonders Desmond Tutu – hatte in ihrer Lebenszeit eine Reihe von Zusammenstößen mit der Partei zu bewältigen. Dabei ging es im Besonderen um den Vorschlag von einigen der ANC-Amtsträger, dass ihre Mitglieder nicht der Aufforderung nachkommen müssten, Amnestie zu beantragen, da man für eine gerechte Sache gekämpft habe. Tutu bestand darauf, dass das Gesetz, im Hinblick auf Amnestie, keinen Unterschied zwischen den Kämpfern für oder gegen die Apartheid machen würde. Wenn sie das Gesetz gebrochen hatten, benötigen sie Amnestie, wenn sie vor strafrechtlicher Verfolgung befreit werden wollten. Er drohte zurückzutreten, wenn sich der ANC dem Amnestie-Prozess verweigere. Die Partei fügte sich, doch einige ihrer Oberhäupter – und einige Kommissare – taten sich weiterhin schwer mit der Aussicht, dass der ANC für Verbrechen verantwortlich gemacht werden könnte. Einige Wochen bevor der Hauptbericht abgeschlossen wurde, gab die Kommission Bescheide heraus, um den Menschen und Parteien, über die sie urteilen wollte, die Möglichkeit zu geben, schriftlich Stellung zu beziehen. In den vorgefertigten Urteilen, die dem ANC übermittelt wurden, stand, dass Angriffe auf zivile Ziele (die entgegen der ANC-Politik handelten), Landminenverteilung auf grenznahen Farmen, Ermordung von Informanten und Folter und Hinrichtung von als feindliche Agenten oder Aufrührer Verdächtigten in den Militärlagern im Exil allesamt schwer wiegende Menschenrechtsverletzungen seien. Auch hielt man den ANC moralisch und politisch für Verbrechen verantwortlich, die von seinen Unterstützern im Zuge des »kleinen Bürgerkriegs« in den 1980ern in den Townships und von Mitgliedern der Selbstverteidigungseinheiten – die der ANC in den frühen 1990ern ins Leben gerufen und bewaffnet hatte – begangen worden waren.

Der ANC reagierte auf die Bescheide und bat um ein Treffen mit der Kommission. Dumisa Ntsebeza, der Tutu und Boraine vertrat, die nach Beendigung der Kommissionsarbeit Lehrstühle in den Vereinigten Staaten angenommen hatten, lehnte ab: Wenn man einer Partei ein Treffen gewähre, den anderen jedoch nicht, würde das der Glaubwürdigkeit der Kommission in verhängnisvoller Weise schaden. Der ANC gab seine Stellungnahmen spät heraus – erst nachdem der Bericht schon der Druckerei überstellt worden war – und nahm dann offensichtlich Einfluss auf wohlwollende Kommissare. Zwei Tage bevor der Bericht Mandela übergeben und zeitgleich veröffentlicht werden sollte, argumentierte eine Gruppe von Kommissaren, dass die Debatte über ein Treffen wieder aufgenommen werden solle. Tutu war entsetzt: »Ich konnte wirklich nicht glauben, was ich hörte. Ich hatte ein hohles Gefühl in meiner Magengrube, als ich sah, wie die gesamte Unternehmung restlos unterging.« Ihre Auflösung wurde mit aller Kraft bekämpft, wobei die Gruppe vorschlug, dass die spät eingereichten Stellungnahmen des ANC berücksichtigt werden sollten. Die Abstimmung hatte ein ausgewogenes Ergebnis zur Folge: Sieben waren für und sieben gegen ein Treffen. Tutu klärte die Angelegenheit, indem er gegen den Vorschlag stimmte.

Am nächsten Tag – es war der Vorabend der Veröffentlichung – verkündete der ANC, dass er beim Obersten Gerichtshof eine Unterlassungsklage einreichen würde, um die Kommission daran zu hindern, jene Bestandteile des Berichts zu veröffentlichen, die sich mit der Partei beschäftigten, solange sie ihnen nicht zugestimmt habe. Tutu war wütend. Am folgenden Morgen reiste eine Delegation, die die 21.000 Opfer repräsentierte, die vor der Kommission ausgesagt hatten – in Tutus Augen waren dies die wichtigsten Teilhaber an dem Prozess –, nach Pretoria und war bereit, Mandela zu treffen. Die Aussicht darauf, dass all die Opfer ein Schlag ins Gesicht erwartete, war unerträglich und Tutus Wut kochte über. In einem Kommentar an einen Journalisten, an dem sich die ANC-Oberhäupter noch Jahre später stören sollten, äußerte Tutu: »Sagen wir, ich habe gegen eine Gewaltherrschaft gekämpft. Ich habe das nicht im Austausch gegen eine andere getan. Wenn es eine Gewaltherrschaft und Machtmissbrauch gibt, [dann] lassen sie sie wissen, dass ich dagegen kämpfen werde.«

Am Tag der Veröffentlichung, die auf 6 Uhr morgens angesetzt war, erschienen Reporterteams von internationalen und führenden einheimischen Nachrichtenagenturen am Ort der Übergabe. Laut Plan sollte der Bericht den eintreffenden Journalisten ausgehändigt werden – unter der Bedingung, dass nichts an die Öffentlichkeit dringen würde, bevor der Bericht am Mittag Mandela übergeben wurde. Wäre die Operation der Wahrheits- und Versöhnungskommission nach Plan verlaufen, hätten die Reporter bis zu sechs Stunden Zeit gehabt, um den Bericht zu lesen. Damit hätten sich die Chancen erhöht, dass ihre Berichterstattung das gesamte Spektrum der Urteile abdeckte. Sie hätten 24 Seiten von Urteilen gegen die ehemalige Regierung und ihre Verbündeten lesen können. Sie hätten sechs Seiten gegen den ANC und die Vereinigte Demokratische Front lesen können, die auf den eigenen Aussagen der Parteien basierten und die schon 18 Monate zuvor bei einer der Öffentlichkeit durchaus bekannten Anhörung veröffentlicht und geprüft worden waren. Doch der Bericht musste den Journalisten vorenthalten werden, da man noch auf das Ergebnis des Unterlassungsprozesses wartete. Tatenlos warteten sie vier Stunden und spekulierten darüber, was der ANC als derart anstößig empfunden haben mochte. Als das Gericht schließlich die Klage zurückwies, blieb ihnen kaum mehr als eine Stunde, um den Bericht zu lesen und zu kopieren. Ihre Hauptartikel beschäftigten sich mit der Kontroverse über das Urteil gegen den ANC.

Die Kritik durch den ANC war nicht der einzige Fall von Bemängelung des Berichts und der Arbeitsweise der Kommission. In der am eloquentesten anmutenden Kritik der Kommission wurde gesagt, dass sie die Begünstigten der Apartheid leicht habe davonkommen lassen, indem sie nur eine kleine Anzahl an Tätern als Verbrecher gebrandmarkt habe, und indem sie in ihre Definition von schwer wiegender Menschenrechtsverletzung nicht die Millionen von Menschen mit aufgenommen habe, die zwangsumgesiedelt worden waren. Andere Kommentatoren warfen der Kommission eine Vorliebe für den ANC vor und ein Versagen bei der gründlichen Überprüfung der Beweise und bei der Untermauerung all ihrer Urteile. Die Inkatha Freedom Party und Mangosuthu Buthelezi zogen im Gericht gegen das Urteil zu Felde, dass die Partei für schwer wiegende Verbrechen verantwortlich sei und dass Buthelezi in seiner repräsentativen Funktion haftbar gemacht werden könne. (Der Fall wurde bereinigt, indem man einige Urteile abänderte und indem man in die endgültige Fassung des Berichts eine Stellungnahme der Inkatha aufnahm, die andere anzweifelten.) Auch hatte die Kommission versäumt, Mitglieder der militanten Todesschwadronen ausfindig zu machen. Lediglich 33 Mitglieder der südafrikanischen Verteidigungskräfte – hauptsächlich Soldaten, die von Polizisten in gemeinsame Operationen mit eingebunden worden waren – beantragten Amnestie. Und die Kommission beklagte ihr Unvermögen, bei ihren Untersuchungen von Gewalttaten während des Übergangs, Durchbrüche zu erwirken, die tiefgreifender waren als die der Goldstone-Kommission.

Vermutlich war der eigentliche Erfolg der Wahrheits- und Versöhnungskommission das Schauspiel, das die Polizisten boten. Sie beichteten ihre abscheulichen Verbrechen vor laufenden Fernsehkameras. Nacht für Nacht schallten ihre Worte und Bilder durch die Nachrichtensendungen und ließen den weißen Südafrikanern keine Möglichkeit, sich zu verstecken. Sie wussten alles über das »Halsband« und über »terroristische Angriffe« – die ehemalige Regierung hatte dies beobachtet und viele in Gewahrsam genommen oder gehängt, die sich dafür verantwortlich gezeichnet hatten. Nun überblickten sie die Tiefen, in die viele ihrer Väter, Brüder und Söhne hinabgestiegen waren, um ihre Privilegien zu wahren. Sie konnten ihre Fernsehgeräte ausschalten oder während der Nachrichten den Kanal wechseln, doch wie Antije Krog sie warnte: »Wenn sie sich selbst von dem Prozess lösen, werden sie [eines Tages] in einem fremden Land aufwachen – [in] einem Land, das sie nicht kennen und das sie niemals verstehen werden.«

Tutu bedankt sich bei Königin Elisabeth II., nachdem sie ihm 1999 die Wilberforce Medaille in Anerkennung seiner Arbeit für Menschenrechte und Demokratie verliehen hatte. Diese Medaille wurde nach William Wilberforce, einem britischen Sklavereigegner, benannt.

Trotz des Dramas – oder vielleicht gerade deswegen – wurde aus der Wahrheits- und Versöhnungskommission ein Prophet ohne Ehre im eigenen Land. Ausländische Oberhäupter wie Shimon Peres aus Israel und der deutsche Bundespräsident Roman Herzog sprachen ihr Lob gegenüber Mandela, Tutu und Boraine aus oder beschenkten sie mit Auszeichnungen.

Amnestie im Austausch für die Wahrheit und Heilung anstelle von Bestrafung wurde als etwas Außergewöhnliches im Lebensweg einer Nation begrüßt – und ubuntu-botho als ein hochinteressantes neues Konzept für die Menschheit. In der Heimat wurde die Kommission zu einem Opfer ihres eigenen Erfolgs: Die grauenhaften Enthüllungen führten zu öffentlichen Aufrufen nach Kriminalverhandlungen und einem Ende der Amnestie. Doch das war unmöglich, nicht zuletzt, da es ausschließlich die Amnestie gewesen war, die die meisten Enthüllungen herbeigeführt hatte. Mitglieder und Unterstützer der Befreiungsbewegungen hatten Amnestie beantragt – 998 vom ANC und 138 vom PAC – und die Reaktionen auf die Entscheidungen waren zutiefst von der jeweiligen Parteienzugehörigkeit geprägt gewesen. Wenn die eigene Seite Amnestie erhielt, freute man sich. Wenn sie der anderen Seite zugesprochen wurde, schimpfte man über die Kommission. Da das Hauptanliegen der Kommission schwer wiegende Menschenrechtsverletzungen waren, behandelte sie im eigentlichen Sinne die schmutzigsten, nicht gerade die ruhmvollsten Episoden im Kampf der vergangenen drei Jahrzehnte. Es war, als ob Südafrika durch die Tiefen der moralischen Verdorbenheit, in die es unter der Apartheid gesunken war, wie in einem Spiegelbild dargestellt wurde und nun versuchte, den Spiegel zu zerbrechen.

Südafrikas erfahrenster Ermittler von politischer Gewalt und Kriegsverbrechen war Richard Goldstone, der, nachdem er die Klageberechtigungskommission zur Untersuchung von Gewalttaten während des Übergangs geleitet hatte, als der erste Generalanwalt der Internationalen Strafgerichtshöfe für das ehemalige Jugoslawien und für Ruanda nach Den Haag ging. Nachdem er Fälle für diese Gerichtshöfe bearbeitet hatte, hatte er keinen Zweifel daran, dass die Amnestie in Südafrika mehr erreicht habe, als das Land von den Strafverfolgern habe erwarten können: Die Erfassung der gesamten Geschichte der Menschenrechtsverletzungen hätte »zahlreiche lange und kostspielige Gerichtsverhandlungen« erfordert und die Schwierigkeit, Fälle ohne ernsthafte Zweifel zu belegen, hätte viele Freisprechungen zur Folge gehabt. »Bei den allermeisten Fällen«, sagte er dem Verfasser dieses Buches, »denke ich nicht, dass es eine Wahl zwischen Amnestie oder Gerichtsprozess gab – es gab Amnestie oder nichts. Es wäre eine sehr chaotische [und] unglückliche Situation gewesen.« Goldstone charakterisierte den Erfolg der Kommission als Analogie zu dem des Strafgerichtshofs für Jugoslawien. In Jugoslawien glaubten die Menschen auf jeder der drei Seiten, dass sie die Opfer seien und bestritten ihre Rolle als Täter, »während sie in Wahrheit in größerem oder kleinerem Maße allesamt Opfer und allesamt Täter waren«. Der Strafgerichtshof habe sämtliche Dementi zurückgewiesen. Dasselbe sei in Südafrika geschehen:

> »Das größte Geschenk, das die Wahrheits- und Versöhnungskommission unseren Menschen gemacht hat, ist die ehrliche Geschichte dessen, was in den Jahren der Apartheid im Bereich der ernsthaften Menschenrechtsverletzungen geschehen ist. Ohne die Kommission würde man ohne Zweifel grob von zwei Hauptgeschichten sprechen: [von] einer schwarzen Geschichte, die in etwa der Wahrheit entsprechen würde, denn die Opfer wissen, was ihnen widerfahren ist. Und [von] einer weißen Geschichte, die auf vorgefertigten Lügen basieren würde. Die Kommission hat diesen Lügen ein Ende bereitet.«

Hätte die Wahrheits- und Versöhnungskommission ohne Desmond Tutu funktioniert? Ihre Mitglieder mussten sich nach einem Jahr der Arbeit im Januar 1997 diese Frage stellen, als bei Tutu Prostatakrebs diagnostiziert wurde. Pumla Gobodo-Madikizela, ein Mitglied des Menschenrechtsverletzungskomitees, mochte schon bemerkt haben, dass sich die Symbolik seiner Anwesenheit belebend auf die Opfer auswirke – sie »gibt den Schmerzen, unter denen sie gelitten haben einen Sinn«. Für Antije Krog, die als Journalistin arbeitete, war die Kommission ohne Tutu undenkbar: »Was auch immer für eine Rolle die anderen spielen, es ist Tutu, der die Richtung vorgibt. Er ist es, der Worte für das findet, was geschieht.« Bald begann er wieder zu arbeiten – der Großteil seiner Prostata war entfernt worden und der Krebs schien sich nicht ausgebreitet zu haben. Später in diesem Jahr empfand es Alex Boraine als sehr besorgniserregend, als Tutu, auf Leahs Rat hin, für eine zweimonatige Hormon- und Bestrahlungstherapie das Land verließ.[95] Und es war Boraine – der Mann, der die Kommission auch hätte allein leiten können –, der am Ende seiner Arbeit befand, dass von allen Kommissaren Tutu der unverzichtbarste sei: »Ich glaube nicht, dass die Kommission hätte überleben können – ohne die Anwesenheit und [die] Rolle und [den] Führungsstil von Desmond Tutu.«

95 In den Jahren 1999 und 2006 befand sich Tutu abermals wegen Prostatakrebs in Behandlung.

Kapitel 16

Eine internationale Ikone

Der ruhige Lebensstil, den Desmond Tutu nach der Freilassung Nelson Mandelas angestrebt hatte, blieb ihm versagt. Nach den wilden Schwankungen des Übergangs – von der Euphorie in die Hoffnungslosigkeit und wiederum in die Euphorie – kam die Wahrheits- und Versöhnungskommission. Nachdem die Kommission ihren Hauptbericht abgeschlossen hatte, nahm er eine zweijährige Gastprofessur in den Vereinigten Staaten an, um Njongonkulu Ndungane, seinem Nachfolger als Erzbischof, Platz zu schaffen. Von der Emory University in Atlanta aus machte er weite Reisen, um Vorträge zu halten, alten Freunden für ihre Unterstützung in der Vergangenheit zu danken und setzte sich als eine berühmte Persönlichkeit zu ihren Gunsten ein, um ihnen für ihre Hilfe zu danken, die sie ihm hatten zuteilwerden lassen, als er noch unbekannt gewesen war. Auch schloss er einen Vertrag mit einer amerikanischen Redneragentur, um seine kleine Pension als Kleriker aufzubessern. Dies war eine unerwartet lukrative Entscheidung, die ihm finanzielle Unabhängigkeit in einem Ausmaß bescherte, wie es sich er und Leah niemals hatten träumen lassen, als sie 40 Jahre zuvor in einer Garage am East Rand gelebt hatten. Als er im Jahre 2000 nach Südafrika zurückkehrte, eröffnete er ein Büro in Kapstadt, das von Lavinia Browne geleitet wurde, die 15 Jahre lang als seine persönliche Assistentin gearbeitet hatte. Er und Leah teilten ihre Zeit zwischen Soweto, wo sie ihr Haus in Orlando West umbauten, und Kapstadt, wo er weiterhin das Haus in dem ehemaligen weißen Vorort Milnerton unterhielt, das er während seiner Zeit bei der Wahrheits- und Versöhnungskommission gekauft hatte.

Auch weiterhin sehnte sich Tutu nach mehr Zeit zum Nachsinnen und Beten. Doch dieses Verlangen kollidierte mit vielen anderen

Desmond und Leah nach seiner Pensionierung in ihrem Garten in Milnerton, Kapstadt.

Impulsen: seiner Unfähigkeit, Freunden etwas abzuschlagen; der Anziehungskraft des Geldes, das er bei Vorträgen verdienen konnte; der Energie, die er aus seinem Publikum schöpfte; seiner Freude am Rampenlicht; der Befriedigung, die er auch weiterhin beim Verkünden des Evangeliums empfand; seiner Besorgnis über die aufkeimenden Probleme des demokratischen Südafrikas und – was am strittigsten war – des Zwangs sich auszusprechen, den er empfand, wenn er glaubte, dass Menschen aufgrund von Ungerechtigkeit leiden mussten – vollkommen gleichgültig wie unbeliebt ihn das auch machte.

Bei den Angelegenheiten, die die Anglikanische Kirche bewegte, rückte ihn nach seiner Pensionierung als Erzbischof nichts Anderes derartig in den öffentlichen Fokus wie seine Einstellung zur Homosexualität. In den 70er-Jahren hatte er sich Homosexuellen gegenüber tolerant gezeigt, hatte sie jedoch in seinen Predigten in einem Atemzug mit Drogensüchtigen und Armen genannt. Um die Jahrtausendwende wurde er allerdings das vielleicht prominenteste religiöse Oberhaupt der Welt, das die Rechte von Schwulen und Lesben verteidigte. Seine Neubewertung des Status von Schwulen und Lesben wurde durch seine Akzeptanz hervorgerufen, dass sexuelle Orientierung wohl keine Angelegenheit sei, bei der man die Wahl habe. Bei einem seiner frühesten öffentlichen Kommentare über die Angelegenheit im Jahre 1990 sagte er: »Angesichts der Art der Behandlung von Homosexuellen in der Gesellschaft wäre es tatsächlich eines der dümmsten Dinge zu sagen: ›Das ist es, wie ich sein möchte.‹« Als er akzeptiert hatte, dass sexuelle Orientierung – ebenso wie Ethnie oder Geschlecht – vorgegeben war, war sein Fazit eindeutig: Diskriminierung von Schwulen und Lesben sei ebenso falsch wie die von Schwarzen oder Frauen: »Wir haben gegen die Apartheid gekämpft, weil uns eine Schuld zugewiesen wurde und [weil wir] für etwas leiden mussten, gegen das wir nichts tun konnten. Mit Homosexualität ist es dasselbe.«

Obwohl er den Kampf für die Rechte der Schwulen und Lesben grundsätzlich ebenso vertrat wie den gegen Rassismus, gelang es Tutu nicht, die Politik der Anglikanischen Kirche in Südafrika zu verändern. Diese Politik vertrat die Ansicht, dass homosexuelle Orientierung vertretbar sei, homosexueller Geschlechtsverkehr jedoch nicht. Logischerweise erforderte das von den schwulen und lesbischen Anglikanern, enthaltsam zu leben – eine Politik, die sich zumindest nominell an die Kleriker richtete. Als das Oberhaupt seiner Kirche war Tutu gezwungen, die Politik zu akzeptieren, doch er stimmte ihr nicht zu: »Warum sollten wir nicht wollen, dass alle homosexuellen Personen ihre Sexualität im Liebesakt ausdrücken? Warum benutzen wir nicht dieselben Kriterien, um gleichgeschlechtliche Beziehungen zu beurteilen, die wir benutzen, um zu beurteilen, ob heterosexuelle Beziehungen gesund sind oder nicht?«

Die anglikanische Politik in Südafrika spiegelte die Politik im Großteil des weltweiten Kirchenbundes. Als die Lambeth-Konferenz der Bischöfe im Jahre 1998 näher rückte, begannen Lobbygruppen auf einen Wandel zu drängen. Als Bischof im Ruhestand nahm Tutu nicht an der Konferenz teil, was sich für diejenigen als

Katastrophe darstellte, die wollten, dass die Kirche ihre Einstellung änderte. Frühe Diskussionen glitten manchmal in üble Auseinandersetzungen ab, wobei einmal ein Bischof versuchte, den »Dämon« der Homosexualität bei einem schwulen Priester auszutreiben. Bischöfe aus den Kirchen Ost- und Westafrikas riefen Schwule und Lesben dazu auf, Buße zu tun. Der Aufruf schlug fehl, doch der abschließende Konferenzbeschluss lehnte »homosexuelle Praktiken« deutlich als »unvereinbar mit der [Heiligen] Schrift« ab.

Tutu schrieb persönlich an George Carey, der Robert Runcie als Erzbischof von Canterbury abgelöst hatte: »Ich schäme mich, ein Anglikaner zu sein.« Zunächst enthielt sich Tutu eines Kommentars in der Öffentlichkeit. Als pensionierter Erzbischof ohne einen Gemeindekreis, für den er sich verantwortlich zeichnete, fand er, dass er sich zurückziehen sollte, um das Leben seiner ehemaligen Kollegen nicht zu verkomplizieren. Doch auf lange Sicht konnte er sich nicht heraushalten. Obwohl er Einladungen zu Konferenzen abschlug, die ausschließlich dieses Thema behandelten, begann er in seinen Reden und Predigten vorsichtige Kommentare zu äußern, die seinen Standpunkt deutlich machten. Prinzipiell billigte er kirchliche Segnungen von schwulen oder lesbischen Beziehungen, ging jedoch nicht so weit, den Begriff »Heirat« in den Zeremonien zu erwähnen: »Das verursacht nur Schwierigkeiten. Wenn man sagt, man spricht seinen Segen über eine Verbindung aus, würde ich das bevorzugen.« Bloßstellung bei besonderen Fällen von Diskriminierung veranlasste ihn zu einem schärferen Ton, wie bei Jeffrey John, einem Kanoniker der Southwark Cathedral in London, der aufgrund seiner sexuellen Orientierung gezwungen wurde, seine Nominierung als Bischof zurückzuweisen. Im Jahre 2004 verurteilte Tutu in der Kathedrale diese Diskriminierung und nannte sie ebenso ungerecht wie die Apartheid: »Der Jesus, den ich anbete, ist nicht gewillt, auf der Seite von jemandem zu stehen, der eine ohnehin schon unterdrückte Minderheit herabwürdigt und verfolgt.«

Während die englische Crown Appointments Commission im Jahre 1990 nach einem Nachfolger für Runcie suchte, fragte ein nicht stimmberechtigtes Kommissionsmitglied einen von Tutus Mitarbeitern nach Details über seinen Geburtsort und -datum. Seine Absicht sei, so erklärte er, herauszufinden, ob Tutu als Nachfolger Runcies geeignet sei. Tutu war nicht geeignet – er war nicht in der Position, der Königin von England seine Treue zu schwören – und Robin Eames aus Irland war in jeder Hinsicht ein geeigneterer Kandidat, wenn sich die Kirche außerhalb Englands umsah. Wenn Tutu der Posten angeboten worden wäre, bestand kein Zweifel, dass er stark in Versuchung gekommen wäre, ihn anzunehmen, denn er liebte den Anglikanischen Kirchenbund. Er betrachtete ihn als eine Familie – eine Familie, die wie seine eigene manchmal vereinigt, zerstritten und wild, im Endeffekt jedoch umso liebenswerter sei. Er mochte die Toleranz und den Zusammenhalt des Anglikanismus, seinen Aufruf zur Vernunft ebenso wie zur Tradition und zur Heiligen Schrift und er mochte die Unabhängigkeit seiner Einzelkirchen von dem Diktat der zentralisierten Autorität.

Daher war er betrübt, als er im Ruhestand den Konflikt mit ansehen musste, der den Kirchenbund im Jahre 2003 nach der Wahl von Gene Robinson, einem Homosexuellen, zum Bischof von New Hampshire, befiel. Er fand es nahezu empörend, dass sich Kirchenoberhäupter mit Dingen wie Sexualität beschäftigten, wenn es Herausforderungen wie AIDS oder die weltweite Armut zu bewältigen galt. Auch dachte er, dass Careys Nachfolger Rowan Williams den Konservativen zu sehr entgegenkam, die verlangten, dass die Kirchen der Vereinigten Staaten und Kanadas ihre Anerkennung von Schwulen und Lesben widerrufen und ihnen drohen sollten, sie aus dem Kirchenbund auszuschließen. Bei einem Interview sagte er dem Autor dieses Buches, dass, wenn die Konservativen nicht mit dem Zusammenhalt des Anglikanischen Kirchenbunds zufrieden seien, »[sie] dann die Freiheit [haben] zu gehen«.

Bei seiner internationalen Tätigkeit als Prediger nahm Tutu Einladungen an – für gewöhnlich von Kirchen oder Menschenrechts-Lobbygruppierungen – und stattete Kurzzeitbesuche ab, die von seinen Gastgebern initiiert worden waren, damit er ihnen half, große, umfassende Ziele zu erreichen. Als er noch als Erzbischof tätig gewesen war, hatte er seine Termine zwischen seine Verpflichtungen im Heimatland einordnen müssen: Zum Beispiel hatte er zwischen dem Protestmarsch in Kapstadt im September 1989 und der Freilassung Nelson Mandelas drei separate Reisen nach Ägypten, Äthiopien, in den Sudan, Israel/Palästina und die Vereinigten Staaten unternommen. Das hatte zur Folge, dass seine Tätigkeit in jedem der besuchten Länder im wesentlichen nur sporadisch und kurzzeitig gewesen war. Dennoch war seine internationale Kampagne von einem geschlossenen Themenspektrum gekennzeichnet gewesen, das er als ein Ganzes betrachtet hatte: Demokratie, Menschenrechte und Toleranz, die durch Dialog und Beschwichtigung von Feinden hatten erreicht werden sollen. Einige von Tutus Zuhörern hatten seine Botschaften nicht sonderlich willkommen geheißen, wenn sie in ihren Ländern gepredigt wurden. Sie hatten es bevorzugt, sie in Südafrika in die Praxis umgesetzt zu sehen und hatten damit bewiesen, dass es manchmal einfacher war, einen Propheten aus der Ferne zu bewundern.

Tutus ernsthafte Tätigkeit als Prediger außerhalb Südafrikas begann schon vor seinem Ruhestand, als er 1987 eingeladen wurde, die Hauptansprache bei der fünften Generalversammlung der All Africa Conference of Churches (AACC) in Lomé in Togo zu halten. Die AACC war ein Rat von Protestantischen Kirchen und das den gesamten Kontinent umfassende Äquivalent des Südafrikanischen Kirchenrats in Südafrika oder des globalen Weltkirchenrats. Er sprach darüber, was es bedeutete, Christus in Afrika zu bezeugen und sagte der Versammlung: »Wir sind wahre Zeugen, wenn wir auf der Seite der Schwachen, der Machtlosen und der Ausgebeuteten stehen.« Er bezog sich auf seine Erfahrungen während des vergangenen Jahrzehnts – als er für den Theologischen Ausbildungsfonds quer über den Kontinent gereist war – und sagte, die Kirchen Afrikas seien als einzigen Institutionen in einer Position, die Interessen der Stimmlosen und Unterdrückten zu verteidigen:

> »Es schmerzt uns, erkennen zu müssen, dass es im Großteil des unabhängigen Afrikas weniger Freiheit und persönliche Unabhängigkeit gibt als in den viel geschmähten kolonialen Tagen. Das

> Evangelium von Jesus Christus kann uns angesichts dessen nicht gestatten zu schweigen. Wir müssen uns zu der vollkommenen Befreiung von Gottes Kindern verpflichten – politisch, sozial, wirtschaftlich. Am deutlichsten wird das für ihre Schwestern und Brüder in Südafrika, doch auch für viele im unabhängigen Afrika kommt das in Frage, für die alles, was sich verandert zu haben scheint, die Hautfarbe des Unterdrückers ist.«

Einer der Gründe, weswegen man Tutu nach Lomé eingeladen hatte, war, dass die AACC eine Führungskrise hatte. Am Ende der Versammlung wurde er zu ihrem Präsidenten gewählt. Gleichzeitig wurde José Belo Chipenda, ein angolanischer Kirchenfunktionär, als neuer Generalsekretär der Konferenz auf Vollzeit ausgewählt. Chipenda war ein erfahrener und anspruchsvoller Kirchendiplomat, der die drei Hauptamtssprachen Afrikas fließend beherrschte: Englisch, Französisch und Portugiesisch. Gemeinsam formten die beiden Männer eine zehn Jahre währende Partnerschaft, in der sie für eine »afrikanische Renaissance« arbeiteten. (Den Begriff hatte Tutu das erste Mal verwendet, als ihm im Jahre 1991 ein Ehrentitel der National University of Benin verliehen worden war.)

Tutus und Chipendas Amtszeit fiel mit etwas zusammen, was Wissenschaftler Afrikas »neuen Kampf um Demokratie« nannten. Die »zweite Welle« der Befreiung wurde durch die Vermehrung von Mehrparteiendemokratien auf dem Kontinent, von lediglich fünf im Jahre 1989 auf 36 im Jahre 1995, definiert.[96] Die AACC machte es sich zur Aufgabe, Mitgliedskirchen bei ihren Kampagnen für Menschenrechte zu unterstützen – manchmal, indem man sie anspornte oder indem man Bestrebungen unterstützte, die die Kirchen selbst unternahmen. Tutus wichtigster Beitrag zu diesem Kampf war seine Unterstützung, die er den Mitgliedskirchen zukommen ließ, indem er ihre Länder besuchte. Er nutzte seine internationale Popularität, um Treffen mit Staatsoberhäuptern zu arrangieren und öffnete seinen örtlichen Gastgebern Tü-

96 Die fünf Staaten im Jahre 1989 waren Botswana, Gambia, Mauritius, Senegal und Simbabwe.

ren, die ihnen ansonsten verschlossen geblieben wären. Geschützt durch seinen Ruf als Anti-Apartheid-Kämpfer unterlag er geringeren Beschränkungen, wenn er in der Öffentlichkeit sprach, als die örtlichen Kirchenoberhäupter. Für gewöhnlich beschäftigten sich seine Predigten vorgeblich mit der Unterdrückung durch die Apartheid. In Wahrheit passten die spezifischen Misshandlungen, die er beschrieb, auf Südafrika, aber ebenso auf das jeweilige Gastgeberland.

Im Jahre 1989 reisten Tutu und Chipenda nach Zaire, um den Kirchen dabei zu helfen, sich aus dem engen Verhältnis zu Mobutu Sese Seko zu lösen, das sich laut Tutu seit den frühen 70er-Jahren entwickelt habe. Als er vor Theologiestudenten in Kinshasa eine Ansprache hielt, hätte man glauben können, er sei in Südafrika, als sie spontan Beifall klatschten, nachdem er gesagt hatte, die Bibel sei »das revolutionärste Buch aus Sicht der Unterdrückung«. Gott sei auf der Seite der Unterdrückten, fuhr er fort: »Sie sind [hier], um die Kirche daran zu erinnern, dass, wann auch immer sie diesem Herrn und Meister dient, die Kirche wie ihr Herr und Meister am Kreuz enden wird. Denn wenn die Kirche zu Gunsten der Schwachen und Armen spricht, mögen die Mächtigen und Reichen das nicht. (Gelächter.) Eine Kirche die nicht leidet ist nicht die Kirche Jesu Christi. (Beifall.)« Inmitten der Spannungen zwischen Mobutu und den Studenten änderten die Behörden kurzfristig den Veranstaltungsort eines Gottesdienstes, von einem Stadion auf das Parlamentsgelände. Funktionäre teilten Tutu mit, dass sie ihn ehren wollten, indem sie ihn dort sprechen lassen würden, von wo aus Papst Johannes Paul II. eine Ansprache für die Nation gehalten habe. Der wahre Beweggrund wurde deutlich, als Tutu am Sonntagmorgen eintraf – der Parlament-Komplex war von eisernen Zäunen umgeben und die Gemeinde wurde von Soldaten überwacht. Nichtsdestotrotz kam eine 15.000-köpfige Gemeinde zusammen, um mit anzuhören, wie er Menschenrechtsverletzungen und die militärischen Diktaturen in Afrika verurteilte.

Unter der marxistisch-leninistischen Diktatur von Mengistu Haile Mariam in Äthiopien predigte Tutu im Rahmen eines Gottesdienstes unter freiem Himmel. Er war umgeben von Bischöfen der Äthiopisch Orthodoxen Kirche in reich geschmückten Roben, die sich bunt schillernd, mit von Borten verzierten Schirmen vor der Sonne schützten. Er benutzte eine Textstelle aus seinen südafrikanischen Gebeten, die er auch schon in Zaire verwendet hatte: »Gott ist ein Gott, der auf der Seite der Hungrigen und der Armen und der Ausgegrenzten steht und so können wir den Mächtigen [und] den Unterdrückern überall sagen: ›Passt auf! Passt auf! Passt auf! Denn Gott kommt, um zu erlösen!‹« In Äthiopien wie auch in Angola fragte er Funktionäre der Regierungsparteien, wie viele ihrer Leute Marxisten seien. Sie nannten ihm Zahlen, die im Verhältnis zu der Gesamtbevölkerung winzig waren: In Angola schätzten sie, dass 10.000 von 60.000 Parteimitgliedern wahre marxistische Leninisten seien – in einem Land mit neun Millionen Einwohnern. Daraufhin wandte sich Tutu an das Staatsoberhaupt José Eduardo dos Santos und fragte ihn, wie er das Land formen könne, während er die Christen von der Macht ausschloss.

Drei Jahre später – in den ersten Monaten der Clinton-Administration – nutzten Bill Clinton und sein Vizepräsident Al Gore die Gelegenheit eines Besuchs von Tutu im Oval Office, um die Anerkennung der angolanischen Regierung durch die Vereinigten Staaten zu verkünden.

Laut Anthony Lake, dem nationalen Sicherheitsberater Clintons, hatten sie Tutu als Besucher zu diesem Anlass ausgewählt, da die Entscheidung, Angola anzuerkennen, nach der Feindseligkeit früherer Administrationen gegenüber der Regierung, umstritten gewesen sei. Und Tutu sei von allen ausländischen Persönlichkeiten in Washington die womöglich am wenigsten kontroverse gewesen.

Auch wollten Tutu und Chipenda in Bürgerkriegen als Seelsorger vermitteln. Als Tutu 1994 im Zuge eines Gemeinschaftsprojekts mit dem Carter Center in Atlanta – es war von dem ehemaligen US-Präsidenten Jimmy Carter gegründet worden – in Liberia eintraf, bestürmten hunderte von Menschen das Flugzeug, in dem er saß. Letztendlich gaben die westafrikanischen Soldaten und die Truppen der Vereinten Nationen den Versuch auf, die Menschenmasse von dem Flugzeug fernzuhalten. Anschließend sagte Tutu

Al Gore, der zusammen mit Tutu in einer Gruppe von Aufsehern an der Harvard University war, begrüßt zusammen mit Bill Clinton Desmond Tutu als ersten Südafrikaner im Oval Office in der Amtsperiode Clintons.

bei mehr als 20 Treffen und öffentlichen Reden, dass, wenn Südafrika seine Probleme beseitigen konnte, Liberia das auch gelingen würde. Allerdings war das Treffen, das er, Chipenda und das Carter Center mit dem Kriegsherren Charles Taylor abhielten, chaotisch. Die Gruppe wurde mit einem UN-Chinook-Helikopter zu einem Treffen mit Taylor geflogen, das in Gbarnga stattfand, der Hauptstadt seines Machtgebiets, das er »Großliberia« nannte. Sie trafen sich in einem Teeplantagenhaus, wo Taylor mit seiner lauten und unruhigen Stimme die meiste Zeit über das Wort führte. Er versprach eine Waffenruhe, doch Hugh McCullum, ein Mitglied der AACC-Delegation, erinnerte sich noch sehr genau an Tutus Einschätzung Taylors als eine höchst unbeständige Persönlichkeit, deren Worten man nicht trauen könne. (Taylor war 1997 Präsident geworden, wurde 2003 seines Amtes enthoben und wurde wegen Kriegsverbrechen und Verbrechen gegen die Menschlichkeit angeklagt.)

Nachdem die demokratische Regierung in Südafrika 1994 an die Macht gekommen war, zog Nelson Mandela einen Nutzen aus Tutus Status und umging die übliche Form der Diplomatie, indem er ihn 1995 nach Nigeria entsandte, um den dortigen Militärdiktator Sani Abacha darum zu bitten, M. K. O. Abiola, den Gewinner der im Jahre 1993 annullierten Wahlen des Landes, und das ehemalige Staatsoberhaupt Olesegun Obasanjo[97] aus der Haft zu entlassen. Obwohl Tutu ein persönliches Treffen mit Abiola abhielt, bei dem Abiola Punkt für Punkt den Großteil der Argumente zurückwies, die Abacha als Gründe für seine Inhaftierung genannt hatte, war die Mission erfolglos. Als sich später die Demokratie in Simbabwe entfaltete, beschrieb Tutu Robert Mugabe, der zuvor »ein großartiger Anführer – einer der hellsten Sterne in der afrikanischen Konstellation« gewesen sei, als eine »Karikatur eines afrikanischen Diktators«, der »im großen Stil verrückt geworden« sei. Mugabe antwortete auf eine ähnliche Art und Weise: »Er ist ein wütender, bösartiger und verbitterter kleiner Bischof – ein angsterfüllter Mann während der Apartheid-Ära.«

Auch beschäftigte sich Tutu im großen Rahmen mit weiteren afrikanischen Themen. Im Jahre 1993 forderte er in Schweden dazu auf, die Fremdschulden des afrikanischen Kontinents zu erlassen. Dabei bezog er sich auf das biblische Prinzip, in einem »Jubeljahr« Sünden vergessen zu machen. Als ein starker Befürworter des interkonfessionellen Dialogs reagierte er nichtsdestotrotz feinfühlig auf die Sorgen der AACC-Mitglieder in Ost- und Westafrika, die sich durch den islamischen Fundamentalismus bedroht fühlten und appellierte an die muslimischen Nationen, die Freiheit der Gottesverehrung der christlichen Minderheiten zu respektieren.

Die schwierigste und emotional belastende Mission, die Tutu und Chipenda für die AACC unternommen, führte sie im Juli 1995 nach Ruanda. Tutu besuchte das Land, ein Jahr nachdem hunderttausende von Bürgern, bewaffnet mit Macheten und mit Nägeln besetzten Keulen – masus genannt – und angestiftet von den Ex-

97 Später wurde er der demokratisch gewählte Präsident Nigerias.

tremisten der Hutu-Mehrheit, in einem Zeitraum von 100 Tagen, zwischen 800.000 und einer Million ihrer Mitmenschen niedergeschlagen und -gemetzelt hatten. Die Opfer hatten größtenteils den Tutsi und den Hutu angehört.

Chipenda und Tutu flogen von dem benachbarten Burundi aus nach Ruanda. Dort hatten sie zwischen rivalisierenden Politkern vermittelt und versucht, bei der Verhütung eines Konflikts zwischen gleichartigen Gruppen zu helfen, damit die Situation nicht in weit ausufernder Gewalt mündete. In ihrem Hotel in Bujumbura, der Hauptstadt Burundis, waren des Nachts Schüsse aus den Vororten zu hören gewesen. Als sie in Ruandas Hauptstadt Kigali in das Hôtel del Mille Colines (»Hotel der Tausend Hügel« – das »Hotel Ruanda« in dem gleichnamigen Spielfilm) eincheckten, war es ruhiger. Der Genozid war vorüber und das Land wurde von einer Koalition regiert, die von der Rwandan Patriotic Front (RPF) aufgestellt worden war. Sie wurde von Tutsi geleitet und hatte die *génocidaires* entmachtet.

In Kigali schlossen sich Tutu und Chipenda einer Gruppe von evangelischen Christen der Organisation African Enterprise an. Das Ziel war, eine geschlossene Front der evangelischen und ökumenischen Bestrebungen im Weltchristentum zu demonstrieren. Seit seinem ersten Tag im Land riet Tutu den ruandischen Bürgern, nicht mit Druck die »vollkommene Gerechtigkeit« als Reaktion auf den Genozid durchzusetzen. Es solle keine Blanko-Amnestie geben und die Wahrheit müsse aufgedeckt werden, sagte er bei einer Nachrichtenkonferenz, doch die Gerechtigkeit solle mit Barmherzigkeit gemildert werden. Als er bei einem Sonntagsgottesdienst im Hauptstadion von Kigali vor 10.000 Menschen eine Predigt hielt, ergriff er – vielleicht unbewusst – die Worte, die er 22 Jahre zuvor in seinem Bericht über die Region für den Theologischen Ausbildungsfonds geschrieben hatte.

> »Die Geschichte Ruandas, behauptete er, sei die Geschichte eines ›Herrschers‹ und eines ›Außenseiters‹, in der zwei Gruppen seit Generationen danach gestrebt hatten, sich gegenseitig von der Machtposition zu vertreiben. Wenn sie erfolgreich gewesen wa-

ren, hatten sie Rache geübt – wenn sie versagt hatten, hatten sie leiden müssen.«

Er bezog sich auf die Tatsache, dass die Tutsi-Aristokratie, die durch die belgischen kolonialen Autoritäten begünstigt worden war, bei der Unabhängigkeit im Jahre 1962 ihre Macht verloren hatte und 30 Jahre lang warten musste, um sie wiederzuerlangen. Die Hutu-Mehrheit, behauptete er, sei im Stande, dasselbe zu tun. Der Kreislauf aus Vergeltung und Gegenvergeltung müsse durchbrochen werden. Die einzige Möglichkeit, dies zu tun, sei, die vergeltende Gerechtigkeit zu überwinden und einer aufbauenden Gerechtigkeit und Vergebung entgegenzusteuern. Ruandas Koalitionsoberhäupter waren in dem Stadion anwesend. Pasteur Bizimungu, der Präsident des Landes – er war ein Hutu – nutzte die Gelegenheit, um Tutus Argumente – höflich – zu hinterfragen. Sie seien bereit zu vergeben, sagte er, doch selbst Jesus habe gesagt, dem Teufel könne nicht vergeben werden. Tutu wunderte sich persönlich, auf welche Quelle sich Bizimungu dabei bezog. Trotzdem war er dankbar, auf ein offenes Ohr gestoßen zu sein.

Während des Gottesdienstes im Stadion teilte José Chipenda Tutu mit, dass die Planer der Mission wollten, dass er das Hauptgefängnis in Kigali besuchte, in dem tausende von Menschen festgehalten wurden, die des Genozids verdächtigt wurden. Allerdings reagierte die Regierung nicht. Chipenda fragte, ob Tutu Bizimungu persönlich ansprechen könne, um einen Besuch zu vereinbaren. Tutu fragte ihn und noch an diesem Nachmittag wurde einer Gruppe von AACC- und African Enterprise-Mitgliedern der Zugang gewährt. Als die Gruppe eintraf, wurde sie von einem singenden, rufenden und Beifall klatschenden Meer von Gesichtern begrüßt. Die Gefangenen, die in blasse rosafarbene Overalls gekleidet waren, waren von Wand zu Wand so dicht aneinander gekettet worden, dass sie sich gegeneinander drücken mussten, um für die Besucher den Weg freizumachen. Sie berichteten, dass es mehr als 9.000 Häftlinge in Räumlichkeiten gäbe, die für 1.500 konstruiert worden seien und dass 500 ihr Leben gelassen hatten. Sie mussten in Schichten sitzen und schlafen, denn es gäbe nicht genügend Platz, so dass sie sich alle zur selben Zeit niederlegen konnten. Tutu war erschüttert von den Umständen. Das Gefängnis, sagte er Journalisten beim Hinausgehen, sei eine tickende Zeitbombe.

Am folgenden Morgen wurde das Programm kurzzeitig geändert. Die genaue Ursache konnte nicht ausgemacht werden, doch es schien, als ob Tutus offensichtliche Zwiespältigkeit über die Erfolge und Rückschläge Ruandas die Regierung beunruhigt hatte und sie nun versuchte, ihm den ganzen Schrecken des Genozids vor Augen zu führen. Er wurde zu einer kleinen verfallenen Kirche aus roten Ziegelsteinen mit einem eisernen Dach gebracht. Sie befand sich inmitten sanft geschwungener Hügel am Ende einer rötlichen Schotterstraße, etwa 30 Kilometer südlich von Kigali. Ein Teil der Geschichte, über das, was dort geschehen war, war bereits bekannt. Der Rest wurde Anfang 2006 erzählt, als ein ehemaliger Gouverneur der örtlichen *préfecture* wegen Genozids und Verbrechen gegen die Menschlichkeit von dem Internationalen Strafgerichtshof für Ruanda in Arusha in Tansania angeklagt wurde. Am 14. April 1994, eine Woche nach Beginn der Tötungen, hatte der Gouverneur François Karera verängstigten Tutsi-Flüchtlingen in der Schule von Ntarama gesagt, dass er Soldaten herbeiholen würde, um sie zu beschützen und dass sie in der Kirche Unterschlupf suchen sollten. Am darauffolgenden Tag hatte er angeblich einen Konvoi von sechs Bussen zu der Kirche geführt, in denen etwa 200 Soldaten und interahamwe (jugendliche Hutu-Milizionäre) gesessen hatten. »Heute Nacht will ich keinen einzigen lebenden Tutsi mehr im Ntarama-Sektor sehen«, hatte er ihnen angeblich gesagt. Die Angreifer hatten die Fenster aufgebrochen und Granaten hineingeworfen – möglicherweise einige der 20.000 Splittergranaten, die Südafrika an Ruanda verkauft hatte. Dann hatten sie die Überlebenden mit Kugeln und Macheten umgebracht.

Direkt vor der Kirche fanden Tutu und die anderen säuberlich geordnete Reihen gebleichter Totenschädel, die hoch auf einer dunklen, aus Ästen zusammengebauten Plattform aufgebahrt waren. Sie wurden in die schummerig beleuchtete Kirche geführt und erspähten etwas in der Dunkelheit, das auf den ersten Blick wie

Abfall wirkte, der auf und zwischen den niedrigen Kirchenbänken verteilt lag. Es dauerte nur Sekunden, um den kränklich-süßlichen Geruch des Todes wahrzunehmen, der den Geist derart durchdringt, so dass man ihn irgendwie noch Tage später in der Nase hat. Sie gingen über und an den 15 Monate alten Überresten menschlicher Wesen vorbei, die dort lagen, wo sie niedergemetzelt worden waren – ihr fauliges Fleisch verhüllt in die verrottenden Kleidungsstücke.

Als er die Kirche verlassen hatte, wandte sich Tutu um und sah zu der Plattform mit den Schädeln hinüber. Von seinen Gefühlen übermannt brach er zusammen und schluchzte untröstlich. Es dauerte eine Weile, bis er die Fassung wiedererlangte. Dann setzte er seine Reise zu dem nahegelegenen »Nelson Mandela Friedensdorf« fort, wo er eine kurze Rede hielt, in der er die Arbeit des Dorfes mit der Wiederauferstehung nach der Kreuzigung verglich.

Beim Besuch der Kirche in Ntarama, Ruanda. Die nach dem Genozid gegründete Regierung nahm Besucher mit zu dieser Kirche, um die schrecklichen Auswirkungen des Genozids von 1994 zu verdeutlichen, bei dem die internationale Gemeinschaft nicht eingeschritten ist.

Zurück in Kigali hielt Tutu Treffen mit politischen Oberhäuptern und der Übergangs-Nationalversammlung ab. Er änderte seinen Denkansatz leicht ab, ohne sich jedoch zu erlauben, von seiner Kernaussage abzuweichen. Bizimungu und seinem Vizepräsidenten, dem RPF-Oberhaupt Paul Kagame, sagte er, dass sie etwas gegen die Überfüllung der Gefängnisse tun mussten. Dies mündete in einer kreativen Diskussion, bei der Kagame – er war weithin als der militärische Machthaber hinter der Regierung bekannt – bemerkte, dass es unmöglich sei, jeden Verbrecher vor Gericht zu stellen. Tutu begann seine Rede vor der Nationalversammlung, indem er deutlich aussprach, was er für selbstverständlich hielt: dass der Genozid böse und unentschuldbar sei. Jedoch, so behauptete er weiterhin, sei er nicht unverzeihbar.

Der Moment, bei dem Tutu die Bürger Ruandas – oder zumindest ihre Kirchenoberhäupter – vielleicht am tiefsten berührte, war bei einer Rede nach einem Abendessen. Wie auch jede andere Institution waren die Kirchen im Hinblick auf das Thema »Genozid« innerlich zerrissen. Manche Kleriker hatten mutig Gemeindemitglieder gerettet. Andere waren Komplizen oder sogar Mörder gewesen – entweder aus Überzeugung oder um das Leben ihrer Familien zu retten. Und viele, die das gestürzte Regime unterstützt hatten, waren aus dem Land geflohen. Tutu erzählte eine Geschichte – für gewöhnlich erzählte er sie in Südafrika –, in der er sich über Vorurteile lustig machte. Er bat seine Zuhörer sich vorzustellen, dass die Größe der Nase anstelle der Hautfarbe als das physische Attribut gelten würde, das ausschlaggebend für Privilegien und Chancen sei. Wie andernorts auf der Welt wurde die Geschichte mit Ausgelassenheit aufgenommen. In diesem Land allerdings hatte sie eine besondere Tiefe. Obwohl Sozialanthropologen der Ansicht waren, dass Hutus und Tutsis eher politisch als ethnisch definierte Gruppen seien, waren in Wirklichkeit Gesichtsmerkmale als ein gängiger Indikator für Identität bekannt: Von einem typischen Tutsi erwartete man eine schmale, schlanke und von einem Hutu eine breite, flache Nase. Nach seiner Rede offenbarte Tutu, dass er Kenntnis darüber hatte. Das Lachen wurde verhaltener – eher nervös und verstreuter – als er die Angelegenheit weiter ausführte und seinen Standpunkt verdeutlichte, indem er die Worte Christi im Matthäusevangelium umformulierte: »Wahrlich ich sage euch: Was ihr getan habt einem unter diesen meinen geringsten Brüdern – mit dieser oder jener Nase – das habt ihr mir getan. Ihr habt diesen getötet, weil seine Nase so ist. Ihr habt jenen getötet, weil seine Nase so ist. Ihr habt Gott getötet. Ihr habt Jesus Christus getötet.«[98]

Seine umstrittenste Arbeit verrichtete Desmond Tutu außerhalb Südafrikas und in Ländern, in denen er Regierungen dazu drängte, mit denjenigen zu verhandeln, die als Terroristen betrachtet wurden. Seine ersten hochgradigen Erfahrungen mit den Spannungen in Nordirland machte er bei der Lambeth-Konferenz im Jahre 1988. Unterstützt durch die südafrikanischen Bischöfe schloss die Konferenz ein Abkommen über »Krieg, Gewalt und Gerechtigkeit«, in dem sie Verständnis für diejenigen äußerte, die – nachdem sie sämtliche andere Möglichkeiten ausgeschöpft hatten – auf den »bewaffneten Kampf« zurückgriffen. In den britischen Medien kam es daraufhin zu einem Aufschrei, denn die Irish Republican Army (IRA) bezeichnete ihre Kampagne, um Großbritannien aus Irland hinauszudrängen, als einen bewaffneten Kampf. Einige Zeitungen beschuldigten die Bischöfe den »Terror zu segnen«. Unzufriedene irische Bischöfe schlossen ihrerseits ein Abkommen. Tutu rief Robin Eames, das Oberhaupt der Irischen Kirche, aus dem Konferenzsaal und sie vereinbarten schnell einen Kompromiss: eine Verurteilung jeglicher Gewalt »im Falle Nordirlands«. Tutus Einverständnis basierte auf seiner Anerkennung der Tatsache, dass, seit jeder in Nordirland wählen durfte, von den Republikanern nicht gesagt werden konnte, dass sie sämtliche friedliche Möglichkeiten ausgeschöpft hatten, um ihre Ziele zu erreichen.

Drei Jahre später hielt Tutu die Predigt bei einem im Fernsehen übertragenen Gottesdienst in der Christ Church Cathedral in Dublin und verärgerte dabei erneut einige Unionisten. Die britische Regierung hatte parteienübergreifende Gespräche begonnen, lehnte jedoch ihre Zusammenarbeit mit Sinn Féin und der Provisional

98 In Bezug auf Matthäus 25,40.

IRA ab. Weitere zwei Jahre mussten noch vergehen, ehe John Major, der Nachfolger Margaret Thatchers, geheime Kontakte mit Sinn Féin eingestehen würde. Tutu begann mit einer vorsichtigen Verurteilung jeglicher Gewalt – von welcher Seite sie auch immer kommen mochte. Er fuhr fort mit einem Appell für eingeschlossene Verhandlungen: »Lassen Sie niemanden denken, er werde ausgeschlossen. Jede Gruppe, wie klein sie auch sein mag, die einen wirklichen oder eingebildeten Groll hegt, darf sich nicht ausgeschlossen fühlen. Andernfalls können Sie dem Frieden Lebewohl sagen. Lassen Sie sie sich von denjenigen repräsentieren lassen, die sie als ihre glaubwürdigen Fürsprecher betrachten.« Als Tutu nach dem Gottesdienst die Kirche verließ, scharrten sich Journalisten um ihn und wollten wissen, ob er zu Gesprächen mit Sinn Fein aufgerufen habe. Tutus Antwort war ebenso zurückhaltend wie seine Predigt: Die Iren müssten selbst entscheiden. Er kehrte in die Kathedrale zurück, um sich mit der irischen Präsidentin Mary Robinson zu treffen, die den Gottesdienst besucht hatte. Auf dem Weg hinein fing ihn der britische Botschafter in einem Korridor ab und bat ihn, Stillschweigen zu bewahren. Es seien empfindliche Entwicklungen in Gange, sagte der Diplomat, und er könne alles ruinieren.

Bei Tutus nächstem Besuch trugen die empfindlichen Entwicklungen Früchte. Fünf Monate nach dem Karfreitags-Abkommen im Jahre 1998 und zwei Wochen, nachdem David Trimble, das Oberhaupt der Unionisten, Gerry Adams von Sinn Féin zum ersten Mal getroffen hatte, reiste Tutu nach Belfast, um eine Ansprache vor Friedensaktivisten zu halten.

Obwohl sich der Friedensprozess in einem Streit über Entwaffnung festgefahren hatte, versicherte er besorgten Fragenstellern, dass Südafrika ähnliche Krisen überlebt habe. Robin Eames, dessen unionistische Wählerschaft ihm anscheinend keine Handlungsfreiheit gewähren wollte, die Tutu für sich in Südafrika hatte geltend machen können, hatte sich noch nicht mit Adams getroffen. Tutu hingegen entschied sich, eine Einladung in das Connolly House anzunehmen, dem Hauptquartier von Sinn Fein in West Belfast. Dort und bei Treffen mit Trimble und John Hume von der

1999 nahm Tutu die Einladung von Gerry Adams, dem Anführer der Sinn Féin, an und besuchte ihn im Connolly House, dem Hauptquartier der Partei im Westen von Belfast.

Social Democratic and Labour Party forschte er nach Möglichkeiten, um die Blockade aufzuheben. Drei Jahre später spielte er abermals die Rolle des Vermittlers in den Angelegenheiten Nordirlands, als er eine katholische Grundschule in Nord Belfast besuchte, die als Schauplatz für Demonstrationen der Unionisten diente.

Im mittleren Osten wurden Tutus Appelle für Verhandlungsgespräche und die Anerkennung des palästinensischen Staates – in jedem Fall schon kontrovers genug – durch andere Faktoren verkompliziert.

Ein Vorbote der Hitze, die sein Mitwirken an Diskussionen über Israel und Palästina umgeben würde, war ein energischer Streit in New York im Jahre 1987 mit Ed Koch, dem Bürgermeister der Stadt. Dank eines Arrangements, das sein Freund Hays Rockwell getroffen hatte, wurde Tutu eingeladen, um Koch zu treffen. Aufgrund des Verhältnisses vom Bürgermeisters zu den schwarzen Bürgern New Yorks war Rockwell gezwungen, sich eine List auszudenken, um die beiden zusammenzubringen: Er veranstaltete eine Charade, bei der er Tutu in sein Apartment einlud, nur um ihn zu einer im Stockwerk darüber stattfindenden Dinner-Party seiner Nachbarn mitzunehmen. Einer der anderen Gäste war Koch. Rockwell erinnerte sich, was dann geschah:

> »Wir hatten ein Glas Wein und dann begannen Desmond und Koch zu streiten und stritten sich zweieinhalb Stunden lang. Wissen sie, was das Thema war? Die ganze Zeit über dasselbe Thema: Ob der Nationalstaat Israel in den Augen anderer Nationen einen besonderen Status haben sollte. Desmonds Wut schöpfte sich aus dem Umstand, dass Israel Waffen an die Apartheid-Regierung verkauft hatte. Koch sagte: ›Man kann Israel nicht einen höheren Stellenwert einräumen, als jedem anderen [Staat].‹ Desmond erwiderte, dass sie ein Nationalstaat geworden seien, da sie versprochen hatten, ein Vorbild für [andere] Nationen zu seien. Und sie seien kein Vorbild für [andere] Nationen, da sie Waffen an die Apartheid-Regierung verkauft hatten. Die Gastgeberin weinte. Sie sagte, die Party sei ruiniert. Doch die beiden Männer machten einfach weiter.«

Das Thema der militärischen Kooperation zwischen Israel und Südafrika hatte – wenn es auch kaum bekannt gewesen war – spätestens seit 1971 die öffentliche Bühne der Vereinigten Staaten betreten, als C. L. Sulzberger in der *New York Times* eingehend über das Verhältnis zwischen den beiden Ländern berichtet hatte. Es gebe, schrieb er, »bedeutende militärische Absprachen«, doch die Einzelheiten seien »nicht bestätigt und gänzlich von den Sicherheitskräften geheim gehalten.« Gründlich bearbeitete Dokumente aus den späten 1970ern und 1980ern, die durch die Arbeit des National Security Archive der George Washington University klassifiziert wurden, belegen, dass die US-amerikanischen Sicherheitsdienste ein strenges Auge auf Berichte über militärische und nukleare Kooperation hatten. Richard A. Clarke, der ehemalige Terrorismusbekämpfungsexperte des Weißen Hauses, berichtete, wie er nach Sichtung des Comprehensive Anti-Apartheid Act im Jahre 1987 nach Israel entsandt worden war, um die Nachricht zu überbringen, dass die Verteidigungsbeziehungen mit Südafrika beendet werden müssten. Offenbar willigte das israelische Kabinett ein, doch der Verteidigungsgeheimdienst und das Außenministerium berichteten noch im Jahre 1989 über mögliche Kooperationen.

Anfang 1989 griff Tutu das Thema bei einem Besuch in New York öffentlich auf. Bei einer entscheidenden Rede in der Stephen Wise Free Synagogue erweiterte er seine Kritik durch zusätzliche Kommentare, die zum Auslöser einer anhaltenden, manchmal hitzigen Debatte wurden. Er begann, indem er beschrieb, wie die Heilige Schrift, die den Christen als das Alte Testament bekannt sei – und besonders die Lehren der israelitischen Propheten – seine eigenen Predigten gegen die Apartheid untermauert hatten. »Sie sind der Welt ein gewaltiges Vorbild gewesen«, sagte er. »Wir sind stolz, die Reichtümer unseres jüdischen Erbes anzuerkennen.« Er zollte seine Anerkennung gegenüber jüdischen Anti-Apartheid-Verfechtern wie Helen Suzman. Er dankte Gott, dass Israel zu einer Nation geworden war. Er bekräftigte das Recht Israels auf »territoriale Integrität und fundamentale Absicherung gegen Angriffe von jenen, die ihm sein Existenzrecht absprechen wollen«. Er verurteilte jegliche Art von Terrorismus – ganz gleich, von wem er ausgeübt wurde. Er lobte den Protest Israels gegen Massaker in libanesischen Flüchtlingslagern: »Diese Demonstranten haben Israel stolz gemacht und haben bewiesen, dass es als ein Land fundamental demokratisch ist. Es schreckt nicht vor Selbstkritik zurück.«

Schließlich wandte er sich Südafrika zu und sagte – zu wiederholtem Beifall –, dass er nicht verstehen könne, »wie Menschen mit Ihrer Geschichte der Regierung von Israel erlauben können, getrennt von dem Volk, die Art von Beziehung mit der Regierung Südafrikas einzugehen, die sie [nun] führt. Wir können nicht verstehen, wie Juden mit einer Regierung kooperieren können, von der viele ihrer Mitglieder mit Hitler und den Nazis sympathisieren«. Solch eine Kooperation zu kritisieren sei nicht antisemitisch, fügte er hinzu: »Ob mich die Juden beschuldigen oder nicht, in dieser Angelegenheit werde ich auch weiterhin höchst kritisch gegenüber Israel sein.« Dann betrat er mit seinem Publikum ein unsichereres Terrain, indem er sagte, dass es ein weiteres Hindernis auf dem Weg der besseren Beziehungen zwischen Schwarzen und Juden gäbe – die Palästinenserfrage:

> »Wegen meiner Befürchtung, ein Antisemit genannt zu werden habe ich vor heute Abend noch nicht in der Öffentlichkeit über dieses Thema gesprochen. Ich muss sagen, dass ich es sehr, sehr schwierig finde, die Politik Israels in dieser Angelegenheit zu verstehen. Ich habe keine Kenntnis über sämtliche Faktoren, die eine Rolle spielen. Aus zwei Gründen ist mein Standpunkt umso schwieriger. Ich bin Christ, viele der Palästinenser sind Christen, tatsächlich sind viele [von ihnen] Anglikaner und ihre Qualen zerreißen mir das Herz. Zweitens bin ich ein schwarzer Südafrikaner und wenn man die Ortsnamen änderte, könnte das, was im Gazastreifen und im Westjordanland geschieht, eine Beschreibung dessen sein, was sich in Südafrika abspielt.
> Das ist unheimlich und zutiefst, zutiefst erschreckend. Israel kann das nicht tun. Das befindet sich außerhalb seiner biblischen und geschichtlichen Traditionen. Israel, oder sagen wir, die Juden, die so viel gelitten haben, können ihrer Regierung nicht erlauben, andere Menschen so sehr leiden zu lassen. Die Juden, die so lange verdrängt worden waren, können ihrer Regierung nicht erlauben, andere zu verdrängen. Die Juden, die Opfer von tief greifender Ungerechtigkeit gewesen sind, können ihrer Regierung nicht erlauben, andere die Opfer von Ungerechtigkeit werden zu lassen. Das ist ein so erschreckender Widerspruch.«

Einige Monate nach Tutus Rede reiste eine Delegation von anglikanischen Erzbischöfen nach Jerusalem, um eine ihrer regulären Versammlungen abzuhalten. Tutu verpasste die Reise, nahm jedoch die Einladung Samir Kafity, dem Bischof von Jerusalem, an, über Weihnachten eine Pilgerfahrt zu machen. Die israelischen Machthaber betrachteten sein Vorhaben, palästinensische Anglikaner zu besuchen, mit größter Besorgnis. Es war zwei Jahre bevor die von Yitzhak Shamir geleitete Regierung vorläufige Gespräche mit den Palästinensern in Madrid abhielt und vier Jahre bevor eine andere Regierung mit der Palestine Liberation Organisation (PLO)

Verhandlungen in Oslo führte. Im Oktober hatte sich Tutu mit Yasir Arafat in Kairo getroffen, wo er mit ihm über die Situation von Palästinensern in von Israel verwalteten Gebieten diskutiert und ihn dazu gedrängt hatte, Israels Existenzrecht anzuerkennen. Die Israelis waren im Besonderen über die Möglichkeit besorgt, dass Tutu Parallelen zwischen Israel und Südafrika ziehen könne. Als sein Besuch zeitlich näher rückte, äußerten Amtspersonen ihre Bedenken darüber, dass er die Intifada vorantreiben könne, den Palästinenseraufstand, der im Jahre 1987 begonnen hatte. Kafity erhielt Morddrohungen. Tutu heizte die Befürchtungen der Israelis weiter an, als er der Zeitung *Ha'aretz* den Grundgedanken seiner Rede in der Stephen Wise Synagoge darlegte.

Es war nicht sonderlich hilfreich, dass Tutu in den frühen 80er-Jahren Kommentare abgegeben hatte, die nicht derartig vorsichtig formuliert gewesen waren wie jene aus dem Jahre 1989. In Südafrika beäugten die Schwarzen weiße Menschen kritisch, wenn diese sagten: »Einige meiner besten Freunde sind Schwarze.« In den Augen vieler Juden machte sich Tutu eines ähnlichen Verhaltens schuldig, als er Antisemitismus-Beschuldigungen abwehrte, indem er sagte: »Mein Zahnarzt ist ein Dr. Cohen.«[99] Selbst liberale jüdische Freunde waren verärgert, als er den Einfluss der pro-israelischen Kräfte in den Vereinigten Staaten diskutierte. Er hätte Boden gutmachen können, wenn er gesagt hätte – wie einige Zeit später ein Schriftsteller im *New Yorker* schrieb –, dass das American Israel Public Affairs Committee »ein Gigant unter den Lobbygruppierungen« sei. Stattdessen sagte er, nachdem er den Nobelpreis gewonnen hatte, bei einer Ansprache – er appellierte für die Unterstützung in der Apartheid-Sache – vor dem Jewish Theological Seminary in New York: »[Die] Juden sind eine machtvolle Lobby in diesem Land.« Burton L. Visotzky, ein Sympathisant vom Seminary, erklärte in einem persönlichen Brief, wie Tutus Worte aufgenommen worden seien:

99 Anm. d. Übers.: der biblische Name der jüdischen Priesterkaste. Sie gelten als direkte Nachfahren Aarons, einem Bruder Moses.

»Wie die unterdrückten Schwarzen haben auch wir ein gutes Gehör für die Rhetorik der Unterdrückung entwickelt. Es hat einen Grund, dass einige in unserer Gemeinschaft überrascht waren, Worte von ihnen zu hören, wie ›machtvolle jüdische Lobby‹ oder ›Die Juden müssen anders sein‹ oder ›Ich trage keine Faser des Antisemitismus in meinem Körper‹. Diese Sprechweise verbindet man normalerweise mit dem Diskurs, der sich uns als weniger philo-semitisches Element darstellt. Selbst bei dem verständnisvollsten jüdischen Publikum stellen sich durch so etwas die Nackenhaare auf. Ein Teil des Problems liegt in unserer Überempfindlichkeit, doch ein anderer Teil liegt in einem Mangel an Wissen über unsere Angelegenheiten und Vorstellungen. Unglücklicherweise mag dieser Fauxpas zum Fokus der Aufmerksamkeit Ihrer Zuhörer werden und die zentrale Botschaft ihrer Rede kann in dem Durcheinander verlorengehen.«

In dem Maße, in dem Tutu später Visotzkys Rat folgte, reduzierte er die Zielfläche für Angriffe auf seine Person. Allerdings öffnete im Dezember 1989 eine pro-israelische Gesangsgruppe ihre Akten, fand dort Tutus Bemerkungen, die er vor dem Seminary geäußert hatte. Sie nutzten diese und weitere Bemerkungen und bereiteten sich auf einen Schlag gegen das vor, was sie als einen »spektakulären Anti-Israel-Blitz in der Welt der Medien« prognostizierten.

Tutu traf mit Michael Nuttall und seinem Sachbearbeiter Njongonkulu Ndungane in Jerusalem ein und fand eine Atmosphäre vor, die dem ähnlich war, was man in seiner Heimat nach dem Soweto-Aufstand die »schwarze Weihnacht« genannt hatte. Als Protest gegen Israels Besetzung des Westjordanlands und die Unterdrückung der Intifada zelebrierten die palästinensischen Christen lediglich die religiösen Riten. Von Schmuck und Geschenken war abgeraten worden. Die Pilgerfahrt begann friedlich mit einer Reihe von Besuchen bei religiösen Oberhäuptern und von heiligen christlichen, jüdischen und muslimischen Stätten.

An Heiligabend machte sich Tutu auf den Weg zu einer Predigt im Shepherd's Field nahe Bethlehem, das außerhalb Beit Sahour lag, einer größtenteils christlichen Stadt, die von der israelischen

Armee belagert wurde. Als sie aus ihren Autos stiegen, wurden Tutu, Nuttall und Kafity von tausenden von Palästinensern umlagert. Sich den Israelis widersetzend, wedelten einige mit Olivenzweigen und sangen: »ANC, PLO« »PLO, Israel Nein«. Frauen hielten Schilder hoch, auf denen geschrieben stand: »Nein zu Rassismus und Besatzung. Ja zur Demokratie und Unabhängigkeit.« Weihnachtslieder und Lesungen aus dem Neuen Testament vermischten sich mit der überschwänglichen Resonanz einer improvisierten politischen Massenkundgebung. Begleitet von Applaus, Beifallsrufen und Pfiffen bekräftigte Tutu seine Unterstützung der palästinensischen nationalen Eigenständigkeit. »Allerdings«, fügte er hinzu, »sagen wir auch, liebe Brüder und Schwestern, dass die Juden ebenso ein Recht auf ihren unabhängigen Staat haben.« Wie in einigen afrikanischen Ländern wurden seine Beschreibungen des Leids der schwarzen Südafrikaner sehr emotional von den Palästinensern aufgenommen. Sie lachten, als er während seines Vortrags einige Male innehielt und sie erinnerte: »Ich spreche von Südafrika.« Tutu sagte, dass in der Heiligen Nacht etwas Weltbewegendes in Betlehem geschehen sei und dass Gott entschieden habe, seine Botschaft den Hirten zu überbringen: »Gott sorgt sich besonders um jene, die die Welt für unwichtig erachtet. Gott steht auf der Seite derer, die die Welt verachtet. Gott steht auf der Seite derer, die die Welt brutal behandelt. Gott ist mit jenen, die sie unterdrückt.« Von einem Reporter wurde dies als Kommentar gedeutet, dass Gott auf der Seite der Palästinenser stehe, was den obersten südafrikanischen Rabbi verärgerte.

Später an diesem Nachmittag benachrichtigten die israelischen Autoritäten während der Mitternachtsmesse die St. George's Cathedral, dass es eine Bombendrohung gegeben habe. Bischof Kafity misstraute dem Ganzen und weigerte sich, die Kirche zu evakuieren. Doch Tutu sagte, es sei besser auf Nummer sicher zu gehen. Die Gemeinde beendete den Gottesdienst unter freiem Himmel in einem Innenhof. Bei einer Predigt vor einer arabisch sprechenden Gemeinde am Weihnachtsmorgen drängte Tutu Israel, Gespräche mit den glaubwürdigen Vertretern der Palästinenser zu beginnen. Am darauffolgenden Tag war Tutu auf dem Weg nach Yad Vashem, dem Holocaustdenkmal, als er ein Graffiti entdeckte, das man außerhalb des Kathedralengrundstücks angeschmiert hatte. Dort stand: »Tutu ist ein schwarzes Nazi-Schwein.«

Der Großteil seines Programms wurde von der örtlichen Kirche geplant. Die Besichtigung von Yad Vashem war Tutu von einem jüdischen Freund in Südafrika empfohlen worden und wurde auf seine Initiative hin in das Programm mit aufgenommen. Samir Kafity kam dem entgegen, doch einige Laienanglikaner versuchten persönlich, die Gruppe an der Besichtigung zu hindern. »Der Holocaust ist nicht die andere Seite der Geschichte«, argumentierte einer. »Wir [die Palästinenser] waren für den Holocaust nicht verantwortlich.« Trotzdem machte sich Tutu auf den Weg und verbrachte eine Stunde mit der Besichtigung des Denkmals. Er legte einen Kranz nieder, sprach ein Gebet und schrieb in ein Kondolenzbuch: »Es ist eine erschütternde Erfahrung und die Welt darf niemals unsere gegenseitige Unmenschlichkeit vergessen.« Draußen sagte er Journalisten, es sei wichtig, die Welt daran zu erinnern, dass menschliche Wesen in solche Tiefen abrutschen konnten. Auch sei es wichtig, sich an die Vergebung zu erinnern: »Wie unser Herr sagen würde – und was auch die Propheten gesagt haben – [ist, dass] die positive Sache, die kommen kann, der Geist der Vergebung ist – nicht des Vergessens –, aber der Geist, der sagt: ›Gott, das geschieht uns. Wir beten für jene, die es tun. Vergib ihnen. Hilf uns zu vergeben und hilf uns, so dass wir unsererseits kein anderes Leid verursachen werden.‹«

Seine Bemerkungen – in Ergänzung zu denen über die Palästinenser – verursachten eine Lawine der Kritik. Ed Koch nannte Tutu in einer neuen Kolumne für die *New York Post* einen »gewöhnlichen Dritte-Welt-Radikalen«, der mit Arglist handele. Der American Jewish Congress sagte, dass, wenn es ihm nicht gelinge, etwas über die Mitschuld der Christen am Holocaust zu sagen, »er zumindest [hätte] respektvoll schweigen können.« Die Anti-Defamation League der B'nai B'rith sagte, er habe eine grundlegende Naivität gegenüber dem Judentum bewiesen. Israels Minister für Religionsangelegenheiten kritisierte den Vergleich mit Südafrika und leugnete, dass das politische System Israels auf einer Doktrin der Überlegenheit basiere. Bei der Amtseinführung von David Dinkins als erster schwarzer Bürgermeister von New York City warf ein Demonstrant eine Wasserbombe auf das Podium, als Tutu zu sprechen begann. Die Bombe traf einen Stadtrat. Im Mai 1990 erschienen sieben Mitglieder der militanten Jewish Defense League in einer Kirche in Pasadena in Kalifornien, wo Tutu eine Predigt hielt, und schrien: »Warum hassen sie die Juden?« und »Tod der PLO!«

Die weihnachtliche Pilgerfahrt bescherte Tutu auch die zähesten Diskussionen, die er jemals mit jüdischen Oberhäuptern geführt hatte. Sie wurden von der Episkopalkirche in Cincinnati in Ohio arrangiert, wo eine Delegation – sie wurde von Alfred Gottschalk geleitet, dem Präsidenten des Jüdischen Instituts für Religion des Hebrew Union Colleges – Tutu kritisierte, da es ihm nicht gelungen sei, die prekäre Situation der Juden im Großteil der Welt zu verstehen. Tutu zeigte sich leidenschaftlich und bedauerte, die langanhaltende Ablehnung der arabischen Staaten, die Existenz Israels anzuerkennen, verteidigte jedoch seine Kritik gegenüber der Regierungspolitik. In mancherlei Hinsicht sei die Behandlung der Palästinenser schlimmer als die der schwarzen Südafrikaner; er sagte: »Ich habe das nicht in der Öffentlichkeit gesagt, aber ich habe Dinge gesehen, die mich schockiert haben. Bei meinen Erlebnissen mit der Apartheid habe ich niemals [gesehen, dass], wenn ein Kind, das mit Steinen geworfen hat, zu Hause aufgegriffen wird, sein Haus abgerissen oder versiegelt wird.« Jedoch zog er eine scharfe Trennlinie zwischen den Juden und Israel: »Ich beschuldige nicht die Juden. Ich beschuldige die israelische Regierung.« Die Versammlung gab einen gemeinsamen Befund heraus, der besagte, dass die jüdischen Oberhäupter der Meinung seien, Tutus Kritik an Israel sei »asymmetrisch«. Die Versammlung teilte jedoch seine Bedenken, ungerechtfertigt als anti-semitisch bezeichnet zu werden.

Zehn Jahre später – nach dem Abkommen von Oslo und den Anhörungen der Wahrheits- und Versöhnungskommission – reiste Tutu nach Tel Aviv. Er war von Shimon Peres, der nun auch ein Friedensnobelpreisträger war, zu einem Treffen des Peres Center for Peace eingeladen worden. Er war beunruhigt darüber, wie man ihn empfangen würde, doch nach dem Treffen war er dankbar von beiden Gruppen – den Palästinensern im Westjordanland und den Juden in Jerusalem – willkommen geheißen zu werden. Besonders freute er sich darüber, in Jerusalem nach den Prozessen der Wahrheits- und Versöhnungskommission in Südafrika gefragt zu werden. Doch sein Sinn des Wohlbefindens überlebte nicht den Kollaps des Friedensprozesses in Camp David im Jahre 2000 und die Wahl einer neuen israelischen Regierung. Im Jahre 2002 denunzierte er die israelische Politik erneut in einer weit verbreiteten Rede in Boston, in der er auch zu einem Investitionsabbau in Israel aufforderte. Das Simon Wiesenthal Center in Los Angeles kritisierte ihn entschieden. Nach seinem mittlerweile fast 60-jährigen Kampf war noch immer kein Ende in Sicht. Abermals verglich er Südafrika mit dem Mittleren Osten. Zu diesem Anlass zeigte er bei seinen Bemerkungen – die an den Israelis und ebenso an den Palästinensern Kritik übten – auch Unterschiede auf: »Eine Sache, die wir in Südafrika erreicht haben [und] die heute im Mittleren Osten fehlt, ist die Qualität der Führung – Führungspersönlichkeiten, die gewillt sind, ungeliebte Kompromisse einzugehen, die sich gegen ihre eigene Wählerschaft stellen, denn sie haben die Weisheit zu sehen, dass das letztendlich den Frieden möglich machen kann.«

Tutus Kampfeslust war gezügelter, wenn er im Ausland war, als wenn er sich in seinem Heimatland aufhielt. Auf dieselbe Art und Weise, in der er versuchte, sich davon abzuhalten, zu tief in die Entscheidungsprozesse der anderen Anglikanischen Kirchen einzugreifen, lehnte er Einladungen ab, sich Straßendemonstrationen im Ausland anzuschließen. Als er Anfang 2003 als Wissenschaftler an der University of North Florida in Jacksonville wohnte und arbeitete, machte er eine Ausnahme.

Während der amerikanischen und britischen Vorbereitungen auf den Irakkrieg sagte er in einer britischen Fernsehsendung über das Zeitgeschehen, es sei »irrsinnig« von Premierminister Tony Blair zu erwarten, dass er George W. Bush zur Hilfe eile. Einige Wochen später sprach er am Telefon mit Bushs damaliger Nationaler Sicherheitsberaterin Condoleezza Rice und drängte, dass die Vereinigten Staaten nicht ohne eine Resolution durch den Sicherheitsrat der Vereinten Nationen in den Krieg ziehen sollten. Militäraktionen ohne ein solches Mandat seien unmoralisch, sagte er Rice, und er würde sie (die Aktionen) öffentlich als bösartig anprangern. Seine Empfindungen waren derart stark, dass er schließlich seinen Vorsatz aufgab und eine Einladung annahm, eine der Antikriegskundgebungen zu unterstützen, die vielerorts in den Vereinigten Staaten – und in der Welt – am Wochenende des 15. und 16. Februars abgehalten wurden.

Bei eisigen Temperaturen schloss er sich einer Demonstration in den Straßen von New York an, deren Teilnehmerzahl von der Polizei auf 100.000 geschätzt wurde. Zu einem Zeitpunkt erstreckte sich die Masse von Demonstranten, soweit er sehen konnte, von dem Gebäude der Vereinten Nationen aus bis in die First Avenue – 20 Häuserblocks. Weitere verstreuten sich in die Second und Third Avenue. Es war weder die Zeit noch der Ort für weit ausschweifende Reden und Tutu beschränkte seine Rede auf sechs Minuten. Er machte einen Witz über das Wetter und sagte, dass Gott erfreut sei, sie zu sehen: »Gott sagt: ›Hey, sind sie nicht nett?‹« Er sagte, die Theorie des gerechten Krieges besage, dass nur eine rechtmäßige Autorität einen Krieg erklären könne. In diesem Fall seien nur die Vereinten Nationen eine solche Autorität. Die Theorie besage außerdem, dass Krieg die letzte Lösung sein musste. In diesem Fall seien friedliche Lösungen nicht ausgeschöpft worden. Er schloss mit einer Straßenrede im südafrikanischen Stil:

> »Jetzt frage ich euch: Was sagen wir zum Krieg? (›Nein!‹) Ich kann euch nicht hören! (Lachen.) Was sagt ihr zum Krieg? (›Nein!) Was sagt ihr zu Tod und Zerstörung? (›Nein!‹) Was sagt ihr zum Frieden? (›Ja!‹) Ich kann euch nicht hören. Was sagt ihr zum Frieden? (›JA!‹) Was sagt ihr zum Leben? (›JA!‹) Was sagt ihr zur Freiheit? (›Ja!‹) Was sagt ihr zum Mitgefühl? (›Ja!‹) Gut, wir wollen sagen: Präsident Bush, hören sie auf die Stimme der Menschen. Oftmals ist die Stimme der Menschen die Stimme Gottes. (Applaus.) Hören sie auf die Stimme der Menschen, die sagt: ›Geben sie dem Frieden

eine Chance.‹ (Applaus.) Geben sie dem Frieden eine Chance. Lasst es uns noch einmal sagen, sodass sie es im Pentagon hören, sodass sie es im Weißen Haus hören. Was sagen wir zum Krieg? (›Nein!‹) Was sagen wir zum Frieden? (›JA!‹)«

Epilog

Für jene, die in Gesellschaften für einen grundlegenden Wandel kämpfen, die auf seit lange bestehender und tief verwurzelter struktureller Ungerechtigkeit basieren, ist es schwer, diesen Wandel in ihrer eigenen Generation zu bewirken und noch schwerer, lange genug zu leben, um die Erfolge zu sehen. Gandhi sah wie Indien seine Unabhängigkeit erlangte, überlebte jedoch nicht die Gewalt der Teilung des Landes. Martin Luther King jr. sagte den Menschen von Memphis in seiner berühmten Ansprache am Abend vor seiner Ermordung, er habe auf der Spitze des Berges gestanden und das »Gelobte Land« gesehen, doch er betrat es niemals. Als im Jahre 2006 Desmond Tutus 75. Geburtstag näher rückte, fühlte er sich bestätigt und gesegnet: Bestätigt, da er – wie er es nannte – es liebte, geliebt zu werden – Niedergang der Apartheid hatte die falschen Anschuldigungen zu Fall gebracht, die er als »Staatsfeind Nummer eins« hatte ertragen müssen – und gesegnet, einer Generation anzugehören, die die Freilassung von Gefangenen, die Wiederkehr der Flüchtlinge und den Aufstieg der Demokratie erlebt hat.

Das bedeutet nicht, dass Desmond Tutu glaubte, der Übergang zur Demokratie erfülle seine oder Gottes Vision von Südafrika. Tutus eigene Vision fußte auf der Metapher eines Regenbogens, die er zum ersten Mal während der Missachtungs-Kampagne im Jahre 1989 benutzt hatte. Inspiriert von tausenden von Demonstranten – inklusive einer noch nie da gewesenen Anzahl an Weißen –, die auf seinen Wunsch hin ihre Arme von der einen Seite zur anderen schwenkten, beschrieb er sie als die »Regenbogenmenschen Gottes«. Später übernahm Mandela diese Metapher und ließ sie in seine Antrittsrede einfließen. Nach der Befreiung standen dem »Regenbogen-ismus«, wie Kritiker ihn nannten, harte Zeiten bevor. Einige Leute – wenn auch nur eine ziemlich kleine Minderheit – lehnte die nichtethnische Sichtweise ab. Eine inhaltsreichere Kritik äußerten diejenigen, die sie mit einem naiven, sentimentalen Glauben an eine nicht existierende multiethnische Harmonie verbanden – oder, noch schlimmer, mit der Billigung eines Status quo, in dem die Schwarzen noch in Armut und die Weißen in Luxus lebten. Der Kritik zum Trotz arbeitete Tutu weiterhin verbissen an einer Nation, in der jede der südafrikanischen Kultur- und Sprachgruppen ihre eigene besondere Schönheit demonstrieren konnte, jedoch auch an einer, in der die Schönheit des Ganzen die Summe ihrer einzelnen Bestandteile überragte:

> »Man versucht, die Menschen stets daran zu erinnern, dass es [das Land] ein Regenbogen ist, da die Farben unterschiedlich, [sich] jedoch [auch] ähnlich sind. Sie halten in ihrer Unterschiedlichkeit zusammen. Und ihre Unterschiede sind wichtig, Man sollte sie ehren. Er [der Regenbogen] erzählt von etwas, das sich entwickeln muss. Er ist nicht statisch. Auf eine Art und Weise ist er idealistisch. Man sagt, wir möchten einen Punkt erreichen, an dem wir uns feiern können. Man weiß aber, dass wir nicht sein können, wer wir sind, ehe man [selbst] nicht sein kann, wer man ist.«

60 Jahre nachdem er das erste Mal nach Sophiatown gekommen war, kehrte Tutu im Jahre 2004 in die Church of Christ the King zurück, um die Eröffnungsrede zu halten: »Naught for your comfort«,[100] benannt nach dem Buch von Trevor Huddleston. Zehn Jahre nach Nelson Mandelas Amtseinführung und einige Monate, nachdem Thabo Mbeki seine zweite Amtszeit begonnen hatte, maß Tutu die Gegenwart an den Hoffnungen, die bei der Befreiung geäußert worden waren. Er lobte die Regierung für ihre Erfolge, sprach jedoch auch einige Warnungen aus – beginnend mit der sich ausweitenden Ungleichheit des materiellen Wohlstands:

> »Wir alle haben die Fesseln der Apartheid gesprengt. Einige – eine kleine Elite – hat schon den Jordan in das Gelobte Land überquert. Andere – zu viele – irren noch immer durch die Wildnis der erniedrigenden, menschenunwürdigen Armut. Viel ist getan wor-

---

100 Anm. d. Übers.: auf deutsch etwa »Nichts für den Komfort«.

den. Menschen haben sauberes Wasser und Elektrizität, die das zuvor nicht gehabt haben. Doch wir sitzen auf einem Pulverfass, denn die Kluft zwischen Arm und Reich weitet sich aus und einige der Superreichen sind nun Schwarze.«

Des Weiteren kritisierte er Rüstungsinvestitionen, die Politik der Regierung gegenüber Simbabwe und – was sehr kontrovers war – die Dominanz der Nguni-sprachigen Oberhäupter in der Regierung, die, wie er sagte, ethnische Feindseligkeit hervorrufen könne, »die eines Tages explodieren kann«. Er ergänzte, dass eine dynamische Demokratie von »energischen Debatten, Meinungsverschiedenheit, Uneinigkeit und Diskussionen [abhängt]. Niemand ist unfehlbar. Keine Regierung kann Gott sein.« Über die Rede wurde kaum berichtet und sie geriet nahezu in Vergessenheit. Drei Monate später sprach er viele der Punkte noch einmal an, als er die jährliche Nelson Mandela Lecture in Johannesburg hielt. Er ließ die Warnung vor ethnischen Spannungen heraus und legte sein Hauptaugenmerk eher auf Mbeki. Er lobte den Beitrag des Präsidenten für die Förderung von Einigkeit, Frieden und Entwicklung in Afrika. Dann gab Tutu Kommentare von sich, die eine schneidende, monatelange Debatte hervorriefen. Er urteilte, dass der ANC unter Mbekis Führung einen »kriecherischen, unterwürfigen Systemzwang« einfordere, der von den Parlamentsmitgliedern verlange, das »Wahlvieh« der Partei zu spielen.

Tutus Verhältnis zu Mbeki war schon angespannt gewesen, bevor der Präsident 1999 sein Amt angetreten hatte – hauptsächlich wegen der Wahrheits- und Versöhnungskommission. Mbeki behauptete, die Kommission habe den militärischen Kampf gegen die Apartheid kriminalisiert. Tutu fand seinerseits, dass die Regierung die Entschädigungen nur halbherzig und langsam in Angriff nehme. Mbekis Widerwille, eine radikale Kampagne gegen Südafrikas HIV/AIDS-Pandemie zu leiten, verlieh ihrer Uneinigkeit zusätzliche Schubkraft. Tutu war ein früher Vorkämpfer gegen AIDS – er machte öffentliche Ankündigungen im Fernsehen und vertrat das Anwenden von Kondomen und geschütztem Sex. Die Nelson Mandela Lecture genoss allgemeine Bekanntheit und Mbeki nutzte seinen wöchentlichen Eintrag auf der Homepage des ANC für einen bissigen Gegenangriff. Er nannte Tutu einen Populisten – diese Behauptung erinnerte an Mandelas Reaktion auf Tutus »Absahnen«-Rede –, der keinen Respekt vor der Wahrheit habe, die inneren Abläufe der Partei nicht kenne und ihre Mitglieder grundlos beleidigt habe. Die Partei gab eine aus zehn Aufsätzen bestehende Reihe heraus – »Die Soziologie des öffentlichen Diskurses im demokratischen Südafrika« –, die Tutus Recht auf eine eigene Meinung verteidigte, in der jedoch auch zu lesen war, dass diese sich mit dem Standpunkt einer politisch rechten Elite decke, die ihn zu einer Ikone gemacht und dann seine Kritikpunkte für ihre eigenen Zwecke missbraucht habe.

Eine Andeutung dessen, warum der ANC derart empfindlich reagierte, war schon zu einem früheren Zeitpunkt – im Jahre 2004 – von Moeletsi Mbeki gemacht worden. Er war ein politischer Kommentator und Geschäftsmann und außerdem der Bruder des Präsidenten. An die afrikanischen User der Nachrichtenhomepage *AllAfrica.com* hatte er geschrieben, dass die Macht der Regierung, verglichen mit der des privaten Sektors und der Zivilgesellschaft, in Südafrika viel geringer sei als andernorts auf dem Kontinent. Der ANC stehe in Anhängigkeit »von einer großen Zahl« von Verbündeten in den Gewerkschaften, den Nichtregierungsorganisationen und den Kirchen. Er hatte hinzugefügt: »Aus diesem Grund gibt es eine so große Beunruhigung, wenn Tutu dem ANC widerspricht, denn die Kirchen stellen eine große Wählerschaft für den ANC.«

Ein Jahr nach dem Streit nutzte Mbeki den 10. Jahrestag des ersten Treffens der Wahrheits- und Versöhnungskommission – den Tag der Versöhnung im Jahre 2005 –, um eine Versöhnungsrede zu halten, bei der er die Arbeit der Kommission würdigte. Im Jahre 2006 bemerkte Tutu seinerseits, dass die internen Störungen, die die Partei bei der Suche nach Mbekis Nachfolger erleiden musste, ein Hinweis auf eine gesunde Meinungsverschiedenheit sein mochten. Doch der ANC, beanstandete er, schien noch immer zu glauben, dass »der Partei die Weisheit innewohnt« – den Ansichten und Ideen von Südafrikanern außerhalb ihrer Reihen schenke sie zu wenig Beachtung.

Die Empfindlichkeit des ANC mag auch als eine vorbehaltlose Bestätigung zu lesen sein, dass Tutu Autorität und außerdem Einfluss auf die Wähler hatte. Nach den Kommissionsanhörungen schrieb der südafrikanische Schriftsteller und Akademiker Njabulo Ndebele Tutu »beachtliche moralische Autorität« zu, die einen »dauerhaften Abdruck im nationalen Charakter Südafrikas« hinterlassen habe. Ndebeles Ansicht wurde – aus einer anderen Perspektive – von Al Gore, dem ehemaligen Vizepräsidenten der Vereinigten Staaten, geteilt. Dieser verglich in einem Interview Tutus Autorität mit Gandhis »Wahrheitsmacht«. Gore – der von allen Freunden Tutus vermutlich am ehesten an der Ausübung großer nationaler Macht mitwirkte – argumentierte, dass moralische Autorität bei nationalen und internationalen Angelegenheiten nicht ohne Belang sei: »Seine [Tutus] Macht ist die Macht des Überredens. Das wirksame Einsetzen von moralischer Autorität, um Menschen von der Richtigkeit einer speziellen Handlungsweise zu überzeugen, ist eine sehr konkrete Macht. Im Laufe der Geschichte sind einige der wichtigsten Veränderungen durch die Ausübung eines moralischen Führungsstils seitens Personen geschehen, die überhaupt keine formelle Macht besessen haben mochten.« Kofi Annan, der Generalsekretär der Vereinten Nationen, bewertete Tutus Mitwirken bei internationalen Angelegenheiten als präzise, da er von außerhalb der Arena komme, die von diplomatischen Konventionen kontrolliert werde. »Jemand mit einer Stimme wie Desmond Tutu und seinen Erfahrungen und seiner Gestalt hat viel zu bieten«, sagte Annan dem Verfasser dieses Buches. »Sie sind oftmals freier als Organisationen wie die UN. Er kann oftmals Dinge sagen, die wir nicht sagen können und manchmal bei Angelegenheiten die Führung übernehmen, bei denen wir das vielleicht diplomatischer tun. Er ist eine Stimme für die Stimmlosen gewesen und er ist wirklich für Menschenrechte und Menschenwürde eingetreten – auf der ganzen Welt. Es ist gut, eine so unabhängige Stimme in der Nähe zu haben.«

Die Grundlagen von Tutus Gestalt und seiner moralischen Autorität waren in seiner Spiritualität und in seinem Glauben zu finden. Hierin zeichnete sich auch am deutlichsten sein Erbe ab.

In einer Ecke des kleinen Innenhofs der Tutus in Orlando West steht eine kleine anschauliche farbenfrohe Kapelle mit hohen Wänden und schlichten Kanten. Ruhig und kühl im Sommer, inmitten des Lärms und der Hitze Sowetos, ist sie ein Symbol für Tutus ständige Sehnsucht nach einem Leben der Ruhe und des Gebets. Im Jahre 1993, als Südafrika an der Schwelle zu einem Bürgerkrieg stand, schrieb ihm eine anglikanische Einsiedlerin – eine Nonne, die ein solches Leben führte – im Zuge eines ausführlichen Briefwechsels, dass er sich eine Zeit lang vor der Welt zurückziehen solle. »Sie sind zu lange eine Berühmtheit gewesen und das fordert seinen Tribut – nicht nur von ihnen, sondern auch von ihren Mitmenschen«, schrieb sie. »Sie müssen einmal mehr ihre Nichtigkeit vor Gott akzeptieren, so dass er sie mit seiner Liebe beschenken kann.« Ihre Erkenntnisse weckte starke Begeisterung bei Tutu. Noch war es ihm nicht möglich, ihnen nachzukommen. Gequält antwortete er ihr mit einem ungewöhnlich selbstrechtfertigenden Brief: »Als die Gewalt eskalierte – besonders durch die Ermordung von Chris Hani –, konnte ich nicht [einfach] ruhig dasitzen. Wie hätte ich nein sagen können, als sie mich fragten, ob ich Mitglied einer Delegation sein wolle, um die burmesische Regierung zu drängen, Aung San Suu Kyi freizulassen?« Der Kern seines Problems war es, dass das Sehnen nach Ruhe den Kräften widersprach, die sein Leben antrieben: dem Mitgefühl, das er von seiner Mutter geerbt hatte; der Wut über Ungerechtigkeit, die er entwickelte – vielleicht zunächst zu Hause und sicherlich später, als er das Leid sah, das die Apartheid hervorrief – und dem Vorbild der Gemeinschaft der Auferstehung, die ihn gelehrt hatte, Dass man keine Wahl zwischen Gebet und sozialem Handeln habe: Das Gebet bringe einen eher zwangsläufig zum Handeln. Der wichtigste Faktor aber war, dass ein Rückzug aus der Welt der säkularen Politik und Prinzipien für Tutu ein Verleugnen seiner afrikanischen Herkunft bedeutet hätte.

Tutus Verständnis von einer omnipräsenten spirituellen Welt, in der die Vorfahren und Heiligen ebenso Teil des persönlichen Kosmos waren wie die lebenden Menschen, half ihm dabei, die Grenzen des modernen Christentums – importiert aus der westlichen intellektuellen Tradition – zwischen dem Sakralen und dem Weltlichen, dem Spirituellen und dem Säkularen niederzureißen. Nach Tutus religiöser Auffassung waren die älteren Frauen in seiner Gemeinde in Orlando West – auch wenn sie von ihren weißen Arbeitgebern wie ein Nichts behandelt wurden – Menschen, die Gott nach seinem Abbild erschaffen hatte und die man mit Ehrfurcht und Andacht behandeln musste, als wären sie Gott. Diese Menschen leiden zu lassen, sei nicht einfach nur falsch; es sei blasphemisch: »Es ist, als würde man Gott ins Gesicht spucken.« In einer Gesellschaft, die eine derartige Blasphemie tolerierte, seien die Forderungen der Bibel – der Propheten im Alten Testament und der Lehren Christi im Neuen Testament – revolutionär: »Wozu braucht man die marxistische Ideologie oder Sonstiges? Die Bibel ist Dynamit. Nichts könnte radikaler sein.«

Mit dieser Ausdrucksweise bewegte Tutu nicht nur die Südafrikaner, sondern auch die Menschen in anderen Ländern, die versuchten, Glauben mit Gerechtigkeit in Einklang zu bringen. Obwohl er seinen Glauben durch die Sakramente und Liturgien der Anglikanischen Kirche zum Ausdruck brachte, war es nicht das, was ihn in den Augen der Menschen – von Jugendlichen in den afrikanischen Townships bis hin zu internationalen Rockstars – charakterisierte. »Durch ihn bekommt man das Gefühl, dass Liebe das höchste Gesetz ist«, sagte Bono von U2 in einem Interview. »Er repräsentiert einen Gott, der [auch] den längsten Weg gehen würde, um uns zu treffen – über die dunkelsten Wege und Pfade. [Er hält sich] fern von der Binsenweisheit, fern von der peinlichen Genauigkeit der gewöhnlichen Religion.« Bono war sich noch nicht einmal sicher, welcher Kirche Tutu angehörte und machte sich einen Spaß daraus: »Ich glaube, er ist Anglikaner, stimmt das? Wissen sie, lassen sie uns ehrlich sein – Das ist doch nicht wichtig!« Und Tutus Forderungen nach Gerechtigkeit überstiegen das Christentum. Als er einmal vor Studenten der University of Khartoum im Sudan sprach, erläuterte er, wie all die Hauptglaubensrichtungen – Buddhismus, Christentum, Hinduismus, Judentum und Islam – ihre Anhänger dazu verpflichteten, nach Gerechtigkeit und Frieden zu streben.

Wenn Tutus lebenslanges Eintreten für Gerechtigkeit schwierig, anstrengend und strittig war, dann war es sein Plan, Versöhnung zu stiften, umso mehr. Nach seiner Auffassung befähigte ubuntu-botho (»Menschlichkeit«) einen dazu, seine Folterer anzusehen, zu realisieren, dass sie Hilfe benötigten und bereit zu sein, ihnen die Möglichkeit zu geben, ihre Menschlichkeit wiederzuerlangen. Eine solche Philosophie erregt Anstoß in der Welt. Dennoch bestärkt sie die Überlebenden von Folter auf außergewöhnliche Weise. Sie erlaubt es ihnen, die Kontrolle über ihr Leben zu übernehmen und die Initiative zu ergreifen, anstatt in der Opferrolle gefangen zu bleiben und hilflos darauf zu warten, dass die Täter handeln. Demnach verleiht ubuntu-botho Gottes Vergebung der Menschen Israels – festgehalten durch den Propheten Hosea[101] und durch die Worte Christi am Kreuz »Vater, vergib ihnen, denn sie wissen nicht, was sie tun!« – eine gegenwärtige und praktische Bedeutung. Doch ubuntu-botho erlaubt den Verbrechern nicht, der Notwendigkeit ihrer Beichte und der Entschädigung der Überlebenden zu entfliehen, denn die Bedürfnisse der Gesellschaft – die Wiederherstellung der Beziehung – bilden das Herzstück der Versöhnung. Wie Tutu einmal einem Priester sagte, der seine Ansichten zu dem Thema kritisierte: »Gottes Geschenk der Vergebung ist barmherzig und unverdient, doch man muss bereit sein, das Geschenkt anzunehmen.«

Indem, er eine Vorstellung von Versöhnung vertrat, bei der die Prinzipien von ubuntu oder botho angewandt wurden, um die Wunden der Gesellschaft zu heilen, überreichte Desmond Tutu der Welt an der Schwelle des 21. Jahrhunderts ein afrikanisches Darstellungsmuster der Natur der menschlichen Gemeinschaft. Vielleicht ist es dieser Beitrag, in dem die zukünftigen Generationen ihr größtes Erbe finden werden.

---

101 Hosea 11,1–9.

Register

A

abeThembu: eine Untergruppe der Xhosa

Africa(n) Enterprise: eine evangelische Organisation in Pietermaritzburg

African National Congress (ANC): eine südafrikanische Partei, die 1923 aus dem im Jahre 1912 in Bloemfontein gegründeten South African Native National Congress hervorging und die sich als Interessenvertretung der schwarzen und farbigen Bevölkerung des Landes versteht

African National Congress Youth League (ANCYL): die Jugendorganisation des ANC

Afrikaander (oder Buren): Nachkommen der niederländischen Siedler, zu denen sich später auch Hugenotten und Deutsche hinzugesellten. Sie waren die ersten Weißen, die in Südafrika sesshaft wurden

Afrikaandische Widerstandsbewegung: eine 1974 gegründete neonazistische Burengruppierung, die versuchte, durch gewaltsame Aktionen das Ende der Apartheid zu verhindern

Afrikaans: die Sprache der niederländisch stämmigen Buren

Afrikanisch-Amerikanisches Institut: ein im Jahre 1953 gegründetes Institut, das Afrikanern und Amerikanern Ausbildungs- und Trainingsprogramme im humanitären Bereich anbietet

Afrikanisch-Methodistische Episkopalkirche (AME): eine im Jahre 1816 in Philadelphia in Pennsylvania gegründete Kirche mit überwiegend afroamerikanischen Mitgliedern

All Africa(n) Conference of Churches (AACC): eine ökumenische Einrichtung mit Hauptsitz in Nairobi in Kenia, die mehr als 120 Millionen afrikanische Christen in 169 nationalen Kirchen und regionalen Einrichtungen repräsentiert

amaGcaleka: eine Untergruppe der Xhosa

amaMfengu: eine Untergruppe der Xhosa

amaMpondo: eine Untergruppe der Xhosa

amaRharhabe: eine Untergruppe der Xhosa

American Board of Commissioners for Foreign Missions: die erste christliche Missionarsgesellschaft Amerikas mit Missionszielen im Ausland

American Israel Public Affairs Committee: eine der mächtigsten und einflussreichsten Lobbygruppen in Washington D. C., die im Kongress und in der Exekutive eine pro-Israel-Politik vertritt

American Jewish Congress: eine im Jahre 1918 von Zionisten und jüdischen Einwanderern gegründete jüdische Interessengemeinschaft in den USA

Amt für Eingeborenenangelegenheiten: eine staatliche Behörde in der Apartheid-Ära

Anglican Consultative Council: eines der vier »Instrumente der Einheit« der Anglikanischen Gemeinschaft, das alle zwei bis drei Jahre an verschiedenen Orten rund um die Welt zusammenkommt

Anglicans Concerned for Truth and Spirituality: eine politisch rechte anglikanische Lobbygruppierung

Anglikanische Kirche: eine weltweit agierende christliche Kirche, die evangelische und katholische Elemente miteinander in Einklang bringt

Anglikanisch-Katholische Kirche: eine Abspaltung der Anglikanischen Kirche, die zu alten Traditionen und Glaubensgrundsätzen zurückkehren möchte

Anglikanischer Kirchenbund: internationaler Bund der nationalen anglikanischen Kirchen

Anglo American Corporation: ein weltweit agierender Bergbaukonzern mit Sitz in London und Johannesburg

Anti-Apartheid Act: ein von Edward Kennedy befürworteter US-amerikanischer Gesetzesentwurf aus dem Jahre 1986, der sich an die Forderungen Desmond Tutus knüpft

Anti-Apartheid-Bewegung: eine zuvor als »Boykott-Bewegung« bekannte, international agierende britische Organisation, die das Apartheid-System Südafrikas bekämpfte

Anti-Defamation League: eine 1913 von B'nai B'rith in den Vereinigten Staaten gegründete Interessengruppe gegen die Diffamierung und Diskriminierung von Juden

Apartheid: von den weißen Siedlern und Machthabern durchgesetzte ethnische Trennung in Südafrika

Armed Service Committee: ein Komitee des US-amerikanischen Senats, das sich mit Militärangelegenheiten beschäftigt

Asingeni Relief Fund: ein Unterstützungsfonds des Südafrikanischen Kirchenrats

Askaris: indigene Soldaten der europäischen Kolonialmächte

Assegais: Speere mit Stahlspitzen

Associated Press (AP): eine US-amerikanische Nachrichtenagentur mit Sitz in New York

Ausi: Stammessprache: große Schwester

Australian Broadcasting Corporation: eine öffentlich-rechtliche Rundfunkgesellschaft in Australien

Ave Maria: ein Grundgebet der katholischen Kirche

Azanian People's Organization (Azapo): eine südafrikanische Bewegung, die sich auf die Grundsätze der Black Consciousness Movement beruft

Äthiopisch-orthodoxe (Tewahedo-)Kirche: eine altorientalische christliche Kirche in Äthiopien, die sich 1950 von der Koptischen Kirche Ägyptens loslöste

B

Bantu: Sammelbegriff für alle Schwarzen unter der Apartheid

Bantu-Bildungswesen: Bildungswesen für Schwarze unter der Apartheid

Bantustans: Homelands, Nationen oder quasi-Heimatländer, die unter der Apartheid für die schwarze Bevölkerung eingerichtet wurden

Bapo: ein afrikanisches Stammesfürstentum

Barolong: ein Tswana sprechender Stamm

Basotho: ein Bergvolk in Lesotho, dem die Mehrheit der Bevölkerung des Landes angehört

Basutoland Congress Party: eine pan-afrikanistische politisch linke Partei in Lesotho

Basutoland National Party: eine konservative politische Partei in Lesotho

Batswana: ein Bantu-Volk

»Befreit-Mandela-Kampagne«: Kampagne Tutus für die Befreiung Nelson Mandelas aus dem Gefängnis von Robben Island

Bewegung der blockfreien Staaten: eine internationale Organisation von Staaten, die sich nicht in Verbindung mit den führenden Mächtebündnissen sehen

Black Consciousness Movement (»Schwarzes Bewusstsein«): eine Aktivisten-Bewegung gegen die Apartheid, die gegen Mitte der 1960er in Südafrika gegründet wurde

Black Sash (Schwarze Schärpe): Organisation weißer Frauen gegen die Apartheid

Black Solidarity Group: schwarze Gruppierung innerhalb der Diözese von Kapstadt

botho: Begriff der Sotho, der in etwa mit »Menschlichkeit« zu beschreiben ist

Bruderschaft der Auferstehung: anglikanische Gruppierung, die die Gemeinschaft der Auferstehung unterstützt

Bure (Bauer): niederländisch stämmiger Siedler in Südafrika

Bureau of State Security (BOSS): oberster Geheimdienst Südafrikas während der Apartheid

Bürgerrechtskommission: eine unabhängige Bundeskommission in den Vereinigten Staaten für Bürgerrechtsangelegenheiten

C

Cape Flats: die Kap-Ebene

Carnegie Corporation: ein New Yorker Treuhandfonds

Carter Center: eine 1982 von dem ehemaligen US-Präsidenten Jimmy Carter gegründete Non-Profit-Organisation mit Sitz in Atlanta in Georgia

Central Intelligence Agency (CIA): der zentrale Auslandsgeheimdienst der Vereinigten Staaten

Christian Socialist Movement (Christlich-soziale Bewegung): eine christlich-sozialistische Gesellschaft, die der britischen Labour Party angegliedert ist

Church Unity Commission (CUC): eine 1968 gegründete Kommission der Anglikanischen, Methodistischen und Presbyterianischen Kirchen, zu der später noch die Freikirchler hinzutraten

Civil Cooperation Bureau (CCB): eine Unterabteilung der südafrikanischen Streitkräfte unter der Apartheid

Coloured People's Congress: Organisation/Partei von Farbigen gegen die rassistische Politik der Weißen

Commonwealth (of Nations): ein loser, freiwilliger Bund unabhängiger, souveräner Staaten, in erster Linie bestehend aus dem Vereinigten Königreich und seinen ehemaligen Kolonien

Comprehensive Anti-Apartheid Act: ausgearbeitete Form des ehemaligen Anti-Apartheid Act

Congress of Democrats (Kongresspartei der Demokraten) weiße Partei gegen die rassistische Politik der weißen Vertreter der Apartheid

Congress of the People (Volkskongress) Gipfeltreffen im Jahre 1955 der Oppositionsparteien gegen die rassistische Politik der Vertreter der Apartheid

Connolly House: das Hauptquartier der Partei Sinn Fein in West Belfast

Coordinating Intelligence Committee: Komitee des Staatssicherheitsrats von Südafrika

CR-father: Pater der Gemeinschaft der Auferstehung

Crown Appointments Commission: Kommission in England für die Ernennung von Bischöfen

D

De Beers Consolidated Mines: der größte Diamantenproduzent und -händler der Welt, mit Sitz in London und Johannesburg

Department of Bantu Administration and Development (BAD)/Department of Bantu Affairs: Ministerium für Bantu-Verwaltung und Bantu-Entwicklung unter der Apartheid

Department of Cooperation and Development: neue Bezeichnung für das Department of Bantu Administration and Development

Department of Plural Relations: kurzzeitige Bezeichnung für das ehemalige Department of Bantu Administration and Development

Dependants' Conference: ein Unterstützungsfonds des Südafrikanischen Kirchenrats

E

East Rand: Region östlich von Johannesburg

Eloff-Kommission: Regierungskommission zur Untersuchung der Finanzaffäre des Südafrikanischen Kirchenrats

Engel des Herrn: ein katholisches Gebet

Englische Kirche: die offizielle christliche Kirche in England, die Mutterkirche des weltweiten Anglikanischen Kirchenbundes und die älteste der 38 unabhängigen nationalen Kirchen des Bundes

Episkopalkirche: eine Form christlicher Kirchen, die eine Mittelstellung zwischen der römisch-katholischen und der protestantischen Kirche einnimmt

Equal Employment Opportunity Commission: eine Bundesbehörde der Vereinigten Staaten für die Verhütung von Arbeitsdiskriminierung

F

Federal Theological Seminary/Seminary/Fedsem: ein multi-konfessionelles Seminar in Südafrika, das 1963 in Alice am Ostkap eröffnet wurde

Fingo, Fingoes: englischer Name für die amaMfengu

Flüchtlings-Stipendien-Fonds: ein von Tutu ins Leben gerufener Hilfsfonds für junge Südafrikaner, die nach dem Soweto-Aufstand ins Exil gingen

Freedom Charter (Freiheits-Charta): gemeinschaftliches politisches Manifest der Oppositionsparteien auf dem Congress of the People 1955 gegen die rassistische Apartheid

Free South Africa Movement: eine nationale Protest-Kampagne in den USA gegen Rassismus und für die Befreiung Südafrikas

Freikirche: eine protestantische christliche Kirche

Fynbos: einzigartige, ausschließlich an der südwestlichen Spitze Südafrikas vorkommende Pflanzenart

G

Garten Getsemani: ein Garten am Fuß des Ölbergs in Jerusalem, in dem Jesus in der Nacht vor seiner Kreuzigung zu Gott sprach

Gemeinschaft der Auferstehung: ein 1892 gegründeter Orden der Anglikanischen Kirche

Gemeinschaft der heiligen Jungfrau Maria: ein 1848 gegründeter Orden der Anglikanischen Kirche

Gereformeerde Kerk (Reformierte Kirche): die kleinste der afrikaandischen reformierten Kirchen in Südafrika

Gesellschaft des Edlen Blutes: ein anglikanischer Orden

Golf Driving Range: Übungsanlage für Abschläge auf einem Golfplatz

Grenzkriege/Xhosa-Kriege: eine Reihe von neun Kriegen zwischen den amaXhosa und den europäischen Siedlern am Kap, zwischen 1779 und 1879

H

highveld: südafrikanisches Hochland

House-and-Senate-Subkomitee über Afrika: ein US-amerikanisches Subkomitee des Repräsentantenhauses und des Senats über Afrika-Angelegenheiten

Hutu: eine ethnische Volksgruppe, die in Ruanda und in Burundi die Bevölkerungsmehrheit stellt

I

impimpi: Bezeichnung für einen Informanten der Polizei in Südafrika

Inkatha Freedom Party (IFP): eine Neugründung der Inkatha National Cultural Liberation Movement im Jahre 1975 durch Mangosuthu Buthelezi

Inkatha National Cultural Liberation Movement: Befreiungsbewegung Mangosuthu Buthelezis

Institut der christlichen Spiritualität: eine Initiative Desmond Tutus und Francis Culls in der Bischofsresidenz in Kapstadt

Institute of Contextual Theology: ein theologisches Institut in Südafrika

interahamwe: die Jugendmiliz der Hutu in Ruanda

Internationaler Strafgerichtshof für das ehemalige Jugoslawien: ein durch den UNO-Sicherheitsrat ins Leben gerufener Ad-hoc-Strafgerichtshof mit Sitz in Den Haag in den Niederlanden für die Aufklärung von Kriegsverbrechen, die im Jugoslawienkrieg begangen wurden

Internationaler Strafgerichtshof für Ruanda: ein vom Sicherheitsrat der Vereinten Nationen geschaffener internationaler Strafgerichtshof für die Aufklärung der Ereignisse während des Völkermords in Ruanda im April 1994

International University Exchange Fund: ein internationaler Ausbildungsfonds für Studenten

Intifada: zwei Aufstände der Palästinenser gegen Israel. Der arabische Begriff bedeutet etwa »sich erheben«, »loswerden« oder »abschütteln«

Irische Kirche: eine eigenständige Kirche des Anglikanischen Kirchenbundes, die in der Republik Irland wie auch in Nordirland operiert

Irish Republican Army (IRA): eine eng mit der Partei Sinn Féin verbundene paramilitärische Gruppe für die Befreiung Nordirlands von der britischen Besatzung, die Loslösung von Großbritannien und die »irische Wiedervereinigung«

isiduko: Lobesnamen, die den Gründern der Ursprungsklans der Xhosa gegeben wurden

isiXhosa: die Sprache der Xhosa

J

Jewish Defense League: eine militante jüdische Organisation in den Vereinigten Staaten mit angeblich terroristischen Zielen

Jewish Theological Seminary: ein sich in New York befindendes akademisches und spirituelles Zentrum des konservativen Judentums

Joint Council of Whites and Natives: Gemeinschaftlicher Rat der Weißen und Indigenen in Südafrika

Joint Matriculation Board: Gemeinschaftliche Behörde für die Abiturprüfung/Hochschulreife in Südafrika

Junge Christliche Arbeiter: eine in Belgien gegründete internationale christliche Organisation, die sich für die Rechte der Arbeiter einsetzt

Junior Certificate: die Zwischenprüfung

K

Kaffer: abwertende Bezeichnung für einen Schwarzen

Kenyan African National Union (KANU): eine Partei in Kenia, die dem Land unter der Führung von Jomo Kenyatta die Unabhängigkeit bescherte und bis 2002 an der Macht blieb

Kap/Kapprovinz: Provinz nach der Einheit Südafrikas im Jahre 1910

Kap(-kolonie): ehemalige britische Kolonie

Karfreitags-Abkommen: ein 1998 geschlossenes Abkommen zwischen der Regierung der Republik Irland, der Regierung Großbritanniens und den Parteien in Nordirland

Khoikhoi: ein südafrikanischer Stamm

Khotso House (Haus des Friedens): Hauptquartier des Kirchenrats in Johannesburg

Kikuyu: eine ethnische Gruppe in Ostafrika, die etwa ein Viertel der Bevölkerung Kenias ausmacht

Kirche der Provinz Südafrika: die anglikanische Provinz im südlichen Teil Afrikas

Kommission der Versöhnung und des Friedens: Scheingruppierung gegen Tutu und seine Ziele

Kontrollgesetze: Gesetze zur Kontrolle der schwarzen Bevölkerung unter der Apartheid und zur Regulierung und Einschränkung ihrer Mobilität

Koptische Kirche (von Nordafrika): auch Koptisch-orthodoxe Kirche von Alexandria genannt ist die größte christliche Kirche in Ägypten

KwaZulu-Natal: eine Provinz Südafrikas

L

Lambeth-Konferenz: die alle 10 Jahre in England stattfindende Vollversammlung der anglikanischen Bischöfe

Lambeth Palace: die offizielle Londoner Residenz des Erzbischofs von Canterbury

letlomela: Stammessprache: Erstgeborene/r, nachdem ein anderer Geschwisterteil bereits gestorben ist

Liga der Frauen: die Frauenvereinigung des ANC

Londoner Missionarsgesellschaft: eine 1795 in England gegründete ehemals nicht konfessionelle Missionarsgesellschaft mit Missionstätigkeit auf den Pazifischen Inseln und in Afrika

London Poor Clergy Holiday Fund: ein in London ansässiger Fonds für geringverdienende Geistliche

Luo: eine indigene Volksgruppe am Viktoriasee in Kenia und in Tansania

M

Malagasy: das Volk und die Sprache Madagaskars

Mandela United Football Club: Fußballmannschaft von Winnie Mandela und einiger Jugendlicher, die sie bei sich aufgenommen hatte

Massai: ein nomadisch lebendes indigenes Hirtenvolk, das in den Ebenen im Süden Kenias und im Norden Tansanias beheimatet ist

Mass Democratic Movement: eine Bewegung von aus der Gefängnishaft entlassenen Oberhäuptern des Befreiungskampfes gegen das Apartheid-System in Südafrika

masus: selbstangefertigte Keulen, aus denen Nägel herausragen

Mähren: heute das östliche Tschechien

melktert: ein Milchkuchen, der als afrikaandische Spezialität gilt

Methodistenkirche: eine christliche Freikirche

Mfecane: eine Kettenreaktion, in der von dem Kriegsherrn Shaka besiegte Stammesfürsten plündernd durch das Land zogen

Ministerium für Bantu-Bildungswesen: eine Regierungsbehörde für die Ausbildung von Schwarzen im Südafrika der Apartheid

Missachtungs-Kampagne: Kampagne von ehemaligen politischen Gefangenen, die sich über die Einschränkungsbestimmungen der Apartheid-Regierung hinwegsetzten

Mothers' Union (Bund der Mütter): ein christlicher Frauenverein

Motswana: Angehörige/r der Batswana, einem Bantu-Volk

Mozambican Resistance Movement (RENAMO): eine mosambikanische Widerstandsbewegung

Muslim Judicial Council: eine muslimische Vereinigung in Südafrika

N

Natal: eine ehemalige britische Kolonie

Nationaler Kirchenrat der Vereinigten Staaten: eine Gemeinschaft von 35 christlichen Glaubensgruppen in den Vereinigten Staaten mit 100.000 örtlichen Gemeinden und 45.000.000 Mitgliedern

Nationalpartei/Nationalisten-Partei: von 1948 bis 1994 die Regierungspartei Südafrikas. Zu ihrer Politik gehörten die Apartheid, die Errichtung einer Republik und die Erhebung der afrikaandischen Kultur.

Nationalverband der südafrikanischen Studenten: eine gegen Ende des 20. Jahrhunderts wichtige Kraft für die Befreiung Südafrikas

Native: ein/e Eingeborene/r oder Indigen/e

Native Land Act: Gesetz für die Enteignung der indigenen Bevölkerung Südafrikas unter der Apartheid

Native Location: Ort, an dem indigene Südafrikaner lebten

Native Location Advisory Board: eine staatliche Beratungsbehörde der Apartheid für indigene Südafrikaner

Nelson Mandela Lecture: eine jährlich stattfindende Vorlesungsreihe in Südafrika

Nguni: künstlicher Sammelbegriff für verschiedene Ethnien der Bantu

Niederländische Ostindien-Kompanie: ein Zusammenschluss von niederländischen Kaufmannskompanien aus dem Jahre 1602 und eine der größten Handelskompanien des 17. und 18. Jahrhunderts

Niederländische Westindien-Kompanie: eine niederländische Handelskompanie aus dem 17. Jahrhundert mit einem Seehandelspatent für den westafrikanischen und den amerikanischen Raum

Niederländisch-Reformierte Kirche: eine weiße, von den Gegnern der Apartheid kritisch beäugte Kirche

Niederländisch-Reformierte Missionskirche: die größte allein stehende farbige Kirche in Südafrika

Nordkap: eine Provinz Südafrikas

Nordwest: eine Provinz Südafrikas

O

Oblaten(-Missionare) der Unbefleckten Maria: eine katholische Missionarsvereinigung

Oranje-Freistaat: eine ehemalige afrikaandische Kolonie

Organisation für Afrikanische Einheit: eine Organisation, die eine Neuordnung des afrikanischen Staatensystems, die vollständige Entkolonialisierung des Kontinents und einen Schulterschluss der unabhängigen Staaten Afrikas zum Ziel hatte

Organization of Petroleum Exporting Countries (OPEC): eine internationale Organisation Erdöl exportierender Länder mit Sitz in Wien, deren Mitgliedstaaten über drei Viertel der weltweiten Ölreserven besitzen

Ossewa Brandwag/Ox Wagon Sentinels: eine weiße rassistische nationalistische Gruppierung in Südafrika

Ostkap: Provinz Südafrikas

P

Palestine Liberation Organisation (PLO): die 1964 ins Leben gerufene palästinensische Befreiungsorganisation mit dem Ziel, einen unabhängigen arabischen Staat Palästina zu schaffen

Pan Africanist Congress (PAC): eine 1959 gegründete ehemalige Freiheitsbewegung und heutige politische Partei. Wegen ihrer radikalen rein schwarzafrikanischen Ziele hatte sie sich vom ANC abgespalten

Peres Center for Peace: eine in Tel Aviv ansässige unabhängige, nicht Profit orientierte und unparteiische Nichtregierungsorganisation, die 1996 mit dem Ziel einer friedvollen sozio-ökonomischen Kooperation zwischen den Menschen im Mittleren Osten von Shimon Peres gegründet wurde

Pfingstkirche: eine christliche Kirche, die das Wirken des Heiligen Geistes in den Vordergrund stellt

Pollsmoor-Gefängnis: ein Gefängnis in Kapstadt, in dem auch Nelson Mandela eingesessen hat

Prohibition of Mixed Marriages Act: Gesetz der Apartheid gegen multiethnische Eheschließungen

Promotion of National Unity and Reconciliation Act: ein südafrikanisches Gesetz aus dem Jahre 1995 für Einheit und Versöhnung nach der Apartheid-Ära

Provisional IRA: eine irisch-republikanische, linke paramilitärische Organisation, die sich aus der Spaltung der IRA im Jahre 1969 ergab

R

Reef (Riff): eine Minenbauregion in der Nähe von Johannesburg

Reserve: ein durch den Native Land Act eingeteilter gesonderter Lebensraum für Schwarze in Südafrika unter der Apartheid

Riot Act (Riotous Assemblies Act): ein Gesetz für die Auflösung ungenehmigter Versammlungen

Robben Island: Gefängnisinsel in der Tafelbucht vor Kapstadt, auf der Nelson Mandela neben anderen Widerstandskämpfern gegen die Apartheid einen Großteil seines Lebens verbringen musste

Rwandan Patriotic Front (RPF): eine politische Organisation und derzeitige Regierungspartei Ruandas

S

Schwarzes Kongressgremium: eine Organisation, die die afroamerikanischen Mitglieder des Kongresses der Vereinigten Staaten repräsentiert

Select Committee on Intelligence: ein Kongressausschuss des Senats der Vereinigten Staaten, der der Legislative die Aufsicht über die Geheimdienste des Landes ermöglicht

Senior Certificate: die Reife-/Abiturprüfung

Sesotho: die Sprache der in Lesotho lebenden Basotho

Setswana: die Sprache der in Botswana und Südafrika lebenden Motswana

Sinn Féin: eine republikanische irische Partei, die sowohl in Nordirland als auch in der Republik Irland aktiv ist

Social Democratic and Labour Party: eine 1970 ins Leben gerufene Partei der republikanischen Seite Nordirlands

Sotho-Tswana: die Sprachgruppe des Bantu-Volks der Batswana

South African Airways: eine südafrikanische Fluggesellschaft

South African Broadcasting Corporation (SABC): die staatliche Radio- und Medienanstalt Südafrikas

South African Communist Party (SACP)/uMkhonto we Sizwe (MK): »Speer der Nation«; Partei gegen die rassistische Politik der weißen Vertreter der Apartheid

South African Congress of Trade Unions: ein im Jahre 1985 entstandener Gewerkschaftsbund für die Schaffung eines nicht rassistischen, nicht sexistischen und demokratischen Südafrikas

South African Indian Congress: eine Organisation von Indern in Südafrika gegen die rassistische Politik der Weißen in der Apartheid-Ära

South African Institute of Race Relations: eine 1929 gegründete führende Forschungs- und Politikorganisation in Südafrika, die liberale demokratische Werte vertritt

South African Press Association: die Südafrikanische Pressegemeinschaft

Standing for the Truth (Für die Wahrheit eintreten): ein Programm des zivilen Widerstands gegen die Apartheid in Südafrika

Storting: das norwegische Parlament

Studienzentrum für Islam und Christentum: eine Bildungseinrichtung für den religiösen Dialog in Ibadan in Nigeria

Study Project on Christianity in Apartheid Society (Spro-Cas): ein Kirchenprojekt zur Untersuchung und Sicherstellung des Christentums unter der Apartheid

Südafrikanische Kirchenunion: eine anglo-katholische Interessengruppe

Südafrikanische Republik (Transvaal-Republik): ein in der zweiten Hälfte des 19. Jahrhunderts existierender unabhängiger Staat im südlichen Afrika. Das Gebiet der Republik wurde später zur südafrikanischen Provinz Transvaal.

Südafrikanischer Kirchenrat: ein interkonfessionelles Forum in Südafrika und eine bekannte Anti-Apartheid-Organisation

Swapo: eine Befreiungsbewegung in Namibia

T

Tak Strategiese Kommunikasie/Strategische Kommunikationsabteilung/Stratkom: ein Subkomitee des südafrikanischen Staatssicherheitsrats unter der Apartheid

Terrorism Act: ein Gesetz der Apartheid-Regierung von 1967 zur präventiven Festnahme von Terrorverdächtigen ohne vorherige Gerichtsverhandlung

Theologielizenziat (L. Th.): ein kirchlicher akademischer Grad

Theologischer Ausbildungsfonds: ein durch eine Spende von John D. Rockefeller jr. begünstigter Fonds, der Ausbildungsstipendien an sozial und wirtschaftlich benachteiligte Kleriker vergibt

Township: Elendsviertel am Rande vieler südafrikanischer Städte

TransAfrica: eine afroamerikanische Lobbygruppe im US-amerikanischen Präsidentschaftswahlkampf von 1984, die den schwarzen Kandidaten Jesse Jackson (gegen Ronald Reagan) unterstützte

Transvaal: eine ehemalige afrikaandische Kolonie

Transvaal Indian Congress: eine um die Jahrhundertwende von Mahatma Gandhi gegründete ehemalige Partnergruppierung des ANC, die die Interessen der indischen Bürger Südafrikas vertrat

Tutsi: eine ethnische Volksgruppe, die in Ruanda, in Burundi und teilweise an den östlichen Grenzen der Demokratischen Republik Kongo lebt

Tuynhuys (Gartenhaus): ein Regierungsgebäude in Kapstadt

U

ubuntu: ein Begriff der Nguni, der in etwa mit »Menschlichkeit« zu beschreiben ist

Union Buildings: der Sitz der Regierung in Pretoria

United Society for the Propagation of the Gospel: ein großes Missionswerk der anglikanischen Kirche in England

University Christian Movement (UCM): eine christliche Studentenbewegung an Universitäten

V

Vereinigte Demokratische Front: ein Zusammenschluss von unterschiedlichen gesellschaftlichen Gruppierungen gegen die Verfassungsziele der Apartheid-Regierung

Vereinigter Gewerkschaftsrat: eine Scheingruppierung gegen Tutu und seine Ziele

Versammlung für ein Demokratisches Südafrika: Nationalversammlung zwischen der Regierung und anderen Interessengruppen im Land für den Aufbau eines demokratischen Staates, kurz vor dem Ende der Apartheid

Via Dolorosa: der Kreuzweg in Jerusalem

Voortrekkers: die niederländischen, hugenottischen und deutschen Siedler, die in den 1830ern aus der Kapkolonie, entlang des Vaal, in das Hinterland zogen

W

Wahrheits- und Versöhnungskommission: eine von Desmond Tutu geleitete südafrikanische Übergangsinstitution zur Untersuchung von politischen Verbrechen, die während der Apartheid-Ära begangen wurden

Weißes Gebiet/Gebiet für Weiße: bestimmte Orte in Südafrika, die während der Apartheid nur von Weißen betreten werden durften

Weltallianz der Reformierten Kirchen: eine in Genf ansässige Gemeinschaft von mehr als 200 Kirchen, die ihre Wurzeln in der Reformation des 16. Jahrhunderts verorten

Weltkirchenrat: eine in Genf ansässige internationale christlich ökumenische Organisation mit etwa 550 Millionen Mitgliedern aus mehr als 120 Ländern

Westkap: eine Provinz Südafrikas

Witwatersrand: ein etwa 200 Kilometer langer Höhenzug in Südafrika

X

Xhosa: ein Bantu-Volk

Y

Yad Vashem: das Holocaustdenkmal in Jerusalem

Z

Zulu: ein Bantu-Volk

Literaturverzeichnis

Ackermann, Denise M. *After the Locusts: Letters from a Landscape of Faith.* Grand Rapis, Mich.: Eerdmans/Cape Town: David Philip, 2003

Alexander, Marilyn Bennett, and James Preston. *We Were Baptized Too.* Louisville, Ky.: Westminster John Knox, 1996

Allen, John. *The Essential Desmond Tutu.* Cape Town: David Philip, 1997

Arnold, Millard, ed. *Steve Biko: Black Consciousness in South Africa.* New York: Vintage, 1979

Baker, Pauline H. *United States and South Africa: The Reagan Years.* New York: Ford Foundation/Foreign Policy Association, 1989

Becken, Hans-Jurgen, ed. *A Relevant Theology for Africa.* Durban: Lutheran Publishing House, 1973

Beinart, William. *Twentieth Century South Africa.* Oxford: Oxford University Press, 2001

Bell, Terry, and Dumisa Buhle Ntsebeza. *Unfinished Business: South Africa, Apartheid, and Truth.* Cape Town: Redworks, 2001

Bell-Scott, Jill. *Uvedale and Mel: A Memoir.* Privately published, 1988

Boesak, Allen. *Black and Reformed: Apartheid, Liberation, and the Calvinist Tradition.* New York: Orbis, 1984

Bonner, Philip, Peter Delius, and Deborah Posel, eds. *Apartheid's Genesis.* Braamfontein: Ravan, 1993

Boraine, Alex. *A Country Unmasked: Inside South Africa's Truth and Reconciliation Commission.* Cape Town: Oxford University Press, 2000

Boraine, Alex, Janet Levy, and Ronel Scheffer. *Dealing with the Past: Truth and Reconciliation in South Africa.* Cape Town: IDASA, 1997

Brink, Elsabé, Gandhi Malungane, Steve Lebelo, Dumisani Ntshangase, and Sue Krige. *Soweto, 16June 1976: It All Started With A Dog …* Cape Town: Kwela, 2001

Brooks, Alan, and Jeremy Brickhill. *Whirlwind befor the Storm: The Origins and Development of the Uprising in Soweto and the Rest of South Africa from June to December 1976.* London: International Defence and Aid Fund for Southern Africa, 1980

Brown Andrew. *Golden Heritage.* Privately published by Klerksdorp Public Library, 1983

Budlender, Debbie. *Assessing U.S. Corporate Disinvestment.* Braamfontein: Community Agency for Sozial Enquiry (CASE), 1989

Buthelezi, Mangosuthu Gatsha. *Power is Ours.* New York: Books in Focus, 1979

Butler, Jeffrey, Richard Elphick, and David Welsh, eds. *Democratic Liberalism in South Africa: Its History and Prospect.* Middletown, Conn.: Wesleyan University Press/Cape Town: David Philip, 1987

Callinicos, Luli. *Oliver Tambo: Beyond the Engeli Mountains.* Claremont: David Philip, 2004

Carpenter, Humphrey. *Robert Runcie: The Relucant Archbishop.* London: Hodder and Stoughton, 1996

Cassidy, Michael. *A Witness for Ever: The Dawning of Democracy in South Africa – Stories behind the Story.* London: Hodder and Stoughton, 1995

Cassidy, Michael. *Ruination and Resurrection in Rwanda.* Pietermaritzburg: African Enterprise, 1995

Chikane, Frank. *The Church's Prophetic Witness against the Apartheid System in South Africa.* Johannesburg: South African Council of Churches, 1988

Church of the Province of Southern Africa. *Saints and Seasons.* London: HarperCollinsReligious, 1993

Clarke, Richard A. *Against All Enemies: Inside America's War on Terror.* New York: Free Press, 2004

Commission of Inquiry into South Africa Council of Churches. *Report of the Commission of Inquiry into South African Council of Churches.* Pretoria: Government Printer, 1983

Commonwealth Group of Eminent Persons. *Mission to South Africa: The Commonwealth Report.* Harmondsworth: Penguin/New York: Viking Penguin, 1986

Cone, James, and Gayraud S. Wilmore, eds. *Black Theology: A Documentary History,* Vol. 1. Maryknoll, N.Y.: Orbis Bools, 1993

Crocker, Chester. *High Noon in Southern Africa: Making Peace in a Rough Neighbourhood.* New York: Norton, 1992

Davenport, Rodney, and Christopher Saunders. *South Africa: A Modern History.* Basingstoke: Macmillan 2000

Davidson, Basil. *Africa in History.* New York: Touchstone, 1995

De Gruchy, John, ed. *Cry Justice: Prayers, Meditations, and Readings from South Africa.* London: Collins, 1996

De Gruchy, Steve, ed. *Changing Frontiers The Mission of Story of the United Congregational Church of Southern Africa.* Gaberone: Pula, 1999
De Klerk, F.W. *The Last Trek: A New Beginning.* London: Pan, 2000
De Villiers, Dirk, and Johanna De Villiers. *PW.* Kaapstadt: Tafelberg Uitgewers, 1984
De Witte, Ludo. *The Assassination of Lumumba.* London: Verso, 2001
Denniston, Robin. *Trevor Huddleston. A Life.* New York: St. Martin's, 1999
Diar, Prakash. *The Sharpeville Six.* Toronto: McClelland and Stewart,1990
D'Oliveira, John. *Vorster: The Man.* Johannesburg: Stanton, 1977
Duke, Lynne. *Mandela, Mobutu, and Ma: A Newswoman's African Journey.* New York, Doubleday, 2003
Elphick, Richard, and Rodney Davenport, eds. *Christianity in South Africa: A Political, Social, and Culutral History.* Los Angeles: University of California Press, 1997
Fetahi, M. M. W. Rufael, and Haddis Terrefe, eds. *Refuge Service of the Ethiopian Orthodox Church.* Addis Ababa, Ethiopian Orthodox Church Refugee Counseling Service, 1988
Ffrench-Beytagh, G. A. *Encountering Darkness.* London: Collins 1973
Frankel, Philip. *An Ordinary Atrocity: Sharpeville and It's Massacre.* New Haven, Conn.: Yale University Press, 2001
French, Howard W. *A Continent fort he Taking.* New York: Knopf, 2004
Gilbey, Emma. *The Lady: The Life and Time of Winnie Mandela.* London: Vintage, 1994
Gill, Stephen J. *A Short History of Lesotho.* Morija: Morija Museum and Archives, 1993
Gleeson, Ian. *The Unknown Force: Blakc, Coloured, and Indian Soldiers through Two World Wars.* Rivonia: Ashnati, 1994
Gobodo-Madikizela, Pumla. *A Human Being Died That Night.* Boston, Mass.: Houghton Mifflin, 2003
Goldstone, Richard. *For Humanity: Reflections of a War Crimes Investigator.* New Haven, Conn.: Yale Univerity Press, 2000
Goodall, Eric, CR. *Forty Years On. Being a Record of the Birth and Growth of the Theological College of the Resurrection and St. Peter at Johannesburg.* Johannesburg: CR Press, 1941
Guest, Herman. *Vootrekkerdorp.* Klerksdorp: Klerksdorp Record, 1939
Hamilton, Carolyn, ed. *The Mfecane Aternath: Reconstructive Debates in Southern Africa History.* Johannesburg: Witwaterstrand University Press/Pietermaritzburg: University of Natal Press, 1995

Hartshorne, Ken. *Crisis and Challenge: Black Education 1910–1990.* Cape Town: Oxford University Press, 1992
Hastings, Adrian. *Robert Runcie.* London: Mowbray, 1991
Hastings, Adrian. *The Church in Africa, 1450–1950.* Oxford: Clarendon, 1994
Hayner, Priscilla B. *Unspeakable Truths: Facing the Challenge of Truth Commissions.* New York: Routledge, 2002
Hepple, Alex. *South Africa: A Political and Economic History.* London: Pall Mall, 1966
Hinchliff, Peter. *The Anglican Church in South Africa.* London: Darton, Longman, and Todd, 1963
Hirson, Baruch: *Year of Fire, Year of Ash.* London: Zed, 1979
Hofmeyr, J. W., J. A. Millard, and C. J. J. Froneman, eds. *History of the Church in South Africa: A Document and Source Book.* Pretoria: University of South Africa, 1994
Honoré, Deborah Duncan, ed. *Trevor Huddlestone: Essays on His Life and Work.* Oxford University Press, 1988
Huddleston, Trevor, CR. *Naughts for Your Comfort.* London: Collins, 1956
Hulley, Leonard, Louise Kretzschmar, and Luke Lungile Pato, eds. *Archbishop Tutu: Prophetic Witness in South Africa.* Cape Town: Human and Rousseau, 1996
Jabavu, Noni. *Drawn in Colour: African Contrasts.* London: John Murray, 1960
Jaffer, Zubeida. *Our Generation.* Cape Town: Kwela, 2003
James, Wilmot, and Linda van der Vijver, eds. *After the TRC: Reflections on Truth and Reconciliation in South Africa.* Cape Town: David Philip, 2000
Jeffery, Anthea. *The truth about the Truth Commission.* Johannesburg: South Africa Institute of Race Relations, 1999
Jones, J. D. F. *Teller of many Tales: The Lives of Lauresn van der Post.* New York: Caroll and Graf, 2001
Jones, L. Gregory. *Embodying Forgiveness: A Theological Analysis.* Grand Rapids, Mich.: Eerdmans, 1995
Kane-Berman, John. *Soweto: Black Revolt, White Reaction.* Johannesburg: Ravan, 1978
Kane-Berman, John. *Political Violence in South Africa.* Johannesburg: South African Institute of Race Relations, 1993
Karis, Thomas G., and Gail M. Gerhart. *From Protest to Challenge: A Documentary History of African Politics in South Africa,* Vol. 5, *1964–1979.* PretoriaUnisa Press, 1997

Khaketla, B.M. *Lesotho 1970: An African Coup under the Minoscope.* Maseru: N.M. Khakelta, 2000

King, E. L. *A Good Place to Be.* Cape Town: PreText, 1997

King, Martin Luther, jr. *I have a Dream: Writings and Speeches That Changed the World.* San Fransisco, Calif.: HarperSanFransisco, 1992

Kind, Ursula, ed. *Turning Point in Religious Studies: Essays in Honour of Geoffrey Parrinder.* Edinburgh: T. and T. Clark, 1990

Kotzé, Anne R. *Bishopscourt and Its Residents.* Cape Town: Creda, 1992

Krog, Antjie. *Country of My Skull.* Johannesburg: Random House, 1998

Lee, Peter. *Poor Man, Rich Man: The Priorities of Jesus and the Agenda of the Church.* London: Hodder and Stoughton, 1986

Lee, Peter. *Compromise and Courage: Anglicans in Johannesburg 1864–1999.* Pietermaritzburg: Cluster, 2005

Lehmann, Elmar, and Erhard Reckwitz, eds. *Mfecane to Boer War: Versions of South Africa History.* Essen: Blue Eule, 1992

Lelyveld, Joseph. *Move Your Shadow.* London: Abacus, 1987

Leonard Richard. *Apardheid Whitewash: South African Propaganda in the United States.* New York: Africa Fund, 1989

Levinowitz, Agneta Wallin, and Nils Ringertz. *The Nobel Prize: The First 100 Years.* Singapore: World Scientific, 2001

Lodge, Tom. *Black Politicsm South Africa since 1945.* Johannesburg: Ravan, 1983

Lückhoff, A.H. *Cottesloe,* Kaapstadt: Tafelberg Uitgewers, 1978

Lugar, Richard G. *Letters to the Next President.* New York: Simon and Schuster, 1988

Lunde, Einar. *Paradisveien: Dramatiske år i Afrika.* Oslo: Chr. Schibsted, 1995

Luthuli, Albert. *Let My People Go.* London: Fontana, 1963

Mamdani, Mahmood. *When Victims Become Killers.* Princeton, N. J.: Princeton University Press, 2001

Mandela, Nelson. *Long Walk to Fredom: The Autobiography of Nelson Mandela.* Randburg: Macdonald Purnell, 1994

Mandela, Winnie. *Part of My Soul Went with Him.* New York: Norton, 1985

Marinovich, Greg, and Joao Silva. *The Bang Bang Club: Snapshots from a Hidden War.* New York: Basic Books, 2000

Martin, David, and Phyllis Johnson. *The Struggle for Zimbabwe.* London and Boston: Faber and Faber, 1981

Marx, Anthony W. *Lessons of Struggle: South African Internal Opposition.* Cape Town: Oxford University Press, 1992

Marx, Roelf, ed. *Klerksdorp: Groeiende Reus 1837–1987.* Klerksdorp: Stadsraad van Klerksdorp, 1987

Mason, Revil. *Origins of Black People of Johannesburg and the Southern Western Central Transvaal, AD 350–1880.* Occasional Paper No. 16 of the Archeological Research Unit, University of the Witwatersrand. Johannesburg: R-J. Mason, 1986

Massie, Robert Kinloch. *Loosing the Bonds: The United States and South Africa in the Apartheid Years.* New York: Nan A. Talese/Doubleday, 1987

McCullum, Hugh. *The Angels Have Left Us: The Rwanda Tragedy and the Churches.* Geneva: WCC, 1995

McGrandle, Piers. *Trevor Huddlestone: Turbulent Priest.* London: Continuum, 2004

McCreary, Alf. *Nobody's Fool: The Life of Archbishop Robin Eames.* London: Hodder and Stoughton, 2004

Meiring, Piet. *Cronicle fort he Truth Commission.* Vanderbijlpark: Carpe Diem, 1999

Meli, Francis. *South Africa Belongs to Us.: A History of the ANC.* Harare: Zimbabwe Publishing House, 1988

Mkhondo, Rich. *Reporting South Africa.* London: James Currey/Heinemann, 1993

Modisane, Bloke. *Blame Me on History.* New York: Touchstone, 1986

Mogoba, Mmutlanyane Stanley. *Stone, Steel, Sjambok.* Johannesburg: Ziningweni Communications, 2003

Mokhesi-Parker, Joyce, and Peter Parker. *In the Shadow of Sharpeville: Apartheid and the Criminal Justice System.* London: Macmillan, 1998

Mokoena, Kenneth, ed. *South Africa and the United States: The Declassified History.* New York: New Press, 1993

Mosley, Nicholas. *The Life of Raymond Raynes.* London: Faith, 1961

Mostert, Noël. *Frontiers.* New York: Knopf, 1992

Mphahlele, Es'kia. *Down Second Avenue.* London: Faber and Faber, 1959

Mphahlele, Es'kia. *Es'kia.* Cape Town: Kwela, 2002

Mutloatse, Mothobi, ed. *Reconstruction: Ninety Years of Black Historical Literature.* Johannesburg: Ravan, 1981

Ndlovu, Sifiso Mxolisi. *The Soweto Uprisings: Counter-Memories of June 1976.* Randburg: Ravan, 1998

Nkosi, Lewis. *Home and Exile. And Other Selections.* London: Longman, 1965

Noonan, Partick. *They're Burning the Churches.* Johannesburg: Jacana, 2003

Ntantala, Phyllis. *Life's Mosaic.* Berkeley: University of California Press, 1993

Nuttall, Michael. *Number Two to Tutu.* Pietermaritzburg: Cluster, 2003

Oliver, Roland, and J.D. Fage. *A Short History of Africa.* London: Penguin, 1988

Omer-Cooper, J.D. *The Zulu Aftermath: A Nineteenth-Century Revolution in Bantu Africa.* London: Longsman, 1996

Oosthuizen, G.C., M.C. Kitshoff, and S.W.D. Dube, eds. *Afro-Christianity at the Grassroots: Its Dynamics and Strategies.* Leiden: Brill, 1994

Orkin, Mark. *Disinvestment, the Struggle, and the Future.* Johannesburg: Ravan, 1986

Orr, Wendy. *From Bike to Basson.* Saxonworld: Contra, 2000

Packard, Randall M. *White Plague, Black Labor: Tuberculosis and the Political Economy of health and Disease in South Africa.* Pietermaritzburg: University of Natal Press, 1990

Paton, Alan. *Apartheid and the Archbishop: The Life And Times of Geoffrey Clayton.* London: Jonothan Cape, 1973

Peart-Binns, John S. *Ambrose Reeves.* London: Victor Gollancz, 1973

Peart-Binns, John S. *Archbishop Joost de Blank: Scourge of Apartheid.* London: Muller, Blond, and White, 1987

Peires, Jeff. *The House of Phalo: A History of the Xhosa People in the Days of Their Independence.* Cape Town: Jonathan Ball, 1981

Pogrund, Benjamin. *How Can Man Die Better: The Life of Robert Sobukwe.* Johannesburg: Jonathan Ball, 1990

Pomerantz, Gary M. *Where Peschtree Meets Sweet Auburn.* New York: Penguin, 1997

Prinsloo, Daan. *Stern uit die Wilderness.* Mosselbaai: Vaandel-Uitgewers, 1997

Randall, Peter, ed. *Apartheid and the Church: Report of the Church Commission of the Study Project on Christianity in Apartheid Society.* Johannesburg: Spro-Cas, 1972

Reader, John. *Africa: A Biography of the Continent.* New York: Vintage, 1999

Renwick, Robin. *Unconventional Diplomacy in Southern Africa.* Basingstoke: Macmillan, 1997

Richardson, Kenneth V. *A History of St. Augustine's Church.* Groove Park: privately published, 1989

Robinson, John A.T. *Honest to God.* London: SCM, 1963

Rose, Brain, and Raymond Tunmer, eds. *Documents in South African Education.* Johannesburg: Ad. Donker, 1975

Rotberg, Robert I., and Dennis Thompson. *Truth v. Justice.* Princeton, N.J.: Princeton University Press, 2000

Sampson, Anthony. *The Treason Cage.* London: Heinemann, 1958

Sampson, Anthony. *Anatomy of Britain Today.* London: Hodder and Soughton, 1965

Sampson, Anthony. *Black and Gold: Tycoons, Revolutionaries, and Apartheid.* London: Hodder and Soughton, 1987

Sampson, Anthony. *Mandela.* London: HarperCollins, 1999

Saunders, Christopher, and Robin Derricourt, eds. *Beyond the Cape Frontier: Studies in the History of the Transkei and Ciskei.* London: Longman, 1974

Schlemmer, Lawrence. *Black Worker Attitudes: Political Options, Capitalism, and Investment in South Africa.* Durban: University of Natal, 1984

Sisulu, Elinor Batezat. *Walter and Albertina Sisulu: In Our Lifetime.* London, Abacus, 2003

South African Institute of Race Relations. *Race Relations Survey.* Johannesburg: South African Institute of Race Relations (Annual)

South African Democracy Education Trust. *The Road to Democracy in South Africa,* Vol. 1, *1960–1970.* Cape Town: Zebra, 2004

Southern African Anglican Theological Commission. *The Church and Human Sexuality.* Johannesburg: CPSA Publishing Committee, 1995

Sparks, Allister. *Tomorrow Is Another Country.* Sandton: Struik, 1994

Spong, Bernhard, with Cedric Mayson. *Come Celebrate! Twenty-Five Years of the South African Council of Churches.* Johannesburg: SACC, 1983

Stein, Pippa, and Ruth Jacobson, eds. *Sophiatown Speaks.* Johannesburg: Junction Avenue, 1986

Stiff Peter. *Warfare by Other Means.* Alberton: Galago, 2001

Storey Peter. *With God in the Crucible: Preaching Costley Discipleship.* Nashville, Tenn.: Abingdon, 2002

Stubbs, Aelred. *The Planting of the Federal Theological Seminary of Southern Africa.* Lovedale: Lovedale Press, 1973

Suggit, John, and Mandy Goedhals, eds. *Change and Challenge.* Marshalltown: Church of the Province of Southern Africa, 1998
Sundkler, Bengt, and Christopher Steed. *A History of the Church in Africa.* Cambridge: Cambridge University Press, 2000
Thatcher, Margaret. *The Downing Street Years.* London: harperCollins, 1993
Themba, Can. *The Will to Die.* Cape Town: AfricaSouth, 1982
Tlhagale, Buti, and Itumeleng Mosala, eds. *Hammering Swords into Ploughshares: Essays in Honour of Archbishop Mpilo Tutu.* Johannesburg: Skotaville, 1986
Thompson, Leonard. *A History of South Africa.* New Haven, Conn.: Yale University Press, 2001
Townend, Peter, ed. *Burke's Genealogical and Heraldic History of the Landed Gentry,* Vol. 2. London: Burke's Peerage, 1969
Trenoweth, Samantha. *The Future of God.* Alexandria, N. S. W., Australia: Millenium, 1995
Truth and Reconciliation Commission of South Africa. *Report of the Truth and Reconciliation Commission.* Cape Town: Truth and Reconciliation Commission: Vols. 1–5, 1998; Vol. 6, 2003
Tutu, Desmond Mpilo. *Hope and Suffering: Sermons and Speeches,* ed. Mothobi Mutloatse. Johannesburg: Skotaville, 1983
Tutu, Desmond Mpilo. *An African Prayer Book.* New York: Doubleday, 1995
Tutu, Desmond Mpilo. *No Future without Forgivness.* New York: Doubleday/London: Rider, 1999
Tutu, Desmond Mpilo. *The Rainbow People of God,* ed. John Allen. New York: Doubleday, 1994
Tyler, Humphrey: *Life in the Time of Sharpeville.* Cape Town: Kwela, 1995
Van der Ross, R. E. *Up from Slavery: Slaves at the Cape.* Cape Town: Ampersand, 2005
Waite, Terry. *Taken the Trust.* London: Hodder and Soughton, 1993
Waldmeir, Patti: *Anatomy of a Miracle: The End of Apartheid and the Birth of a New South Africa.* New York: Norton, 1997
Wessels, Leon. *Die Einde van 'n Era: Bevryding van 'n Afrikaner.* Cape Town: Tafelberg, 1994
Wallis, Jim, and Joyce Hollyday, eds. *Crucible of Fire: The Church Confronts Apartheid.* New York: Orbis/Sojourners, 1989
Wilkinson, Alan. *The Community of Resurrection: A Centenary History.* London: SCM, 1992

Wilson, Francis and Mamphela Ramphele. *Uprooting Poverty: The South African Challenge.* New York: Norton, 1989

Wiseman, John A. *The New Struggle for Democracy in Africa.* Aldershot: Avebury, 1996

Woods, Donald. *Rainbow Nation Revisited.* London: André Deutsch, 2000

Worsnip, Michael. *Between the Two Fires: The Anglican Church and Apartheid 1948 to 1957.* Pietermaritzburg: University of Natal Press, 1991.

Weitere Quellen

Barrell, Howard. »Conscripts to Their Age: African National Congress Operational Strategy, 1976–1986.« D. Phil. thesis in Politics, Faculty of Social Studies, University of Oxford. The thesis is online at www.sahistory.org.za/pages/sources/barrel_thesis/index.htm

Truth and Reconciliation Commission of South Africa, Web site: www.doj.gov.za/trc/trc_frameset.htm

Danksagung

In erster Linie möchte ich meiner Familie danken: Ich danke meiner liebenden Ehefrau Liz für weitaus mehr, als hier Erwähnung finden kann, an dieser Stelle aber insbesondere für ihre Unterstützung als Forscherin und Wegbegleiterin, Verfasserin und Korrekturleserin und für das Übertragen von Tonbandaufnahmen. Ich danke Timothy für seine Nachforschungen, seine Landkarten, seine fachliche Resonanz, seine redaktionelle Mitarbeit und dafür, dass er mich zielgenau auf unlogische und ungeschickte Formulierungen hinwies. Seine fast schon vernichtende Kritik der jüngsten Entwürfe sei ihm verziehen. Ebenso danke ich John-Murray für seine Unterstützung als Forscher und Orientierungshilfe im Vereinigten Königreich und in Genf. Es sei ihm verziehen, dass er mich in seiner militärischen Ausdrucksweise als »zerstreuten Soldaten« bezeichnete. Auch möchte ich Kendra danken, die mir half, mich schriftlich an das *American English* anzupassen, ohne dabei gänzlich das *South African English* untergehen zu lassen. Zudem danke ich meinen Eltern Cel und Mick Allen.

Einer der Gründe für Desmond Tutus hohe Stellung als öffentliche Persönlichkeit ist seine Offenheit gegenüber und sein Respekt vor Journalisten, vor ihrer Unabhängigkeit und vor der Wahrheit. Das wusste ich schon, bevor ich bei der Anglikanischen Kirche als sein Pressesekretär tätig wurde. Das war es nämlich, was die Stelle für mich so anziehend machte. Was ich nicht wusste, war, wie sehr nicht nur Leah, sondern seine gesamte Familie seinen Sinn für Gastfreundschaft angenommen und verinnerlicht hatte. Gemeinsam mit hunderten, vielleicht tausenden von Menschen auf der ganzen Welt bedanken meine Familie und ich uns für die Warmherzigkeit und Gutmütigkeit, mit der uns Desmond, Leah, Trevor, Thandi, Nontombi und Mpho aufnahmen. Auch danke ich Mthunzi Gxashe und Joe Burris, denn es ist nicht leicht, ein Tutu-Schwiegersohn zu sein, doch ihr zwei wart nicht weniger herzlich.

Obwohl sie in diesem Buch zumeist nicht namentlich genannt werden, kommt auch all denen eine wichtige Rolle zu, mit denen wir eine gemeinsame Zeit im Amtssitz des Bischofs, im *Braehead House*, im *Church House*, bei der Wahrheits- und Versöhnungskommission in Kapstadt, im *Khotso House* in Johannesburg, auf der *Emory University* in Atlanta, bei der *Trini-*

ty Church an der Wall Street in New York und in vielen anderen Kirchen und religiösen Gemeinden verbrachten. Zu denen, die die längste Zeit und unter dem größten Druck mit uns zusammengearbeitet haben, gehören unsere Kollegen im Amtssitz des Bischofs: Estelle Marinus, Nonzame Sodlala und Stewart Ting Chong aus der Presseabteilung sowie Chris Ahrends, Gail Allen, Michael Battle, Merwyn Castle, Sid und Hazel Colam, Lavinia Crawford-Browne, Francis und Louise Cull, Carol Esau, Matt Esau, Wilma Jakobsen, Colin Jones, Ted MacKenzie, Patrick Matolengwe, Carola Meyer, Cynthia Michaels, Livingstone und Gladys Nakani, Njongonkulu Ndungane, Nosipho Lilian Ngoboza, Richmond Nkamande, Simone Noemdoe, Michael Owen, Geoff Quinlan, Wendy Sheen, Rowan Smith, Mazwi Tisani, Nolan Tobias, Margot Topham und Marcus White.

Die Agenten Lynn Franklin und Mary Clemmey, ebenso Martin Beiser bei *Free Press* und Judith Kendra bei *Rider* haben dieses Buch erst möglich gemacht. Lynn bin ich für ihre Freundschaft und Fürsorge und Martin und Judith für ihre klugen und umsichtigen Verbesserungsvorschläge zu besonderem Dank verpflichtet. Ich danke Wendy Sheen und Doreen Scott für die vielen Stunden, in denen sie Tonbandaufnahmen übertragen haben. Die Gastfreundschaft und der Beistand von Menna und Bruce McGregor in London und Liz Carmichael in Oxford waren mir eine große Hilfe. Ich danke meiner Schwägerin Bev Edkins und meinem Schwager Jon Edkins aus Durban, Sally und Jonathan Cook, Jaco Engelbrecht, Pieter le Roux, Roy Murray, Michael und Dorrie Nuttall, Tom Scott, Alan und Esther Sheriff, Jonathan Young und Beth Zinn, die mir in Südafrika jegliche Art von Unterstützung haben zukommen lassen. Für ihre Gastfreundschaft und Unterstützung danke ich Jill Allen und Tessa George aus dem Vereinigten Königreich und Laurie Callahan, Jamie Callaway, Charlie und Lynne D'Huyvetter, Karen Hayes und Joshua White aus den Vereinigten Staaten.

Wertvolle Ratschläge und Anregungen gaben mir Einar Lunde und Geir Lundestad aus Norwegen, John Carlin aus Spanien, Tom Bertrand, Tom Cahill und Phillip van Niekerk aus den Vereinigten Staaten und John de Gruchy, Jakes Gerwel, Antjie Krog, David und Maggie Nkwe, Christopher Saunders, Dan Vaughan und Francis Wilson aus Südafrika. Auch danke ich Thomas Mafora und Mosimanegape Tsabeng von der Diözese von Matlosane, Martin Coetzee, Peter Fabricius, Simon Fabricius, Ahmed Kathrada, Ben Maclennan, Hennie und Hester Serfontein, Gerard Sharp, John Suggit, Sahm Venter und Chris Vick aus Südafrika, Sharon Gelman, Nadine Hack, Tami Hultman und Reed Kramer aus den Vereinigten Staaten, Volker Faigle aus Deutschland und Howard Barrell, Gavin Berriman, Suzannah Clarke und Robin Denniston aus dem Vereinigten Königreich für ihre Hilfe.

Ein großer Teil dieses Buches basiert auf Nachforschungen, die in Zusammenarbeit mit Archivaren in Südafrika, Europa und den Vereinigten Staaten angestellt wurden. Doch niemand hat so viel dazu beigetragen, wie Carol Archibald, die großartige Archivarin der *William Cullen Library* der *University of the Witwatersrand.* Ihr Engagement und ihr umfassendes Wissen über die Dokumente der Anglikanischen Kirche sind unübertroffen. Dafür danke ich Carol und auch Kate Abbott und Michelle Pickover. Ebenso dankbar bin ich Hugh McCullum aus Kanada für seine Unterstützung bei der Recherche und dem Personal der folgenden Einrichtungen:

Südafrika: *Brenthurst Library* (Diana Madden), *Methodistenkirche* Jouberton (Itumeleng Tlhakanye), *Klerksdorp Library* (Magriet Benade, Doris Jiya), *Lutheran Theological Institute* in Pietermaritzburg (Georg und Inge Scriba), *National Archives of Southafrica, National Library of Southafrica* in Kapstadt, *Nelson Mandela Foundation* (Verne Harris, Anthea Josias), *Cory Library, Rhodes University* (Velile Victor Gacula, Shirley Stewart, Zweli Vena), *South African History Archive* (Kate Allan, Piers Pigou, Rolf Sorenson), *St. Mary's Church* in Munsieville (Gerald Lodi, Nelly Moropane), *University of Cape Town Library, Manuscripts and Archives* (Isaac Ntabankulu), *University of Fort Hare Library* (Sadie Forman, Mosoabuli Maamoe, Mark Snyders, Yolisa Soul), *University of Fort Hare, National Heritage Centre* (Babalwa Ramncwana, Cornelius Thomas), *University of KwaZulu-Natal, Alan Paton Centre* (Jewel Koopman), *University of Lesotho Library* (Matseliso Moshoeshoe, Celina Qobo), *University of South Africa* (Doreen Gough, Herma van Niekerk), *University of the North-West* (Theuns Eloff, Hester Spoelstra), *University of the Western Cape Mayibuye/Robben Island Museum* (Esther van Driel, Simphiwe Yako).

Schweiz: *Archive des Weltkirchenrats* (Benigno Delgado, Stéphanie Knecht, Denyse Léger, Clare Medri).

Vereinigtes Königreich: *Bodleian Library of Commonwealth and African Studies* in Oxford (Marion Lowman, Lucy McCann), *Community of the Resurrection* in Mirfield (George Guiver, Stephen Haws, Philip Nichols), *King's College* in London (Richard Burridge, Geoffrey Browell, Patricia Methven, Kate O'Brien).

Vereinte Nationen: *UN Archives* (Marleen Buelinckx), *UN Photo Library* (Clara Gouy).

Vereinigte Staaten von Amerika: *General Theological Seminary* (Emily Knox, Bruce Parker), *George H. W. Bush Library in College Station*, Texas, *William J. Clinton Library* in Little Rock, Arkansas, *Library of Congress* in Washington D. C., *National Security Archive, George Washington University* in Washington D. C., *Princeton University Library*, *Ronald Reagan Library* in Simi Valley, Kalifornien, *Schomburg Center*, New York, *Yale University Library* (Martha Smalley).

Ich bedanke mich herzlich bei Cynthia Botha, Maureen Simons, Benny Gool, Louise Gubb, Peter Magubane, David Bruno, Paul Singleton und Moegsien Williams für ihre Hilfe bei den Fotografien und bei Michael Peers aus Kanada, Bono (Paul Hewson) aus Irland, Anne Ragnhild Breiby und Geir Lundestad aus Norwegen, Kofi Annan, den Vereinten Nationen und bei den folgenden Personen aus Südafrika, aus dem Vereinigten Königreich und aus den Vereinigten Staaten für die Interviews:

Südafrika: Charles Albertyn, Pik Botha, José Chipenda, Michael Corke, Chris de Jager, F. W. de Klerk, Roelof du Plessis, C. F. Eloff, Paul Erasmus, Richard Goldstone, Simon Gqubule, Robin Harper, Wolfram Kistner, König Letsie III., Nelson Mandela, Sam Thusi Marawa, Sipho Masemola, G. G. Mbere, Mmutlanyane Stanley Mogoba, Philip Mokuku, Sylvia Morrison, Sally Motlana, Shirley Moulder, Mpho und Njabulo Ndebele, Joop Pinkaers, Barney Pityana, Gloria Radebe, Philip Russell, Joe Seremane, Tokyo Sexwale, Zwelakhe Sisulu, Yasmin Sooka, Timothy Stanton CR, Peter Storey, Buti Tlhagale, Thami und Ezra Tisani, Leon Wessels, Dale und Tish White und Craig Williamson.

Vereinigtes Königreich: Malcolm Alexander, Ronald und Frankie Brownrigg, David und Maggie Bruno, Richard Burridge, Lynda Chalker, John Ewington, Sarah und Timothy Goad, Anne Hughes, Gary Kemp, Martin Kenyon, Khotso Makhulu, Brian Oosthuysen, Charles Powell, Robin Renwick, Aelred Stubbs CR, Terry Waite, Betty Ward, Dominic Whitnall und die Kirchengemeinden *St. Alban's* in Golders Green, *St. Mary's* in Bletchingley und *St. Augustine's* in Grove Park.

Vereinigte Staaten von Amerika: Michelle Bohana, David Boren, Ed Browning, Bill Cosby, Gregory Craig, Chester Crocker, Jim und Eulalie Fenhagen, Frank Ferrari, Wayne Fredericks, Al Gore, Priscilla Hayner, Mark Helmke, Samir Kafity, Nancy Kassebaum, Anthony Lake, Dan Matthews, James Ottley, Charles Perkins, Bernice Powell-Jackson, Hays Rockwell, Carlos und Deborah Santana, Wyatt Tee Walker und Frederick Boyd Williams.

Über den Autor

JOHN ALLEN ist ein südafrikanischer Journalist, der 30 Jahre lang über Desmond Tutu berichtete und mit ihm zusammen arbeitete. Er war als Kommunikationsdirektor der wegweisenden Wahrheits- und Versöhnungskommission in Südafrika und der Trinity Church an der Wall Street in New York City tätig. Er ist der ehemalige Präsident der Südafrikanischen Journalistengesellschaft und wurde mehrfach für die Verteidigung der Pressefreiheit in Südafrika und für seine hervorragenden Leistungen im Kirchenjournalismus in den Vereinigten Staaten ausgezeichnet. Er lebt in Kapstadt, Südafrika.

Bildnachweis

Fotos von Desmond und Leah Tutu; der September Marsch von 1989; Tutu an der Wahlurne; Tutu kündigt Mandela an; P.W. Botha mit Tutu; F.W. de Klerk mit Tutu; Tutu betend in seiner Kapelle in Soweto © Benny Gool

Fotos vom Seboken Hospital; Tutu und Mangosuthu Buthelezi; Tutu, Nelson Mandela und Michael Nuttall; Tutu, Bethelezi, Mandela und Stanley Mogoba; die Ntarama Kirche in Ruanda © John Allen

Fotos von Tutus Familie, freundlicherweise von der Familie zur Verfügung gestellt

Fotos von Tutu in Soweto; die Mandelas mit Tutu in der Bischofsresidenz; Tutu mit der bewaffneten Menge in Kagiso © Louise Gubb (E-mail: lugubb@iafrica.com)

Fotos von den Zwangsumsiedlungen in Sophiatown; Oliver Tambo und Trevor Huddleston, freundlicherweise zur Verfügung gestellt von der University of Western Cape – Mayibuye Archive im Robben Island Museum

Fotos von Tutu am theologischen College; Sophiatown nach den Zwangsumsiedlungen, freundlicherweise zur Verfügung gestellt von Paul Singleton

Foto von Aelred Stubbs CR; Bill Burnett; Tutus Inthronisierung © Provinztreuhänderschaft der Kirche der Provinz von Südafrika. Reproduziert mit der Erlaubnis des Publishing Committee, CPSA

Fotos von N. Barney Pityana; Peter Storey mit Tutu, freundlicherweise zur Verfügung gestellt von Johnnic Communications

Fotos von Königin Elisabeth II. und Tutu; Gerry Adams mit Tutu, freundlicherweise zur Verfügung gestellt von EMPICS

Foto von Tutu auf dem Pferd in Lesotho, freundlicherweise zur Verfügung gestellt von David Bruno

Foto von Tutu in Haft, freundlicherweise zur Verfügung gestellt von *The Star*

Foto von der Beerdigung in Duduza © Peter Magubane

Foto vom Einsatz mit Tränengas © Rashid Lombard

Foto von Clinton, Gore und Tutu, freundlicherweise zur Verfügung gestellt von der Bibliothek William J. Clinton